ISBN 978-1-334-71164-0
PIBN 10448653

English
Français
Deutsche
Italiano
Español
Português

www.forgottenbooks.com

Mythology Photography **Fiction**
Fishing Christianity **Art** Cooking
Essays Buddhism Freemasonry
Medicine **Biology** Music **Ancient**
Egypt Evolution Carpentry Physics
Dance Geology **Mathematics** Fitness
Shakespeare **Folklore** Yoga Marketing
Confidence Immortality Biographies
Poetry **Psychology** Witchcraft
Electronics Chemistry History **Law**
Accounting **Philosophy** Anthropology
Alchemy Drama Quantum Mechanics
Atheism Sexual Health **Ancient History**
Entrepreneurship Languages Sport
Paleontology Needlework Islam
Metaphysics Investment Archaeology
Parenting Statistics Criminology
Motivational

WIENER BEITRÄGE

ZUR

ENGLISCHEN PHILOLOGIE

UNTER MITWIRKUNG

VON

DR· K. LUICK

ORD. PROF. DER ENGL. PHILO-
LOGIE AN DER UNIVERSITAT
IN GRAZ

DR· R. FISCHER

ORD. PROF. DER ENGL. PHILO-
LOGIE AN DER UNIVERSITÄT
IN INNSBRUCK

DR· A. POGATSCHER

ORD. PROF. DER ENGL. PHILO-
LOGIE AN DER DEUTSCHEN
UNIVERSITÄT IN PRAG

L. KELLNER

AO. PROFESSOR DER ENGL.
PHILOLOGIE AN DER UNI-
VERSITÄT IN CZERNOWITZ

HERAUSGEGEBEN

VON

DR· J. SCHIPPER

ORD. PROF. DER ENGL. PHILOLOGIE UND WIRKLICHEM MITGLIEDE DER
KAISERL. AKADEMIE DER WISSENSCHAFTEN IN WIEN

XXV. BAND

WIEN UND LEIPZIG

WILHELM BRAUMÜLLER

K. U. K. HOF- UND UNIVERSITÄTS-BUCHHÄNDLER

1907

TENNYSONS
PRACHE UND STI

VON

DR. PHIL. ROMAN DYBOSKI

WIEN UND LEIPZIG
WILHELM BRAUMÜLLER
K. U. K. HOF- UND UNIVERSITÄTS-BUCHHÄNDLER
1907

D8

Dem Andenken des großen Lehrers und Forschers

Professor Richard Heinzel

gewidmet.

Be near us when we climb or fall:
Ye watch, like God, the rolling hours
With larger other eyes than ours,
To make allowance for us all.

In Memoriam, LI.

Vorwort.

Indem ich diese Arbeit der Öffentlichkeit übergebe, gebührt mein aufrichtigster Dank allen denen, welche ihre Entstehung und Veröffentlichung gefördert haben: vor allem meinem hochverehrten Lehrer, Herrn Hofrat Prof. Schipper, für die Ehre der Aufnahme meines Buches in seine Sammlung, welche mit diesem XXV. Bande ein kleines Jubiläum erreicht; Herrn Prof. L. Kellner (in dessen Zeitschrift "Bausteine" der Abschnitt über Wortbildung ursprünglich erschienen ist) für vielfache Anregungen und Ratschläge, mit denen er die Arbeit in ihrer Entstehung begleitet hat; Herrn Dr. R. Brotanek für wertvolle, tatkräftige Hilfe in sachlichen und technischen Schwierigkeiten; Herrn Dr. J. Morison in Oxford für aufopferungsvolle Unterstützung in den Anfängen der Korrektur; meinem werten amerikanischen Freunde Prof. F. M. Padelford (Washington State University) für Ermutigung in kritischen Momenten; endlich meinen geehrten englischen Gönnern Dr. H. Bradley und Dr. Furnivall für freundliche Hinweise auf bibliographische Einzelheiten.

Einem Dank soll auch die Widmung Ausdruck geben. Wenn ich diesen Blättern den Namen des großen Wiener Germanisten voranzusetzen wage, dessen Schüler ich noch zu sein das Glück hatte, so glaube ich damit insofern eine Pflicht zu erfüllen, als diese Arbeit in ihrem Wesen ein anspruchsloser Versuch sein will, eine Heinzel eigentümliche Art philologischer Darstellung nachahmend auf neues Gebiet zu übertragen: das Verfahren nämlich, eine gegebene Summe literarischer Produkte, als einheitliche Stoffmasse zusammengefaßt, nach verschiedenen Gesichtspunkten zu analysieren und die gefundenen Merkmale mit Belegen zu einer "Beschreibung" zusammenzustellen, ist hier auf das gesamte Lebenswerk eines modernen Dichters, wie es in der abschließenden Ausgabe letzter Hand als geeintes Ganzes vorliegt, und zwar unter Beschränkung auf poetischen Ausdruck und Sprachtechnik, angewandt worden. — Auf solche Weise auch nur im Kleinen der großen Idee zu dienen, deren Verwirklichung Heinzels Methode anstrebte, nämlich der Annäherung der Philologie von einer einseitig historischen Betrachtungsweise an das beobachtend-beschreibende Verfahren der modernen Naturwissenschaft, ist Zweck und Ziel dieses Buches.

Die biographische Einleitung wird dem Benutzer des Buches vielleicht als Repertorium der literarhistorischen Grundtatsachen dienlich sein. Dem Mangel eines alphabetischen Wortregisters, welches nahezu Wiederholung des ganzen Stoffes bedeuten würde, sollen die Rückverweisungen im glossarialen Schlußteil sowie das ausführliche Inhaltsverzeichnis (am Ende) abhelfen.

So sei denn dieser bescheidene Tribut ausländischer Bewunderung auf dem Grabe des großen Meisters englischer Sprache und Dichtung niedergelegt!

Krakau, im Oktober 1906.

R. Dyboski.

Einleitung.

Über Tennysons Leben und Werke.

(Vortrag, gehalten am 10. und 11. Dezember 1903 im Seminar für
engl. Philologie an der k. k. Universität Wien.)

Alfred Tennyson wurde am 6. August 1809 als viertes
von den zwölf Kindern des Rev. Dr. George Clayton
Tennyson in dessen Pfarrhause zu Somersby in Lincolnshire
geboren, genoß von 1816 bis 1820 Elementarunterricht in
der Schule zu Louth, dem Geburtsorte seiner Mutter, worauf
er ins Vaterhaus zurückkehrte. Erinnerungen an dessen
schöne ländliche Umgebung sind in den Gedichten "A spirit
haunts the year's last hours" und "Fly down, cold rivulet,
to the sea" sowie in der "Ode to Memory" niedergelegt;
vor allzu weitgehender Lokalisierung anderer Gedichte aber
warnt sein Sohn in der Biographie des Vaters mit der
Bemerkung: *"The localities of my father's subject-poems are
wholly imaginary."* Die Persönlichkeit seiner Mutter charakterisiert Tennyson in dem Gedichte "Isabel" sowie in
einigen Versen seiner "Princess". Sein Vater, ein gebildeter
Mann, bereitete ihn auf die Universitätsstudien durch gründlichen klassischen Unterricht vor; von modernen Autoren
fand er Shakspere, Milton, Burke, Goldsmith, Rabelais,
Sir William Jones, Swift, De Foe, Cervantes, Bunyan und
Buffon in des Vaters Bibliothek. Andere Bildungselemente
waren die umgebende Natur, welche Tennyson liebte und
vom Vater auch liebevoll beobachten lernte, und vor allem
der Anblick der See, an deren Ufer — in Mablethorpe —
die Familie im Sommer weilte. — *"From his earliest years"*,
sagt sein Bruder Arthur, *"he felt that he was a poet, and
earnestly trained himself to be worthy of his vocation."* Von den

nach eigener Angabe sehr umfangreichen Jugendprodukten, deren erste Vorbilder Thomson und Popes Homer, dann auch W. Scotts romantische Epen waren, teilt der Sohn Fragmente mit. Im Jahre 1827 veröffentlichte er gemeinsam mit seinem Bruder Charles ein Bändchen Gedichte "P o e m s b y T w o B r o t h e r s", natürlich noch durchaus unselbstständige Versuche.

Am 20. Februar 1828 bezogen die beiden Brüder das Trinity College in Cambridge, wo bereits ihr älterer Bruder Frederick studierte. Hier lernte Tennyson unter anderen Freunden, wie Brookfield, Kemble etc. alsbald den um zwei Jahre jüngeren Arthur Hallam kennen, dessen Tod ihn später zu einem seiner größten Werke begeisterte. — Neben der Klassikerlektüre sowie historischen und naturwissenschaftlichen Studien beschäftigten ihn die politischen Zeitereignisse und die sozialen Probleme — damals vor Erscheinen der Reformbill viel besprochen — aufs lebhafteste; er gehörte einem Verein gleichgesinnter junger Leute an, *"The Apostles"* genannt, welche alle jene Fragen bei ihren Versammlungen erörterten und überdies gemeinsam Hobbes, Descartes, Locke, Berkeley, Hume, Kant und andere neuere Philosophen lasen. — Von literarischen Arbeiten aus dieser Zeit sind zu erwähnen: das 1829 preisgekrönte Konkurspoem "T i m b u c t o o" und — schon 1827 — der erste Entwurf von "T h e L o v e r's T a l e" sowie eine reiche lyrische Produktion, deren Früchte 1830 in einem Bändchen als "P o e m s, c h i e f l y l y r i c a l" gesammelt erschienen. Erst diese Dichtungen erregten allgemeinere Aufmerksamkeit, und mit ihnen betreten wir das Gebiet der eigentlich literarhistorisch bedeutenden Leistungen Tennysons. Ihr Vorzug liegt im Gegensatz zu jenen Jugendversuchen, wie Hallam in einer Rezension hervorhob, in der Originalität: *"we recognise the spirit of his age, but not the individual form of this or that writer"*. Der Dichter selbst sagte später, schon "Lover's Tale" und "Timbuctoo" seien *"in no way imitative of any poet"* gewesen, und fügt hinzu: *"and, as far as I know, nothing of mine after the date of Timbuctoo was imitative"*. Ein anderer Beurteiler, Edward Fitz Gerald, tadelte nur den affektierten Ton, legte ihn aber dem Zeitalter zur Last, über dessen Geist sich der junge Dichter noch nicht zu seiner individuellen Höhe zu erheben verstanden habe. Ein Überblick über die Sammlung ist deshalb schwer zu gewinnen, weil die meist kleinen Gedichte sich durch bunte Mannigfaltigkeit in Inhalt, Art und Form eben noch als unruhiges Suchen des Dichters nach bestimmter Richtung und ausgesprochenem Stil kennzeichnen. Als Gruppen könnte man etwa unterscheiden: die Frauenbilder "Lilian, Adeline, Margaret, Eleänore, Kate", ausgezeichnet durch metrischen Reichtum und Fluß, aber — etwa nach Schillers Art—farblos abstrakt, ohne den intimen Goetheschen Reiz des Selbsterlebten. Dieser allgemeine, unpersönliche, rhetorische Charakter, eine Haupteigenschaft aller Jugendgedichte, tritt noch deutlicher in einer zweiten Gruppe zu Tage, den Gedichten philosophierenden Inhalts, wohl meist Früchten der Gespräche im Kreise der "Apostles": so etwa "Supposed Confessions of a Second-rate Sensitive Mind", trotz des scherzhaften Titels ein ernster Ausdruck religiöser Zweifel und der in diesem Lebensalter gewöhnlichen inneren Gärung: *"I am dark, formless, utterly destroyed."* Hierin erblicken wir ein zweites Hauptmerkmal, das sich aber auch auf Tennysons ganze folgende Produktion erstreckt und in Hallams Worten "we recognise the spirit of his age" fixiert ist: Tennyson durchlebt, immer ein Mann seiner Zeit, mit ihr alle Ideenkämpfe und Geistesumwälzungen und zeigt uns in den Phasen seines Schaffens, besonders in den philosophischen Gedichten, den typischen Entwicklungsgang des modernen Menschen in Quintessenz und Vollendung. Mag dies die Individualität des Dichters auch verwischen: den Wert seiner Werke als Quellen für die Kulturgeschichte erhöht es. — Zu der rhetorisch-philosophischen Gruppe gehört etwa noch die pathetisch-schwunghafte "Ode to Memory", die selbstbewußten Gedichte "The Poet" und "The Poet's Mind", das tiefsinnige Paar "Nothing will Die" — "All Things will Die" und anderes. Unter den übrigen lyrischen Gedichten verschiedenen Inhalts kann man solche unterscheiden, deren Grundton gefühlvolle Reflexion ist, wie "A Dirge" oder das epigrammatisch-sinnige "Circumstance"; weiter balladenartige: "Oriana", "The Owl", "The Kraken" — diese Gattung pflegte Tennyson erfolgreich weiter —; ferner rein elegische: "Claribel", "Mariana", das später eingeschaltete "The Deserted House", das praeraphaelitisch-allegorische "Love and Death"; schließlich farbenreich-phantastische, die zahlreichste Gruppe, wie "Recollections of the Arabian Nights", "The Sea-Fairies" "The Dying Swan", „The Merman" und "The Mermaid"; in diesen und einigen noch zu sondernden, die wie "Leonine Elegiacs" eine Art poetischer Übungen scheinen, tritt uns zuerst und schon als ausgebildetes System die Naturschilderungsmethode Tennysons entgegen: ihr besonderer Wortschatz und Vorstellungskreis bleiben von nun an, abgesehen von der allgemeinen Vervollkommnung des Dichters, im wesentlichen auf unveränderter Höhe. — Schließlich sei erwähnt, daß Gedichte an Personen, z. B. an Schulkameraden und persönlichen Inhalts, recht zahlreich sind und daß unter den Sonetten, welche den Schluß der Sammlung bilden, sich zwei politische Gedichte als Anfang einer gleichfalls glücklich weiter gepflegten Gattung finden, nämlich "Poland", durch die Ereignisse von 1830/31 veranlaßt, und "Buonaparte".

Im Februar 1831 verließ Tennyson Cambridge; einen Monat darauf starb sein Vater, den die Mutter noch um 34 Jahre überlebte. Mit Einwilligung des Amtsnachfolgers wohnte die Familie noch bis 1837 im Pfarrhause. Dort besuchte sie häufig Hallam, welcher zu des Dichters Schwester Emilia eine Neigung faßte und sich mit ihr bald verlobte. Schon 1832 erschien ein neuer Zyklus von Gedichten unter dem Titel "Poems". Wiederum definierte ein Freund, diesmal Spedding, den Fortschritt aufs richtigste: nicht in größerer Formvollendung beruht er, sondern darin, daß *"the original and distinctive character of the man appeared more plainly"*. Das Suchen und Tasten hat aufgehört: *"his genius was manifestly shaping a peculiar course for itself, and finding out its proper business"*.

Die Sammlung eröffnet eine symbolische Ballade "The Lady of Shalott", später zur Königsidylle „Lancelot and Elaine" erweitert. Ein zweites kurzes balladenartiges Gedicht in Strophenform mit Refrain, "The Sisters" betitelt, behandelt das Judithmotiv, aber als Rache für das Unglück einer Schwester gefaßt. Ein größeres erzählendes Gedicht oder vielmehr ein Zyklus von drei solchen, "The May Queen", ist die Geschichte eines als Schönheit gefeierten, dann kranken und unglücklichen Dorfmädchens, das aber schließlich nicht in Verzweiflung, sondern getröstet und mit der Welt versöhnt stirbt. Die später erfolgreich gepflegte Gattung der Idylle beginnt hier mit "The Miller's Daughter". Antike Stoffe behandeln zwei Gedichte: "Oenone", die Klage der von Paris zu Gunsten Helenas verlassenen Geliebten, und "The Lotos-Eaters", die bekannte Szene aus der Odyssee, im Stil einer modernen Märchenphantasie ausgeführt, mit einem angeknüpften lyrischen "Choric Song". "A Dream of Fair Women" ist eine Nachdichtung von Chaucers "Legend of Good Women". Orientalisches Kolorit, glühender als die "Arabian Nights" der früheren Sammlung, zeigt hier "Fatima". Gleichfalls an ein früheres Gedicht, nämlich die elegische "Mariana", erinnert das im Inhalt gleiche, nur in Milieu und Stil umgedichtete "Mariana in the South". Allegorischen Inhalts ist außer der "Lady of Shalott" die umfangreiche Komposition "The Palace of Art", welche den Gedanken ausführt, daß eine selbstsüchtige Kunstreligion den Menschen nie ganz befriedigt und, wie die Widmung sagt, *"that Beauty, Good and Knowledge are three Sisters, And never can be sunder'd without tears"*. Gelegenheitsgedichte im Goetheschen Sinne des Wortes sind "The Blackbird", "The Death of the Old Year" und die Trostesworte an Spedding nach dem Tod von dessen Bruder. Reiner Humor tritt nur in der politischen Allegorie "The Goose" zu Tage. Eine besondere Gruppe schließlich bilden vier politische Gedichte, darunter "Love thou thy land", und eines

von ernster sozialer Grundidee "Lady Clara Vere de Vere"
eine Verhöhnung törichten Adelsstolzes. Eine Sonderstellung
nimmt dann noch das Gedicht "The Two Voices" ein: es
sind Reflexionen über den Selbstmord, der erste Ausdruck
der trostlosen Stimmung nach dem plötzlichen Tod Arthur
Hallams zu Wien am 15. September 1833. Aus derselben
Stimmung heraus dichtete Tennyson schon damals ein vom
Sohne zitiertes kleines Trauerlied, das den ersten Keim
zu "In Memoriam" enthält. Nach einer vorübergehenden
Periode völliger Hingabe an den Kummer beginnt eine Reihe
von Jahren ernster und unausgesetzter Arbeit an der all-
seitigen Geistesausbildung. Der Sohn teilt den Wochenplan
des Vaters aus dieser Zeit mit: je fünf Nachmittage sind
abwechselnd dem Deutschen, Italienischen und Griechischen
gewidmet   aus der französischen Literatur vor allem
Molière, Racine, V. Hugo —, die Vormittage der Geschichte,
Theologie und verschiedenen Zweigen der Naturwissenschaft,
nur die Abende der dichterischen Produktion. Bei der Hochzeit seines Bruders Charles, welcher seit 1835 Pfarrer in
Talby war, am 24. Februar 1836 faßte Tennyson zur
Schwester der Braut, Emily Sellwood, die er schon 1830
flüchtig kennen gelernt hatte, und die damals als Brautjungfer auftrat, eine tiefere Neigung: darauf bezieht sich
das Sonett "The Bridesmaid". — Im Jahre 1837 mußte die
Familie Tennyson, deren eigentliches Haupt in Abwesenheit
seiner älteren Brüder jetzt Alfred war, Somersby verlassen
und wohnte in High Beech, Epping Forest, dann in Tun-
bridge Wells, hierauf seit 1841 in Boxley bei Maidstone.
Die Nähe Londons ermöglichte neben brieflichem auch persönlichen Verkehr mit Schulfreunden und in literarischen
Kreisen; so traf er im "Sterling Club" mit Carlyle —
die intime Freundschaft beginnt 1842   , mit Dickens,
Thackeray, Forster, Leigh Hunt, Rogers, Campbell, Landor
zusammen. Auch konnte er jetzt sein reges Interesse an
den großen Tagesereignissen auf sozialem, politischem,
religiösem und wissenschaftlichem Gebiete uneingeschränkt
befriedigen.

1842 erschien endlich die Frucht von Tennysons zehn-
jährigem Schweigen: zwei Bände "Poems", in England
von Milnes, Sterling und vielen anderen Rezensenten, in
Amerika, wo Tennysons Dichtungen um 1837 bekannt geworden waren, von Hawthorne, Edgar Allan Poe, Emerson,
Margaret Fuller, in Deutschland von Freiligrath, der einiges
übersetzte, enthusiastisch begrüßt. Wieder erkannte Spedding am richtigsten den Fortschritt und die Ursache des
diesmal so allgemeinen Beifalls: der Dichter war in den
zehn Jahren innerer Sammlung zur Einsicht gelangt, daß
seine bisherigen Werke als literarische Treibhauspflanzen
nicht genug allgemein - menschliches Interesse besaßen,
während er ja zum Sänger der Ideen seiner Zeit, der
Strömungen im modernen Geistesleben berufen war wie
kein anderer. Durch Erkenntnis dieses Berufes war aus dem
Dichter für wenige ein Dichter für alle geworden   Der
erste Band der Sammlung enthielt Umarbeitungen älterer
Gedichte; von den neuen des zweiten Bandes sind vor
allem die im *blankverse* geschriebenen "English Idyls"
hervorzuheben, einfach-harmlose Bilder aus dem englischen
Alltagsleben. Die typischesten darunter sind wohl "Walking to the Mail" und "Audley Court", beides Dialoge.
"Edwin Morris", eine kleine Erzählung von scherzhaftem
Stil und ernstem Inhalt, ist glänzend durch die Charakteristik; "The Gardener's Daughter, or the Pictures", die Ge-
schichte der Liebe eines Malers, durch farbenreiche Bilder.
Die Perle der Sammlung aber ist die ländliche Erzählung
"Dora", in der unerreichten Schlichtheit und Einfachheit
der gerade aufs Ziel losgehenden Darstellung ein Vorspiel
zum "Enoch Arden". Die erste in der Reihe der Idyllen,
"Morte d' Arthur", gehört nur durch die Rahmenerzählung
hieher: einer Gesellschaft, ähnlich der im III. Buche von
"Hermann und Dorothea", liest ein Dichter ein episches
Fragment über Arthurs Tod vor: dieses selbst ist wie die
gleichfalls in dieser Sammlung erscheinenden Bruchstücke
"Sir Galahad" und "Launcelot and Guinevere" Vorarbeit
zu den Königsidyllen. Zu diesem Genre gehört auch die

mittelalterliche Legende "Godiva". Von wirklichen Idyllen
gehören noch der Sammlung an: "The Talking Oak", eine
Vereinigung von durchlebten Gefühlen, Naturbeschreibung
und Kulturgeschichte, und "The Day-Dream", eine Bearbeitung des Dornröschenthemas. Balladenartige Dichtungen
fehlen nicht: "Edward Gray", "The Captain", „The Beggar-
Maid" (die Cophetua-Ballade), "Lady Clare" und „The Lord
of Burleigh". Als Darstellungen einerseits des finsteren
Asketismus, andererseits der spiritualistischen Verzückung
mittelalterlicher Frömmigkeit nehmen "St. Simeon Stylites"
und "St. Agnes' Eve" eine Sonderstellung ein. In dieser
Umgebung ist wohl auch die in Dürerschem Stil ge-
zeichnete, großartig-groteske "Vision of Sin" zu nennen.
Die philosophischen Gedichte zeigen den Dichter ganz im
Banne der seit Bailey's "Festus" herrschenden spekulativen
Richtung, so "Locksley Hall", mit seiner typischen Gestalt
eines jungen Mannes jener Tage, drapiert in unglückliche
Liebe und sozialphilosophischen Weltschmerz; andere, wie
das 1847 eingefügte "The Golden Year", sprechen in reifer
Form unverändert gültige Wahrheiten aus. Antike Stoffe
behandeln der von Carlyle bewunderte "Ulysses" und
"Tithonus". Persönlichen Inhalts sind "Love and Duty" mit
deutlicher Beziehung auf den durch Armut verlängerten
Brautstand, sowie "Will Waterproof's Lyrical Monologue",
heiter-ernste Phantasien eines armen Dichters in der Poeten-
taverne "zum Hahn", welche Tennyson und seine Freunde
besuchten   ferner "A Farewell" als' Erinnerung an
Somersby, und vielleicht "The Letters" (Inhalt: *amantium
irae*). Das Charakteristischeste ist wohl "The Voyage", worin
sich der oben erwähnte neue Standpunkt des Dichters, die
bewußte und frohe Teilnahme an der ewigen Entdeckungs-
fahrt des menschlichen Geistes, ausspricht; ähnlich in "The
Poet's Song". An Personen richten sich zwei Gedichte, rein
humoristisch ist wieder nur eines, "Amphion". Schließlich
ist eine hier zuerst auftretende neue Gattung zu erwähnen:
das kleine melodiöse Lied, *"song"* κατ᾽ ἐξοχήν, meist Re-
flexionslyrik wie "Move eastward, happy earth…", "Come

not when I am dead", "Break on thy cold grey stones, o
sea"; ein Vorläufer war in der ersten Sammlung "My life
is full of weary days". Später liebte es Tennyson, solche
Lieder in größeren Kompositionen einzustreuen.

In der nächsten Zeit schritt, wie Freunde berichten,
vor allem die Arbeit an "In Memoriam" sehr rasch vor;
auch "The Princess" wurde begonnen; auf einer Schweizer-
reise 1846 beendet, erschien dieses Werk im Jahre 1847,
aber noch nicht in seiner heutigen Gestalt: die kleinen
Lieder, welche an einigen Stellen den Strom der Handlung
wie grüne Inseln unterbrechen, wurden erst der dritten
Auflage von 1850, und ein wichtiges Motiv, die kataleptischen Anfälle — *weird seizures* — des Helden, erst in
der vierten von 1851 eingefügt; die fünfte erschien 1853.
Das Werk, vom Dichter wegen der Mischung von Epischem
und Lyrischem *"a medley"* zubenannt, ist im *blankverse*
geschrieben und hat die Frage der höheren Frauenbildung
und die soziale Stellung der Frau überhaupt zum Gegenstande. Eingekleidet ist es in die Form einer Erzählung,
deren einzelne Abschnitte von jungen Hochschülern in
fröhlicher Gesellschaft bei einem Feste, das der Vater eines
von ihnen auf seinem Landsitze gibt, anknüpfend an ein
Gespräch über die Frauenfrage der Reihe nach improvisiert
werden. Der Inhalt des Märchens ist die Bekehrung einer
spröden Prinzessin, welche eine Universität für Frauen
gegründet hat und selbst deren Rektor ist, zur Liebe und
Weiblichkeit bei' der Pflege eines im Kampf mit ihrem
Bruder verwundeten prinzlichen Bewerbers. Eine Reihe von
bunten Bildern englischen Universitätslebens, ins weibliche
Element übertragen, wird in Anknüpfung an einen An-
näherungsversuch des Prinzen entrollt, indem dieser mit
zwei Begleitern, alle als Mädchen verkleidet, sich an der
Anstalt immatrikulieren läßt; das Abenteuer endet mit
Entdeckung und Ausweisung, welche eben jenen Kampf
zur weiteren Folge hat. Des Dichters definitive Ansichten
über die Frauenfrage sind unmittelbar ausgesprochen in
zwei Reden des Prinzen: einer an seinen Vater gerichteten

Verteidigung der jungen Schwärmerin und dann ganz besonders in den Worten an seine Braut nach der Liebesszene am Krankenlager. In den Frauengestalten der Dichtung sind nach des Dichters eigener Deutung *"all possible views of Woman's higher education"* dargestellt; das Problem ist nicht in das System einer Lösung gezwängt, sondern allseitig beleuchtet. Der Märchenform fügt sich als Ornament zur Erhöhung der Stimmung das Motiv der "weird seizures" des Prinzen ein; die Lieder, darunter eines "Come down, o Maid" von Schweizer, ein anderes "Blow bugle, blow" von irischen Landschaftseindrücken erfüllt, sind Meisterwerke.

Zur Zeit der Veröffentlichung von "The Princess" wohnten die Tennysons in Cheltenham; von dort aus unternimmt der Dichter Ausflüge nach London wo engere Beziehungen zu Thackeray beginnen und eine Zusammenkunft mit Freiligrath stattfindet — sowie nach Schottland, zwei auch nach Irland und einen behufs Lokalstudien zur Artussage nach Cornwall.

Im Sommer 1850 erschienen die seit Hallams Tod zu verschiedenen Zeiten verfaßten Elegien in einer Sammlung unter dem Titel "In Memoriam" vereinigt. Trotz seiner Entstehungsweise ist das aus 131 Einzelgedichten nebst Prolog und Epilog bestehende Werk in sprachlicher und metrischer Beziehung eine feste Einheit: es ist durchweg in vierzeiligen Strophen von viertaktigen jambischen Versen mit der Reimstellung *abba* geschrieben und der Wortschatz, insbesondere die philosophische Terminologie, stellt sich als ein Organismus dar. Schwerer ist, die Einheit des Gedankenganges durch die Labyrinthe von Reflexion und Gefühl, konkreten Naturbildern und abstrakten Denkreihen hindurch, welche das Werk nach des Dichters eigener Bezeichnung zu einer "Divina Commedia" des menschlichen Seelenlebens machen, unentwegt zu verfolgen; die Menge von Beziehungen auf Zeitereignisse und Zeitideen erschweren die Interpretation; vom Dichter besitzen wir nur kurze Andeutungen. Der Gedankengang in großen Zügen ist klar:

von der gänzlichen Hingabe an den Gram, in der er sich verzweiflungsvoll an materielle Äußerlichkeiten — das Schiff mit Hallams Leiche — heftete, steigt der Dichter zum Unsterblichkeitsglauben, dann zur Überzeugung von Verkehr und Gemeinschaft der Geister fort, so daß ihm der Freund zu Ende des Buches wieder wie einst ein lebender Gefährte ist, und von da aus erhebt er sich zu jenem System von Ansichten über Gott, Glauben, Wissen, Stoff und Geist, welches nach des Theologen Maurice Ansicht *"a definite step towards the unification of the highest religion and philosophy with the progressive science of the day"* war und das diese "modernen Psalmen", wie man sie genannt hat, für heute und morgen ebenso wahr, bedeutsam und aktuell macht, wie sie es für die Gebildeten von 1850 waren, von denen naturgemäß nur eine erlesene Schar das Buch gleich mit Freuden empfing und genoß.

Erst das Honorar für "In Memoriam" ermöglichte dem Dichter die Heirat mit Emily Sellwood nach zehnjähriger Trennung. Die treue Gefährtin war ihm auch zeitlebens eine geistvolle Ratgeberin beim literarischen Schaffen. Wie schon 1839 "The Princess", so wurde jedes folgende Werk mit ihr durchbesprochen; auch setzte sie einige seiner Lieder in Musik. — Eine zweite wichtige Folge der Veröffentlichung von "In Memoriam" war die Ernennung zum *Poet laureate* einige Monate nach Wordsworths Tode, am 19. November 1850. Die Erinnerungen an eine Reise nach Italien im Jahre 1851 sind in "The Daisy" niedergelegt. Im folgenden Jahre, als ein Krieg mit Frankreich zu drohen schien, entstanden drei politische Lieder: "The Third of February", "Britons, guard your own" und "Hands all round". — Bis 1853 lebte das Ehepaar in Twickenham, wo am 11. August 1852 die Geburt des Sohnes und späteren Biographen Hallam zum tiefsinnigen, viel später vollendeten Gedichte "De Profundis" Anlaß gab; im November entstand die "Ode on Wellington's Death". Im folgenden Jahre übersiedelte die Familie in das Landhaus Farringford in Freshwater auf der Insel Wight, das abwechselnd mit

B*

London und dem später erworbenen Aldworth an der
Grenze zwischen Surrey und Sussex der eigentliche Wohn-
sitz seiner späteren Jahre war. Als Frucht der Arbeit dieser
ruhig-glücklichen Zeit erschien 1855 "Maud, a monodrama".
Der Band enthielt außerdem noch einige kleinere Gedichte,
darunter die "Charge of the Light Brigade", am 2. Dezember 1855 unter dem Eindrucke einer Beschreibung dieser
Episode des Krimkriegs (in "Times") binnen wenigen Mi-
nuten niedergeschrieben.   Die eigenartige, vielumstrittene
Dichtung „Maud", ebenso mannigfaltig und vollkommen
in der Form als seltsam in Inhalt und Erfindung, ist die
tragische, von dem unglücklichen Helden selbst in sprung-
hafter Darstellung erzählte Geschichte seiner Liebe zu einem
Mädchen, dessen Vater den Tod des seinen verursacht hatte;
trotz seiner Verbitterung und des festen Entschlusses von
Mauds Reiz unwiderstehlich angezogen, durch scheinbare
Abweisung gekränkt, von Eifersucht entflammt, schließlich
in Abwesenheit ihres Bruders durch Gegenliebe beglückt
und schon zur Versöhnung auch mit ihm bereit, wird der
Liebende von ihm bei einer Zusammenkunft mit Maud am
Morgen nach einem Balle überrascht, tötet ihn in der Folge
im Duell, flieht in die Bretagne, vom Schatten Mauds ver-
folgt, und wird wahnsinnig. Von einer der nun breit ent-
falteten Wahnsinnsszenen aus dichtete Tennyson, indem er
vor sie einen erklärenden Abschnitt setzte, der seinerseits
einen zweiten vor sich erforderte u. s. w., das Werk gewissermaßen von Zentrum und Ende gegen den Anfang zu. Im
letzten Teile schließlich erscheint der Held geheilt, voll
Hoffnung auf ein Wiedersehen mit Maud in anderen
Welten   und voll Begier, seine Seele im Donner des
Krieges vollends zu beruhigen: das Stück ist inmitten der
Zurüstungen zum Krimkrieg geschrieben. — Der Dichter
hat es als notwendig erkannt, durch eine dispositionsartige
Inhaltsangabe, die der Sohn mitteilt, feste Grundlagen für
die inhaltliche Interpretation des Gedichtes zu schaffen, um
welches sich ein Kampf der widersprechendsten Deutungen
und Urteile entspann.

Im Jahre 1856 nahm Tennyson die poetische Beschäftigung mit der ihn seit jeher interessierenden Artussage wieder auf: eine Reise nach Wales förderte die Arbeit, und 1859 erschienen vier von den "Idylls of the King". 10.000 Exemplare wurden in der ersten Woche verkauft. Zwei Jahre zuvor war von den "Poems" eine von D. G. Rossetti, Millais, Holman Hunt u. a. illustrierte Ausgabe erschienen; später illustrierte die Königsidyllen noch Gustav Doré. Vielfache Reisen (nach Norwegen, Portugal), auch je eine nach Cornwall und der Bretagne behufs Lokalstudien zum Epos, fallen in diese arbeitsvollen Jahre; Soldaten- und Matrosenlieder, "Riflemen form!" und "Jack Tar", veranlaßt durch den Krieg von 1859, Gelegenheitsgedichte wie "A Welcome to Princess Alexandra" — durch Annäherung an den Hof im Jahre 1862 — entstehen in dieser Zeit; ebenso die "Experiments", von denen die "Alcaics to Milton" und zwei Übersetzungen von Abschnitten der Ilias im *blankverse* sowie das epische Fragment "Boädicea" das Gelungenste sind. Die wichtigste Frucht dieser Jahre aber war der 1864 erschienene Band, ursprünglich "Idyls of the Hearth" betitelt, die Krone der 1842 mit "English Idyls" so glücklich begonnenen Gattung. Tennysons populärstes Gedicht, "Enoch Arden" (mit dem Nebentitel "The Fisherman"), diese im *blankverse* dahinfließende Geschichte vom totgeglaubten Fischer, der nach jahrelangem Robinsonleben in die Heimat zurückgekehrt, sein Weib als glückliche Gattin eines Jugendfreundes findet und heldenmütig bis zum Tode in unentdeckter Zurückgezogenheit schweigt, — zeigt neben dem tief rührenden Inhalt und herrlichen Bildern von Natur und Familienleben den schon in "Dora" so deutlichen Vorzug Tennysonscher Erzählungskunst, die göttliche Einfachheit einer unentwegt fortschreitenden Darstellungsweise, in höchster Vollendung. Der Gegenstand, dem Dichter vom Bildhauer Woolner mitgeteilt, ist eine weit verbreitete, auch in der Bretagne erzählte Matrosen- und Fischerlegende. — Das dramatisch Mächtigste, das Tennyson je geschrieben hat, ist das folgende

Stück der Sammlung, „Aylmer's Field"; es hat das tragische
Geschick eines durch soziale Vorurteile getrennten und
daran sterbenden Liebespaares zum Gegenstande. Den Kern
des Gedichtes bildet die Leichenrede des Pfarrers, Bruders
des Helden, auf die beiden Unglücklichen über den Text
"Your house is left unto you desolate", — voll des er-
habensten biblischen Pathos; das Gedicht hat den Dichter
mehr mühevolle Arbeit gekostet als je ein anderes. Von
den übrigen ist "The Grandmother" das rechte Muster
einer modernen Idylle, durch die zufällig vernommene
Äußerung einer alten Frau "The spirits of my children
always seem to hover about me" veranlaßt. Mit "The
Northern Farmer", "new" und "old style", Bildern aus dem
nordenglischen Bauernleben voll prächtiger Charakteristik,
beginnen die Dialektgedichte Tennysons, später meist in
der Sprache seiner Heimat Lincolnshire verfaßt. — "Sea
Dreams", die in ein englisches Familienidyll hineinerzählte
und von schöner Vergebungsphilosophie durchwehte Geschichte vom materiellen Ruin eines kleinen Bankbeamten,
enthält das Wiegenlied "What does little birdie say", wozu
sich die "Child-songs" von 1880 "The City-Child" und
"Minnie and Winnie" stellen. Das tiefsinnig allegorische
Liedchen "The Flower", die Popularisierung neuer Ideen
darstellend, und die jugendfrische Ballade "The Sailor-Boy"
vervollständigen den Inhalt dieses Bandes, von welchem
bald 60.000 Exemplare vergriffen waren.

Im folgenden Jahre erschien ein 3-Penny-Band unter
dem Titel "Selections from the works of Alfred Tennyson",
der die populärsten den ärmsten seiner Mitbürger zugäng-
lich machen sollte und „to the Working-Men of England"
dediziert ist; er enthielt einiges Neue, darunter die Matrosen-
ballade "The Captain, a legend of the navy". In der
nächsten Zeit entstehen die Zeilen an Dante, auf Bitten
der Florentiner zum 600. Jahrestage seiner Geburt verfaßt,
das antik-philosophische Gedicht "Lucretius", die Ballade
"The Victim or the Norse Queen", neben der späteren
poetischen Übersetzung des angelsächsischen Brunnanburh-

fragmentes und Einzelnem im "Harold" (so dem Thor-Liede, IV, 3) der einzige Rückblick Tennysons in germanisches Altertum — ein kleiner Liederzyklus "The Window, or the Song of the Wrens" zu Sullivans Musik, das philosophische Gedicht "The Higher Pantheism", die zwei moralphilosophischen Strophen "Wages" ('Lohn'), Metaphysisches wie "Flower in the crannied wall . .", vor allem aber werden die Königsidyllen 1868 mit "The Holy Grail" wieder aufgenommen. Von Ereignissen im Geistesleben des Dichters sind intensive hebräische Lektüre (des Buches Hiob, des Hohen Liedes und der Genesis), Beschäftigung mit dem Italienischen sowie tiefere philosophische Studien zu erwähnen, die sich in einigen der Gedichte wiederspiegeln und 1869 zur Begründung der kurzlebigen "Methaphysical Society" führen. In demselben Jahre erschien ein Band mit einigen neuen Königsidyllen nebst einem Teil der erwähnten Gedichte sowie "The Golden Supper". Seine Popularität in Amerika (von ihm selbst schon 1832 durch die Verse "England and America, 1782", weise begründet) stieg nach diesem Bande ungemein, eine *"Tennyson Society"* entstand in Philadelphia. Besuche wie der Longfellows (1868), Turgenjews (1871), Darwins (1868), Garibaldis (schon 1864) und später Renans (1875), Auszeichnungen wie das Oxforder Ehrendoktorat (schon in den Fünfzigerjahren) — und neue Bekanntschaften wie die mit George Eliot bringt der Dichterruhm mit sich. — 1872 erschien die *Imperial Library Edition* seiner Werke und enthielt als Zusätze einige ungedruckte ältere Gedichte, darunter "Literary Squabbles", im Jahre 1846 als "after-thought" zu einer scharf satirischen Antwort auf Angriffe Edw. Lytton Bulwers gegen die 1842er Gedichte im "Punch" erschienen, ferner "On a Spiteful Letter" als Erwiderung auf die zahlreichen anonymen Schmähbriefe. Außer in diesen Gedichten hat Tennyson auf die vielen Angriffe zünftiger wie unberufener Kritiker, so sehr sie ihn kränkten, nie reagiert.

Der Hauptschmuck der neuen Ausgabe aber war der erste volle, zusammenhängende Druck der Königsidyllen.

Durch "Gareth and Lynette", welchen nur mehr "Balin and Balan" folgte, hatte der Dichter 1872 dieses Hauptwerk seines Lebens 40 Jahre nach Veröffentlichung der ersten Fragmente zum Abschluß gebracht. Aus der vom Sohne zusammengefaßten Entstehungsgeschichte ist hervorzuheben, daß der Dichter seit seiner frühesten Jugend in Prosa über Arthur schrieb, 1833 eine Skizze des Epos in Prosa entwarf, 1832 und 1842 Fragmente veröffentlichte, um 1840 an eine dramatische Bearbeitung dachte (ein Szenar ist erhalten), erst 1855 über die endgültige Gestaltung des Stoffes schlüssig wurde, nach dem 1859 erschienen Bande lange Zeit zweifelnd pausierte, 1868 "by a sudden breath of inspiration" "The Holy Grail" niederschrieb und nebst einigem Weiteren veröffentlichte, worauf die Arbeit bis zum Abschluß im Jahre 1872 wieder rüstig weiterging. Als Quelle diente ihm vor allem Malorys "Morte d'Arthur", welches Werk ihn noch als Knaben zuerst mit dem Stoff bekannt machte, sowie das keltische "Mabinogion" in der Übersetzung von Lady Charlotte Guest. Das ganze Werk ist im *blankverse* geschrieben, die eingeschobenen Lieder durch Reim und refrainartige Wiederholungen unterschieden. In seiner vorliegenden Gestalt beginnt das Werk mit einer 1862 nach dem Tode des Prinzen Albert verfaßten Widmung an sein Andenken, welcher am Schluß ein Epilog "To the Queen" (1875) voll Anspielungen auf Zeitereignisse entspricht.

"The Coming of Arthur", die Einleitung zum Werke, im Februar 1869 verfaßt, erzählt, wie der neu gekrönte junge Arthur seinem Nachbarn König Leodogran im Bedrängnis zu Hilfe kommt, aufständische Barone im eigenen Reiche bekämpft, Leodograns Tochter Guinevere zur Frau gewinnt, sich von Rom unabhängig erklärt und die Heiden besiegt. In Reden handelnder Personen ist die Vorgeschichte, Arthurs geheimnisvolle Anschwemmung als Kind, seine Jugend bis zur Thronbesteigung, die ihm von Magier Merlin geleisteten Dienste und die Geschichte seines Schwertes erzählt, sowie prophetisch auf seine künftige

Größe hingewiesen. — Nun beginnt der eigentliche Zyklus "The Round Table" mit der November 1871 bis Juni 1872 mühevoll ausgearbeiteten und zugleich mit "The Last Tournament" veröffentlichten Geschichte von "Gareth and Lynette". Durch heldenhafte Ausdauer, versinnbildlicht durch die Besiegung der allegorischen Ritter Morning-Star, Noonday-Sun, Evening-Star und Night-and-Death, der sich niedergestreckt als blühender junger Prinz entpuppt, und durch geduldiges Ertragen aller Demütigungen — der Held ist anfangs Küchenjunge an Arthurs Hof —, auf Schmähungen nur mit Taten antwortend, gewinnt der junge Gareth ritterliche Ehre unter Arthurs Gefolge und die Hand der stolzen Lynette, deren Schwester er aus Gefangenschaft befreit. Die Zauberatmosphäre um Arthurs Burg Camelot, Merlin mit seinen rätselhaften Sprüchen, König Arthur als gerechter Richter, sind eingeflochtene Bilder. — "The Marriage of Geraint" und "Geraint and Enid", gemeinsam als "Enid" von April bis August 1856 gedichtet, 1859 veröffentlicht, behandeln den "Erec"-Stoff von dem Ritter, welcher sich in häuslichem Glück "verliegt", die Trauer seiner Gemahlin darüber als Schuldbewußtsein auffaßt und sie nun auf einer abenteuerlichen Fahrt schweren Prüfungen aussetzt, worin sie durch Befolgung seiner harten Befehle weiblichen Gehorsam, in Versuchung eheliche Treue, in jeder Gefahr zärtliche Besorgnis um ihn und schließlich brutaler Gewalt gegenüber passiven Heroismus, er aber in Kämpfen unerloschene Heldenkraft an den Tag legt, so daß sie zum Schluß in neuem Glück wieder vereinigt sind. Die Vorgeschichte, wie ein romantisches Abenteuer die beiden zuerst zusammenführt und ein Turniersieg zu Mann und Weib macht, ist in echt epischer Weise wie regelmäßig in allen folgenden Idyllen in einem Rückblick als Enids Erinnerung eingeschaltet; Episoden sind die Bekehrung des wilden Edyrn durch Demütigung zum milden Ritter der Tafelrunde, sowie Arthurs segensreiche Kulturarbeit im Lande. — "Balin and Balan", wovon wir wie von Teilen anderer

Idyllen eine Prosaskizze besitzen, ist um 1872 als Einleitung zu "Merlin and Vivien" gedichtet und 1885 veröffentlicht worden; der Grundgedanke ist, daß auch nur
der Schatten einer Schuld, hier im Verhältnis Lancelots
zur Königin, einen naiven Idealismus, hier den durch
Schuld und Sühne geläuterten Balins, welcher die Königin
kindlich verehrt, zu vergiften vermag, dann Verleumdung,
durch Sir Garlon und Dame Vivien verkörpert, ihn vollends
in Verzweiflung verkehrt, die zu Mord, Reliquienentweihung
und verblendeten Kampf mit dem eigenen Bruder treibt:
der ἀναγνωρισμός und gemeinsame Tod der Brüder ist das
tragische Ende. — "Merlin and Vivien" (ursprünglich
"M. and Nimue"), im Frühjahr 1856 gedichtet, 1859 als
"Vivien" veröffentlicht, erzählt, wie die tückische Vivien
dem weisen Merlin durch Verstellung und Überredungskunst
das Geheimnis seines Zaubers entlockt und diesen dann
gegen ihn selbst angewendet, wodurch er "lost to life and
use and name and fame" ist. Die Vorgeschichte, wie Vivien
an Arthurs Hof hinterlistig Zutritt erlangt und dort Verleumdung und Versuchung sät, ist wieder rückblickend
nachgetragen, die Begründung der Tafelrunde und die Geschichte von Merlins Zauberkunst in dessen Erinnerungen
episodisch eingeflochten. "Lancelot and Elaine"
oder "The Fair Maid of Astolat", im Sommer 1858 gedichtet und 1859 als "Elaine" veröffentlicht, hat tragischen
Inhalt: Sir Lancelot ist zwischen seine sündhafte Liebe
zur Königin und die ohne sein Zutun erwachte Liebe
Elainens zu ihm gestellt, beharrt in falschem Ehrgefühle
bei der ersteren und verursacht so den Tod des Mädchens,
welcher sein Verhältnis zur Königin für immer trübt und
ihn den Qualen der Reue preisgibt. Das Bild eines Turniers
steht im Mittelpunkte der Handlung. — "The Holy
Grail", in einer Septemberwoche 1868 gedichtet, 1869
veröffentlicht und wie "Elaine" aus einer Ballade von 1842
erweitert, drückt in den Abenteuern und Visionen einiger
Ritter der Tafelrunde, die von den Gesichten einer frommen
Nonne und einer selbst erlebten Erscheinung angeregt, auf

die Suche nach dem heil. Gral ausziehen, verschiedene Erscheinungsformen christlicher Gesinnung und religiös-philosophische Dogmen des Dichters aus. In der Schlußrede Arthurs, welcher, an sein großes Werk gebunden, nicht mit ausziehen konnte, spricht der Dichter mit dem Gedanken, daß die Materie Vision und das Geistige das wirklich Wesenhafte sei, seine tiefste Überzeugung und zugleich nach eigener Angabe die Zentralidee der Idyllen aus. — "Pelleas and Ettarre", schon 1859 geplant, aber erst um dieselbe Zeit wie das Vorige verfaßt und veröffentlicht, erzählt, wie Ritter Pelleas, der anfangs ganz wie Gareth von seiner Dame alle Demütigungen ertrug und dann auf Gawains Anerbieten, sie für ihn zu gewinnen, eingegangen war, von diesem schmählich betrogen, von Percivale in seinem naiven Glauben an die Reinheit der Königin und der Tafelrunde vollends irre gemacht wird und durch seine Verzweiflung die Schuldbewußten mit bösen Ahnungen erfüllt. — "The Last Tournament" oder "Tristram", 1859 durch die Lektüre von "La belle Isoude" vorbereitet, im Mai 1871 gedichtet und im Dezember veröffentlicht, verbindet mit der Artussage diejenige von Tristan und Isolde, ihrem beiderseitigen Ehebruch und Tristans tragischem Ende durch die Hand von Isoldens Gemahl. Daß Tristan mit der Tafelrunde in Berührung kommt und bei einem Turnier siegt, ist mit ein Anzeichen des einreißenden Sittenverfalls, welcher auch sonst in vielen Symptomen hervortritt, von Arthurs Narren Dagonet mit Erbitterung aufgedeckt und von Tristan selbst gelegentlich in seiner Entwicklung dargestellt wird. — „Guinevere" (auch "The Parting of Arthur and Guinevere"), am 9. Juli 1858 begonnen, am 15. März 1859 beendet und 1859 gedruckt, handelt von Guineveres Reue über ihre Schuld mit Lancelot und ihrem letzten Abschied von Arthur, der in seinen letzten Kampf zieht. Jene Schuld, die sich wie ein dunkler Schatten durch alle Idyllen zog, hat Sittenverfall und Auflösung unter die Tafelrunde, Krieg und Zerstörung über das einst blühend-hoffnungsvolle Reich gebracht, hat Arthurs großes

Lebenswerk vernichtet: "thou hast spoilt the purpose of my life". Trotzdem vergibt ihr Arthur — er ist "the highest and most human too" — und öffnet ihr den Ausblick auf ein Wiedersehen und Glück im Jenseits durch Reue. So schließt die Tragödie — wie schon "Lancelot and Elaine" — doch noch mit einem Hoffnungsschimmer. — "The Passing of Arthur", aus der "Morte d'Arthur" von 1842 erweitert, 1869 zuerst gedruckt, bildet mit dem parallelen "Coming of Arthur", mit welchem es auch eine mehr archaisierende Sprache gemeinsam hat, die Umrahmung des Werkes. Es behandelt Arthurs letzte Schlacht gegen den aufständischen Modred, seine tödliche Verwundung, die Rückgabe seines Schwertes Excalibur an die Fee des Sees und seinen geheimnisvollen Hingang auf einem Feen-schiffe: *"from the great deep to the great deep he goes."*

Die Einheit der Handlung in den Königsidyllen beruht auf der tragischen und immer weitere Unheilsringe um sich her ziehenden Schuld der Königin und tritt am deutlichsten in „Guinevere" hervor. *"The whole is a dream of man coming into practical life and ruined by one sin."* Was den tiefen allegorischen Sinn betrifft, so sind nach des Dichters eigener Angabe viele Deutungen möglich, folgendes aber wohl sicher: Merlin verkörpert das menschliche Wissen und Können, Arthur eine ideale und doch nicht überirdisch-abstrakte Humanität, *"ideal manhood closed in real man"*, ihm gegenüber Guinevere und die anderen Schuldigen die wirkliche Menschheit in Sündenfall, Reue, Sühne und Hoffnung, — so daß in diesem Gegensatze Vollkommenheit und Unvollkommenheit, *"Sense at war with Soul"*, die visionäre Materie und der sieghaft wirkliche unsterbliche Geist ein-ander gegenübertreten, wie dies im "Holy Grail" unmittelbar ausgesprochen ist.

Um dieselbe Zeit wie die letzten Idyllen entstanden auch kleinere Gedichte, so das naturphilosophische "The Voice and the Peak", 1873 in Italien am Fuße der Alpen verfaßt, vor allem aber vielfach Pläne zu Dramen. — In dieser Zeit bricht das Tagebuch von Tennysons Gemahlin,

eine Hauptquelle für seine Biographie, infolge einer Krankheit, welche sie bis zu ihrem Tode lahmlegte, ab; sie hat
aber den Gemahl um vier Jahre überlebt und den Sohn
bei Abfassung der Biographie durch mündliche Information
unterstützt. — 1873 erschien das Drama "Queen Mary",
welches zusammen mit "Harold", 1876, und "Becket",
1879, bzw. 1884 erschienen, eine historische Trilogie bildet,
deren Inhalt „the making of England" sein und Shaksperes
Histories ergänzen soll. Teils vom Sohn, teils vom Vater
rührt folgende Inhaltsangabe her: "In 'Harold' we have
the great conflict between Danes, Saxons and Normans for
supremacy, the awakening of the English people and clergy from
the slumber into which they had for the most part fallen, and
the forecast of the greatness of our composite race." "In 'Becket'
the struggle is between the Crown and the Church for predominance,
a struggle which continued for many centuries." "In 'Mary'
are described the final downfall of Roman Catholicism in England,
and the dawning of a new age; for after the era of priestly
domination comes the era of freedom of the individual." — Von
diesen auf gründlichen Quellenstudien beruhenden Dramen,
die zwar, wie der Dichter zugibt, nicht allen Anforderungen
moderner Bühnentechnik entgegenkommen, aber jedes eine
konsequent durchgeführte, in Spiel und Gegenspiel wohl
konstruierte und um eine Hauptfigur konzentrierte Einheit
der tragischen Handlung besitzen, zeichnet sich im besonderen "Queen Mary" durch lebenswahre Treue der
historischen Porträts (die plastischen Gestalten Philipps II.,
Elisabeths), "Harold" durch einen Schleier von balladenhaft-
fatalistischer Stimmung (das Kometenmotiv, der verhängnis-
volle Eid), "Becket" durch reiches kulturhistorisches Lokal-
kolorit (der Hof Heinrichs II., Eleonore, W. Map) aus. —
Im Inhalt schließt sich hier an das im späten Alter, 1892,
entstandene lyrisch-phantastische Drama "The Foresters,
Robin Hood and Maid Marian", eine durchaus roma-
neske, in erstaunlich jugendfrischer Farbenpracht glühende
Dramatisierung des alten englischen Volksballadenstoffes
mit der üblich gewordenen Verlegung in die Zeit Richard

Löwenherz' und kraftvoll-melodiösen Liedereinlagen. Über den historischen Gehalt und dessen Zusammenhang mit der früheren Trilogie sagt der Dichter: *"In 'The Foresters' I have sketched the state of the people in another great transition period of the making of England, when the barons sided with the people and eventually won for them the Magna Charta"* Besonders in Amerika wurde dieses im Ausdruck wie in der Handlung selbst von der köstlichsten, der Volksdichtung abgelauschten Naivetät durch und durch erfüllte Schauspiel enthusiastisch aufgenommen.

Die folgenden Jahre, in lebhaftem Verkehr mit literarischen Freunden wie Ruskin, M. Arnold, Browning, Carlyle zugebracht, bringen kleinere Gedichte, wie das vom Dichter unter allen seinen Sonetten am höchsten geschätzte "Montenegro", dann ein Sonett an V. Hugo und ein Gedicht auf den Tod des Bruders Charles Tennyson als Einleitung zu dessen Sonetten. Im Mai 1879 erschien, durch Nachdrucke veranlaßt, eine authentische Ausgabe der Jugenddichtung "The Lover's Tale" zusammen mit der aus 1869 stammenden Fortsetzung "The Golden Supper". Das Werk ist im *blankverse* geschrieben und Bearbeitung einer Novelle Boccaccios. Den Inhalt bildet die Geschichte einer unglücklichen Liebe, teils vom Helden, teils von einem Augenzeugen erzählt: Julian, dessen geliebte Pflegeschwester Camilla das Weib seines Freundes und Rivalen Lionel wird, entrollt in Teil I—III ein an "Maud" gemahnendes Bild seiner Verzweiflung und Halluzinationen; Teil IV, von einem Freund erzählt, berichtet nach Boccaccio von Camillas Scheintod und ihrer Rettung durch Julian, der sie im Grabe aufsucht, dann aber großmütig dem Gatten zurückgibt. Gleichfalls auf einer Novelle Boccaccios beruht der Einakter "The Falcon" (Ende 1879), eine Dialogisierung des auch von Longfellow in den "Tales of a Wayside Inn" als "Student's Tale" unter dem Titel "The Falcon of Sir Federigo" verwerteten Stoffes; es erlebte 67 Aufführungen. Im folgenden Jahre schrieb Tennyson am Gardasee im Anblick von Catulls Halbinsel Sirmio und in Erinnerung an

den Tod des Bruders die elegischen Zeilen "Frater ave
atque vale". Dasselbe Jahr 1880 bringt einen neuen Band
"B a l l a d s a n d o t h e r P o e m s", dem eineinhalbjährigen
Enkel Ally gewidmet. Sie schließen sich im Ton unmittelbar
an die "English Idyls" von 1842 und den "Enoch Arden"-
Band an und können teils als Idyllen im Sinne jener, teils
als Balladen bezeichnet werden. Zu den ersteren gehören
etwa "The First Quarrel", die rührende Geschichte einer
armen Witwe, die ihrem Manne das letzte Beisammensein
vor einer Seefahrt, auf welcher er umkam, durch Eifersucht
verbittert hat und das nun ihr Lebenlang bereut, weiter
die Dialektgedichte "The Northern Cobbler", die Bekehrung
eines Trinkers, "The Village Wife", die Geschichte einer unglücklichen Landedelmannsfamilie, von einem geschwätzigen
Dorfweib erzählt: beides humorvoll in der Ausführung,
tiefernst im Inhalt; "The Sisters", die Tragödie eines edlen
Weibes, das sich großmütig opfert, um ihrer Schwester
Glück mit dem Geliebten zu sichern, — in Tennysons
ruhevoll-fließender Art erzählt; "In the Children's Hospital"
(wie ein Kind vor einer grausamen Operation um Befreiung
durch Tod betet und erhört wird); "Sir John Oldcastle,
Lord Cobham", ein Märtyrer für Wycliffe's Ideen zur Zeit
Heinrichs V., — parallel dazu "Columbus", die Klagen des
Greises über Spaniens Undankbarkeit: beides in der Form
reflektierender Monologe. Sie bilden gemeinsam mit der
Bearbeitung einer irischen Seemannslegende aus Joyce's
"Old Celtic Romances": "The Voyage of Maeldune", einer
farbenreichen Verherrlichung der "peculiar exuberance of
the Irish imagination", — die speziell historische Gruppe
dieser Sammlung. Eigentliche Balladen in unserem Sinne
sind: "Rizpah", die wahre Geschichte einer mütterlichen
Antigone, welche die Gebeine ihres gehängten Sohnes stahl
und begrub; ferner „The Revenge", der Heldenkampf
eines englischen Schiffes gegen dreiundfünfzig spanische,
und parallel dazu "The Defence of Lucknow", die ebenso
heldenhafte Verteidigung einer Festung in Indien gegen
Meuterer. — Den Rest der Sammlung bilden die vorhin

einzeln besprochenen Gelegenheitsgedichte und Über-
setzungsproben.

"T h e C u p", ein zweiaktiges Drama, 1880 entstanden
und 1884 mit "The Falcon" gedruckt, beruht auf einer
Erzählung Plutarchs und spielt in Galatien: die Heldin,
Camma, tötet den zudringlichen Liebhaber, welcher ihren
Mann ermordet und, um an dessen Stelle wieder wie einst
Tetrarch und nicht mehr vom Volke gestürzt zu werden,
sein Land an Rom verraten hat, — bei der Hochzeit im
Artemistempel, dessen Priesterin sie geworden, mitsamt dem
römischen Anführer durch Gift und opfert ihr eigenes Leben
dieser Rache. Das Stück wurde über 130 mal aufgeführt.

Die alten Freunde Carlyle, J. Spedding, Fitz Gerald,
bald darauf des Dichters jüngerer Sohn Lionel und später
noch die Dichterfreunde Browning und Allingham sterben
alle um diese Zeit; wie einst Goethe, mußte der greise
Tennyson "über Gräber vorwärts". Sein nächstes Werk,
"T h e P r o m i s e o f M a y", 1882 geschrieben, voreilig ge-
spielt und ungünstig aufgenommen, ist nach seiner eigenen
Bezeichnung "a modern village tragedy" und berührt
moderne Lösungsversuche der sozialen Frage. Edgar, der
Held, eine durch analytisch-spekulatives Denken zerrüttete
Seele, dabei übersättigter Genußmensch, verläßt ein Mädchen,
das er unglücklich gemacht, kehrt nach Jahren, nach einem
Bankerott seiner Genußphilosophie und seiner sozialen
Theorien, reuig zurück und wirbt unerkannt um die über-
lebende Schwester der einst Verlassenen. Da erscheint die
Totgeglaubte; sie stirbt mit den Worten: "make her happy,
then, and I forgive you". Edgar, nun von der neuen Braut
mit Schaudern zurückgewiesen, sieht die Nichtigkeit seines
vereitelten Sühne-Planes und zieht gebrochen ab, sein Leben
in wirklicher Zerknirschung zu beschließen. Die Sprache
des Stückes ist in der Rolle des ländlichen Liebhabers
Dobson, des Vaters der Schwestern Farmer Steer, und andern
Dialekt, — die Form teils Prosa, teils Blankvers. — In
demselben Jahre wurde Tennyson, der dreimal den Baronets-
titel zurückgewiesen hatte, nach einer gleichfalls an Ehrungen

reichen Reise mit Gladstone, Pair und Mitglied des Oberhauses. Um diese Zeit beginnt der Dichter, da er sein Ende nahen sieht, abschließende Gesamtausgaben seiner Werke zu veranstalten. Und doch war seine Produktionskraft noch nicht erschöpft; drei Gedichtsammlungen nebst dem Drama "The Foresters" und Gelegenheitsgedichten sollten noch folgen.

Die erste davon, "Tiresias and other Poems", erschien Ende 1884, ist dem alten Freunde und ständigen Bewunderer Tennysons, Robert Browning, gewidmet und beginnt mit freundlichen Versen an Fitz Gerald, der jedoch vor Druck des Bandes starb. Die Gedichte sind zum Teil philosophischen Inhalts, so insbesondere "The Ancient Sage", geradezu eine metaphysische Abhandlung in Versen, wertvoll als Dokument von Tennysons eigensten Ansichten, dann "Despair", verzweiflungsvolle Grübeleien eines Atheisten, im Stil an "Maud" erinnernd; "Tiresias" mit seinem antiken Stoff, auch philosophierend, doch mehr erzählend, schließt sich an Früheres wie "Lucretius", "Tithonus", "Ulysses" an. Balladenartig ist: "The Wreck", die Bestrafung einer sündigen Mutter durch den Tod ihres Kindes, "The Flight": die Flucht eines zur Ehe mit einem Ungeliebten gedrängten Mädchens mit ihrer Schwester, beides länger ausgesponnene Erzählungen und wie "Tiresias" als Monologe gefaßt; weiter die Soldatenballade "The Charge of the Heavy Brigade at Balaclava", parallel zu "Charge of the Light Brigade" und "Defence of Lucknow"; im Epilog dazu eine Verteidigung gegen die Beschuldigung allzu großer Vorliebe für den Krieg; hieher gehört auch die Dorfballade "Tomorrow" im irländischen Dialekt, daneben im Lincolnshire-Dialekt die Idylle "The Spinster's Sweet-'Arts", das Bild einer alten Jungfer, welche ihre vier Lieblingskatzen nach den Namen ehemaliger Freier benennt. — Am reichsten ist der Band an eigentlichen Gelegenheitsgedichten, so die Verse an Fitz Gerald und General Hamley, beides Erinnerungen an Besuche, die Verse zum 1800. Jahrestag von Vergils Tod, drei Grabinschriften (auf Lord Redcliff, General Gordon

und Caxton), die Inschrift "Helen's Tower", die politischen
Lieder "Hands all round", "Freedom" und "The Fleet",
die literartheoretischen Verslein "Poets and their Bibliographies", pflichtgemäße Laureatspoeme wie "To Princess
Beatrice" und "Opening of the Indian Exhibition",
schließlich noch zwei Gedichte an Personen, eines an den
langjährigen Freund, den Herzog von Argyll, und ein älteres
an den von der Bühne scheidenden Schauspieler Macready. —
Als Art Nachlese zu diesem Band erschien dann 1886 das
längere Gedicht "Locksley Hall Sixty Years After", welches
zusammen mit dem "Locksley Hall" von 1842 die große
Umwandlung im Zeitgeist mit geradezu photographischer
Treue wiedergibt; die zwei Gedichte sind die kulturhistorisch
wichtigsten Tennysons.

Neue poetische Arbeiten, wie immer rege Teilnahme
an Zeitereignissen, kleine Reisen, ein Vergnügen, dem
Tennyson zeitlebens als echter Engländer leidenschaftlich
huldigte, und eine umfangreiche Korrespondenz füllen die
nächsten Jahre, deren ruhigen Lauf nur eine schwere Krankheit im Jahre 1888 unterbricht. Kaum genesen, beginnt
Tennyson von neuem die Arbeit, deren Frucht, "D e m e t e r
a n d   o t h e r   P o e m s", im Dezember 1889 erscheint; im
Widmungsgedichte an Lord Dufferin sind Erinnerungen an
des Dichters Sohn Lionel niedergelegt, dessen sich jener
in seiner letzten Krankheit angenommen hatte. Gelegenheitsgedichte sind auch "To Ulysses", an den Essayisten
Palgrave gerichtet, und das an griechische Tragödienchöre
gemahnende Gedicht zum Jubiläum der Königin Viktoria.
Das Titelgedicht "Demeter and Persephone" ist wieder einmal ein von modernen Gedanken umwobener antiker Stoff
und erinnert an Schiller. Weiter enthält das Buch einige
umfangreiche erzählende Gedichte, so die Dialektdichtung
"Owd Roä", die Geschichte eines treuen Hundes als Lebens-
retters, die dialogisierte Ballade "The Ring", von den
spiritistischen Anschauungen des älteren Bruders Frederick
Tennyson beeinflußt, weiter "Forlorn", ein lyrisch-balladen-
artiger Monolog, "Happy" oder "The Leper's Bride" (von

dem heldenhaften Weibe, welches einem aussätzigen Manne
folgt) und "Romney's Remorse", beides Verherrlichungen
weiblicher Großmut (im letzteren pflegt eine Frau auf-
opferungsvoll den alten hilflosen Künstler, welcher sie einst
als Jüngling verlassen hat, um seinem Genius freie Entwicklung zu sichern). Von philosophischen Gedichten der
Sammlung nimmt "Vastness" den Unsterblichkeitsgedanken
von "In Memoriam" wieder auf, "Parnassus" behandelt
die Frage der dichterischen Unsterblichkeit, "By an Evolutionist", wie schon der 118. Abschnitt von "In Memoriam",
die auch auf ethisches Gebiet ausgedehnte Evolutionstheorie. Naturbilder sind das ältere Gedicht "The Spring",
jetzt hervorgeholt und in einem halb naturfrohen, halb
philosophischen Widmungsgedicht der Freundin Mary Boyle
dediziert, sowie das jugendlich-hoffnungsvolle "The Throstle"
und die kleineren "The Snowdrop" und "The Roses of the
Terrace". Eine bei Tennyson neue Gattung, das Epigramm,
ist in seiner Urform schon durch die drei Epitaphien in
der vorigen Sammlung vertreten; ein solches findet sich
auch noch hier (auf W. G. Ward), daneben aber eine ganze
Anzahl eigentlicher Epigramme teils philosophischen, teils
satirischen Inhalts: das allegorisch-moralische "The Oak"
hielt der Dichter selbst für das gelungenste. — Das Be-
deutendste der Sammlung ist "Merlin and the Gleam",
im August 1889 geschrieben, eine Darstellung des eigenen
Geisteslebens und poetischen Schaffens unter einem aus
dem Stoffkreise der Königsidyllen entlehnten Bilde, Tennysons poetische Selbstbiographie, vom Sohne in der Einleitung zu seinem Werke analysiert. Hieran schließt sich
"Crossing the Bar", im Oktober 1890 gedichtet und
von Edm. Lushington meisterhaft ins Griechische übersetzt,
wie überhaupt viele der Gedichte von Freunden in die klassischen Sprachen übertragen wurden; diese vier Strophen,
in allen Ausgaben an den Schluß gestellt, ziehen die Bilanz
aus des Dichters ganzer geistiger Entwicklung und sprechen
im Anklang an einen Refrain der Königsidyllen "From the
great deep to the great deep he goes" einen festen Glauben

an die Unsterblichkeit der Seele und ein jenseitiges Leben im christlichen Sinne aus. Autobiographischen Inhalts ist auch das Lied "Far — far — away".

Im Jahre 1892 erschien Tennysons letzte Gedichtsammlung: "This book", sagt der Sohn, "he felt was his last will and testament to the world, and troughout there are echoes of the different notes that he had struck before, and a summing-up of the faith in which he had walked". Was zunächst das Letztere betrifft, so ist Tennysons endgültiges religiöses Glaubenbekenntnis, ein über Formen erhabener Gottesglaube, in "Akbar's Dream", einem auch wegen des orientalischen Milieus an "Nathan den Weisen" erinnernden Gedicht, niedergelegt. Was aber jene erste Behauptung angeht, so bestätigt sie sich durch die Mannigfaltigkeit des Inhaltes dieser Sammlung. Die Reihe erzählender Gedichte eröffnet "The Death of Oenone", eine Fortsetzung der "Oenone" von 1832, das letzte von den· Gedichten antiken Inhalts. Es folgt "St. Telemachus", die Geschichte jenes Mönches, welcher durch seinen Heldentod die Abschaffung der Gladiatorenkämpfe veranlaßte, die Ballade "The Bandit's Death", Scotts Andenken gewidmet und, wie einst "The Sisters", eine Behandlung des Judithmotivs (während "Telemachus" sich etwa an "St. Simeon Stylites" und "St. Agnes' Eve" anschließt), das humorvolle Dialektgedicht "Church-warden and Curate", vom Dichter selbst viel belacht, weiter "Charity", wie "The Leper's Bride" und "Romney's Remorse" eine Verherrlichung weiblichen Edelmuts, ferner das odenartige "Kapiolani", die Bekehrung der Sandwich-Inseln zum Christentum durch die Unerschrockenheit der Königin Kapiolani schildernd und ein genaues Gegenstück zu dem in der Biographie mitgeteilten Jugendgedicht von "Anacaona", dem schönen Indianerkind, dessen Glück die Entdecker von Espagnola vernichten, endlich die dreistrophige Romanze "The Tourney", ein Nachklang der Königsidyllen. —· Von philosophischen Gedichten bringt die Sammlung neben "Akbar's Dream" noch eine Anzahl, meist kurzer Ausdruck von festgeformten Überzeugungen, nicht mehr unruhige Reflexionen wie früher; so drücken "The Dawn" und "The Making of Man" Tennysons Lieblings- ideen, den Perfektibilitätsgedanken und die moralische Evolutionstheorie, aus; den Fortschritt der Menschheit preist auch "Mechanophilus" anknüpfend an die Wunder moderner Verkehrstechnik; religiös-ethischen Inhalts sind die paral- lelen Gedichte "Doubt and Prayer" und "Faith", meta- physischen "A Voice spake out of the Skies" und "God and the Universe". Aus allen diesen Gedichten spricht die feste, hoffnungsvolle Zuversicht, mit welcher Tennyson dem Tode entgegensah. Ganz besonders drücken sie noch drei Gedichte aus, nämlich "The Wanderer", ein Abschied von den Freunden auf Erden, "The Silent Voices", eine Apo- strophe an die Toten, deren Stimme ihn nicht mehr an die Vergangenheit erinnert, sondern in eine glückliche Zu- kunft zu sich ruft, und schließlich das letzte Gedicht seines Lebens, "The Dreamer", eine Zusammenfassung seiner optimistischen Philosophie mit dem Grundgedanken "All's well that ends well" und dem an die Erde gerichteten Refrain: *Whirl, and follow the Sun!*

Kurz nach dem Erscheinen dieses Bandes starb der Dichter in der Nacht vom 5. auf den 6. Oktober 1892; er wurde in der Westminsterabtei neben Browning beigesetzt.

Tennysons Sprache und Stil.

Den Inhalt der vorliegenden Arbeit soll eine möglichst systematisch geordnete Sammlung von Beispielen syntaktischer, stilistischer und lexikographischer Eigentümlichkeiten in Tennysons Dichtersprache bilden. Der bei ihrer Auswahl maßgebende Standpunkt ist der des gewohnheitsgemäß herrschenden und durch Beobachtung fixierten neuenglischen Sprachgebrauchs und insbesondere der in der Sprache moderner englischer Dichter gebräuchlichen und geläufigen Ausdrücke und Wendungen. Erscheinungen, die entweder von diesem Durchschnitt individuell abweichen oder andererseits für die typische Ausdrucksweise viktorianischer Poesie, welche Tennyson wie kein zweiter repräsentiert, als besonders charakteristisch gelten können, werden verzeichnet und klassifiziert.

Als Stoff liegen hiebei die in der Ausgabe letzter Hand[1]) gesammelten Werke zu Grunde.

---

[1]) *The Works of* Alfred Lord Tennyson, *Poet Laureate*. London, Macmillan and Co. (Abdruck von 1902, — im folgenden nach Seite und Spalte zitiert; verschieden von dem von 1894 durch Einfügung des Gedichtes *"Kate"* auf S. 24b und demgemäß Verschiebungen bis S. 36; sowie Einstellung der *"Foresters"* gleich nach den übrigen Dramen, S. 804—841, statt wie 1894 am Ende des Bandes).

Von verstreutem, zum Teil heterogenem Material außerhalb dieser geeinten Masse, das mehr zur Beleuchtung von Einzelheiten verwertbar ist als es Züge zu einem Gesamtbilde liefert, wurden Gedichte, Urversionen und Lesarten herbeigezogen aus:

Alfred Lord Tennyson, A Memoir by his Son (als *"Life"* nach *"Tauchnitz Edition"* zitiert).

Ich beginne mit den Beobachtungen über Wort-Gruppen und -Verbindungen, d. i. mit Syntax und Stilistik, zwei eng verflochtenen und vielfach ineinander übergehenden Gebieten, um hierauf zu den Eigentümlichkeiten in Schöpfung und Gebrauch einzelner Wörter, d. i. zu Wortbildung und Lexikographie, überzugehen.

Poems by Two Brothers, 1827 (Neudruck 1893, London, Macmillan): die mit A. T. signierten Gedichte (mit aller Vorsicht: s. die Einleitung des Herausgebers, Lord Hallam Tennyson, über die Schwierigkeiten der Verteilung).

The Early Poems of Alfred Lord Tennyson, *edited with critical introduction, commentaries and notes, together with the various readings, by* John Churton Collins. London, Methuen, 1900. Und:

In Memoriam, The Princess and Maud, edited, etc. by J. Churton Collins. Ibid. 1902. (Beides kommentierte historisch-kritische Ausgaben). Zu *In Mem.* auch des Dichters Noten (in der neuen Ausgabe von Hallam Lord Tennyson; Macmillan, 1905).

Einzelnes aus alten Zeitschriften und Jahrbüchern in *Suppressed Poems of* Alfred Lord Tennyson, *ed.* J. C. Thomson (Sonder abdruck aus *"Avon Booklet"),* Warwick, J. Thomson, 1904.

Erster Teil.

Syntaktisches.

In der praktischen Einteilung dieses Abschnittes folge ich, soweit es sich um eigentlich syntaktische Erscheinungen handelt, der Darstellung von Kellner[1]) und stelle daher mit ihm die Betrachtung des Satzbaues der Syntax der einzelnen Redeteile voran.

§ 1. Von den zwei Hauptarten syntaktischer Fügung, nämlich Unter- und Beiordnung, ist bekanntlich letztere die ältere; sie vertrat und vertritt die andere in Volkssprache und Volksdichtung. Diese Vertretung wurde von der Kunstpoesie aufgegriffen und als bewußtes Stilmittel verwertet, mit der klaren Absicht, einerseits den Ausdruck durch unmittelbare Aneinanderreihung der Gedanken sowohl zu vereinfachen als auch zu beleben, andererseits durch unvollkommene oder gänzlich fehlende Bezeichnung ihres logischen Verhältnisses die kombinatorische Phantasie anzuregen, welche bei prosaischer Deutlichkeit und Vollständigkeit unbeschäftigt bliebe. Natürlich kennt dieses Kunstmittel auch Tennyson und verwendet es sowohl im zusammengesetzten wie auch in eigentümlicher Weise im einfach erweiterten Satze.

Beispiele für das erstere sind:[2]) (Seite) 72 (Spalte) a, Epilogue "Morte d'Arthur",[3]) 8: *or else we loved the man, and prized his work (= or else we prized the work only because we loved the man);* 92 b 13 ff. (Talking

---

[1]) *Historical Outlines of English Syntax. By* Leon Kellner. London, Macmillan, 1892.

[2]) In der Anordnung der Beispiele innerhalb der Gruppen folge ich der zu Grunde gelegten Ausgabe, welche die Werke in wesentlich chronologischer Reihenfolge bietet.

[3]) Die Titel der Gedichte kürze ich in ähnlicher Weise ab, wie dies bei Zitaten im *"New Engl. Dictionary"* geschieht.

Oak): ... *oak, wherein* . *Charles abode* ... *and far below
the Roundhead rode (and* = *while);* 294 b, Maud,
Part I, XII, II, 4: *Gathering woodland lilies, Myriads
blow together* (für: *of which* ...); — 408 b 13, Lancelot
Elaine, 790: *she was happy enough and shook it off* (für:
to shake it off); — 468 a 3, Passing Arthur, 62: ...*grosser
grown than heathen, spitting at their vows and thee. Right
well in heart they know thee for their king* (für: *though*...);
— ebenso: 521 b, John Oldcastle, 12: *not now to glean,
not now* — *(tho' once) I hope to do it* — *some scatter'd
ears;* — 440 b 8, Pelleas Ettarre, 331: *what? slay a
sleeping knight? The King hath bound and sworn me to this
brotherhood* (= *slay a knight of the same brotherhood to
which the King hath bound me and sworn):* hier schildert
die Parataxe die Aufregung des Sprechenden. Als extremes Beispiel sei schließlich eine Stelle zitiert, die ich
nur durch gänzlichen Zerfall eines Satzes in lose Wortgruppen
erklären kann: 96 a 1 ff. sagt .der alternde Ulysses in dem
von Carlyle bewunderten Gedicht (Z. 86 ff.):

> *"Little remains: but every hour is saved
> From that eternal silence, something more,
> A bringer of new things* ...", —

was, logisch ausführlich, hieße: *"every hour which is really
something more (of life) and a bringer of new things,* — *is saved"*
("ein Gewinn"). Vgl. im folgenden § 87.

§ 2. Eine besondere Stellung nehmen einige Wendungen, besonders in den Königsidyllen, ein, in denen bei
Determinierung eines Verbalbegriffes durch Negation eines
erwarteten Nebenumstandes statt des üblichen Verbalsubstantivs mit *"without"* einfach parataktisches *"and not"*
("nor") ohne weiteren Ausdruck der konzessiven, bzw.
adversativen Beziehung eintritt,[1] z. B.:
— 208 a 29, Princess, V, 249: *Ida stood nor spoke*
(= *without speaking);* — 214 b 12, Princess, VII, 265: *he
(man) (must) gain in sweetness, etc.* ... *nor lose the wrestling
thews;* — 317, Gareth Lynette, 11: *thou dost His will, the
Maker's, and not knowest, and I that know,* ...*linger* ...;

---

[1] Vgl. z. B. Shakspere, *All's well,* II, 5, 91: *Strangers and
foes do sunder, and not kiss.*

ähnlich 155 b 9, Aylmer's Field, 826: *when he felt the silence
of the house about him, and the ehange and not the change
(= without any real ehange)*...; 324 b 17, Gareth
Lynette, 428: *accursed, who strikes nor lets the hand
be seen;* — 323 b 19, Gareth Lynette, 371: *lay him low
and slay him not;* — 328 b 8, Gareth Lynette, 662: *...high
that the highest-crested helm could ride therethro' nor graze;* —
461 a 3, Guinevere, 268: *and bow'd her head nor
spake.* —

§ 3. Eine dritte Gruppe bildet Parataxe für Hypotaxe
im Verhältnis der Glieder eines einfachen Satzes; die auffallendsten Beispiele sind:

— 171 a 14, Princess, I, 120: *airing a snowy hand and
signet gem (= with ... on it);* — 190 a 19, Princess, IV, 247: *at
mine ear bubbled the nightingale and heeded not (= the unheeding
nightingale,* oder: *heedlessly);* — 514 b, Village Wife, IV, 3:
straänge an' cowd fur the time (= strangely cold): vgl. 780 a,
Promise May, I: *the master'ud be straänge an' pleased if
you'd step in fust:* offenbar dem Dialekt abgelauscht;
Nachahmung der Umgangssprache liegt wohl auch vor in:
726 a, Becket, III, 1: *(the people) know an honest woman
and a lady when they see her* (für: *from a lady) (know =
unterscheiden);* — in dem Falle: 791 b, 6 v. u., Promise
May, II: *my five-years' anger cannot die at once with death
and him,* ist bloßes *"with him"* mit *"with his death"* zum
Pleonasmus kontaminiert.[1]) — Das Gegenstück zu jenen
Vulgarismen bildet Unterordnung für erwartete Beiordnung
in: 241, Boädicea, 13: *tear the noble heart of Britain, leave
it gorily quivering (gory and quivering);* oder 205 b 12,
Princess, VI, 85: *dishelm'd and mute and motionlessly
pale (= motionless and pale).* —

---

[1]) Gleich hier sei erwähnt, daß die Annahme unbewußter Kontamination verschiedener Wortverbindungen, wie überall, so natürlich
auch bei Tennyson oft zu Erklärungen herhalten muß. An Beispielen
fehlt es nicht: — 80 b 5, Audley Court, 42: *shovell'd up into some
bloody trench where no one knows...* (= *where no one knows of me,*
und: *which no one knows [of]);* — 85 b (St. Simeon) Stylites, 23:
pain heap'd ten-hundred-fold to this (= *heap'd upon,* und: *added to);* —
691 b, 2 v. u., Harold, V, 2: *the day of St. Calixtus, and the day, My
day when I was born* (aus: *the day when I was born,* und: *my birthday).*

§ 4. Als Gegenstück zu allen angeführten Fällen von Zerlegung eines Ausdrucks, welchen wir hypotaktisch zu einem logischen und grammatischen Ganzen verbunden erwarten, in zwei parataktische Einheiten — betrachte ich die krampfhaft kurze Vereinigung von zwei besonderen Gedanken, die in besonderen Sätzen nebeneinander stehen könnten, in einem einzigen Satze mit eigentümlicher Verschränkung und Inhaltsfülle des Ausdrucks. Beispiele solcher Gedankenverschränkungen sind·

118 b, Launcelot Guinevere, 13: *the sparhawk. hush'd all the groves from fear of wrong: "from fear"* gehört zu einem in *"hush'd"* steckenden *"they (their inhabitants) were silent";* — 139 a 8, Enoch Arden, 908: *when they buried him, the little port had seldom seen a costlier funeral (= it was a costlier funeral than the little port had ever seen);* — 207 a 16, Princess, VI, 177 (sagt Ida von Psyche's Kind): *sole comfort of my dark hour, when a world of traitorous friend and broken system made no purple in the distance, mystery* (d. h.: *when a world of.... surrounded me and made the future appear not in the colour of hope, but in the darkness of mystery);* — 261 a, In Mem(oriam), 54, 10: *not a moth with vain desire is shrivell'd in a fruitless fire* (1. *no moth is shrivell'd in fire in vain;* 2. *no fire is fruitless);* — 370 a 14, Balin Balan, 49: *Balin the stillness of a minute broke saying: "....."* (d. h.: *Balin was still for a minute, then said...);* — 607 b, 4 v. u., Queen Mary, III, 1 (sagt Bagenhall von Lady Jane Grey): *it was a sin to love her married, dead I cannot choose but love her* (d. h.: *it was a sin to love her living, because she was married, but dead...)* (vgl. die Fälle § 139); — 639 b, 10, Queen Mary, V, 1, nennt Renard den Thomas Stafford *"a weak Wyatt"* = *another Wyatt, but weak;* 659 a, 14, Harold, I, 2: *thou hast misread this merry dream of thine* (d. h.: *thou hast misread it, for it was not sad, but merry);* 659 b, 8 v. u., Harold, I, 2: *she (Edith) must be cloister'd somehow, lest the king should give his ward to Harold* (= *yield her, she being his ward [and he having power over her] to H.);* Fragenverschränkung: 810 a, 3 v. u., Foresters, I, 2: *what monk of what convent art thou?* —

§ 5. Eine besondere Art der Gedankenverschränkung ist die gewöhnlich als Prolepse bezeichnete eigenartige Attraktion von Adjektiven an Substantiva, welchen im gegebenen Momente der Vorstellungsreihe das betreffende Attribut noch nicht zukommt; an Beispielen kann ich beibringen:

— 1, To Queen, 6: *your Royal grace to one of less desert allows this laurel greener from the brows of one that utter'd nothing base:* mit wem verglichen Tennysons *"desert"* *"less"* ist, sagt erst die folgende Charakteristik Wordsworth's; — 104 a 19, Godiva, 55: *the low wind hardly breathed for fear* (auch als Pleonasmus deutbar); — 125 b 17, Enoch Arden, 47: *to purchase his own boat* (wohl der deutlichste Typus dieser Art); 145 a 21, Aylmer's Field, 171: *not sowing hedgerow texts and passing by;* — 178 b 15, Princess, II, 343: *he blew the swoll'n cheek of a trumpeter (= blew up his cheek to make it look swollen like a trumpeter's);* 255 b, In Mem., 31, 12: *a solemn gladness even crown'd the purple brows of Olivet: "purple"* erklärt *"gladness":* indem sie in Purpurglanz Sonnenlicht — erstrahlten; — 259 b, In Mem., 47, 6: *eternal form shall still divide the eternal soul from all beside* (d. h.: *the "form" shall be as eternal as the soul itself, and so "divide" it "from all beside". "The individuality lasts after death, and we are not utterly absorbed into the Godhead."* Tennysons Note); — 279 a, In Mem., 110, 20: *the vague desire that spurs an imitative will* ("zur Nachahmung" — des toten Freundes — anspornt); vgl. Life, II, 70, Fragment, urspr. In Mem., 188: *grief... that spurs an imitative will;* — 279 b, In Mem., 112, 16: *world-wide fluctuation sway'd in vassal tides that follow'd thought (= in tides that vassallike foll. th.);* — 445 a 8, Last Tournament, 96: *thieves* etc., *whom the wholesome realm is purged of otherwhere (= has been purged of in order to be "wholesome" now);* 532 b, De Profundis, II, I, 8: *with this ninth moon that sends the hidden sun down yon dark sea;* Prolepsen kühnerer Art als diese attributiven sind: 253 a, In Mem., 21, 22: *ye never knew the sacred dust (= ye never knew him living, who now is sacred dust);* vgl. 119 b, Come not.., 4: *vex the unhappy dust (of one whom when living) thou wouldst not save;* — ganz ähnlich sagt (mit einer wirkungsvollen "pars pro toto") die unglückliche Mutter, welche die Gebeine ihres gehängten Sohnes gesammelt und beerdigt hat: 503 a, R i z p a h , XI, 3: *I stole them all from the lawyers... my baby, the b o n e s that had suck'd me, the bones that had laugh'd and had cried:* wie in jenen Beispielen *"dust"* als Objekt zu *"know"*, *"save"*, so ist hier *"bones"* als Subjekt zu *"suck, laugh, cry"* (*= live*) proleptisch; — 284 a, In Mem., 129, 1: *dear friend, far off, my l o s t d e s i r e = lost, and now (the object of) my desire;* — verbaler Art: 494 b 13, G o l d e n S u p p e r , 54: *till the great day peal'd on us with that music which r i g h t s all* (spielt hinüber in A t t r a k t i o n wie die in § 79, ad fin.). —

§ 6. Da wir im vorhergehenden eine Reihe logisch ungenauer Ausdrucksverbindungen betrachtet haben, so mag im Anschluß daran gleich hier eine höchst interessante Eigentümlichkeit besprochen werden, welche ich als "V e r - s c h i e b u n g d e s S a t z n a c h d r u c k s " bezeichne: sie beruht zwar nicht wie jene anderen auf Verschränkung zweier Gedanken in einem Satzganzen, stellt aber ganz wie sie im Wesen eine nicht genau logische Fügung der Satzglieder dar, indem ein weniger wichtiger, ja manchmal überflüssiger Begriff in den Vordergrund des Ausdrucks gerückt wird und ein anderer, logisch hauptbetonter, vor ihm in den Schatten zurücktritt oder sogar verschwindet; solche Fälle sind:

vor allem mit *"to be"*· 4 b 36, C o n f e s s i o n s S e n s i t i v e M i n d , 86: *when thy grave was deep* (für: *when thou wert — deep — in thy grave):* "deep" ist nebensächlich, eignet sich aber unlogischerweise den Hauptton an;
93 a 5, L o v e D u t y , 25: *my faith is large in time* (für: *I have large faith,* oder tennysonianisch (§ 114): *"large faith is mine":* die Vorstellung vom Vorhandensein der Zuversicht überhaupt gibt den ihr gebührenden Hauptnachdruck an das relativ nebensächliche *"large"* ab; — das Umgekehrte liegt etwa vor in dem Falle: 200 a 29, P r i n c e s s , V, 299: *touched upon the point where idle boys are cowards to their shame (= where boys incur shame by being cowards, by not fighting);* — ganz parallel hingegen den früheren Fällen sind folgende: 124 a, T o E d w. L e a r, 20:

many a slope was rich in bloom from him.... to him...
(= there extended many a slope, rich in bloom, between
him.... and him...); — 264 a, In Mem., 66, 10:
...like to him whose sight is lost; ... *(sc. but) whose jest*
among his friends is free (für: *who yet, tho' blind, jests*
freely among his friends): es kommt mehr auf die bei
einem Blinden seltsame Tatsache des Scherzens überhaupt als auf die Art des Scherzes an; 284 a, In
Mem., 130, 4: *thou standest in the rising sun, and in the*
setting thou art fair: das *"art"* (*"erscheinst"*), nicht das
"fair" (*"in Schönheit"*), ist die Hauptsache, wie ja der
Parallelismus zu *"standest"* zeigt; — 288, Maud, Part I,
I, XIX, 1: *what is she now? My dreams are bad (= I have*
bad dreams of her fate); — 301 a, Maud, I, XXII, V, 3: *what*
sighs are those, for one that will never be thine? (für: *what*
avail those sighs...?) — 306 a, Maud, II, V, VIII, 4:
lily and rose that blow by night, when the season is good:
soll nicht heißen "wenn die Jahreszeit günstig ist", sondern
"wenn die gute Jahreszeit da ist"; vgl. 428 a 34, Holy
Grail, 599: *poor men, when yule is cold (= when cold yule*
has come), must be content to sit by little fires; — 306, Maud,
III, I, 5: *when the face of night is fair on the dewy downs*
(einfach "zur Nachtzeit"); ähnlich schon 120 b, Vision
Sin, I, 1: *I had a vision when the night was late (*für: *late*
in the night); — kompliziertere Fälle sind schon: 74 b 18,
Gardener's Daughter, 127: *a single stream of all her soft*
brown hair pour'd on one side (für: *her hair, in a single stream,...):*
"hair" logisches Subjekt, *"stream"* Formangabe; — 312 b 30,
Coming Arthur, 246: *whom... the King made feast for,*
saying as they sat at meat: da nun die Rede angeführt
wird, also sie Hauptsache ist, erwarten wir eher umgekehrt:
"making feast for, said..."; also liegt Gedanken-Inversion
vor; andere Inversionen sind: 133 b 5, Enoch Arden, 545:
half the night... these drifted, stranding on an isle at morn,
wo wir "unechten" Temporalsatz erwarten: *"till, at morn,*
they stranded..."; 389 a 27, Merlin Vivien, 559: *those*
eyes waged such unwilling tho' successful war on all the
youth...: wir erwarten "successful tho' unwilling" oder "unwilling yet successful"; 544 a 5, Wreck, VIII, 10: *but the*
face I had known... was not the face I knew (für: *the face*

I knew, recognized on seing now, was not the face I had known once; — 358 a 1, G e r a i n t E n i d, 234: *I never ate with angrier appetite than when I left your mowers dinnerless:* der Nachdruck liegt auf dem Verzehren ihres Mahles, nicht darauf, daß sie dadurch zu Schaden kamen; eine ähnliche Gedankenvertretung beobachten wir: 369 b 2, B a l i n B a l a n, 6: *Pellam . . . fail'd to send his tribute; . . . Arthur call'd his treasurer . . and spake: "Go thou with him and him and b r i n g it to us, lest we should set one truer on his throne":* nicht daß die Abgesandten den Tribut bringen, sondern daß Pellam ihn gebe, ist Arthurs Hauptauftrag: zu diesem, nicht zu jenem Gedanken gehört ja *"lest we should . . .";* 367 b 25, G e r a i n t E n i d, 867: *that gentleness, which, when it weds with manhood. makes a man =* which must be wedded with manhood to make a perfect man (vgl. 874 a, E f f e m i n a t e M a n n e r, 2); — 540 b 7, T i r e s i a s, 144: *rock . . . where of late the . . . Sphinx . . . folded her lion's paws, and look'd to Thebes:* das Wichtigste, *"sat"*, ist verschwiegen und durch die im Vorübergehen gebotene Beschreibung der Sphinx ersetzt (vgl. § 149); — 581 b 16, Q u e e n M a r y, I, 2: *she cannot pass her traitor council by, to make me headless (= she cannot make me headless, passing* [oder *"and pass"] her traitor council by);* — 641 a 13, Q u e e n M a r y, V, 2: *the poor son turn'd out into the street to sleep, to die:* um ein *"there"* zu ersparen, wird der Nachdruck mit kleiner Unrichtigkeit auf *"sleep"* verschoben, was dann die so natürliche Assoziation mit *"die"* zur Folge hat. — Hier sei auch der Fall gänzlicher Inversion der Gedanken zitiert, welcher vorliegt: C h u r t o n C o l l i n s, E a r l y P o e m s, p. 282, S o n g, II, 87: *Alas! that lips so cruel-dumb Should have so sweet a breath,* — wo wir parallel zu Strophe I: *Alas! that one so beautiful Should have so dull an ear,* und Str. III: *Alas! that eyes so full of light Should be so wandering,* — vielmehr erwarten: *Alas! that lips of breath so sweet should be so cruel-dumb. —*

§ 7. Das Mittelglied zwischen parataktischer und hypotaktischer Fügung war die Verbindung von Hauptsätzen durch Konjunktionen, welche ihr logisches Verhältnis ausdrücken. Das Fehlen dieser Konjunktionen, also "a s y n - d e t i s c h e r A u s d r u c k", ist eine Parallele zu der Einsetzung von Parataxe für Hypotaxe, indem auch hier die Herstellung der Verbindung dem Leser überlassen wird. Beispiele für diese Erscheinung sind bei der metrischen Bequemlichkeit, welche die Auslassung eines kurzen Wörtchens oft bietet, zahlreicher:

— 5a 2, Confessions Sensitive Mind, 97: ... *unpiloted i' the echoing dance of reboant whirlwinds, stooping low unto death, — (yet) not sunk!* 27 a, Sonnet, IX, 6: *weep on: beyond his object Love can last: (in my case) his object lives: — (yet still) more cause to weep have I;* 32 a 19, Two Voices, 87: *forerun thy peers, thy time* etc. *(yet, even then) thou hast not gain'd a real height, because the seale is infinite;* — 34 a 29, Two Voices, 268: *the sap dries up, the plant declines. (But) a deeper tale my heart divines;* — (wie man sieht, sind Asyndeta gerade im Gedichte "*The Two Voices*" bei der Fülle und dem assoziativen Fluß der erregten Gedanken sowie dem spruchartigen Charakter der scharf abgehobenen Strophen häufig); weitere Beispiele:

65a 21, Love (thou thy) Land, 25: ... *neither count on praise: (for) it grows (only) to guerdon after-days;* 101, 33, Locksley Hall, 139: *I doubt not thro' the ages one increasing purpose runs ... (But) what is that to him that reaps not harvest of his youthful joys ...?* — 259 b, In Mem., 46, 5: *so be it* (nämlich: mag es auch im irdischen Leben ein Vergessen geben): *(yet, oder but) there no shade can last ... behind the tomb;* — 274 b 20, In Mem., 97, 24: *he looks so cold: (yet) she thinks him kind;* ibid. 24 (28): *she knows not what his greatness is: (but even) for that ... she loves him all the more;* — 283 b, In Mem., 128, 22: nach langer irrealer Periode folgt der reale Gegensatz: "*I see in part*" etc., ohne auch nur durch "*but*" eingeleitet zu werden; — 288 a, Maud, I, II, 4: *perfectly beautiful: let it be granted her: (yet od. then) where is the fault?* — 319 a 7, Gareth Lynette, 86: *who never knewest finger-ache, nor pain of wrench'd or broken limb:* die unausgedrückte logische Verbindung ist: "auch nur" ... "geschweige denn' ..., 355 b 26, Geraint Enid, 104: *he watch'd the being he loved best ... with difficulty (yet) in mild obedience driving them (horses) on;* — 415 a 1, Lancelot Elaine, 1188: *(yet) these are (but) words,* sagt Lancelot nach einigen Komplimenten an Guinevere; — 439 b 23, Pelleas Ettarre, 286: *I cared not for the thorns: (yet) the thorns were there;* 463 b 25, Guinevere, 486: *this life of mine I guard as God's high gift from scathe and wrong, (but [do]) not greatly care to lose;* — 511 b 8, Sisters, 134: *(in view of a portrait): "Good! very like! (yet) not altogether he!"* — 599 a, 2 v. u., Queen Mary, II, 2: *we will refrain, and not alone from this (marriage), (but) likewise from any other;* — 811 b, 3 v. u., Foresters, I, 3: *I fear not her, (but) the father's power upon her;* — 853 a 5, Ring, 68: *thy hair is golden like thy Mother's, (yet) not so fine.* —

§ 8. Hier seien auch gleich die Fälle angeführt, wo eine unterordnende Konjunktion fehlt. Bei Vollständigkeit des Nebensatzes kommt dies nur bei *"that"* vor. Markante Beispiele sind: — in Konsekutivsätzen: 110 b 26, Sir Galahad, 62: *to me is given such hope, I know not fear;* 134 a 21, Enoch Arden, 594: *there often as he watch'd...so still, the golden lizard on him paused...;* — in zwei aufeinanderfolgenden Inhaltssätzen, einmal *"that"* ausgelassen, einmal gesetzt: 299 b, Maud, I, XIX, VIII, 4—5: *I know he has plotted against me.., That he plots against me still.* —[1])

Häufiger fehlt die Konjunktion bei Verkürzung des Nebensatzes (im Falle von Subjektsgleichheit), so daß dann der Leser ein isoliertes Partizip vor sich hat, dessen Beziehung zum Hauptsatz er in Gedanken ergänzt. Konzessives Verhältnis liegt vor: — 154 a 21, Aylmer's Field, 747: *give me your prayers, for he is past your prayers, (*sc. *though) not past the living fount of pity in Heaven;* — 249 b, In Mem., 8, 19: *this poor flower of poesy which (though) little cared for, fades not yet;* — 456 b 13, Guinevere, 37: *reverencing king's blood (even, though) in a bad man;* — ein solches konzessives *"even"* fehlt auch: 544 a 2, Wreck, VIII, 7: *dead (even) to the death beside me, and lost (even) to the loss that was mine;* — eine unausgedrückte konzessive Verbindung, aber mit stärkerer Ellipse: 320 a 27, Gareth Lynette, 153: *the thrall in person may be free in soul, and*

---

[1]) Auch diese Fälle sind, historisch genommen, nichts als ursprüngliche Parataxe für Hypotaxe (Kellner, § 104).

(even if I must consent to become one, at least—) I shall see the jousts; — k a u s a l e Beziehung: 462 b 16, G u i n e v e r e, 410: *the child of one I honour'd, happy, (because) dead before thy shame;* — k o n d i t i o n a l e: 524 b 7, J o h n O l d c a s t l e, 175: *so, caught (= if caught), I burn.* Umgekehrt fehlt bei infinitivischer Verkürzung das konditionale *"so"* nicht: 438 b 6, P e l l e a s E t t a r r e, 209: *thus to be bounden, so to see her face. —*

§ 9. In dieser Umgebung sind ferner einige Fälle aufzuzählen, in denen es sich nicht gerade um das Fehlen satzeinleitender Konjunktionen, wohl aber gewisser gedankenverbindender P a r t i k e l n und A d v e r b i e n handelt. Eine besondere Gruppe bilden die Modal-, und zwar die Vergleichungssätze: Tennyson läßt nämlich fast regelmäßig das zu ihnen hinüberleitende *"as"* oder *"so"* des Hauptsatzes weg:

a s: — 327 a 13, G a r e t h L y n e t t e, 575: *(as) far as thou mayest:* bei *"as far"* ist die Ellipse ausnahmslos; vgl. 419 b 25, H o l y G r a i l, 66: *(as) far as I have read;* 762 a 6, C u p, II: *far as the face goes, a goodlier-looking man than Sinnatus;* — 370 b 26, B a l i n B a l a n, 94: *once a Christless foe of thine as ever dash'd lance against lance* (für: *as Christless a foe...*); — 510 a 9, S i s t e r s, 42: *love will go by contrast (as well) as by likes;* 741 a, 10 v. u., B e c k e t, V, 2: *the poor mother, (as) soon as she learnt I was a friend of thine...;* 889 b, K a p i o l a n i, IV: *(as) long as the lava-light glares...., will the glory of Kapiolani be...;* s o: — 24 a, E l e ä n o r e, VII, 5: *as thunder-clouds ... grow golden all about the sky, (so) in thee all passion becomes passionless;* ebenso 119 b, B e g g a r M a i d, 10: *as shines the moon in clouded skies, (so) she in her poor attire was seen* Im (verkürzten) modalen N e b e n s a t z e selbst fehlt das einleitende *"as"* in dem Falle 22 b, R o s a l i n d, III, 9: *your cheek, whose brilliant hue is so sparkling-fresh to view, some red heath-flower in the dew...* (eine Art appositiver Vergleich, s. § 212). —

Auch bei anderer als modaler Fügung kann die der Konjunktion des Nebensatzes im Hauptsatze entsprechende Partikel fehlen, z. B. bei konsekutiver: 328 b 7, G a r e t h L y n e t t e, 661: *(so) high that the highest-crested helm could ride therethro' nor graze;* bei konditionaler: 66 a: zu Beginn der letzten Strophe von "Love thou thy Land" erwarten wir ein kräftiges *"then"* (... *to-morrow yet would reap to-day),* da sie den Nachsatz einer konditionalen Periode nach einer langen Reihe von Vordersätzen bildet. —

§ 10. Wenn wir nun nach diesen allgemeineren Betrachtungen über Fügung und Verbindung der Gedanken zu syntaktischen Einzelheiten übergehen, so ist bezüglich der inneren Struktur des einfachen Satzes nur ganz Weniges über die Kongruenz zu bemerken. Daß Tennyson als Dichter sich der sogenannten "constructio ad sensum" in weitestem Umfange bedient, ist ganz selbstverständlich; von Beispielen genüge:

— 22 a, Rosalind, I, 4: *(falcon) stoops at all game that wing the skies;* — 97 a 22 f., Tithonus, 39: *the wild team which love thee... arise;* — 112 b 38, Will Waterproof, 122: *a larger egg, than modern poultry drop;* — 239, Wages, 6: *the wages of sin is death* (Bibelphrase, Röm. 6, 23; vgl. Marlowe, Faustus, I. Szene); — 597 b 2, Queen Mary, II, 2: *what do and say your council at this hour?* — 636 b, Queen Mary, V, 1, 4: *the French fleet rule in the narrow seas;* Life, II, 69, The Grave, 2: *the crowd have come to see thy grave.* Die Konstruktion reicht natürlich auch von einem Satz zum andern hinüber, wie etwa: — 266 b, In Mem., 76, 11: *thine own (songs) shall wither... ere half the lifetime of an oak. Ere these (viz. oak and yew, cf. l. 8) have clothed their.. bowers with fifty Mays, thy songs are vain.*

Umgekehrt finden sich Fälle wie: 232, Northern Farmer, new style, XII, 4: *the poor in a loomp is bad,* — wo wir *"are"* erwarten und das *"is"* die Vorstellung von *"loomp"* verstärkt; — oder 447 a 19, Last Tournament, 241: *when an hour of cold falls on the mountain in midsummer snows, and all the purple slopes of mountain flowers pass under white, till the warm hour returns with veer of wind, and all are flowers again:* da der Sinn doch ist "und alles wieder (voller) Blumen ist, und man wieder nichts als Blumen sieht", erwarten wir *"is"*[1]); *are* wegen *slopes.* —

---

[1]) Erklärung und Belege für ganz ähnliche Erscheinungen: Kellner, § 92.

§ 11. Gelegentlich der "constructio ad sensum", welche ja, grammatisch genommen, eine Ungenauigkeit ist, seien Beispiele für eine noch größere Ungenauigkeit, nämlich das A n a k o l u t h, angeführt:

— 92 a 13 ff., T a l k i n g O a k, 257 : *but thou, while king-doms overset etc...., thy leaf, shall never fail;* vgl. 348 a 8, M a r r i a g e G e r a i n t, 428: *he, when I .. refused her to him, then his pride awoke;* — 94 b 8, G o l d e n Year, 18: *Like truths of Science waiting to be caught — Catch me who can, and make the catcher crown'd (= I make?* oder *to m.? they m.?);*

286 b 3, In M e m., E p i l o g u e, 131: *(those) under whose command is Earth and Earth's, and in their hand is Nature...,* 293 b, M a u d, I, X, 14 ff.: *the Power that all men adore, — and simper and set their voices lower, and soften..., and hold awe-stricken breaths* (der Relativ-satz ist aufgegeben); — 328 b 21, G a r e t h L y n e t t e, 675: *like those dull-coated things, that making slide apart their dusk wing-cases, all beneath there burns a jewell'd harness, ere they pass and fly;* 365 a 12, G e r a i n t E n i d, 696: *Enid answer'd, harder to be moved than hardest tyrants in their day of power, with lifelong injuries burning unavenged, and now their hour has come, and Enid said: "....";* 375 b 26, B a l i n B a l a n, 180: *at length, and dim thro' leaves blinkt the white morn, sprays grated,* etc.; vor *"and"* versteht sich ein *"it dawn'd":*[1]) zu diesem aufatmenden *"and"* vgl. G o e t h e, A u f d e m S e e, 1: "U n d frische Nahrung, neues Blut — Saug' ich aus freier Welt!" — 601 a, Q u e e n M a r y, II, 3: *thou cried'st "A Wyatt!" and flying to our side, left his all bare ...* (freilich wäre **left'st* monströs).

§ 12. Eine bewußte Verwendung des Anakoluths zu rhetorischer Wirkung· ist die A p o s i o p e s e (für welche "q u o s e g o ! —" Stammbeispiel bleibt); das klassische Bei-spiel bei Tennyson ist 709 a, 13 v. u., B e c k e t, I, 3, wo

---

[1]) Freilich auch durch Einschiebung statt Nachstellung des Satzes auf *"and"* erklärbar *(at length, sprays grated* [i. e. *the sleeper again heard them grate*], etc., *and dim thro' leaves ....*). Vgl. § 137.

der König in Erregung über Beckets vermeintlichen Undank
ausruft:

> *"If ever man by bonds of gratefulness —*
> *I raised him from the puddle of the gutter,*
> *I made him porcelain from the clay of the city —*
> *Thought that I knew him, err'd thro' love of him,*
> *Hoped, were he chosen archbishop, Church and Crown,*
> *Two sisters gliding in an equal dance,*
> *Two rivers gently flowing side by side —*
> *But no!*
> *The bird that moults, sings the same song again,*
> *The snake that sloughs comes out a snake again."*

Andere Beispiele: — 523 a 22 f., J o h n O l d c a s t l e, 105:
such crimes as holy Paul — a shame to speak of them — among
the heathen — ... *(*mit Bezug auf Ephes. 5, 12: *for it is a*
shame even to speak of those things which are done of them in
darkness); 648 a, Q u e e n M a r y, V, 4, ad fin.: *If ever*
I heard a madman, — let's away! Why, you long-winded — Sir,
you go beyond me."

§ 13. Gehen wir nun zum zusammengesetzten Satze
und den einzelnen Gattungen der Nebensätze über, so läßt
sich zunächst das von Kellner unter dem Kapitel "Sub-
stantivsätze" aus Tennysons *"Two Voices"* angeführte Beispiel für Ü b e r g a n g a u s i n d i r e k t e r i n d i r e k t e
R e d e (nach dem bekannten Xenophonteischen Schema:
εἶπεν ὅτι ʽΚῦρός εἰμιʼ) um die folgenden vermehren:
— 342 a 3, M a r r i a g e G e r a i n t, 47: *thinking, that if ever*
yet was wife true to her lord, mine shall be so to me;
435 a 3, P e l l e a s E t t a r r e, 113: *she thought That per-*
adventure he will fight for me.

Interessant als Beispiel unerwarteter Kürzung eines
Inhaltssatzes ist der Fall: — 126 b 32, E n o c h A r d e n,
122: *reporting of, his vessel China-bound and wanting yet a*
boatswain, — wo wir bei der Länge der Inhaltsangabe *"that"*
oder Accus. cum infinitivo erwarten. —

§ 14. Unter den Adjektivsätzen verdient insbesondere
die Gruppe der sogenannten "uneigentlichen Relativsätze" hervorgehoben zu werden. Wir erblicken in ihnen
das gerade Gegenstück zum vorhin besprochenen Gebrauch von Parataxe für Hypotaxe; so erscheint z. B. statt

adversativer Koordination (oder konzessiver Hypotaxe) relative Subordination in Fällen wie:

62 b, To James Spedding, 1—2: *the wind, that beats the mountain, blows more softly to the open wold* (der Gedanke: Horaz, Carm., II, X, 11—12); 247 a, In Mem., Prologue, 2: *Son of God..., whom we that have not seen thy face, by faith... alone embrace;* — 709 a, Becket, I, 3: *the bird that moults, sings the same song again...* (s. o. § 12).

Manchmal ist sogar direkte Umsetzung in adversative Parataxe möglich: — 347 b 10, Marriage Geraint, 408: *all unarm'd I rode, and thought to find arms in your town, where all men are mad (= but here — I find — all men are mad);* — 621 a, 11 v. u., Queen Mary, III, 5: *one, whose bolts, that jail you from free life, bar you from death... = jail you..., but also bar you...;* oder: *though they jail you..., yet at the same time bar you...,* also Enallage von zwei verschiedenen Arten logischer Beziehung.

Ihren lateinischen Ursprung verraten die uneigentlichen Relativsätze deutlich, wo sie ganz wie der "relative Anschluß" des Latein einfach ein kopulatives *"and"* vertreten und einen neuen Gedanken anreihen; z. B.: 48 a 6, Palace Art, 234: *deep dread... fell on her, from which mood was born·scorn of herself...;* — 134 b 31, Enoch Arden, 639: *till he made them understand; whom... they took aboard;* — 326 b 5, Gareth Lynette, 539: *...to kiss his hand, who answer'd him.* — 371 b 29, Balin Balan, 156: *now (Balan) would strictlier set himself to learn what Arthur meant by courtesy...; wherefore hover'd round Lancelot...;* vgl. 71 b 30, Morte d'Arthur, 248: *more things are wrought by prayer than this world dreams of. Wherefore let thy voice rise for me...* (lat. quare, quamobrem); — eine Relativwendung in finaler Bedeutung (auch ganz nach lat. Art): 313 b 9, Coming Arthur, 285: *she gave the King his sword, whereby to drive the heathen out* (quo expelleret...).

Dem unechten Relativsatz nahe verwandt ist der unechte Temporalsatz: 127 b 3, Enoch Arden, 156: *he had no heart to break his purposes to Annie, till the morrow, when he spake...* — Vgl. lat. *cum* inversum.

Was die anderen Klassen von Adverbialsätzen betrifft, so wurden von diesen die Modalsätze mit ihrer

eigentümlichen Ellipse schon vorhin (§ 9) besprochen, die
übrigen aber bieten des Interessanten weit weniger als die
entsprechenden, nicht in Satzform gekleideten adverbialen
Bestimmungen, welche unter anderen in den nun folgenden
Bemerkungen über die

Syntax der einzelnen Redeteile

zu besprechen sein werden.

§ 15. Die durch die flexivische Armut des Neuenglischen
erleichterte Fähigkeit der Verwendung ein- und desselben
Wortes in der Funktion verschiedener Redeteile kennt
Tennyson wohl und macht von ihr in weitem Umfange
Gebrauch. So wimmelt es beim Substantivum, mit dem wir
hier beginnen wollen, von Fällen adjektivischen Gebrauchs,
insbesondere in attributiver Funktion. Auffallendere, vom
Usus einigermaßen abweichende Beispiele sind:
6 b, Lilian, III, 1, 3, 7: *May Lilian;* 8 b, To   ,
III, 6: *lightning speed;* — besonders häufig bei *"summer"*,
sowohl wenn es, statt in adverbialer Bestimmung zu stehen,
attributiv attrahiert wird: 73 a 10, Gardener's Daughter.
16: *the summer pilot of an empty heart;* — als auch rein adjektivisch in einer abgeschwächten Bedeutung (s. den lexikographischen Teil): 72 a 13, Morte d'Arthur, 262: *summer
sea;* — 119 a, Farewell, 2: *thy tribute wave deliver
(o rivulet, to the sea)...;* *"public"* (von Haus aus
Adj.!) für *"Gesellschaft"*, mit Umkehrung des Verhältnisses
von Adj. und Subst.: 122 b 15, Vision Sin, IV, 87: *the
public fool = the foolish public (community, society);* so auch
120 a, Letters, IV, 2: *the public liar (?)* — statt einfachen Genetivs attributives Substantiv: 146 b 13, Aylmer's
Field, 263: *this blacksmith border-marriage (= blacksmith's)* (hier stehen wir freilich schon an der Grenze der
Zusammensetzung, gleichsam *"Schmiedeheirat"*); — verwandt: 339 b 18, Gareth Lynette, 1300: *some hold that
he hath swallowed infant flesh (= infants');* 379 a 14,
Balin Balan, 360: *foam'd over at a rival (= rival's)
name;* — 234 a 1, Daisy, 77: *like ballad-burthen music;*
— wortspielend ein- und derselbe Ausdruck als Subst. und
gleich darauf als Adj.: 250 b 8, In Mem., 11, 16: *in my
heart if any calm, a calm despair;* — 356 b 30, Geraint

Enid, 171: *a torrent mountain-brook;* 403a 27, Lancelot Elaine, 487: *a fiery family passion for the name of Lancelot, and a glory one with theirs;* — 512a 24, Sisters, 184: *I told your wayside story to my mother*[1]); — 552a 5, Ancient Sage, 281: *lay thine uphill shoulder to the wheel* (das adjektivierte Substantiv hat den Begriffsinhalt eines aktiven Partizips); — oder liegt Attraktion einer Richtungsbestimmung (wie vorhin der Zeitbestimmung *"summer"*) vor? ähnlich erscheint die Ortsangabe *"high in heaven"* attrahiert: 552a 10, Ancient Sage, 286: *the high-heaven dawn of more than mortal day;* temporale Attraktion hingegen, wie bei *"summer"*: 622b, Queen Mary, III, 6, 13: *I would have him bring it to the leisure wisdom of my Queen (= to wisdom, knowledge of the Queen, when at leisure);* — 593a, 3 v. u., Queen Mary, I, 5: *those hard men brake into woman tears (= womanly);* eine von den vorhin besprochenen verschiedene Attraktion, Typus *"a happy change" == "change to happiness"*, ist 676a 7, Harold, III, 2: *they fly the winter change (= change to winter);* — 800a 13, Promise May, III: *our spring-and-winter world* (ewig werdend und vergehend); 886a, Church-warden Curate, I, 2: *nasty, casselty weather ("casualty, chance weather"* Note*)*.

§ 16. Neben der attributiven Verwendung eines adjektivierten Substantivs kommt auch prädikative vor, jedoch weitaus seltener: 690a 9, Harold, V, 1: *my sight is eagle, but the strife so thick* Vgl. das Beispiel *"their locks are golden as his were silver"* (510a 23, Sisters, 56) in § 235 unter *-n.*

Einen Schritt weiter im Adjektivierungsprozeß des Substantivs bedeutet die Bildung von Adverbien auf *-ly* aus solchen Adjektiven; so finden wir: — 9a, Madeline, III, 18: *angerly = angrily (*im *N. E. D.)*[2]) als *"archaism"* bezeichnet; vgl. z. B. Shakspere, Two Gentlemen, I, 2, 62; Macb., III, 5, 1; — 74b 7, Gardener's Daughter,

---

[1]) Das ganze tragische *"qui pro quo"*, welches den Inhalt der Handlung bildet, drückt die Heldin in taktvoll einfachem Heroismus durch dieses eine adjektivierte Subst. aus: ein hervorragender Kunstgriff des Dichters.

[2]) *N. E. D. == New English Dictionary on historical principles.* Oxford 1884 ff.

117: *momently the . . laurel scatter'd silver lights (= for moments)*; 302 a, M a u d, II, II, I, 5: *(a lovely shell) made so fairily well; —* 321 b 15, G a r e t h L y n e t t e, 241: *your city moved so weirdly in the mist* (vgl. die *"weird seizures"* des Prinzen in "P r i n c e s s"); — 504 a, N o r t h e r n C o b b l e r, I, 2: *I be mäain glad to seeä tha sa 'arty an' well (mäain — main* ags. *mæȝen ==* sehr; vgl. das häufige *"mighty"* == "sehr" bei Tennyson); — 594 a, Q u e e n M a r y, I, 5, ad fin.: *how deathly pale* (gewöhnlicher *deadly)*; 411 b 4, L a n c e l o t E l a i n e, 969: *deathly-pale.*

§ 17. Im Anschluß an die Adjektivierungen von Substantiven wollen wir nun die nicht seltenen Fälle aufzählen, wo Substantiv und Adjektiv nicht im Gebrauch eines einzelnen Wortes, sondern im zusammenhängenden Ausdruck ihre Stelle tauschen, wo also — zunächst — eine Eigenschaft oder ein Zustand, die wir adjektivisch, bzw. partizipial ausgedrückt erwarten, durch eine substantivische Präpositionalwendung umschrieben wird (gewöhnlich einen "genetivus qualitatis", aber vielfach, was bei ihm sonst selten ist, ohne adjektivisches Attribut):

32 b 26, T w o V o i c e s, 150: *the springs of life, the depths of awe (= awful d.s); —* 81 a 15, A u d l e y C o u r t, 3 v. E.: *the harbour-buoy, sole star of phosphorescence in the calm (= phosphorescent star);* 85 a 10, E d w i n M o r r i s, 119: *with hands of wild rejection;* vgl. 188 a 32, P r i n c e s s, IV, 135: *eyes of shining expectation;* 419 b 30, H o l y G r a i l, 71: *if ever holy maid with knees of adoration wore the stone . . . ;* hingegen 127 a, 28, E n o c h A r d e n, 151: *forward she started with a happy cry,* nicht *"cry of happiness";* 86 a 23, S t y l i t e s, 53: *die here . . . a life of death (= equal to death, deathlike);* 102, 18, L o c k s l e y H a l l, 160: *palms in cluster, knots of Paradise* (paradiesisch); vgl. 102, 22, Locksley Hall, 164: *summer isles of Eden; —* 118 b 3, V o y a g e, XI, 7: *the whirlwind's heart of peace (= peaceful;* das still bleibende Zentrum des vom Wirbelwind erfaßten Raumes); 208 a 17, P r i n c e s s, VI, 237: *two women faster welded in one love than pairs of wedlock (== wedded pairs);* vgl. 97 a 14, T i t h o n u s, 31: *the goal of ordinance (= ordained, fixed by destiny);* 211 a 20, P r i n c e s s, VII, 44: *here and there the small bright head,*

a light of healing (heilkräftig), *glanced about the couch;* —
218 b 6, Wellington, IV, 20: *fallen at length that tower
of strength;* 219 b 7, Wellington, VI, 45: *a day
of onsets of despair (= desperate onsets);* — 254 a, In
Mem., 24, 4: *the very source and fount of Day (sun) is
dash'd with wandering isles of night (== black spots);*
305 a, Maud, II, V, I, 11: *with never an end to the
stream of passing feet (= endless stream);* — 362 b 7, Geraint
Enid, 538: *rolling eyes of prey* (beutesüchtige); vgl. 389 b 3,
Merlin Vivien, 566: *the brutes ... bow'd black knees of
homage;* — 384 a 6, Merlin Vivien, 220: *a robe of
samite without price (= priceless);* — 439 a 6, Pelleas
Ettarre, 240: *the third night hence will bring thee news
of gold* (hingegen das geläufigere *"golden news"*: 440 a 2,
Pelleas Ettare, 293); — 567, 10, Locksley Hall Sixty
Years After, 248: *roofs of slated hideousness;* — 586 a 10,
Queen Mary, I, 4: *this Prince of fluff and feather (= *fluff'd
and feather'd);* — 647 a, 12 v. u., Queen Mary, V, 3: *he would
have me Catholic of Rome (= Roman Catholic), and that I
scarce can be;* — 708 a, 8 v. u., Becket, I, 3: *when murder ...
common, as nature's death* (für *"natural death"*; parallel zu
folgendem *"Egypt's plague"*); 861 a, Leper's Bride,
XII, 1: *this creature of decay (= decaying, subject to
decay).*

§ **18.** Nicht nur das Adjektiv selbst, auch sein Adverbium kann substantivisch umschrieben sein: 432 b 12,
Holy Grail, 867: *never yet could all of true and noble in
a knight ... twine round one sin .... with such a closeness.*
S. auch die Beispiele 590 a, Queen Mary, I, 5, und
312 a 24, Coming Arthur, 204, unter *-ness* in § 234.

Umgekehrt finden wir adverbialen Ausdruck statt eines
erwarteten substantivischen: 89 a 19, Talking Oak, 23:
garrulously given = given to garrulousness. —

§ **19.** Hiemit gehen wir schon zu den - weitaus
häufigeren — Fällen entgegengesetzter Art über: Setzung
eines Adjektivs der Kürze halber für den Genetiv eines
Substantivs — possessivus, explicativus u. dgl. — oder eine
andere schleppende Präpositionalverbindung:

94 a 18, Love Duty, 98: *beyond the fair green field
and eastern sea* (nicht ein bestimmtes Meer, sondern *"sea*

2*

in the east, extending to the east");   110 a 8, St. Agnes'
Eve, 35: *a light upon the s h i n i n g sea* (für: *sea of light)*; —
119 b, "M o v e e a s t w a r d"..., 10: *starry light (= light
of stars)*;   134 b 11, E n o c h A r d e n, 619: *lonely
doom = doom of loneliness* (einer der häufigsten Typen);[1])
vgl. 123 b, T o   , 9: *the i r r e v e r e n t doom of those that
wear the Poet's crown;* 282 b, In M e m., 124, 12: *an ever-
breaking shore that tumbled in the G o d l e s s deep (= deep of
Godlessness, Atheism)*; 298 a, M a u d, I, XVIII, VIII, 19:
*I have climb'd nearer out of l o n e l y Hell (= the Hell of my
loneliness)*; vgl. auch 35 b 15, T w o V o i c e s, 378: *her
(Memory's) own m a t e r i a l prime = prime of material (viz.
matter-bound) existence;* und am kühnsten wohl 522 b 15,
J o h n O l d c a s t l e, 70: *that h e i r l e s s flaw in his throne's
title (= flaw of having no heir);* — 135 a 13, E n o c h
A r d e n, 653: *the d e w y m e a d o w y morning-breath of England
(= the morning-breath of England's dewy meadows)*;   150 b 9,
A y l m e r's F i e l d, 513: *the. m a n o r i a l lord (= lord of
the manor);* — 161 b 18, L u c r e t i u s, 51: *...sprung no
dragon warriors from C a d m e a n teeth* (bei der Bekanntheit
des Sagenstoffes sind umfänglichere Allusionen überflüssig);
    162 a 24, L u c r e t i u s, 90: *her Deity false in h u m a n-
a m o r o u s tears (= tears of human love),*   167 a 7, P r i n c e s s
P r o l o g u e, 102: *the s t o n y helm —* für *"helm of stone"!*
vgl. 324 a 20, G a r e t h L y n e t t e, 399: *a treble range of
stony shields;* 491 b 10, L o v e r's T a l e, II, 155: *steely
gyves;* 539 b 13, T i r e s i a s, 93: *stony showers of that ear-
stunning hail of Arês (= showers of stones, that ear-stunning
hail of Arês);* — 192 a 7, P r i n c e s s, IV, 364: *over brow
and cheek and bosom brake the w r a t h f u l bloom as of some
fire (bloom of wrath — of fire);*   192 b 12, P r i n c e s s,
IV, 401: *r e g a l compact (=* zwischen Königen geschlossener

---

[1]) Dieses und viele der folgenden Beispiele fallen unter die in
Kellners Syntax, § 252, besprochene Kategorie von *"adjectives instead
of substantives in the genitive case"* und lassen sich zum großen
Teil auch durch die später (§ 78) erörterte Eigentümlichkeit der
"Attraktion" erklären. Zur ganzen Gruppe dieser Beispiele vgl. Fälle
wie *"a s u c c e s s i v e title" (= a title to succession)* in D r y d e n s
"Absalom and Achitophel", v. 301, oder *"why...should I...run popul-
a r l y m a d?" (= mad with, or for, popularity)*, ib. v. 336.

Vertrag); 198 b 17, Princess, V, 191: *slips in sensual mire* (Sumpf der Sinnlichkeit); 218 a, Wellington, IV, 10: *the man of amplest influence, yet clearest of ambitious crime (= crime of ambition), our greatest yet with least pretence;* — 234 b 21, To Maurice, 29: *we might discuss the Northern sin* (Rußlands Sünde); 258 b, In Mem., 43, 15: *at the spiritual prime = "dawn of the spiritual life hereafter"* (Tennysons Note); — 272 b, In Mem., 92, 14: *spiritual presentiments (= of the spirit);* — 268 b, In Mem., 85, 16: *light reproaches, half-exprest, and loyal unto kindly laws (= laws of kindliness);* — 278 a 10, In Mem., 106, 22: *the civie slander and the spite (civic = reigning among citizens;* vgl. die altrömisch klingende Phrase: 280 a 5, In Mem., 113, 9: *a life in civie action warm);* — 280 b, In Mem., 115, 4: *by ashen roots (== roots of ash-trees) the violets blow* (vgl. Wortbildung, § 235); 340 a, Maud, II, IV, VI, 2: *a dewy splendour falls on the...flower (= a splendour of dew);* 358 a 22, Geraint Enid, 255: *the windy clamour of the daws (= clamour... in the wind);* vgl. 73 a 32, Gardener's Daughter, 38: *the windy changing of the minster clock;* 456 b 30, Guinevere, 54: *Modred's dusty fall (= fall in the dust);* 541 a 6, Tiresias, 173: *the golden lyre is ever sounding in heroic ears heroic hymns (heroic ears = heroes' ears);* — 585 b 14, Queen Mary, I, 4: *this Spanish marriage shall not be (marriage with Philip of Spain);* — 879 b 3, St. Telemachus 62: *flung himself between the gladiatorial swords. —*

§ 20. Eine Sonderstellung nimmt das Wort *"middle"* und eine sich daran reihende Gruppe von Ausdrücken ein.

Zunächst kommt der alte[1] attributive Gebrauch von *"middle"* und anderen Partitivadjektiven, gestützt durch das Vorbild des Lateinischen, gegen den gewöhnlichen neuenglischen Gebrauch vor, z. B.: — 68 b 15, Morte d'Arthur, 37: *fling him (sword Excalibur) into the middle mere;* — 424 b 3, Holy Grail, 343: *all in middle street the Queen... wail'd and shriek'd;* 478 a 33, Lover's Tale, 134: *(the camel) toils across the middle moonlit nights* (emphatisch-allgemeiner als *"moonlit midnights"*, vgl. unten

---

[1]) Kellner, Syntax, § 253.

"middle of the night"); — 481 a 10, Lover's Tale, I, 310: *never yet … have I known spring pour with such sudden deluges of life into the middle summer* (nicht *"midsummer"*, s. vorhin); —

    midmost: 355 b 7, Geraint Enid, 85: *at the midmost charging;* — 437 a 26, Pelleas Ettarre, 151· *..save he be fool to the midmost marrow of his bones;*

    central: 101, 18, Locksley Hall, 124: *…airy navies grappling in the central blue* (mitten am Himmel); 218 a, Wellington, II, 2: *in streaming London's central roar;* 282 b, In Mem., 123, 4: *the stillness of the central sea* (Tennysons Note: *"even in a storm the middle sea is noiseless")*; —

    gleiche Verwendung anderer Adjektiva dieser Kategorie: 40 a, Oenone, 10: *"topmost Gargarus"* für *"the top of Gargarus"* (Rowe-Webb, *Selections from Tennyson*, vergleichen lat. *"summus mons"*; Mustard, *Classical Echoes in Tennyson*, zitiert Γάϱγαϱον ἄϰϱον, Il. 14, 292; 15, 152); 114 a 17, Will Waterproof, 233: *…ere from thy topmost head the thick-set hazel dies;* 118 b, Launcelot Guinevere, 8: *the topmost elm-tree gather'd green from blasts of balmy air;* 120 b, Vision Sin, II, 2: *a mellow sound, gathering up from all the lower ground (= from below, from underground)*.

    Die modernere substantivische Konstruktion ist natürlich häufiger und ergreift von *"middle"* aus auch andere Adjektiva: — *middle:* 7 b, Mariana, 25: *upon the middle of the night* (vgl. Shaksp., *Meas. for Meas.*, IV, 1, 35: *upon the heavy middle of the night,* — und aus diesem Stücke stammt ja die Anregung zu "Mariana"); — 16 a, Dying Swan, 8: *it was the middle of the day;* 55 a, Choric Song, III, 1: *in the middle of the wood;* —[1]) etc.

    Partitivadjektiva: 73 b 35 (Gardener's Daughter): *all else of heaven was pure;* — 325 b 23, Gareth Lynette, 491: *how once the wandering forester at dawn… on Caer-Eryri's highest found the King;*[2]) u. a.

---

    [1]) Eine dritte Ausdrucksweise für "Mitte" ist Zusammensetzung nach der Analogie von *"midnight"* u. dgl.: 410 a 12, Lancelot Elaine, 883: *the great knight in his mid-sickness.* — Über bildliche Ausdrücke für "Mitte" s. u. *"heart"* im lexikographischen Teil.

    [2]) Das substantivische *"highest"* ist biblisch: 132 b 22, Enoch Arden, 496: *he is singing Hosanna in the highest;* cf. Matt. 21. 9; Mark 11. 10; Luke 2. 14; 19. 38.

Bekannt ist, daß diese Konstruktion auch auf Adjektiva ausgedehnt wird, welche eine Ganzheit bezeichnen, so daß sie dann einen "unlogischen Partitivus" bei sich haben. Typus: 116 b 38, Lord Burleigh, 58: *all of this;* 128 a 5, Enoch Arden, 191: *all of us;* — 19 a, Merman, II, 2: *whole of the day;* — 90 b 11 (Talking Oak): *(she) sang to me the whole of those three stanzas that you made;* — 93 b 31, Love Duty, 80: *in one ... cry caught up the whole of love;*   143 a 9, Aylmer's Field, 29: *her all of thought and bearing;* — 153 b 16, Aylmer's Field, 714: *losing both of these (= them both);* — 508 b, Revenge, XI, 11: *the powder was all of it spent.* —

Kontamination der substantivischen und der adjektivischen Konstruktion begegnet uns: 411 a 28, Lancelot Elaine, 963: *(I will) ... endow you with broad land ... even to the half, my realm beyond the seas* (aus: *the half of my realm,* und: *half my realm);* ebenso 507 a, Revenge, I, 6: *the half, my men are siek.* —

§ 21. Mit der letzten Gruppe von Beispielen sind wir wieder aus der Region des Verhältnisses von substantivischem und adjektivischem Ausdruck im allgemeinen ins Gebiet des Gebrauchs einzelner Worte herabgestiegen und wollen nun gegen die vorher aufgezählten Fälle der Adjektivierung von Substantiven die umgekehrten halten, in denen Adjektiva als Substantiva erscheinen:

— von Personenbezeichnungen dieser Art weisen nur wenige Fälle Besonderheiten auf: 183 b 12, Princess, III, 188: *we give you, being strange, a license (strange* für *strangers);* — 209 b 15, Princess, VI, 321: *pass, and mingle with your likes;* vgl. 821 a 13, Foresters, II, 1: *weak natures that impute themselves to their unlikes:* beides Bildungen nach dem ergiebigen Muster "*thy elders, thy betters*" (Kellner, § 241). — 475 a 13, To Queen, 27: *the loyal to their crown are loyal to their own far sons:* hier sehen wir das Adjektivum mitten auf seinem Wege zur Substantivierung: einerseits ist es adjektivisch in Konstruktion und Form, andererseits steht Artikel für ein Substantivum oder Pronomen, an das sich "*loyal*" noch attributiv anlehnen könnte; — schließlich 509 a, Revenge, XIV, 3: *he dared her (Spain) with one little ship and his English few* (für: *few Englishmen);* vgl. die Inversionen unter *"public"* in § 15.

Häufiger sind Dingnamen in Gestalt substantivierter Adjektiva: 7 b, Mariana, 20: *she glanced athwart the glooming flats* (Land- oder Himmelsstriche); — 271 a, In Mem., 89, 2: *dusk and bright* (umgekehrt war in der § 16 zitierten Stelle *"eagle"* an das adjektivische *"thick"* assimiliert, — hier *"bright"* an das substantivische *"dusk";* Churton Collins zitiert aus *"Recollections Arabian Nights"* ein konzinneres *"dark and bright");* — 425 a 1, Holy Grail, 369: *a brook, with one sharp rapid, where the crisping white (= foam) play'd ever back upon the sloping wave;* vgl. 240 b, Dedication, 3: *the rapid of life shoots to the fall;* 447 a, 3, Last Tournament, 225: *the wan day went glooming down in wet and weariness,* — wo freilich wie oft die Vorliebe zur Alliteration die Wahl des Ausdrucks bestimmt; 478 b 9, Lover's Tale, I, 143: *my slender spring and first (= prime) of love;* — 479 a 14, Lover's Tale, I, 179: *(years) seem many and my most of life (= most part of my life);* — 696 a 12, Becket, Prologue: *I can spy some strain of hard and headstrong in him:* formelhaft für die pedantischen Adjektivabstrakta; — 731 b, Becket, III, 3: *Earth's falses (= falsehoods) are heaven's truths.* — Zu diesem Plural vgl. 620 a, Queen Mary, III, 5: *a chance — perchance one of those wicked wilfuls that men make (= wilful ones).*

Alle diese Erscheinungen haben als Hervorhebung einer bezeichnenden Eigenschaft statt des Dinges selbst viel mit dem Stilmittel der "Hypostasierung der Eigenschaft" (s. u. § 182) gemeinsam, nur daß dort nicht das Eigenschaftswort selbst, sondern ein von ihm abgeleitetes Abstraktum für die Dingbezeichnung eintritt. —

§ 22. Ein von diesen wesentlich verschiedener Fall ist: 214 b 29, Princess, VII, 283: *let this proud watchword rest of equal... in true marriage lies nor equal nor unequal,* — weil hier ein Schlagwort unmittelbar zitiert und dann naturgemäß im Zusammenhange als Substantiv behandelt wird; dies kann ja mit jedem beliebigen zitierten Worte eines anderen geschehen; 566, 16, Locksley Hall Sixty Years After, 218: *this forward* ("Vorwärts!", *progress),*

you that preach it, is it well to wish you joy? 732 b,
B e c k e t, IV, 2, wo Eleonore v. Poitou auf Rosamundens
Versicherung, ihr *"bower"* sei *"of and belonging to the King"*,
spöttisch antwortet: *"the King hath diverse o f s and o n s,
o f s and belongings"*,   also sogar eine Präposition sub-
stantiviert; — ja, ganze Sätze kommen so vor: 392 a 17,
M e r l i n   V i v i e n, 741: *the cold H i c   J a c e t s of the dead*
(Tennyson setzt keine Anführungszeichen. Über die ganze
Gruppe s. K e l l n e r, Syntax, § 66). —

Auch außerhalb dieser Gruppen können ebenso wie
die Adjektiva natürlich auch andere Redeteile nach Bedarf
substantivisch gebraucht werden: so steht 598 b 1, Q u e e n
M a r y, II, 2: *"that we may know the w h e r e f o r e of this
coming"* — zur Belebung des Ausdrucks das Frageadverb
für das Substantivum *"cause"*. — 894 b, D e a t h   D u k e
C l a r e n c e, 17: *that Eternal Harmony . . . faintly heard until
the great H e r e a f t e r* ("Jenseits").

§ 23. Eine wichtigere Gruppe von Substantivierungen
bilden diejenigen von V e r b e n, d. h. der Gebrauch nackter
Infinitive in Substantivfunktion statt Verbalsubstantiva und
abgeleiteter "nomina actionis", also zu diesen in einem
ähnlichen Verhältnis wie die vorhin aufgezählten (§ 21)
substantivierten Adjektiva zu den hypostasierten Adjektiv-
abstrakten. Zweck ist hier wie dort Kürze des Ausdrucks
durch Vermeidung schleppender Ableitungen. Beispiele:
— 58 b 25, D r e a m   F a i r   W o m e n, 125: *a flowery r i s e
(= mound);* — 323 a 16, G a r e t h   L y n e t t e, 338: *so thy
s a y be proven true* ("say" sonst nur in *"to say one's say"* u. dgl.;
vgl. G. E l i o t, A d a m   B e d e, Book IV, Ch. 22, Überschrift:
"Mrs. Poyser 'has her say out'");   435 b 5, P e l l e a s
E t t a r r e, 144: *measuring . . . his neighbour's m a k e and
might;* id. 560, L o c k s l e y   H a l l   S i x t y   Y e a r s   A f t e r, 18:
your modern amourist is of .easier, earthlier make; — 583 b,
Q u e e n M a r y, I, 3: *"I am king's blood". "And in the w h i r l
of change may come to be one";* — 660 a, 3 v. u., H a r o l d,
I, 2: *follow my l e a d, and I will make thee earl;* — 753 a 13,
C u p, I, 2: *that great b r e a k of precipice that runs thro' all
the wood . . .;*   821 a, 12 v. u., F o r e s t e r s, II, 1: *that
our great Earl . . . would cower to any of mortal b u i l d;*
aus der Umgangssprache, welche ja an dergleichen so reich

ist:[1]) 849 a 15, O w d R o ä, 90: ... *thou was a-beälin'*
as if tha was bit, an' it wasn't a bite but a burn, fur the
merk's o' thy shou'der yit. —

§ 24. Weitaus häufiger und verbreiteter jedoch als
die Substantivierung von Verben ist das Umgekehrte: die
Verwendung eines beliebigen Substantivs als Verbum zur
Bezeichnung einer mit dem betreffenden Gegenstande
irgendwie zusammenhängenden Tätigkeit; auch hier ist Vermeidung von Ableitungen und Umschreibungen der End-
zweck. Von dieser Bequemlichkeit des neuenglischen Sprach-
gebrauches macht Tennyson, wo er konkrete Kürze erzielen
will, unumschränkt Gebrauch. Beispiele — natürlich nur
in Auswahl — folgen, und zwar in alphabetischer Anordnung, weil die in Rede stehende Eigentümlichkeit auch
lexikographisch wichtig ist:

— *arrow:* 883 b, H y m n (A k b a r's D r e a m), II, 1:
arrowing light from clime to clime (Sonne); — *battle:* 261 b,
I n M e m., 56, 18: *who battled for the True, the Just;* 820 b,
F o r e s t e r s, II, 1: *I would have battled for it (my betrothal
ring) to the death;* **battlement:** 482 a 33, L o v e r's
T a l e, I, 390: *battlemented rock* (gewöhnlicher: *embattled);*
belt: 12 a, O d e M e m o r y, IV, 10: *the woods that belt the
gray hill-side;* 451 b 23, L a s t T o u r n a m e n t, 521: *belted
his body with her white embrace;* — *billow:* 446 a 20, L a s t
T o u r n a m e n t, 177: *the voice that billow'd round the bar-
riers* (Alliteration); — *bosom:* 531 a, V o y a g e M a e l d u n e,
IX, 7: *bosom'd the burst of spray;* — *brain:* 661 b,
H a r o l d, II, 1: *I have a mind to brain thee with mine axe;*
689 b, H a r o l d, V, 1: *the blow that brains the horseman,
cleaves the horse;* — *branch:* 350 b 29, M a r r i a g e
G e r a i n t, 611: *a dress all branch'd and flower'd with gold
(= inwoven with golden branches and flowers);* — *brave:*
676 b, 4 v. u., H a r o l d, III, 2,: *hadst thou been braver, I
had better braved all* (Wortspiel; hier also ein A d j. verbal); —
breast: 263 b, I n M e m., 64, 7: *who ... breasts the blows
of circumstance;* 684 b 17, H a r o l d, V, 1: *draw to London, there
make strength to breast whatever chance;* **bulk:** 197 b 29,

---

[1]) Über Gefahr dieses Vulgarismus für Dichter s. S é l i n c o u r t,
Poems of John Keats, 1905, p. 572 *("feel" beim jungen Keats).*

Princess, V, 142: *an old-world mammoth bulk'd in ice;* —
bush: 370 b 24, Balin Balan, 91: *so bush'd about it is
with gloom, the hall . . . of Pellam . . . ;* — *cap:* 628 b 12, Queen
Mary, IV, 2: *you would not cap the Pope's commissioner
(cap to* — wäre weniger auffällig; doch s. *N. E. D.* s. v.
cap, vb., 8, b) — *chair:* 660 b 14, Harold, I, 2: *and
thou chair'd in his place . . ;* — *chink:* 881 a: *Age will chink
the face;* — *cloak:* 254 b, In Mem., 26, 16: *to cloak me
from my proper scorn* (so LA. 1850—1851; später *"shroud"*),
  conceit: 449 a 20, Last Tournament, 365: *conceits
himself as God that he can make figs out of thistles;* — *condition:* 94 b 20, Golden Year, 30: *ebb and flow condition-
ing their march;* vgl. *petition:* 343 a 36, Marriage
Geraint, 153: *the Queen petition'd for his leave to see them
hunt* (der umständliche Ausdruck wohl unter metrischem
Zwang); — *cowl:* 441 b 9, Pelleas Ettarre, 382: *where
Percivale was cowl'd;* — *dome:* 573 a, Early Spring,
I, 3: *the Heavenly Power . . . domes the . hills . . . with blue;*
— *dust:* 197 b 19, Princess, V, 132: *altho' we dash'd your
cities into shards* etc. *and dusted down your domes with
mangonels (= fell'd into the dust;* der Vers später gestrichen);
— *dwarf:* 388 a 18, Merlin Vivien, 480: *the larger
love, that dwarfs the petty love of one to one;* 708 b, Becket,
I, 3: *famine dwarft the race;* 858 b 10, Ring, 383 ff.:
*. . . those two Ghost lovers . . . dead so long, gone up so far, that
now their ever-rising life has dwarf'd or lost the moment of
their past on earth (= their continuous rising to higher stages
of after-death development has made look like a dwarf, or made
entirely invisible to memory the short time of their stay on
earth);* — *ease:* 826 a 6, Foresters, III, 1: *after we have
eased them of their coins . . . ;* — *estate:* 417 a 9, Lancelot
Elaine, 1321: *estate them with large land and territory* (vorher: *endow);* — *eye:* 352 b 36, Marriage Geraint, 754:
as careful robins eye the delver's toil; 454 b 13, Last Tournament, 683: *every follower eyed him as a God;* *father:*
92 b, Love Duty, 5: *shall Error . . . still father Truth?
(= beget, produce);* 607 b, Queen Mary, III, 1: *murder
fathers murder;* 729 a 20, Becket III, 3, 132: *had I fathered
him (N. E. D.)* — *feather:* 73 b 3, Gardener's Daughter,
46: *the large lime feathers low (spreads leaves like feathers);*

126 a 11, Enoch Arden, 68: *where the prone edge of the wood began to feather toward the hollow;* vgl. 186 b, Princess, IV, 5: *every coppice-feather'd chasm and cleft;* 133 a 30, Enoch Arden, 537: *her (ship's) full-busted figure-head stared o'er the ripple feathering from her bows;* — *feature:* 578 a, Opening Exhibition, II, 2: *may we find ... the mother featured in the son;* *finger:* 707 b, Becket, I, 3: *this Almoner hath tasted Henry's gold, the cardinals have finger'd Henry's gold;* *fire:* 398 b 7, Lancelot Elaine, 167: *fired from the west (= shone upon by the setting sun),* *fist:* 657 b 11, Harold, I, 1: *the boy would fist me hard* (in der Umgebung mehrfach "*fight*"; vgl. lat. "pugnare" zu "pugnus"); vgl. auch *gauntlet:* 373 a 2, Balin Balan, 217: *the thrall his passion had half gauntleted to death;* *flock:* 165 a, Princess, Prologue, 3: *thither flock'd at noon his tenants;* — *flood:* 193 a 30, Princess, IV, 453: *ready to burst and flood the world with foam;* 268 a 12, In .Mem., 83, 16: *sorrow ... that longs to ... flood a fresher throat with song;* — *flower:* 527 b 16, Columbus, 163: *the first discoverer starves — his followers, all flower into fortune;* — *fool:* 208 b 7, Princess, VI, 257: *whom we thought woman even now, and were half fool'd to let you tend our son;* 283 b, In Mem., 128, 14: *to fool the crowd with glorious lies;* 475 a 8, To Queen, 22: *what shock has fool'd her since;* *frenzy:* 854 b 13 Ring, 165: *half-frenzied by the ring;* — *fresco:* 752 b, Cup, I, 2 (Bühnenweisung): *frescoed figures on the walls;* — *frost:* 713 b 9, Becket, I, 4: *the golden leaves, these earls and barons that clung to me, frosted off by the first cold frown of the King;* — *gap:* 520 a 6, Defence Lucknow, III, 12: *their masses are gapp'd with our grape;* — *garden:* 52, 14, New Year's Eve, 46: *I shall never garden more* (im Garten arbeiten); *gem:* 866 a, Progress Spring, III, 10: *that new life that gems the hawthorn line;* — *glass:* 119 b, "Move eastward..." 7: *to glass herself (= mirror, reflect) in dewy eyes* (vom Monde); 385 a 10, Merlin Vivien, 291: *the curl'd white of the coming wave glass'd in the slippery sand;* 717 b 6, Becket, II, 1: *glass the faithful face of heaven;* — *globe:* 134 a 17, Enoch Arden, 590: *the great stars that globed themselves in Heaven;* 851 b,

Song (vor "Ring"), 7 (an den Mond): *twelve times in the
year bring me bliss, globing Honey Moons bright as this;*
ibid. 15: *globe again, and make Honey Moon;* — g l o o m:
372 a 6, B a l i n B a l a n, 162: *a height that glooms his (lame
boy's) valley;* — g o d: 748 b 6, B e c k e t, V, 3: *how the good
priest gods himself;* — g r o o m: 357 a 22, G e r a i n t E n i d
193: *(horses) now so long by bandits groom'd;* — g u e r d o n,
s. M o d. L a n g. N o t e s, V, p. 197 b (J. B. S h e p h e r d,
A Study of Tennyson's Vocabulary); — g u l f: 441 b 24
P e l l e a s E t t a r r e, 397: *gulf'd his griefs in inmost sleep;*
h e a d: 60 a 9, D r e a m F a i r W o m e n, 201: *Heaven heads the
count of crimes with that wild oath (Jephtha's);* — h e l m:
403 b 5, L a n c e l o t E l a i n e, 495: *the bark, and him that
helms it;* 711 a 5, B e c k e t, I, 3: *no forsworn Archbishop shall
helm the Church;* — h e r a l d: 840 b 8, F o r e s t e r s, IV: *in this
full tide of love wave heralds wave;* — h o b n a i l: 599 b, 7 v. u.,
Q u e e n M a r y, II, 2: *your rights and charters hobnail'd into
slush;* — h o n e y: 167 a 20, P r i n c e s s, P r o l o g u e, 115: *honeying at the whisper of a lord;* — h o u n d: 720 a, 5 v. u., B e c k e t,
II, 2: *we never hounded on the state at home to spoil the
Church;* h o u s e: 1. transitiv: 40 b 8, O e n o n e, 36:
caves that house the cold crown'd snake; 2. intransitiv: 87 a 4,
S t y l i t e s, 105: *men on earth house in the shade of comfortable
roofs;* 481 b 17, L o v e r's T a l e, 345: *...flower, hued
with the scarlet of a fierce sunrise;* h u s b a n d: 599 a 22,
Q u e e n M a r y, II, 2: *I am not...so amorous that I must
needs be husbanded;* — h y m n: P o e m s b y T w o B r o t h e r s
111, 5 (Deity): *How shall I hymn him (God)?* 550 b 31,
A n c i e n t S a g e, 210: *borne in white to burial or to burning, hymn'd from hence with songs in praise of death;* 760 a 4,
C u p, II, 1: *(Artemis) hear thy priestesses hymn thy glory!* —
i s l e: 39 b, F a t i m a, 33: *isled in sudden seas of light, my
heart...;* 127 a 8, E n o c h A r d e n, 131: *as when some little
cloud cuts off the fiery highway of the sun and isles the light
in the offing ("forms an island of light",* R o w e - W e b b);
219 b, W e l l i n g t o n, VII, 4: *thank Him who isled us here
("placed us in an island",* R o w e - W e b b); 332 a 12, G a r e t h
L y n e t t e, 874: *lion and stoat have isled together... in time
of flood;* — j a v e l i n e: 395 a 11, M e r l i n V i v i e n, 934:
(a thunderbolt)...javelining (= strewing as with javelines)

with darted spikes and splinters of the wood the dark earth round ... (Mustard vergleicht Horaz, Od. I, 2, 3: *dcxtera sacras iaculatus arces); joy (= rejoice):* 47 a 22, Palace Art, 182: *(my soul), joying to feel herself alive, letter:* 21 a, Adeline, V, 14: *the language wherewith Spring letters cowslips on the hill* (vgl. *"character"* als Verb); — *liehen:* 396 b 3, Lancelot Elaine, 44: *their bones* ... *lichen'd into (one) colour with the crags;* — *lip:* 434 b 11, Pelleas Ettarre, 90: *when a stone is flung into some tarn, the circle widens till it lip the marge;* — *locust:* 595 a, Queen Mary, II, 1: *swarms of Spain* ... *come locusting upon us;* — *lute* (in der Formel *"lute and flute"):* 188 a 8, Princess, IV, 111; 824 b 6, Foresters, III, 1: *fluting and piping and luting;* — *marble:* 451 a 5, Last Tournament, 475: *sands marbled with moon and cloud; mate:* 99, 13, Locksley Hall, 47: *thou art mated with a clown;* id. 102, 35, L. H., 177; *mob:* 209 a 12, Princess, VI, 289: *to mob me up with all. the soft and milky rabble of womankind;* — *mound:* 12 b, Ode Memory, V, 27: *a sand-built ridge of heaped hills that mound the sea;* — *mouth:* 375 b 22, Balin Balan, 176: ... *canst endure to mouth so huge a foulness;* 533 b, To Brookfield, 2: *old Brooks, who loved so well to mouth my rhymes;* 564, 24, Locksley Hall Sixty Years After, 154: *let the dying actor mouth his last upon the stage;* 599 b 8, Queen Mary, II, 2: *these rebels who mouth and foam against the Prince of Spain,* 890 b, Dawn, III, 2: *scandal is mouthing a bloodless name at her cannibal feast;* — mit *"mouth"* vergleicht sich *"tongue":* 540 a 24, Tiresias, 132: *no stone is fitted in yon marble girth, whose echo shall not tongue thy glorious doom;* — und *noise:* 327 b 27, Gareth Lynette, 561: *to be noised of* (verächtlich), *name (= call by name):* 329 a 8, Gareth Lynette, 691: *the cur* ... *follows being named, his owner; nerve:* 570 b 31, Epilogue "Heavy Brigade", 79: *the song that nerves a nation's heart, is in itself a deed* (s. Century Dictionary, s. v. nerve, vb.); — *nose:* 634 b 11, Queen Mary, IV, 3: *the carrion-nosing mongrel;* — *oar:* 188 b 30, Princess, IV, 165: *oaring one arm (= using as oar;* sonst bedeutet *oar* „rudern"); vgl. auch 124 a, To E. L., 17; *orb:* 32 b 24, Two Voices, 138: *that the whole mind*

may orb about; 254 a, In Mem., 24, 15: *(the past will)* ...
*orb into the perfect star we saw not when we mowed
therein;* — *orphan:* 479 b 11, Lover's Tale, I, 212: *so
were we born, so orphan'd,* *oubliette* (ein im „Harold"
naturgemäß häufiges Wort): 733 b, 2 v. u., Becket,
IV, 2: *indungeon'd from one whisper of the moon, oublietted
in the centre;* — *peacock:* 329 a 23, Gareth Lynette,
706: *peacock'd up with Lancelot's noticing;* 768 a (Falcon):
*a-glorifying and a-velveting, and a-silking herself, and a-pea-
cocking and a-spreading;* — *peril:* 650 a 11, Queen Mary,
V, 5: *fool, think'st thou I would peril mine own soul by slaughter
of the body;* — *physick:* 590 a 3, Queen Mary, I, 5: *these
princes are like children, must be physick'd;* — *pillar:* 825 a,
8 v. u., Foresters, III, 1: *some (oaks) pillaring a leaf-sky
on their monstrous boles;* — *pillow:* 479 b 29, Lover's
Tale, I, 230: *one soft lap pillow'd us both,* *pleasure*
(für *please):* 144 a 1, Aylmer's Field, 85: *to pleasure
Edith;* — *pride:* 648 a, Queen Mary, V, 4: *I pride
myself on being moderate;* — *prose:* 109 a, Amphion, 81:
they prose o'er books of travell'd seamen; — *prune:* 775 a
(Falcon): Filippo bietet zudringlich Pflaumen an; der Graf
sagt darauf: *prune our company of thine own and go!* —
queen: 836 b, 3 v. u., Foresters, IV: *tho' you should queen
me (= make me queen) over all the realms held by King Richard;*
— *quire:* 688 b 1, Harold, V, 1: *are those the blessed angels
quiring, father?* — *regard:* 200 b 20, Princess, V, 320:
none regarded (= achtete darauf, nahm Rücksicht); — *rib:*
5 a 31, Confessions Sensitive Mind, 127: *the crisp slope
waves after a tempest, rib and fret* (= *ripple,* nur stärker);
vgl. *line:* 321 a 17, Gareth Lynette, 210: *the keystone
which was lined and rippled like an ever-fleeting wave;* —
right: 192 a 9, Princess, IV, 366: *when the wild peasant
rights himself, the riek flames etc.* ("sich Recht verschafft";
vgl. 865 a, To Mary Boyle, VII ff.); — *ring:* 119 b,
Eagle, 3: *ring'd with the azure world, he stands;* 359 b 8,
Geraint Enid, 336: *my followers ring him round;*
rival: 608 a 16, Queen Mary, III, 1: *girl never breathed to
rival such a rose* (für *equal* mit dessen Rektion); — *roof:*
509 b 15, Sisters, 17: *the cloud that roofs our noon with
night;* vgl. 8 b, To -- --, I, 6: *ray-fringed eyelids of the morn*

*roof*ı *not a glance so keen as thine; — ruin:* 161 b 8, L u c r e -
t i u s, 40: *the myriad atom-streams, ruining along the illimitable inane (ruin =* lat. *ruere);* 178 a 26, P r i n c e s s, II, 320:
for fear this whole foundation ruin (für *fall to ruin)* (C h u r t o n
C o l l i n s, p. 157); — *rumour:* 484 a 27, L o v e r 's T a l e,
I, 509: *the country people rumour .. ; shame:* 329 a
21, G a r e t h L y n e t t e, 704: *how the villain lifted up
his voice, nor shamed* ("schämte sich") *to bawl himself a kitchen-
knave;* 427 b 25, H o l y G r a i l, 553: *why wilt thou shame
me to confess to thee . . . (= put me to the shame); — sheet:*
814 a 14, F o r e s t e r s, II, 1: *when all the sheeted dead are
shaken from their stillness in the grave by the last trumpet.*
(Cf. H a m l e t I, 1, 115); *sight:* 507 a, R e v e n g e, I, 3:
*Spanish ships of war at sea! We hawe sighted fifty-three (= got
sight of);* 835 b, F o r e s t e r s, IV: *we sighted 'em only this moment;*
— *sign:* 314 a 11, C o m i n g A r t h u r, 317: *she answer'd . . .
and sign'd (= gave a sign) to her two sons to . . . let them be; —
silver:* 538 b 15, T i r e s i a s, 31: *to silver all the valley with
her shafts* (Mond) (simplex pro composito: *silver over* erwartet
man); — *slave:* 780 a, P r o m i s e M a y, I: *I'd slaäve out
my life fur'er;* — *snare:* 393 a 12, M e r l i n V i v i e n, 799:
*so if she had it (the charm), would she rail on me to snare the
next (= catch as in a snare); sphere:* 192 b 29, P r i n -
c e s s, IV, 418: *sphered up with Cassiopeïa* ("M i l t o n 's
'starr'd', Il Penseroso, 19", A. J. G r i e v e); 250 a, In M e m.,
9, 13: *sphere all your lights around, above; sleep, gentle heavens,
before the prow;* (s. o. unter *globe) spire:* 322 b 12,
G a r e t h L y n e t t e, 302: *Camelot, a city . . . which Merlin's
hand . . . had touch'd, and tipt with lessening peak and pinnacle, and made it spire to heaven (= rise, point with [many]
spires); — spite:* 585 a, 9 v. u., Q u e e n M a r y, I, 5: *I wear
it (my dress) . . . to spite her (Queen); — star:* 11 b, O d e
M e m o r y, II, 12: *. . . fruits, which in wintertide shall star
the black earth with brilliance rare; — steel:* 893 b 2, D o u b t
P r a y e r, 9: *steel me (o God) with patience; — sun:* 301 b,
M a u d, I, XXII, IX, 5: *little head, sunning over with curls
(= beaming);* (inhaltlich ähnliche Phrasen zusammengestellt
bei R o w e - Webb, *Selections from Tennyson,* II, 107, Note zu
Morte d'Arthur, 217); — *sword:* 451 a 12, L a s t T o u r n a -
m e n t, 482: *swording right and left; — symbol:* 610 a,

3 v. u., Queen Mary, III, 3: *the Emperor's highness happily symboll'd by the King your husband;* 881 b 26, Akbar's Dream, 102: *let the sun . . . symbol the Eternal!* — *thorn:* 657 b 2, Harold, I, 1: *I am the only rose of all the stock that never thorn'd him (prick* ging mehrfach vorher); — *thrall:* 438 b 16, Pelleas Ettarre, 219: *an she send her delegate to thrall these fighting hands of mine;* — *thread:* 307, Maud, III, II, 13: *the cobweb . . . shall shake its threaded tears . . . no more;*

time: 1. 251 a 13, In Mem., 13, 17: *my fancies time to rise on wing;* 2. transitiv ("Takt angeben"): 264 a, In Mem., 68, 2: *Sleep, Death's twin-brother, times my breath;* 3. ("im Takt gehen mit —"): 298 a, Maud, I, XVIII, VIII, 20: *happy stars, timing with things below;* — *trade:* 127 a 18, Enoch Arden, 141: *should he not trade himself out yonder;* — *trick:* 338 a 14, Gareth Lynette, 1212: *foold'd and trick'd;* — *turf:* 390 b 18, Merlin Vivien, 645: *as vast a mound as after furious battle turfs the slain;* — *vein:* 194 b 11, Princess, IV, 522: *all the gold that veins the world;* 718 a 1, Becket, II, 2: *vein'd marble* (von Rosamundens Stirn); *vizor:* 334 b 6, Gareth Lynette, 1015: *vizoring up a face* ("durch Emporschieben des Visiers enthüllen": Ausdrucksersparnis); — *weather:* 127 a 12, Enoch Arden, 135: *many a rough sea had he weather'd in her (old boat);* — *weathercock:* 142 b, Aylmer's Field, 17: *. . . whose blazing wyvern weathercock'd the spire; weight* für *weigh:* 373 a 7, Balin Balan, 222: *the memory of that cognizance on the shield weighted it (his uplifted arm) down;* 706 a 2, Becket, I, 3: *weight down all free choice beneath the throne;* — *wind* für *blow* (blasen, bes. Horn): 439 a 14, Pelleas Ettarre, 248: *raised a bugle . . . and winded it;* 727 b, Becket, III, 2, Szenenweisung: *a great horn winded;* 831 a 9, Foresters, IV, 1: *I wind this forest-horn of mine;* 841 a, Foresters, IV: *the winding of a phantom horn;* — *wing:* 1. "durchfliegen": 22 a, Rosalind, I, 4: *all game that wing the skies;* "fliegen (nach —)": 45 a 15, Palace Art, 35: *far as the wild swan wings;* 187 b 5, Princess, IV, 71: *the swallow, winging south;* ähnlich schon Poems by Two Brothers, 21, 13 (Remorse): *to yon vast world of endless woe . . . my soul shall wing her weary way;* 2. "beflügeln": 142 b, Aylmer's

Field, 18: *whose blazing wyvern ... wing'd his entry-gates;*
192 a 1, Princ è ss, IV, 358: *fear ... wing'd her transit to the
throne;* — *w o r m (=* bohren): 751 a 7 v. u.,, C u p, I, 1: *once
there I warrant I worm thro' all their windings* (Alliteration). —

§ 25. Natürlich ist ein als Verbum gebrauchtes Substantiv auch der verbalen Präfixkomposition fähig.
Beispiele solcher höchst charakteristischer Bildungen, meist
mit negierenden, die Geltung des betreffenden Begriffes als
Prädikat des log. Subjektes auslöschenden Vorsilben, sind:
— 196 a 8, Princess, V, 29: *dispринced from head
to heel;* — 206 a 10, Princess, VI, 113: *my father stoop'd,
re-fạther'd o'er my wounds (made to feel like a father again;*
hier also nicht negierend); — 580 b, Queen Mary, I, 2:
there will be plenty to sunder and unsister them again;
544 a, Wreck, IX, 1: *the strange misfeaturing mask;*
589 b 2, Queen Mary, I, 5: *you have ousted the mock
priest, repulpited the shepherd of St. Peter;* — 608 a 14,
Queen Mary, III, 1: *she (Lady Jane Grey) fear'd it (a
last farewell) might unman him (her husband) for his end. She
could not be unmann'd, no, nor outwoman'd* (Analogie);
671 b, 1 v. u., Harold, III, 1: *one whom they dispoped;*
679 a 11, Harold, IV, 1: *canst thou love one who did discrown thy husband, unqueen thee;* 698 a, 13 v. u.,
Becket, Prologue: *a beggar on horseback, with the retinue
of three kings behind him, outroyalling royalty;* 729 a,
17 v. u., Becket, III, 3: *the fish (at the banquet) ... de-
miracled the miraculous drought, and might have sunk a navy.* —

An den Typus der letzten zwei Beispiele schließen sich
gewisse, durch das Shaksperesche Schema *"to out-Herod Herod"*
(Hamlet III, 2, 16) vorgebildete Verbalisierungen von
Eigennamen, wie etwa: 622 b, 9 v. u., Queen Mary, III, 6:
*"Gardiner out-Gardiners Gardiner in his heat, Bonner cannot
out-Bonner his own self"*

Von sonstigen in halb scherzhafter Umgangssprache ja
so häufigen Verbalisierungen von Personennamen sei wenigstens zitiert: 793 a, Promise May, II: *Philip Hedgar o'
Soomerset! ... I'll Philip tha! ... I'll Soomerset tha.* —

§ 26. Eine Gruppe verdient noch Sonderbesprechung,
weil die Verbalisierung hier keine vollständige ist: Es sind
die sogenannten "unechten" Partizipia, welche von

Dingnamen gebildet werden, um — rein adjektivisch — das
Ausgestattet-, Versehen-sein mit dem Ding zu bezeichnen,
ohne daß an bewußten Gebrauch des Substantivs als
Verb zu denken wäre: der einfachste Typus wäre etwa:
133 b 25, E n o c h A r d e n, 565: *the mountain w o o d e d to the
peak;* auffälliger sind die folgenden: C h u r t o n C o l l i n s,
E a r l y P o e m s, 289, Chorus, 12: *the day, the d i a m o n d e d
light;* — 11 a 25, R e c o l l e c t i o n s A r a b i a n N i g h t s, 127:
*upon the m o o n e d domes aloofi ("the domes of mosques, sur-
mounted by the crescent"* R o w e - W e b b, *Selections from
Tennyson);* — 42 b, 2 v. u., O e n o n e, 198: *ey e d like the evening
star;* — 90 b 22, T a l k i n g O a k, 148: *the b e r r i e d briony;*
— 174 b 25, P r i n c e s s, I, 94: *a child ...h e a d e d like a star;*
— 189 a 5, P r i n c e s s, IV, 172: *there stood the maidens
glimmeringly g r o u p' d (= in a glimmering group);* — 202 b
21, P r i n c e s s, V, 446: *strongly g r o o m' d and straitly curb' d;*
— 203 b 12, P r i n c e s s, V, 500: *a c y m b a l l' d Miriam
(= statue of Miriam with cymbals);* — 241, B o ä d i c e a, 3:
loftily c h a r i o t e d (placed in —); 243, M i l t o n, 6:
(angels) s t a r r' d from Jehovah's gorgeous armories; vgl.
530 a, V o y a g e M a e l d u n e, V, 4: *s t a r r' d with a myriad
blossom the long convolvulus hung* (Parallele aus S h e l l e y s
"Alastor": the parasites starr' d with ten thousand blossoms,
bei C h u r t o n C o l l i n s, *Illustrations of Tennyson);*
262 a, I n M e m., 57, 7: *my friend is richly s h r i n e d;*
— 263 a, I n M e m., 61, 6: *how dimly c h a r a c t e r' d and
slight...must I grow;* — 291, M a u d, I, VI, I, 4: *the b u d d e d
peaks of the wood* (mit Knospen besetzt); 291, M a u d, I,
VI, II, 3: *the sunset burn' d on b l o s s o m' d gable-ends* (mit
Blumenornamenten); — 525 a, C o l u m b u s, 9: *you were
not then so b e a r d e d;* — 580 a 41, Q u e e n M a r y, I, 1:
I was born of a true man and a r i n g' d wife; — 845 a 16,
D e m e t e r P e r s e p h o n e, 52: *nested birds, ...the c u b b' d
lioness;* 855 a 15, R i n g, 177: *a g a l l e r i e d palace;*
867 a, P r o g r e s s S p r i n g, VII, 5: *p a t h w a y' d plains.*
Über zusammengesetzte Partizipia dieser Art s. § 263 ff.

§ 27. Zur Illustration des Verhältnisses von Verbum
und Substantivum gehört weiter, wie bei Substantiv und
Adjektiv, die Aufzählung von Fällen, wo wir verbalen Ausdruck erwarten und substantivischen finden, oder umgekehrt.

Beispiele der ersteren Art wären: — 450 b 26, Last Tournament, 467: *Arthur deign'd not use of word or sword* (für:
to make use —); — 853 a 21, Ring, 84: *I bad her keep like
a seal'd book, all mention of the ring (keep . . . mention = forbear
mentioning, refrain from mentioning); —* 886 b, Church-warden
Curate, III, 4: *if t'ōne (curate) stick alongside t'uther (church-
warden), the church weänt happen a f,all:* einen Infinitiv —
wenn auch nicht gerade das starke *"to f,all"* — erwarten
wir nach *"happen"*. — Hieher auch der gezwungene Ausdruck im Jugendgedichte "Timbuctoo", 63 (Early Poems,
Churton Collins, 311, 39): *A curve of whitening, flashing,
ebbing light! A rustling of white wings! The bright descent
of a young Seraph! and he stood beside me . . . —*
  Ähnliches wird uns noch bei Besprechung der von
Verben abgeleiteten Substantiva begegnen. Es könnten
ferner hier Ausdrücke aufgezählt werden, wie: 458 a 2,
Guinevere, 123: *they rode to the divided way, —* wo der
Nachdruck auf dem Substantivum statt auf einem Verbalabstraktum *(parting of the ways)* ruht; aber das Wesen
dieser Fügung ist Synekdoche (totum pro parte) und gehört
somit in die Stilistik.
  Etwas häufiger ist der umgekehrte Fall: verbale Wendung statt einer erwarteten substantivischen: — 418 b 10,
Lancelot Elaine, 1421: *I needs must break these bonds
. . . not without she wills it (= without her will, consent);*
554 b, Flight, XXVI, 4: *every heart that loves is equal to
endure ("equal to —"* = "gewachsen", gewöhnlicher mit
Subst.; *"able"* oder dgl. haben Infinitiv; also eine Art
Kontamination); — 598 b 17, Queen Mary, II, 2: *"according
as they will"* für gewöhnlicheres *"to their will"; —* 872 b,
Parnassus, II, 7: *pass on! the sight confuses* (in gewöhnlicher Rede stünde hier das rein adjektivische Partizip *"is
confusing"*, also zwar nicht substantivischer, jedenfalls aber
nominaler Ausdruck statt des verbalen).
  § 28. Durch das letzte Beispiel gehen wir aus dem
Bereich des Verhältnisses "Verbum : Substantivum" in den
allgemeineren "Verbum : Nomen" über, weshalb ich nun
gleich den Beispielen von Verbalisierung des Substantivs
die selteneren für verbale Verwendung von Adjektiven gegenüberstelle.

Sie können nach ihrer Bedeutung in zwei Gruppen geschieden werden. Die erste bildet der Typus "verbalisiertes Adjektiv = *make* + Adjektiv", also transitiv-kausative Verwendung:

— 12a 13, Ode Memory, III, 18: *no mist of earth could dull those spirit-thrilling eyes;* vgl. 743b 14, Becket, V, 2: *rather than dim the splendour of this crown I fain would treble and quadruple it;* — 28a, Lady Shalott, 11: *little breezes dusk and shiver thro' the wave* (s. Rowe-Webb, *Selections from Tennyson,* z. St. mit Parallele aus Keats, Hyperion, II: *the dusking East);* vgl. 271a, In Mem., 88, 5: urspr. *the dusking leaf₁* (später *the darkening leaf);* — 86b 7, Stylites, 75: *black'd with thy branding thunder (blacken'd* wäre zu schwach); — 249b, In Mem., 8, 8: *all the chambers ... emptied of delight;* 286, Maud, I, I, III, 2: *wann'd with despair* (Churton Collins vergleicht Hamlet, II, 2, 580); — 330b 25, Gareth Lynette, 796: *three with good blows he quieted* (Euphemismus); — 394b 6, Merlin Vivien, 887: *to sleek her ruffled peace of mind;* — 449b 26, Last Tournament, 400: *how tu smoothe and sleek his marriage over to the Queen* (alliterierende Synonymenformel); — 524a 2, John Oldcastle, 143: *the poor man's money gone to fat the friar;* 529b 12, Voyage Maeldune, III, 16: *they to be dumb'd by the charm (= struck dumb);* — 654b 10, Harold, I, 1: *to sleek and supple himself to the King's hand;* — 658a 2 v. u., Harold, I, 1: *Edward's prayers were deafen'd and he pray'd them dumb, and thus I dumb thee too, my wingless nightingale;* — 562, 20, Locksley Hall Sixty Years After, 76: *staled by frequence;* — 592b, 2 v. u., Queen Mary, I, 5: *Philip comes, one hand in mine, and one steadying the tremulous pillars of the Church.* —

Auch Komparative von Adjektiven werden so verwendet: 645b 7, Queen Mary, V, 2: *I am not well, but it will better me ... to read the letter (better = make me feel better).* —

Häufiger sind jedoch Komparative in der zweiten zu besprechenden Verwendung, nämlich bei prädikativer Bedeutung des Adjektiv-Verbums, also vom Typus x = *to be* oder *to become* x; so z. B.: 378b 21, Balin Balan, 342: *nearing (= coming near);* — 318a 2, Gareth Lynette, 21: *in ever-highering eagle-circles.*

Von Positiven dieser Art kann ich anführen: — 451 a 4,
Last Tournament, 474: *the great waters break whitening
for half a league, and thin themselves* ...; — 843 a, Jubilee
Queen Victoria, VI, 1: *you, that wanton in affluence* ...,
878 b 18, St. Telemachus 21: *lazying out a life of
self-suppression.*

In beiden· der erwähnten Verwendungen können wir
green beobachten, nämlich kausativ-transitiv: 63 b, On a
Mourner, II, 3: *Nature* ... *greens the swamp* ("macht grünen");
und intransitiv-prädikativ (wie oft): 280 b, In Mem., 115,
14: *yonder greening gleam.* —

§ 29. Zum Schluß dieser Besprechung von Fällen gram-
matikalischer Enallage zwischen Nomen und Verbum darf
noch ein Typus nicht unerwähnt bleiben, weil er eine interessante Parallele bildet zu der oben (§ 22) erwähnten
Substantivierung jedes beliebigen Redeteils, wenn dieser
als Schlagwort oder Rede eines andern zitiert wird: es
kann nämlich ein Nomen, welches den Hauptinhalt der
Rede eines andern bildet, statt eines verbum dicendi mit
folgender Anführung des Gegenstandes einfach selbst als
Verbum gebraucht werden; also *"to x"* für *"to speak of x"*.
Beispiele für Substantiva sind vor allem die Verbalisierungen
zitierter Titel und Anredeformen: — 619 a 10, Queen Mary,
III, 4: *their two Graces so dear-cousin and royal-cousin
him;* — 629 a 14, Queen Mary, IV, 2: *why do you so
mylord me;* — Life, I, 121 (Brief Tennysons an seinen
Verleger Moxon, 1832, 20. Nov.): *don't let the printer
squire me* (d. h. ein *"Esq."* hinter den Namen setzen),
in Präfixkomposition: 151 b 13, Aylmer's Field, 585:
being much befool'd and idioted ("Narr und Tor ge-
scholten").[1)]

Ein Beispiel anderer Art mit einer aus Shakspere[2)]
wohlbekannten pleonastischen Erweiterung ist: 403 b 23,
Lancelot Elaine 513: *diamond me no diamonds! prize me*

[1)] Vgl. Henry Bradley, *The Making of English*, London 1904,
wo *"he my-dear-fellow'd me all the day"* als normales Englisch
zitiert wird. •

[2)] Parallelen aus Shakspere bei Thistlethwaite, Die
Sprache der *"Idylls of the King"* in ihrem Verhältnis zur
Bibel und zu Shakespeare. Diss. Halle, 1896.

no prizes! (Typus *"to x x-s"* für einfaches *"to x"* im Sinne von *"to speak of x"*).

Ein Adjektiv kann auch so erscheinen: 87 b 22, S t y - l i t e s, 151: *they shout "Behold a saint!" and lower voices s a i n t me from above* (= *call me saint*). —

Ja sogar ein Adverb und einen Komparativ finden wir so verwendet, allerdings im Scherz: 832 a (F o r e s t e r s, IV) sagt Robin Hoods Genosse Much auf dessen Worte *"We should be all the m o r e beholden to him (if he threw the stranger knight)"* mit wortspielender Beziehung auf seinen eigenen Namen: *"Much and more! . . . thou and thy youngsters are always m u c h i n g and m o r e i n g me."* —

Aus allen diesen Beobachtungen über das Verhältnis des Verbums zum Nomen gewinnen wir eine Anschauung von der großen Rolle, welche das erstere im Sprachschatz eines modernen Dichters spielt, — einer Tatsache, deren Richtigkeit noch die Zusammenstellungen über Verbal-Bildung und -Zusammensetzung sowie über die häufigen Tätigkeitsmetaphern (§ 204 ff.) bestätigen werden, und die ihrerseits ein bemerkenswertes Licht auf die anerkannte Wahrheit wirft, daß der Begriff von Bewegung und Tätigkeit wohl im Mittelpunkte unserer Vorstellungstechnik ebenso wie unseres heutigen Naturerklärens steht.

Nachdem wir nun so die wechselseitigen Vertauschungen der Klassen von Redeteilen — wenigstens der Nomina untereinander und mit dem Verbum — betrachtet und diese gleichsam abgegrenzt, bzw. den Mangel an festen Grenzen nachgewiesen haben, können wir zur Syntax der einzelnen Wortarten übergehen, wobei das **Verbum** — gemäß seiner soeben besprochenen Bedeutung — die erste Stelle einnehmen soll.

§ 30. Zunächst sind die verschiedenen Klassen der Verba gegeneinander abzugrenzen.

Impersonale Verba werden oft   besonders in über tragener Verwendung — mit persönlichen Subjekten verbunden (lat. *Jupiter tonat* etc.) ·

— 170 a 16, P r i n c e s s, I, 60: *(my father) tore the king's letter, s n o w'd it down;* — 197 b 12, P r i n c e s s, V, 125: *she l i g h t e n s scorn* ("schleudert Blitze der Verachtung");

205 a 8, Princess, VI, 50: *to rain an April of ovation
round their statues* (so auch *shower* sehr oft); vgl. 29 a,
Lady Shalott, IV, 4: *heavily the low sky raining, —*
und 31 b 15, Two Voices, 45: *my full heart . . . rain'd thro'
my sight its overflow; —* 258 b, In Mem., 43, 16: *the
dawning soul* (Auferstehung); 890 a, Kapiolani, VI:
one from the Sunrise dawn'd upon His people (viz. *the Christian
God); —* passive Wendung: 65 b 36, Love Land, 80: *Principles are rain'd in blood* ("neue Ideen schlagen sich immer
in Blutregen nieder"); — vgl. ferner das personale *happen*
der Volkssprache: 514 b, Village Wife, IV, 3: *we may
happen a fall o' snaw* (erleben); 886 b, Church-warden
Curate, III, 4: *if t'ōne (Curate) stick alongside t'uther
(church-warden) the chuch weänt happen a fall.* —

Umgekehrt ist als selteneres impersonales Verbum zu
notieren: 187 a, 12, Princess, IV, 47: *well needs it we
should cram our ears with wool . . .*

Schließlich sei noch ein merkwürdiger Fall angeführt,
wo der Kürze halber ein Verbum von subjektiv-persönlicher
Bedeutung zu einem nicht persönlichen, abstrakten Subjekte attrahiert wird: 716 a 1 v. u., Becket, II, 1: *forgetting
that forgets me too:* i. e. *forgetting that, thou forgett'st myself
too.*

§ 31. Was nun die Arten der persönlichen Verba selbst
betrifft, so ist die grenzenlose Freiheit des Englischen im
transitiven, intransitiven, kausativen, reflexiven Gebrauch
ein- und desselben Verbums bekannt, und mehr als je muß
in diesem Kapitel, wenn es sich um Spracheigentümlichkeiten eines Autors handelt, die vorherrschende Sprach-
gewohnheit, die größere Häufigkeit dieses oder jenes Gebrauches der einzige Maßstab bleiben. Nur auffallendere
Abweichungen — die deshalb natürlich nicht als Neologismen
oder einzig dastehende Erscheinungen bezeichnet werden
sollen — sind in den folgenden Listen zusammengestellt. —

Zunächst intransitiver Gebrauch von Verben, die gewöhnlich oder häufiger transitiv vorkommen: — *obtain*
wird (wie auch *prevail)* im Sinne "ein angestrebtes Ziel
erreichen" (bes. durch Bitten) ohne Objekt gebraucht: 211 b 4,
Princess, VII, 56: *less prosperously the second suit obtain'd
(= the second courtship succeeded) at first with Psyche;*

463 b 22, G u i n e v e r e, 473: *the loathsome opposite of all my heart had destin'd did obtain; s h o w* im Sinne von *look, appear:* 105 b, S l e e p i n g P a l a c e (D a y - D r e a m), VI, 1: *a hedge upshoots, and shows at distance like a little wood;* 109 b, St. A g n e s' E v e, 17: *so shows (= appears) my soul before the Lamb;* eine besondere Gruppe bilden extreme Fälle wie : 597 a, Q u e e n M a r y, II, 2, 4: *cut out the rotten from your apple, your apple e a t s the better* ("ißt sich", läßt sich essen); — 619 b, Q u e e n M a r y, III, 4: *every tongue alters it (the word of history) passing, till it s p e l l s and s p e a k s quite other than at first* (allit. Formel).

Diese und die meisten anderen Fälle könnten, wie ersichtlich, rein mechanisch genommen, auch als Ersatz des Passivums oder Reflexivums durch Aktivum eingereiht werden. —

§ 32. Eine besondere Abteilung bilden die nicht gerade intransitiv, aber absolut, d. h. mit Weglassung des selbstverständlichen Objektes gebrauchten transitiven Verba; der — meist trefflich erzielte — Zweck ist lapidare Kürze des Ausdrucks, besonders inhaltsschwerer Satzschluß.

Am häufigsten ist *k n o w* in dieser Verwendung ("den Sachverhalt kennen", "von allem" wissen): 104 b 6, G o d i v a, 73: *she that knew not* ("von nichts wußte"), *pass'd;* — 123 b, T o — —, 19—20: *keep nothing sacred: 't is but just the many-headed beast should know;* — 312 b 8, C o m i n g A r t h u r, 224: *his wife nursed the young prince... and no man knew,* 319 a 1, G a r e t h L y n e t t e, 80: *nor sees, nor hears, nor speaks, nor knows* ("hat Gesicht, Gehör, Sprache und Bewußtsein verloren"); — 358 a 7, G e r a i n t E n i d, 240: *hire us some fair chamber for the night, and stalling for the horses, and return with victual for these men and let us know* (sc. *whether thou hast hired the chamber);* — 370 a 5, B a l i n B a l a n, 40: *and Arthur lightly smote the brethren down, and lightly so return'd, and no man knew;* — 392 b 12, M e r l i n V i v i e n, 769: *is he man at all, who knows and winks;* — 845 b 22, D e m e t e r P e r s e p h o n e, 86, sagt Demeter, nachdem sie von ihren Wanderungen auf der Suche nach ihrer Tochter berichtet hat: *Nothing knew,* d. h. "kein Wesen wußte etwas von Persephone"; — 854 a 17, R i n g, 139: *the form of Muriel faded, and the face of Miriam grew upon me, till I*

knew (sc. *that I loved her*) — Eine von diesen etwas verschiedene absolute Verwendung von *know* ist 47 a 8,
P a l a c e A r t , 168: *large-brow'd Verulam, the first* (urspr.
the King) of those who know, von Churton Collins als
Nachahmung von D a n t e s *il maestro di color chi sanno*
erkannt (so von Aristoteles, I n f . , IV, 131). Bei Rowe
und Webb, *Selections from Tennyson,* eine Stelle aus Church's
Life of Bacon, wo Aristoteles und Bacon *the masters of
those who know* genannt werden.

Dasselbe bei anderen Verben: — *employ:* 234 a, T o
M a u r i c e , 1: *Come, when no graver cares employ:* erinnert an
den Stil des 18. Jahrhunderts, Cowper; zum ausgedehnten
Gebrauch des Wortes selbst vgl. 271 a, In M e m . , 88, 5
(vom Singvogel): *fierce extremes employ thy spirits;* — *feel:*
136 b 28, E n o c h A r d e n , 761: *feeling* (sc. *his way) all
along the garden wall;* — äußerlich analog ist *give* für *give
way:* 432 a 4, H o l y G r a i l , 826: *I essay'd the door; it gave;*
— *give to* = *give credit to:* 261 a, In M e m . , 53, 5: *dare
we to this fancy give; give* ohne Dativ: 128 b 16, E n o c h
A r d e n , 235: *Annie from her baby's forehead clipt a tiny
curl and gave it* (sc. *to Enoch);* 131 b 28, E n o c h A r d e n ,
443: *gave (her) his hand;* vgl. 100, 3, L o c k s l e y H a l l , 73:
can I think of her as dead, and love her for the love she bore
sc. *me;* abgebrochen vor: *No, she never loved me truly;*
s e e : 73 b 11, G a r d e n e r ' s D a u g h t e r , 54: *where was he,
. that, having seen, forgot* (sc. *her, the Gardener's daughter):*
136 a 28, E n o c h A r d e n , 732: *there... Enoch saw* (nämlich
ein Bild von Annies Eheglück mit Philip); 310 b 28, C o m i n g
A r t h u r , 116: *a voice as dreadful as the shout of one who sees
to one who sins;* — *show:* 140 b 26, B r o o k , 85: *I call'd
old Philip out to show* (sc. *me) the farm;* — *slay:* 531 a,
V o y a g e M a e l d u n e , VIII, 14: *we took to playing at battle,
but that was a perilous play, for the passion of battle was in us, we
slew* (sc. *some among us) and we sail'd away;* — *understand:*
134 b 30, E n o c h A r d e n , 638: *till he made them understand* (sc. *what he said;* "sich ihnen verständlich machte");
w a t c h : 119 b, E a g l e , 5: *he watches* (sc. *his prey) from his
mountain-walls, and like a thunderbolt he falls (upon it).* —

Ein Präpositionalobjekt ist in dieser Weise weggelassen:
55 a, C h o r i c S o n g , III, 4: *takes no care,* sc. *of anything;*

s. v. a. *lives carelessly;* 165 b 6, L u c r e t i u s, 279: *'Care not thou! Thy duty? What is duty? Fare thee well!'* —

§ 33. Der umgekehrte Fall — transitiver und kausativer Gebrauch von gewöhnlich intransitiven Verben — ist weitaus häufiger:

— *d a n c e:* 206 a 18, P r i n c e s s, VI, 120: *(the baby began) to dance its body;* 213 b 10, P r i n c e s s, VII, 194: *let the torrent dance thee down;* 285 a 9, I n M e m. E p i l o g u e, 45: *I that danced her on my knee;* g l o o m (vgl. § 24): 117 b, V o y a g e, VI, 2: *peaks that... gloom'd the low coast... with ashy rains;* 120 a, L e t t e r s, I, 2: *a black yew gloom'd the stagnant air;* — g r o w kausativ: 1. 109 b 12, A m p h i o n, 100: *work... to grow my plantation (= to make grow);* 2. 261 a, I n M e m., 53, 7: *the soil, left barren, scarce had grown the grain:* hier geradezu *bring forth, produce;* ebenso: 762 b, 9 v. u., C u p, II: *like a barren shore that grew salt weeds,* — und 892 a 9, M e c h a n o p h i l u s, 33: *what the cultured surface grows;* — *l a b o u r* = arbeiten lassen: 325 b 7, G a r e t h L y n e t t e, 475: *(Kay) would hustle and hurry him (Gareth) and labour him beyond his comrade of the hearth;* — *m u s e* = make meditative: 112 a 34, W i l l W a t e r p r o o f, 74: *the guest half-mused, or reeling ripe (mused* = nachdenklich gemacht — durch leisen Rausch);

r a c e: 867 b, P r o g r e s s S p r i n g, IX, 11: *hopes, which race the restless blood;* — *r o l l:* 336 a 30, G a r e t h L y n e t t e, 1111: *loud Southwesterns, rolling ridge on ridge* ("heranwälzend"); — *s a d d e n:* 342 a 20, M a r r i a g e G e r a i n t, 64: *the women... told Enid, and they sadden'd her the more* (hingegen transitiv drei Zeilen weiter: *he that watch'd her sadden);* — so oft bei Verben auf —*en:* 488 a 16, L o v e r's T a l e, I, 754: *(tears) will but s i c k e n the siek plant the more;* ja sogar 634 b, Q u e e n M a r y, IV, 3: *"you sicken me to hear you."* — *"Fancy-sick ..."* (als ob *make me sick* vorherginge); — *s h o o t:* 210 a 8, P r i n c e s s, VI, 394: *the day descending struck athwart the hall, and shot a flying splendour out of brass and steel;* — *s h o w e r:* 104 a 11, G o d i v a, 47: *shower'd* ("ließ niederfließen") *the rippled ringlets to her knee;* 121 a 6, V i s i o n S i n, II, 8: *the fountain spouted, showering wide sleet of diamond-drift and pearly hail;* intransit.: 190 a 17, P r i n c e s s, IV, 245: *before me shower'd the rose in flakes (= shower'd down,* simplex pro composito); — *s h u d d e r* kausativ: 304 a, Maud, II, IV, VII, 9: *the shuddering dawn* ("dessen Kälte schauern macht"); Churton Collins zitiert aus Marston: *the shuddering morne); stay:* sehr oft transitiv, z. B. 268 a, In Mem., 83, 5: *what stays thee from the clouded noons;* — *swarm:* 113 b 28, Will Waterproof, 199: *days that deal in ana, swarm'd* (= *produced in swarms) his literary leeches;* — *trust* = *confide:* 311 a 27, Coming Arthur, 145: *a chamberlain, to whom he trusted all things.* —

§ 34. Eine besondere, bei Tennyson recht zahlreiche Gruppe bilden Verba der Äußerung — ob nun dicendi oder anderer Art, bei welchen der Äußerungsinhalt, das auf irgend welche Weise zum Ausdruck Gebrachte mit eigentümlicher Kürze unmittelbar im Akkusativ beigesetzt wird: also *"to x something"* = *"to express something by x-ing"*:

— *beat* (vom Pulsschlag): 214 b 35, Princess, VII, 289: *the two-cell'd heart beating, with one full stroke, life* (kräftiger Abschluß); ebenso das synonyme *pulse:* 454 b 27, Last Tournament, 697: *the tide within (blood in my arm) pulsing full man;* anders 182 b 26, Princess, III, 139: *no rock so hard but that a little wave may beat admission in a thousand years:* nicht "um Einlaß klopfen", sondern "sich Einlaß *erklopfen", Akkus. des Resultates; — *blush:* 296 b, Maud, I, XVII, 11: *(happy day) pass and blush the news over glowing ships* ("verkünde durch Abendröte!"); ibid. 16: *pass the happy news, blush it thro' the West;* — *breathe:* 660 a, Harold, I, 2: *he is broad and honest, breathing an easy gladness;* — *glow:* 175 b 33, Princess, II, 166: *glowing full-faced welcome; hiss:* 290, Maud, I, IV, IX, 4: *the long-neck'd geese of the world that are ever hissing dispraise;* — *kiss:* 150 a 3, Aylmer's Field, 473: *kissing his vows upon it (Edith's dagger) like a knight;* — *laugh:* 550 a 31, Ancient Sage, 170: *slender lily . laughing back the light;* — *look:* 122 a 21, Vision Sin, IV, 53: *look whited thought and cleanly life* ("sich den Anschein geben von..."); 132 b 2, Enoch Arden, 476: *he often look'd his wish (= expressed by looks);* vgl. auch: 100, 15, Locksley Hall, 85: *an eye ... looking ancient kindness on thy pain;* — *nod:* 326 a 7, Gareth Lynette, 511: *so that Sir Kay nodded him leave to go;* — *ring:* 271 a, In Mem., 88, 2: *wild bird whose warble ... rings Eden thro'* *the budded quicks;* — *roll:* 237 b, Literary Squabbles, 11: *the sullen Lethe rolling doom;* — *shine:* 414 a 24, Lancelot Elaine, 1144: *the field, that shone full-summer; sigh:* 270 a, In Mem., 86, 11: *sigh the full new life throughout my frame;* 298 b, Maud, I, XIX, III, 14: *sighing a world of trouble within,* *throb:* 212 a 5, Princess, VII, 89: *clocks throbb'd thunder thro' the palace floors;* — *thunder:* 218 b, Wellington, V, 20: *let... the... cannon thunder his loss* ("donnernd verkünden"); — *vibrate:* 151 b 1, Aylmer's Field, 573: *star to star vibrates light (= transmits by vibration);* *warble:* 624 a 14, Queen Mary, III, 6: *would you have me turn a sonneteer, and warble those brief-sighted eyes of hers* ("besingen"); — *wave:* 174 b 15, Princess, II, 184: *she spoke, and bowing waved dismissal* (vgl. oben *nod); wing* (vgl. § 24): 661 b, Harold, II, 1[1]): *they should hang... our sea-mew winging their only wail* ("der Flügelschlag der Möve wäre ihre einzige Totenklage"). Ein etwas verschiedener, hochpoetischer Ausdruck: 467 b 9, Passing Arthur, 39: *wild birds that wail their way from cloud to cloud. —*

Schließlich noch ein allen diesen einigermaßen verwandter Fall: 393 a 4, Merlin Vivien, 791: *(Vivien) let her tongue rage..., polluting, and imputing her whole self (= polluting, by slander, the noblest names, and imputing her own badness to others). —*

Um nun gleich weiter auszuholen: derselbe Typus "*to x = to say* (oder allgemein *express) something x-ingly*" findet seine Anwendung auch, wenn statt einfachen Objektes der volle Inhalt der Äußerung in einem ganzen Satze folgt: etwas dieser Art ist 103 b, Godiva, 20: *she pray'd him. "If they pay this tax, they starve*": das ist nicht der Inhalt der Bitte, sondern was sie bittend als Argument vorbrachte; — 301 b, Maud, I, XXII, X, 5—7: *the red rose cries, 'She is near...'; the white rose weeps (= whispers, weeping tears of dew), 'She is late', the larkspur listens (= says listening!), 'I hear...';* 854 a 26, Ring, 148: *(he) sold this ring to me, then laugh'd: "the ring is weird"* (s. o. *laugh).*

---

[1]) Die Szene ist überhaupt reich an sprachlichen Kühnheiten.

§ 35. Ein diesem Typus von Kürze des Ausdrucks
eng verwandter ist es, wenn zu einem Verbum, dessen Inhalt die Veranlassung einer Bewegung oder eine von einer
Bewegung begleitete Handlung ist, die betreffende Bewegung — Annäherung oder Entfernung (auch Versetzung
in einen Zustand) — in Form einer Präpositionalwendung
unmittelbar hinzutritt:[1]) als Repräsentativbeispiel diene
Th. Kyd, Spanish Tragedy, IV, 2, 35 (ed. Schick)·
I curse this tree from further fruit. Bei Tennyson ist der
Typus überaus häufig:

— 74 a 30 (Gardener's Daughter): *a well-worn
pathway courted us to one green wicket* (vgl. deutsch scherzhaft "hinauskomplimentieren"); — 75 b 27 (Gardener's
Daughter): *(the months) danced into light, and died
into the shade:* hier Bewegung selbst, nicht deren Veranlassung, Inhalt des Verbums; 76 b 21 (Gardener's
Daughter): *(the heart) hung tranced from all puls-
ation;* — 85 b, Stylites, 18: ·*thou wouldst have caught me
up into thy rest (= caught and received);* — 88 a 27,
(Stylites): *carve a shrine about my dust;* — 90 b 37
(Talking Oak): *a teardrop trembled from its source
(= fell trembling from the eye);* vgl. 211 b 2, Princess,
VII, 53: *when` two dewdrops on the petal shake ... and
tremble deeper down;* ferner: 283 b, In Mem., 127, 14:
the fortress crashes from on high (= falls crashing);
530 b, Voyage Maeldune, VII, 12: *the Paradise trembled
away* (die unter Wasser sichtbare paradiesische Insel verschwindet durch dessen Erregung); 94 a 17, Love
Duty, 97: *morning ... far furrowing into light the
mounded rack;* — 104 b 3, Godiva, 70: *his eyes were
shrivell'd into darkness in his head;* 141 a 6, Brook,
97: *crost the common into Darnley chase* (ein *and went* zu
ergänzen); — 149 b 28, Aylmer's Field, 463: *drove in
(to call) upon the student;* — 163 b 24, Lucretius, 186:
the mountain quickens into Nymph and Oread; — 174 b
34, Princess, II, 103: *toward the centre set the starry tides,
and eddied into suns;* — 177 a 5, Princess, II, 235: *to*

---

[1]) Die Gruppe ist ausführlich besprochen in den Anmerkungen
(Bd. II) zu Detter-Heinzels *"Sœmundar Edda"* (1903), ad Hávamál 96. 1. 3.

read my sickness down to happy dreams; — 180 b, Princess, III, 2: *morn ... came furrowing all the orient into gold* (vgl. oben 94 a 17, L o v e D u t y, 97); — 195 a 15, P r i n c e s s, IV, 552: *sees the midsummer, midnight, Norway sun set into sunrise;* — 203 b 27, P r i n c e s s, V, 515: *as comes a pillar of electric cloud ... shadowing down the champaign till it strikes (shadow down* = "überschattend dahinziehen"); — 225, G r a n d m o t h e r, II, 2: *drank himself into his grave;* — 234 b 26, T o M a u r i c e, 34: *lash all Europe into blood;* — 240 b, D e d i c a t i o n, 10: *to pass his autumn into seeming-leafless days;*   248 b, In M e m., IV, 12: *thou vase of chilling tears, that grief hath shaken into frost* (physikal. Erklärung bei Churton Collins); — 251 b, In M e m., 16, 15: *(the shock has) stunn'd me from my power to think;* — 252 a, In M e m., 17, 4: *to breathe thee (ship) over lonely seas;*   252 b, In M e m., 20, 6: *weep the fulness (of grief) from the mind;* — 264 b, I n M e m., 69, 18: *he (Angel) reach'd the glory of a hand, that seem'd to touch it (my crown of thorns) into leaf (to touch* = *to transform by touch);* vgl. 891 a, M a k i n g M a n, 4: *shall not Aeon after Aeon pass and touch him (future Man) into shape?* — und deutlich synonym neben *turn:* 110 b 36, S i r G a l a h a d, 72: *stricken by an Angel's hand this armour etc.... are touch'd, are turn'd to finest air;*   endlich 322 b 10, G a r e t h L y n e t t e, 300: *Camelot, a city... which Merlin's hand ... had touch'd, ... and tipt with ... peak and pinnacle (touch* = durch Berührung versehen mit...); 274 a 4, In M e m., 95, 64 (vom Dämmerlichte): *to broaden into boundless day;*   281 b 7, In M e m., 118, 27: *move upward, working out the beast* (durch mühevolle Selbsterziehung das Tierische aus sich entfernen);   285 a 12, E p i l o g u e, In M e m., 48: *I... must part with her to thee;* — 297 a, M a u d, I, XVIII, I, 5: *my blood ... calming itself to the long-wish'd-for end (becoming calm, as end draws near);* — 297 b 5, M a u d, I, XVIII, III, 16: *(the cedars of paradise) shadowing... Eve from whom she came;* 299 a, M a u d, I, XIX, VI, 6: *he had darken'd into a frown;*   305 a 4, M a u d, II, IV, XIII, 10: *there to weep my whole soul out to thee;* — 314 a 31, C o m i n g A r t h u r, 337: *when did Arthur chance upon thee first?* — Überhaupt

bei Verben des Antreffens, Vorfindens: 107 b, L'Envoi
(Day-Dream), I, 11: *to wake on science grown to more,
on secrets of the brain, the stars* (sc. *discovered)*; — 320 b 16,
Gareth Lynette, 181: *the damp hill-slopes were quieken'd
into green, and the live green had kindled into flowers;*
335 b 9, Gareth Lynette, 1061: *so ye cleave his armour
off him;* — 339 b 8, Gareth Lynette, 1290: *appal
me from the quest:* — 358 a 10, Geraint Enid, 243:
and up the rocky pathway disappear'd; — 380 b 5,
Merlin Vivien, 10: *by strong storm blown into shelter at
Tintagil;* — 390 a 30, Merlin Vivien, 627: *(the wizard)
sunn'd the world to peace again;* 401 a 33, Lancelot
Elaine, 354: *rapt on his face (= rapturedly gazing);* vgl.
435 a 26, Pelleas Ettarre, 135: *wonder'd after him
(= gazed wonderingly);* — 448 b 23, Last Tournament,
338: *"(Orpheus) could harp his wife up out of hell."*[1] *"And
whither harp'st thou thine?"* 511 a 1, Sisters, 95:
*one lightning-fork flash'd out the lake (= made, for short
time, visible);* — 600 b, Queen Mary, II, 2: *I'll have the
drawbridge hewn into the Thames;* — 603 a, Queen Mary,
II, 4: *a sound of feet and voices thickening hither;*
612 b, Queen Mary, III, 3: *bees, if any creeping life
invade their hive too gross to be thrust out, will build him
round, and bind him in from harming of their combs;*
620 b, Queen Mary, III, 5: *how oft the falling axe* (im
Traume) *hath shock'd me back into the daylight truth that
it may fall to-day!* — 621 a, Queen Mary, III, 5: *that I
were caught, and kill'd away at once out of the flutter!* —
678 a, Harold, IV, 1: *thou art one of those who brake into
Lord Tostig's treasure-house ... and now ... are frighted
back to Tostig;* — 701 b 3, Becket, I, 1: *sleep thy wine
off...;* vgl. 703 a, Becket, I, 1: *to snore away his
drunkenness into the sober headache;* — 721 a, Becket,
II, 2: *to challenge, face me out of all my regal rights;*
725 a 3, Becket, III, 1: *no flower ... could shine away the
darkness of that gap left by the lack of love;* 735 b,

---

[1] Vgl. die altnordische Phrase *"gráta Baldr or heliu"* (durch
Weinen erlösen aus —) in ähnlicher Sagensituation bei Snorri, *Gylfa
ginning,* Kap. 49. — Vgl. auch Byron, *Stanzas written in passing the
Ambracian gulf,* 11: *since Orpheus sang his spouse from hell.*

Becket, IV, 2: *time given, I could have talk'd him out of his ten wives into one;* 741 b, Becket, V, 2: *you falter'd into tears...;* 742 a, Becket, V, 2: *one (wife) that being thwarted ever swoons and weeps herself into the place of power;* 765 b 2, Cup, II: *I have heard these poisons may be walk'd down;* vgl. andere Verbindungen mit *down,* wie: 415 b 8, Lancelot Elaine, 1228: *she shines me down* (K. Henry VIII, I, 4, 60: *French shone down English,* Thistlethwaite l. c.); auch 465 b 17, Guinevere, 612, und 465 b 30, Guinevere, 625: *live down sin;* 527 a 2, Columbus, 119: *murmur down truth;* 887 b, Church-warden Curate, XI, 2: *I'd like tha to preäch 'em down;* — 790 b, Promise May, II: *scicnce now could drug and balm us back into nescience;* 802 a, Promise May, III: *all the foul fatalities that blast our natural passions into pains (= transform by their blast);* 844 a 5, Jubilee Queen Victoria, XI, 6: *till .. the darkness dawns into the Jubilce of Ages;* 846 b 14, Demeter Persephone, 136: *Gods ... to send the noon into the night and break the sunless Halls of Hades into Heaven (= destroy, to make a heaven of them;* antithetische Alliteration!); — 850 b, Vastness, IX, 2: *Pleasure, a worm which writhes all day, and at night stirs up again in the heart of the sleeper, and stings him back to the curse of the light;* 891 b, Mechanophilus, 5: *dash back that Ocean with a pier;* — 885 b 4, Bandit's Death, 12: *he had left his dagger behind him. I found it, I hid it away.*

Das Schema der so häufigen Erscheinung ist also, wie aus den Beispielen ersichtlich, die Hinzufügung von Richtungsangaben — auch bildlichen, für Eintritt in einen oder Austritt aus einem Zustand — zu Verben, welche den Begriff der Bewegung — ob wörtlich oder bildlich — nicht selbst enthalten, sondern nur assoziativ involvieren: somit berührt sich die Eigentümlichkeit in diesem ihrem Wesen nach einer Seite mit den vorhin aufgezählten Akkusativobjekten und Inhaltsangaben bei Verben, die nicht direkt den Begriff der Äußerung ausdrücken, somit deren Inhalt nur durch Gedankenverschränkung zum Objekt haben können, andererseits (logisch, nicht grammatisch) mit dem beim Adjektivum zu besprechenden Stilmittel der "Attraktion"

(§ 78), indem auch hier wie dort die nähere Bestimmung hier Präpositionalergänzung, dort Attribut eines verschwiegenen, weil farblosen Wortes — hier des eigentlichen Bewegungsverbums, dort des eigentlichen Trägers der Eigenschaft — von einem mit ihm assoziativ verbundenen gleichsam "angezogen" wird.

§ 36. Im Anschluß an das behandelte Verhältnis der transitiven und intransitiven Verba dehne ich nun meine Betrachtungen auf die R e k t i o n des Verbs im allgemeinen aus und verzeichne von Fällen einer vom Usus abweichenden Rektion die folgenden:

Bei Verben der Bewegung zieht Tennyson den Akkusativ des durchmessenen Weges einer Präpositionalwendung vor; so: — 3 b, L e o n i n e E l e g i a c s, 1: *breezes are r o a m i n g the broad valley...;*   10 a 7 (R e c o l l e c t i o n s A r a b i a n N i g h t s): *my shallop d r o v e ... the fragrant, glistening deeps;*   ähnlich 32 b 39 (T w o V o i c e s): *he hears his country's war-song t h r i l l his ears* (für *thro' his ears); —* 46 a 32, P a l a c e A r t, 116: *over hills...the throne of Indian Cama slowly s a i l' d a summer fann'd with spice (= floated across the summer sky wafted by spicy breezes;* Rowe-Webb);   96 b, T i t h o n u s, 8: *r o a m i n g ...the ever-silent spaces of the East;*   107 b, M o r a l (D a y - D r e a m), II, 1: *any man that w a l k s the mead;* — 249 b, I n M e m., IX, 2: *fair ship that...s a i l e s t the placid ocean-plains;* — 316 b 10, C o m i n g A r t h u r, 468: *they p a c e d a city all on fire;* — 374 a 19, B a l i n B a l a n, 290: *r o d e the skyless woods;* vgl. 376 b 23, B a l i n B a l a n, 435: *as she r o d e the woodland valleys;*   495 b 21, G o l d e n S u p p e r, 132: *myself was then t r a v e l l i n g the land;* 854 a 1, R i n g, 123: *I used to w a l k this Terrace.*

Hieher auch: Akkusativ des von der Bewegung Betroffenen — dem Akkusativ des Weges verwandt —: 396 b 8, L a n c e l o t E l a i n e, 49: *Arthur...unawares had t r o d d e n that crown'd skeleton* (für *on that...);* — Akkusativ der bildlichen Bewegung durch die Zeit in Gedanken: 480 b 11, L o v e r's T a l e, I, 281: *p a s s we then a term of eighteen years* (für *over a ...);* — endlich einmal auch das Ziel der Bewegung durch Akkusativ ausgedrückt: 268 b, I n M e m., 84, 41: *a r r i v e at last the blessed goal* (um *at* nicht zu wiederholen; Kontamination mit der Konstruktion von *reach, toueh, gain)*. —

§ 37. Nach Ausscheidung dieser Gruppe können wir die übrigen Beispiele in zwei Abteilungen anführen:

I. Direktes Akkusativobjekt, wo wir Präpositionalwendung erwarten (also ganz wie bei den eben ausgesonderten Verben der Bewegung):

— 21 a, A d e l i n e, IV, 6: *whom w a i t e s t thou* (aus prosaischem *for whom waitest thou* und poetischerem *whom awaitest thou* durch Eintreten von simplex pro composito ohne gleichzeitige Konstruktionsänderung kontaminiert); vgl. 137 b 5, E n o c h A r d e n, 804: *after the Lord has call'd me* etc.; ... *I wait His time;* — *j a r* hat oft Akkusativ für *with:* 64 a, O n a M o u r n e r, VI, 1—2: *when no mortal motion jars the blackness round the tombing sod;* 160 a 6, S e a D r e a m s, 251: *one shriek of hate would jar all the hymns of heaven;* 576 a, F r e e d o m, IV, 4: *howe'er blind force and brainless will may jar thy golden dream;* — so auch das entgegengesetzte *h a r m o n i z e:* 160 a 2, S e a D r e a m s, 247: *if there were a music harmonizing our wild cries;* — 161 a, L u c r e t i u s, 12: *he past to turn and p o n d e r those three hundred scrolls* (für *over);* 336 b 2, G a r e t h L y n e t t e, 1112: *till at length Sir Gareth's brand c l a s h'd his and brake it* ... (für *against* ...); vgl. 370 b 14, B a l i n B a l a n, 82: *they sat, and cup clash'd cup;* — 368 b 23, G e r a i n t E n i d, 928: *as the south-west b l o w i n g Bala lake fills all the sacred Dee* (für *blowing over* ...: Bewegungsverbum); 436 a 24, P e l l e a s E t t a r r e, 192: *if he f l y us* (für *from us,* wohl einer der gewöhnlichsten Typen); — 436 a 28, P e l l e a s E t t a r r e, 196: *they* ... *a c t e d her hest (according to,* sagt die Prosa); 451 b 1, L a s t T o u r n a m e n t, 499: *he w h i s t l e d his good warhorse* ("durch Pfeifen herbeirufen", also perfektiv; sonst. stünde wohl *for);* — 464 b 1, G u i n e v e r e, 532: *too wholly true to d r e a m untruth in thee* (für *of* ...); dasselbe im Passivum: 32 a 18, T w o V o i c e s, 90: *dream'd not yet (= not dream'd of yet);* 476 a, L o v e r's T a l e, I, 19: *the Goddess of the Past, that* ... *sometimes s w e e p s* ... *all its (heart's) half-moulder'd chords to some old melody* (für *sweeps over* ...); 539 a 4, T i r e s i a s, 52: *I behold her still, beyond all work of those who c a r v e the*

stone (in stone erwarten wir); 570 b 3, Epilogue
'Heavy Brigade', 51: *the fires that arch this dusky dot*
(wie bei *wait* eine Kontamination aus *arch* mit *over* und
overarch mit Akkusativ); — 638 a, Queen Mary, V, 1:
you must abide my judgment, and my father's (für *abide
by...); schließlich eine schöne Passivwendung dieser
Art: 627 a 14, Queen Mary, IV, 1: *he is pronounced
anathema (upon* erwarten wir). —

§ 38. II. Der umgekehrte Fall: Präpositionalergänzung,
wo wir eher auf ein direktes Akkusativobjekt gefaßt wären:
98, Locksley Hall, 2: *sound upon the bugle-
horn;* id. 360 a 26, Geraint Enid, 384: *she heard the
wild Earl...sound on a dreadful trumpet...*, 103, Godiva,
12: *that grim Earl, who ruled in Coventry;* 114 b 4
Lady Clare, 16: *to-morrow he weds with me;* -- 130 a 3,
Enoch Arden, 324: *caught at his hand;* — 140 a
Brook, 44: *I... crost by that old bridge;* 185 b 9,
Princess, III, 305: *your quèstion...*, *which touches on
the workman and his work;* — 215 a 16, Princess, VII,
305: *on tiptoe seem'd to touch upon a sphere too gross to
tread (touch* ist wie *tread* konstruiert)· — 620 a, Queen
Mary, III, 5: *God grant it last, and witness to your
Grace's innocence* (aus verbalem *witness* mit Akkusativ und
bear oder *be witness* mit *to...* kontaminiert); — 653 b,
Harold, I, 1: *O father, mock not at a public fear.*

Wie man leicht sieht, ist in fast allen diesen Fällen
der zweiten Klasse — im letzten besonders deutlich — die
präpositionale Konstruktion von der akkusativischen in der
Bedeutung verschieden und somit nicht etwa auf Grund
einer konstanten Vorliebe, sondern jedes besondere Mal mit
bewußtem Zweck aus inhaltlichen Gründen für sie eingesetzt.

§ 39. Zum Schluß noch einige wenige Fälle, wo wir
zwar präpositionale Fügung finden, aber anderer Art
als wir gewohnheitsgemäß erwarten (Frische des Ausdrucks ist natürlich der Zweck dieses Abweichens von der
Schablone):

— 4 b 14 (Confessions Sensitive Mind): *to fortify
from doubt* (für: *against); —* 5 b 9 (Confessions Sensitive Mind): *the Ox feeds in the herb* (wo nach anderer

und wohl häufigerer Auffassung *on* stünde); — 6 a, K r a k e n,
4—5: *faintest sunlights flee a b o u t his shadowy sides* (für
from about?) — für *"to paint x₁ (up)on x₂"* steht mit Vorliebe *"to paint x₂ with x₁"*, z. B. 188 a 10, P r i n c e s s, IV,
113: *paint the gates of Hell w i t h Paradise* (eine Deutung
Paradise = "paradiesische Farben" würde die Wirkung der
Stelle nur abschwächen). —

§ 40. An die Betrachtung der transitiven und intransitiven Verba reihe ich noch Beobachtungen über eine
besondere Unterart der ersteren, nämlich die r e f l e x i v e n,
an, welche sich von der Masse der übrigen transitiven
durch die Identität des Objektes mit dem Subjekte unterscheiden.

Daß die Reflexivbedeutung ins Verbum selbst verlegt
und kein Pronomen mehr hinzugefügt wird, ist im Neuenglischen ganz gewöhnlich und braucht hier nicht durch
Beispiele belegt zu werden; wohl aber will ich einige für
den interessanteren umgekehrten Fall bieten: daß nämlich
pronominales Reflexivobjekt bei Verben steht, die wir gar
nicht reflexiv gebraucht zu finden erwarten; z. B.:

98, L o c k s l e y H a l l, 32: *(glass of Time): every
moment, lightly shaken, r a n i t s e l f, in golden sands* (vgl.
franz. *s'écouler;* aber die Bedeutung ist: *poured forth its
contents);* — 137 b 16, E n o c h A r d e n, 815: *the year r o l l'd
i t s e l f, round again;* 250 b 10, In M e m., 11, 18: *waves that
s w a y t h e m s e l v e s in rest;* — 297 a, M a u d, I, XVIII, I, 5:
my blood . . . c a l m i n g i t s e l f, to the long-wish'd-for end,
426 a 23, H o l y G r a i l, 454: *the fiery face as of a child
s m o t e i t s e l f, into the bread* (über *strike* und *smite* für
plötzliche Bewegungen und Lichterscheinungen s. den lexikalen Teil); 500 a, F i r s t Q u a r r e l, V, 3: *I taught
m y s e l f all I could to make a good wife for Harry* (der weit-
schweifig-indirekte Ausdruck malt die mühevolle Auto-
didaxis); 672 b 6, H a r o l d, III, 1: *the sickness of our
saintly king . . . hath mainly d r a w n i t s e l f from lack of
Tostig.* —

§ 41. Von den Klassen der Verba bleibt uns nur mehr
eine ganz besondere, im flexionsarmen Englisch sehr wichtige, zu behandeln übrig, nämlich die H i l f s z e i t w ö r t e r.
Das Kapitel kann nicht anders dargestellt werden als in

Form einer alphabetischen Liste bemerkenswerter Stellen und gehört eigentlich in die Lexikographie.

to be erscheint in besonders starker, nicht auxiliarer Bedeutung: 119 a, Farewell, 3: *no more by thee my steps shall be* (durch Reim hervorgehoben); 215 a 27, Princess, VII, 316: *I have heard of your strange doubts; they well might be* ("begründet sein"); 255 a, In Mem., 30, 9: *the winds were in the beech* ("lagen"); — 278 b, In Mem., 108, 13: *I'll rather take what fruit may be (= come) of sorrow under human skies;* — und im letzten Beispiel wieder wie im ersten kräftige Hervorhebung eines bedeutsamen *be* durch den Reim: 813 b, Lied der "Foresters" vor Akt II des Dramas: *There is no land like England,* | *Wheree'er the light of day be,* | *There are no hearts like English hearts* | *Such hearts of oak as they be* (einige feminine *they be* folgen; der Reim geht durch das ganze Lied). —

can: 518 a, Children's Hospital, VI, 7: *it always can please our children, the dear Lord Jesus with children about his knees (can = always exerts the same power,* oder pleonastisch [wie z. B. altnord. *knáttu,* häufig]); — 659 b 6, Harold, I, 2: *he cannot guess who knows:* eine halb scherzhafte — im Grunde unlogische Übertreibung für "braucht nicht raten"; — *can* fehlt als selbstverständlich: 99, 7, Locksley Hall, 21: *falser than all fancy fathoms.*

have zeigt in seiner häufigen und glücklichen Verwendung als vollinhaltliches Begriffs- und nicht bloßes Hilfsverbum ein schönes Beispiel für die Macht der Dichtersprache, abgebrauchte und bedeutungslos gewordene Wörter neu zu beleben. Die Bedeutungen sind: — 1. bei seelischen Zuständen und Bewußtseins-Inhalten (deutsch gewöhnlich "hegen"); das erstere: 4 a 46, Confessions Sensitive Mind: *he hath no care of life or death* ("hegt keine Sorgen bezüglich —"); das letztere: 137 b 31, Enoch Arden, 830: *woman, I have a secret* ("weiß ein Geheimnis"); wieder von Gemütszuständen: 116 a 13, Captain, 57: *those, in whom he had reliance;* 149 b 30, Aylmer's Field, 465: *had golden hopes for France and all mankind:* der Ausdruck der Hoffnungen ist mit inbegriffen, weil die Phrase mitten in der Inhaltsangabe eines Gespräches steht; ein Nachdruck liegt sogar auf der Äußerung in Fällen wie: 289, Maud,

I, IV, II, 3: *Jack on his ale-house bench has as many lies as the Czar* ("weiß vorzubringen"); — 407 b 16, L a n c e l o t E l a i n e, 733: *all had marvel what the maid might be;* 412 a 4, L a n c e l o t E l a i n e, 998: *saying in low tones, "Have comfort".* Diesem Gebrauch zunächst steht die Verwendung von *have* für "durchleben" (in Leiden oder Genuß): 126 a 21, E n o c h A r d e n, 78: *there... had his dark hour unseen* ("durchlebte, überstand"); 415 a 33, L a n c e l o t E l a i n e, 1220: *only this grant me..: have your joys apart* ("genießt"); 765 b, 2 u., C u p, II: *did not some old Greek say death was the chief good? He had my fate for it, poison'd.* — 2. Eine andere Verwendung von *have* geht von der konkreten Bedeutung "haben, besitzen" aus und überträgt diese auf unbelebte Subjekte, wo der Begriff des Besitzes nur bildlich Anwendung findet: 112 b 19, W i l l W a t e r p r o o f, 103: *(the vintage) ... had cast upon its crusty side the gloom of ten Decembers* ("trug"); 139 b 16: *there is Darnley bridge: it has more ivy;* 335 a 14, G a r e t h L y n e t t e, 1041: *nay, the boar hath rosemaries and bay* ("wird garniert, serviert mit —"); vom Inhalt einer Abbildung: 375 b 7, B a l i n B a l a n, 361: *one side (of goblet) had sea and ship and sail.* Damit haben wir auch schon (wie bei Nr. 1) den Schritt von "enthalten" zu "äußern, ausdrücken" getan; noch ausgeprägter ist dies in: 145 a 30, A y l m e r ' s F i e l d, 180: *a grasp having the warmth and muscle of the heart:* d. h. ebensowohl *concentrating* wie *expressing;* ferner 551 a 15, A n c i e n t S a g e, 226: *A height, a broken grange, a grove, a flower Had murmurs "Lost and gone and lost and gone!"* — 3. Fälle, wo sich die Funktion schon der eines Hilfsverbums nähert: 136 a 28, E n o c h A r d e n, 734: *if griefs like his have worse or better (= if in griefs like his, there is a worse or a better);* 512 b 27, S i s t e r s, 214 (von der Sitte der Hochzeitreisen): *as tho' the happiness of each in each must needs have torrents, lakes* etc. *(must have =* "bedürfen, brauchen" — wenn man nicht die Deutung *have = enjoy* vorzieht, wie sie etwa noch vorliegt in: 94 a, G o l d e n Y e a r, 1: *you shall have that song:* "zu hören bekommen"); 724 a, B e c k e t, II, 2 (fin.): *I go to have young Henry crown'd by York;* so schon 312 b 19, C o m i n g A r t h u r, 235: *Merlin thro' his craft ... had Arthur crown'd* (i. e. *brought it about).* Wie andere Hilfsverba, kann auch phraseologisches *have* als selbstverständlich und prosaisch fehlen: 263 a, In Mem., 63, 7: *...yet I spare them sympathy (= have still some sympathy to spare for them).*

Umgekehrt wird *have*, wo es Begriffsverbum ist, durch das fast auxiliar gewordene *get* erweitert, manchmal gewohnheitgemäß auch dort, wo dies logisch nicht notwendig ist *("she has got blue eyes");* ein schönes Beispiel aus dem Dialekt wäre: 514 a, Village Wife, II, 10· *thebbe all wi' the Lord my childer, I han't gotten none* (für *I have no more);*   sonstige auxiliare Funktionen des *get* illustriere der hübsche Scherz: 661 b, Harold, II, 1· *what right had he to get himself wreck'd on another man's land?* — Als Versuch hingegen, die alte Bedeutungsfülle des Verbs zu beleben und es in die Sphäre der Begriffsverba emporzuheben, sei zitiert: 582 b, 1 u., Queen Mary, I, 3: *steal thou in among the crowd, and get the swine to shout Elizabeth* ("gewinnen" = "überreden, bewegen zu —").

may: 339 b 25, Gareth Lynette, 1307: *Lancelot on him urged all the devisings of their chivalry, when one might meet a mightier than himself* (should, should happen to, fordert der Zusammenhang); 525 b 25, Columbus, 52: *none could breathe within the zone of heat: so might there be two Adams, two mankinds, and that was clean against God's word:* wir erwarten ein stärkeres *must* als Ausdruck der logischen Notwendigkeit, mit welcher sich diese häretische Behauptung in den Augen der Prälaten aus Columbus' Annahme ergibt; — 544 a, Wreck, XI, 3: *whenever a rougher gust might tumble a stormier wave, ...I moan'd:* wir erwarten bei der offenbar iterativen Bedeutung *would.* —

Das Verbum ist also, wie wir sehen, ein bequemer Lückenbüßer; wegen seiner abgenützten Selbstverständlichkeit kann es auch fehlen; z. B.: — 320 a 10, Gareth Lynette, 146, sagt Gareth, als ihm die Mutter Proben auferlegen will: *"a hard one, or a hundred, so I go"* (= may go, have your leave to go [to Arthur's court]); — 685 a 20, Harold, V, 1: *"Sanguelac (Senlac), the lake of blood?" "A lake that dips in William as well as Harold",* — was doch für den geängstigten Harold ein recht matter Trost wäre, wenn nicht der Leser *"dips in"* ohne weiteres als *"may dip in"* faßte. —

Über das Verhältnis von *shall* und *will* sei ohne lange Aufzählungen bemerkt, daß der Dichter wie bei *have* ihre verblaßte Bedeutung neu zu beleben sucht und sich auch bei den Futur- und Konditional-Periphrasen mehr an diese als an die usuelle Verteilung hält, also *shall* setzt, wenn der Begriff von Zwang, Pflicht, Bestimmung, Anordnung, logischer oder wenigstens theoretisch-moralischer Notwendigkeit ausgedrückt werden soll, — *will* hingegen, wo es sich mehr um freie Willensentschließung, auch Willkür handelt. Ein paar bezeichnendere Beispiele sind:

shall: — 321 a 33, G a r e t h L y n e t t e, 226 (und öfter, so oft die *Queens* erwähnt werden): *those three Queens, the friends of Arthur, who should help him at his need (= were destined to —;* das Tempus möchte man "futurum praeteriti" nennen); — 344 a 7, M a r r i a g e G e r a i n t, 196: *made answer sharply, that he should not know;* — 387 a 8, M e r l i n V i v i e n, 409: *we long'd to hurl together, and should have done it; but ....* ("hätten es bestimmt getan"); — 532 b, D e P r o f u n d i s, II, II, 2: *that which should be man (= was destined to become...).* — *shall,* wo wir eher ein *will* erwarten: 662 b 14, H a r o l d, II, 2: *I should let him (Harold) home again, my Lord (*sc. *if I were you)* (bestimmt: "Ich würde mich verpflichtet fühlen"); — 717 a 5, B e c k e t, II, 1: *"I mean to leave the royalty of my crown unlessen'd to my heirs." "Still — thy fame too: I say that should be royal"* (vielleicht: "das müßte man königlich nennen"). — Aber unerklärlich bleibt: 601 a 7, Q u e e n M a r y, II, 2: *the statesman that shall jeer and fleer at men, makes enemies for himself and for his king,* — wo doch gerade starkbetontes *will:* "immer nur", "durchaus", am Platze wäre.

Nur der Variation halber steht *shall* neben *will* in den Fällen: 540 a 21, T i r e s i a s, 129: *unvenerable will their memory be, while men shall move their lips;* — 547 a 2, D e s p a i r, XV, 5: *when the worm shall have writhed its last, and its last brother-worm will have fled ...* —

Mehr als bloße Variation hingegen liegt wohl in dem Wechsel: 588 a 20, Q u e e n M a r y, I, 5: *being traitor, her head will fall: shall it? she is but a child:* ("aber soll und muß das auch wirklich geschehen?"

Als farbloser Lückenbüßer fungiert *shall* in zwei

Fällen, wo wir *can* erwarten: 394 b 23, Merlin Vivien, 904: *what should be granted which your own gross heart would reckon worth the taking (should* für logisches *could);* — 675 a 6 v. u., Harold, III, 2: *some think they loved within the pale forbidden by Holy Church; but who shall say?* (= *can).*

will in der etymologischen Bedeutung, mit Nachdruck auf dem Wollen: 371 b 14, Balin Balan, 141: *but to dream that any of these would wrong thee, wrongs thyself* ("daran dächte"); — 587 b 4, Queen Mary, I, 4: *if they dared to trouble you, I would blow this Philip and all your trouble to the dogstar and the devil;* — ja, eine so festgesetzte Phrase wie *I should like* wird von dieser Tendenz ergriffen: 805 a, Foresters, I, 1: *I would like to show you, ... how bare and spare I be on the rib.* —

Alles in allem ist, wie manches vom Angeführten zeigt, *will* das Stärkere, Emphatischere und wird daher gern in besonders nachdrücklichen Versicherungen gebraucht, wie etwa Merlins Prophezeiung, 315 b 14, Coming Arthur, 410: *that he (Arthur) will not die, but pass, again to come.*

§ 42. Nach den Klassen der Verba gehe ich zu den einzelnen Formenreihen über und beginne mit dem Genus.

Über das bekannte Verhältnis des Reflexivums zum Passivum kann ich mit zwei Beispielen hinweggehen: 401 a 17, Lancelot Elaine, 338: *rathe she rose, halfcheated in the thought she needs must bid farewell to sweet Lavaine:* für *half cheating herself, by the thought;* — umgekehrt "reflexivum pro passivo" (allerdings scherzhaft): 839 a, Foresters, IV: *I have a stout crabstick here, which longs to break itself, across their backs.* —

Wichtiger ist das Verhältnis von Aktivum und Passivum, wofür schon gewisse Gebrauchsweisen transitiver Verba in intransitiver Bedeutung als Illustrationen gelten konnten *(eat, speak, spell;* § 31): verwandter Natur sind Fälle von aktivem Ausdruck für passiven Begriff — teils durch intransitive Verba, teils noch kühner, — wie die folgenden:

8 b, To — —, II, 2: *Falsehood shall bare her plaited brow:* natürlich ist gewaltsame Entlarvung gemeint; ebenda

heißt es: *Truth shall droop not now with … shafts of subtle wit: droop* ist passiv ("zu Falle gebracht werden"), und das logische Subjekt ganz wie nach einem grammatischen Passivum präpositional angereiht *(with);* — 96 b 8, Ulysses, 65: *tho' much is taken, much abides (= is left);* — 104 a 25, Godiva, 61: *fantastic gables, crowding, stared:* die von Angst diktierte Vorstellung von einer Bewegung der leblosen Dinge wird so poetisch gemalt; — 110 a, Sir Galahad, 27: *between dark stems the forest glows* ("ist durchglüht" — von geheimnisvollem Licht); — 116 b 17, Lord Burleigh, 35: *that cottage growing nearer* (indem man näher herankommt); — 170 b 15, Princess, I, 89: *"break the council up". But when the council broke.* 283 b, In Mem., 128, 7: *throned races may degrade:* es kann nur gewaltsame Entthronung gemeint sein, da ein Zukunftsbild im Anschluß an die Revolutionen von 1848 entworfen wird; 307, Maud, III, II, 5: *an iron tyranny now should bend or cease (= be broken);* — 421 b 15, Holy Grail, 178: *while the great banquet lay along the hall* ("war aufgetragen"); 422 a 14, Holy Grail, 210: *as a sail that leaves (= is rent from) the rope, is torn in tempest;* — 422 b 19, Holy Grail, 236: *where twelve great windows blazon Arthur's wars (= are emblazon'd with);* — 574 b, Epitaph Lord Stratford, 2: *now thy long day's work has ceased* (für *is done,* wegen Reimes zu *East).*

Seltener ist passiver Ausdruck statt aktiven:

105 b, Sleeping Beauty (Day-Dream), II, 4: *her full black ringlets downward roll'd:* man würde ein bildlich-aktives "niederströmend" erwarten; 252 b, In Mem., 19, 9: *the Wye is hush'd nor mov'd along* (für *moves:* das "Fließen" der Flüsse wird ja gewöhnlich aktiv ausgedrückt); interessant ist der Wechsel in dem Gedicht bei Churton Collins, S. 275 (Urform von Maud, II, IV): *tho' its (the imaginative phantom's) ghastly sister glide and be moved around me still;* hingegen in demselben Gedichte später: *"pass and cease to move about me",* 304 a, Maud, II, IV, VII, 6: *a sullen thunder is roll'd.*

Schließlich sei als gutes Beispiel der grenzenlosen Fähigkeit zur Passivbildung die Stelle zitiert: 791 b, 2 u., Promise May, II: *we found her bed unslept in.*

§ 43. Bevor ich nun zur Behandlung der Tempora übergehe, sei einiges über den Ausdruck der Aktions- arten gesagt.

Dem Englischen fehlt wie allen germanischen Sprachen die (etwa den slawischen eigene) Fähigkeit, die Arten der Handlung geradeso wie die Zeiten durch besondere gram- matische Formen auszudrücken. Es muß sich durch Peri- phrasen und andere Mittel helfen; selbst die im Deutschen hilfreiche Partikelkomposition steht ihm nicht immer zu Gebote. Es ist nun interessant zu beobachten, wie vielfach — teils unbewußt und aus Mangel an sprachlichen Mitteln, teils mit bewußter Kunst — eine Aktionsart für die andere eintritt oder, genauer gesagt, durch Formen ausgedrückt wird, welche gewöhnlich zum Ausdruck der anderen dienen. Unter diesen Verwechslungen läßt sich eine Anzahl von Typen unterscheiden.

I. Zunächst der Ausdruck des Eintrittes einer Hand- lung durch den resultierenden ·Zustand: am häufigsten bei *know* im Sinne von "erkennen"; so: — 190 a 23, Prin- cess, IV, 251: *falling on my face, was caught and known;* 191 a 7, Princess IV, 301: *I bore up in hope she would be known* ("entlarvt"); — 191 a 19, Princess, IV, 313: *...would remain... still unknown* ("unerkannt" in ihrem wahren Wesen, nicht "unbekannt"); 191 b 3, Princess, IV, 328: *known at last;* — 194 a 3, Princess, IV, 488: *I know your faces there in the crowd;* — 266 a 2, In Mem., 74, 6: *I see thee what thou art, and know* (= notice, realise) *thy likeness to the wise below;* — 651 a 7, Queen Mary, V, 5: *she knew me, and acknowledged me her heir* (Elisabeth von der sterbenden Marie); — die ingressive und die durative Bedeutung nebeneinander: 401 b 8, Lancelot Elaine, 376: *needs must be lesser likelihood that those who know should know you;* — *knew* im Sinne von "erblickte": 544 a 5, Wreck, VIII, 10: *the face I had known was not the face I knew* ("jetzt sah"); verwandt ist *know* für *acknow- ledge:* 437 a 17, Pelleas Ettare, 142: *thou ... wilt at length yield me thy love, and **know** me for thy **knight**.* — Übrigens ist sonst, wie gleich hier bemerkt sei, *learn* der typische Ausdruck für ingressives "kennen lernen"; z. B.: 206 b 9, Princess, VI, 142: *but when she learnt his face,*

und für "erfahren", z. B.: 249 b, In Mem., 8, 4: *learns*
her gone and far from home; 250 b, In Mem., 12, 19: *return*
and learn that I have been an hour away. —
Dieselbe Erscheinung bei anderen Verben: zunächst
to be: 22 a 4, Rosalind, V, 6: *the sun is just about*
to set, the arching limes are tall and shady; d. h. *appear*
taller than usual (wie es tatsächlich beim Sonnenuntergang
der Fall ist) *and are growing shady:* beides also vorübergehende Erscheinungen; — 101, 36, Locksley Hall,
142: *the individual withers, and the world is more and more*
(= still develops itself); 125 b 1, Enoch Arden, 31: *if*
they quarrell'd, Enoch stronger-made was master; — 191 a 13,
Princess, IV, 307: *last night, their mask was patent* ("wurde
offenbar"); 274 a, In Mem., 96, 3: *you, whose light-blue eyes*
are tender over drowning flies ("s'attendrissent" ist gemeint);
284 a, In Mem., 130, 4: *thou standest in the rising sun, and*
in the setting thou art fair ("erscheinst im Glanze");
to have für *take* oder *assume:* 257 a, In Mem., 36, 9:
the Word had breath (Verbum caro factum est, Joh. 1); —
501 a, First Quarrel, XIII, 14: *you'll have her to nurse*
my child ... you'll make her its second mother!
to stand für *rise,* "aufstehen": — 129 a 30, Enoch
Arden, 282: *Philip standing up, said falteringly* (hier,
wie im Deutschen, Hilfe durch Partikelkomposition);
361 a 33, Geraint Enid, 456: *the warrior, turning,*
stood ("machte halt"); gewöhnlicher ist schon *to stand*
forth oder *out* für "*emergere*", wie etwa 5 b, 2 und 6, Confessions Sensitive Mind, 144(8). —
Vereinzeltes bei anderen Verben: *to sleep* für *to*
go to sleep: 132 b 18, Enoch Arden, 492: *she closed the*
Book and slept (deutsch "schlief ein"); 157 b 13, Sea
Dreams, 105: *till I slept again (= fell asleep);* 268 b, In
Mem., 85, 20: *in Vienna's fatal walls, God's finger touch'd*
him, and he slept ("entschlief"); ähnlich *to slumber* im
Jugendgedicht "Hesperides" (Churton Collins, Early
Poems, 302, Song, II, 9): *tell them (apples) over ... lest*
the ... dragon slumber ... Look to him ..., lest he wink ...;
ja sogar *to lie* in diesem Sinne (für gewöhnlicheres *lie*
down): 156 b 17, Sea Dreams, 46: *silenced by that silence*
lay the wife; *to hold* für *take hold of:* 136 b 22,

Enoch Arden, 760: *stagger'd and shook, holding the branch;
to wail*, ingressiv: 156 b 28, Sea Dreams, 57:
at this the babe   wail'd and woke the mother; — 174 a 8,
Princess, II, 46: *when we set our hand to this great work,
we purposed with ourself:* "Entschluß hegen" für "Entschluß fassen"; 210 b, Princess, VII, 4: *by and by,
sweet order lived again with other laws* (lebte auf, *revived)*;
— 314 b 3, Coming Arthur, 343: *out I ran, and hated
this fair world and all therein, and wept* ("ward von Haß erfüllt"). — Etwas Ähnliches ist: 358 a 20, Geraint Enid,
253: *and watch'd the sun blaze etc...., and after nodded
sleepily in the heat,* — wo *nod* für "einnicken" steht.

Schließlich zu allen diesen Fällen eine Parallele aus
dem substantivischen Ausdruck: 260 a, In Mem., 49, 2:
*from art, from nature, from the schools let random influences
glance: influence* bedeutet sonst länger andauerndes Ein-
wirken, hier im Plural — vielleicht in Erinnerung an die
Etymologie — etwa "Wellen von Bildung"; denn gleich
in der 2. Strophe ist von *the lightest wave of thought....,
the fancy's tenderest eddy* die Rede. Vgl. überhaupt den
III. Typus der Plurale von Abstrakten, § 72.

§ 44. II. Der umgekehrte Fall: Bezeichnung des Eintrittes der Handlung für den sich ergebenden Zustand
gebraucht:

63 b, On a Mourner, I, 2: *Nature...turns her
face to every land beneath the skies* ("hält zugewandt" allen
Ländern in gleichem Maße); 125 b 14, Enoch Arden,
43: *Enoch set a purpose evermore before his eyes* ("hielt
sich vor Augen"); — 315 a 15, Coming Arthur, 388:
all at once all round him (Merlin) *rose in fire:* (Subjekt ist
the fringe of that great breaker, 385): *rose* steht für den Eintritt der Wandlung und den folgenden Zustand; — 388 b 38,
Merlin Vivien, 530: *all about this world you cage a buxom
captive (cage* bedeutet nicht wie gewöhnlich *put into cage,*
sondern *hold in cage). —* Ein extremer Fall dieser Art wäre
349 b 16, Marriage Geraint, 540: *his face glow'd like the heart
of a...fire, so burnt he was with passion,* — wo geradezu
der Endpunkt, ein (logisch unmögliches) "verbrannt" für
den Eintritt "entbrannt" steht. — Wenn es endlich 287,
Maud, I, I, X, 1, heißt: *the vitriol madness flushes up in*

the ruffian's head, till the … by-lane rings to the yell of the trampled wife etc., so paßt das Bild, wiewohl *flush* das allmähliche, gleichmäßige Aufsteigen einer Flüssigkeit bedeuten kann, schon wegen *vitriol* (kann ja nur plötzlich explodieren) nicht zu dem auszudrückenden Gedanken: langsame Entwicklung des Gedankens bis zum Gewaltakt selbst, — und wiederum sind die zwei Aktionsarten miteinander verwoben. —

§ **45.** Unterarten dieses zweiten Typus sind:

1. Der Gebrauch von Verben, welche eine einmalige Handlung bezeichnen, in iterativem Sinne: 132 b 33, Enoch Arden, 507: *a footstep seem'd to fall beside her path* (für *to be treading continually);* — 405 b 25, Lancelot Elaine, 630: *whereat she caught her breath (= began to catch:* "begann nach Atem zu ringen"); —

2. der Gebrauch von Verben, welche den Begriff einer beginnenden und fortschreitenden Steigerung enthalten, also von Inchoativen, für einen gleichmäßig verlaufenden Zustand: 2 a, Claribel, II, 7: *her song the lintwhite swelleth* (für *sings in swelling tones):* 180 a 2, Princess, II, 423: *a clamour thicken'd (= a thick —* oder *thickening — clamour rose);* — 320 b 20, Gareth Lynette, 185: *when their feet were planted on the plain that broaden'd toward the base of Camelot* ("sich breit erstreckte"); — weniger sicher sind die Fälle: — 373 a 15, Balin Balan, 230: *a hearth lit … when the twilight deepens round it (= deepening twilight falls);* — 374 a 13, Balin Balan, 284: *in him gloom on gloom deepen'd. —*

Es handelt sich hier also im wesentlichen um den Ersatz eines Ausdruckes für den Eintritt der Handlung und die Tatsache ihrer Setzung überhaupt — durch die mehr oder weniger richtige und wichtige Bezeichnung ihres steigernden Verlaufs

3. Gebrauch direkter Verbalform für die Partizipialperiphrase, welche gewöhnlich zur Bezeichnung andauernder Tätigkeit dient:[1] — 103, Godiva, 16: *he strode (= was*

---

[1] Überhaupt ist ja die Vermeidung dieser und jeder anderen Periphrase ein Vorrecht der Dichtersprache und ein Unterschied gegen die platt-deutsche Prosa, wofür morphologische Tatsachen, wie

striding) about the hall; — 185 b 3, Princess, III, 299: *the matter hangs* ("ist 'in suspenso', wird erwogen"); — 249 a 5, In Mem., VI, 17: *I...wrought at that last hour to please him well (= was at work,* näml. dichtend, gerade in des Freundes Todesstunde); vgl. 287, Maud, I, I, X, 4: *the spirit of murder works (= is a-working) in the very means of life;* — 282 a, In Mem., 122, 2: *O, wast thou with me, dearest, then, while I rose up against my doom, and yearn'd to burst the folded gloom* (nach *while* stünde in Prosa *was... -ing);* — 286, Maud, Part I, I, III, 2: *ever he mutter'd and madden'd, and ever wann'd with despair (mutter'd = was muttering,* went about muttering, weil es sonst — auch der Alliteration zuliebe — nicht mit den Dauerbezeichnungen *grew mad* und *grew wan* verbunden werden könnte); — 291, Maud, I, VI, II, 2: *last night, when the sunset burn'd on the gable-ends (= was burning);* 304 a, Maud, II, IV, VI, 2: *'t is a morning pure and sweet, and a dewy splendour falls on the little flower (= is falling,* vielleicht sogar *fallen).* —

§ 46. Ein diesem sehr verwandter Typus, ja im Grunde nichts als eine grellere Erscheinungsform desselben ist die grammatische Verwendung und Behandlung von Zustandsverben ganz nach Art von Tätigkeitswörtern; so werden zu ihnen Imperative und andere nur bei wirklichen Aktionsverben denkbare Formen gebildet:

250 a, In Mem., 9, 10: *sleep, gentle heavens, before the prow* (Aufforderung an die Elemente, der Fahrt des Leichenschiffes günstig zu sein); ein logisch gleichwertiger Fall, wenn auch ohne grammatischen Imperativ: 213 b 13, Princess, VII, 197: *leave the monstrous ledges there to slope, and spill their...water-smoke;* bei *sleep* noch: 16 b 3, Dying Swan, II, 9: *thro' the marish...water-courses slept (= glided sleepily);* 277 a, In Mem., 103, 56: *a crimson*

---

das plusquamperfektische Präteritum (§ 49) sowie das fast regelmäßige *had* für *should* oder *would have* im Konditional der Vergangenheit die sprechendsten Beispiele sind; vgl. etwa: 141 a 21, Brook, 112: *he met the bailiff at the Golden Fleece, who then and there had offer'd something more (for colt): but he stood firm.* Von sonstigem vgl. Erscheinungen wie: 208 b 21, Princess, VI, 271: *kiss and be friends, like children being child* (für Hortativus der 1. Ps. Pl.: *"let us..."* — etc.).

cloud that landlike slept along the deep; — ferner: 272 a, In
Mem., 91, 5: *come, wear the form by which I know thy
spirit...; the hope..be.. lucid round thy brow* (bei streng
logischem Ausdruck stünden die gewünschten Zustände
appositiv beim Imperativ "erscheine": *wearing the form...,
the hope... (being) lucid...;* — 321 a 20, Gareth Lynette,
213: *all her dress wept from her sides as water flowing away*
(wohl das poetischeste Beispiel dieser Art); — 330 b 9,
Gareth Lynette, 780: *(they) saw ... a gloomy-gladed
hollow slowly sink to westward:* hier ist die grammatische
Eigenheit durch das verstärkende *slowly,* welches doch
nur eine Handlung modifizieren kann, in die Sphäre des
kunstmäßigen Bildes gerückt.

§ 47. Zum Schluß dieses Abschnittes sind einige Fälle
anzuführen, in denen mit den Aktionsarten nicht mehr bloß
Verbalformen, sondern Verba selbst vertauscht werden,
indem nämlich zur Bezeichnung verschiedener Stadien einer
Handlung verschiedene Zeitwörter dienen, von denen nun
eines für das andere eintritt.

In erster Linie stehen hier *seek* und *find,* welche
beständig verwechselt werden. So steht vor allem *seek*
ganz im Sinne des deutschen "aufsuchen", wobei das Erreichen mit inbegriffen ist: 180 a 8, Princess, II, 429:
we sought the gardens; — in bildlicher Verwendung 517 b 4,
Children's Hospital, II, 8: *to seek the Lord Jesus in
prayer,* — aber in diesem Sinne auch schon: 523 a 26,
John Oldcastle, 109: *Sanctuary... denied to him, who
finds the Saviour in his mother tongue;* überhaupt tritt sehr
häufig *find,* also Angabe des Resultates der Handlung,
für deren ganzen Verlauf ein; so: — 189 a 11, Princess,
IV, 178: *I... not yet endured to meet her opening eyes, nor
found my friends* ("suchte auf"); 213 b 1, Princess,
VII, 185: *come, for Love•is of the valley, come thou down and
find him* ("such auf"); — 303 b, Maud, II, II, IX, 11:
come to her waking, find her asleep ("such sie auf");
354 a 11, Marriage Geraint, 828: *when he said to her,
"Put on your worst and meanest dress", she found and took it*
("suchte hervor"); — 436 a 24, Pelleas Ettarre, 192:
*should ye try him with a merry one (viz.: fable) to find his
mettle* ("auszuforschen, zu ermitteln"); —465 a 11, Guinevere,

576 : *rose the pale Queen, and in her anguish found the ease-ment* ("suchte auf, eilte zu —"); — 654b, 3 u., H a r o l d , I, 1: *before I go to find the sweet refreshment of the Saints* ("auf-zusuchen").

Ein dem Eintritt von *find* für *seek* ganz analoger Fall ist der Ersatz von "mitnehmen" durch "mitbringen" in dem Beispiel 363 a 3, G e r a i n t E n i d , 366: *a litter-bier such as they b r o u g h t upon their forays out for those that might be wounded (brought* für *carried).*

Von da aber ist es schon ganz nahe zu einem "gehen" für "kommen", wie es vorliegt in 327 a 14, G a r e t h L y - n e t t e , 576: *that same day there p a s t into the hall a damsel: pass* wird als der feierlichere Ausdruck dem *come* wie dem *go* überhaupt gern vorgezogen.

§ 48. Zu guter Letzt kann ich nicht umhin, an diese Betrachtungen über Verwechslung von Aktionsarten und Handlungsstadien noch einige Beobachtungen über einen psychologisch hochinteressanten Austausch von "Aktions-arten" in weiterem Sinne des Wortes anzuschließen, nämlich den mit bewußter Kunst gehandhabten W e c h s e l v o n A b s i c h t l i c h e m u n d U n a b s i c h t l i c h e m , welcher, be-sonders wo ersteres für letzteres eintritt, dem Ausdruck vielfach eine höchst originelle Färbung und Lebendigkeit verleiht, ihn anregend, interessant und oft auch prägnant kurz gestaltet.

Fälle dieser Art sind zunächst gerade im Gebrauch des vorhin besprochenen Verbums *f i n d* zu beobachten, indem dieses für zufälliges Zusammentreffen (ohne absicht-liches Suchen oder Aufsuchen) gebraucht wird, was freilich nicht selbständige sprachliche Neuerung des Dichters, sondern nur geschickte Belebung einer alten Bedeutung ist; die Beispiele sind: 141 a 27, B r o o k , 118: *he found the bailiff riding by the farm* (vorher Z. 20 [111]: *he met the bailiff at the Golden Fleece); —* 314 a 33, C o m i n g A r t h u r , 339: *he found me first when yet a little maid* (als Antwort auf die Frage: *when did Arthur e h a n c e upon thee first?);* 322 b 28, G a r e t h L y n e t t e , 318: *all in fear to find Sir Gawain or Sir Modred* (für *to light upon —, to meet with —);* 438 b 8, P e l l e a s E t t a r r e , 211: *other than when I found her in the woods; —* als besonders feiner Fall schließlich:

291, Maud, I, V, III, 4: *a joy in which I cannot rejoice, a glory I shall not find,* — wo auch λαχεῖν, nicht εὑϱεῖν gemeint ist, — die Erlangung nicht von zielbewußtem Anstreben, sondern von der Gunst des Schicksals abhängt. — Das negative Gegenstück dazu bildet die Stelle: 265 b, In Mem., 73, 6: *the head hath miss'd an earthly wreath,* — wo ja nicht gesagt werden soll, daß Hallam im Leben nach dem Ruhmeskranz strebte, welchen ihm das Schicksal (früher Tod) versagt hat, während *miss* doch sonst das Fehlschlagen einer bestimmt verfolgten Absicht bedeutet.

Im Gegensatz zu allen diesen Beispielen mit absichtlichem Anstreben, Aufsuchen, Erreichen, für unbeabsichtigtes Erlangen, Vorfinden, Antreffen, — steht eines, in dem umgekehrt Begegnen, Zusammentreffen für bewußtes Suchen und Finden gesetzt ist: — 324 b 11, Gareth Lynette, 422: *return, and meet, and hold him from our eyes,* während *to meet* in dieser Verwendung sonst nur als finaler Infinitiv nach Verben der Bewegung (deutsch "entgegen") geläufig ist (von Kolloquialem abgesehen).

Nachdem so an diesem repräsentativen Verbum, bzw. dieser Gruppe von Verben, die Eigenheiten dieser Enallage dargelegt sind, können die anderen Beispiele "promiscue" folgen:

— 171 a 30, Princess, I, 136: *they must lose the child, assume the woman:* in diesem Schlagwort der Frauenbewegung steht *lose* für absichtliches und bewußtes "Ablegen" der Rolle des Kindes; der Griff ist besonders glücklich, weil sich die hochtönende Phrase dank diesem zweideutigen Worte — dem neckischen Ton der ganzen Dichtung gemäß — gleich zu einem Scherz verwenden läßt: *"odes she wrote,"* sagt König Gama, *"odes about this losing of the child"* (!) Noch kühner vielleicht ist 174 b 2, Princess, II, 71: *dwell with these, and lose convention* — ein Imperativ! — Ebenso steht noch ein Unabsichtliches für Absichtliches in dem Falle: 452 b 6, Last Tournament, 562: *when first her feet fell on our rough Lyonnesse* (für *trod* — vielleicht in Anlehnung an das Subst. *footfall*). —

Umgekehrt hingegen finden wir — zunächst in scherzhafter Rede — Absichtliches für Unabsichtliches in dem

Beispiel: 181 a 14, Princess, III, 34 ff. (ursprüngliche Fassung — bei Churton Collins): *if they had been men, and in their fulsome fashion woo'd you, child, you need not take so deep a rouge:* für das vom Willen unabhängige Erröten ein absichtliches "Röten" des Gesichtes; — ferner: 198 b 9, Princess, V, 183: *(are not women) twice as magnetic to sweet influences of earth and heaven (as men)?* Es ist "empfänglich", nicht "anziehend" gemeint, also geradezu aktiver Begriff für passiven gesetzt. — 309 b 1, Coming Arthur, 31: *(the children housed in the wolf's den would) mock their foster-mother on four feet: mock* bedeutet sonst bewußtes, u. zw. spöttisches, parodierendes oder auch schauspielerisches Nachahmen, — hier aber instinktives.

Schließlich noch ein Fall derselben Art außerhalb des eigentlich verbalen Ausdrucks, wenigstens des Verbum finitum , in dem das Kunstmittel deutlich der Kürze dient: 404 a 10, Lancelot Elaine, 529: *in daily doubt whether to live or die .. he lay:* natürlich zweifelt seine Umgebung, ob er leben oder sterben werde, nicht er, was von beiden er tun "solle"! — Es vergleicht sich dazu die freilich nicht so ausgesprochen subjektive Wendung bei Spenser, Faerie Queene, I, VII, 26, 9:

> The lucklesse conflict with the Gyaunt stout,
> Wherein captiv'd, of life or death he stood in doubt.

§ 49. Von den Aktionsarten gehen wir zur Behandlung der Tempora über.

An Beispielen für das schon (§ 45, Note) erwähnte plusquamperfektische Präteritum werden genügen:

67 a, Epic, 12 (Szene am Abend): *I, tired out with cutting eights that day upon the pond, where... I bumped the ice into... stars, fell in a doze:* das zum Hauptthema der Erzählung vorzeitige Bild vom Eislaufen wird in frischer Erinnerung lebhaft ausgeführt, daher rückt es der Dichter durch die Setzung von Präteritum pro plusquamperfecto in eine der Anschauung nähere Sphäre der Vergangenheit, nämlich das gewöhnliche Erzählungstempus, — also ein in seiner Zeitreihe ganz gleicher Fall von Belebung des Ausdruckes wie die sonst so häufige, weitergehende Verschiebung aus dem erzählenden Präteritum ins Präsens historicum; — ferner: 135 a 19, Enoch Arden, 659: *they landed him,*

ev'n in that harbour whence he s a i l'd before (= had sail'd,
und zwar volle zehn Jahre früher!); 135 b 4, E n o c h
A r d e n, 678: *he reach'd the home where Annie l i v e d and
l o v e d him, and his babes in those far-off seven happy years
were born:* hier drückt schon die Temporalbestimmung die
Vorzeitigkeit aus (auch *"lived"* ist vorzeitig, weil Enoch
seine Frau nicht mehr am Leben zu finden hofft), — also
wäre prosaisches Plusquamperfektum eine Art Luxus; —
151 b 20, A y l m e r 's F i e l d, 592: *the dagger which himself*
g a v e Edith (= had given: der Dolch hat inzwischen sogar
wieder den Besitzer gewechselt: Edith gab ihn ihrem Geliebten, der sich damit tötete); — 170 a 1 ff., P r i n c e s s,
I, 45 ff.: *these* (Gesandte) *brought back... an answer... they
s a w the king; he t o o k the gifts; he s a i d...* (Inhalt ihres
Berichtes, also alles vorzeitig); — 196 a 25, P r i n c e s s, V,
46: *follow'd his tale... he fl e d away... and... h a d c o m e on
Psyche...* · also *fled* ganz deutlich für das Plusquamperfektum; — 374 a 17, B a l i n B a l a n, 288: (Balin) *saw the
fountain where they (he and brother) s a t together* (einst ge-
sessen waren); — 430 b 11, H o l y G r a i l, 735: *Arthur
turn'd on whom at first he s a w not...*

P r ä s e n s. Das historische Präsens braucht nicht
besonders belegt zu werden; wohl aber will ich hier einen
ihm ganz analogen Fall nominalen Ausdruckes zitieren:
128 b 17, E n o c h A r d e n, 236: *this (his baby's loek) he
kept thro' all his f u t u r e:* die Bezeichnung gilt nur vom
Standpunkte Enochs aus, den man sich "vergegenwärtigt",
wie sie denn auch wohl Inhaltsangabe eines gemachten
Gelübdes sein soll; der objektive Erzähler müßte für dieses
future, das ja für ihn auch schon *past* ist, etwa *thro' all
the rest of his life* sagen.

Perfektisches Präsens kommt, gestützt durch klassisches
Vorbild, natürlich vor: 91 a 39, T a l k i n g O a k, 203: *a thousand thanks for what I l e a r n (=* have heard just now: griech.
ἀκούω, deutsch "was ich da höre") *and what remains to
tell;* — 154 a 7, A y l m e r 's F i e l d, 733, wendet sich
Averill an Aylmer: *o thou that k i l l e s t, hadst thou known,
o thou that s t o n e s t, hadst thou unterstood:* die Anklage
gegen Aylmer wird erschwert, indem *kill* und *stone*
nicht auf den Tod seiner Tochter und Leolins beschränkt,

sondern auf diese Weise verallgemeinert wird, so daß sie fast einem habituell gemeinten "Mörder" gleichkommt.

Futurisches Präsens ist natürlich der Kürze wegen oft erwünscht: so in Merlins — absichtlich dunklem Spruch: 315 a 19, C o m i n g A r t h u r, 392: *this same child... is he who r e i g n s;* — vgl. auch: 281 b, In M e m., 120, 9: *the wiser man who s p r i n g s hereafter* ("die kommende Generation"), 532 a, D e P r o f u n d i s, I, 19: *may the fated channel where thy motion l i v e s* (für *shall live) be prosperously shaped.* —

Wie kurz und bequem schließlich der Dichter, ohne unverständlich zu werden, einen so komplizierten Begriff wie ein Futurum exactum rein andeutungsweise ausdrücken darf, zeige das Beispiel: 262 a, In M e m., 58, 8: *those cold crypts where they (human hearts) shall c e a s e:* kurz für *be laid when they will have ceased (to beat).* —

§ 50. Im Gebrauche der M o d i sind hervorzuheben:

Als Beispiele der Vermeidung aller Periphrase auch auf diesem Gebiete: 99, 22, L o c k s l e y H a l l, 56: *better thou wert dead before me, tho' I slew thee with my hand* (für *should have slain);* — 320 a 22, G a r e t h L y n e t t e, 155: *...the Queen believed that when her son beheld..., her own true Gareth was too princely-proud to...* (= *surely would be).* —

§ 51. Was den I n f i n i t i v betrifft, wäre etwa nur der eine Fall zu zitieren: 38 b, S o n g (in "M i l l e r ' s D a u g h t e r"), 14: *I would be the necklace, and all day long t o fall and rise upon her balmy bosom,* — wo wir nach einem Hilfsverbum zuerst Infinitiv ohne, dann — anormal, wohl aus metrischen Gründen — mit *to* finden. — Ebenso ungewöhnlich ist *to* in einer Verbindung wie: *the bare word Kiss hath made my inner soul t o tremble* (Churton Collins, E a r l y P o e m s, p. 300, S o n n e t, 12).

Dem Infinitiv zunächst stelle ich von den Nominalformen des Verbs das V e r b a l s u b s t a n t i v u m, da es sich in manchen seiner Funktionen — so in der gerundialen — mit ihm berührt. Zur Illustration ihres wechselseitigen Verhältnisses sei angeführt:

— 239, W a g e s, 5: *give her (Virtue) the glory of g o i n g o n, and still to b e;* ib. 19: *give her the wages of g o i n g o n, and not t o d i e;* hier stehen noch beide nebeneinander·

hingegen 308 a, Dedication "Idylls", 8: *whose glory was, redressing human wrong* — hat schon das Verbalnomen die Oberhand gewonnen und der vielzitierte Pope'sche Typus[1]) *"Nature's chief master-piece is writing well"* ist hergestellt. — Als ganz singuläres Beispiel eines umgekehrten Vorgangs sei die kühne Substantivierung eines Infinitivs angeführt: 233 a, Daisy, 35: *oft we saw the glisten (= glistening) of ice, far up on a mountain head.* — Ähnlich 551 b 32, Ancient Sage, 275: *do-well will follow thought = doing well will follow thinking well.* —·

§ 52. Nun mag eine Auslese von Belegen für die Gefügigkeit und Bequemlichkeit folgen, mit welcher sich das Verbalsubstantiv in den verschiedensten Funktionen verwenden läßt:

126 b 10, Enoch Arden, 100: *the... Hall, whose Friday fare was Enoch's ministering;* die geläufigere Wendung mit *of* finden wir: 580 b, Queen Mary, I, 1: *all the ladies of her following;* 737 b 9, Becket, V, 1: *"your... Grace... will not yield to lay your neck beneath your citizen's heel". "Not to a Gregory of my throning! No!"* vgl. auch: 527 a 21, Columbus, 138: *the seas of our discovering,* in finaler Funktion (wie lat. Supinum): 126 a 7, Enoch Arden, 64: *went nutting to the woods:* das gewöhnlichere *a-* (alte Präposition) fehlt, was der Wendung partizipiales Aussehen gibt.

§ 53. Jetzt gehe ich zu Fällen über, wo die Form schon rechtes und echtes Substantiv ist und in ihrer abstrakten Bedeutung der Begriff der Tätigkeit und Zusammenhang mit dem Verbum sich so verwischt, daß wir ihren aufdringlich verbalen morphologischen Charakter fast störend empfinden und eine nicht so deutlich verbale — etwa romanische — Ableitung oder gar ein "reines" Substantivum lieber sähen. Solche Belege für die große Geläufigkeit unseres Redeteils sind:

Im Singular: zunächst *"imagining"* = Vorstellung in Jugendgedichten beliebt: Poems by Two Brothers, 22, 1: *I would not risk the imagining* (Reim zu *I dare not think);* auch in der Mehrzahl: 97, 7 (Friendship): *beautiful*

---

[1]) *Essay on Criticism,* 724 (Part III).

imaginings; das von Bulwer in "The Caxtons" mit dem ironischen Zusatz *"as nineteenth century poets unaffectedly express themselves"* gebrauchte Wort stammt aus Byron (To Ianthe, 14): *And guileless beyond Hope's imagining!* (häufig auch bei Keats); — 129 a 14, Enoch Arden, 266: *after a lingering*[1]) (Schwanken zwischen Leben und Tod) *the little innocent soul flitted away;* — 254 a, In Mem., 25, 11: *mighty Love would cleave in twain the lading of a single pain (load* wäre — im Bilde — konkreter); — 256 b, In Mem., 35, 20: *Love had not been, or been in narrowest working shut* ("Wirkungskreis"); — 322 a 23, Gareth Lynette, 280: *know ye not then the Riddling of the Bards* (der unmittelbar darauf zitierte Rätselspruch ist gemeint); — 420 a 29, Holy Grail, 103: *her eyes beyond my knowing of them, beautiful* (für *knowledge);* 426 a 18, Holy Grail, 449: *at the sacring of the mass I saw the holy Elements alone (consecratio* der Liturgie); 454 b 17, Last Tournament, 687: *that sullying of our Queen (pollution, viz.: by adultery,* wäre der normale Ausdruck); 660 a 6, Harold, I, 2: *if she stay the feuds... by such a marrying (= marriage);* — 676 b, Harold, III, 2: *in the gloom and shadowing of this double thunder-cloud that lours on England;* — 859 a, Forlorn, I, 4: *O, the flattery and the craft which were my undoing (ruin);* 872 b, Parnassus, II, 6: *sing like a bird* (vgl. Goethe, Der Sänger) *and be happy, nor hope for a deathless hearing!*

Plurale: — 151 a 15, Aylmer's Field, 548: *Sir Aylmer watch'd them all, yet bitterer from his readings* (Lektüre der Briefe zwischen Edith und Leolin); — 314 a 4, Coming Arthur, 310: *thought to sift his doubtings (= doubts) to the last;* — 420 b 12, Holy Grail, 118· *the Holy Grail, rose-red with beatings (= pulses) in it, as if alive·* 772 a 1, Falcon: *a written scroll that seems to run in rhymings (rhymes* würde genügen).

§ 54. Indes noch häufiger als diese relativ wenigen sind Fälle umgekehrter Art: Verbalabstrakta dunklerer und

---

[1]) Zu *linger* vgl. noch die eigentümliche Verbindung mit einem Akkusativ der Zeitdauer: 133 b 18, Enoch Arden, 558: *one... hurt... lingering out a five-years' death-in-life.*

nicht so direkter Ableitung — meist romanische — an Stellen, wo wir ganz unmittelbar ein englisches "nomen actionis" auf -*ing* erwarten, weil die Vorstellung der Handlung im Vordergrunde des Inhaltes steht.

In erster Reihe ist hier die überaus beliebte Gruppe der Ableitungen auf -*(t)ion* zu nennen; am meisten *"striking"* ist wohl: 393 b 11, Merlin Vivien, 832: *Vivien... leapt from her session on his (Merlin's) lap* (für *sitting*); — ferner *motion:* 47 a 9, Palace Art, 169: *all those names, that in their motion were full-welling fountain-heads of change* ("Verbreitung" ihres Ruhmes und ihrer Ideen); 368 b 19, Geraint Enid, 924: *her constant motion round him, and the breath of her sweet tendance hovering over him;* 611 b 6, Queen Mary, III, 3: *the Queen hath felt the motion of her babe* (= *stirring*), Vereinzeltes: 93 b 25, Love Duty, 74: *the wheels of time spun round in station;* ähnlich 485 a 26, Lover's Tale, I, 571: *the stars did tremble in their stations as I gazed* (freilich ohne so deutlichen Verbalbegriff); — 109 b 10, Amphion, 98: *years of cultivation* ("Anbauarbeit"); 172 a 4, Princess, I, 174: *he, with a long low sibilation, stared;* 176 a 2, Princess, II, 167: *moving on in gratulation;* 178 b 10, Princess, II, 338: *keep your hoods about the face; they do so that affect abstraction here* (für passives Infinitivsurrogat: *being abstracted);* — 186 b, Princess, IV, 10: *blissful palpitations in the blood* (vgl. als Gegenstück *beatings* in § 53); — 207 a 10, Princess, VI, 172: *at first her eye with slow dilation roll'd dry flame;* — 212 a 2, Princess, VII, 86: *long frustration of her care, and pensive tendance in the all-weary noons;* — 243 a, Hendecasyllabics, 10: *thro' this metrification of Catullus* ("Hervorbringung von Versen nach Art des Catullus" — mit etymologischer Bedeutung des Wortes: *metra facere);* — 456 a, Guinevere, 17: *sought to make disruption in the Table Round;* vgl. 660 a, Harold, I, 2: *to shake the North with earthquake and disruption, — some division...;* 446 a 15, Last Tournament, 172: *throne of arbitration* (Schiedsrichterstuhl beim Turnier); — 513 a 10, Sisters, 227: *the great Tragedian, that had quench'd herself in this assumption of the bridesmaid* ("Annahme der Rolle" einer Brautjungfer bei der Hochzeit ihrer

Schwester mit einem von ihr selbst geliebten Manne); anders
263 a, In Mem., 63, 4: ... *my heart in its assumptions up
to heaven* ("Erhebungen, 'Himmelfahrten' des Geistes" — das
Wort direkt aus der kirchlichen Phraseologie entlehnt);
724 a, Becket, II, 2: *threaten* (Imperativ) *our junction
with the Emperor* ("daß wir uns verbinden werden").

§ 55. Andere Ableitungen:

— 128 b 11, Enoch Arden, 230: *after a night of
feverous wakefulness* (= *waking, caused by fever*); — 147 a
28, Aylmer's Field, 307: *else I withdraw favour and
countenance from you and yours for ever* ("Unterstützung");
vgl. 405 a 1, Lancelot Elaine, 578: *after two days'
tarriance;* — 378 b 14, Balin Balan, 535: *stampt all
(the royal crown) into defacement* (für Passiv-Infinitiv); —
551 b 29, Ancient Sage, 272: *usage* ohne die gewöhnliche Frequentativbedeutung, für einmaliges *"making use
of —"·* *nor thou be rageful, like a handled bee, and lose thy
life by usage of thy sting;* — 772 b 8, Falcon: *we never use
it (flower'd bowl) for fear of breakage* (= *of its being broken*);
825 a, 5 v. u., Foresters, III, 1: *my horn, that scares the Baron
at the torture of his churls, the pillage of his vassals*
(= *in the very act of torturing, of robbing*).

§ 56. Den Übergang von diesen zu den extremsten
Fällen mit "blankem" Substantiv ohne Andeutung der
Tätigkeitsbedeutung auch nur durch irgend ein Ableitungs-
suffix bilden die zwei Beispiele mit *-or* (das ja als Suffix
nicht eigentlich Aktionsbedeutung verleiht):   144 a 15,
Aylmer's Field, 99: *boyish histories of battle, bold adventure, ... flights, terrors, sudden rescues* etc. (*terrors* sind
die einzelnen Fälle des Erschrecktwerdens, nicht "Schreck-
nisse", weil ja das Wort von Verbalabstrakten als Inhaltsangaben erzählter Handlungen umgeben ist);   337 b 9,
Gareth Lynette, 1176: *the damsel's headlong error thro'
the wood* ("Irrwanderung")

Jene "extremen Fälle" selbst sind:

— 113 a 7, Will Waterproof, 135: *his (the Cock's)
brothers of the weather* (im Wetterprophezeien [vgl. "Kol-
lege von der Feder" u. dgl.]); — 191 a 17, Princess, IV, 311:
winning easy grace... for slight delay (*grace* = "Begnadi-
gung"); — 253 b, In Mem., 23, 19: *all the secret of the*

Spring moved in the chambers of the blood ("geheimnisvolles Wirken und Weben"); — *birth* = "das Gebären", nicht "die Geburt": *when the time has birth:* "reif wird", "ins Gebären, 'in die Wochen' kommt" (so 280 a 10, In Mem., 113, 14); — 287, Maud, I, I, VII, 1: *these are the days of advance* (das übliche Schlagwort ist *progress*); — 308 a, Dedication "Idylls", 13: ... *Her (Victoria) over all whose realms the shadow of His (Albert's) loss drew like eclipse* ("wie eine fortschreitende Verfinsterung, ein Verfinstertwerden", nicht wie sonst, zuständliches "Verfinstertsein"; oder vielleicht "etwas Verfinsterndes": es folgt *darkening the world);* — 460 b 32, Guinevere, 295: *he foresaw this evil work of Lancelot and the Queen (doings* hieße es in Prosa); — 551 b 32, Ancient Sage, 275: *think well! Do-well will follow thought (= will follow thinking well);* — 842 a, To Marquis Dufferin Ava, III, 1: *your rule has made the people love their ruler (rule* ist nomen actionis, *conduct of government);* — weiter zwei besondere Fälle: 339 a 14, Gareth Lynette, 1269: *from my hold on these (lions on Lancelot's shield) streams virtue,* — und 773 a (Falcon): *flutter'd or flatter'd by your notice of her,* — welche beiden Beispiele man auch als Fehlen eines leicht ergänzbaren Verbalsubstantivs bei seinem Objekt *(hold [on]* = *taking hold [of], notice* = *taking notice)* definieren könnte. — Schließlich gehören hieher: 504 a, Northern Cobbler, I, 1: *thou mun a' sights to tell* (gleichsam für **seeings* = *things seen;* oder *sights* — *plenty?),* — sowie *deed* für das Getane, *(thing done),* Werk, Produkt: 549 a 20, Ancient Sage, 91: *this house of ours ... a beauty with defect — till That which knows and is not known, ... shall descend on this half-deed, and shape it at the last according to the Highest in the Highest.* —

§ 57. Schon in diesen letzten beiden Fällen berührt sich das Verbalsubstantiv mit dem andern Verbalnomen, dem Partizipium, zu dessen Behandlung ich nun nicht übergehen will, ohne zuvor ihr wechselseitiges Verhältnis durch weitere Beispiele zu beleuchten.

Die in Kellners Syntax, § 418 f., besprochene ältere und in neuester Zeit wieder häufige konkrete Partizipialkonstruktion statt abstrakten Verbalsubstantivs ist bei

Tennyson vertreten durch: 300 b, M a u d, I, XXII, III, 5:
a silence fell with the w a k i n g bird (für *waking of the bird),
and a hush with the s e t t i n g moon,* und vieles andere
dieser Art.

In der G e r u n d i a l k o n s t r u k t i o n schwankt Tennyson
zwischen *in* mit Partizipium (nach französischer Art, K e l l n e r,
§ 417) und *in* mit veritablem Verbalsubstantiv. Das letztere
erscheint z. B. 327 a 2, G a r e t h L y n e t t e, 564: *have I
not earn'd my cake in b a k i n g of, it* (freilich fehlt schon
der Artikel), — hingegen das erstere: 326 a 5, G a r e t h
L y n e t t e, 509: *he, by two yards in c a s t i n g bar or stone,
was counted best,* — wo im Gegensatz zu den früheren Parti-
zipialfällen gerade durch die Gerundialkonstruktion und
die so bewirkte Verlegung des Hauptnachdrucks auf die
substantivische Distanzangabe konkreterer Ausdruck erzielt
wird, als etwa ein *by casting bar or stone for two yards* (oder
for two yards farther than his rivals) mit dem verbalen Partizip
im Satz-Vordergrunde ergeben hätte.

Schließlich sei als kurioses Mittelding zwischen un-
persönlichem Verbalabstraktum und persönlichem substantivierten Partizip oder Adjektivum die Wendung zitiert:
303 a 1, M a u d, II, II, V, 4: *plagued by a f l i t t i n g to and
fro, a disease, a hard mechanic ghost,* — wobei sich das
zwitterhafte Wesen des *flitting* in den beiden Appositionen
getrennt niederschlägt.

§ 58. Was nun die Partizipia selbst betrifft, so mögen
zunächst ein paar Beispiele das Verhältnis von participium
praeteriti und praesentis beleuchten. Zunächst Fälle von
participium praeteriti für praesentis:

— 45 a 23, P a l a c e A r t, 43: *a cloud of incense all of
odour s t e a m'd from out a golden cup (= steaming);*
(siehe R o w e - W e b b, *Selections from Tennyson,* z. St.);
besonders oft bei Verben der Bewegung: 65 a 1, L o v e
L a n d, 5: *Love thou thy land, with... true love t u r n'd
round on fixed poles (= turning);* also zugleich Passivum
für intransitives Aktivum (§ 42); ebenso: 447 b 2, L a s t
T o u r n a m e n t, 254: *wheel'd round on either heel, Dagonet
replied...;* 101, 7, L o c k s l e y H a l l, 113: *as a boy
when first he leaves his father's field, and at night along the
dusky highway near and nearer d r a w n, sees... London;* —

286 a 13, In Mem., Epilogue, 125: *(a soul shall...)*
moved thro' life of lower phase, result in man. —
Eine Verwechslung von Aktivum und Passivum (in
Ermangelung eines participium praeteriti activi) sind Phrasen
wie: 250 a, In Mem., 10, 6: *thou (ship) bring'st the
sailor to his wife, and travell'd men from foreign lands;*
336 a 7, Gareth Lynette, 1087: *Gareth... drew, there
met him (his enemy) drawn (= with sword drawn).* —
Umgekehrt findet sich participium praesentis für erwartetes participium praeteriti: — 156 b 4, Sea-Dreams,
33: *the long sea-framing caves* ("ausgehöhlt durch die
See"); 496 b 7, Golden Supper, 194: *friends who
lived scatteringly about that... land:* für *scattered(ly).* —
§ 59. Gehen wir nun von diesen intern-partizipialen
Problemen zum äußeren Verhältnis des Partizipiums zu
anderen Redeteilen über, so ist zunächst ein reger und
beständiger Austausch zwischen dem Partizip und dem
ihm nächstverwandten Adjektiv zu beobachten; er soll durch
die folgenden Zusammenstellungen veranschaulicht werden.
Partizipialer Ausdruck, wo wir adjektivischen erwarten;
aktiv:
— Am häufigsten wohl *dying* für *mortal* (über *undying*
s. § 60), z. B.: 262 a, In Mem., 58, 7: *hearts, half-conscious
of their dying clay;* 265 b, In Mem., 73, 13: *o hollow
wraith of dying fame, die wholly* (hier: "vergänglich"); — 281 a,
In Mem., 118, 4: *dying Nature's earth and lime;* — 284 b,
In Mem., Epilogue, 14: *to embalm in dying songs a dead
regret;* — 873 b, Far—far—away, 17: *o dying words, can
Musie make you live Far—far—away?* Andere Beispiele:
96 a 10, Ulysses, 35: *discerning to fulfil this labour
(= prudent enough);* — 133 b 8, Enoch Arden, 548:
nourishing roots (= wholesome); — 179 b 17, Princess,
II, 408: *a flying charm of blushes (= fugitive, transitory);*
— 182 a 4, Princess, III, 86: *cramm'd with erring pride
(= false)* (mit Bezug darauf dann: *true she errs, but...);*
218 a, Wellington, IV, 14: *rieh in saving common-
sense* ("heilsam", dafür hyperbolisch "rettend"); — 562, 1,
Locksley Hall Sixty Years After, 57: *wearying
to be left alone* (für *weary* mit inchoativer Bedeutungsnuance). —

Passiv: zunächst als besondere Gruppe der Ausdruck von Eigenschaften durch passive Partizipia von Kausativverben, also Eintritt des Zustandes für den Zustand selbst: 7 a, Isabel, III, 13: *of such a finish'd chasten'd purity* (für *chaste);* 21 a, Adeline, IV, 7: *thy soften'd, shadow'd brow (soften'd = soft);* — 122 a 22, Vision Sin, IV, 54: *look* ("sich den Anschein geben") *whited thought and cleanly life* (beides für *pure);* — 206 b 25, Princess, VI, 159: *lest... some great Nemesis break from a darken'd future;* 214 a 20, Princess, VII, 244: *they (man and woman) rise or sink together, dwarf'd or godlike, bound or free* (ein Schaukeln zwischen der Vorstellung von Zustand und Eintritt in ihn); vgl. 263 a 3, In Mem., 61, 7: *how dwarf'd a growth of cold and night (= dwarfish, dwarflike);* — 256 a, In Mem., 33, 7: *with shadow'd hint* ("dunkle Anspielung" auf religiöse Zweifel); — 297 a, Maud, I, XVIII, III, 9: *honey'd rain and delicate air;* — 481 a•12, Lover's Tale, I, 312: *spiced May-sweets (= spicy);* — 626 a 10, Queen Mary, IV, 1: *my sainted mother (Catherine of Aragon):* vgl. Longfellow, Nuremberg, 17: *in the church of sainted Sebald;* ein kapitales Dialektbeispiel schließlich ist: 559 a, Spinster's Sweet-'Arts, XII, 5: *a niced red faäce.* —

Andere passive Beispiele: 5 b 18, Confessions Sensitive Mind: *the flower'd furrow (= flowery);* — 10 a 33, Recollections Arabian Nights, 39: *imbower'd vaults of pillar'd palm* ("pfeilerartig"); — 14 b, Poet's Mind, II, 3: *hollow smile and frozen sneer* (für *frosty);* — 24 a, Eleänore, VIII, 18: *the cup... brimm'd (= brimful);* — 137 b 11, Enoch Arden, 810: *the tall barks, that brought the stinted commerce of those days* (für *scanty* oder dgl.); — 210 a 18, Princess, VI, 354: *thro' the long-laid galleries* ("lang angelegte"; *long* allein würde genügen); 252 a, In Mem., 18, 6: *as if the quiet bones were blest (= glad) ... to rest;* — 262 a, In Mem., 57, 10: *one set slow bell:* "gesetzt, ernst", rein eigenschaftlich; vgl. 92 b, Love Duty, 18: *the set gray life:* "philiströs"; gewöhnlich *settled;* — 293 b, Maud, I, X, I, 8: *a poison'd gloom (= poisonous;* Bergwerk); — 338 b 24, Gareth Lynette, 1248: *the hush'd night (= silent).* —

§ 60. Eine besondere Gruppe bilden die Zusammensetzungen mit *un-*, das an Partizipia ebenso frei herantritt wie an Adjektiva:

Zunächst Wendungen wie: 5 a 44, Confessions Sensitive Mind, 140: *in my morn of youth, the unsunn'd (= sunless) freshness of my strength;* 5 b 13, Confessions Sensitive Mind, 155: *unfearing (= fearless);* — 10 b 28, Recollections Arabian Nights, 80: *the solemn palms... unwoo'd of summer wind;* 112 a 2, Will Waterproof, 42: *unboding critic-pen* = "ohne zu ahnen"; etc. (vgl. § 236);

weiter aber die bei Shakspere so häufige (und durch Lateinisches wie invictus — "unbesiegbar", vorgebildete) Ausdrucksweise von der Art: — 5 b 2, Confessions Sensitive Mind, 144: *truth... unmoved of ehange (= immoveable by);* — 26 a, Alexander, 11: *his (the Chamian Oracle's) unapproached mysteries* ("unnahbar"); vgl. 486 b 20, Lover's Tale, I, 668: *a sacred, secret, unapproached woe;*

41 b 33, Oenone, 132: *undying bliss* (so sehr oft für *immortal);* — 272 b, In Mem., 93, 10: *with gods in unconjectured bliss;* etc.

Entsprechend ihrem adjektivischen Charakter und Gebrauch sind die Partizipia auch der Adverbialbildung fähig: — 11 a 34, Recollections Arabian Nights, 133: *trancedly (I) gazed;* — 189 a 5, Princess, IV, 172: *glimmeringly;* — 446 a 9, Last Tournament, 166: *sighing weariedly (= wearily);* 496 b 7, Golden Supper, 194: *scatteringly* (§ 58). —

§ 61. Den Übergang zum umgekehrten Fall — adjektivischer Ausdruck bei partizipialem Begriffsinhalt — bilden gewisse lateinische und französische Partizipia, welche im neuenglischen Sprachgebrauch die Geltung reiner Adjektiva haben, mitunter aber im Hinblick auf ihre etymologische Form (schon zum Teil bei Shakspere) im Sinne von echten Partizipien vorkommen (vgl. § 280).

Lateinische Partizipia. Aktive: — 17 b, Love Death, 13: *in the light of great eternity life eminent creates the shade of death (eminent in... = "aufragend in...");* — 103, 9, Locksley Hall, 187: *I see the crescent promise of my spirit hath not set* (Vergleich mit Mondesphasen); vgl. 280 b, In Mem., 116, 4: *the crescent prime;* 402 b 27,

Lancelot Elaine, 457: *there is many a youth now crescent
(= growing up);* 418 a 21, Lancelot Elaine, 1399: *your
crescent fear for name and fame (= increasing),* 105 b,
Sleeping Beauty (Day-Dream), II, 7: *her constant
beauty* (trotz des hundertjährigen Zauberschlafes unverändert
fortbestehend); 129 a 4, Enoch Arden, 256: *her
heart...expectant of that news which never came* (syntaktisch schon ein Adjektivum: *expectant of news* für *expecting news,* — logisch ein Partizip); vgl. 267 b, In Mem.,
83, 3: *thou doest expectant nature wrong;* — 155 a 23,
Aylmer's Field, 808: *her own people bore along the nave
her pendent hands* (die machtlos herabhängenden Hände
der ohnmächtigen Frau); vgl. 653 b, 7 u., Harold, I, 1: *this
pendent hell in heaven* (vom Kometen; Shaksperesche Wortstellung: *pendent — in heaven,* s. § 133); — 176 b 28, Princess,
II, 227: *the loyal warmth of Florian is not cold, but branches
current yet in kindred veins;* vgl. 298 b 2, Maud, I, XVIII,
VIII, 22: *some dark undercurrent woe* (geläufiger ist *undercurrent* als Subst.); 386 b 30, Merlin Vivien, 406: *to
chase a creature that was current then in these wild woods, the
hart with golden horns;* 532 a, De Profundis, I, 22: *then
full-current thro' full man (course of destiny);* — 181 b 25,
Princess, III, 74: *consonant chords that shiver to one
note;* — 191 a 13, Princess, IV, 307: *last night, their
mask was patent;* vgl. 694 b 6, Becket, Prologue: *state
secrets should be patent to the statesman* (noch konkreter bei
Dickens, M. Chuzzlewit, p. 196 [Dickens Edition]:
a patent upright grand pianoforte); 196 a 16, Princess,
V, 37: *transient in a trice from...woman-slough to
harness;* — 233 a, Daisy, 33: *oleanders flush'd the bed of
silent torrents* (vorübergehendes Schweigen der ausgetrock-
neten Bäche im Sommer, nicht ständige Eigenschaft);
280 b, In Mem., 116, 6: *the life re-orient out of dust;*
283 b, In Mem., 128, 24: *toil coöperant to an end
(= coöperating);* 332 a 25, Gareth Lynette, 887:
those long loops wherethro' the serpent river coil'd; 339 b
28, Gareth Lynette, 1310: *instant were his words*
(Variation zu *he urged on him);* 700 b 8, Becket, I, 1:
I do think the King was potent in the election ("sprach sein
Machtwort bei —"). —

Passiv (Typus -*ate*, so häufig bei Shakspere): 211 b
23, Princess, VII, 75: *Arac, satiate with his victory;*
269 b 6, In Mem., 85, 66: *(a friendship, which) is eternal,
separate from all fears;* — 482 b 10, Lover's Tale, I,
400: *the incorporate blaze of sun and moon (= combined,
united);* — 483 a 7, Lover's Tale, I, 428: *Spirit of Love,
that little hour was...dedicate to thee;* — 526 b 13,
Columbus, 101: *be consecrate (wealth from new world)
. to lead a new crusade;* — 625 b 12, Queen Mary, IV, 1:
*the Holy Father in a secular kingdom is as the soul descending...
into a body generate.* —

Französische Partizipia: 210 a 19, Princess
VI, 355: *one deep chamber...due to languid limbs and sickness (= destined, usually assigned);*   456 a, Guinevere,
11: *he that like a subtle beast lay couchant with his eyes
upon the throne;* — 610 a 6, Queen Mary, III, 3: *state-policy
and church-policy are conjoint, but Janus-faces looking divers
ways;* — 834 a, Foresters, IV: *if they (monies) were not
repaid within a limited time your land should be forfeit*
(hingegen 836 a: *it seems thy father's lands are forfeited).* —

§ 62. Betrachten wir nun das eigentliche Gros der
Fälle von rechten und echten Adjektiven — nicht verbaler
Herkunft und Natur — in partizipialer Bedeutung.

Zunächst in aktiv-präsentischem Sinne: als besondere
Gruppe die Adjektiva auf -*ful:* 38 a 40, Miller's Daughter,
148: *too fearful that you should not please (= afraid, fearing);* 113 a 33, Will Waterproof, 161: *half fearful that
...I take myself to task;* 145 b 26, Aylmer's Field, 210:
ever watchful of her eye (= watching her eye); 162 a 4,
Lucretius, 70: *(Venus) forgetful, how my prooemion
makes thy glory fly...;* 184 b 19, Princess, III, 255:
I answer'd nothing, doubtful in myself, if...; 344 a 2,
Marriage Geraint, 191: *Guinevere, not mindful of
his face in the King's hall (= not remembering to have seen...);*
— andere Adjektiva: 64 a, You ask me..., 15: *the strength
of some diffusive thought hath time and space to work and
spread;* — 65 a 5, Love Land, 9: *pamper not a hasty
time (= hasting onward* [Zeitalter, das Eile hat — auf dem
Wege kulturellen Fortschrittes])*;* — 96 b, Tithonus, 12:
glorious in his beauty and thy choice (= glorying);

134 a 7, E n o c h A r d e n, 580: *the sweep of some precipitous rivulet to the wave* (elisabethanische Wortstellung:
to the wave zu *precipitous); — 141 a 3, B r o o k, 94: *from the
plaintive mother's teat he took her puppies (= complain-
ing); — 145 a 19, A y l m e r's F i e l d, 169: *queenly re-
sponsive when the loyal hand rose ... as she past; — 145 b
16, A y l m e r's F i e l d, 200: *with her fingers interlock'd and
rotatory thumbs on silken knees* (scherzhafte Lautsymbolik);

185 b 24, P r i n c e s s, III, 320: *I was half-oblivious
of my mask; — 216 b 12, P r i n c e s s, C o n c l u s i o n, 43:
gray halls alone among their massive groves (= standing
alone, isolated); — 248 a, In M e m., 2, 13: *gazing on thee,
sullen tree, sick for thy stubborn hardihood (= longing, yearning); vgl. 374 a 15, B a l i n B a l a n, 286: *mad for strange
adventure (= madly yearning); 658 a, H a r o l d, I, 2, 1: *mad
for thy mate, passionate nightingale,* 259 a, In M e m.,
45, 14: *blood and breath, which else were fruitless of their
due (= would fail to bring forth —); — 269 a 27, In M e m.,
85, 47: *all-comprehensive tenderness, all-subtilizing intellect
(comprehensive, "allumfassend", ist ebenso partizipial wie das
parallele *subtilizing); — 271 a, In M e m., 89, 11: *fresh
from brawling courts (= newly return'd); — 281 b, In M e m.,
121, 1: *sad Hesper o'er the buried sun (sad = *mourning;
dazu *over ... sun:* wieder elisabethanische Wortstellung);
vgl. 416 b 13, L a n c e l o t E l a i n e, 1293: *for this gentle
maiden's death right heavy am I; — 289, M a u d, Part I,
III, 3: *an eyelash dead on the cheek, face, star-sweet
on a gloom profound (dead = "unbeweglich liegend" [über die
Vorliebe für bildliches *die* s. den lexikogr. Teil]; *star-sweet
= "leuchtend"); — 308 b, D e d i c a t i o n "I d y l l s", 34: *thou
noble Father of her (England's) Kings to be, laborious
for her people and her poor; — 345 b 30, M a r r i a g e
G e r a i n t, 305: *he look'd and saw that all was ruinous
(= decaying, falling into ruin:* "baufällig"); — 484 b 32,
L o v e r's T a l e, I, 544: *when summer days are new
(= beginning); — 576 b, F r e e d o m, X, 1: *men loud
(= exclaiming) against all forms of power;* 694 a 19,
B e c k e t, P r o l o g u e: *had I fixt my fancy upon the game
I should have beaten thee; but that (fancy) was vagabond
(= straying). —

In passiv-präteritaler Bedeutung:

— Eine besondere Gruppe bilden die Adjektiva auf -*y*: 8 a 12, Mariana, 52: *in the white curtain, to and fro, she saw the gusty shadow sway* (im *N. E. D.* unter besonderer Bedeutungsrubrik: *blown upon, toss'd or disturb'd by gusts of wind* als Beleg zitiert); ebenso 142 b, Aylmer's Field, 19: *whose wyvern swang on many a windy sign;* 336 b 12, Gareth Lynette, 1123: *the rainy plain;* und — *last not least* — *misty* für "benebelt": 113 b 18, Will Waterproof, 190: *peals of genial clamour sent...from misty men of letters;* 832 a, Foresters, IV: *I am misty with my thimbleful of ale.* Über dieses Suffix s. auch die Wortbildung, § 235.

Andere Adjektiva: "Kron"-Typus: *gay = adorned (with —):* 89 b 21, Talking Oak, 65: *leg and arm with love-knots gay;* 173 b 4, Princess, II, 11: *with ample awnings gay;* 275 a 19, In Mem., 98, 27: *all is gay with lamps, and loud with...song;* 332 a 29, Gareth Lynette, 891: *a silk pavilion, gay with gold;* 345 a 31, Marriage Geraint, 274: *seeing one so gay in purple silks;* synonyme Adjektiva: 313 b 21, Coming Arthur, 297: *the sword... rich with jewels;* 315 a 2, Coming Arthur, 375: *a ship bright with a shining people on the decks;* 447 a 14, Last Tournament, 236: *dame and damsel glitter'd at the feast, variously gay.* — Sonstiges, promiscue: 104 a 31, Godiva, 67: *one low churl... the fatal byword of the years to come* (= *destined to be the byword);* — 116 b 11, Lord Burleigh, 29: *parks with oak and chestnut shady;* 129 b 26, Enoch Arden, 316: *I seem so foolish and so broken down* (*foolish* = *bewildered by the events);* 152 a 17, Aylmer's Field, 621: *his face magnetic to the hand from which livid he pluck'd it forth* (*magnetic* = "gleichsam durch magnetische Gewalt festgewachsen"); — 162 a 24, Lucretius, 90: *her Deity false in human-amorous tears* (*false* — "verleugnet, sich verleugnend"); — 166 b 16, Princess, Prologue, 79: *between the mimic stations* (= *imitated);* 172 b 11, Princess, I, 210: *some inscription deep* (= *hid) in shadow;* so ungemein oft, z. B. 101, 34, Locksley Hall, 140: *tho' the deep heart of existence beat for ever like a boy's* ("das verborgene Lebensprinzip des Universums"); 210 a 19, Princess, VI, 355: *one deep chamber, shut from sound;* 211 a 12, Princess VII, 36: *I, deeper than those weird: doubts could reach me, lay* (quasi *"hidden" from them in a deep swoon);* — 210 b, Princess, VII, 12: *like creatures native unto gracious act* (= destined by birth, born to perform —); 215 a 15, Princess, VII, 304: *who look'd all native to her place;* — 218 a, Wellington, III, 6: *the last great Englishman is low* (= laid low); — 258 b, In Mem., 43, 6: *(the spirit) bare of the body* ("befreit von —"); — 265 b, In Mem., 73, 10: *the path that each man trod is dim, or will be dim, with weeds* (= dimm'd); — 265 b, In Mem., 72, 26: *up thy vault climb thy thick noon, disastrous day* (noon = Mittagsstellung der Sonne; *thick,* sc. *with clouds,* "dicht verhüllt"); vgl. 275 a, In Mem., 99, 3: *risest thou thus, dim dawn, again, ... so thick with lowings of the herds;* 295 a, Maud, I, XIII, I, 12: *barbarous opulence jewel-thick* (= thickly beset *with jewels);* vgl. auch *dense•*für "dicht bedeckt": 71 a 10, Morte d'Arthur, 197: *all the decks were dense with stately forms;* ferner: 376 b 8, Balin Balan, 420: *race thro' many a mile of dense and open* ("dick und dünn"); — 269 a 14, In Mem., 85, 36: *o heart, with kindliest motion warm* (= warm'd);

284 a, In Mem., 130, 7: *I seem in star and flower to feel thee some diffusive power;* 277 b, In Mem., 105, 16: *the night ... solemn to the past:* "gewidmet" (dem Andenken) der Vergangenheit; — 369 b 23, Balin Balan, 27: *Balin's horse was fast beside an alder* (= fasten'd); 592 b *(bottom),* Queen Mary, I, 5: *I am somewhat faint with our long talk* (= fatigued); — 677 a, Harold, IV, 1, 1: *are thy people sullen from* (= sullen'd by) *defeat;* — 733 b, Becket, IV, 2: *indungeon'd ..., dark* (= hidden in the *dark) even from a side glance of the moon, and oublietted in the centre ...;* — 862 b, Leper's Bride, XXIV, 3: *if man and wife be but one flesh, let mine be leprous too, as dead from all the human race as if beneath the mould* (dead = secluded).

§ 63. Analog dem Austausch zwischen partizipialem und adjektivischem Ausdruck findet auch ein solcher wiewohl in beschränkterem Umfange — zwischen Partizip und Substantiv statt.

So werden aktive Partizipia durch substantivische

"nomina agentis" für welche Tennyson überhaupt eine Vorliebe hat (s. Wortbildung) — ersetzt· 141 b 7, Brook, 128: *not to die a listener, I arose;* — 178 b 6, Princess, II, 334: *if you came among us, debtors (= indebted) for our lives to you;* ähnlich: 206 b 18, Princess, VI, 151: *we vanquish'd, you the Victor of your will (Victor =* "erlangt habend"); — 257 b, In Mem., 38, 6: *the herald melodies of Spring (= the melodies, announcing Spring);* in gleicher Bedeutung: 532 a, De Profundis, I, 12: *a babe in lineament and limb perfect, and prophet of the perfect man;* 809 a 8, Foresters, I, 1: *some of you were prophets (= prophesying) that I might be . . . the light of these dark hours.*

Statt passiver Partizipia erscheinen substantivische Appositionen in Fällen wie: 120 a, Letters, III, 6: *the trinkets and the rings, my gifts (= given by me), when gifts of mine could please;* — 279 a, In Mem., 110, 3: *the feeble soul, a haunt of fears (= haunted by —);* vgl. 434 a 26, Pelleas Ettarre, 71: *those large eyes, the haunts of scorn;* 283 b, In Mem., 128, 3: *the love . . . is comrade of the lesser faith (= necessarily accompanied by —, united with —);* — 460 b 22, Guinevere, 285: *that his grave should be a mystery from (= hidden from) all men like his birth;* vgl. 462 b 11, Guinevere, 408: *with her milkwhite arms and shadowy hairs she made her face a darkness from the king;* — schließlich nach einem sehr geläufigen Typus: 727 b, Becket, II, 2: *this wood-witch of the rustic's fear (= fear'd by the rustic).*

§ 64. Umgekehrt tritt für substantivischen Ausdruck partizipialer ein, besonders wo dadurch ein Abstraktum als attributives Beigepäck untergebracht und ein Konkretum in den Vordergrund gerückt werden kann; so:

— 200 a 17, Princess, V, 287: *the foughten field. decides it:* für *fight in (open) field;* anders: 311 a 16, Coming Arthur, 134: *from the foughten field he sent Ulfius,* etc. (*= field of fight);* — 215 b 2, Princess, VII, 319: *thee, from yearlong poring on thy pictured eyes, ere seen I loved;* — nicht konkreter freilich wird der Ausdruck in: 292 b, Maud, I, VI, IX, 6: *the treasured splendour (= treasure of splendour), her hand. —*

In anderen Fällen steht das Partizip der Kürze halber
für eine langweilige substantivisch-präpositionale Adverbial-
bestimmung: — 213 b 24, Princess, VII, 208: *so she
low-toned (= in a low tone)* (sc. *read); —* 216 b 1, Princess, Conclusion, 32: *she pluck'd the grass, she flung it
from her, thinking:* "in Gedanken (versunken)".

§ 65. Ja, auch längere Wortkomplexe, so verkürzte
Nebensätze, vertritt bequem eine Partizipialwendung·

165 a, Princess, Prologue, 7: *I was there from
college, visiting the son (= on a visit to , to pay a visit
to —); —* konditional: 249 b, In Mem., 8, 24: *that, if it
can, it (poor flower of poesy) there (on friend's grave) may
bloom, or dying* (d. h. *if it is to die), there at least may die. —*

Freilich darf der Dichter auch, wo wir eine absolute
"Brevi-manu"-Partizipialkonstruktion erwarten, uns mit
einer andern überraschen: so 662 a, Harold, II, 2, 5: *there,
to make allowance for their rougher fashions, I found him
all a noble host should be, —·* wo wir *allowance made* oder
making allowance erwarten. —

§ 66. Überhaupt ist die Umkehrung des eben besprochenen Falles keine Seltenheit: daß nämlich in einer län-
geren Wortverbindung ein Partizip, das den Ausdruck nur
beschweren würde, als selbstverständlich unterdrückt und
seine Bedeutung mitunter in die Präposition verlegt wird,
welche eine logisch von ihm abhängige Wendung einleitet; so:

— 1, To Queen, 7: *this laurel (grown) greener (by
having been worn on and taken) from the brows of one* etc.
(Wordsworth); vgl. 92 b, Love Duty, 19: *(made) the nobler
thro' my love; —* 15 b 3—4, Sea-Fairies, 12 f.: *(coming)
out of the...green heart of the dells, they (gambolling waterfalls)
freshen the silvery-crimson shells; —* 26 a, Buonaparte, 8:
he lull'd the brine (sc. *roaring) against the Coptic sands;*

drei bequeme Genetive dieser Art: 49 b 20, Lady Clara
Vere de Vere, 52: *smile at the claims of long descent
(= based on long descent); —* 61 b 6, Dream Fair Women,
286: *all words ... failing to give the bitter of the sweet (= necessarily accompanying sweet:* frei nach Bunyan's "Pilgrim's
Progress"); ferner: 258 a, In Mem., 41, 11: *to leap the
grades of life and light (= separating earthly life from eternal
light);* genau so: 271 b 21, In Mem., 89, 41 f.: *(we) merge ...*

in form and gloss the picturesque of man and man (= diffe-rentiating man from man); — 91 a 9, Talking Oak, 173: *into my inmost ring a pleasure I discern'd (= a pleasure, penetrating into —);* — Fälle mit *rapt:* 31 b 38, Two Voices, 68: *souls ...rapt after heaven's starry flight* (für *rapturedly longing);* — 95 a 29, Golden Year, 69: *the seedsman, rapt upon (= en-thusiastically hoping for) the teeming harvest;* — 185 a 21, Prin-cess, III, 287: *she rapt upon her subject, he on her;* vgl. auch die Beispiele in § 35; — 118 a, Voyage, VII, 5: *at times a carven craft would shoot from havens ... with naked limbs and flowers and fruit (with = offering,* bezüglich *fl. and fr.);* 131 a 12, Enoch Arden, 395: *there is a thing upon my mind (upon = weighing upon),* 280 a, In Mem., 114, 12: *some wild Pallas (sprung, born) from the brain of Demons;* 292, Maud, I, VI, VI, 13: *a face of tenderness might be feign'd (= expressive of t., expressing t.);* — 297 a, Maud, I, XVIII, II, 3: *the dry-tongued laurel's pattering talk seem'd her light foot* (sc. *stepping) along the garden walk;* — 309 b 3, Coming Arthur, 31: *(the children housed in the wolf's den, would) mock their foster-mother (in grovelling) on four feet;* — 309 b 6, Coming Arthur, 34: *King Leodogran groan'd for the Roman legions (returning, being) here again;* — 310 b 8, Coming Arthur, 96: *reach'd a field of battle ... (covered) with pitch'd pavilions of his foe;* 339 a 6, Gareth Lynette, 1261: *my charger, fresh, not to be spurred:* für *not needing to be spurred* (zu-gleich also eine kleine Gedankenverschiebung); — 388 b 30, Merlin Vivien, 522: *this full love of mine without the full heart back (= given back, without my love returned);* vgl. 528 b 4, Columbus, 210: *these same chains bound these same bones (returning, on their way) back thro' the Atlantic sea;* — 671 b 5, Harold, III, 1: *some sun to be, when all the world hath learnt to speak the truth, and lying were self-murder (committed) by that state which was the exception.* — Häufig sind solche Präpositionen statt schleppender Parti-zipia in der Umgangssprache, was auch Tennyson einmal in gelungener Weise nachahmt: 165 b, Princess, Pro-logue, 28: *we keep a chronicle with all about him.* Mancherlei Verwandtes s. u. "Präpositionen", § 127. — Partizipiale Prädikate fehlen in dem abgebrochenen, erregten

Ausdruck 688 a 4, Harold, V, 1: *our chureh in arms
the lamb the lion — not spear into pruning-hook — the counter
way — cowl, helm; and crozier, battle-axe;* das Fehlen eines
changed oder *turned* ist anfangs durch *into,* dann gar nicht
mehr angedeutet. —

Mit den letzten zwei Wortformen — Verbalsubstantiv
und Partizip — bin ich vom Verbum zu den nominalen
Redeteilen übergegangen, deren Besprechung im einzelnen
ich nun regelrecht mit dem Substantiv eröffne.

§ 67. Unter den verschiedenen Klassen der Haupt-
wörter (Abstrakta — Konkreta, Kollektiva — Appellativa) will
ich, da sie zum größten Teil passender an anderer Stelle
besprochen werden, hier nur die Eigennamen hervorheben und Fälle anführen, wo sie die Geltung von Appella-
tiven haben; auffälliger sind nur zwei: — 209 b 13, Princess,
VII, 319: *the roar that breaks the Pharos* (Leuchtturm)
from his base had left us rock...; 455 a 12, Last
Tournament, 714: *courtesy wins woman all as well as
valour may, but he that closes both is perfect, he is Lancelot*
("ein Lancelot", d. h. "ein Muster von Rittertugend"). — Auch
Plurale sind möglich (Kellner, Syntax, § 145): — 190 b
15, Princess, IV, 275: *I led you then to all the Castalies
(all the sources of poetry,* Churton Collins).

Mehr lexikographischer als syntaktischer Art sind Veränderungen von Eigennamen, wie das Wortspiel des
sterbenden Edward im "Harold" (III, 1, p. 674b): *Senlae!
Sanguelac! The Lake of Blood!* oder kleine Modifikationen
zur Belebung des Ausdruckes, wie 654 b 19, Harold, I, 1:
Normanland für *Normandy* und 687 b 5, Harold, V, 1:
Norseland für *Norway.* An erfundenen ist nur der Stadt-
name *Littlechester in Promise of May* (zuerst 778 a) zu
erwähnen. Schließlich sei als singulärer Fall von unbe-
stimmtem Artikel vor einem Eigennamen die reizvolle Stelle
zitiert: 156 a, Sea Dreams, 3: *one babe was theirs, a
Margaret, three years old.* —

§ 68. Ich gehe nun gleich zur Behandlung der Numeri
des Substantivs über.

Singular. Überaus zahlreich sind bei Tennyson kollektive Singulare in der Bedeutung logischer Plurale. Ich
führe davon an:

— zunächst gewisse Pflanzen- und Tiernamen; erstere: 10 a 33, Recollections Arabian Nights, 40: *imbower'd vaults of pillar'd palm;* — 76 a 12, Gardener's Daughter, 213: *many a range of waning lime;* — 165 b, Princess, Prologue, 22: *isles of palm;* — ein besonderer Fall: 182 a 24, Princess, III, 106: *the gale... sated with the innumerable rose,* — für *odour of inn. roses;* — hingegen rein kollektiver Singular: 306 a, Maud, II, V, VIII, 3: *a garden... all made up of the lily and rose that blow by night...;* — von Tieren: 154 b 7, Aylmer's Field, 762: *shores that darken with the gathering wolf;* — 241, Boädicea, 14: *Britain's raven! bark and blacken innumerable;* — 397 b 8, Lancelot Elaine, 106: *the myriad cricket on the mead* (speziell beim Worte *myriad* s. noch unten 149 b 2, Aylmer's Field, 437 und 530 a, Voyage Maeldune, V, 4); — ferner: 368 b 30, Geraint Enid, 935: *as men weed the white horse on the Berkshire hills to keep him bright and clean (weed* bildlich; *horse* und sein Pronomen *he* für "Rasse, Gattung"). Das weitestgehende Beispiel ist wohl: 290, Maud, I, IV, VI, 3: *he (the "monstrous eft", once "Lord and Master of Earth") felt himself of foree to be Nature's crowning race:* in diesem wie im vorhergehenden Falle steht ein grammatisch individuelles, logisch kollektives *he* parallel zu einem logisch und grammatisch generellen Singular: *horse, race.* —

Sonstige Beispiele: 4 b 17, Confessions Sensitive Mind, 66: *the infant's dawning year;* 17 a, Dirge, IV, 3: *traitor's tear = traitors' tears;* — 34 b 3, Two Voices, 285: *he doubts against the sense (= evidence of senses);* — 46 b 24, Palace Art, 148: *interchange of gift;* vgl. 86 b 9, Stylites, 77: *eating not... except the spare chance-gift of those that came;* — 59 b 5, Dream Fair Women, 167: *(her voice) glided thro' all change of liveliest utterance;* — 92 a 23, Talking Oak, 267: *all starry culmination drop balm-dews to bathe thy feet = all culminations of stars = all stars (every star) when culminating;* — 73 a 34, Gardener's Daughter, 40: *(stream) stirr'd with languid pulses of the oar;* — 105 b, Sleeping Beauty (Day-Dream), I, 8: *rounded curl* (Dornröschens Locken); vgl. 119 a 12, Launcelot Guinevere, 39: *(the winds), blowing the ringlet*

(= Guinevere's hair) from the braid; 112 a 25, Will
Waterproof, 65: *this earth is rieh in man and maid;*
— von Menschen auch noch: 116 b 13, Lord Burleigh,
31: *ancient homes of lord and lady;* — 367 a 10, Geraint
Enid, 817: *the bandit scatter'd in the field;* 368 b 32,
Geraint Enid, 937: *he (Arthur) rooted out the slothful
offıcer...;* 534 b 8, To V. Hugo, 10: *all man to be
will make one people ere man's race be run;* — 565, 31,
Locksley Hall Sixty Years After, 197: *innumerable
man,* 117 b, Voyage, VI, 4: *ashy rains, that spreading
made fantastic plume or sable pine;* 127 b 18, Enoch
Arden, 171: *to fit their... room with shelf and corner
for the goods and stores;* 141 a 8, Brook, 99: *in copse
and fern twinkled the innumerable ear and tail;*[1]) — 149 b
2, Aylmer's Field, 437: *that codeless myriad of precedent, that wilderness of single instances (viz. the English
law);* vgl. 530 a, Voyage Maeldune, V, 4: *starr'd
with a myriad blossom the. long convulvulus hung...,*
149 b 7, Aylmer's Field, 442: *the jests..., lightning of
the hour, the pun, the scurrilous tale...;* 159 a 20, Sea
Dreams, 205: *a ridge of breaker issued from the belt;*
173 b 11, Princess, II, 18: *there at a board by tome
and paper sat... the Princess (tome and paper formel-
haft-artikellos wie Phrasen vom Typus *"under lock and key"*
etwa); — 195 b, Princess, V, 13: *the innumerous leaf:*
also auch von Pflanzenteilen, nicht nur von Pflanzen selbst,
ist kollektiver Singular gebräuchlich (das populärste Beispiel
ist ja *fruit);* — 223 a, Exhibition, Ode, I, 2: *this wide
hall with earth's invention stored;* — 272 b, In Mem., 93, 7:
all the nerve of sense is numb; 282 a, In Mem., 122, 8:
the strong imagination ... in all her motion one with law:
in ihrem ganzen "Wirken und Weben", welches sich freilich
aus den einzelnen "Regungen" zusammensetzt; — 290, Maud,
I, IV, VII, 6: *to walk... like the sultan of old in a garden of
spice;* 307, Maud, III, IV, 12: *and the heart of a
people (shall) beat with one desire:* der glückliche Kollektiv-

---

[1]) Auffallend ähnlich bei Wordsworth in *"Evening Walk"*
(Poet. Works, ed. Morley, Macmillan 1889, p. 4 b, v. 18): *in the rough
fern-clad park, the herded deer, shook the still-twinkling tail and
glancing ear.*

singular hebt die Eintracht hervor; 332 b 19, G a r e t h L y n e t t e, 910: *the hair all over glanced with d e w d r o p or with g e m;* 532 b, D e P r o f u n d i s, II, II,. 11: *the numerable-innumerable sun, sun and sun:* der wiederholte Singular drückt in gehobener Sprache die große Menge stärker aus als ein Plural. —

§ 69. Analog dem kollektiven Singular läßt sich eine Erscheinung beobachten, die ich als "kollektiven Plural" bezeichne; Beispiele dafür sind: 12 a 17, O d e M e m o r y, III, 22: *lordly music flowing from the i l l i m i t a b l e y e a r s* (genau derselbe Ausdruck schon T i m b u c t o o, 216, Churton Collins, E a r l y P o e m s, 314, 46): ein *illimitable* kann nur zu der als Einheit gefaßten Totalität der *years* ein passendes Epitheton sein; vgl. 99, 33, L o c k s l e y H a l l, 67: *length of years,* und 171 a 17, P r i n c e s s, I, 123: *l o n g s u m m e r s back;* — ähnlich 36 b 10, T w o V o i c e s, 451: *I wonder'd at the bounteous hours, the slow result of winter showers:* sowohl das Adjektiv wie die Apposition beziehen sich auf die einheitliche Gesamtheit der *hours (season* etwa);

einigermaßen verwandt ist auch die Stelle: 219 b, W e l l i n g t o n, VII, 2: *...we are a people yet. Tho' all m e n else their nobler dreams forget.* · einem *people* erwarten wir *peoples* oder *nations* der übrigen Menschheit gegenübergestellt zu sehen, nicht die einzelnen *men: men* hat also doppelt plurale Bedeutung: "Mehrheiten von Menschen". Ein Doppelplural ähnlicher Art ist: 681 b 11, H a r o l d, IV, 3: *drink to the dead, ... the living, ... they b o t h have life in the large mouth of England,* — wo *both* im Sinne eines lateinischen *utrique,* nicht wie sonst *uterque,* steht. —

§ 70. Hier beim kollektiven Gebrauch der Numeri sind nun auch die Kollektiva selbst, die Klasse von Substantiven kollektiver Bedeutung, zu besprechen; zunächst Fälle, wo sie durch Suffixe ausgedrückt wird:

-*a g e:* 313 a 10, C o m i n g A r t h u r, 256: *when the savage yells of Uther's p e e r a g e died;* -*d o m:* 335 a 11, G a r e t h L y n e t t e, 1038: *thee, the flower of k i t c h e n- d o m* (eine sprachliche Bequemlichkeit für logisches **kitchen- knave-dom,* s. § 267); 371 a 9, B a l i n B a l a n, 107: *rieh arks with priceless bones of m a r t y r d o m* (wohl einfach für *martyrs,* — oder *of men, who had suffered m.-d.* ?);

-hood: 238 a, Victim, II, 7: *ever and aye the Priesthood moan'd;* 310 b 22, Coming Arthur, 110: *Arthur leading all his knighthood;* vgl. 326 b 26, Gareth Lynette, 560: *rather for the sake of me, the King, and the deed's sake my knighthood do*[1]) *the deed, than to be noised of;* 829 b, 6 u., Foresters, IV, 1: *out upon all hard-hearted maidenhood!* -ry: 99, 34, Locksley Hall, 68: *the clanging rookery* ("*Krähenschaft"); 217 b 7, Princess, Conclusion, 97: *the long line of the approaching rookery;* 804, Titel von Szene II und III des I. Aktes der "Foresters": *The Outlawry;* — -*ship:* 329 a 3, Gareth Lynette, 686: *God bless the King and all his fellowship* (das Wort sonst meist abstrakt); *ty:* natürlich das klassische Beispiel *quality* (= "die vornehmen Leute"): 230, Northern Farmer, XIV, 1: *quoloty smiles when they seeäs ma;* 887 b, Church-warden Curate, IX, 3: *Quoloty's hall my friends.* —

§ **71.** Interessanter sind die Fälle, wo die Kollektiv-bedeutung im Inhalt des Wortes selbst liegt:

— 79 b, Audley Court, 3: *Audley feast humm'd like a hive* ("die Festversammlung"); — 180 b, Princess, III, 17: *to rail at Lady Psyche and her side* ("Anhang"); vgl. 341 a 13, Gareth Lynette, 1379: *Lady Lyonors and her house ... made merry ...;* — 211 a 10, Princess, VII, 34: *Heaven, star after star, arose and fell (Heaven* = Summe der einzelnen Sterne am nächtlichen Himmel); — 219 a, Wellington, VI, 38: *England pouring on her foes;* dasselbe im Wortspiel 614 b, 9 u., Queen Mary, III, 3: *"you ... stood upright when both the houses fell." "The houses fell?" "I mean the houses knelt before the Legate." "Do not scrimp your phrase, but stretch it wider; say when England fell."* — 261 b, In Mem., 55, 1: *the wish that of the living whole (= humanity) no life may fail beyond the grave;* — Ausdrücke für "Schlachtreihe" (in den Königsidyllen): 310 b 15, Coming Arthur, 103: *the long-lane'd battle let their horses run* (κατὰ σύνεσιν konstruiert); — 311 a 3, Coming Arthur, 121: *like a painted*

---

[1]) Constructio ad sensum (vgl. § 10), wie wir sie bei den Kollektiven naturgemäß öfters finden werden.

battle the w a r stood ("die beiden kämpfenden Heere");
ebenso 310 b 17, C o m i n g A r t h u r, 105: *as here and there*
that war went swaying; — 349 b 2, M a r r i a g e G e r a i n t,
526: *by and by the t o w n flow'd in, and settling circled all*
the lists; 350 a 13, M a r r i a g e G e r a i n t, 565: *thou*
shalt give back t h e i r earldom to thy k i n; so stand schon
my kin geradezu für *one of my kin:* 91 b 32, T a l k i n g
O a k, 236: *I (oak) felt a pang within as when I see the woodman*
lift his axe to slay my kin ("eine meinesgleichen, unsereins");
ja sogar *b l o o d* in diesem Sinne: 409 a 1, L a n c e l o t
E l a i n e, 808: *past up the... city to his kin, his own far*
b l o o d, which dwelt at Camelot; — 351 a 23, M a r r i a g e
G e r a i n t, 639: *birds of sunny p l u m e (= plumage);* —
in den Königsidyllen natürlich häufig Arthurs *"T a b l e*
R o u n d"; interessant wegen ad sensum konstruierter Apposition: 393 a 17, M e r l i n V i v i e n, 804: *I know the*
Table Round, my friends of old; als Beweis, wie selbstverständlich der Ausdruck durch Gewohnheit wird: 424 a
8, H o l y G r a i l, 317: *all the great t a b l e of our Arthur closed*
and clash'd in such a tourney, wo *round* einfach ausgelassen ist; 395 a 2, M e r l i n V i v i e n, 915: *passing*
(sc. *by) gayer y o u t h for one so old;* — 420 a 20, H o l y
G r a i l, 94: *that it (Holy Grail) would come and heal the*
w o r l d of all t h e i r wickedness; — 445 a 16, L a s t T o u r-
n a m e n t, 104: *... thou, Sir Lancelot ... arbitrate the f i e l d*
(beim Turnier); *for wherefore shouldst thou care to mingle*
with i t; — 533 b, T o B r o o k f i e l d, 4: *how oft the Cantab*
s u p p e r, host and guest, would echo helpless laughter to your
jest (eigentlich eine starke Synekdoche); — 564, 7, L o c k s l e y
H a l l S i x t y Y e a r s A f t e r, 137: *yelling with the yelling s t r e e t*
("Straßenpöbel"); — 689 a 2, H a r o l d, V, 1: *the Norman f o o t*
are storming up the hill; — 694 a 2, B e c k e t, P r o l o g u e:
the C h u r c h in the pell-mell of Stephen's time hath c l i m b'd
the throne and almost c l u t c h'd the crown (Alliteration);
876 a, T o M a s t e r B a l l i o l, I, 2: *you, loved by all the*
younger g o w n; 882 b 12, A k b a r's D r e a m, 150: *to*
hunt the tiger of oppression out from o f f i c e ("Beamtenschaft");
— 886 b, C h u r c h - w a r d e n C u r a t e, V, 2: *they says 'at he*
coom'd fra nowt — burn i' t r a ä d e ("im Kaufmannsstande,
als Sohn eins Kaufmannes"). —

§ 72. Betrachten wir nun den Gebrauch des Plurals!

Der Plural von Abstrakten — eine im älteren Englisch wie überhaupt in den altgermanischen Dialekten so häufige Erscheinung (Kellner, Syntax, § 143 ff.), im Neuenglischen fast auf die Dichtung beschränkt, kommt bei Tennyson in der alten Form, wobei der Plural keine vom Singular verschiedene Bedeutung hat, nur selten vor; meist bedeutet er die einzelnen wiederholten Fälle, Erscheinungen, Verwirklichungen, Betätigungen des betreffenden Abstraktums (Eigenschaft, Zustand, Handlung).

Es ergeben sich im wesentlichen folgende Gruppen: I. Jener alte Typus ohne Bedeutungsunterschied: — 8 b, Madeline, I, 1: *thou art not steep'd in golden languors;* 57 b 19, Dream Fair Women, 63: *the maiden splendours of the morning star;* — 644 a 3, Queen Mary, V, 2: *the Count of Feria waits without, in hopes to see your Highness,* — 808 a, 2 u., Foresters, I, 2: *if her beauties answer their report* (deutsch "Reize"); vgl. noch 254 b, In Mem., 27, 1: *...not in any moods:* "in keiner (jeweiligen) Stimmung". — Dieses Beispiel leitet auch schon hinüber zum Typus:

II. Wiederholung einer Erscheinung; — 20 a 6, Mermaid, II, 16: *the great sea-snake ... from his coiled sleeps in the central deeps would... trail himself;* 21 b, Margaret, IV, 5: *you move not in such solitudes as. Adeline* (= "nicht immer in solcher Einsamkeit"); — 22 a, Rosalind, II, 3: *the lightning flash atween the rains* (einzelne Niederschläge); — 102, 17, Locksley Hall, 159: *larger constellations burning, mellow moons and happy skies:* vom jedesmaligen Erscheinen des (Voll-)monds; — 126 a 33, Enoch Arden, 90: *the rosy idol of her solitudes, while Enoch was abroad on wrathful seas* ("sooft sie allein war"); — 478 b 1, Lover's Tale, I, 135: *the white heats of the blinding noons beat from the... sand* ("jeden Mittag"); —

III. Äußerungsformen und -fälle eines Zustandes, Betätigungen einer Eigenschaft etc. (der häufigste Typus); 3 a, All Things will Die, 23: *the merry glees are still;* — 6 a, Kraken, 4: *faintest sunlights:* für ein hier zu starkes *sunbeams;* vgl. 81 a 10, Audley Court, 81:

the moon... dimly rain'd ... twilights of airy silver; als
Gegenstück ein kollektiver Singular von *sunbeam:* 8 a
38, M a r i a n a, 78: *when the thick-moted sunbeam lay athwart
the chambers* (es ist das durchs Fenster hereinfallende
Strahlenbündel gemeint); — 23 b, E l e ä n o r e, V, 8: *the
languors of thy love-deep eyes (= languorous glances);*
24 b, K a t e, 3: *rapid laughters ("éclats de rire");* — 49 b 3,
V e r e d e V e r e, 35: *she (mother of the dead) had the
passions of her kind* ("Leidenschaftsausbrüche"); — 113 a 10,
Will Waterproof, 138: *follow'd with acclaims* ("Beifalls-
bezeugungen"): — 140 a, 2 u., B r o o k, 58: *nursed by mealy-
mouth'd philanthropies (= systems of philanthropy, ideas of
ph.;* vielleicht sogar persönlich zu verstehen für *teachers of
ph.;* darauf weisen Fälle hin wie: 161 b 21, L u c r e t i u s,
53: *Hetairai ... hired animalisms;* 163 a 28, L u c r e-
t i u s, 156: *these prodigies of myriad nakednesses,* und
noch näher z. B. 253 b, In M e m., 23, 21: *many an old
philosophy on Argive heights divinely sang...;* für die
Deutung *systems of...* spräche etwa: 185 b 26, P r i n c e s s,
III, 322: *...with fair philosophies that lift the fancy);*
140 b 4. B r o o k, 63: *James had flickering jealousies
(= fits of jealousy);* 146 b 15, A y l m e r's F i e l d, 265:
that cursed France with her egalities ("mit seinen Schlag-
worten von Gleichheit"; verächtlich: "verschiedenen Gleich-
heiten"); — 187 b 17, P r i n c e s s, IV, 83: *I would... cheep
and twitter twenty million loves* ("Liebesbeteuerungen");
vgl. 474, T o Q u e e n, 7: *the Prince... past with thee thro'
thy people and their love* ("Liebeskundgebungen"); — 247 b,
In M e m., P r o l o g u e, 42: *these wild and wandering cries,
confusions of a wasted youth;* — 258 a 11, In M e m., 40,
19—20: *a life that bears immortal fruit in those great offices*
(Taten im Dienste des Gemeinwohls) *that suit the full-
grown energies of heaven* (Seelenkräfte, *virtutes,* göttlicher
Herkunft); — 268 b, In M e m., 85, 12: *whether love for him
have drain'd my capabilities of love;* — 280 a 14, In M e m.,
113, 18: *with agonies, with energies* ("Kraftaufwallungen,
-ausbrüche": parallel zu *thousand shocks, overthrowings, un-
dulations);* — 344 b 8, M a r r i a g e G e r a i n t, 231: *clothe
her for her bridals:* Einfluß von *espousals,* fr. *noces,* lat.
nuptiae? Wohl zu Typus I. — 372 b 2, B a l i n B a l a n,

188: *forget my heats and violences (= "fits" of heat and violence);* vgl. 445 b 6, Last Tournament, 134: *flat confusion and brute violences* ("Gewalttaten"); 703 a 20, Becket, I, 1: *John of Salisbury hath often laid a cold hand on my heats (= over-zealous moods);* — 417 b 17, Lancelot Elaine, 1362: *loved thy courtesies and thee (acts of courtesy* — oder vielleicht "höfische Tugenden"); 539 a 13, Tiresias, 61: *angers of the Gods for evils done* ("Äußerungen, Ausbrüche des Zornes": *tantaene animis caelestibus irae?* Vergil); — 570 b 8, Epilogue "Heavy Brigade", 56: *world-isles in lonely skies . . . amaze our brief humanities (= short-sighted human intellects);* — 649 a 4, Queen Mary, V, 5: *Charles, the lord of this low world, is gone; and all his wars and wisdoms past away* (der Parallelismus durch Alliteration bewirkt auch numerische Angleichung: "Kriegstaten und Akte staatsmännischer Klugheit"); zu *wisdoms* vgl. *knowledges* in dem Beispiele: Churton Collins, Early Poems, 287, The Mystic, 30: *the innocent light of earliest youth pierced through and through with all keen knowledges of low-embowed eld;* — 751 a, 5 u., Cup, I, 1: *their quarrels with themselves, their spites at Rome;* — 867 b, Progress Spring, IX, 9: *thy (Spring's) warmths from bud to bud accomplish that blind model in the seed* ("Wärmeerscheinungen, -strahlen"); — 881 a 11, Akbar's Dream, 55: *whene'er in our free Hall . . . they blurt their furious formalisms* ("Äußerungen von Buchstabenglauben"); vgl. 159 b 27, Sea Dreams, 244: *loud-lung'd Antibabylonianisms* (oratorische Stürme gegen die verrottete Welt)· — 882 a 2, Akbar's Dream, 108: *with all the Hells a-glare in either eye (= fires of Hell);* — anders 716 b, 4 u., Becket, II, 1: *if they keep him longer as their guest, I scatter all their cowls to all the hells,* — wo wohl Analogie nach *winds, devils . . .* vorliegt. Ein allen diesen Pluralen in der Bedeutung verwandter Iterativ-Singular ist etwa: 358 a 17, Geraint Enid, 250: *then with another humorous ruth* ("Anflug von Mitleid") *remark'd the lusty mowers labouring dinnerless.* —

IV. Eine ganz besondere Gruppe bilden gewisse, offenbar dem strengen Latein nachgebildete Plurale, welche in allzu großer logischer Genauigkeit gesetzt werden, wo sich der gewöhnliche Sprachgebrauch mit einem bequemen Singular begnügt[1]):

— 146 b 24, A y l m e r ' s F i e l d, 274: *the girl and boy, Sir, know their d i f f e r e n c e s;* 155 a 6, A y l m e r ' s F i e l d, 791: *those that . . . left their m e m o r i e s a world's curse;* 164 a 21, L u c r e t i u s, 217: *nothing to disturb the sober m a j e s t i e s of settled, sweet, Epicurean life* (weil von mehreren Freunden, die solches Leben führten, die Rede ist); — 165 b, P r i n c e s s, P r o l o g u e, 31: *counts and kings who laid about them at their w i l l s and died* (vgl. C i c e r o, L a e l i u s: *est autem amicitia . . . voluntatum . . . summa consensio);* — 273 a, I n M e m., 94, 10: *they (spirits) haunt . . . i m a g i n a t i o n s calm and fair* (die anderen Objekte im Singular: *silence of the breast, memory, conscience);* 293 b, M a u d, I, X, I, 17: *men . . . hold awe-stricken b r e a t h s at a work divine;* 414 b 13, L a n c e l o t E l a i n e, 1169: *with d e a t h s of others and almost his own* (anders, nach Typus II: 687 b 12, H a r o l d, V, 1: *swaying his two-handed sword about him, two d e a t h s at every swing . . .);*[2]) — 427 a 27, H o l y G r a i l, 519: *the Holy Grail, which never e y e s on earth again shall see:* "nie mehr ein menschliches Augenpaar"; *eye* wäre gewöhnlicher; — 481 a 20, L o v e r ' s T a l e, I, 320: *as mountain streams our b l o o d s (viz. mine and hers) ran free,* — endlich 110 b 1, S i r G a l a h a d, 37: *sometimes on lonely . . . m e r e s* (Plur.) *I find a magic b a r k* (Sing.). —

§ 73. Mit einigen der letzten Beispiele haben wir das Gebiet der Abstrakta verlassen und wollen nun einige auffälligere P l u r a l e v o n K o n k r e t e n anführen.

Der häufigste Typus ist hier der Plural von Stoffnamen zur Bezeichnung großer Mengen (nach lateinischem Vorbild,

---

[1]) Als Mustertypus vgl. z. B. S h a k s p e r e, *Troil. and Cr.,* II, 2: *why do you now the issue of your proper wisdoms rate?* (s. D e l i u s z. St., Anm. 25). — Oder S p e n s e r, *Faerie Queene,* b. I, c. VI, st. 43, v. 5: (zwei kämpfende Ritter) *made wide furrowes in their fleshes fraile.*
[2]) Hier "Todesfälle"; für "Todesarten" z. B. erscheint der Plural von *death* in Akt I, Sz. 2 von S a m u e l D a n i e l s Tragödie *"Cleopatra":* "*. . . For these dry deaths are womanish and base.*" Zu Tennysons Gebrauch vgl. noch S h a k s p e r e, *Ant. and Cleop.,* 5, 2, 340: *the manner of their deaths.*

Kellner, § 146) oder besonderer, aus dem Stoff be-
stehender Gegenstände:

— 11 a 25, Recollections Arabian Nights, 124:
tapers flaring bright from twisted silvers ("Silberleuchter");
ein anderes *silvers* = "Silberadern" (in der Erde) im Jugendsonett, Churton Collins, Early Poems, p. 292, Zeile 8:
*cathedralled caverns of thick-ribbed gold, and branching silvers
of the central globe...;* — 16 a, Dying Swan, II, 3: *their
(blue peaks') crowning snows* (wie lat. *nives*); ebenso
109 b, St. Agnes' Eve, 1: *deep on the convent-roof, the
snows;* 54 b, Choric Song, I, 9: *ivies* (= "Efeu-
ranken"); 117 b, Voyage, II, 5: *the broad seas swell'd
to meet the keel* ("Meereswogen"); vgl. 134 a 32, Enoch
Arden, 605: *the low moan of leaden-colour'd seas;* — 151 a
16, Aylmer's Field, 549: *warm'd with his wines* (analog
nach *in his cups* u. dgl.); — 683 a 14, Harold, IV, 3: *these
are drown'd in wassail, and cannot see the world but thro'
their wines;* 173 b 3, Princess, II, 10: *a court compact
of lucid marbles;* 344 a 28, Marriage Geraint,
217: *I will track this vermin to their earths* ("Ländereien");

705 b, Becket, I, 3: *is the King's treasury a fit place
for the monies of the Church* (so öfters: "Gelder"). —

Plurale von Konkreten ohne besondere Bedeutung
wie oft in lateinischer Poesie, z. B. *currūs* — sind: 31 a,
Two Voices, 9: *I saw the dragon-fly come from the wells
where he did lie;* — 71 a 9, Morte d'Arthur, 196: *the
decks (of "a dusky barge").* —

§ 74. Um schließlich — wie vorhin bei den Beziehungen
von Verbum und Nomen — auch über den Bereich einzelner
Wörter hinaus das Verhältnis von pluralischem zu singu-
larischem Ausdruck im allgemeinen zu berühren, will ich
die folgenden zwei Fälle anführen: 18 b 15 (Oriana, 9, 1):
I cry aloud: none hear my cries (für *nobody hears,* wohl
aus metrischem Zwang); 110 a, Sir Galahad, 30:
I hear a voice but none are there. —

§ 75. Unter den Kasus des Substantivs sind nur vom
Genetiv einige bemerkenswertere Beispiele anzuführen; so:
gen. causae: 120 b, Vision Sin, I, 10: *the sun, a
crescent of eclipse (= reduced to a crescent by eclipse);* 166 b
30, Princess, Prologue, 93: *thro' one wide chasm of*

time and frost (= the work of —); 289, M a u d, I, II, 8:
a chance of travel, a paleness (= effected by —);

g e n. q u a l i t a t i s: 381 b 4, M e r l i n V i v i e n, 69:
downward eyes of glancing corner; andere Beispiele wurden
bei Besprechung des Verhältnisses von substantivischem
und adjektivischem Ausdruck angeführt (§ 17 ff.);

g e n. s u b i e c t i v u s: 323 b 21, G a r e t h L y n e t t e,
373: ... *that I may judge the right, according to the justice
of the King* (= wie sie der König übt oder üben soll);

g e n. o b i e c t i v u s: 13 b, P o e t, 3—4: *(poet) dower'd
with the hate of hate, the scorn of scorn, the love of love* (für
a hate for hate etc. [wohl kaum ein Steigerungsausdruck
nach dem Typus der "Superlativ-Genetive", K e l l n e r,
Syntax, § 163]);

l o k a l - a t t r i b u t i v e r G e n.: 280 a, In M e m., 113,
11: *a potent voice of Parliament;* 337 b 26, G a r e t h L y-
n e t t e, 1193: *I... vietor of the bridges and the ford*
(= at — —); vgl. auch 147 b 21, A y l m e r's F i e l d, 333:
*a hoary head meet for the reverence of the hearth (= to be
revered at the hearth);*

t e m p o r a l - a t t r i b u t i v: 144 a 18, A y l m e r's F i e l d,
102: *the music of the moon sleeps in the plain eggs of the
nightingale* ("künftige Musik b e i Mondschein");

G e n. d e s W e s e n s, I n h a l t s (in manchen Fällen
als gen. e x p l i c a t i v u s zu bezeichnen): 152 a 1, A y l m e r's
F i e l d, 605: *Autumn's mock sunshine of the faded woods
was all the life of it (that day);* — deutlich explikativ: 17 b,
L o v e D e a t h, 13: *in the light of... eternity life eminent
creates the shade of death;* 282 b, In M e m., 124, 14: *a warmth
within the breast would melt the freezing reason's colder part
(= freezing reason, which is the colder part of myself);* 328 a
25, G a r e t h L y n e t t e, 649: *(Lynette) fled down the lane
of access to the King (= which gave access);* 427 a 34, H o l y
G r a i l, 526: *the gate of Arthur's wars* für "das mit Abbildungen von Arthurs Kämpfen geschmückte Tor" (be-
schrieben war es 321 a, 16—33, G a r e t h L y n e t t e,
209—226).

Vom p a r t i t i v e n G e n e t i v sind Beispiele im § 20
(Partitiv-Adjektiva) angeführt worden. — Genetiv im Dienste
der Einfachheit des Ausdrucks, s. § 169.

§ 76. Schließlich sei die Freiheit in der Setzung des Genetivzeichens *'s,* besonders die Vermeidung seiner Wiederholung bei appositivem Parallelismus oder pronominaler Epanalepse durch einige Beispiele charakterisiert:

— 322 b 9, Gareth Lynette, 299: *which Merlin's hand, the Mage at Arthur's court, knowing all arts, had touched;* — 461 a 11, Guinevere, 306: *my father's memory, one of noblest manners;* — 523 a 14, John Oldcastle, 97: *thy shame, and mine, thy comrade . . .* (vielleicht in den letzten beiden Fällen Ellipse eines *who was, being);* — 597 b 4 u., Queen Mary, II, 2: *a pious Catholic, mumbling and mixing up in his scared prayer Heaven and Earth's Maries* (für *Heaven's . . .);* — 881 b 10, Akbar's Dream, 86: *a voice from old Irân! . . . I know it — his, the hoary Sheik* (für *Sheik's).*

§ 77. Von den übrigen Kasus und ihrem Gebrauch sei nur noch etwa der besonders in den Königsidyllen, aber auch sonst häufige Akkusativ des inneren Objektes hervorgehoben:

463 a 19, Guinevere, 446: *the sin which thou hast sinn'd;* vgl. 631 b 1, Queen Mary, IV, 3: *the greatest sin that can be sinn'd;* — 310 a 31, Coming Arthur, 87: *I cannot will my will, nor work my work;* 582 a, Queen Mary, I, 2: *fly and farewell, and let me die the death* ("des Todes sterben" — oder "den [kurz vorher erwähnten] Feuertod sterben"; dann ist *the* demonstrativ). —

Eine dieser "figura etymologica" bei allem grammatischen Unterschied ganz nahe verwandte Erscheinung erblicke ich in Wendungen wie: 454 b 31 ff., Last Tournament, 701 ff.: *worldling of the world am I . . . I am woodman of the woods. —*

§ 78. Aus der Syntax des Adjektivs, zu welcher ich jetzt übergehe, ist zunächst eine Gebrauchsweise zu besprechen, die ich "Attraktion" nenne. Ich verstehe darunter die Verwendung von Attributen bei Substantiven, denen sie, streng logisch genommen, nicht zukommen, wobei aber der eigentliche Träger des Attributs sich aus dem Zusammenhange ergibt und in assoziativer Verbindung mit dem Begriffe steht, welcher sein Epitheton "an sich gezogen" hat. Insbesondere häufig sind in dieser Art konkrete

Adjektiva bei abstrakten Bezeichnungen von örtlichen und zeitlichen Umständen, Zuständen und Veränderungen des die betreffende Eigenschaft besitzenden Dinges, sowie Attribute eines Subjektes (seine Zustände, Eigenschaften) bei den objektiven Namen für Vorgänge in und mit diesem Subjekte. Die Wendungen lassen sich vielfach auch als adjektivisch-attributiver Ausdruck statt substantivischer Präpositionalumschreibung auffassen und die Grenzen gegen diese schon (§ 19) besprochene Gebrauchsweise sind schwer zu ziehen.[1]) Man kann z. B. den bei Elisabethanern so häufigen Typus *"angry passion"* entweder als *passion of anger, of being angry* erklären oder aber sagen, es sei das Epitheton des erzürnten Subjektes *(angry)*, dem Zustande selbst *(passion)* als Attribut beigegeben.

Ich biete nun eine Auswahl aus den äußerst zahlreichen Beispielen für diese Attraktion des attributiven Adjektivs. Zunächst Fälle, in denen der Träger der attrahierten Eigenschaft noch leibhaftig neben dem Attrahenten im Satze steht:

— 39 b, Fatima, 33: *sudden seas of light (= seas of sudden light);* ebenso 73 a 9, Gardener's Daughter, 15: *she, for some three careless moons, the summer pilot of an empty heart (= for some three careless summer moons, the pilot...,* dabei ist *careless* selbst auch Attraktion); — 98, Locksley Hall, 12: *the long result of Time (= result of long [evolution in] Time...);* — 99, 10, Locksley Hall, 44: *to decline on a range of lower feelings* (für *a lower range of feelings);* — 134 a 3, Enoch Arden, 576: *the myriad shriek of wheeling ocean-fowl;* — 140 a, Brook, 35: *her eyes a bashful azure;* 174 b 20, Princess, II, 89: *a patient range of pupils (= a range of patient pupils, of pupils hearing patiently);* 177 a 21, Princess, II, 251: *are you that Psyche... to whom, in gentler days...* etc. (= *in days, when you were more gentle);* — 179 b 17, Princess, II, 408: *a flying charm of blushes = charm of flying, fugitive blushes:* von Churton Collins als erstes Beispiel verzeichnet; 221 b, Third

---

[1]) Vgl. S. 20, Fußnote (Kellner faßt beide Gruppen in einer zusammen). Churton Collins weist für die in Rede stehende Eigentümlichkeit auf S. 155 f. seiner Ausgabe (Vorrede zur *Princess)* lateinische und griechische Vorbilder nach.

February, 14: *tho' all the storm of Europe on us break (= storm of all Europe);* — 292 b 1, M a u d, I, VI, VIII, 9: *the shrieking rush of the wainscot mouse;* ebenso *the rotten creak of the State-machine* in dem Life, II, 172, zitierten Ur-Entwurfe von M a u d, I, XI, III (nach Churton Collins, p. 301, ursprünglich X, 2); — 312 a 35, C o m i n g A r t h u r, 215: *the lords of that fierce day (= day of fierceness,* oder *fierce lords of the day);* — 378 a 13, B a l i n B a l a n, 506: *that white hand whose ring'd caress had wander'd from her own King's golden head;* vgl. 451 b 23, L a s t T o u r n a m e n t, 521: *belted his body with her white embrace;* vgl. auch 465 a 10, G u i n e v e r e, 575: *those armed steps (= steps of armed, mailed feet* ("geharnischte Tritte"); — 759 a, C u p, I, 3: *that red-faced rage at me!* — 567, 10, L o c k s l e y H a l l S i x t y Y e a r s A f t e r, 248: *roofs of slated hideousness;* — 568 a, T o H a m l e y, 12: *we spoke of what had been most marvellous in the wars your own Crimean eyes had seen:* Crimean gehört logisch zu *wars;* — 617 b 14, Q u e e n M a r y, III, 4: *you still preferr'd your learned leisure* (alliterierende Formel); — 724 b, 5 u., B e c k e t, III, 1: *the voice of the perpetual brook;* — 770 b 7 (F a l c o n): *the bright inheritor of your eyes—your boy (bright* zu *eyes).* — Schließlich als Kuriosum ein Fall "reziproker Attraktion": 545 a 3, D e s p a i r, II, 4: *the Godless gloom of a life without sun (= the sunless gloom of a life without God).*

§ 79. Und nun zu den Fällen, wo der Träger der Eigenschaft nicht genannt ist·

— 30 a, M a r i a n a S o u t h, 43: *native breezes (= breezes from her n. land);* 31 b 24, T w o V o i c e s, 54: *I shut my life from happier chance (= chance of becoming happier);*[1] — 33 b 26, T w o V o i c e s, 224: *from a happy place God's glory smote him on the face (a place where they are happy,* oder *a place of happiness;* dtto. 41 b 32, O e n o n e, 131); vgl. 63 b, O n a M o u r n e r,

---

[1] Diese Stelle läßt (wie andere, besonders mit *happy* und *weary)* außer den zwei erwähnten noch die dritte Auffassung zu, daß *happy* in der kausativen Bedeutung *happy-making* stehe, wie solche Fälle kausativen Gebrauchs (auch bei anderen Redeteilen: res effecta pro re efficiente) noch im lexikographischen Teil anzuführen sein werden (§ 281).

III, 5: *a gladder clime;* 63 b, On a Mourner, IV,
3: *murmurs... teach that sick heart the stronger choice*
(= teach to choose to be strong, d. i. dem Gram nicht zu
unterliegen); — 64 a, On a Mourner, VI, 1: *no mortal*
motion jars the blackness... *(= no motion of a mortal['s]*
foot); vgl. 99, 33, Locksley Hall, 67: *my mortal*
summers; — 68 a 12, The Epic: *deep-chested music;*
— 491 a 27, Lovers Tale, II, 140: *silver-chorded*
tones; — 74 a 15, Gardener's Daughter, 93: *the mellow*
ouzel fluted in the elm: mellow ist der Gesang,[1]) nicht die
Amsel selbst; 75 a 2, Gardener's Daughter, 142:
fragrant toil — von der Beschäftigung mit Blumen; — scherzhaft: 85 a 15, Edwin Morris, 124: *slight Sir Robert with his*
watery smile and educated whisker, — was wohl nicht
"wohlgepflegter Schnurrbart", sondern "Schnurrbart eines
wohlerzogenen Menschen" bedeutet; vgl. 158 a 27, Sea
Dreams, 151: *the fat affectionate smile that makes the*
widow lean; — 664 a, 3 u., Harold, II, 2: *his (William's)*
shorn smile; — *blind:* 86 b 33, Stylites, 101: *blind*
lethargies; 91 a 11, Talking Oak, 175: *blind motions*
of the Spring (elementare Regungen); 92 b, Love Duty,
6: *the braggart shout for some blind glimpse of freedom...;*
das subjektive *blind* für das objektive *invisible* (wie bei
Vergil *caeci scopuli* von unterseeischen Klippen): 215 b 14,
Princess, VII, 331: *like yonder morning (strikes) on the*
blind half-world (= yet hidden in darkness); 93 a 6,
Love Duty, 26: *my faith is large in time, and that which*
shapes it to some perfect end, 96 a 15, Ulysses, 40:
common duties (= duties toward the community?); vgl.
464 a 3, Guinevere, 503: *public foes (= hostes rei*
publicae); — 100, 8, Locksley Hall, 78: *in the dead*
unhappy night; 100, 11, Locksley Hall, 81: *his*
drunken sleep; — 100, 12, Locksley Hall, 82: *widow's*
marriage-pillows; dasselbe Wort noch freier: 252 a, In
Mem., 17, 20: *till all my widow'd race be run* ("Witwer-
leben" — ohne Hallam); (ebenso 270 a 13, In Mem., 85,

---

[1]) Und weil der Gesang hier verbal ausgedrückt ist, fällt das
ganze Beispiel auch unter die beim Verhältnis von Adjektiv und Adverb
zu besprechende Vertauschung dieses mit jenem bei gleichzeitiger
"Attraktion" etwas anderer Art als die jetzt behandelte (§ 91).

113: *my heart, tho' widow'd)*; vgl. 567, 31, Locksley Hall
Sixty Years After, 269: *for sixty widow'd years;* und
noch extremer: 257 b, In Mem., 40, 1: *could we forget the
widow'd hour* (wahrscheinlich *the hour when we were widow'd,
i. e. deprived of persons dear to us);*[1]) — 103, 11, Locksley
Hall, 189: *a long farewell (= for long time);* 248 a,
In Mem., 1, 14: *the victor Hours should scorn the long
result of love (long* bezieht sich auf die Dauer der Entwicklung); 115 b, Captain, 15: *secret wrath like smother'd fuel: smother'd* stünde normalerweise nur bei *fire,*
aber *fuel* ist zum Reim mit *cruel* nötig; den psychischen
Hergang bei der Attraktion beleuchtet sehr gut das Beispiel
117 a, Voyage, I, 7: *we knew the merry world was round:*
die eigene Stimmung wird auf das Objekt übertragen;
ebenso 119 b, Move eastward..., 4: *happy planet*
(weil das Gedicht in fröhlicher Bräutigamsstimmung geschrieben ist; vgl. das *happy night* der letzten Zeile);
122 a 20, Vision Sin, IV, 52: *cunning sparks of hell*
(die bösen Elemente im Menschen); — 122 b 27, Vision
Sin, IV, 75: *loving tears;*[2]) vgl. unten und 215 a 6,
Princess, VII, 295: *he, that doth not (love woman), lives
a drowning life, besotted in sweet self;* 122 b 38,
Vision Sin, IV, 110: *the chap-fallen circle spreads*

---

[1]) Die Beliebtheit des Bildes *widow'd* für *bereft* erweisen Falle
wie: 68 b 23, Morte d'Arthur, 45: *a dying king, laid widow'd of
the power in his eye;* 153 b 17, Aylmer's Field, 715: *vacant chairs
and widow'd walls;* 588 b 5, Queen Mary, I, 5: *...lead the living
waters of the Faith again back thro' their widow'd channel here* (s. Rowe-
Webb zur ersten dieser Stellen).

[2]) Mit diesem Gebrauch des Partizips vgl. mhd. *sende nôt, sende
swære* u. dgl.: Paul, Mhd. Gramm.[5], § 286. — An Parallelstellen vgl.
außer der oben zitierten: — 132 b 12, Enoch Arden, 486: *the expectant terror of her heart;* — 134 a 3, Enoch Arden, 576: *the
moving whisper of huge trees;* — 169 b 1, Princess, I, 12: *waking
dreams;* — 276 a, In Mem., 102, 8: *two spirits of a diverse love
contend for loving masterdom,* — was sich auch durch *masterdom
in loving* umschreiben ließe; — 276 a, In Mem., 102, 19: *a losing
game;* — 630 a, Queen Mary, IV, 3: *flaming martyrdom;*
697 a, Becket, Prologue: *Madam, you do ill to scorn wedded love;*
— 804 a, Foresters, I, 1 (Lied, 15): *she gave a weeping kiss to
the Earl;* — 852 b 11, Ring, 46: *such her dying wish;* — 860 a,
Leper's Bride, II, 4: *to share his living death with him.*

(Totentanz); — 135 b 11, Enoch Arden, 686: *a front of timber-crost antiquity;* 142 b 4, Brook, 173: *in her English days* ("in England verlebten"); vgl. 511 b 22, Sisters, 148: *two Italian years* (vgl. Deutsches wie "italienische Reise"); 143 b 9, Aylmer's Field, 60: *ever call'd... by one low voice to one dear neighbourhood (= neighbourhood of a dear person);* 145 b 15, Aylmer's Field, 199: *with rotatory thumbs on silken knees (silken* bezieht sich auf die Kleidung); 209 b 28, Princess, VI, 335: *each base... of those tall columns drown'd in silken fluctuation* ("Gewoge von Seidenkleidern"); — 147 a 1, Aylmer's Field, 281: *a rough piece of early rigid colour* (= die Farbengebung, welche Gemälde alten Datums, von alten Meistern kennzeichnet); — 149 b 27, Aylmer's Field, 462: *half-sickening · of his pension'd afternoon (= pensioner's afternoon);* — 155 a 24, Aylmer's Field, 809: *her narrow meagre face seam'd with the shallow cares of fifty years (= a shallow mind's cares);* — 156 b 27, Sea Dreams, 56: *the living roar (= as of a living thing);* — 158 b 9, Sea Dreams, 161: *far away, among the honest shoulders of the crowd* ("Schultern ehrlicher Leute"), *read "rascal" in the motions of his back. ;* — 159 b 27, Sea Dreams, 244: *loud-lung'd Antibabylonianisms;* — 164 b 9, Lucretius, 239: *she (Lucretia) made her blood..., flushing the guiltless air, spout from... her heart:* eine Art Unschuldsatmosphäre umgibt die unschuldige Lucretia;[1] vgl. als Gegenstück: 441 a 3, Pelleas Ettarre, 348: *your (castle-towers') harlot roofs:* das Epitheton kommt der Burgherrin zu; 164 b 32, Lucretius, 262: *a truth that plucks... mortal soul from out immortal hell* ("Hölle des Unsterblichkeitglaubens"); 174 b 1, Princess, II,

---

[1] Wir werden doch schwerlich daran zu denken haben, daß der Dichter von der Luft in affektierter Bildlichkeit habe sagen wollen, sie erröte (vom Blute Lucretias), wiewohl schuldlos! Eine solche Geschmacklosigkeit wäre ja geradezu das Gegenstück zu den klassischen Versen: *"Ah! voilà le poignard qui du sang de son maître | S'est souillé; maintenant il en rougit, le traître!"* — Allerdings hat gerade dieser berüchtigte Ausdruck seine Parallele bei Tennyson in der Stelle: 708 a, 7 u., Becket, I, 3: *when (in King Stephen's times) murder, like Egypt's plague, had fill'd all things with blood; when every doorway blush'd, dash'd red with that unhallow'd passover.*

70: *the Roman brows of Agrippina* (von Churton Collins als Latinismus verzeichnet); 175 a 15, Princess, II, 118: *little-footed China* (vgl. Lateinisches wie *Gallia bracata, togata);* 186 b, Princess, IV, 12: *when we planted level feet (= set feet on level ground);* — 196 b 7, Princess, V, 56: *all her fair length upon the ground she lay;* 205 b 10, Princess, VI, 83: *the old lion, glaring with his whelpless eye;* vgl. 326 a 15, Gareth Lynette, 519: *the Queen, saddening in her childless castle;* 776 b 12, Falcon: *all my childless wealth;* 844 b 26, Demeter Persephone, 32: *so mighty was the mother's childless cry;* 210 b, Princess, VII, 19: *swarms of men darkening her female field (= the field about the Ladies' College);* vgl. 605 b 7, Queen Mary, III, 1: *the crown female, too!* ("und noch obendrein ein Weib auf dem Throne!"); — 213 b 22, Princess, VII, 206: *immemorial elms (= standing from immemorial times);* — 215 b 12, Princess, VII, 329: *this truthful ehange in thee:* gerade bei *ehange* wird der neue Zustand oft durch ein attrahiertes Adjektiv angegeben; vgl. 258 b, In Mem., 42, 8: *... train to riper growth my mind and will...;* 267 b, In Mem., 81, 3: *there cannot come a mellower ehange;* 426 a 4, Holy Grail, 435: *His mortal change* (von Jesu Menschwerdung); danach dann adverbielle Wendungen: 368 a 20, Geraint Enid, 896: *how nobly changed...* [1]);

218 b 5, Wellington, IV, 19: *iron nerve to true occasion true (= true to occasion of defending true cause — true to true cause at occasion of defending it);* 224 b, Marie Alexandrovna, II, 9: *loyal pines of Canada (= pines of loyal C.;* vgl. den Epilog der Königsidyllen);

249 b, In Mem., 8, 21: *since it pleased a vanish'd eye (= eye of a vanish'd man);* vgl. 250 a, In Mem., 10, 8 die (logisch sehr bedenkliche, aber poetische) Wendung: *thy (the ship's) dark freight, a vanish'd life;* 250 b, In Mem., 11, 17: *calm on the seas, and silver sleep (silver*

---

[1]) Übrigens auch sonst nicht ungewöhnlich; z. B. Dickens, *Dav. Copperfield,* II, ch. 19 ("Absence"): *I remember almost hoping that some better change was possible within me;* ja, die Verbindung ist alt: Norton-Sackville, *Gorboduc,* ed. Toulmin Smith, I, 125: *other change;* I, 157: *better change.*

ist Epitheton des Mondlichtes, dann der davon beschienenen "schlafenden" See, nicht eigentlich aber des Zustand-Abstraktums *sleep);* — 255 b 11, In Mem., 30, 23: *they do not die, nor lose their mortal sympathy (= the sympathy they had when mortal still,* oder *their sympathy with mortals);* vgl. 570 a 19 (Epilogue "Heavy Brigade"): *our mortal shadow, Ill (= the shadow which follows us throughout this mortal life);* 869 a, Merlin Gleam, VIII, 13: *the mortal hillock* (Grab); — 265 a, In Mem., 72, 5: *day when my crown'd estate began (= estate of being crown'd, viz. with thorns);* das Vorbild solcher Wendungen ist der Typus *"married life";* vgl. 757 a, 19, Cup, I, 2: *in our three married years;* — 275 b, In Mem., 101, 8: *the humming air* (weil voller Bienen);[1]) — 279 b 6, In Mem., 111, 14: *each office of the social hour* (jene Pflichten, welche man in Gesellschaft zu erfüllen hat; vgl. Deutsches wie "gesellige Stunde"); — 284 b, In Mem., Epilogue, 22: *... which makes appear the songs I made as echoes out of weaker times;* hingegen 132 a 1, Enoch Arden, 445: *that was your hour of weakness* (deutsch aber "schwache Stunde"); vgl. noch 366 b 16, Geraint Enid, 794: *when I myself was half a bandit in my lawless hour;* 293 b, Maud, I, X, I, 4: *... whose splendour plucks the slavish hat from the villager's head;* 306 b, Maud, II, V, X, 5: *the red life spilt for a private blow:* im Gegensatz dazu: *to be struck by a public foe;* 337 b 17, Gareth Lynette, 1184: *at one touch of that skill'd spear (skilled* ist die Hand, welche den Speer führt); vgl. 338 b 2, Gareth Lynette, 1226: *I felt thy manhood thro' that wearied lance of thine;* 338 a 7, Gareth Lynette

---

[1]) Ein bei Tennyson sehr beliebter Ausdruckstypus; von Kühnerem dieser Art vgl.: 173 b, 1, Princess, II, 7: *the porch that sang all round us with laurel;* — 166 a 24, Princess, Prologue, 56: *all the sloping pasture murmured, sown with happy faces...;* — 271 b, In Mem., 89, 52: *buzzings of the honied hours* (Summen der Bienen um die Tageszeit, wo sie am eifrigsten Honig sammeln); — 282 b, In Mem., 123, 3: *the long street roars;* — 285 b 30, In Mem, Epilogue, 116: *that tower which spake so loud (viz. rang with voices of wedding-guests);* — 845 a 9, Demeter Persephone, 45: *the glad and songful air* (voller Singvögel).

1205: *an some chance... had sent thee down before a lesser
spear* (Lanze eines unbedeutenderen Ritters);   366 a
21, G e r a i n t   E n i d, 768: *o'er her meek eyes came a happy
mist (= mist of happiness);* — 417 b 19, L a n c e l o t
E l a i n e, 1364: *seeing the homeless trouble in thine eyes;*
421 a 1, H o l y   G r a i l, 138: *in so young youth* (bei *youth*
erwarten wir *early); vgl.* 488 a 12, L o v e r 's   T a l e, I,
750: *a life more living* (vgl. das von C i c e r o aus E n n i u s
zitierte *vita vitalis*). *... some happier happiness;* —
522 b 15, J o h n   O l d c a s t l e, 70: *that heirless flaw in
his throne's title* (vgl. § 19); — 529 a 5, C o l u m b u s, 238:
my poor thanks! (erinnert an H a m l e t, I, 5: . . *and
what so poor a man as Hamlet is may do, to express his love
and friending to you, God willing, shall not lack ...);* — 541 a,
F i t z   G e r a l d 's   D e a t h, 12: *rhymes that miss'd his living
welcome;*   542 b 1, W r e c k, III, 5: *wealthy enough to
have bask'd in the light of a dowerless smile;* — 553 a 2,
F l i g h t, VIII, 3: *in the sidelong eyes a gleam of something ill (sidelong* gehört zu dem unausgedrückten *glances);*
— 660 b, H a r o l d, II, 1, 1: *that last inhospitable plunge
(= plunge into inhospitable sea,* πόντος ἄξεινος*);* — 703 a 13,
B e c k e t, I, 1: *to snore away his drunkenness into the sober
headache (=* welches sich einstellt, wenn man wieder
nüchtern ist); prägnant kurz ist der Ausdruck: 729 b,
B e c k e t, III, 3: *we could not but laugh, as by a royal
necessity* (d. h. weil beide Könige lachten); — ebenso
854 b 21, R i n g, 173: *(she) made every moment of her after-
life a virgin victim to his memory (= remaining a virgin
for the rest of her life, she made every moment of it a victim
to his memory);* — 861 b, L e p e r 's   B r i d e, XIV, 4: *I...
heard, and changed the prayer, and sang the married "(Libera)
nos (Domine)" for the solitary "me";* — 865 b, T o   M a r y
B o y l e, XVI, 3: *young music* — vom Jugendgedichte
"The Progress of Spring"; 888 a, C h a r i t y, VII, 2: *a
desolate wail.* —

Ein besonderer Typus von Attraktion ist die Hinzu-
setzung eines Adjektivs als Attribut zu einem zusammengesetzten Substantiv, während es logisch eigentlich nur
dem Bestimmungswort zukommt: 156 a, S e a   D r e a m s, 5:
the giant-factoried city-gloom (für *g.-f. city's gloom).*

Naturgemäß am häufigsten ist dieser Typus beim adjektivischen Possessivpronomen.[1])

Einmal kommt auch prädikatives Adjektiv attrahiert vor, d. h. nicht mit seinem logischen Subjekte verbunden: 210 b, Princess, VII, 19: *void was her use
(use = usual occupation; void = vacant,* zu einem logischen
Subjekte *time).*

Und einmal erscheint sogar ein ganzer Relativsatz
nach Art der attributiven Adjektiva attrahiert: 152 b 23,
Aylmer's Field, 656: *the deathless ruler of thy dying
house* (i. e. *thy soul) is wounded to the death that cannot
die,* — vgl.: 457 a 9, Guinevere, 65: *the Powers that tend
the soul to help it from the death that cannot die;* — (adjektivisch): 611 a 13, Queen Mary, III, 3: *the ghosts of Luther
and Zuinglius fade into the deathless hell;* 735 a 13,
Becket, IV, 2: *after death to wail in deathless flame;*
und als besonders nachdrucksvoll: 621 a 2, Queen Mary,
III, 5: *the fear of death too dead e'en for a death-
watch.* —

§ 80. Im Anschluß an die Attraktion, deren logisches
Wesen vom grammatischen abgesehen — darin besteht,
daß mit einem Dingbegriff eine nicht ihm, sondern einem
andern zugehörige Eigenschaft verbunden wird, will ich
eine ihr wesensähnliche, aber schon mehr rhetorisch-
stilistische als syntaktische Erscheinung betrachten, nämlich
das Oxymoron, welches ja auch in einer — und zwar
immer überraschenden — Verbindung begrifflich unverein-
barer, ja widersprechender Elemente als Attribut und
Eigenschaftsträger besteht und auch meist das syntaktische
Schema: Adjektiv + Substantiv aufweist. Bemerkenswertere
Oxymora dieser Struktur sind: — 273 b 2, In Mem., 95, 26 ·
*strangely on the silence broke the silent-speaking words
...love's dumb cry;* vgl. 298 a, Maud, I, XVIII, VIII,
16: *the noiseless music of the night;* dasselbe — wohl
eines der seit jeher häufigsten — bietet ferner der Titel

---

[1]) S. darüber § 108. — Ausführlich besprochen in den Anmerkungen zu Detter-Heinzels *Sæmundar Edda, Skirnismál,* 16. 6
(minn bróporbani = míns brópor bani). Deutsches wie "deutsche Literatur-
geschichte", "geschnittener Steinhandel" (Goethe, zit. Detter-Heinzel)
gehört hieher.

und Inhalt des bei Tennysons Begräbnis (Life, IV, 169) gesungenen Gedichtes: The Silent Voices (dort Zeile 4: *Silent Voices of the dead* [893 b]); und von verbalen gehört hieher: 359 a 32, Geraint Enid, 328: *your wretched dress ... dumbly speaks your story,* das sich schon ganz eng an das klassische Prototyp dieser Klasse anschließt: *Quae (patria) tecum, Catilina, sic agit et quodam modo tacita loquitur* (Cicero, In Catil., I, cap. 7, § 18). —

Andere adjektivisch-substantivische Fälle: — 312 a 14, Coming Arthur, 194: *she, a stainless wife to Gorloïs, so loathed the bright dishonour of his (King Uther's) love;* — 366 a 23, Geraint Enid, 770: *the useful trouble of the rain;* — 386 a 4, Merlin Vivien, 344: *these unwitty wandering wits of mine;* — 499 a 24, Golden Supper, 378: *there the widower husband and dead wife rush'd at each other with a cry* (inhaltlich begründet durch die Boccacciosche Scheintodgeschichte)[1]);

539 b 25, Tiresias, 105, sagt der blinde Seher: *these eyeless eyes, that cannot see thine own;* — 639 b 4, Queen Mary, V, 2: *Sir Thomas Stafford, a bull-headed ass.*

Weiter einige attributive Beispiele nicht adjektivischer Art:

316 b 11, Coming Arthur, 469: *a cloth of gold* (kurz für "goldgestickt", ein unbewußtes Oxymoron); als solches vgl. auch 15 a 12, Poet's Mind, II, 20: *(fountain) ... with a low melodious thunder;* ebenso von der Musik des Meeres: 19 b 1, Merman, III, 3: *low thunder;* 355 a 22, Geraint Enid, 71: *timidly firm;* 356 a 31, Geraint Enid, 140: *with timid firmness;* — 499 b, To my Grandson, 5: *glorious poet who never hast written a line* (eineinhalbjähriges Kind); 545 b, Despair, VI, 1: *O we poor orphans of nothing — alone on that lonely shore — Born of the brainless Nature who knew not that which*

---

[1]) Vgl. die Bezeichnung "Brautwitwe", in einem Zeitungsbericht (N. Fr. Presse), von einer wenige Stunden vor der Hochzeit vom Bräutigam verlassenen Braut gebraucht. Vgl. auch Spensers *"virgin widow"*, wie sich die angeblich durch Mord ihres Bräutigams beraubte Fidessa nennt *(Faerie Queene,* b. I, c. II, st. 24, v. 8).

she bore! — Und zum Schluß das kunstreich-komplizierteste, shakspserescheste aller Beispiele: 410 a 10 f., Lancelot Elaine, 881: *his honour rooted in dishonour stood, and faith unfaithful kept him falsely true (viz. to Guinevere).*

An die Oxymora reihe sich ein Paradoxon, ist es doch ihnen am nächsten verwandt: 651 a, Queen Mary, V, 5: *"The Queen is dead"*, sagt Elisabeth zu W. Cecil. *"Then here she stands: my homage"*, erwidert der Höfling (nach dem klassischen Vorbild: *Le roi est mort; vive le roi!).*

§ 81. Da ich nun einmal mit Attraktion und Oxymoron von rein syntaktischen Eigentümlichkeiten im Gebrauch der Adjektiva zu mehr begrifflichen in ihrer Wahl übergegangen bin, will ich noch eine kleine Blütenlese inhaltlich bemerkenswerter Epitheta bieten, die ja seit Homer einen so wichtigen Bestandteil der Dichtersprache bilden, wobei noch der moderne Dichter seine Epitheta im Gegensatz zum alten außer aus dem sinnlichen auch noch aus dem ganzen weiten abstrakten Gebiete schöpfen darf und dadurch Meistergriffe erzielen kann. Beispiele aus Tennyson für beide Arten sind (vgl. auch § 187):

— 302 a 21, Maud, II, I, I, 31: *then glided out of the joyous wood the ghastly Wraith;* — 303 a 2, Maud, II, II, V, 5: *a disease, a hard mechanic ghost* (heißt Mauds Gespenst, vielleicht weil es *never came from on high, nor ever arose from below, but only moves with the moving eye,* also organisch ist, dem Sein des Sehenden angehört); — 313 a 21, Coming Arthur, 267: *he ... cheer'd his Table Round with large, divine and comfortable words* (gerade die Allgemeinheit der ersten zwei Ausdrücke gibt der Wendung ihr Meisterhaftes); — 334 b 7, Gareth Lynette, 1016: *a red and cipher face of rounded foolishness;* — 340 a 29, Gareth Lynette, 1339: *barren ribs of Death* von den Skeletrippen des Ritters *Night-and-Death;* — 354 b 30, Geraint Enid, 49: *look so cloudy and so cold;* 390 a 11, Merlin Vivien, 608: *a little glassy-headed hairless man;* — 402 b 11, Lancelot Elaine, 441: · *the clear-faced King (Arthur): clear* ist, wie der lexikographische Teil zeigen soll, ein beliebtes, hier ausgezeichnet gewähltes Wort; vgl. 457 a 28, Guinevere, 84: *the clear face of the guileless King;* — 404 b 12, Lancelot Elaine, 559: *from the carven floor above, to which it made a restless heart, he took the diamond (restless* offenbar, weil der Diamant durch sein Glitzern die Illusion beständiger Bewegung wachruft)[1]); — 474 a 18 (Passing Arthur): *iron crag* (s. § 187); — 490 b 24, Lover's Tale, II, 105: *all crisped sounds of wave and leaf, and wind;* — 505 a 4, Northern Cobbler, VI, 6: *I knaw'd* (im Dusel) *naw moor what I did nor a mortal beäst o' the fcäld* (im Gegensatz zur unsterblichen Menschenseele); — 539 b 12, Tiresias, 92: *the hornfooted horse* (vgl. Aeneis, 6, 590: *cornipedum. equorum* [Mustard, *Classical Echoes in Tennyson*]); — 550 b 30, Ancient Sage, 209: *our village miseries* (vom Erdenjammer im Gegensatz zum glücklichen Zustand der Toten); — 556 b, Tomorrow, X, 1: *thim ould blind nagers in Agypt, I hard his Riverence say* (warum? der erzählende Irländer kann doch weder von der ägyptischen Augenkrankheit etwas wissen, noch auch das Heidentum der alten Ägypter mit diesem für seine Dorfsprache viel zu kühnen Epitheton bezeichnen; oder gebrauchte *his Reverence* das Wort?); — 570 a 5, Epilogue "Heavy Brigade", 7: *tho' this cheek be gray (?), and that bright hair the modern sun, those eyes the blue to-day* ("*modern*" scherzhaft: "die Sonne unserer Tage"); — 626 a, 8 u., Queen Mary, IV, 1: *your father was a man of such colossal kinghood* (Schmeichlersprache); — ein hübsches Bündel "anregender" Epitheta ist: 694 b, 9 u., Becket, Prologue: *most amorous of good old red sound liberal Gascon wine. —*

§ 82. Als besonders bezeichnende Illustration für Tennysons Technik in der Verwendung der Epitheta will ich aus dem eigentlich lexikographischen Material das überaus vielseitig und immer höchst veranschaulichend gebrauchte Wort *naked* herausheben: 117 b, Voyage, IV, 5: *far ran the naked moon across the houseless ocean's heaving field, or flying shone, the silver boss of her own halo's dusky shield: naked* bedeutet einen blanken, unverschleierten Mond, ohne Hof, im Gegensatz zu der — syntaktisch nicht

---

[1]) Vgl. *restless gold:* Th. Hood, *The Two Peacocks of Bedfont,* XIII, 2.

nachdrücklich genug gegenübergestellten andern Erscheinungsweise;[1]) man vgl. dazu die ebenso meisterhafte Stelle von der Sonne: 814 a 2, F o r e s t e r s, II, 1: *the king of day hath stept from off his throne, flung by the golden mantle of the cloud, and sets, a naked fire* (hier deutlich *naked* = *unclouded);* — 171 b 24, P r i n c e s s, I, 160: *I rate your chance almost at naked nothing;* — 363 a 6, G e r a i n t E n i d, 569: *the naked hall of Doorm* (ohne Wandschmuck); 481 b 20, L o v e r's T a l e, I, 348: *'the... poppy-stem, .. who crowns himself above the naked poisons of his heart in his old age: naked = open to view (crown* und *naked poisons* sind ja die zwei Bestandteile des abgeblühten Mohns); — 605 b, Q u e e n M a r y, III, 1: *that all our nobles would perish on the civil slaughter-field, and leave the people naked to the crown, and the crown naked to the people* ("wehrlos").

§ 83. Eine wichtige Klasse der Epitheta bilden ferner die F a r b e n b e z e i c h n u n g e n; denn nichts zeigt deutlicher als sie, wenn sie so ganz gegen unser alltägliches Farbenempfinden daherkommen, daß der Künstler, wie Zola so schön gesagt hat, die Natur durch das Prisma seines Temperamentes sieht. Es muß also auch noch von ihnen hier eine Auswahl folgen:[2])

Zunächst ist die bezeichnende Vorliebe für *e m e r a l d* in den Jugendgedichten hervorzuheben; so heißt es in den P o e m s b y T w o B r o t h e r s, 27, 2 (T h e D e l l o f E—): *beneath that emerald coverture of boughs;* 50, 17 (V a l e o f B o n e s): *emerald turf;* 108, 10 (S u b l i m i t y): *the emerald green of Fancy's vales;* 147, 20 (J e r u s a l e m): *Canaan's emerald plain;* 208, 4 (L o v e): *upon thine emerald lory riding;* im Konkurspoem T i m b u c t o o, 51 (Churton Collins, E a r l y P o e m s, 311, 27): *emerald cones* von Baumstämmen *(clear and polish'd stems);* in den E a r l y P o e m s (Churton Collins), p. 288, G r a s sh o p p e r, II, 23: *springing in and out of emerald glooms.* Anderes: 26 a, A l e x a n d e r, 9: *in a silent shade of laurel*

---

[1]) Vgl. W o r d s w o r t h, *Prelude,* XIV, 40:
   The Moon hung naked in a firmament
   Of azure without cloud.

[2]) Einige sehr schöne Bezeichnungen für die H e r b s t f a r b e der B l ä t t e r s. § 206.

brown ... the Chamian Oracle; brown als typische Farbe des Halbdunkels auch noch: 234 b 6, T o M a u r i c e, 14: *the twilight falling brown all round ... a garden,* 43 a 9, O e n o n e, 208: *the craggy ledge high over thc b l u e gorge;* Rowe-Webb vergleichen D r e a m F a i r W o m e n, 186: *the deep-blue gloom;* — 98, L o c k s l e y H a l l, 19: *in the Spring a livelier i r i s changes on the burnish'd dove;* 134 a 32, E n o c h A r d e n, 605, träumt Enoch von den *l e a d e n c o l o u r e d seas* seines herbstlichen Nordens im Gegensatz zum strahlenden äquatorialen Meere, das er vor sich hat; — 135 a 14, E n o c h A r d e n, 654: *the breath of England, blown across her g h o s t l y wall* (Kreidefelsen); — 285 b 2, In M e m., E p i l o g u e, 78: *to meet and greet a w h i t e r sun* (sc. *than usual;* Churton Collins zitiert C a t u l l s *candidi soles);* zu diesem komparativischen Typus vgl. 297 b, M a u d, I, XVIII, VI, 6—7: *it seems that I am happy, that to me a l i v e l i e r e m e r a l d twinkles in the grass, a p u r e r s a p p h i r e melts into the sea;* 313 a 28, C o m i n g A r t h u r, 274: *fl a m e - c o l o u r, v e r t and a z u r e, in three rays,* erstrahlt über Arthur durchs Fenster; — dieselbe selbständige Auffassung des Spektrums als dreifarbig: 336 b 13, G a r e t h L y n e t t e, 1124: *o rainbow with three colours after rain;* — 316 b 13, C o m i n g A r t h u r, 471: *the world is w h i t e with May;* vgl. dazu noch ein interessantes bildliches *white:* 322 b 1, G a r e t h L y n e t t e, 291: *our one white lie* ("unschuldige Lüge"); in ausgeführtem Wortspiel 772 b (F a l c o n): *"see your cloth be w h i t e as snow!" "And yet to speak w h i t e truth, .. I have seen it like the snow on the moraine";* ferner: 378 a 19, B a l i n B a l a n, 512: *mere white truth in simple nakedness; white* in der alten Bedeutung "licht, strahlend": 846 a 27, D e m e t e r P e r s e p h o n e, 119: *thou should'st dwell for nine w h i t e moons of each whole year with me, three d a r k ones in the shadow with thy King;* — 324 a 2, G a r e t h L y n e t t e, 381: *a cloth of p a l e s t gold* (sonst ist ja "rot" die typische Hyperbel für reines Gold); — 353 b 23, M a r r i a g e G e r a i n t, 809: *white sails flying on the y e l l o w sea* (s. S w i n b u r n e s ausführliche Bemerkungen zu dieser Stelle, zitiert bei Churton Collins, *Illustrations of Tennyson,* pag. 17); — 432 a 27, H o l y G r a i l, 849: *the b l u e - e y e d cat* (grün nennt man ja die Augen der Katze gewöhnlich); — 442 b 3, Pelleas Ettarre, 435: *the dead-green stripes of eve* (das leblos-einfärbige Lichtgrün des Abendhimmels); — 450 b 1, Last Tournament, 442: *a shower of blood in a field noir* (technischer Ausdruck der Heraldik); — 454 b 2, Last Tournament, 672: *the steelblue eyes (of Arthur);* 477 a 2, Lover's Tale, I, 42: *the pleasure-boat...light-green with its own shadow;* 565, 14, Locksley Hall Sixty Years After, 180: *the moon was falling greenish thro' a rosy glow;* — 779 a 3, Promise May, I: *a red fire woke in the heart of the town;* — 853 b 30, Ring, 122: *the raven ringlet or the gold.* — Über vergleichende Farbenbezeichnungen s. im stilistischen Teil, § 213.

§ 84. Eine Sonderstellung verdienen wegen ihrer außerordentlichen Häufigkeit und Beliebtheit die zwei synonymen Farbenbezeichnungen *purple* und *crimson,* deren ausgedehnte Anwendung folgende Stellen beleuchten mögen: sehr oft bei *cliffs,* z. B. 12 a, Ode Memory, IV, 9: *waterfall... a pillar of white cloud upon the walls of purple cliffs;* — 17 a, Dirge, VI, 3: *purple clover;* 63 b, On a Mourner, II, 2: *the purple lilac;* — 20 a, Mermaid, III, 14: *purple twilights under the sea* (wir denken es uns dort eher grün); vgl. Poems by Two Brothers, 103, Sublimity, 4: *the purple sea;* 64 a, You ask me..., 4: *purple seas;* 102, 22, Locksley Hall, 164: *dark-purple spheres of sea;* 476 a, Lover's Tale, I, 2: *filling with purple gloom the vacancies between the tufted hills, the sloping seas...;* 23 a 2, Eleänore, I, 17: *purple hills* (von Bergen südlicher Länder); 56 a, Choric Song, VII, 6: *the purple hill;* 107 a, Departure (Day-Dream), I, 6: *across the hills, and far away, beyond their utmost purple rim;* — 23 a, Eleänore, III, 12: *the crag that fronts the Even...crimsons over an inland mere* ("Alpenglühen"); — 40 a, Oenone, 28: *the purple flower* (von einer unbestimmten Blume; Beweis der Vorliebe für diese Farbe); ebenso 447 a 17, Last Tournament, 239: *purple slopes of mountain flowers;* 574 a, Frater Ave, 4: *the Roman ruin where the purple flowers grow;* — 45 a 34, Palace Art, 50: *slow-flaming crimson fires;* 97 b 9, Tithonus, 56: *the glow that slowly crimson'd all* (Morgenröte); vgl. 101, 16, Locksley

Hall, 122: *purple twilight;* 117 b, Voyage, III, 5: *the purple-skirted robe of twilight; —* 98, Locksley Hall, 19: *in the spring a fuller crimson comes upon the robin's breast;*

104 a 16, Godiva, 52: *palfrey... trapt in purple:* daß des Dichters Phantasie gerade diese Farbe wählt, ist ebenso bezeichnend wie daß 28 b, Lady Shalott, II, 22: *a long-hair'd page in crimson clad* im Spiegel der Lady erscheinen muß; 104, Day-Dream, Prologue, 3: *damask cheek;* ib. 16: *add a crimson to the quaint Macaw;*

105 b, Sleeping Palace (Day-Dream), VI, 4: *grapes with bunches red as blood;* 105 b, Sleeping Beauty (Day-Dream), I, 3: *the purple coverlet* (Dornröschens); 117 b, Voyage, VI, 7: *scarlet-mingled woods* (Tropenvegetation); — 121 a 16, Vision Sin, II, 18: *purple gauzes, golden mazes, liquid hazes; —* 163 a 7, Lucretius, 135: *the Sun lifts his golden feet on those empurpled stairs that climb into the winding halls of heaven;* 182 a 22, Princess, III, 104: *the empurpled champaign* (im Herbst); 186 a, Song (vor Princess, IV), 11: *purple glens* (die Szenerie scheint auch herbstlich zu sein); 193 b 17, Princess, IV, 473: *crimson-rolling eye (of the beacon-tower); —* 213 a 3, Princess, VII, 151: *she far-fleeted by the purple island-sides; —* 213 b 3, Princess, VII, 187: *(Love) red with spirted purple of the vats; —* 217 a 24, Princess, Conclusion, 82: *a tower of crimson holly-hoaks;* 220 b, Wellington, VIII, 16: *he shall find the stubborn thistle bursting into glossy purples* (purpurne Blüten), *which outredden all voluptuous garden-roses; —* 233 a, Daisy, 20: *a purple cove; —* 236 b, Islet, 13: *a satin sail of a ruby glow; —* 243, Milton, 15: *crimson-hued the stately palmwoods whisper (at sunset);*[1] — 255 b, In Mem., 31, 12: *the purple brows of Olivet·* — 257 b, In Mem., 38, 3: *always under alter'd skies the purple from the distance dies* ("immer geht mir anderswo die Sonne unter");

---

[1] Ein noch viel übertriebeneres Sonnenuntergangsbild bei Longfellow, *Golden Milestone,* 1 ff.:

• *Leafless are the trees; their purple branches*
Spread themselves abroad, like reefs of coral
Rising silent
In the Red Sea of the Winter sunset.

270 a, In Mem., 86, 13: *from belt to belt of crimson seas*
(Abendhimmel); — 275 a, In Mem., 99, 5: *(dawn)*...
who tremblest thro' thy darkling red on yon swoll'n brook;
277 a 23, In Mem., 103, 55: *a crimson cloud that landlike
slept along the deep;* 278 a, In Mem., 107, 3: *a purple-
frosty bank of vapour;* — 287, Maud, I, I, XI, 4: *crimson
lights* (von Lampen in einem Krankenzimmer); — 293,
Maud, I, X, I, 21: *the sullen-purple moor ·* — 296 b,
Maud, I, XVII: eine Sinfonie in "Rot": zunächst die
Szenerie, Sonnenuntergang: *Rosy is the West,* etc.; dann
Mauds jugendliche Schönheit: *Rosy are her cheeks,* etc.; dann
Symbolik der Abendröte: *blush the news over glowing ships,* —
und schließlich das Fortissimo: *till the red man dance by his
red cedar-tree, and the red ' man's babe leap, beyond the sea*
(im Feuer des Sonnenlichts); — 301 b, Maud, I, XXII,
XI, 8: *my dust would ... blossom in purple and red* (dieses
seltsame Paar auch bei Longfellow, Sandalphon, 6,
3: *garlands of purple and red);* — 332 b 2, Gareth Lynette, 893: *the dome (of pavilion) was purple, and above,
crimson, a slender banneret fluttering;* — 341 b 1, Marriage
Geraint, 10: *in crimsons and in purples and in gems*
(Kleidung); — 489 a, Lover's Tale, II, 17: *the dragon-
fly ... like a flash of purple fire;* 551 a 12, Ancient
Sage, 223: *the last long stripe of waning crimson gloom;*
561, 14, Locksley Hall Sixty Years After, 34:
the easement crimson with the shield of Locksley ...,
571 b, To Virgil, VIII, 1: *fallen every purple Caesar's
dome (p. = purple-clad,* zu *Caesar);* 573 a, Early
Spring, I, 3: *the red-plow'd hills;* — 891 a, Dreamer,
12: *crimson with battles* sei sie, sagt die Erde; — 855 a
19, Ring, 180: *when the tower as now was all ablaze with
crimson to the roof;* vorhin hieß es nämlich (852 b 17, Ring,
52): *I never saw it yet so all ablaze with creepers crimsoning to the pinnacles, as if perpetual sunset linger'd there.* —
Durch alle Beispiele zieht sich also, wie wir gesehen haben,
wie ein wirklicher "roter Faden" das Rot des Sonnen-
untergangs. —

§ 85. Nun kehre ich endlich von diesem Ausflug in
stofflich-inhaltliche Gebiete zu dem formlichen der Syntax
zurück und gehe in meiner Behandlung des Adjektivs

zu dessen Steigerung über. Ich muß hier (wie schon mehrfach) zunächst ein Kapitel aus der Wortbildung vorausnehmen, nämlich die Bildung der Steigerungsgrade. Sie weist nur wenige Besonderheiten auf: Churton Collins, Early Poems, 312, 25, Timbuctoo, 98: *I saw ... the indistinctest atom in deep air.* ·   149 a 16, Aylmer's Field, 419: *he, passionately hopefuller, would go* (durch ihren Treuschwur mit neuer und leidenschaftlicher Hoffnung erfüllt); — 173 b 14, Princess, II, 21: *liker to the inhabitant of some clear planet* (more like ist gewöhnlicher); vgl. 214 b 9, Princess, VII, 263: *in the long years liker must they grow;* 661 a, Harold, II, 1: *we be liker the blessed Apostles (than devils),* sagen die Fischer; 742 a 3, Becket, V, 2: *"he is marvellously like thee." "Liker the King."* Superlativ: 261 b, In Mem., 55, 4: *what we have the likest God within the soul;*   188 a 20, Princess, IV, 123: *song is duer unto freedom ... than to junketing and love;* — 257 b, In Mem., 40, 6: *to take her latest leave of home (latest* archaisch für *last);*   anders 275 b, In Mem., 100, 10: *the latest linnet;* — 280 b, In Mem., 115, 11: *the flocks are whiter ... and milkier every milky sail;* vgl. 866 b, Progress Spring, V, 2: *the fountain pulses high in sunnier jets (at the coming of Spring);* — 305 a, Maud, II, V, II, 1: *wretchedest age, since Time began;* — 378 b 17, Balin Balan, 538: *that weird yell, unearthlier than all shriek of bird or beast;* — 382 a 11, Merlin Vivien, 106: *royaller game is mine (than waterfowl);* — 401 b 7, Lancelot Elaine, 376: *needs must be lesser likelihood ... that those who know should know you;*   415 a 8, Lancelot Elaine, 1195: *our bond, as not the bond of man and wife, should have in it an absoluter trust;* — 480 b 3, Lover's Tale, I, 273: *most loveliest:* doppelte Steigerung; diese grammatische Eigenheit wird poetisch verwertet: 514 a 7, Sisters, 285: *if ... in the rich vocabulary of Love "most dearest" be a true superlative;* -- 530 b 6, Voyage Maeldune, VI, 11: *redder than rosiest health or than utterest shame (utter* würde genügen); 538 a 2, To Fitz Gerald, 34: *your golden Eastern lay (Rubáiyát) than which I know no version done in English more divinely well;* — 541 b, Wreck, II, 4: *a princelier-looking man never stept thro' a Prince's hall;* — 623 a, 4 u., Q u e e n M a r y, III, 6: *I am sicker staying here, than any sea could make me passing henee (more sick* erwarten wir); — 671 b, 6 u., H a r o l d, III, 1: *of all the lies that ever men have lied, thine is the p a r d o n a b l e s t;* — 681 a, 2 v. u., H a r o l d, IV, 3: *the day ... will shine ... among the g o l d e n e s t hours of Alfred.*

§ 86. Ich gehe nun über zum a b s o l u t e n G e b r a u c h d e r S t e i g e r u n g s g r a d e; in der folgenden Aufzählung absoluter Komparative wird bei manchen leichter, bei manchen schwerer oder fast gar nicht die Vorstellung einer Vergleichung hineinzuergänzen sein; die ersteren gehören zur Kategorie der von Kellner (§ 255) als Latinismen charakterisierten, elisabethanischen Ausdrucksweisen, — während die letzteren oft wenig mehr als die logische Geltung verstärkter Positive haben; eine Grenze zwischen beiden Gruppen ist natürlich schwer zu ziehen:

40 b 15, O e n o n e, 43: *while I speak of it, ... my heart may wander from its d e e p e r woe;* 56 a, C h o r i c S o n g (L o t o s - E a t e r s), VIII, 3: *all day the wind breathes low with m e l l o w e r tone* (vielleicht *than at sea — on Ithaca in other lands);* 96 a 32, U l y s s e s, 57: *'tis not too late to seek a n e w e r world;* 103, 5, L o c k s l e y H a l l, 183: *thro' the shadow of the globe we sweep into the y o u n g e r day;* — genau so 105 b, S l e e p i n g P a l a c e (D a y - D r e a m), VII, 3: *n e w e r knowledge, drawing nigh;* — 122 a 19, V i s i o n S i n, IV, 51: *every heart ... is a clot of w a r m e r dust* ("Staub, nur wärmerer Art"); — 134 a 18, E n o c h A r d e n, 591: *then the great stars that globed themselves in heaven, the h o l l o w e r - b e l l o w i n g ocean, and again the scarlet shafts of sunrise* (in der Stille der Nacht scheint die See lauter zu heulen); — 261 b, I n M e m., 55, 20: *(I) faintly trust the l a r g e r hope* (i. e. *[the hope] that the whole human race would through, perhaps, ages of suffering be at length purified and saved:* T.s Note, also: eine weitergehende Hoffnung als auf Unsterblichkeit des einzelnen); — 262 b, I n M e m., 60, 1: *he past; a soul of n o b l e r tone:* wie deutsch "höherer Art"; — 281 b, I n M e m., 120, 11: *let him (man) shape his action like the g r e a t e r ape;* — 509 a, R e - v e n g e, XIV, 6: *they (Spaniards) mann'd the Revenge with a s w a r t h i e r alien erew;* — 509 b, S i s t e r s, Refrain im

Liede: *breathe, diviner air! — break, diviner light!* (hier echte Komparative: vom wechselseitigen Verhältnis der beiden wohltätigen Erscheinungen); — 533 b, To Brookfield, 11: *our kindlier, trustier Jaques, past away!* (sc. *than Shakspere's J. in "As You Like It";* auch hier echter Komparativ). — 534 b 10, To V. Hugo, 12: *I, desiring that diviner day (when "all man to be will make one people").* —

Im Gegensatz zu diesen Fällen von Verwischung der Komparativbedeutung steht deren Neubelebung bei einem Worte, welches sie in der Umgangssprache schon fast verloren hat: 613 b 6, Queen Mary, III, 3: *we ... pray your Majesties, so to set forth this humble suit of ours that we the rather by your intercession may ... obtain ... absolution* (der Positiv *rathe:* 279 a, In Mem., 110, 2; *rathe,* adv. 401 a 17, Lancelot Elaine, 338, s. § 269).

§ 87. Bezüglich der Verbindung der verglichenen Objekte bei echten Komparativen ist zunächst auf eine Eigentümlichkeit der Umgangssprache hinzuweisen, welche Tennyson konsequent verwertet, nämlich den Gebrauch von *nor* für *than* 557 a, Tomorrow (irländisch), XV, 6: *that's betther nor cuttin' the Sassenach whate;* — 558 b, Spinster's Sweet-'Arts (Dialekt von Lincolnshire), VIII, 9: *I stuck to tha moor na the rest;* — 559 a, Spinster's Sweet-'Arts, XII, 2: *I'ed led tha a quieter life nor her (= than she) ...*

Angeführt sei weiter ein Beispiel loser, nicht streng logischer Fügung, welches dadurch den eingangs besprochenen (§ 1—3) Fällen von Parataxe für Hypotaxe nahesteht: — 187 a 15, Princess, IV, 50: *nor is it wiser to weep* etc.... *but trim our sails ...* (= *it is wiser to trim our sails ... than to weep ...*). Noch viel lockerer, ja geradezu anakoluthisch ist die Verbindung: 770 b, 5 u., Falcon: *if he (my son) leave me — all the rest of life — that wither'd wreath were of more worth to me* (= *... that wither'd wreath were of more worth to me than all the rest of life:* ein in seinem gänzlichen Mangel von Struktur ganz paralleler Fall zu der am Schluß von § 1 angeführten Wortkette aus "Ulysses"). —

Erwähnen will ich noch den weitreichenden Einfluß

der Analogie substantivischer Komparative des Typus *thy elder, thy betters* u. dgl.; er führt zu Wendungen wie: 540 b 12, T i r e s i a s, 149: *thou art wise enough … to love thy wiser.* —

§ 88. Beim Übergange vom Komparativ zum Superlativ sei ein Beispiel für den Austausch beider zitiert; es ist dies der Gebrauch von *latter* für *last* (N. E. D.: *obsolete except archaic, "in latter days"*; Beispiele aus dem 19. Jahrhundert nur *"latter years", "latter days"*; Flügel zitiert aus H e n r y V: *latter day = last day):* 6 a, K r a k e n, 13: *will lie, … until the latter fire shall heat the deep* ("das Feuer des Weltunterganges"); ähnlich finden wir *inner* für *inmost* in einem Jugendsonett bei Churton Collins, E a r l y P o e m s, pag. 300, v. 12: *the bare word Kiss hath made my inner soul to tremble.* — Ferner erscheint (in Nachahmung der Umgangssprache) eine anakoluthische Komparativwendung einem logischen Superlativ vorgezogen: 82 a 4, W a l k i n g t o M a i l, 43: *then she was — you could not light upon a sweeter thing (= she was the sweetest thing you could light upon).*

Beispiele für a b s o l u t e n S u p e r l a t i v sind: — 20 b, A d e l i n e, III, 8: *in stillest evenings,* 23 a, E l e ä n o r e, III, 5: *youngest Autumn* (Frühherbst, personifiziert); — 289, M a u d, I, II, 10: *the least little delicate aquiline curve in a sensitive nose the least little touch of spleen* ("denkbar kleinste")· 877 b 19, D e a t h O e n o n e, 69: *when the white fog vanish'd like a ghost before the day, and every topmost pine spired into bluest heaven…* — In eigenartig verstärkender Funktion steht der Superlativ: 298 a, M a u d, I, XVIII, VIII, 13: *my own heart's heart, my ownest own;* die substantivische Verbindung ist hier offenbar das Vorbild der adjektivischen. —

§ 89. Im Anschluß an das Adjektiv will ich gleich das von ihm abgeleitete A d v e r b · behandeln.

Auch hier nehme ich aus der Wortbildung die Ableitung und Steigerung der Adjektivadverbia voraus. Bemerkenswertere Adverbialbildungen sind außer den beim Verhältnis von Substantiv zu Adjektiv aufgezählten Adverbia zu adjektivierten Substantiven *(angerly, deathly* etc., § 16) etwa noch die folgenden:

Zunächst einige Adverbien von F a r b e n b e z e i c h -

nungen in Jugendgedichten, so: Poems by Two Brothers 28, 18 (Dell of E —): *(forests) greenly flourish'd on their native hill;* 50, 19 (Vale of Bones): *greenly-tangled glades;* 38, Old Sword, 11: *once stream'd redly on thee the purple tide of death;* 148, 3 (Jerusalem): *Visions of fiery armies redly flashing;* — Churton Collins, Early Poems, 303, Hesperides' Song, IV, 17: *the... sunset yellowly stays on the bough..., the... fruitage clustereth mellowly;* — ferner zu Adjektiven auf *-ly*, Adverbia auf *-lily:* 330b 28, Gareth Lynette, 799: *oilily bubbled up the mere* (onomatopoet. Zweck)[1]; 343b 20, Marriage Geraint, 175: *sweetly and statelily;* ily zu — y: 243, Milton, 10: *the brooks of Eden mazily murmuring;* 378b 1, Balin Balan, 522: *sunnily she smiled;* — Sonstiges: 345b 3, Marriage Geraint, 278: *there is scantly time for half the work* (für *scarce);* — 532b, De Profundis, II, II, 14: *that One, who made thee unconceivably Thyself* (wo wir eher eine Umschreibung, wie *in an unconceivable way, by unc. means,* als diese straffgespannte Redeweise erwarten); — 672a 3, Harold, III, 1: *nakedly true (= loving naked truth);* — 723b 7 u., Becket, II, 2: *evilly used and put to pain* (für das abgenützte *ill);* — Adverbia von Partizipien: 479b 17, Lover's Tale, I, 218: *he... to me delightedly fulfill'd all lovingkindnesses* (für einfaches *willingly* — mit der dieses Jugendwerk charakterisierenden Übertreibung); — 805a, Foresters, I, 1: *now ye know why we live so stintedly.* — Vgl. § 60, ad fin. —

Wie hier ungewohnte Adverbia zu ganz gewöhnlichen Adjektiven, so finden wir umgekehrt Adjektiva, die uns in der Adverbialform geläufiger sind; so *mere:* 113a 23, Will Waterproof, 151: *as just and mere a serving-man as any born of woman;*[2] — 802b 5, Promise May, III: *the mere wild-beast* ("das reinste wilde Tier").

---

[1] Zitiert von Fischer, Tennyson-Studien, Leipzig 1905, — woselbst auch ausführlich über die Onomatopoie bei Tennyson gehandelt wird (Kap. 3, p. 122 ff.; *oilily:* p. 145).

[2] Inhaltlich verwandt ist der Fall: 826b 3, Foresters, III, 1: *he hath called plain Robin a lord (= him, who wishes to be plainly called R.).* Vgl. auch Carlyle, Sartor Resartus, I, 10: *a mere justice-loving man;* ibid. I, 4: *the merest commonplaces.*

§ 90. Bezüglich der Steigerung der Adjektivadverbia ist nur zu bemerken, daß das -*ly* des Positivs
vor dem -*er* des Komparativs nie fehlt, Tennyson also konsequent *x-lier* sagt, wo es in Prosa *more x-ly* heißt und wir
in poetischer Sprache vielleicht bloßes *x-er* erwarten:

— 149 b 24, Aylmer's Field, 459: *the river-breeze
... on him breathed far purelier.* — 284 a, In Mem.,
129, 10: *dear friend..., loved deeplier, darklier under-
stood;* — 356 b 26, Geraint Enid, 167: *his craven pair
of comrades making slowlier at the Prince;* — 399 a 26,
Lancelot Elaine, 217: *then must she keep it safelier;*

528 b 10, Columbus, 216: *my son will speak for me
ablier than I can;* — 572 b, Dead Prophet, XIII, 3: *was
he noblier-fashion'd than other men?* — 614 a 12, Queen
Mary, III, 3: *we, amplier than any field on our poor earth
can render thanks...;* — 882 a 18, Akbar's Dream, 124:
fair garments... fitting close or flying looselier...

§ 91. Nun gehe ich zum Verhältnis des Adjektivs zu
seinem Adverb über, — einem Gegenstande, welcher gleich
passend in dem Abschnitt "Verhältnis der Wortarten zueinander" hätte besprochen werden können, wenn wir uns
dort nicht auf Nomen und Verbum beschränkt hätten.

Wenn wir mit den Fällen beginnen wollen, wo Adjektiv statt erwarteten Adverbiums steht, so ist
zunächst auf die große Rolle hinzuweisen, welche die
beim Adjektiv als "Attraktion" (§ 78) besprochene
Eigentümlichkeit auch hier spielt; der äußere Habitus der
Erscheinung ist hier wie dort der gleiche, die innere Entstehung eine verwandte: geradeso nämlich, wie ein Adjektivattribut von einem (oft nur aus dem Zusammenhange
zu ergänzenden) Substantivum zu einem mit ihm assoziativ
verbundenen hinübergezogen werden kann, — ebenso zieht
oft das Subjekt oder Objekt eines Verbums ein dieses Verb
bestimmendes Adverbium als Attribut an sich. Von Beispielen wimmelt es; als repräsentatives wähle ich: Th. Kyd,
Spanish Tragedy, ed. Schick, I, 1, 66: *poor Ixion
turnes an endles wheele;* aus Tennyson führe ich an:

— 85 a 1, Edwin Morris, 110: *a silent cousin stole upon
us* (= *silently, a c. stole:* er oder sie ist nichts weniger
als *silent,* alarmiert ja das ganze Haus); — 109 b 1,

Amphion, 89 (scherzhaft): (Treibhauspflanzen) *fed with careful dirt;* — 295 a, Maud, I, XIII, II, 7: *curving a contumelious lip;*[1]) — 111 b, Will Waterproof, 26: *her (Muse's) gradual fingers steal and touch upon the master-chord;* 124 a 11, To , 31: *the bird that pipes his lone desire;* vgl. *I keep no more a lone distress* (Life, II, 69: The Grave, originally In Mem., 57, 1); — 143 b 15, Aylmer's Field, 66: *eager eyes, that still took joyful note of all things joyful;* 149 b 19, Aylmer's Field, 454: *harder the times were..., and the according (accordingly the) hearts of men seem'd harder too;* 181 b 10, Princess, III, 59: *Melissa shook her doubtful eurls* (von Churton Collins als Beispiel für Attraktion zitiert); vgl. 250 b, In Mem., 13, 3: *moves his doubtful arms* (Bedeutung: "zweifelnd, unsicher"); 361 a 21, Geraint Enid, 444: *waving an angry hand;* 188 a 4, Princess, IV, 107: *marsh-divers... shall croak thee sister, or the meadow-crake grate her harsh kindred in the grass (= harshly grate her kindred);* 238 a, Victim, I, 4: *on them brake a sudden foe;* dieses *sudden* für *suddenly* ist sehr häufig; 251 a, In Mem., 14, 11: *should strike a sudden hand in mine;* 379 a 1, Balin Balan, 547: *snatch'd a sudden buckler from the squire;* 418 b 12, Lancelot Elaine, 1423: *may God... send a sudden Angel down;* 521 b, John Oldcastle, 20: *vailing a sudden eyelid;* 844 b 5, Demeter Persephone, 11: *a sudden nightingale saw thee, and flash'd into a frolic of song and welcome.* Fälle der besonderen Art, daß man sich das Verbum, von welchem hinweg *sudden* attrahiert wurde, erst aus dem Zusammenhange ergänzen muß: 423 b 21, Holy Grail, 298: *to lay the sudden (= suddenly-rising) heads of violence flat;* 612 a, 3 u., Queen Mary, III, 3: *Philip's no sudden alien (= suddenly-eome stranger,* "dahergelaufener wildfremder Mann"), *(but) the Queen's husband.* Hier hat also *sudden* die Plus-Bedeutung "plötzliche Bewegung". 259 b, In Mem., 46, 8: *clear... shall bloom the eternal landscape of the past (= bloom eternally, for ever);* — 276 a 13, In Mem., 101, 22:

---

[1]) In solchen Fällen regelmäßig unbestimmter Artikel; vgl. unten 307, Maud, III, II, 12.

the labourer tills his w o n t e d glebe (d. h. *in the wonted way);*
hieher stelle ich auch die beiden schwierigen Stellen:
279 b, In Mem., 112, 2: *I, who gaze with t e m p e r a t e eyes
on glorious insufficiencies, set light by narrower perfectness*[1]); —
und 279 b, In Mem., 112, 8: *souls, the l e s s e r lords of
doom*[2]): "die in geringem Grade (als Hallam) Herren ihres
Geschickes sind", 286 a 6, In Mem., E p i l o g u e, 118:
touch ... with t e n d e r gloom the roof, the walls, 307,
M a u d, III, II, 12: *nor (shall) the cannon-bullet rust on a
s l o t h f u l shore;* 308 a, D e d i c a t i o n "Idylls", 21: *not
making his high place the l a w l e s s perch of wing'd ambitions
(= permitting .. to perch lawlessly, illegally);* 344 a 21,
M a r r i a g e G e r a i n t, 210 : *his quick, i n s t i n c t i v e hand
caught at the hilt ...;* 358 a 25, G e r a i n t E n i d, 258:
*pluck'd the grass ... and into many a l i s t l e s s annulet wove
and unwove it .. · —* 382 b 8, M e r l i n V i v i e n, 131: *they
lifted up their e a g e r faces; —* 527 a 17, C o l u m b u s, 134:
gathering r u t h l e s s gold; — 568, 4, L o c k s l e y H a l l S i x t y
Y e a r s After, 278: *forward, till you see the h i g h e s t*

---

[1]) Nur die zweite von Churton Collins gegebene Erklärung *to
regard with indulgence, make allowance for* ist richtig; es handelt
sich ja um einen Gegensatz zu *set light by* etc., also muß, wenn nicht
Lob, so doch sicher die Negation von Tadel gemeint sein, somit
jedenfalls nicht *not to be dazzled by* — was Churton Collins *primo
loco* hat —, sondern *not to be angered at,* zu welcher Deutung auch die
von Tennyson selbst schweigend gebilligte Gatty's *esteem more...
than* paßt. Wenn Churton Collins noch *having no great admiration*
schreibt, so ist dies ebensowenig zutreffend wie *not to be dazzled;* er
bezieht dabei *I seem to cast a careless eye on souls, the lesser lords of
doom* (zweite Strophe) sowohl auf die *glorious insufficiencies* wie auf
die *narrower perfectness,* während es ja nur auf die letztere geht,
weil Tennyson mit seiner Bewunderung für die vorzeitig abgebrochene
Laufbahn Hallams gerade auf solche *glorious insufficiencies* nicht *a
careless eye* wirft. — *He gazes with c a l m and i n d u l g e n t eyes on un-
accomplished greatness, yet he makes light of narrower natures more perfect
in their own small way* — ist Hallam Tennysons Note in der neuen
Ausgabe.

[2]) Churton Collins: *ordinary mem;* der von ihm zitierte Gatty
wohl unrichtig, indem er *narrower pefectness* der früheren Strophe,
worauf ja freilich unsere Wendung zu beziehen ist, mit ihr selbst in
der Erklärung *a complete fulfilment of lesser duties by the lords of doom
who rule in our social system* zusammenfaßt. — *Those that have free-
will, but less intellect* ist Tennysons Note.

Human Nature is divine (= H. N., when at its highest, is d.);
647 a, 3 u., Queen Mary, V, 3: *we dally with our lazy
moments here (= dally lazily);* — 889 b, Kapiolani, II,
1: *noble the Saxon who hurl'd at his Idol a valorous weapon
in olden England!*

Hingegen Adverb auf -*ly* mit Durchbrechung des
Parallelismus nach einer Attraktion dieser Art (übrigens
einer ganz geläufigen): 161 a, Lucretius, 8: *the master
took small notice, or austerely.* —

§ 92. Diesen Fällen zunächst steht eine andere Gruppe,
die ich als "halbe Attraktion" bezeichnen möchte,
solche nämlich, in denen das Adverb schon vom Verbum
losgelöst ist, aber noch nicht als attributives, sondern als
prädikativ-appositionelles Adjektiv neben dem Substantivum
steht, sich also gleichsam auf halbem Wege befindet. Die
hiehergehörigen Beispiele (Kellner, § 423) sind sehr
schwer, oft gar nicht zu sondern von der Anwendung von
Adverbien in der Form von Adjektiven (Kellner,
§ 422), da die resultierende äußere Gestalt der Wendungen
dieselbe ist; ich verzichte also darauf und fasse beide
Gruppen in der folgenden Aufzählung zusammen: Zu
dem von Kellner mehrfach zitierten Kronbeispiel: 94 b
21, Golden Year, 31: *and slow and sure comes up the
golden year* — füge ich zunächst das ihm (im Effekt) am
meisten verwandte: 62 a, Death Old Year, 3: *toll ye the
church-bell sad and slow ...;* — ferner: 17 b 1, Dirge, VII,
5: *the balm-cricket carols clear* (bei diesem Adjektiv sehr
oft); 29 a, Lady Shalott, III, 10: *the gemmy bridle
glitter'd free;* — 29 b, Lady Shalott, IV, 21: *the leaves
upon her falling light;* — 47 a 11, Palace Art, 167: *all
those names ... were blazon'd fair;* 58 b 23, Dream
Fair Women, 123: *sudden I heard a voice that cried;*
(vielleicht kontaminiert aus *suddenly* + *on a sudden);* —
93 a 22, Love Duty, 42: *deep desired relief;* — 119 b,
Move eastward ..., 2: *yon orange sunset waning slow;*
154 a 23, Aylmer's Field, 749: *I that thought myself ...
exceeding "poor in spirit":* ebenso sehr oft die ver-
stärkenden Ausdrücke *passing* und *mighty:* z. B. 144 b, 3,
Aylmer's Field, 121: *mighty courteous in the main;* —
270 b, In Mem., 87, 32: *the rapt oration flowing free from*

point to point; — 605 a 7, Queen Mary, III, 1: *a diamond
... tho' a true one, blazed false upon her heart* (vgl. *to play
false). —*

§ 93. Umgekehrt sind wir manchmal überrascht, volle
Adverbia auf *-ly* zu finden, wo das blanke Adjektiv in adverbialer Verwendung geläufiger ist (meist wohl aus metrischen
Gründen); so: — 56 a, Choric Song (Lotos-Eaters),
VII, 2: *warm airs lull us, blowing lowly (low* ist gewöhnlicher, z. B. *speak low,* 62 a, Death Old Year, 4); —
71 b 8, Morte d'Arthur, 226: *loudly cried; —* 323 a
25, Gareth Lynette, 347: *saying thou wert basely-
born (base-born* ist das Gewöhnliche). — Inhaltlich verwandt sind Fälle wie: 104 a 8, Godiva, 44: *ever at a
breath she linger'd (= at every breath).*

§ 94. Von "adverbium pro adiectivo" gehen wir zum
Gebrauch des Adverbiums als Adjektiv über (Kellner,
Syntax, § 45 f.); in attributiver Funktion, ganz wie Ad-
jektiva behandelt, erscheinen Adverbia:

189 a 14, Princess, IV, 181: *beelike instinct hiveward:* hier ist das Adverb schon Attribut, aber noch
nicht Adjektiv; ähnlich: 256 a, In Mem., 32, 8: *(her eye)
rests upon the Life indeed*[1]) (Jesus: *via, veritas et vita); —*
anders schon: 319 a 8, Gareth Lynette, 87: *an often
(= frequent) chance; —* 332 b 9, Gareth Lynette, 900:
the King in utter scorn of thee and thy much folly; vgl.
455 a 30, Last Tournament, 732: *the much ungainliness
... of Mark;* 618 a, 9 u., Queen Mary, III, 4: *this your violence
and much roughness to the Legate*[2]); prädikativ: 804 b,
Foresters, I, 1: *each of 'em as sleek and round-
about as a mellow codlin.*

§ 95. Gelegentlich der Adverbia seien auch hier die
adverbialen Ausdrücke für lokale und temporale Umstände überhaupt besprochen.

---

[1]) Vgl. die Schlußworte des *David Copperfield: So may thy
(Agnes') face be by me when I close my life indeed (= my real life,* sc.
as I now close its written story).

[2]) Wie gute Dienste dieses bequeme kurze Wörtchen leistet,
zeigen Beispiele wie: — 214 a 27, Princess, VII, 251: *our place is
much* (= hat viel zu bedeuten, vermag viel; *place* prägnant "fürstliche
Stellung"); – 602 b, Queen Mary, II, 4, 11: *Madam, I much fear* (für
gewöhnlicheres *greatly; much* bei *I am afraid* häufiger).

Adverbiale Bestimmungen der Zeit werden sehr häufig in der bekannten Weise attrahiert:

73 a 9, Gardener's Daughter, 15: *for some three careless moons the summer pilot of an empty heart (= for some three careless summer moons, the pilot...)*; 124 b 4, To Edward Lear, 24: *fluted to the morning sea (= to the sea, in the m.)*; vgl. 178 a 13, Princess, II, 307: *crystal currents of clear morning seas*; schon 174 b 18, Princess, II, 87: *like morning doves that sun their milky bosoms on the thatch: morning* geht in dieser Verwendung in die allgemeine Bedeutung des "Frischen" über, — wie (sehr oft) *summer* in die des "Sonnig-warmen" (s. u. *summer* im lexikalen Teil); vgl. noch, aber rein temporal: 621 a 13, Queen Mary, III, 5: *a fox may filch a hen..., and make a morning outcry in the yard;* — 125 a, Enoch Arden, 8: *a hazelwood, by autumn nutters haunted;* 125 a, Enoch Arden, 15: *made orphan by a winter shipwreck (= made orphan, one winter, by a shipwreck)*; vgl. 126 b 5, Enoch Arden, 95: *rough-redden'd with a thousand winter gales,* — wo freilich *winter* wie griechisch χειμών, χειμώνιος schon zur Bedeutung "stürmisch" neigt; 139 b, Brook, 30: *grigs that leap in summer grass;* — 146 a 4, Aylmer's Field, 222: *as ice-ferns on January panes;* — 188 a 23, Princess, IV, 126: *would the mock love* etc. *were laid up like winter bats (= bats in winter);* — 224 a 2, Welcome Alexandra, 10: *break, happy land, into earlier flowers (= earlier into fl.);* — 255 a, In Mem., 30, 2: *...did we weave the holly round the Christmas hearth* (id. 266 b, In Mem., 78, 2) *(= round the h. at X-mas),* 313 a 1, Coming Arthur, 247: *a doubtful throne is ice on summer seas;* — 328 a 17, Gareth Lynette, 641: *Arthur, glancing at him, brought down a momentary brow (= made him vail his brow in a moment);* — 367 a 14, Geraint Enid, 821: *a hollow land, from which old fires have broken* (für adverbiales *of old);* 414 a 26, Lancelot Elaine, 1146: *there sat the lifelong creature of the house .., the dumb old servitor;* — 432 a 28, Holy Grail, 850: *thrice as blind as any noonday owl (= owl at noonday);* vgl. 538 b 18, Tiresias, 34: *the noonday crag made the hand burn* (d. h. *it being noonday);* — 728 a, 6 u., Becket, III, 3: *lest*

thou, myself, and all thy flock should catch an a f t e r ague-fit
of trembling ...

Ist schon die Attraktion ein Streben nach Kürze, so
wird dieses krampfhaft, wenn der Dichter eine Temporalbestimmung unterwegs in eine Zusammensetzung einpackt
und mitnimmt, wie in dem Falle: 175 a 2, Princess, II,
105: *w i n t e r - clad in skins.*

Die Attraktion selbst kommt natürlich auch bei nicht-
temporalen Adverbialbestimmungen vor, z. B. 379 a 23,
Balin Balan, 569: *they might have cropt the m y r i a d*
flower of May, and butt each other here, like brainless bulls,
dead for one heifer ... (= *they might have cropt the fl. of May*
by myriads, and instead of doing that, butt each other ...).

§ 96. Eine andere bemerkenswerte Stileigentümlichkeit
ist die Hypostasierung[1]) eines Temporalbegriffes, d. i.
die Einsetzung der Zeitdauer einer Erscheinung für die
Erscheinung selbst, welche dann attributiv oder durch
Präpositionalwendung angehängt wird:

— 151 a 29, Aylmer's Field, 562: *face to face with*
t w e n t y m o n t h s of silence (= *for twenty months, face to*
face with silence); — 276 b, In Mem., 103, 4: *a vision.*
which left my a f t e r - m o r n content; — 658 b 11, Harold,
II, 2: *I am sure her m o r n i n g wanted sunlight* (= *she in her*
youth). — Besonders häufig bei *l i f e* und Synonymen: 42 a
12, Oenone, 145: *lead life to sovereign power* (= *lead man*
to s. p. in life); — 138 b 18, Enoch Arden, 884: *my dead*
face would vex her a f t e r - l i f e; — 294, Maud, I, XI, II,
6: *let come what come may to a life that has been so sad* (= *to*
one whose life ...); — 319 a 15, Gareth Lynette, 94:
some comfortable bride and fair, to grace thy climbing life, and
cherish my prone y e a r; — 479 a 20, Lover's Tale, I, 185:
before he saw my d a y my father died; — 538 b 2, Tiresias,
18: *a tale, ... told to me, when but thine age, by a g e as*
winter-white; 641 a 17, Queen Mary, V, 2: *have I not*
been the fast friend of your life, since mine began (= *of you,*
during your whole life); — 865 b, To Mary Boyle, XV,
1: *the silver y e a r* (= *man in his old age) should cease to*
mourn and sigh. Endlich noch zwei kompliziertere

---

[1]) S. § 182.

Fälle: 258b 7, In Mem., 41, 23: *thro' all the secular to-be*
(= *thro' all the ages to come*, — wo von zwei Zeitbegriffen
das naturgemäß determinierende Element, der Begriff der
Zukünftigkeit, durch Hypostase die substantivische Haupt-
rolle übernimmt und der eigentliche Aussage-Kern, die
Vorstellung der langen Zeitdauer, in den Schatten adjektivischer Attributivanlehnung zurücktritt); ferner: 543a
8, Wreck, V, 12: *trees like the towers of a minster, the
sons of a winterless day* (= "eines Landes, wo die Tage
ohne Winter dahinfließen"). —

Indes begegnet auch der umgekehrte Fall, Ausdruck
eines Zeitbegriffes durch ein ihn ausfüllend gedachtes
Geschehen: 239, Wages, 7: *would she (Virtue) have heart
to endure for the life (= lifetime) of the worm and the fly?* —

§ 97. Schließlich seien Besonderheiten im Gebrauch
einzelner Temporaladverbia durch alphabetische Aufzählung illustriert:

back = *ago*: 103, Godiva, 11: *the woman of a thousand summers back;* — *before* mit meisterhafter Schlichtheit
des Ausdrucks für *a long time ago*: 135a 19, Enoch
Arden, 659: *in that harbour, whence he sail'd before* (vor
zehn Jahren! s. § 49); — *between* als Adverb: 150a 7,
Aylmer's Field, 477: *her letters ... tho' far between;* —
für *evermore* läßt sich eine zeitweise Vorliebe beobachten[1]):
117a, Voyage, I, 8: *we may sail for evermore;* 118a,
Voyage, VIII, 5: *her face was evermore unseen;* 125b 15,
Enoch Arden, 45: *Enoch set a purpose evermore before
his eyes;* 126b 25, Enoch Arden, 115: *he seem'd ... to see
his children leading evermore low miserable lives;* 132b 3,
Enoch Arden, 477: *evermore her daughter prest upon her;*
135a 9, Enoch Arden, 649: *evermore his fancy fled before
the lazy wind;* jedoch findet sich *ever*, wo wir gerade
evermore oder vielmehr *ever | more* erwarten würden: 134b
28, Enoch Arden, 636: *ever as he mingled with the
crew ..., his ... tongue was loosen'd;* — *then* für *thence, afterwards*: 513b 16, Sisters, 264: *then two weeks — no more —
she joined ... that one she loved.*

---

[1]) Vgl. Füllwörter der nhd. Dichtersprache, wie "immerdar",
"allzumal" u. dgl.

§ 98. Weniger Anlaß zu Bemerkungen geben die lokalen Adverbialausdrücke.

Auch hier kommt Attraktion vor: 763 a, 2 u., Cup, II: *(Artemis) whose quick flash splits the mid-sea mast (= the mast in mid-sea);* — desgleichen Hypostasierungen, wenigstens Substantivierungen, wie: 149 a 12, Aylmer's Field, 415: *the tall pines that darken'd all the northward of her Hall;* — 186 b, Princess, IV, 8: *the tent lamp-lit from the inner;* — 477 a 18, Lover's Tale, I, 58: *the gorgeous west (= colour of sky in the west).* —

Sonstige Besonderheiten bei einzelnen Wörtern (alphabetisch): 139 a 3, Enoch Arden, 903: *he woke, he rose, he spread his arms abroad (asunder* würde uns genügen; freilich streckt er sie nach der See hin aus); — *beside* für *aside;* 634 a 10, Queen Mary, IV, 3: *push'd by the crowd beside;* — *down* für einen Partizipialbegriff: 140 a, 7 v. u., Brook, 53: *with her eyelids down (= vail'd);* — *off* für *off one another, asunder:* 93 a 26, Love Duty, 46: *Duty came to warn us off;* — *under* für *below* (vgl. *between* in § 97): 92 a 32, Talking Oak, 274: *thy branchy root, that under deeply strikes; where* vertritt oft naturgemäß *whither* (wie *in — into,* § 127) bezeichnend ist dafür die Stelle 107 a, Departure (Day-Dream), IV, 2: *whither goest thou, tell me where?* —

§ 99. Stilistisch interessant ist die Vertretung von temporalem Ausdruck durch lokalen und umgekehrt. Für das erstere boten schon ¡*back* und *between* in § 97 Beispiele; andere sind:

Churton Collins, p. 335, Note, zweite Urschrift von Maud, III, V, Zeile 1: *I rise from a life half-lost with a better mind;* — 320 b 9, Gareth Lynette, 174: *the wind which ... swept bellowing thro' the darkness on to dawn* (diese Verwendung von *thro'* sehr häufig; s. u. "Präpositionen", § 127); — 449 b 15, Last Tournament, 389: *a lodge... appearing, sent his fancy back to where she lived a moon in that low lodge with him;* — 455 a 23, Last Tournament, 725: *I will love thee to the death, and out beyond into the dream to come;* 793 b, 6 u., Promise May, II: *and her cry rang to me across the years.* — Mit diesem letzten berührt sich inhaltlich schon ein Beispiel höherer

9*

Ordnung, wo auf Grund dieser Enallage ein ganzes Bild mit bewußter Kunst ausgesponnen wird, nämlich: 314 a 26, Coming Arthur, 332: *always in my mind I hear a cry from out the dawning of my life .;* ein zweites ist: 454 a 4, Last Tournament, 645: *push me — even in fancy — from thy side, and set me far in the gray distance, half a life away.* —

§ 100. Nun der umgekehrte Fall: Begriff lokal — Ausdruck temporal:

— 20 b, Adeline, III, 8: *in stillest evenings with what voice the violet woos... the... dews?* Es ist mit lebhaft konkreter Anschauung an die ganze Abendszenerie gedacht, sonst stünde *on;* — 21 b, Margaret, I, 21: *like the tender amber round... moving thro' a fleecy night* ("Nachthimmel"); ähnlich 878 a, St. Telemachus, 3: *day by day, thro' many a blood-red eve,* — wenn nicht in beiden diesen Fällen einfach Attraktion des Adjektivs vorliegt; an solche ist aber nicht zu denken in• dem inhaltlich verwandten Beispiel: 442 b 3, Pelleas Ettarre, 435: *the dead-green stripes of even (= evening sky);* 243, Milton, 16: *palm-woods whisper in odorous heights of even (= evening air);* — 253 a, In Mem., 31, 20: *Science... charms her secret from the latest moon (= most distant;* für die Entfernung ist die Zeit ihrer gedachten Durchmessung eingesetzt; *latest = last reach'd);* — 273 a, In Mem., 94, 6: *...in vain shalt thou... call the spirits from their golden day:* der Begriff ist eigentlich modal — *state of happiness* —, aber in der landläufigen Auffassung (nach einem Grundgesetz unseres Denkens) lokal: "Jenseits, Himmel". —

§ 101. Im Anschluß an die lokalen und temporalen Adverbialausdrücke sei hier auch von den modalen Adverbien eine wichtige Gruppe besprochen, nämlich die Negationen. Von der gewöhnlichen Ausdrucksweise weichen ab: 73 b 6, Gardener's Daughter, 49: *she... grew, seldom seen: not less among us grew her fame (= none the less, nevertheless);* ebenso 128 b 28, Enoch Arden, 247: *(she) set her sad will no less to chime with his;* 191 a 11, Princess, IV, 305: *not less to an eye like mine... their mask was patent;* 201 a 2, Princess, V, 332: *not less one glance he caught;* und auch sonst sehr häufig; —

237 b, Spiteful Letter, 7: *I think not much of yours*
(näml. Dichtungen) *or mine,* wo archaische Doppel-
negation *(nor)* nachdrücklicher wäre; — 329 b 18, Gareth
Lynette, 729: *there were none but few goodlier than he
(but few* würde allein genügen); — 681 a, 3 u., Harold, IV,
3: *the day, our day beside the Derwent will not shine less
than a star* (für *will shine no less); —* 701 a 9, Becket, I,
1: *a hate not ever* (für *never) to be heal'd.*

§ 102. Auch die Anwendung negativen Ausdrucks
überhaupt und sein Verhältnis zum positiven verdient hier
eine Besprechung.

Positiver Ausdruck findet sich, wo wir negativen erwarten:

In einigen deutlich suggestiven Fragen: 151 b 1:
Aylmer's Field, 573: *star to star vibrates light: may*
(für *may not) soul to soul strike...?* — 332 a 14, Gareth
Lynette, 876: *some ruth is mine for thee. Back wilt thou,
fool?* (für *wilt thou not back?);* ferner: 241, Boädicea,
18: *lo their colony half-defended (half-defenceless* wäre
für die Krieger eine bessere Ermunterung zum Angriff);

574 a, My Brother's Sonnets, III, 2: *now to these
unsummer'd skies the summer bird is still (does sing no more*
erwarten wir, weil ja nicht die Stille, sondern das Fehlen
des Gesanges Hauptsache ist).

Häufiger jedoch ist der umgekehrte Fall: negativer
Ausdruck bei positivem Satzinhalt:

— 105 b, Sleeping Beauty (Day-Dream), I, 8:
the.. light... moves not on the rounded curl (sc. Dornröschens): für *dwells motionless;* 145 a 33, Aylmer's
Field, 183: (Charaktervorzüge Leolins) *were no false*[1])
(d. h. "gerade der richtige") *passport to that easy realm;*
151 b 20, Aylmer's Field, 592: *the dagger... redden'd
with no bandit's blood* (er ist vom Blute Leolins gerötet,
also erwarten wir *a true heart's* oder dgl.; *no bandit's*
vielleicht mit Bezug auf die indische Herkunft des Dolches)·
— 198 a 24, Princess, V, 166: *what dares not Ida do
that she should prize a soldier:* der Begriff ist affirmativ: *is*

---

[1]) Schon diese Wendung berührt sich — wie manche im folgenden — mit der im stilist. Teil zu besprechenden Litotes (s. § 178).

she not valiant herself? — 617 b 16, Queen Mary, III, 4:
*you ... have n o t n o w to learn that ev'n St. Peter denied his
master* (für *you know well);* — 626 a 14, Queen Mary, IV,
1: *Gardiner ... whom truly I d e n y n o t to have been your faithful friend:* nach *truly* erwarten wir ein affirmatives Verbum:
"I deny not" ist einschränkend; — 775 a, 5 u. (Falcon):
*no other heart of such magnificence in courtesy beats o u t o f,
h e a v e n* (für *on earth);* — 858 a 12, Ring, 361: *two lovers
parted by n o scurrilous tale — (but) mere want of gold:* weil
vorher, 854 b 8, Ring, 160, von anderen *two lovers parted
by a scurrilous tale* die Rede war. —

Schon dieses letzte Beispiel zeigt — freilich aus inhaltlichen Gründen — negativen Ausdruck neben positivem,
also negative Parallelvariation; natürlich kann dieses alte
Stilmittel auch des bloßen Nachdruckes halber gebraucht
sein; so: 427 b 2 f., Holy Grail, 530 f.: *miracles and marvels
like to these, not all unlike.* —

Schließlich sei darauf hingewiesen, daß Tennyson auch
die grammatische Tatsache des Verhältnisses von positivem
und negativem Ausdruck — wie so manche andere, z. B.
die Superlativbildung (s. § 85), — als solche einmal aufgegriffen und halb scherzhaft poetisch verwertet hat, nämlich p. 768 a (Falcon) in der ersten Rede Filippos mit
ihrer Selbstkritik: *that's too positive ... that's positive-negative
... that's too negative ... that's positive again ...*

§ 103. Zum Gebrauch der Numeralia ist nur weniges
zu bemerken.

Kollektiver Singular eines substantivischen Numerales
erscheint: 31 a, Two Voices, 30: *hundred m i l l i o n spheres.*

Die Kardinalien werden manchmal durch andere Zahlarten ausgedrückt; in dieser Hinsicht ist bei Tennyson der
Gebrauch von *double* für *two* und *treble* für *three* bemerkenswert: 174 b 26, Princess, II, 95: *her maiden
babe, a double April old;* 335 b 1, Gareth Lynette,
1053: *a bridge of t r e b l e bow;* — 445 b 26, Last Tournament, 154: *double-dragon'd chair;* — ja sogar partizipial: 474, To Queen, 9: *London roll'd one tide of joy
thro' all her t r e b l e d millions.* — Zum Gebrauch von *double*
vgl. ferner die interessante Stelle: 428 b 8, Holy Grail,
610: *we (monks) that want the warmth of d o u b l e life —*

wo *double life* für *married life, "vie à deux",* nach dem
Muster des ganz geläufigen *single life* steht, also ein
hervorragender Beleg dafür, daß die Macht der A n a l o g i e
in der Syntax ebenso groß ist wie in Laut-, Formen- und
Wortgestaltung. —

Das alte Stilmittel der i n d i r e k t e n Zahlangabe *(bis
sex nigrantes terga iuvencos,* V e r g i l, Ecl. I) wird natürlich
auch gelegentlich verwendet:

— 702 a 15, B e c k e t, I, 2 : *I was but f o u r t e e n a n d a n
April then;* — interessanter ist die Spielerei: 649 a, 12 u., Q u e e n
M a r y, V, 5: *there runs a shallow brook across our field for
t w e n t y miles, where the black crow flies f i v e* (d. h. der Bach
fließt in so viel Windungen, daß sie seinen Weg vierfach
länger machen); — sehr schön ist auch: 863 b, T o U l y s s e s,
II, 3: *the century's t h r e e strong e i g h t s have met to drag
me down to seventy-nine;* d. h. "in diesem Jahre 1888 werde
ich 79 Jahre alt" (geb. 1809). — Gebrauch bestimmter Kardinal-
zahlen für eine unbestimmte größere Anzahl zeigen die
Stellen: 110 a, S i r G a l a h a d, 3: *my strength is as the
strength of t e n;* — 139 b, 7—11 *(song in* B r o o k): *by t h i r t y
hills I hurry down, . . . by t w e n t y thorps, . . ., and h a l f a
h u n d r e d bridges* (s. R o w e - W e b b zu dieser Stelle). — Etwas
Ähnliches ist eine bestimmte Zeitangabe für unbestimmte
Dauer: 103 b, G o d i v a, 34: *the passions of her mind . . .
made war upon each other f o r a n h o u r, till pity won;* ebenso
111 a, E d w a r d G r a y, 11: *To-day I sat for an hour and
wept, by Ellen's grave . . .* (beides gelegentlich zitiert in der
dänischen Dissertation von C a r l K a l i s c h, *Studier over
Tennyson,* Kopenhagen 1893). —

Eine typische Zeitangabe ähnlicher Art ist ferner: 69 b
16, M o r t e d'A r t h u r, 105: *nine y e a r s she (Lady of the
Lake) wrought it (Arthur's sword):* nach M u s t a r d *(Classical
Echoes in Tennyson),* vielleicht angeregt durch Hephaistos'
Worte, Il., 18, 400: τῆσι παρ' εἰναετὲς χάλκευον δαίδαλα
πολλά. —

Von anderen Zahlarten ist beachtenswert insbesondere
das häufige *t i t h e* für *tenth part:* 393 a 24, M e r l i n V i v i e n,
811: *nine tithes of times* (= *in nine tenths of the cases* [al-
literierende Formel); — 430 a 13, H o l y G r a i l, 707: *those
that had gone out upon the Quest, wasted and worn, and but*

a tithe of them, 532 a 4, Voyage Maeldune, XII,
4: *I landed again with a tithe of my men.* —

Von Bruchzahlen vgl. ferner: 548 b 4, Ancient
Sage, 42: *in the million-millionth (part) of a grain.*

§ 104. Ich gehe nun zur Syntax der Pronomina
über und beginne mit dem Personalpronomen.

Für den Kasusaustausch zunächst haben wir ein
interessantes Beispiel in der Stelle: 242, 9, Boädicea, 51:
*me they seiz'd . . ., me they lash'd . . ., me the sport of ribald
Veterans, mine of ruffian violators:* das letzte *me* des Parallelismus halber für *I, to be . . . !* Ähnlich schon 205 a 20, Princess, II, 62: *on they came, their feet in flowers, her loveliest
(= she being the loveliest).* —

Eine Kasus-Enallage könnte man es ferner auch
nennen, wenn das *he* vor *himself* fehlt: 151 b 19,
Aylmer's Field, 591: *the dagger which himself gave
Edith;* — 201 a 15, Princess, V, 345: *himself would tilt
it out among the lads;* dasselbe bei *I:* 187 b 4,
Princess, IV, 70: *I remember'd one (a song) myself had
made.*

Schon diese Fälle kann man als Ellipse des Pronomens
auffassen; sie ist naturgemäß auch sonst häufig, wo das
Pronomen aus dem Zusammenhange leicht ergänzt werden
kann; als Beispiel genüge: 114 a, Lady Clare, 4: *Lord
Ronald brought a lily-white doe to give* (sc. *it) his cousin,
Lady Clare.* —

Wechsel des Numerus in der Anrede kommt natürlich vor, wo der Dichter zwischen Archaismus und moderner
Anredeform schwankt: interessant ist das Beispiel: 692 b,
2 u., Harold, V, 2: *Madam, we will entreat thee with all
honour,* — wo wir doch nach dem Titel *you* erwarten würden.
Zitiert sei hier auch Fitz Geralds Bemerkung über
Queen Mary (in einem Briefe vom 9. Juli 1875, Life,
III, 176): *"One thing, I don't quite understand why you have
so much relinquished 'thee' and 'thou' with their relative verbs
for 'you', etc. I know that we have had more than enough of
'Thee' and 'Thou' in modern Plays and Poems; but it should
surely rule in the common talk of Mary's time. I suppose
however that you have some very good reason for so often supply-
ing the old form by the new."* —

§ 105. Besonderheiten in der Beziehung des Pronomens sind

1. Das Pronomen steht vor seinem Beziehungswort: 261 b, In Mem., 56, 12: *and he, shall he, Man...who built him homes of fruitless prayer, who trusted God was Love indeed...* (das erste *he* bezieht sich auf das folgende *Man*, das zweite — wenn nicht reflexiver Dativ — auf *God)*; — 384 a 10, Merlin Vivien, 224: *while she kiss'd them, crying, "Trample me, dear feet"...;* — vgl. ferner: 430 b 11, Holy Grail, 735: *Arthur turn'd to whom at first he saw not, for Sir Bors...half-hidden...stood...*

2. Die Beziehung des Pronomens ist verdunkelt·
Durch Entfernung: 92 b, Love Duty, 10: *and (shall) only he, this wonder, dead, become mere highway-dust?* he bezieht sich nach neun Zeilen verschiedener anderer Personifikationen *(Error, Sin)* wieder auf das *love that never found his earthly close* von Zeile 1;

durch mehrfachen Gebrauch desselben Pronomens mit verschiedener Beziehung in ein und demselben Satze (eine Lässigkeit des Ausdrucks): — 113 a 5, Will Waterproof, 133: *he (Cock) stoop'd and clutch'd him (boy);* — 182 a 14, Princess, III, 96: *for her (Psyche), and her (Melissa), Hebes are they, etc.* (n. b. war in den vorhergehenden Zeilen nur von der Prinzessin die Rede, welcher sie gegenübergestellt werden), 189 b 23, Princess, IV, 218: *she (Princess) sent for Psyche, but she (Psyche) was not there.* —

3. Das Beziehungswort ist aus dem Zusammenhange zu ergänzen: — 426 a 2, Holy Grail, 433: *humility, the highest virtue, mother of them all* (ein *virtues* steht nicht im Text), noch weitgehender sind Fälle wie: 95 b 3, Golden Year, 74: *I heard them blast the steep slate-quarry:* ohne direkte Beziehung ("Steinbrucharbeiter"); — 264 b, In Mem., 69, 4: *the streets were black..., they chatter'd trifles at the door* ("die Leute"); — 524 b 4ff., John Oldcastle, 172 ff.: ein *He* (kursiv gedruckt) ohne weitere Einführung für Christus.

§ 106. Endlich seien hier auch ein paar Fälle von besonderer Bedeutungsfülle und emphatischem Gebrauch des Personalpronomens angeführt: — 190 a 6, Princess, IV, 234: *these flashes on the surface are not he* ("sein wahres

Wesen")· — 411 b 14, Lancelot Elaine, 979: *that were against me* ("gegen meine Natur"); anders: 428 b 23, Holy Grail, 625: *he dash'd across me (= my way).* — Diesem nächstverwandt sind Fälle von Kürze wie: 91 b 36, Talking Oak, 240: *for me (= for my sake);* 498 b 13, Golden Supper, 335: *suddenly ask'd her if she were (= if it were she).* — Hieher auch Kollektivanwendungen: 210 b, Princess, VII, 8: *till she not fair, began to gather light, and she that was, became her former beauty treble* ("bis die Häßliche schön und die Schöne schöner wurde"). — Schließlich als Kuriosum ein Beispiel furchtlos-prosaischen Telegrammstils: 369 b 2, Balin Balan, 6: *go thou with him and him, and bring it (tribute) to us:* mit "den und den" Rittern meiner Tafelrunde (s. § 173).

§ 107. Über das Reflexivum ist nur weniges zu bemerken. Daß *self* oft fehlt und das einfache Personalpronomen für das reflexive steht, ist bei einem neuenglischen Dichter nicht auffällig. Von den vielen Beispielen werden also genügen: — 21 b, Margaret, I, 20: *the tender amber round, which the moon about her spreadeth;* — 60 b 14, Dream Fair Women: *I subdued me to my father's will;* — 135 a 5, Enoch Arden, 645: *he shook his isolation from him;* — 346 b 24, Marriage Geraint, 363: *we will make us as merry as we may.* —

Auffälligere Beispiele für reflexiven Gebrauch von Verben sind beim Verbum schon zur Sprache gekommen (§ 40).

Im Zusammenhang mit dem Reflexivum sei der Gebrauch von *self* — sowohl reflexiv wie rein emphatisch — durch einige Zitate illustriert: 17 a, Dirge, V, 1: *round thee blow, self-pleach'd deep, bramble roses;* vgl. 31 a, Two Voices, 23: *self-blinded by your pride (= blinded by your own pride);* 142 a 21, Brook, 162: *he look'd so self-perplext (= perplext by his own thoughts);* — 145 a 26, Aylmer's Field, 176: *a splendid presence flattering the poor roofs, revered as theirs, but kindlier than themselves, to ... wife ... infancy ... palsy (they themselves = even they);* 152 b 7, Aylmer's Field, 640: *to thy worst self sacrifice thyself* (= "dem Schlechtesten, was in dir ist"; totum pro parte); ebenso 152 b 8, Aylmer's Field, 641: *with*

thy worst self hast thou clothed thy god; — 337 a 7, G a r e t h
L y n e t t e, 1146: *there rides no knight, not Lancelot, h i s
great s e l f, hath foree to quell me;* vgl. 708 b, 5 v. u.,
B e c k e t, I, 3: *look to it, y o u r own s e l v e s!* —

Andere Ausdrücke, wo wir *self* erwarten: 118 a,
V o y a g e, X, 8: *overboard one stormy night he cast h i s
b o d y* (natürlich mit wohlberechnetem Effekt; zur Wendung vgl. mhd. Umschreibungen mit *lip); —* 640 b, Q u e e n
M a r y, V, 2: *gone beyond him and mine own natural m a n* (für
self). —

Als besondere Gruppe, in der *self* seinen Namen
"emphatic pronoun" mehr als sonst verdient, weil es nachdrücklich zur Unterscheidung des wahren Wesens einer
Erscheinung von täuschendem Schein gesetzt ist, hebe
ich hervor: 440 b 18, P e l l e a s E t t a r r e, 339: *her
towers that, larger than themselves (seeming larger than they
really were) in their own darkness, throng'd into the moon·*
444 b 25, L a s t T o u r n a m e n t, 83: *mine (harlots) are
worthier (than Arthur's), seeing they profess to be none other
than themselves (= than they are);* — 454 b 12, L a s t
T o u r n a m e n t, 682: *every knight believed himself a greater
than himself;* — 461 b 6, G u i n e v e r e, 334: *if ever Lancelot ... were for one hour less noble than himself. ...* —

Als Identitätsbezeichnung erscheint *self* in Zusammensetzung: — 692 b 14, H a r o l d, V, 2: *of o n e s e l fs t o c k at
first, make them again one people —Norman, English.*

§ 108. Beim P o s s e s s i v p r o n o m e n, zu welchem wir
jetzt übergehen, sind an rein technischgrammatischen
Eigentümlichkeiten nur zwei hervorzuheben.

Fürs erste ist zu verweisen auf die A t t r a k t i o n,
welcher das Possessivum als Adjektiv fähig ist, und die
bei ihm besonders häufig in der am Schluß des Abschnittes
über Attraktion von Adjektiven erwähnten (§ 78, Fußnote
auf p. 109) eigentümlichen Form vorkommt: daß nämlich
bei einer Zusammensetzung — oder ihr gleichwertigen
Präpositionalverbindung — ein Possessivum als Adjektivattribut steht, während es logisch nur dem Bestimmungswort zukommt. Beispiele:

144 a 31, A y l m e r's F i e l d, 116: *h i s full tide of
joy (= the full tide of his joy);* — 262 b, In M e m., 59,

3: *my bosom-friend and half₁ of life (my ... half₁ of life = the half of my life = animae dimidium meae,* H o r., C a r m., I, 3, 8; vgl. 262 a, In M e m., 57, 6: *half my life I leave behind);* — 264 a 12, In M e m., 66, 16: *his (the blind man's) night of loss (= the night of his loss);* 355 b 9, G e r a i n t E n i d, 87: *and then against his brace of comrades;* ebenso 356 b 25, G e r a i n t E n i d, 166: *his craven pair of comrades;* 571 b, T o V i r g i l, VIII, 2: *thine ocean-roll of rhythm (= the ocean-roll of thy rhythm).*

Dieselbe Erscheinung beim A r t i k e l: 27 a, S o n n e t, VIII, 10: *a ghost of passion,* für *the ghost of a passion;* und umgekehrt: 73 a 35, G a r d e n e r's D a u g h t e r, 41: *(stream) stirr'd with languid pulses of the oar (= with the languid pulses of oars);* ferner: 258 b, In M e m., 42, 7: *he... a lord of large experience (= lord of a large experience).*

§ 109. Eine zweite rein grammatische Eigentümlichkeit betrifft die Beziehung des Possessivums: es kann nämlich

gerade so wie das Personale — im Satze vor seinem Beziehungsworte, d. i. dem Namen des Besitzenden, stehen. Beispiele:

— 297 b, M a u d, I, XVIII, IV, 12: *with power to burn and brand his nothingness into man;* — 316 b 19, C o m i n g A r t h u r, 477: *his knights have heard that God hath told the King a secret word;* — 350 a 13, M a r r i a g e G e r a i n t, 565: *thou shalt give back their earldom to thy kin;* — 396 a 25, L a n c e l o t E l a i n e, 38: *a horror ... clave like its own mists to all the mountain side;* — 440 a 26, P e l l e a s E t t a r r e, 317: *in the third (pavilion), the circlet of the joust bound on her brow, were Gawain and Ettarre.*

§ 110. Mehr Anlaß zu Bemerkungen bieten die eigentlich stilistischen — mehr den Inhalt als die Mechanik des Ausdrucks betreffenden Besonderheiten im Gebrauch des Possessivs.

Was zunächst die Frage der Anwendung des Possessivums überhaupt betrifft, so ist ja dessen Vermeidung durch eine Genetiv-Umschreibung nichts Ungewöhnliches (K e l l n e r, S y n t a x, § 301); viel interessanter ist der umgekehrte Fall, daß wir nämlich statt einer genetivischen oder anderen Präpositionalwendung ein unerwartetes Possessivum finden, was natürlich oft große Ersparnis des Ausdrucks bedeutet:

53, 17, M a y Q u e e n, C o n c l u s i o n, 37: *it (calling from God) is not for them, it's m i n e (= for me);* — 91 b 22, T a l k i n g O a k, 226: *(I) shadow'd all h e r rest (= the rest of her body)*, sagt die Eiche mit Bezug auf die vorher-gehende Erwähnung einzelner Sonnenstrahlen, die sie hier und dort über das schlafende Mädchen gleiten ließ· — 132 b 30, E n o c h A r d e n, 502: *for God's sake, . . . both o u r sakes (= for the sake of us both;* vgl. über diesen besonderen Fall K e l l n e r, S y n t a x, § 303). — Besonders oft kommt das Possessivum statt eines partitiven Genetivs des Personalpronomens vor, so: 364 a 10, G e r a i n t E n i d, 636: *but now desired the humbling of t h e i r best (= the best of, among them);* — 368 b 4, G e r a i n t E n i d, 909: *one of o u r noblest, o u r most valorous;* — 396 b 22, L a n c e l o t E l a i n e, 63: *which is o u r mightiest* 408 b 2, L a n c e l o t E l a i n e, 779: *being o u r greatest.* —

§ 111. Kehren wir nun nochmals zu dem Problem "Anwendung oder Nichtanwendung des Possessivs" zurück, so ist ein etwas extremerer Fall als die erwähnte Um-schreibung durch den Genetiv — das gänzliche Fehlen des Possessivums in Verbindungen, wo wir es zu finden gewohnt sind, wenn auch kein besonderer Nachdruck auf ihm ruht; solche Beispiele sind:

60 b 7, D r e a m F a i r W o m e n, 227: *I heard Him, . . . and (sc. my) grief became a solemn scorn of ills;* vgl. 279 a, I n M e m., 110, 6: *the proud was half disarm'd of (his) pride;* — 103, 7, L o c k s l e y H a l l, 185: *Mother-Age . . . help me as when (my) life begun (= when I was born);* hier verleiht die Auslassung dem Ausdruck feierliche Gehobenheit; 165 b 3, L u c r e t i u s, 276: *(she) ran in, beat breast, tore hair (her* fehlt; der formelhaft kurze Ausdruck malt die atem-lose Erregung); — 170 a 28, P r i n c e s s, I, 72: *whate'er my grief to find her less than (her) fame;* — 199 b 13, P r i n c e s s, V, 252: *as the fiery Sirius alters (his) hue and bickers:* hier handelt es sich — wie oft in diesen Fällen — um eine feststehende Formel; vgl. *change colour* etc.; — 214 b 21, P r i n c e s s, VII, 275: *(woman and man) . . . distinct in (their) individualities;* — 277 b 6, I n M e m., 105, 10: *no more shall*

wayward grief abuse the genial hour with mask and mime.[1])

Umgekehrt ein entbehrliches Possessivum in dem Falle: 167 b 16, Princess, Prologue, 142: *girl-graduates in their golden hair (in golden hair* klänge auch gut). —

Eine besondere Unterart dieser Erscheinung ist der Ersatz eines erwarteten Possessivums durch bloßen Artikel; der Variation halber geschieht dies: 65 b 26, Love Land, 69: *a wind to puff* (sc. *out) your idol-fires, and heap their ashes on the head;* — ebenso 98, Locksley Hall, 28: *her bosom shaken..., all the spirit... dawning in the... eyes;*

aus einfacher Nonchalance hingegen: — 99, 32, Locksley Hall, 66: *I will pluck it from my bosom, tho' my heart be at the* (= *its) root;* — 150 a 31, Aylmer's Field, 500: *as hunters round a hunted creature draw the cordon close and closer toward the* (= *its) death;* — 264 b, In Mem., 69, 15: *I found an angel...· the voice was low, the look was bright*

§ 112. Das Gegenstück zu diesem Fehlen des Possessivums bildet ein logisch überflüssiger Gebrauch desselben, welchen ich als "ethisches Possessivum" bezeichnen möchte, weil er in seiner Art ganz dem sogenannten "ethischen Dativ" der Substantiva und Personalpronomina[2]) entspricht. Das klassische Beispiel für diesen der Umgangssprache geläufigen und von Dichtern verwerteten Typus sind die Worte des Lepidus in Antony and Cleopatra, II, 7, 29 ff.: *your serpent of Egypt is bred now of your mud by the operation of your sun; so is your crocodile.* — Aus Tennyson führe ich an (durchaus nicht immer in behaglich-kolloquialer Rede): — 34 b 38, Two Voices, 320: *when thy father play'd in his free field;* — 124 b, Poet's Song, 7: *melody... made the wildswan pause in her cloud;* 141 b, Song (in Brook), 6: *I* — der Bach spricht —

---

[1]) Es ist doch wohl des Inhaltes wegen besser, ein *its* vor *m. and m.* zu ergänzen und dieses als ein — etwas schwerfälliges Präpositionalattribut zu *genial hour* zu fassen — als ohne solche Ergänzung *m. and m.* als adverbiale Instrumentalbestimmung zu *abuse* zu ziehen. •

[2]) Für diesen selbst genüge als Beispiel der Befehl Sir Richard Grenvilles in *Revenge,* XI, 20 (p. 508 b): *sink me the ship, Master Gunner — (dative of interest,* Rowe-Webb).

slip, I slide, I gloom, I glance, among my skimming swallows;
ib. 12: *I loiter round my cresses;* 331 a 4, G a r e t h
L y n e t t e, 805: *my (Key's) wont hath ever been to catch my
thief₁* (hier natürlich bewußte Nachahmung der Umgangssprache); — 597 a, Q u e e n M a r y, II, 2, 3: *cut out the rotten
from y o u r apple, y o u r apple eats* (§ 31) *the better;* —
674 b 3, H a r o l d, III, 1: *"There are signs in heaven —"*
"Y o u r comet came and went". Einen kunstvollen Sprung
aus kolloquialer Überflüssigkeit zu vollem Bedeutungswert
sehen wir an der Stelle: 806 b, F o r e s t e r s, I, 1: *y o u r
Sheriff, your little man .. would fight for his rents ... Now
y o u r great man, **your** Robin, a l l E n g l a n d's Robin.
fights ... for the people of England.* — Schließlich ein Fall,
wo wir "ethisches" Possessivum ganz gerne sähen, es aber
nicht finden: 150 a 28, A y l m e r's F i e l d, 498: *the folly.
became ... a mockery to the yeomen over ale* (für *their ale*). —

§ 113. In direktem Gegensatze zum "ethischen"
Possessivum mit seinem geringen oder gänzlich mangeln-
den Bedeutungsinhalt stehen Fälle, wo der Kürze des
Ausdruckes halber eine anormal große Bedeutungsfülle in
ein Possessivpronomen hineingepreßt wird; hieher gehören
vor allem die schon (§ 110) zitierten Beispiele für Kon-
zentrierung einer ganzen Präpositionalwendung in einem
adjektivischen Possessivum; ferner einige noch grellere, in
denen sogar längere Umschreibungen als etwa ein einfacher
Genetiv nötig sind, um den Ausdruck streng logisch zu
entfalten; von solchen zitiere ich:[1]
— zunächst ein Beispiel, welches dem "ethischen'
Possessiv bei aller Bedeutungsschwere recht nahe steht:
158 b 26, S e a D r e a m s, 179: *in that silent court of y o u r s;*
d. h. *in the court you speak of (viz. conscience);* ferner:
137 b 5, E n o c h A r d e n, 804: *after the Lord has call'd me she
shall know: I wait H i s time* (= *the time appointed by Him*),
— 176 b 6, P r i n c e s s, II, 205: *I who am not m i n e* (d. h.
unter fremder Gewalt stehe); 242, 9, B o ä d i c e a, 51:
me the sport of ribald Veterans, m i n e ("meine Familie, die

---

[1] Von deutschen Wendungen kann ich mir nicht versagen, die
Frage zu zitieren, welche in den "Fliegenden Blättern" Serenissimus
an einen zum Luftkurgebrauch in seinem Ländchen weilenden Fremden richtet: "Nun, Herr Graf, wie bekommt Ihnen m e i n Klima?" —

Meinen") *of ruffian violators;* — natürlich kommt das
Kopfzerbrechendste wieder in In Memoriam vor: 267 a, In
Mem., 79, 20: *his unlikeness fitted mine:* d. h. der Unterschied zwischen ihm und mir paßte zum Unterschied
zwischen mir und ihm, der Unterschied zwischen uns
war nicht diskrepanter, divergierender, sondern komple-
mentärer, korrelativer Art; 267 b 1, In Mem., 80, 13:
his credit thus shall set me free: von Churton Collins
erklärt: *the belief (credit* in etymologischer Bedeutung,
s. lexikograph. Teil, § 280) *I place in him:* also in
Vertretung eines objektiven Genetivs (wie σὸς πόϑος, σὰ
μήδεα, σὴ ἀγανοφροσύνη bei Homer); ebenso, nur leichterer
Art: 276 a 15, In Mem., 101, 23: *our memory fades:* "das
Andenken an uns" (sie verlassen Sommersby, 1837). — 333 b
13, Gareth Lynette, 962: *knight, thy life is thine at
her command* ("wird dir geschenkt"); — 551 a 2, Ancient
Sage, 213 (an die Menschen): *"O worms and maggots of
to-day without their (the real. maggots') hope of wings!"* —
578 b, To Marcready, 9: *thine is it that our drama did
not die* ("dein Verdienst"); vgl. 410 b 30, Lancelot
Elaine, 933: *that I live to hear* (sc. *the wish you are going
to utter), is yours* (hiezu vergleicht Mustard: Horaz,
Od. 4, 3, 24: *quod spiro et placeo, si placeo, tuum est;* Ovid,
Metam., XIII, 173: *quod Thebae cecidere, meum est;* W.
Scott, Lady of the Lake: *That I o'erlive such woes,
Enchantress! is thine own);* — 845 a 19, Demeter Persephone, 55 (Demeter erzählt ihrer Tochter, sie sei wohltuend umhergewandert): *(I) gave thy breast to ailing
infants in the night* ("die Brust, welche du einst gesogen
hattest"). —

§ 114. Eine ganz besondere Erscheinung dieser Gruppe
bildet der Ausdruck von "etwas durchleben, sich in einem
Zustand befinden oder befunden haben" durch einfaches
prädikatives Possessivum mit substantivischer Bezeichnung
des Erlebten als Subjekt:

— 233 a, Daisy, 1: *what hours were thine and mine,
in lands of palm and southern pine;* ibid. 233 b 6, Daisy,
42: *what golden hours, in those long galleries, were ours;* —
332 a 14, Gareth Lynette, 876: *some ruth is mine for
thee;* — 353 a 18, Marriage Geraint, 773: *another thought*

was mine; — 338 b 18, G a r e t h L y n e t t e, 1242: *sound sleep be thine (= sleep soundly, sound be thy sleep*[1]).

Ein verwandter Typus ist *to be +* Possessivum geradezu für *to have:* — 156 a, S e a D r e a m s, 3: *one babe was theirs, a Margaret, three years old: they had* wäre metrisch ebensogut möglich; — 331 a 2, G a r e t h L y n e t t e, 803: *good cause is theirs (= they have).* — Ein psychologisch ganz analoger Fall, wenn auch bei grundverschiedenem grammatischen Ausdruck (Demonstrativadverb): 331 b 4, G a r e t h L y n e t t e, 835: *here is much discourtesy, setting this knave, Lord Baron, at my side:* ein Höflichkeits-Euphemismus für *thou committest . . .* oder tennysonianisch *thine is . . .;* ähnlich schon 323 a 16, G a r e t h L y n e t t e, 338: *no boon is' h e r e, but justice, so thy say be proven true.* — Vgl. § 123.

§ 115. Als Gegenstück zu diesen Fällen von ungewöhnlicher Bedeutungsfülle des Possessivums sei schließlich ein Beispiel zitiert, wo ausschließlich die Zugehörigkeit eines Erlebnisses zu einem Subjekte, also ein "Besitz" im Bewußtsein der Begriffsinhalt ist, aber gerade auf diesem ein solcher Nachdruck ruht, daß außer dem Possessivum selbst ein Aufwand an Umschreibungen zur Hervorhebung notwendig erscheint: — 161 b 11, L u c r e t i u s, 43: *that was mine, my dream, I knew it — of a n d b e l o n g i n g t o me;* ja die Unterordnung des Traumes unter sein "Ich" muß noch ein Vergleich beleuchten: *. . . as the dog with inward yelp and restless forefoot plies his function of the woodland.* — Ähnlich nachdrücklich sagt Rosamunde im B e c k e t, IV, 2 (732 b), ihr *bower* sei *of and belonging to the King of England* (vgl. *ofs and belongings* in Eleonorens Antwort darauf, zitiert § 22). —

Alles in allem kann man wohl behaupten, daß Tennyson mit "seinem" Possessivum, besonders wo es Einfachheit und Sparsamkeit des Ausdrucks galt, wirklich meisterhaft gewirtschaftet hat. —

§ 116. Von den D e m o n s t r a t i v p r o n o m i n e n, zu welchen ich nun übergehe, ist das wichtigste der A r t i k e l. Er fehlt in Wendungen, welchen der Dichter so das

[1]) Dieser und die folgenden Fälle berühren sich also mit der § 6 besprochenen V e r s c h i e b u n g d e s S a t z n a c h d r u c k s.

Gepräge des Formelhaften geben will. Vielfach sind freilich metrische Gründe ausschließlich maßgebend. Beispiele:

— 16 a, D e s e r t e d H o u s e, IV, 4: *the house was buil-ded of the earth, and shall fall again to (the) ground;* — 17 a, D i r g e, VI, 3: *the frail bluebell peereth over (the) rare broidry of the purple clover;* — 33 a 39, T w o V o i c e s, 260: *shadows thou dost strike, embracing c l o u d, Ixion-like:* bei *cloud* ist überhaupt Fehlen des Artikels häufiger, weil an Stoff und Masse mehr gedacht wird, als an die körperhaft umschriebene einzelne Wolke; vgl. 45 b 31, P a l a c e A r t, 83: *all barr'd with long white cloud the scornful crags* (wo aus demselben Grunde auch kollektiver Singular steht); — scherzhaft wird solche kollektiv-stoffliche Artikellosigkeit verwendet: 325 b 33, G a r e t h L y n e t t e, 501: *knights, who sliced a red life-bubbling way thro' twenty folds of twisted dragon;* — 34 b 10, T w o V o i c e s, 292: *that type of (the) Perfect in his mind in Nature can he nowhere find;* — 44 b, P r o l o g u e "P a l a c e A r t", 16: ... *shut out from Love ... on her thres-hold ⸱lie howling in outer darkness (= in the darkness that reigns without);* — 45 a 16, P a l a c e A r t, 32: *far ... to where the sky dipt down to sea and sands (= to a sea and its sands);* — 69 a 22, M o r t e d' A r t h u r, 76: *(a oder some) surer sign had follow'd, either hand or voice;* — 73 a 37, G a r d e n e r ' s D a u g h t e r, 43: *(stream) creeps on to (the) three arches of a bridge;* — 84 b 13, E d w i n M o r r i s, 93: *we ... ran by (the) ripply shallows of the lisping lake;* ana-loger Fall: 119 b, M o v e e a s t w a r d ..., 3: *from (the) fringes of the faded eve;* — 91 b 20, T a l k i n g O a k, 224: *from head to anele fine:* wenn bei einem der zwei Substantive eine adjektivische Bestimmung steht, ist formelhafte Artikel-losigkeit nicht ganz gewöhnlich; — 97 b 24, T i t h o n u s, 71: *those dim fields about the homes of happy men that have the power to die, and grassy barrows of the happier dead:* ein *the* vor *grassy* fehlt, weil es schon vor *homes* steht[1]); umgekehrt der Artikel beim ersten Worte vermieden, beim zweiten gesetzt: 196 a 15, P r i n c e s s, V, 36: *boys that slink from ferule and the trespass-chiding eye;* hingegen finden

---

[1]) Über diesen Typus — Vermeidung der Wiederholung (nicht nur beim Artikel) — s. den stilistischen Teil, § 142.

wir den Artikel wider Erwarten bei zwei Bestimmungen
ein und desselben Hauptwortes in dem Falle: 490 a 11,
Lover's Tale, II, 60: *a low-hung and a fiery sky;* —
106 b, Revival (Day-Dream), III, 4: *by holy rood, a
royal beard!* — 108 a, Envoi (Day-Dream), IV, 2: *when
Adam first embraced his Eve in happy hour;* 109 a 30,
Amphion, 74: *a sound like sleepy counsel pleading;*
— 113 a 12, Will Waterproof, 72: *... came crowing over
Thames;* — 118 b, Voyage, XII, 3: *mate is blind and
captain lame* (vgl. "Leutnant würfelt und Kornet" in Freilig-
raths "Prinz Eugen"); — 123 a 9, Vision Sin, IV, 121:
*no, I cannot praise the fire in your eye — nor yet your lip;
all the more do I admire joints of cunning workmanship* (für
the oder *your,* oder *... as yours are);* — 124 a, To E. L., 17:
*Naiads oar'd a glimmering shoulder under (the) gloom of
cavern pillars;* bei *gloom* auch noch: 194 a 19, Princess,
IV, 504: *when all the glens are drown'd in (the) azure gloom
of thunder-shower;* 140 a, Brook, 54: *she moved to
meet me, ..., fresh apple-blossom, blushing for a boon;* vgl.
163 a 27, Lucretius, 155: *... (gout, stone, palsy, age) and
worst disease of all, these prodigies ...* (Weglassung des
Artikels bei Apposition: Kellner, Syntax, § 232); —
140 b 9, Brook, 68: *sketching a figure ... on garden gravel*
(die Szene spielt im Garten); 176 b 31, Princess,
II, 230: *flung ball, flew kite* etc.,: gewissermaßen *termini tech-
nici* des Kinderspiels, daher formelhaft; 185 a 28, Princess, III, 293: *those monstrous males that carve the living
hound ... or in the dark dissolving human heart, and holy
secrets of this microcosm ...* (s. oben zu 97 b 24, Tithonus,
71); — 193 a 19, Princess, IV, 442: *of those (two) halves
you (the) worthiest;* — bei Tor und Tür: 194 b 16,
Princess, IV, 527: *push them out at gates;* 201 a 3,
Princess, V, 333: *one glance he caught thro' open doors;*
316 a 21, Coming Arthur, 449: *far shone the fields
of May thro' open door;* 233 a, Daisy, 21: *pacing
mute by ocean's rim;* — 274 a, In Mem., 96, 18: *and Power
was with him in the night, which makes the darkness and the
light:* vor *Power* fehlt ein stark demonstratives *the* oder
that; — 321 b 13, Gareth Lynette, 239: *we be tillers
of the soil, who leaving share in furrow come to see the*

glories of our King; — 323 b 24, Gareth Lynette, 376:
then came in hall the messenger of Mark: in hall kehrt
formelhaft wieder: z. B. 327 a 10, Gareth Lynette,
572, u. ö.; 376 a 9, Balin Balan, 191: *hard upon
helm smote him:* der Artikel ist zur Hervorhebung der allit.
Formel unterdrückt; — 509 a, Revenge, XIV, 4: *was he
devil or man? (The omission of the articles ... adds
conciseness and emphasis to the expression:* Rowe-
Webb). — Daß schließlich bei *never* oft (nach französischer
Art) der Artikel fehlt, ist bekannt (Kellner, § 233); als
Beispiel genüge: 755 a, 5 u., Cup, I, 2: *Rome never yet hath
spared conspirator.*

§ 117. Im Gegensatz zu diesen mögen nun Fälle folgen,
wo wir Artikellosigkeit erwarten und Artikel finden:
11 a 47, Recollections Arabian Nights, 146:
a rieh throne of the massive ore (Stoffname!); vgl. 80 a 12,
Audley Court, 18: *walls and chimneys muffled in the leafy
vine;* und noch mehr parallel; 105 b, Sleeping Beauty
(Day-Dream), II, 6: *bracelets of the diamond bright;*
50, May Queen, 26: *to see me made the Queen:* weil
eine bestimmte Art von Königin — *Queen of May* — gemeint ist; — 77 a 2, Gardener's Daughter, 266: *by the
common day (= by common daylight);* — 85 b, Stylites,
27: *I bore this better at the first;* ebenso *at the last:* 281 a,
In Mem., 118, 12. *. till at the last arose the man, who
throve and branch'd from clime to clime,* — wobei noch der
Artikel bei der Gattungsbezeichnung *man* auffällig ist;
147 a 1, Aylmer's Field, 280: *pale as the Jephtha's
daughter, a rough piece of early rigid colour, under which with-
drawing... etc.:* der Artikel steht, weil *J. d.* nicht die
Person, sondern das bestimmte Gemälde bedeutet; — 156 a,
Sea Dreams, 3: *one babe was theirs, a Margaret, three
years old;* — 170 a 22, Princess, I, 66: *his captains of
the war;* 191 a 9, Princess, IV, 305: *long-closeted with
her the yestermorn;* ebenso 198 a 26, Princess, V, 168:
I beheld her, when she rose the yesternight; — 198 b 8, Princess, 182: *(are not women) truer to the law within? severer
in the logic of a life?* Der Artikel steht, weil aus dem
Vorhergehenden *ruled by that law* zu ergänzen ist; — 202 a
7, Princess, V, 402: *the sole men we shall prize in the*

after-time; 210 b, Princess, VII, 6: *everywhere low voices with the ministering hand hung round the sick;* — 288, Maud, I, II, 1: *long have I sigh'd for a calm:* vielleicht ist gemeint: "wenigstens vorübergehende Ruhepause": — 319 b 7 f., Gareth Lynette, 116 f: *follow the deer? follow the Christ, the King:* Artikel bei *Christ* des Parallelismus halber; — 359 a 10, Geraint Enid, 306: *Enid, the pilot star of my lone life;* ähnlich 462 b 16, Guinevere, 413: *liest thou here·so low, the child of one I honour'd[1]*); 413 b 3, Lancelot Elaine, 1085: *he loves the Queen, and in an open shame, and she returns his love in open shame;* 425 b 17, Holy Grail, 419: *there I found only one man of an exceeding age;* 478 b 21, Lover's Tale, I, 155: *Love ... looking on her that brought him to the light* (geläufiger *to light);* — 540 a 4, Tiresias, 112: *yesternight, to me, the great God Arês ... stood out before a darkness,* — weil *darkness* hier nicht Adjektivabstraktum ist, sondern konkret "eine Wand von Dunkelheit als Hintergrund" bedeutet; — 620 a 4, Queen Mary, III, 5: *Sir Henry Bedingfield may split it for a spite;* — 738 b 14, Becket, V, 1: *methought I had recovered of the Becket* (indem Becket scherzhaft als eine den König quälende Krankheit gefaßt wird). — Ganz besonders bemerkenswert ist der Fall: 440 b 7, Pelleas Ettarre, 328: *Ye, that so dishallow the holy sleep,* — wo die Phrase ohne Artikel viel feierlich-gehobener klänge, — und wo überdies *the* den pathetischen Fluß des Verses verdirbt.

§ 118. Schließlich sei eine Anzahl verschiedener Fälle zitiert, welche das Verhältnis des bestimmten Artikels zum unbestimmten, sowie die Bedeutungsfülle illustrieren sollen, die der Dichter einem kräftigen Artikel zu geben vermag: 101, 26, Locksley Hall, 132: *my passion... left me with the palsied heart, ... with the jaundiced eye:* d. h. dem "gewissen, typischen" Herzen und Auge des unglücklich Liebenden (oder: "wie es meinen jetzigen Zustand kennzeichnet"); — ebenso bedeutet: 183 a 29, Princess, III, 175: *from my breast the involuntary sigh broke* den

---

[1]) Beides Überlebsel der uralten Sitte des Artikels beim Vokativ.

typischen Seufzer des Liebenden; — 227, Grandmother,
XV, 2: *and the ringers rang with a will:* Nachahmung des
ausrufenden Indefinitartikels der Umgangssprache; — Life,
II, 172 (später ausgeschiedenes Stück aus Maud): *dance
in a round of an old routine,* wo wir *the* erwarten; —
308 b, Dedication "Idylls", 29: *a lovelier life, a more
unstain'd, than his (one* erwarten wir); vgl. 369 b 13, Balin
Balan, 17: *until they find a lustier than themselves* (für
one); 341 a 5, Gareth Lynette, 1371: *answer'd Sir
Gareth graciously to one not many a moon his younger* —
für *to him* (einem schon angeführten Ritter), *who was ...;*
hier ist also die — durch eine kleine logische Ungenauigkeit erkaufte — Kürze Zweck; 367 b 21, Geraint
Enid, 863: *it (my former life) had been the wolf's indeed
(a wolf's* hieße es in Prosa); — 482 a 17, Lover's Tale,
I, 374: *a stream flies with a shatter'd foam along the chasm
(the* oder "ethisches" *its* erwarten wir); — 507 a, Revenge,
II, 4: *I should count myself•the coward if I left them, my
Lord Howard* (nach Rowe-Webb entweder *the e. which you
swore you were not,* oder *one having the character of a coward*
— wie *to play the man, the fool* etc.).

Wie wir aus mehreren dieser Stellen sehen, würde
einen bedeutungsschweren bestimmten Artikel der Dichtersprache in gewöhnlicher Prosa oft ein farbloser unbestimmter
ersetzen.

Den Übergang vom Artikel zu den eigentlichen Demonstrativpronomina mag ein Beispiel für den deutsch wie
englisch im Notfalle geläufigen Gebrauch des emphatischen
bestimmten Artikels bilden: 321 a 6, Gareth Lynette,
199: *that this King is not the King, but only changeling*
(ohne *a!) out of Fairyland.* — Ähnlich, aber gewöhnlicher:
112 a 43, Will Waterproof, 83: *no pint ... had ever
half the power to turn this wheel within my head* (= power
of this, that p., such a p.), — sowie 186 a 1, Princess,
III, 329: *at the word* vom unmittelbar vorhergehenden
Befehl der Prinzessin. —

§ 119. Unter den Demonstrativpronomina in engerem
Sinne hebe ich zunächst eine Gruppe hervor, die nicht
eigentlich hinweisenden, sondern emphatisch-hervorheben-
den, in gewissem Sinne prägnanten Gebrauch nach dem

Repräsentativtypus von lat. *ille* im Sinne von "jener be-
rühmte, berüchtigte" aufweist. Als englisches Stammbeispiel
könnte etwa die kirchliche Formel *this holy Gospeller
St. John* u. dgl. gelten. Aus Tennyson:

8 b, T o — —, II, 6: *not martyr-flames, nor trenchant
swords can do away that ancient lie:* es ist keine bestimmte
Lüge, sondern "dieses alte Monstrum Lüge" gemeint; —
26 a, A l e x a n d e r, 7: *that palm-planted fountain-fed
Ammonian Oasis in the waste* ("jene", sc. die in Alexanders
Geschichte eine so große Rolle spielt), in emphatischer
Verachtung[1]): 26 b, P o l a n d, 10: *how long (shall) this
icy-hearted Muscovite oppress the region?* vgl. 241, B o ä d i c e a,
1: *those Neronian legionaries;* — 43 a 3, O e n o n e, 202:
*ah me, ...that my . hot lips (were) prest... to thine in
that quick-falling dew of... kisses* (in "jenem", d. h. "wie
ich ihn aus der Erinnerung kenne"); — ein ganz dem lat.
ille analoger Fall: 57 a 9, D r e a m F a i r W o m e n, 16:
those far-renowned brides of ancient song; — 111 b, W i l l
W a t e r p r o o f, 31: *that child's heart within the man's
(illud,* das "gewisse"); — 117 b, V o y a g e, V, 7: *where those
long swells of breaker sweep the nutmeg rocks and isles of
clove;* — 132 a 16, E n o c h A r d e n, 460: *his (Philip's) eyes
full of that life-long hunger* (von dem mehrfach erwähnten,
für Ph. charakteristisch gewordenen Ausdruck ungestillter
Liebessehnsucht); vgl. 217 b 28, P r i n c e s s, C o n c l u s i o n,
Schlußvers: *Lilia ... disrobed the statue ... from those
rich silks* (den "erwähnten"); 140 b 17, B r o o k, 76:
claspt hands and that petitionary grace of sweet seventeen; —
187 a 21, P r i n c e s s, IV, 56: *that great year of equal
mights and rights* ("das erträumte, ideale..."); — 219 b 6,
W e l l i n g t o n, VI, 44: *one that sought but Duty's iron
crown on that loud sabbath (Waterloo) shook the spoiler
down;* — 269 b 31, I n M e m., 85, 91: *I triumph in conclusive
bliss, and that serene result of all:* hier wie öfter klingt
diese Art des Demonstrativs an dessen familiäre Verwendungsweise an, wie sie in alltäglicher Rede vorkommt,

---

[1]) Lat. *iste.* — Der Umgangssprache immer geläufig, vgl. z. B.
"D i e s e r Schurk', der Matkowitsch!..." (Titel eines Buches von
Roda Roda, Wien, Österr. Verlagsanstalt, 1904).

wenn man etwas in seiner Eigenart nicht zu definieren
vermag; — 284 b, In Mem., Epilogue, 8: *nor (have I)
proved since that dark day a day like this:* absichtlich un-
deutlich von Hallams Todestag; 321 a 32, Gareth
Lynette, 225: *those three Queens, the friends of Arthur,
who should help him at his need*: die vorher nicht genannten,
geheimnisvollen *Ladies of the Lake;* — 341 a, Marriage
Geraint, 3: *one of that great Order of the Table Round.*
— 553 b, Flight, XVII, 3: *tho' these fathers will not
hear, the blessed Heavens are just (these* = "diese grausamen");
vgl. 148 b 17, Aylmer's Field, 390: *these old father-
fools;* — 859 b, Forlorn, XI, 3: *you will live till that is
born, then a little longer … (that* = *the child of shame;* ihre
idée fixe); vgl. 842 b, To Marquis Dufferin Ava, XI,
3: *when That within the coffin fell, ·fell — and flash'd into the
Red Sea* (die Leiche Lionel Tennysons). —

Die letzten zwei Beispiele berühren sich schon mit
einer im stilistischen Teil zu besprechenden, typisch durch
that which (und Ähnliches) eingeleiteten Gruppe von Relativumschreibungen für Gott, geheimnisvolle ·Wesen und
Kräfte (s. § 158).

§ 120. Als weitere Eigentümlichkeit im Gebrauch der
Demonstrativa muß ich wieder einmal etwas aus der Wortbildung vorausnehmen: es handelt sich um Tennysons
besonders in späterer Zeit — ausgesprochene Vorliebe für
die wegen ihrer Kürze bequemen, wenn auch nicht hoch-
poetischen Präpositionaladverbia, welche er manchmal in weiterem Umfange als dies sonst geläufig ist, für
die Verbindung: Präposition + Demonstrativpronomen ein-
setzt, — eine Erscheinung, welche beim Relativpronomen
ihre Entsprechung finden wird (s. § 122). Beispiele:
— 320 a 23, Gareth Lynette, 159: *when her son
beheld his only way to glory lead … thro' … kitchen-vassal-
age…, her … Gareth was too princely-proud to pass thereby*
("auf diesem Wege"); 328 b 8, Gareth Lynette,
662: *ride therethro'* (von einem Tore); — 450 b 2,
Last Tournament, 443: *a shower of blood in a field noir,
and therebeside a horn;* — 454 a 23, Last Tournament, 664: *we run more counter to the soul thereof…
(viz. of a vow made);* 586 a 16, Queen Mary, I, 4: *mix*

not yourself with any plot I pray you; nay, if by chance you hear of any such, speak not thereof; — 599 a 10, Q u e e n M a r y, II, 2: *as to this marriage,* . . . *we made thereto no treaty of ourselves, ant set no foot thereto ward unadvised;* — 609 b 20, Q u e e n M a r y, III, 2. 28: *feeling my native land beneath my foot, I said thereto . . .;* — 628 a 5, Q u e e n M a r y, IV, 2: *it is no more than what you have sign'd already, the public form thereof;* 705 b, B e c k e t, I, 3: *he shall answer to the summons of the King's court, to be tried therein.*

§ 121. An sonstigen Kuriositäten in der Verwendung der Demonstrativa führe ich summarisch an:

— *this* für *it* als provisorisches Subjekt vor einem Infinitiv, der das eigentliche ist: 32 a 4, T w o V o i c e s, 76: *were this not well, to bide mine hour;* ib. 31 (103): *this is more vile* . . . *to breathe and loathe,* . . . *than once* . . . *to die;* 69 a 24, M o r t e d 'A r t h u r, 78: *this is a shameful thing for men to lie;* 83 b 20, E d w i n M o r r i s, 45: *this is well, to have a dame indoors . . .;* 119 a 18, L a u n c e l o t G u i n e v e r e, 43: *(a man had given all) for this, to waste his whole heart in a kiss . . .;*

— Kürzungen: *that* für *such as is:* 34 b 10 (T w o V o i c e s): *that type of Perfect in his mind in Nature can he nowhere find;* 608 a 20, Q u e e n M a r y, III, 1: *she had but follow'd the device of those* (sc. *who were) her nearest kin;* —

70 a 23, M o r t e d 'A r t h u r, 147: *and lightly went the other to the King:* von Bedivere, der einzigen augenblicklich auf der Bühne der Erzählung befindlichen Person, einfach im Sinne von "jener", ohne daß *the one* vorherging[1]); unklar ist das ebenfalls alleinstehende *o sacred essence, other form* an der Stelle 269 a 15, I n M e m., 85, 35; —

ein Demonstrativum für pronominale Ausdrücke der 1. Person[2]): 73 b 30, G a r d e n e r's D a u g h t e r, 73: *this*

---

[1]) Ähnliche Fälle von Setzung eines der Korrelativa ohne das zweite kommen bei den Disjunktivkonjunktionen vor (s. unten § 129); eine verwandte Erscheinung ist ferner die Verwendung eines der Korrelativa an beiden Stellen, so *one—one* für *the one—the other:* 68 a, M o r t e d'A r t h u r, 11, u. ö.

[2]) Nach der Art von Polonius' Versicherung: *"take this from this, if this be otherwise" (Hamlet, II, 2, 156;* D e l i u s, Anm. 44).

orbit of the memory folds for ever in itself the day we went to see her (= the orbit of my memory); — 561, 18, Locksley Hall Sixty Years After, 38: *I this old white-headed dreamer;*

Sonstiges: — ein saloppes Demonstrativum in Nachahmung der Umgangssprache: 81 a, Walking to Mail, 5: *and when does this come by* (für *it*, viz. *the mail);* — 123 b, To——, 2: *you might have won the Poet's name, if such be worth the winning now:* (deutsch "selbiger") halb scherzhaft? — 124 a, To E. L., 5: *all things fair* faßt eine vorhergehende Aufzählung zusammen, daher wir vor *things* ein Demonstrativum erwarten; — 132 b 30, Enoch Arden, 504: *so these were wed:* ein *they* würde genügen, weil überhaupt nur von "ihnen" die Rede ist, aber die Variation fordert *these* vor dem *and they were wed* der folgenden Zeile; — 173 b 30, Princess, II, 37: *as tho' there were one rose in all the world, your Highness that* (für *being that rose;* die gesuchte Kürze unter metrischem Zwang); — 234 b 38, To Maurice, 46: *those are few we hold as dear:* wo ein *there* ohne jedes Pronomen genügen würde· vgl. 348 a 21, Marriage Geraint, 441: *there are those who love me yet,* wo die demonstrative Funktion schon an die indefinite grenzt; — 328 b 29, Gareth Lynette, 683: *seeing who had worked lustier than any . . ., (now) mounted in arms, (they) threw up their caps:* das Partizip *mounted* würde vor *who* sein *him* fordern; — 428 a 36, Holy Grail, 601: *poor men . . . must be content to sit by little fires*[1]*), and this am I: so am I* erwarten wir bei Beziehung auf ein Adjektivum; ein solches fehlt gänzlich an der Stelle: 574 a, My Brother's Sonnets, II, 7: *true poet, surely to be found* (sc. *[to be] so) when truth is found again:* die Auslassung des *so* ist zu einem Wortspiel mit *found* verwertet ("befunden" — "gefunden"); — *that* im Dialekt als Demonstrativadverb für *thus:* 516 a, Village Wife, XV, 3: *I beänt that sewer (= I am not so sure);* — 515 b, Village Wife, XII, 1: *'e were that outdacious at 'oäm;* 516 b, Village Wife, XVI, 12: *that mooch (= thus much).*

---

[1]) Vgl. die von Matthew Arnold in seinem Essay *The Study of Poetry* zitierten Zeilen aus François Villons *La Belle Heaulmière: . . . à petit feu de chenevottes . . .* (Tauchnitz Ed., II, p. 35, Note).

§ 122. Auch bei den Relativpronominen ist eine Vorliebe für Präpositionaladverbia zu verzeichnen, ganz wie bei den Demonstrativen (§ 120), vielleicht noch weitgehender[1]):

— 86 b 1, Stylites, 69: *more than this I bore, whereof, o God, thou knowest all*[2]); 89 a 29, Talking Oak, 33: *thou (oak), whereon I carved her name* (eine beachtenswerte — durch den Inhalt bedingte — Vermengung persönlichen und sachlichen Ausdrucks); — 90 a 13, Talking Oak, 97: dasselbe, mit folgendem *that oft hast heard my vows;* — 91 a 22, Talking Oak, 185: *the days ... whereof the poets talk;* — 95 b, Ulysses, 19: *all experience is an arch wherethro' gleams that untravell'd world ...;* — 286 b 9, In Mem., Epilogue, 137: *(the "crowning race" of men) ... whereof the man that with me trod this planet, was a noble type;* — 312 a 8, Coming Arthur, 188: *daughters had she borne him, — one whereof ... Bellicent ...;* — 332 a 25, Gareth Lynette, 887: *those long loops wherethro' the serpent river coil'd,* 429 a 20, Holy Grail, 654: *what other fire than he (fire!), whereby the blood beats,* etc.; — 450 a 27, Last Tournament, 434: *a huge ... tower that stood with open doors, whereout was roll'd a roar of riot ·* 474 b 6 (Passing Arthur): *be yon dark Queens ... the three whereat we gazed, ... friends of Arthur .* ? — 474 b, To Queen, 14: *that true North whereof we lately heard a strain to shame us ...;* — 478 b 28, Lover's Tale, I, 162: *my outward circling air wherewith I breathe;* — 488 b 9, Lover's Tale, I, 779: *... falls asleep in swoon, wherefrom awaked ...* (relativer Anschluß, s. oben § 14); — 548 a 7, Ancient Sage, 13: *the heavens whereby the cloud was moulded, and whereout the cloud descended;* — 616 a 14, Queen Mary, III, 4: *look to the Netherlands, wherein have been such holocausts of heresy* (für einfaches *where);* — 672 a 17, Harold, III, 1: *in his grasp a sword of lightnings, wherewithal he cleft the tree;* — 689 b 1, Harold, V, 1: *(thunderbolts) charged with the weight of heaven wherefrom they fall;* — 762 a, 4 u., Cup,

---

[1]) Dieser Gebrauch hat seine Entsprechung im Mhd.: Paul, Mhd. Grammatik[5], § 222, und Anm. 1, 2.

[2]) Ein unechter Partitivus nach Art der § 20 besprochenen.

II: *the marriage cup where from we make libation to the Goddess;*   894 b, Death Duke Clarence, 16: *that Eternal Harmony whereto the worlds beat time.*

§ 123. Ein extremer Fall dieses Gebrauches ist die Setzung einfacher — nicht präpositional zusammengesetzter — Relativadverbia für Kasus und Präpositionalverbindungen von Relativpronominen, so etwa:

— 163 a 19, Lucretius, 147: *...or lend an ear to Plato where he says, that men like soldiers... etc.* (es ist die Stelle in den Werken gemeint);   512 a 6, Sisters, 166: *had I not known where Love... grew after marriage (= men in whom...);*   679 b 2, Harold, IV, 1: *canst thou love me, thou knowing where I love?*[1] —

Dasselbe im demonstrativen Ausdruck: 736 a, 8 u. Becket, IV, 2: *the world hath trick'd her — that's the King; if so, there was the farce, the feint;* — 696 a, Becket, Prologue: Becket hat den König aufgefordert, den ersten Erzbischof von Canterbury zu nennen; *Henry (lays his hand on Becket's shoulder): Here!* — Vgl. die Beispiele mit *here* in § 114.

§ 124. An sonstigen Besonderheiten im Gebrauche einzelner Relativpronomina sind etwa zu beobachten:

— 12 b, Ode Memory, V, 18: *...that all which thou hast drawn of fairest or boldest since, but lightly weighs...:* ein relatives *that* mußte des vorhergehenden konsekutiven wegen vermieden werden;   22 b, Eleänore, I, 4: *there is nothing here, which, from the outward to the inward brought, moulded thy baby thought;* hingegen 27 b 2, Sonnet, X, 4: *(what is there)..., that I should fear;*   357 a 30, Geraint Enid, 201: *there came a fair-hair'd youth, that in his hand bare victual;* — 575 b 9, Hands All Round, 18: *Canada whom we love and prize* (weil personifiziert); — ein besonders auffälliges Beispiel für das sonst geläufige Fehlen des Relativums: 648 b, Queen Mary, V, 5, 10: *I whistle to the bird (that) has broken cage, and all in vain.* Über eine besondere Gruppe von Relativumschreibungen auf *that which* s. § 158.

———————•

[1] Vgl. Shakspere, *All's well*, I, 3: *Let not your hate encounter with my love, for loving where you do.*

§ 125. Im Verhältnis des Relativums zum Interroga-
tivum ist vor allem als Übergangsstufe vom Relativverhältnis
zur indirekten Frage oder vielmehr Ersatz dieser durch
jenes die Stelle zu zitieren: 853 b 29, R i n g, 121: *the surface eye,* ... *glancing from the one to the other, knew not t h a t
w h i c h pleased it most, the raven ringlet or the gold;*   dann
aber eine interessante Vertretung eines Frageadverbs durch
ein generell-relatives zu verzeichnen (in dialektischer
Sprache): 848 a 10, O w d R o ä, 46: *I thowt if the Staäte
was a-gawin' to let in furriners' wheät, h o w i v e r* (für *how*)
was British farmers to stan' ageän o' their feeät.
    Von den generellen Relativen selbst ist etwa nur der
Gebrauch des kürzeren und bequemeren *whoso* für *whosoever*
(z. B. 54 b 3, L o t o s - E a t e r s, 30) hervorzuheben. Ferner
ist der kollektive Singul. Neutr. in persönlicher Beziehung:
341 b 27, M a r r i a g e G e r a i n t, 36: *assassins, and all flyers
from the hand of Justice, and w h a t e v e r loaches a law* zu
notieren. Die noch auffälligere parallele Wendung: 252 a,
I n M e m., 18, 11: *come, w h a t e v e r loves to weep* erklärt
Churton Collins als Latinismus und belegt sie durch das
horazische *o deorum q u i d q u i d in coelo regit.* — (Sämtliche
Beispiele für diesen Gebrauch s. unter L a t i n i s m e n, § 276.) —
    § 126. Für dichterisch freien Gebrauch verschiedener
I n d e f i n i t a führe ich folgende Beispiele an:
    448 b 4, L a s t T o u r n a m e n t, 319: ... *which left
thee less than fool* ... *a naked a u g h t (something* würden wir
sagen);   468 b 28, P a s s i n g A r t h u r, 118: *as by s o m e
o n e deathbed after wail of suffering, silence follows* ... ;
480 b 29, L o v e r's T a l e, I, 299: *as t h a t o t h e r gazed,
shading his eyes till all the fiery cloud, the prophet and the
chariot and the steeds, suck'd into oneness* ... *were drunk into
the inmost blue:* es ist von Elisäus die Rede, wie er dem
Elias nachsieht (2, K i n g s, 2, 11)[1];   486 a 26, L o v e r's
T a l e, I, 640: *its (a phantom's) face and w h a t i t h a s f o r
eyes* ...

---

[1] Die Wendung gehört zu einer wohlbekannten Gruppe von
logisch, wenn auch nicht grammatisch indefiniten und zum Teil
gewissermaßen euphemistischen Ausdrücken; ich weise nur noch hin
auf franz. *l'autre* für Napoleon.

Schon das letzte Beispiel berührt sich mit einer hiehergehörigen und sicher direkt dem Lateinischen nachgebildeten
Art Indefinitsätze, welche, als sprachliche Einheiten emp-
funden, für Pronomina fungieren, vom Typus des lateinischen
nescio quid; Churton Collins, p. 158 (Einleitung zu "Princess"),
zitiert: 201 b 23, Princess, V, 385: *blustering I know*
not what of insolence and love . . . ; vgl. ferner: 465 a 2,
Guinevere, 567: *death, or I know not what mysterious*
doom. Eigentümlich kurz ist: 134 b 26, Enoch Arden,
634: *making signs they knew not what* (d. h. *which signified*
they knew not what). —

———

Von den unflektierten Redeteilen bleiben, da das Adverb bereits im Zusammenhange mit dem Adjektiv behandelt
worden ist, nur mehr Präpositionen und Konjunktionen zu besprechen übrig.

§ 127. Die Besonderheiten im Gebrauch der ersteren
sind — wie schon manches im bisherigen — eigentlich ein
lexikographisches Kapitel und es empfiehlt sich daher, im
folgenden Verzeichnis die übersichtliche alphabetische Anordnung einer problematisch-logischen vorzuziehen, wobei
ich aber innerhalb der einzelnen Artikel chronologisch
vorgehe:

— *about:* 33 a 5, Two Voices, 161: *if Nature put not*
forth her power about the opening of the flower (about = toward,
final in Anklang an *to bring about); * ähnlich 145 a 2,
Aylmers Field, 152: *her art, her hand,* etc., *all had*
wrought about them (labourers' cottages): "an ihrer Verschönerung", also halb final, halb lokal; 106 a, Arrival
(Day-Dream), III, 5: *all his life the charm did talk about*
his path, and hover near . . . in his walk; 142 a 28, Brook,
169: *one who bore your name about these meadows, twenty*
years ago; 143 a 12, Aylmer's Field, 32: *a land of hops*
and poppy-mingled corn, little about it stirring save a brook;
447 a 23, Last Tournament, 245: *dame and damsel . . .*
glanced about the revels;

above: 139 b, Song, III (in Brook), 8: *I (brook)*
travel with many a silvery waterbreak above the golden gravel
(für einfaches *on* — vielleicht wegen der Antithese: unten
Gold, oben Silber);

after: 131b 10, Enoch Arden, 425: *I am content to be loved a little after Enoch (= less than Enoch);* vgl. *under:* 382b 7, Merlin Vivien, 130: *her (falcon's) bells, tone under tone, shrill'd (= one tone lower than another);* zu *after* noch: 468b 21, Passing Arthur, 111: *shrieks after the Christ, of those who falling down look'd up for heaven, and only saw the mist;* —

against "im Vergleich zu" bei optischem Kontrast (vgl. *by, unto):* 54a, Lotos-Eaters, 26: *dark faces pale against that rosy flame;* 72a 20, Morte d'Arthur, 270: *the hull look'd one black dot against the verge of dawn;*

at (temporal): 416b 17, Lancelot Elaine, 1297: *not at my years* (kontaminiert aus *in my years* und *at my time of life);* —

before—behind: 103, Godiva, 18: *his beard a foot before him, and his hair a yard behind (he—Earl—strode about the hall...);*[1])

between als Postposition: 83b 13, Edwin Morris 37: *either twilight and the day between;* —

by wechselt mit *of* und *with* beim Passivum; mit *of:* 5b 2, Confessions Sensitive Mind, 144: *unmoved of change;* 10b 28, Recollections Arabian Nights, 80: *the solemn palms..., unwoo'd of summer wind;* 41b 25, Oenone, 124: *power... wisdom-bred and throned of wisdom* ("von Weisheit beherrscht"); — mit *with:* 92b, Love Duty, 16: *the staring eye glazed o'er with sapless days;* 190b 3, Princess, IV, 263: *a spire of land... wail'd about with mews;* 298b, Maud, I, XIX, III, 11: *vext with lawyers and harass'd with debt;* s. auch unten sub *with;* — *by* für *among:* 71a 11, Morte d'Arthur, 197: *all the decks were dense with stately forms... by these three Queens with crowns of gold;* — *by* = "im Vergleich zu" (wie *against, to, unto):* 453a 20, Last Tournament, 604: *o were I* (sagt Isolt) *not my Mark's, by whom all men are noble;*

for in mannigfacher Verwendung: 103, 12, Locksley

---

[1]) Diese Hyperbel ist im Zusammenhang mit der fast präraphaelitisch stilisierten Zeichnung (auch Farbentechnik) dieser mittelalterlichen Legende. — Man vergleiche dazu: 314a 14, Coming Arthur, 320: *Gawain... follow'd by his flying hair, ran like a colt.* — S. § 168, zweite Fußnote.

Hall, 190: *now for me the woods may wither, now for me the roof-tree fall* ("meinetwegen, soweit es auf mich ankommt")· dativisch: 124 b, Break, break ..., 5 und 7: *o well for the fisherman's boy, ... o well for the sailor lad ..* — also Ausdruck eines dativus commodi; hingegen fehlt ein solches dativisches *for,* wo wir es bestimmt erwarten: 208 a 22, Princess, VI, 342: *a word, not one to spare her* („nicht eines habt Ihr für sie übrig!"); — final: 222 b, Light Brigade, I, 6: *charge for the guns!* ("holt die Kanonen!"); — *for = instead of:* 175 b 26, Princess, II, 159: *two plummets dropt for one to sound the abyss of science (d. h. not only one, as till now);* eine scherzhafte Dialektwendung: 556 b, Tomorrow, X, 2: *thim ould blind nagers in Agypt ... could keep their haithen kings in the flesh for the Jidgemint day* (wie man etwa ein Gericht zu einem bestimmten Mahle aufbewahrt); dasselbe in ernster Rede (wegen bequemer Kürze): 755 b 7, Cup, I, 2: *a child's sand-castle on the beach for the next wave (to swallow);* —

from, ein überaus vielbeschäftigtes Wörtchen; es bedeutet lokal: (wörtliche und bildliche) Entfernung, Trennung, Ausgangspunkt; temporal: Überstandenes; und kausal: Ursprung, Ursache. Beispiele: 10 b 23, Recollections Arabian Nights, 75: *life... apart from place, withholding time* ("über Raum und Zeit erhaben"); 12 b, Ode Memory, V, 31: *... where from the frequent bridge,* (wohl für *from under?) the trenched waters run from sky to sky;* 15 b 2, Sea-Fairies, 12: *down shower the gambolling waterfalls from wandering over the lea* (halb lokal, halb temporal); — partitiv (bildliche Ausscheidung): 45 b 7, Palace Art, 59: *a perfect whole from living nature; from = beyond,* lat. *trans:* 52, 8, New-Year's Eve, 42: *and you see me carried out from the threshold of the door;* — 71 a 11, Morte d'Arthur, 198: *from them rose a cry ...* (aus ihren Kehlen); 124 a 2, To — —, 22: *a song that pleased us from its worth* (rein derivativ-kausal); 141 a 28, Brook, 119: *talking from the point:* absichtlich über etwas anderes als das, worum es sich handelte, redend; 152 a 23, Aylmer's Field, 627: wörtlich und bildlich nebeneinander: *from his height* (Kanzel) *and (from his) loneliness of grief* ("aus dem Schmerz seiner Vereinsamung heraus"); 163 b 12, Lucretius, 175: *Nature ... balmier and nobler from her bath of storm* (lokale und temporale Bedeutung untereinander

und mit kausaler im Bil*d*e verbunden); 189 a 13, Princess,
IV, 180 ff.: *less from Indian craft than beelike instinct hiveward*
(out of oder *by* sagt die Prosa); 212 a 6, Princess, VII,
90: *clocks* ... *call'd on flying Time from all their silver tongues*
(instrumentales *with* wäre das Gewöhnliche); 214 a 6,
Princess, VII, 230: *till the Sun drop, dead, from the signs*
(für *from among)*; 248 b, In Mem., 6, 12: *the life that beat*
from thee (= Leben deines Sohnes); 327 b 26, Gareth
Lynette, 619: *(knights-errant) courteous or bestial from the*
moment (= made ... *by the impulse of a moment)*; 621 b, 2 u.,
Queen Mary, III, 5: *I think they fain would have me from*
the realm (= *off, away from)*; 701 b, 1 u., Becket, I, 1: *wast*
thou not told to keep thyself from (= *out of) sight?* — Ein
gutes Beispiel für *from* = *apart from*, im Jugendgedichte
The Mystic, 30 (Churton Collins, Early Poems, 287):
He often lying broad awake, and yet remaining from the body,
and apart in intellect and power and will.

in: der Gebrauch des bequemen, an sich farblosen
Wortes in allen möglichen Bedeutungen sei *d*urch eine Mosaik
von Beispielen illustriert: 6 b, Lilian, II, 10: *the baby-roses*
in her cheeks (wo wir *on* erwarten); ebenso 8 a 11, Mariana,
51: *in the white curtain, to and fro, she saw the gusty shadow*
sway; 106 a, Arrival (Day-Dream), III, 7: *the charm did*
... *hover near him in his walk;* 115 b, Captain, 43: *the*
air was torn in sunder (= *asunder);* 189 a 6, Princess,
IV, 173: *maidens, glimmeringly group'd in the hollow bank;*
189 a 18, Princess, IV, 185: *valves of open-work in which*
the hunter rued his rash intrusion (Actaeon); 195 b 5, Princess,
IV, drittletzter Vers: *in his cap* ... *arranged the favour* (Hand-
schuh der Dame); 274 b 15, In Mem., 97, 19: *rapt in matters*
dark and deep (nach § 35 erwarten wir *on* oder *upon).*
Umgekehrt *on* für *in:* 124 b, Break, break , 8: *he*
sings in his boat on the bay (weil *bay* die Wasserfläche bedeutet); (hingegen 133 b 6, Enoch Arden, 546: *an isle*
the loneliest in a lonely sea; 243 a, Milton, 12: *a wanderer*
out in ocean); 133 a 1, Enoch Arden, 508: *a whisper*
(seem'd to fall) on her ear; 187 a 19, Princess, IV, 54:
down (the streams of time) ... *goes* ... *throne after throne, and*
molten on the waste becomes a cloud. — *in* für *into:* 10 b
16, Recollections Arabian Nights, 68: *lemon groves in*

closest coverture upsprung (= into, in a way to form); 19 b,
M e r m a i d, I, 6: *combing her hair . . . in a golden curl; —* dasselbe bei nicht konsekutiver, sondern wirklicher Richtungs-
bedeutung: 31 a, T w o V o i c e s, 5: *cast in . . . shade;* vgl.
330 b 15, G a r e t h L y n e t t e, 786: *they have bound my lord to
cast him in the mere;* 35 a 30, T w o V o i c e s, 354: *fall in trance;*
74 b 4, G a r d e n e r's D a u g h t e r, 113: *we enter'd in the cool;*
91 b 24, T a l k i n g O a k, 228: *(I dropt) an acorn in her breast
(= into her bosom);* 107 a, D e p a r t u r e (D a y - D r e a m), I,
4: *far across the hills they went in that new world;* 107 a,
M o r a l (D a y - D r e a m), I, 3: *go, look in any glass;* 111 a,
E d w a r d G r a y, 21: *I put my face in the grass;* 111 b,
W i l l W a t e r p r o o f, 17: *(the Muse) dips her laurel in the
wine;* 127 a 29, E n o c h A r d e n, 152: *laid the feeble infant
in his arms;* u. s. w., sehr oft; beides nebeneinander:
275 a 24, In M e m., 98, 31: *(the rocket . breaks) molten
into flakes of crimson or in emerald rain. —* Umgekehrt ein
u n e r w a r t e t e s *i n t o:* 24 b, M y l i f e . . ., I, 3: *wander'd
into other ways;* 63 a 8, T o J. S p., 32: *born into the
earth;* 98, L o c k s l e y H a l l, 6: *the hollow ocean-ridges
roaring into cataracts;* 117 b, V o y a g e, IV, 2: *new stars all
night . . . lighten'd into view; —* aber auch *t o* für *i n t o;* 336 b
8, G a r e t h L y n e t t e, 1119: *hurl'd him . . . o'er the bridge
down to the river.* V e r s c h i e d e n e a n d e r e S t e l l e n
zu *in:* 16 b, D y i n g S w a n, III, 6: *prevailing in weakness*
("bei aller Schwäche"): konzessiv; ebenso 272 b, In M e m.,
93, 12: *. . . that in this blindness of the frame my ghost may
feel that thine is near;* 23 a, E l e ä n o r e, II, 3: *coming
in the . . . breeze:* "mit dem Winde geflogen kommen": *with*
wäre prosaisch-farblos; ähnlich 25 a, M y l i f e . . ., II, 5:
pledge me in the flowing grape; 27 a, S o n n e t, IX, 9: *I
pledge her not in any cheerful cup;* 267 a, In M e m., 79, 12:
the winds came in whispers of the beauteous world; — 26 b,
S o n n e t, VII, 9: *(Hope cares no more) to lisp in love's deli-
eious creeds:* "sich in Liebesgeständnissen zu ergehen"; —
a d v e r b i a l: 28 a, L a d y S h a l o t t, I, 32: *reapers, reaping
early i n among the bearded barley;* 192 b 25, P r i n c e s s, IV,
414: *the leader wildswan in among the stars; —* 28 b, L a d y
S h a l o t t, II, 31: *in her web she still delights to weave the
mirror's magic sights:* σχῆμα ἀπὸ κοινοῦ: 1. *she delights*

in her web ("freut sich an —"); 2. *to weave in(-to) her web* ...;
"in Gestalt von" : 38 a 43, Miller's Daughter
151: *dews, that would have fall'n in tears, I kiss'd away before
they fell;* 120 b, Letters, VI, 6: *they (graves) rose in shadow'd
swells;* 151 a 1, Aylmer's Field, 534: *huge stumbling-blocks
of scorn in babyisms and dear diminutives;* 463 b 36, Guinevere, 497: *I should evermore be vext with thee in hanging robe
or vacant ornament* ("in Gestalt"; *viz. with the idea of thee,
returning upon me from every...);* 628 b 1, Queen Mary,
IV, 2: *the soft and tremulous coward in the flesh* (hier rein
explikativ; gleichsam "der im Fleische sitzt"; das Fleisch selbst
ist der Feigling); — 75 b 20, Gardener's Daughter, 191:
fruits and cream served in the weeping elm ("im Schatten, Um-
kreis, Bereich"); ähnlich 109 a 41, Amphion, 85: *they read
in arbours clipt and cut, and alleys...;* — 93 a 5 (Love
Duty), 25: *my faith is large in Time* ("Zuversicht auf —");
164 a 26, Lucretius, 222: *my bliss in being* ("Freude am
Leben"); 238 a, Victim, II, 10: *the king is happy in child
and wife;* 104 b 1, Godiva, 68: *he bored a little augur
hole in fear* ("in aller Furcht nur ein kleines...."): halb konzessiv, halb kausal; — 148 a 12, Aylmer's Field, 355:
bearing in myself the shame the woman should have borne:
auch *on* (mit anderem Bild) oder *myself* allein (als Subjekt
zu *bearing)* wäre möglich; — 163 b 20, Lucretius, 183:
a tale to laugh at — more to laugh at in myself ("bei einem
Manne wie ich"); — 165 b, Princess, Prologue, 20: *ancient
rosaries, laborious orient ivory sphere in sphere;* — 166 a 18,
Princess, Prologue, 50: *I all rapt in this* (fast gleich
by); — 212 a 9, Princess, VII, 93: *heart in heart* — nach
"Arm in Arm, Hand in Hand"; ebenso 214 b 32, Princess,
VII, 286: *thought in thought, purpose in purpose, will in will,
they grow,* etc.; — 461 b 29, Guinevere, 357: *saying in
herself:* normaler wäre *to* oder *with;* — 633 b 18, Queen
Mary, IV, 3: *the beast might roar his claim to being in
God's image* ("nach Gottes Ebenbild"). — Mit *in* wechselt
within, oft nur nach metrischem Bedürfnis: 115 b, Captain,
24: *far within the South;* 137 a 27, Enoch Arden, 794:
prayer from a living source within the will; vgl. auch 124 a
12, To — —, 32: *the bird that...dies unheard within his
tree* ("im Laub verborgen"). —

of dient bekanntlich als Umschreibung für den Genetiv; Beispiele verschiedener Genetive: § 75. Indes kommen für manche Arten des Genetivs der Deutlichkeit halber andere Präpositionalwendungen vor. So finden wir statt eines erwarteten Gen. qualitatis: 73 b 9, Gardener's Daughter, 52: *so blunt in memory, so old at heart;* 169 a, Princess, I, 1: *a Prince...fair in face;* 171 a 7, Princess, I, 113: *crack'd and small his voice,* 1848 zu *in voice* geändert, dann wieder *his;* 280 a 1, In Mem., 113, 6: *keen in intellect.* — Hingegen sähen wir ein *with* nicht ungern für ein dunkel-qualitatives *of* an den Stellen: 101, 15, Locksley Hall, 123: *argosies of magic sails;* 218 b, Wellington, V, 19: *the dome of the golden cross.* — Ebenso finden wir in objektiver Wendung *of:* 123 a 28, Vision Sin, IV, 140: *my mockeries of the world,* wo wir *at* erwarten. Für *between—and* steht öfters kurz *of—and:* 162 b 8, Lucretius, 105: *the Gods, who haunt the lucid interspace of world and world.* — Weitere Fälle von *of* in Vertretung anderer Präpositionen: 157 b 17, Sea Dreams, 109: *I wonder'd at her strength, and ask'd her of it* (für *about*); 177 a 4, Princess, II, 234: *mix the foaming draught of fever* (für *against*); 611 a 7, Queen Mary, III, 3: *who will avenge me of mine enemies* (für *on*); 680 b 8, Harold, IV, 2: *that is noble! that sounds of Godwin!* ("wie Godwins Sohn sprechen sollte": Ausgangspunkt ist ein Genetiv der Herkunft; Kellner, Syntax, § 159). — Für die bekannte Vertauschung von *of* und *on* in der Volkssprache genüge als Beispiel: 847 a, Owd Roä, 5: *thou's rode of 'is back when a babby.* — *off:* 692 a 14, Harold, V, 2: *pluck the dead woman off the dead man, Mallet* (= *away from*). —

on (s. auch unter *in*): 14 a 29, Poet, 33: *truth was multiplied on truth:* eigentlich ein Pleonasmus, indem *on* schon den Begriff von *multiplied* enthält und dieses daher durch ein farbloseres *grew* oder dgl. vertreten werden könnte; — *on* = "auf Unkosten von": 17 b, Oriana, 11: *light on dark was growing;* 575 a, Epitaph Caxton, 2: *thou sawest a glory growing on the night;* Richtung: 92 b, Love Duty, 9: *(shall) Sin itself be found the cloudy porch oft opening on the Sun* (wie frz. *donner sur* — von Fenstern). —

thro' (so Tennysons konsequente Schreibung, desgleichen *tho'*): 1. rein lokal, aber in weniger geläufiger

Anwendung: 206 b 11, P r i n c e s s, VI, 144: *arose...thro' all her height;* 280 b, I n M e m., 116, 7: *the songs, the stirring air*, etc. *cry thro' the sense to hearten trust* ("Pforten der Sinne"); 283 a, I n M e m., 125, 6: *Hope ... did but look through dimmer eyes;* 553 a, F l i g h t, XI, 1: *how often have we watch'd the sun fade from us thro' the West;* — 2. von einem bildlichen Durchmessen oder Durchdringen, besonders b e i z e i t l i c h e n B e g r i f f e n: 1, T o Q u e e n, 14: *thro' wild March the throstle calls;* vgl. 31 a, T w o V o i c e s, 24: *look up thro' night*, und 314 b 30, C o m i n g A r t h u r, 370: *descending thro' the dismal night;* wirklich temporale Fälle: 2 b 12, N o t h i n g w i l l D i e, 16: *all things will change thro' eternity;* 64 b, L o v e L a n d, 4: *love ... transfused thro' future time;* 578 b, T o M a c r e a d y, 14: *our Shakespeare's eye ... dwells pleased, thro' twice a hundred years, on thee;* — Durchlaufen einer E n t w i c k l u n g: 92 b, L o v e D u t y, 7: *work itself thro' madness ... to law [.] system and empire;* für E n e r g i e, A u s d a u e r (vgl. T h e o d o r K ö r n e r s Gedicht "Durch!"): 104 a 26, G o d i v a, 62: *but she not less thro' all bore up;* — Reihe von Z u s t ä n d e n: 104 b, D a y - D r e a m, P r o l o g u e, 6: *I went thro' many wayward moods;* Reihe von H a n d l u n g e n: 145 b 23, A y l m e r 's F i e l d, 207: *she. stept thro' the stately minuet of those days;* 153 b 26, A y l m e r 's F i e l d, 724: *the preacher's cadence flow'd ... thro' all the attributes of his lost child;* — bei L i c h t und verschiedenen a b s t r a k t e n B e g r i f f e n: 10 a 12, R e c o l l e c t i o n s A r a b i a n N i g h t s, 18: *gold glittering thro' lamplight dim;* 64 a, O n a M o u r n e r, VI, 3: *thro' silence and the trembling stars comes Faith ...*, 640 b 4, Q u e e n M a r y, V, 2: *he strikes thro' me at Philip and yourself;* 873 b: *what vague world-whisper ... thro' those three words would haunt him when a boy, Far—far— away?* — S. auch unter *h a n d* im lexikalen Teile. —

to drückt das D a t i v v e r h ä l t n i s aus; in einem Falle gebraucht es der Dichter öfters in dieser Funktion, wo es die gewöhnliche Sprache fallen läßt, — nämlich bei *l i k e:* 11 a 37, R e c o l l e c t i o n s A r a b i a n N i g h t s, 136: *lashes like to rays of darkness;* 83 b 17, E d w i n M o r r i s, 41: *something like to this;* 152 b 9, A y l m e r 's F i e l d, 642: *a God in no wise like to Baäl;* 303 b, M a u d, II, IV, III, 2: *a shadow*

...*not thou, but like to thee;* — *to* in Vertretung anderer Präpositionen: 73 b 29, Gardener's Daughter, 72: *the dark East ... is brightening to* (= *toward, against*) *his bridal morn;* 185 b 19, Princess, III, 315: *in the shadow will we work, and mould the woman to the fuller day;* 250 b 6, In Mem., 11, 14: *leaves that redden to the fall;* *to* für lokales *towards:* 278 a, In Mem., 107, 10: *ice bristles all the brakes and thorns to yon hard crescent;* bei Bewegungsrichtung: 188 b 27, Princess, IV, 162: *rapt to the horrible (water-)fall* (atemlose Erzählung, also kurz). — Umgekehrt steht finales *toward* für *to:* 150 a 31, Aylmer's Field, 500: *as hunters round a hunted creature draw the cordon close and closer toward the death;* vgl. 163 a 26, Lucretius, 154: *gout and stone, that break body toward death;* 445 a 13, Last Tournament, 101: *my younger knights ... move with me toward their (the heathen's) quelling.* — *to* = *against:* 85 a 22, Edwin Morris, 131: *close-button'd to the storm;* 118 b, Voyage, XI, 8: *(blasts that drove us) to and thro' the counter gale;* in moral. Sinne: 543 a, Wreck, VII, 2: *my sin to my desolate little one (desolate* proleptisch: das Kind im Stiche zu lassen, war Sünde; s. § 5); — 95 a 28, Golden Year, 68: *every hour must sweat her sixty minutes to the death* (= *till*); — 107 b, L'Envoi (Day-Dream), III, 3: *to leap to light* (für *to rise from sleep;* *to* = *to meet,* "entgegen"); — 109 b, St. Agnes' Eve, 14: *as these white robes are soil'd and dark, to* ("im Vergleich zu") *yonder shining ground* (weil Schnee gefallen ist) (vgl. oben unter *against, by*)[1]); *to* für den durch eine Handlung bewirkten Zustand (verwandt den Beispielen in § 35): 234 a 21, Daisy, 97: *crush'd to hard and dry;* — mit temporalem Nebensinn: 265 a, In Mem., 71, 11: *the days that grow to something strange;* — 275 b 1, In Mem., 99, 14: *(dim dawn) who wakenest...to myriads on the genial earth memories of bridal, or of birth,* etc. (wir erwarten *in,* sc. *the mind of myriads of men*). Wie *in* mit *within,* so wechselt *to* mit *unto:* 12 b, Ode Memory,

---

[1]) Über *to* = *compared to,* s. Whalleys Note zu Ben Jonsons *Every Man in his Humour,* III, 2 (ed. Cunningham, vol. I, p. 28 b) ("*No, there were no man on the earth to Thomas, if I durst trust him*").

V, 20: *(all) but lightly weighs with thee unto* ("im Vergleiche zu") *the love thou bearest the first-born of thy genius;* 102, 10, L o c k s l e y H a l l, 152: *as moonlight unto sunlight . . .;* 117 a 12, L o r d B u r l e i g h, 62: *an honour unto which she was not born;* 310 b 14, C o m i n g A r t h u r, 102: *clarions shrilling unto blood (= to bloodshed); — i n t o* steht für *to:* 75 a 4, G a r d e n e r's D a u g h t e r, 144: *. . . nor from her tendance* (Gartenarbeit) *turn'd into the world without.*   Umgekehrt *t o* für *i n t o* (s. auch unter *in):* 23 b 8, E l e ä n o r e, IV, 19: *motions flow to one another* ("gehen ineinander über").

Wie *u n t o* neben *t o,* so steht auch *u n d e r n e a t h* für *u n d e r* nach Bedarf: 219 a, W e l l i n g t o n, VI, 22: *underneath another sun. —*

u p o n: 7 b, M a r i a n a, 25: *upon the middle of the night* ("genau um Mitternacht") (verglichen wird dazu: V e r g i l, A e n., 9, 61: *nocte super media;* S h a k s p e r e, M e a s. for M e a s., 4, 1, 35: *upon the heavy middle of the night;* K e a t s, E v e of S t. A g n e s, 49: *upon the honey'd middle of the night);* K e a t s, O d e t o N i g h t i n g a l e, VI, 6: *to cease upon the midnight with no pain;*   58 b 7, D r e a m F a i r W o m e n, 107: *my father held his hand upon his face; —* 69 b 17, M o r t e d'A r t h u r, 106: *upon the hidden bases of the hills (= at); —* 93 b 27, L o v e D u t y, 76: *(like those that) rush upon their dissolution; —* 130 a 20, E n o c h A r d e n, 341: *when he came upon her* ("besuchte"); — 134 b 3, E n o c h A r d e n, 611: *when the beauteous hateful isle return'd upon him* ("als Last auf sein Bewußtsein"); — 135 a 34, E n o c h A r d e n, 674: *he came upon the place; —* 151 a 38, A y l m e r's F i e l d, 571: *crying upon the name of Leolin; —* 170 b 22, P r i n c e s s, I, 96: *a wind arose and rush'd upon the South.*

w i t h: 74 a 2, G a r d e n e r's D a u g h t e r, 80: *May (it was) with me from head to heel;* "b e i m i r"; vgl. 174 a 8, P r i n - c e s s, II, 46: *we purposed with ourself never to wed; —* einem *w i t h i n* nähert sich solches *with* in dem Falle: 267 b, I n M e m., 82, 4: *no lower life that earth's embrace may breed with him (friend's corpse); — w i t h = a g a i n s t* (lat. *erga):* 82 b 30, W a l k i n g t o M a i l, 99: *as ruthless as a baby with a worm; —* 133 b 15, E n o c h A r d e n, 555: *the three . . . dwelt w i t h (= a m i d s t) eternal summer;* ähnlich: 173 a 5,

Princess, I, 236: *your Highness would enroll them with* *(= among) your own;* — 176 b 16, Princess, II, 215: *(this your Academe) ... will pass with all fair theories (= as* *all f. th.)*; — 359 b 28, Geraint Enid, 356: *Earl...come* *with morn ("dès le matin")*; — 703 a 9, Becket, I, 1: *the moon* *divides the whole long street with light and shade* ("in beleuchteten und dunklen Teil"). — Interessant ist der Gebrauch von *with*, wo wir präpositionsloses **absolutes Partizipium** erwarten, weil er zu älteren germanischen Präpositionalkonstruktionen (Kellner, Syntax, § 411) eine Parallele bietet: 135 b 15, Enoch Arden, 689: *Miriam* *Lane with daily dwindling profits held the house (= her profits* *daily dwindling)*; — 156 a, Sea Dreams, 6: *came, with a* *month's leave given them, to the sea;* — recht frei ist die Fügung: 341 a, Marriage Geraint, 8: *as the light of* *Heaven varies, now at sunrise, now at sunset, now by night* *with moon and trembling stars;* logisch wäre: *now there being* *sunrise, now sunset, now night, moon and trembling stars shining.* — Diesen Wendungen nächstverwandt ist der Gebrauch von *with* bei Angabe begleitender Umstände: 154 b 17, Aylmer's Field, 772: *bring their own gray hairs with* *sorrow to the grave;* 210 b, Princess, VII, 3: *at first* *with all confusion: by and by sweet order lived again with* *other laws.* — Als Meisterstück von Ausdruckskunst gehört hieher: 155 b 4, Aylmer's Field, 822: *nevermore did...pass* *the (church-) gate save under pall with bearers:* für den *grand* *seigneur* Aylmer sind auch die Träger seiner Leiche noch ein "Gefolge". — Instrumentales *with* von besonderer Art liegt vor: 205 a 4, Princess, VI, 46: *...whose arms* *champion'd our cause and won it with a day blanch'd in our* *annals* (weil *day* s. v. a. *battle* bedeutet). — Schließlich zeige ein Beispiel, wie bequem sich Kürze des Ausdrucks durch ein geschicktes *with* erzielen läßt: 215 a 20, Princess, VII, 309: *happy he with such a mother! (= happy the man* *who has such a mother!)*

§ **128.** Die Konjunktionen wurden zum Teil schon im einleitenden Abschnitte über Parataxe und Hypotaxe (§ 1—8) behandelt. Hier zitiere ich also nur mehr: zunächst von beiordnenden Konjunktionen: ein der Umgangssprache entnommenes steigerndes *but:* 103, Godiva, 22:

"You would not let your little finger ache for such as these?"
"But I would die" ("Aber ich. möchte ja —"). Dieser
Ausdrucksschärfe stehen häufige Fälle k o p u l a t i v e r V e r-
b i n d u n g s t a t t a d v e r s a t i v e r gegenüber[1]): 123 a 1,
V i s i o n S i n, IV, 113: *you are bones, and what of that* ...
(für *but what —)*; — 284 a, I n M e m., 129, 5: *dear friend
... known* a n d *unknown* ("und doch —");   312 b 16,
C o m i n g A r t h u r, 232: *a son of Gorloïs he, or else the child
of Anton,* a n d *no king* ("jedenfalls aber —"); — 314 a 24,
C o m i n g A r t h u r, 330: *this King is fair* (blond) *beyond
the race of Britons* a n d *of men* (wo wir steigerndes *yea* erwarten); — 323 b 19, G a r e t h L y n e t t e, 371: *lay him
low* a n d *slay him not* (weil *but bring him here* folgt) (vgl.
§ 2!); — 328 a 18, G a r e t h L y n e t t e, 642: *rough, sudden,
a n d pardonable* (für *yet p.)*; — 443 b, L a s t T o u r n a m e n t,
23: *the Queen, but coldly acquiescing ... received,* a n d *after
loved it (the foundling) tenderly;* — 519 a, D e f e n c e L u c k-
n o w, II, 3: *hold it we might,* — a n d *for fifteen days or for
twenty at most;* — 520 b, D e f e n c e L u c k n o w, VI, 1:
men will forget what we suffer a n d *not what we do.* —

§ **129.** Im Gebrauch von D i s j u n k t i v k o n j u n k-
t i o n e n sind als Besonderheiten zu verzeichnen:

— *or—or* für *either—or* (vgl. § 121, S. 153, Note 1):
325 a 19, G a r e t h L y n e t t e, 458: *or from sheepcot or king's
hall;* 469 a 1, P a s s i n g A r t h u r, 120: *or thro' death or
death-like swoon;* — *nor—nor* = *neither—nor:* 327 a 13, G a r e t h
L y n e t t e, 575: *... he be nor ta'en nor slain;* 880 b 18,
A k b a r ' s D r e a m, 31: *He knows Himself, men nor themselves nor Him;* *nor* allein für *neither—nor:* 512 a 15,
S i s t e r s, 175: *the full high-tide of doubt that sway'd me up
and down, advancing* n o r *retreating* (oder soll *advancing* be-
jaht und in negativer Parallelvariation *retreating* verneint
werden?); sicherer und kühner ist der Fall: 535 b, B r u n n a n-
b u r h, XI, 6: *he* n o r *had Anlaf ... a reason for bragg-
ing ... (= neither he nor Anlaf had,* der Alliteration
halber).

---

[1]) An und für sich natürlich nichts Ungewöhnliches, nicht nur
im Englischen; vgl. z. B. Fr. P o n s a r d, *L'honneur et l'argent,* I, 3:
c'est bien facile a dire et moins à pratiquer.

§ 130. Unterordnende Konjunktionen:

temporale: *what time* für "während" sehr beliebt: Poems by Two Brothers, 105, 8 (Sublimity): *what time the rushing of the angry gale is loud upon the waters;* 106, 2 (Sublimity): *what time the tomb... yawns,* 12 b 6, Ode Memory, IV, 25: *what time the amber morn forth gushes* (wegen Variation zum vorhergehenden *when the first matin-song hath waken'd loud);* 17 b, Love Death, 1: *what time the mighty moon was gathering light;* 32 b 41, Two Voices, 156: *dying of a mortal stroke, what time the foeman's line is broke;* — 47 b 11, Palace Art, 199: *I can but count thee perfect gain, what time I watch the darkening droves of swine;* — 187 b 5, Princess, IV, 71: *(a song) myself had made, what time I watch'd the swallow winging south;* — *the while* für diesen Begriff: 23 b, Eleänore, V, 4: *I muse... the while... comes out thy... smile;* — *when first* als genaues Abbild des lat. *cum (ubi) primum,* ist wie *since first* u. dgl. sehr häufig: 144 a 25, Aylmer's Field, 109: *when first the tented winter-field was broken up...;* — temporal-relativ steht *when* in dem Beispiel: 566, 6, Locksley Hall Sixty Years After, 208: *many an Aeon moulded earth, before her highest, man, was born, many an Aeon too may pass when (= during the which) earth is* (futurisches Präsens, § 49) *manless and forlorn;* —

modale: *as* für *as if* (sehr oft): 13 b, A Character, 25: *with lips depress'd as he were meek;* ebenso häufig ist *as though:* 21 a, Margaret, I, 13: *a tearful grace, as tho' you stood between the rainbow and the sun;* 23 b 7, Eleänore, IV, 19: *motions flow... even as tho' they were modulated so;*

konditionales *if* für konzessive Verbindung: 73 b 15, Gardener's Daughter, 58: *if I said that Fancy..* etc., *yet that was also true* (also nicht *si,* sondern *etiamsi);*

Konjunktionen der Umgangs- und Volkssprache: — 141 a 13, Brook, 104: *he told a... tale of how the squire had seen the colt,* etc.; — 558 b, Spinster's Sweet-'Arts, IX, 4: *thou'd...'a taäen to the bottle, so es all that I 'ears be true.* — Schließlich als Kanzleiblümchen ein kausales *whereas* im Sinne des lat. "juridischen" *quod:* 812 b, F o r e s t e r s, I, 3: *w h e r e a s Robin Hood ... hath trespassed against the king . . ., therefore . . Robin Hood ... is outlawed and banish'd.* —

§ **131.** Den Schluß dieser syntaktischen Betrachtungen möge einiges über die W o r t s t e l l u n g bilden, wobei natürlich nur systemisierbare Gruppen von Erscheinungen, nicht die zahllosen isolierten Fälle dichterischer Freiheit und metrischen Zwanges aufgezählt werden.

Das P r ä d i k a t geht öfters dem S u b j e k t voran (K e l l n e r, S y n t a x, § 451 ff.):

— 102, 19 f., L o c k s l e y H a l l, 159 f.: *never comes the trader, never floats an European flag, s l i d e s t h e b i r d o'er lustrous woodland, s w i n g s t h e t r a i l e r from the crag* (= *only the bird slides* etc.); 103, 13, L o c k s l e y H a l l, 291: *c o m e s a v a p o u r from the margin;* hier fehlt uns ein *there,* welches die Inversion zulässig machen würde, ebenso: 108 b, A m p h i o n, 41: *came wet - shod alder from the wave;* 204 a, S o n g (vor P r i n c e s s, VI), 9: *s t o l e a m a i d e n from her place;* hingegen tritt nach *there* keine Inversion ein in dem Falle: 259 b 1, I n M e m., 46, 5: *t h e r e n o s h a d e c a n l a s t in that deep dawn behind the tomb;* 116 a 10, C a p t a i n, 54: *on the decks as they were lying, w e r e t h e i r f a c e s grim;* 138 a 9, E n o c h A r d e n, 841: *I mind him coming down the street; h e l d his head high, and cared for no man, h e;* 201 b 9, P r i n c e s s, V, 372: *... and of those, — mothers, — that, all prophetic pity, fling their pretty maids in the running flood, and s w o o p s t h e v u l t u r e, beak and talon, at the heart made for all noble motion,* 242, 41, B o ä d i c e a, 85: *r a n t h e l a n d with Roman slaughter, ... perish'd many a maid and matron;* — 273 a, I n M e m., 95, 10: *... bats went round in fragrant skies and w h e e l'd o r l i t t h e f i l m y s h a p e s that haunt the dusk;* — 275 a 22, I n M e m., 98, 30: *when all is gay ... and w h e e l s t h e c i r c l e d d a n c e and breaks the rocket molten into flakes;* — 276 b, I n M e m., 103, 26: *as vaster grew the shore and r o l l'd t h e f l o o d s in grander space;* — 316 a 25, C o m i n g A r t h u r, 453: *r o l l'd i n c e n s e, and there past along the hymns a voice as of the waters;* — in den Königsidyllen werden Reden regelmäßig durch *said* + Subjekt eingeführt, z. B.: 339 b 21, Gareth Lynette, 1303: *said Gareth laughing; —* 340 a 17, Gareth Lynette, 1327: *echo'd the walls, ...came lights* etc.; — 424 a 23, Holy Grail, 332: *where the roofs totter'd toward each other in the sky, met foreheads all along the street of those who watch'd us pass; —* im Konsekutivsatz: 478 a 15, Lover's Tale, I, 116: *so that, in that I have lived, do I live;* 569 a, Heavy Brigade, III, 1—8, geht eine ganze Reihe von Prädikaten — *fell..., burst..., crash'd, broke..., drove..., plunged ., rode. —* dem Subjekt *brave Inniskillens and Greys* voraus. Ähnliches im Fragesatz: 612 a 2, Queen Mary, III, 3: *is reconciled the world? the Pope again?*

Dieselbe Voranstellung des Prädikates tritt auch manchmal in einem zu absoluter Partizipialkonstruktion verkürzten Satze ein, so: 180 b, Princess, III, 10: *Melissa, tinged with wan..., and glowing round her dewy eyes the circled Iris of a night of tears; —* 233 b 30, Daisy, 66: *how ...fair was Monte Rosa, hanging there a thousand... valleys...;* 325 b 35, Gareth Lynette, 503: *lying or sitting round him, idle hands, charm'd...* (für *hands idle*). —

Zum Schluß dieses Abschnittes über Subjekt und Prädikat sei noch als kunstvoll-chiastische Verschränkung der Subjekte und Prädikate zweier paralleler Sätze zitiert: 573 b, Early Spring, VI, 1: *Past, Future glimpse and fade* (ungefähr gleich *Past fades, Future glimpses*). —

§ **132.** Ich gehe nun zur Stellung der anderen Satzteile über und beginne mit dem Attribut des Sub stantivs.

Bei zwei adjektivischen Attributen ist Zwischenstellung des Substantivs typisch:

— 150 b 22, Aylmer's Field, 526: *hating his own lean heart and miserable; —* 187 a 11, Princess, IV, 46: *so sweet a voice and vague, fatal to men;* 278 a 13, In Mem., 106, 29: *the valiant man and free; —* 295 a, Maud, I, XIII, III, 6: *a˙ gray old wolf and a lean* (mit beachtenswerter Wiederholung des Artikels); ebenso: 331 a 27, Gareth Lynette, 828: *a full-fair manor and a rich; —* noch auffälliger: 308 b, Dedication "Idylls", 29: *a lovelier life, a*

more unstain'd, than his (§ 118); beim bestimmten Artikel:
512 b 28, S i s t e r s, 215: *the great things of Nature and the
fair; —* 322 b 7, G a r e t h L y n e t t e, 297: *Camelot, a city
of shadowy palaces and stately; —* 368 b 32, G e r a i n t E n i d
937: *he rooted out the slothful officer or guilty · —* 372 a 9,
B a l i n B a l a n, 165: *azure lands and fair;* 380 b 24,
M e r l i n V i v i e n, 29: *brave hearts and clean;* 399 b 32,
L a n c e l o t E l a i n e, 255: *the goodliest man that ever among
ladies ate in hall, and noblest.* Dasselbe bei größerer
Ausdehnung der zweiten Bestimmung: 426 b 22, H o l y
G r a i l, 486: *a great black swamp and of an evil
smell. —*
Eine ganz analoge Erscheinung beobachten wir, wenn
z w e i A d v e r b i a e i n V e r b u m bestimmen: 377 b 22,
B a l i n B a l a n, 488: *she suddenly laugh'd and shrill*
(s. § 92!); sowie wenn umgekehrt eine Präpositionalwendung zu zwei Verben gehört: 194 b 18, P r i n c e s s,
IV, 529: *bent their broad faces toward us and address'd their
motion;* 393 b 18, M e r l i n V i v i e n, 839: *her hand
went f a l t e r i n g sideways downward to her belt, and
f e e l i n g.*

§ 133. Was nun — nach dem adjektivischen — das
p r ä p o s i t i o n a l e A t t r i b u t betrifft, so erscheint es nicht
selten, um nicht mitten im Satze schwerfällig mitgeschleppt
zu werden, vom Substantiv abgetrennt und nach den wichtigen Satzgliedern bequem — gleichsam als Troß — am
Ende untergebracht: — 206 a 8, P r i n c e s s, VI, 111: *thanks,
that make our p r o g r e s s falter to the w o m a n's g o a l; —*
278 b, I n M e m., 109, 1: *h e a r t - a f f l u e n c e in discursive
talk f r o m h o u s e h o l d f o u n t a i n s never dry: from* mit
Anhang gehört zu *affluence; —* 298 b, M a u d, I, XIX, II,
4—5: *when did a morning shine so rich in a t o n e m e n t as
this f o r m y d a r k - d a w n i n g y o u t h;* 395 a 28, M e r l i n
V i v i e n, 951: *for her f a u l t she wept of p e t u l a n c y. —*
Dasselbe Mittel findet nun · in weiterem Umfange Anwendung bei präpositionalen Bestimmungen, die zu einem
attributiven Adjektiv oder Partizip gehören: *d*ieses bleibt
vor seinem Substantiv, während die Präpositionalwendung
abgetrennt wird und nach dem Substantiv folgt. Der Ausdruckstypus ist in der elisabethanischen Periode ungemein

häufig[1]) und mutet uns deshalb archaisch an. Außer den Beispielen, welche bei Besprechung des Verhältnisses von Adjektiv und Partizip verstreut vorgekommen sind (§ 59—62), ·seien hier noch folgende zitiert:

— 133 b 26, E n o c h A r d e n, 566: *winding glades high up like ways to Heaven;* — 145 a 32, A y l m e r 's F i e l d, 182: *a laugh ringing like p r o v e n golden coinage t r u e,* (wenn nicht *proven* und *true* einfach synonym sind und Hendiadys vorliegt); — 192 b 29, P r i n c e s s, IV, 418: *had you been ... the e n t h r o n e d Persephone i n H a d e s ...; —* 252 b, In M e m., 19, 10: *my d e e p e s t grief of a l l (= my grief, the deepest of all); —* 281 b, In M e m., 121, 1: *s a d Hesper o' er t h e b u r i e d s u n (= Hesper, mourning over ...* s. § 62);

314 a 5, C o m i n g A r t h u r, 311: *fixing f u l l eyes of q u e s t i o n on her face (= eyes, full of question,* "voll fragenden Ausdrucks"); — 304 a, M a u d, II, IV, VII, 12: *by t h e c u r t a i n s of my bed that a b i d i n g phantom cold:* hier ist also die Präpositionalwendung gleich vorn abgetan *(= phantom, abiding by ...); —* 340 a 12, G a r e t h L y n e t t e, 1322: *the g l o o m i n g crimson o n t h e m a r g e (= crimson glooming on the marge); —* 716 b, 2 u., B e c k e t, II, 1: *a f a i t h f u l traitress t o t h y royal f a m e:* dem wirkungsvollen Oxymoron zuliebe für: *a traitress, but faithful to ...* — Verwandt mit diesen Fällen ist auch die Trennung eines Partizipiums "sentiendi" von seiner Inhaltsangabe in dem Beispiel: 263 b 23, In M e m., 64, 27: *.. or in the furrow m u s i n g stands. Does my old friend remember me?* (für *... stands, musing: Does ...?).*

Wie wir sehen, wäre überall Verschiebung des Adjektivs samt seinem Bestimmungsballast in appositive Hinterfront nach heutigem Gebrauch das Gewöhnlichere, und das Wesen dieses Ausdruckstypus ist somit — vom nicht-historischen Standpunkt aus — Attraktion des Adjektivs aus der appositiven in attributive Stellung (mit der Trennung von seinem präpositional angehängten oder sonstigen Beigepäck als notwendiger Folge). Bei dieser Betrachtungs-

---

[1]) Vgl. z. B. N o r t o n - S a c k v i l l e s *Gorboduc,* Vers 200, 433, 785, 970, 331, 1533 etc., e d. T o u l m i n S m i t h, und Anm. der Herausgeberin in der Einleitung über diese Eigentümlichkeit.

weise aber *rücken* in unmittelbare logische Nachbarschaft der eben angeführten an*dere* Attraktionen, wie:

— 178 b 27, P r i n c e s s, II, 355: *scraps of... Epic lilted out...*, *elegies and q u o t e d odes; quoted* würden wir, als zu *elegies* und *odes* in gleicher Weise gehörig, appositiv am Schluß erwarten: *elegies and odes quoted* parallel zu *scraps ... lilted out;* — 267 a, I n M e m., 79, 11: *for us the same... streamlet curl'd. ; the same a l l winds that roam the twilight came:* wiewohl *the same* von *all* durch Vers-Ende getrennt ist, sähen wir *doch dieses* in normaler Rede prädikativ nach *came* gesetzt.

§ 134. Nun zu den B e s t i m m u n g e n d e s V e r b u m f i n i t u m. Zunächst das *direkte* O b j e k t. Freiheiten in *dessen* Setzung wären:

— 110 a, S i r G a l a h a d, 22: *more bounteous aspects on me beam, m e mightier transports move and thrill;* diese Voranstellung weniger auffällig bei präpositionalem Objekt: 110 a 3, St. A g n e s' E v e, 31: *far within f o r m e the Heavenly Bridegroom waits;* — umgekehrt: das Akkusativobjekt im Ausruf nicht wie üblich vorangestellt: 833 b 4, F o r e s t e r s, IV: *and yet thou know'st h o w l i t t l e of thy king!* — Dativisches Objekt vor akkusativischem: 135 a 17, E n o c h A r d e n, 657: *levied a kindly tax upon themselves, ... and gave h i m i t.* — Vorwegnahme eines Dativobjektes zur Erzielung malerischen Durchbruchs im Ausdruck: 530 a, V o y a g e M a e l d u n e, V, 3: *and the red passion-flower t o t h e c l i f f s, and the dark-blue clematis, clung;* bei doppeltem Akkusativ: 491 a 15, L o v e r' s T a l e, I, 128: *her, whom to have s u f f e r i n g view'd* (für gewöhnliches *view'd suffering) had been extremest pain;* 783 b 12, P r o m i s e M a y, I: *my father... made y o u n g e r e l d e r son* (= *made the younger son elder,* "enterbte den Älteren zu Gunsten des Jüngeren"; beabsichtigt ist grelle Gegenüberstellung).

§ 135. Adverbiale und sonstige Bestimmungen des Verbs: Eine beson*dere* Gruppe bilden hier die N e g a t i o n e n, in *deren* Einordnung Tennyson — bei naturgemäßer Vermeidung der Periphrase mit *do* — folgende Eigentümlichkeiten aufweist:

— 8 b, T o — —, II, 3: *fair-fronted Truth shall droop n o t n o w with shrilling shafts of subtle wit* — für *now shall droop no more* (zu Reimzwecken); — 71 b 14, Morte d'Arthur, 232: *such times have been n o t since the light that led the holy Elders with the gift of myrrh;* 317, Gareth Lynette, 11: *thou dost His will, the Maker's and n o t knowest (= and knowest it not = without knowing it,* s. § 2!); — 333 a 22, Gareth Lynette, 941: *either spear bent but n o t brake;* — 463 a 14, Guinevere, 441: *I know, if ancient prophecies have e r r'd n o t, that I march to meet my doom;* 475 b 22, To Queen, 63: *if our ... Republic's crowning common-sense, that saved her many times, n o t f a i l...;* — 487 b 15, Lover's Tale, I, 722: *to this present my full-orb'd love has w a n e d n o t;* — 614 b 9, Queen Mary, III, 3: *sheep at the gap which Gardiner takes, who n o t believes the Pope, nor any of them believe;* 629 b 19, Queen Mary, IV, 2: *no — I n o t d o u b t that God will give me strength.* —[1])

§ 136. Andere Adverbialbestimmungen:

94 a, Golden Year, 3: *we that day had been up Snowdon* (in Prosa stünde *that day* am Schluß); 254 a, In Mem., 24, 8: *this earth had been the Paradise it never look'd to human eyes, since Adam left his garden y e t:* Dieses *yet* gehört zu *never* (seit 1860 lautet die Stelle: *since our first Sun arose and set);* — 346 a 9, Marriage Geraint, 315: *(ivy-stems) look'd a knot, beneath, of snakes, aloft, a grove:* der schöne Chiasmus malt die Verschlungenheit des Flechtwerks; ebenso schön ist die labyrinthartige Wendung: 534 b, 3 f., To V. Hugo, 5 f.: *Bard, whose fame-lit laurels glance darkening the wreaths of all that would advance, beyond our strait, their claims to be thy peers ... (= whose laurels glance beyond our strait, darkening the wreaths of all that would advance* (sc. *here, beyond our strait:* ἀπὸ κοινοῦ) *their claims, etc.* —

§ 137. Mit diesen Wendungen, in denen schon ganze Wortkomplexe untereinander verschoben sind, gehen wir von der Wort- zur Satzstellung über. Beachtenswert wären da etwa die Stellen:

— 188 a 12, Princess, IV, 115: *Poor soul! I had a*

---

[1]) Geradezu typisch sind solche Setzungen des *not* bei Shelley; s. z. B.: *Epipsychidion*, 125, 401; *Cenci*, IV, 1, 22; IV, 4, 106; *Adonais*, 15, 6; 44, 2; *Triumph of Life*, 257, 259, 303, 385, 478.

maid of honour once... (nun *wird* ihre Geschichte erzählt):
das Normale wäre die umgekehrte Stellung: *I had a maid
of honour once; poor soul!* Aber offenbar seufzt die Redende
bei aufsteigen*der* Erinnerung in halbem Selbstgespräch auf
und erklärt erst *dann* ih*rer* Umgebung den Ausruf. — 290,
Mau*d*, I, IV, IX, 5: die aus dem Mhd.[1]) wohlbekannte
Voranstellung eines von einem zweiten abhängigen Nebensatzes: ... *and, whether he heed it or not, where each man
walks*... *in a cloud of poisonous flies (= and where each man,
whether he heed it or not, walks...:* also im Gegensatz zur
vorzitierten psychologischen eine rein grammatische Erscheinung).

Hieher stelle ich auch (wiewohl es sich nur um eine
Wortverbin*d*ung mit Satzwert han*d*elt): 312 b 16, Coming
Arthur, 232: *No king of ours! a son of Gorloïs he, or else
the child of Anton, and no king, or else base-born:* das
Wichtigste, da*ß* Arthur "kein König" sei, wird (statt emphatisch am Schluß wie*d*erholt zu wer*d*en) mitten in der
erregten Re*d*e plötzlich vorausgenommen und *d*eren Rest
erst *d*ann ergänzt.[2])

---

[1]) Paul, Mhd. Grammatik[5], § 376, 3.
[2]) Denselben psychologischen Bau zeigt die *Edda*-Stelle: *Brot
af Sigurþarkviþu,* Str. 14 (Bugge): *hvetiþ mik eþa letiþ, harmr er
unninn, sorg at segja eþa svá láta (sorg at segja* zu *hvetiþ, svá láta* zu
letiþ [zeugmatisch] parallel [s. Detter-Heinzel, Anm. z. St.]).
Vgl. auch oben S. 13, Fußnote (wo die in § 11 zitierte Stelle 375 b
26, Balin Balan, 180, psychologisch und formlich ebenso gedeutet
wird).

Zweiter Teil:

Stilistisches.

Indem ich von den syntaktisch-grammatischen Untersuchungen zur Stilistik im engeren Sinne als Lehre von
den sprachkünstlerischen Mitteln des Dichters, der poetischen
Technik, übergehe, wähle ich als Einteilungsgrund die durch
Anwendung dieser Mittel angestrebten Zwecke und betrachte
zunächst   nach dem Grundsatze, daß die antithetische
Methode am übersichtlichsten ist — die Beispiele von Kürze
und von Fülle, hierauf in einem zweiten Abschnitte Inten
sität und Gefühlswert und in einem dritten die Anschaulichkeit des poetischen Ausdrucks, woran sich naturgemäß eine
Zusammenstellung der ihr dienenden bildlichen Redeweisen
und nach diesem inhaltlichen eine Charakteristik des äußeren
Schmuckes — Reim und Alliteration — schließen wird.

I. Kürze und Fülle des Ausdrucks.

§ 138. Die verschiedensten Kunstgriffe, durch welche
es dem Dichter gelingt, Ersparnis des Ausdrucks zu erzielen,
sind in den einzelnen Kapiteln des syntaktischen Teiles
sparsim besprochen worden; ich verweise nur auf die Gedankenverschränkung (§ 4), die verschiedenen Arten der
Attraktion (§ 78) etc. Eine wichtige Art der Ausdruckskürzung, die Zusammensetzung, wird noch in der Wortbildung zu behandeln sein. Hier finden nur einige unter
keinem jener beiden Kapitel einzureihenden Gruppen von
Erscheinungen ihren Platz.

Zunächst der logisch einfachste Typus: die Ellipse aus
dem Zusammenhange leicht, ja selbstverständlich sich er-
gebender Wörter und Wortgruppen:

— 24 a, Eleänore, VIII, 3: *between the sunset and the
(sc. rising of the) moon;* — 27 a, Sonnet, IX, 5: *weep on:*

beyond his object Love can last: his object lives: more cause to weep have I: d. h.: in my case, his object lives; yet more cause (s. die Fälle fehlender Gedankenverbindung, §§ 8 und 9); — 27 b, B r i d e s m a i d , 3: *no tears for me!* — ein verkürzter Imperativsatz; — 34 b 5, T w o V o i c e s, 287: *he owns the fatal gift of eyes, that read his spirit blindly wise, not simple as a thing that dies:* ich ergänze nach *read h. sp.* ein *to be* und deute *blindly wise* als *instinctively inspired with the wisdom of immortal beings* im Gegensatze zu *simple* = *unknowing, like mortal ones;* — 65 a, L o v e t h o u t h y l a n d, 6: *Love, that endures not sordid ends* ("verträgt sich nicht mit der Verfolgung selbstsüchtiger Zwecke"); — 82 a 13, W a l k - i n g t o M a i l, 62: *she was the daughter of a cottager, (who now was) out of her sphere;* — 96 a 25, U l y s s e s, 50: *old age hath yet his honour and his toil:* nur der Zusammenhang ergibt, daß *honour to win, toil to undergo* gemeint ist; — 120 b, L e t t e r s, VI, 2: *sweetly gleam'd the stars, and sweet* (sc. *was* oder *looked) the vapour-braided blue;* — 122 b 15, V i s i o n S i n, IV, 87: *drink we, last, the public fool* (sc. *moved by* oder *with his) frantic love and frantic hate;* 129 a 26, E n o c h A r d e n, 278: *Annie, seated* (sc. *alone) with her grief;* — 133 a 23, E n o c h A r d e n, 530: *the breath of heaven sent her (the ship "Good Fortune") sweetly by the golden isles, till silent in her oriental haven* (= *till it grew silent, she being arrived in her ... haven);* 135 a 1, E n o c h A r d e n, 641: *scarce-credited at first but* (sc. *afterwards) more and more;* 140 a, B r o o k, 49: *the gate, half-parted from ... hinge, s t u c k : fast* fehlt, was ein lautsymbolisches Bild gibt; ähnlich onomatopoetisch: 205 a 17, P r i n c e s s, VI, 59: *descending, b u r s t the great bronze valves* (zu *burst* sc. *open)* ; — 143 a 24, A y l m e r ' s F i e l d, 44: *horror, worse than had he heard his priest preach an inverted scripture, sons of men daughters of God:* ein *to have married* fehlt: es handelt sich um eine Umkehrung der so vielfach (B y r o n, "Heaven and Earth"; M o o r e, "Loves of the Angels") poetisch verwerteten miß- verstandenen biblischen Erzählung von der Liebe der Söhne Gottes zu den Töchtern der Erde (Kap. 6 der Ge- nesis); — 156 a, S e a D r e a m s, 18: *and went the next (day), the Sabbath, .. to chapel;* — 161 a, L u c r e t i u s, 8: *when the woman ... ran to greet him with a kiss, the master took*

small notice (sc. *of it*)*, or austerely;* — 175 a 18, P r i n c e s s,
II, 121: *some respect* ... *was paid to woman, superstition all
awry* ("a b e r n u r a u s Aberglauben" und in verkehrter
Weise; zugleich ein Beispiel für § 8); — 186 b 3, P r i n c e s s,
IV, 3: *let us .d o w n and rest* (= *lie down*)[1]); — 213 a 6,
P r i n c e s s, VII, 154: *they (Graces) deck'd her (Aphrodite)
out for worship without end; nor* (sc. *shall there be an) end
of mine, stateliest, for thee;* hier die Worte absichtlich kurz,
weil hastig der Hinwegeilenden nachgerufen; — 247 b 6, I n
M e m., P r o l o g u e, 34: *since I b e g a n* (sc. *to be); vgl.* 562,
9, L o c k s l e y H a l l S i x t y Y e a r s A f t e r, 65: *since our
dying race began;*   258 b, I n M e m., 42, 5: *it was but
unity of place that made me dream I rank'd with him. And
so may P l a c e retain us still:* d. h. *one and the same Place;*
"wie wir hier vereinigt waren, mögen wir auch dort vereinigt sein" (so auch Churton Collins z. St.); vgl. unten
in § 166 das Beispiel 396 b 3, L a n c e l o t E l a i n e, 44; —
277 b 17, I n M e m., 105, 21: *b e neither song, nor game, nor feast*
(für *be there);* ebenso 284 b, I n M e m., E p i l o g u e, 4: *in
that it is thy marriage day (there) is music more than any
song;* — 281 b, I n M e m., 120, 8: *I would not stay* (sc. *on
earth,* nämlich, "wenn ich nicht an die Unsterblichkeit der
Seele glauben könnte"); — 285 a 1, I n M e m., E p i l o g u e,
37: *(for thee she grew . . .) and thou art worthy* (sc. *of her);*

286 b, I n M e m., E p i l o g u e, 131: *under whose command
is Earth and E a r t h's* ("alle Dinge dieser Erde"); vgl. 242,
9, B o ä d i c e a, 51: *me the sport of ribald Veterans, m i n e*
("die Meinen") *of ruffian violators;* — 311 b 19, C o m i n g
A r t h u r, 167: *I have seen the cuckoo chased by lesser fowl,
and r e a s o n in the chase* (sc. *there was* oder *being);* —
329 a 7, G a r e t h L y n e t t e, 690: *as the cur pluckt from
the cur he fights with, ere his c a u s e be cool'd by fighting
(cause = his zeal for his cause);* — 336 a 23, G a r e t h
L y n e t t e, 2003: *thou art worthy of* (sc. *being a companion
of —, sitting at —) the Table Round;*   338 b 7, G a r e t h
L y n e t t e, 1231: *hail, Knight and Prince, and* (sc. *member,*

---

[1]) Über diesen sehr verbreiteten Typus — *come, Titinius, we will
o u t and talk (J u l i u s C a e s a r)* — s. D e t t e r - H e i n z e l, *Sæmundar Edda,*
II, zu *Voluspa* 44. 1—12.

companion) of our Table Round! — 341 b 24, M a r r i a g e
G e r a i n t, 33: *going to the King he made t h i s pretext
(= made this his pretext)*; — 349 b 26, M a r r i a g e G e r a i n t,
550, von zwei Kämpfern: *either's force was match'd* (sc. *by
the other's)*; 419 a 18, H o l y G r a i l, 30: *"was it earthly
passion crost?" "Nay … for no such passion m i n e"* (sc. *is, ever
was mine)*; 453 b 5, L a s t T o u r n a m e n t, 618: *here …
I sat, lonely, but musing on thee, wondering w h e r e* (sc. *thou
wert)*; — 578 b 2, P o e t s B i b l i o g r a p h i e s, 6: *Horace, you the
wise adviser of the nine-years-ponder'd lay* (für * *nine-years-to-be-
ponder'd, — "nonum prematur in annum"*); — 587 a 17, Q u e e n
M a r y, I, 4: *I have felt within me stirrings of some great
doom* (sc. *to come* oder *destined to me), when God's just hour
peals;* — 598 a 22, Q u e e n M a r y, II, 2: *"… it found her sick indeed." "God send her well"* (= *to be well);* vgl. 609 b, 5 u., Q u e e n
M a r y, III, 2: *make me well (= restore my health),* — als
anthäische Apostrophe an das Heimatland; — 647 b, Q u e e n
M a r y, V, 4, 3: *may the great angels join their wings, and make
down for their heads to* (sc. *take them to) heaven;* vgl. schon
26 b, P o l a n d, 8: *till that … Barbarian … transgress his
ample bound t o some new crown;* — 649 b 15, Q u e e n M a r y,
V, 5: *wet, famine, ague, fever, storm, wreck, wrath:* sc. *of
God: wrath* faßt das Aufgezählte als Zeichen von Gottes
Zorn zusammen. —

§ 139. Nicht nur Wörter und Wortkomplexe, sondern
auch ganze Sätze können fehlen, wo sie der Zusammenhang
leicht ergibt; solche Gedankensprünge sind:

— 63 b 2, T o J. S p., 65 ff.: *'t were better I should cease*
(sc. *to console you by words) although* (sc. *my grief be so deep
that I) myself could … take the place of him that sleeps in peace*
(sc. *if he were to revive for it);* — 308, M a u d, III, V, 2:
we have proved we have hearts in a cause (sc. *which demands
it), we are noble still:* einen Relativsatz ersetzt der starke
Ton auf *cause;* vgl. 403 a 1, L a n c e l o t E l a i n e, 461: *in
me there dwells no greatness … there is the man* (sc. *who is
really great);* — 375 a 17, B a l i n B a l a n, 342: *sprays grated,
and the canker'd boughs … whined …; for all was hush'd
within:* wie das *for* zeigt, ist zu ergänzen: *it was to be heard
distinctly.* —

Auf den fehlenden Satz darf sogar Bezug genommen

werden in Fällen, wie: 378 a 6, Balin Balan, 499: *dost
thou remember at Caerleon once — a year ago — nay, then I
love thee not (sc. if thou dost not remember).*

§ 140. Eine besondere Unterart der Ellipse ist das auf
ihr beruhende Zeugma, eine in der Dichtersprache naturgemäß häufige Freiheit. Es heißt z. B.:

— 181 a 12, Princess, III, 31: *her lynx eye to fix
and make me hotter:* aus dem *me* ist zu *to fix* ein *on me* zu
ergänzen; vgl. 361 b 6, Geraint Enid, 463: *who closed
with him, and bore* (sc. *him*) *down;* 376 a 27, Balin Balan,
409: *seizing thereupon (viz. upon a lance he found) push'd*
(sc. *it*) *thro' an open easement down;* 400 a 16, Lancelot
Elaine, 273: *he learnt and warn'd me of their fierce design
(= learnt their f. d. and warn'd me of it);* 440 a 13,
Pelleas Ettarre, 304: *roses white and red, and brambles
mixt* (sc. *with them) and overgrowing them;* 588 b, 7 u., Queen
Mary, I, 5: (gewisse Maßregeln Marias) *...make all tongues
praise and all hearts beat for you (praise you — beat for you);*
— 182 a 29, Princess, III, 111: *heave and thump a league
of street... down: down* und das Objekt gehören nur zu
thump, heave würde einen Akkusativ des Werkzeugs fordern;
aber *heave and thump* ist schon so formelhaft verbunden
wie etwa *hide-and-seek* (180 a 14, Princess, II, 435);
322 b 14, Gareth Lynette, 304: *ever and anon a knight
would pass outward, or inward to the hall; to* paßt zu *outward* nicht, das ein *from* fordert; 323 a 10, Gareth
Lynette, 332: *he (the King) reft us of it (viz. the field we
would not sell him) perforce, and left us neither gold nor
field,* — für *neither left us our field nor gave us the gold he
had offer'd for it:* das Zeugma der wirkungsvollen Formel
gold—field zuliebe; — 358 a 27, Geraint Enid, 260: *pluck'd
the grass... and into many a listless annulet... wove and
unwove it;* 532 b, De Profundis, II, II, 2: *that which
should be man... drew to this shore lit by the suns and moons
and all the shadows* (zu *lit* ein paralleles *darken'd* zu
ergänzen). — Ein Beispiel auch in § 227.

§ 141. Eine zweite Unterart der Ellipse ist die so-
genannte comparatio compendiaria, welche ich nur
deshalb hier und nicht bei der Technik des Vergleichs
behandle, weil mit ihr aufs engste eine zahlreichere Gruppe

anderer Konstruktionen verwandt ist, welche durch den homerischen Typus "Μυρμιδόνων νῆες ταχὺν ἀμφ᾽Ἀχιλῆα" (für ἀμφὶ νῆα ταχέως Ἀχιλῆος) illustriert und schematisch durch "x y z ... xı (yı fehlt) zı" ausgedrückt werden kann. Beisp. für comparatio compendiaria im engeren Sinne: 845 a 14, Demeter Persephone, 50: *all the space of blank earth-baldness clothes itself afresh, and breaks into the crocus-purple hour that saw thee vanish (= into crocus-purple bloom, like the bloom of the hour that ...).* —

Jene anderen nächstverwandten Fälle: 45 a 36, Palace Art, 52: *frost-like spires = spires like those produced by frost,* wo auch noch eine comparatio vorliegt; 84 a 11, Edwin Morris, 63: *thrice-happy days! the flower of each, those moments when we met, the crown of all,* (sc. *the day when) we met to part no more;* — 87 a 29, Stylites, 130: *whose names are register'd and calendar'd for saints (= saints',* sc. *names);* genau so 698 b, Becket, Prologue: *her face was veiled, but the back methought was Rosamund (= Rosamund's,* sc. *back);* 260 b, In Mem., 52, 11: *what keeps a spirit wholly true to that ideal which he bears? what record? not the* (sc. *record of the) sinless years that breathed beneath the Syrian blue;* — 775 a (Falcon): Filippo traktiert die Herrschaften mit *"the prunes from the tree that his lordship " "planted"*, will er sagen, wird aber unterbrochen, sagt daher zum zweiten Male, um schneller fertig zu werden: *"the prunes that your lordship —"*, bringt es aber wieder nicht zu dem hier schon logisch unmöglichen *planted.* —

§ 142. Schon diese letzte Gruppe von Fällen war dadurch gekennzeichnet, daß in einer zu einer früheren parallelen Wortverbindung das Wort oder die Wortgruppe, die wenig oder gar nicht verändert wiederkehren sollten fortgelassen werden; für diesen allgemeinen Grundsatz nun, welchen Tennyson zeitlebens geradezu ängstlich beobachtet wimmelt es von Beispielen, aus welchen das Folgende eine Auslese bietet.

Zu den gewöhnlichsten Fällen gehören:

1. 34 a 32, Two Voices, 272: *a shadow on the graves I knew, and* (sc. *a) darkness in the village yew;* 106 b, Revival (Day-Dream), II, 5: *the maid and (the) page*

renew'd their strife; 343 b 32, M a r r i a g e G e r a i n t, 187:
there rode full slowly by a knight, (a) lady, and (a) dwarf;
so ist natürlich der Artikel zu parallelen Substantiven sehr
oft zu ergänzen; ebenso zahlreich sind Fälle, .wie:

— 2. 40 b 1, O e n o n e, 29: *the golden bee is lily-cradled,
I alone* (sc. *am*) *awake;.* 198 b 7, P r i n c e s s, IV, 181: *is
not Ida right?* (sc. *are not*) *they* (viz. *women*) *worth it* (viz.
greater culture)? 260 a, I n M e m., 50, 10: *be near me when
my faith is dry, and men* (sc. *are* im Sinne von *are to me
but as*) *the flies of latter spring,* wo also die Copula bei
parallelen Subjekten trotz verschiedener Person und Zahl
nicht wiederholt wird.

— 3. Ebenso normal ist Fehlen der Präposition, wie 97 b
24, T i t h o n u s, 71: *the steam floats up from those dim fields
about the homes of happy men that have the power to die, and*
(sc. *from the*) *grassy barrows of the happier. dead;* 189 a 26,
P r i n c e s s, IV, 193: *now poring o n the glowworm, now the
star.*

Diese Typen brauchen wegen ihrer Häufigkeit nicht
weiter belegt zu werden. Andere Beispiele .sind:

13 b, A C h a r a c t e r, 13: *he spake of virtue: n o t
t h e g o d s more purely* (= *the gods do not speak...*);
27 a, S o n n e t, X, 2: *in the great sphere of the earth, and*
(sc. *in the great*) *range of evil between death and birth*   33 a
25 und 28, T w o V o i c e s, 181, 184: *cry, faint not* (= *cry not,
faint not);* — 35 a 24, T w o V o i c e s, 346: (1) *it may be that
no life is found,* (2) *which only to one engine bound falls off,*
(3) *but cycles always round:* es hat den Anschein, als wäre
3 zu 2 parallel; der Sinn aber fordert die Ergänzung *but
t h a t l i f e cycles* und somit Parallelismus von 3 zu 1;
49 b 24, V e r e d e V e r e, 56: *kind hearts are m o r e t h a n
coronets, and simple faith t h a n Norman blood;* — 52, C o n -
c l u s i o n (M a y Q u e e n), 1: *I thought to pass away before,
and yet alive I am; and in the fields ...* etc. (folgt ein Frühlings-
bild, zwei Zeilen lang; dann:) *To d i e before the snowdrop
came, and now the violet's here,* ohne daß *I thought* wiederholt würde; — 64 a: *You ask me, why, though ill at ease,
within this region I subsist, whose spirits falter in the mist,
and languish for the purple seas: languish* ist trotz allen An-
scheines nicht zweites Prädikat zu *spirits,* sondern es ist

davor *I* zu ergänzen und *I subsist ... and (I) languish — I subsist, ... languishing all the while...* (vgl. über Parataxe für Hypotaxe, § 1—2); 103, G o d i v a, 10: *she did m o r e, and underwent, and overcame,* wo wir gewohnt sind, das gemeinsame Objekt erst am Schluß zu finden; ähnlich 110 a, S i r G a l a h a d, 16: *for them (ladies) I battle till the end, to save* (sc. *them) from shame and thrall;* 290, M a u d, I, IV, VIII, 6: *I have not made the world, and He that made it will guide* (sc. *it); —* 128 b 22, E n o c h A r d e n, 241: *her eye was dim, (her) hand tremulous;* 166 a 9, P r i n - c e s s, P r o l o g u e, 41: *her arms lifted, eyes on fire;* 161 b 6, L u c r e t i u s, 38: *the flaring atom-streams and* (sc. *atom-) torrents of her (Nature's) myriad universe* (wie deutsch "Atom-Ströme und -Bäche"); 180 b, S o n g (vor P r i n - c e s s, III) 13: *father will come to his babe in the nest, silver sails all out of the west* (sc. *will come)* (dasselbe in *un-published version,* L i f e, Tauchnitz ed., II, 16); 190 b 18, P r i n c e s s, IV, 278: *I loved you like this kneeler, and you me (like) your second mother;* vgl. 407 b 23, L a n c e l o t E l a i n e, 740: *so ran the tale like fire about the court, (like) fire in dry stubble a nine-days' wonder flared* (Chiasmus); — 190 b 28, P r i n c e s s, IV, 288: *partly that you were my civil head, and chiefly* (sc. *[for] that) you were born for something great;* 279 a, I n M e m., 110, 2: *the men of rathe and* (sc. *those of) riper years, —* der Unmittelbarkeit der alli- terierenden Antithese zuliebe; 307, M a u d, III, III, 9: *I saw the dreary phantom arise and fly far into the North, and* (sc. *henceforth I saw but) battle, and seas of death; —* 312 b 2, C o m i n g A r t h u r, 218: *each but sought to rule for his own self and (his own) hand;* ähnlich 590 a 16, Q u e e n M a r y, I, 5: *your Grace and (your) kingdom will be suck'd into the war, —* wo sogar das *your* vor *kingdom* andere Funktion hätte als beim Titel *Grace;* 327 b 17, G a r e t h L y n e t t e, 610: *she will not w e d save whom she loveth, or a holy life (wed* auch zu *holy life* zu ergänzen!); 332 b 21, G a r e t h L y n e t t e, 912: *these arm'd him in blue arms and gave a shield:* ein dativisches *him* ist zu *gave* aus dem akkusa- tivischen bei *arm'd* zu ergänzen; — 347 a 1, M a r r i a g e G e r a i n t, 367: *Yniol caught his purple scarf, and held, and said... (held,* sc. *it,* oder *held him back by it); —* 370 a 2,

Balin Balan, 37: *but rather proven in his (Arthur's) Paynim wars, than* (sc. *in his) famous jousts;* 374 a 11, Balin Balan, 282: *I suffer from the things before me,* (sc. *but,* § 7) *know, learn nothing* (sc. *from them) (know nothing learn nothing);* — 380 a 19, Balin Balan, 422: *closed his death-drowsing eyes, and slept the sleep* (sc. *of death);*

463 a 30, Guinevere, 457: *(Order of Table Round) to serve as model for the mighty world, and be the fair beginning of a time (= fair b. of a fair time);* — 684 b, 6 u., Harold, V, 1: *how should the King of England waste the fields of England, his own people* (für *of his... people,* weil *people* nicht appositiv, sondern parallel zu *England);* — 853 b 11, Ring, 103: *your mother and step-mother — Miriam Erne and Muriel Erne:* da es sich um zwei Personen handelt, erwarten wir Wiederholung des *your.* Umgekehrt heißt es 628 b 21, Queen Mary, IV, 2: *now you, that would not recognise the Pope, and you, that would not own the Real Presence,* wobei doch nur eine Person angesprochen wird.

§ **143.** Eine auffälligere Gruppe als die eben angeführte bilden Fälle, in denen ein zwei parallelen Wendungen gemeinsames Wort erst an der zweiten Stelle erscheint und nun in Gedanken in die erste zurückergänzt wird:

besonders häufig bei einem gemeinsamen Objekt zweier Verba: 132 a 26, Enoch Arden, 470: *that she but held* (sc. *him) off to draw him on;* 324 b 11, Gareth Lynette, 422: *return, and meet (him), and hold him from our eyes;* 326 b 4, Gareth Lynette, 538: *the King's calm eye fell on (him), and check'd (him), and made him flush;* 336 b 7, Gareth Lynette, 1118: *cast, and so hurl'd him headlong o'er the bridge;* 382 a 25, Merlin Vivien, 120: *our wise Queen... will hate, loathe, fear — but honour me the more;* 450 b 12, Last Tournament, 453: *the teeth of Hell flay bare and gnash thee flat;* — in dem Falle 112 a 9, Will Waterproof, 49: *tho' all the world forsake, tho' fortune clip my wings,* ist das *me* zu *forsake* aus dem *my* vor *wings* zu ergänzen.

Sonstiges: 22 b, Eleänore, I, 1—2: *thy dark eyes open'd not, nor first reveal'd themselves to English air: first* gehört schon zu *open'd;* 98, Locksley Hall, 16: *... when I dipt into the future..., saw the Vision of the world,*

and all the wonder that would be: der Relativsatz ist
ebenso schon zu *world* zu ergänzen; — 163 b 8, L u c r e t i u s,
171: ... *throng, their rags and they the basest, far into that
council-hall where sit the best and stateliest of the land:*
basest of the land — best and stateliest of the land; — 215 b 10,
P r i ṅ c e s s, VII, 327: *the light dearer for night, as dearer
thou for faults lived over: night lived over — faults lived
over;* — 221 b, T h i r d F e b r u a r y, 13: *as long as we remain,
we must speak free (remain free — speak free[ly]);* 252 a,
I n M e m., 18, 19: *treasuring the looks it cannot find, the words
it cannot hear again (find again — hear again);* 266 b,
I n M e m., 77, 6: *these ... lullabies of pain* (die Elegien)
*may bind a book, may line a box, may serve to curl a maiden's
locks: serve to* — schon vor *bind* und *line* zu ergänzen; der
geleistete Dienst ist freilich bei *curl* mehr mittelbar als bei
bind und *line;* — 269 b 38, I n M e m., 85, 102: *that these things
pass, and I shall prove.* : ein *shall,* beziehungsweise *will*
gehört schon vor *pass;* — 271 a, I n M e m., 89, 11: *brawling
courts and dusty purlieus of the law* (also *courts-of-law);* —
525 a, C o l u m b u s, 22: .. *him who ... gave glory and more
empire to the kings of Spain than all their battles: more* schon
zu *glory;* — 656 a 11, H a r o l d, I, 1: *I ... who made the King
who made thee* (sc. *Earl), make thee Earl.* —

§ **144.** Das Gegenstück zur Vermeidung unnötiger
Wiederholung von Wörtern und Wortkörpern bildet deren
beabsichtigte rhetorisch-emphatische Wiederkehr. Die A n a -
p h o r a [1] — Wiederholung derselben Wörter und Wendungen
am Anfang von Sätzen oder Satzteilen — braucht wegen
ihrer Häufigkeit nur durch die folgenden Beispiele belegt
zu werden: das Bekannteste sind wohl die fünf Zeilen auf
Seite 342 a 6 ff., M a r r i a g e G e r a i n t, 50 ff., welche mit
fortgetful of — beginnen [2]):

"..................... *(Geraint) grew
Forgetful of his promise to the King,*

---

[1] In der Benennung und Einteilung stilistischer Begriffe folge
ich in diesen Abschnitten vielfach dem Werke von G e r b e r: D i e
S p r a c h e a l s K u n s t, 2. Aufl., Berlin 1885, 2 Bde.

[2] Eine interessante Parallele in Gestalt von vier Versen aus
K e a t s' *Isabella* (LIII), die alle mit *And she forgot* beginnen, bei
Churton Collins, *Illustrations of Tenn.,* p. 122.

> *Forgetful of the falcon and the hunt,*
> *Forgetful of the tilt and tournament,*
> *Forgetful of his glory and his name,*
> *Forgetful of his princedom and its cares,*
> *And this forgetfulness was hateful to her"* (Enid).

Weiteres:

343a 16, Marriage Geraint, 134: *a faded silk, a faded mantle and a faded veil:* charakterisiert nachdrücklich die Abgetragenheit der Kleidungstücke; — 459 a 31, Guinevere, 210: *were I such a King with such a Queen, well might I wish to veil her wickedness, but were I such a King* ("aber gerade wenn ich..."), *it could not be.* Volksrhetorik wird nachgeahmt in: 501 b, First Quarrel, XIV, 3: *he was all wet thro' to the skin, an' I never said "off wi' the wet", I never said "on wi' the dry".* Von nachdrücklich volksmäßiger Wirkung ist auch der Passus in Wyatts Rede: 596 a, Queen Mary, II, 1: *What? shall we have Spain on the˙ throne and in the parliament; Spain in the pulpit and on the law-bench; Spain in all the great offices of state; Spain in our ships, in our forts, in our houses, in our beds?*[1])

§ **145.** Für die Epiphora — Wiederholung am Satzschluß — mag zunächst als Gegenstück zu jenem Kronbeispiel der Anaphora folgende Stelle zitiert sein: 426 a 29 ff., Holy Grail, 460 ff. (dem Galahad leuchtete der heil. Gral auf seinem Wege voran):

> *"...fainter by day, but always in the night*
> *Blood-red, and sliding down the blacken'd marsh*
> *Blood-red, and on the naked mountain-top*
> *Blood-red, and in the sleeping mere below*
> *Blood-red."*

Weitere Beispiele: 309 a, Coming Arthur, 13 ff.: *for first Aurelius lived and fought and died, and after him King Uther fought and died, but either...;* 325a 16 ff., Gareth Lynette, 455 ff.: *broad brows and fair, a fluent*

---

[1]) Im Inhalt — besonders im scherzhaften Schluß — entpuppt sich diese Phrase (wie beim Stoff von *Queen Mary* begreiflich) als Nachahmung von Goethes "Egmont", wo am Schluß der I. Szene Soest von Jetter sagt: "Sie (die spanischen Besatzungen) hatten ihn vertrieben aus der Küche, dem Keller, der Stube — dem Bette."

hair and f i n e, high nose, a nostril l a r g e and f i n e, and
hands l a r g e, f a i r and f i n e (etwa ein Gegenstück zu den
Beispielen für Anaphora von *"faded"* aus "M a r r i a g e o f
G e r a i n t"). — 485 b 15, L o v e r ' s T a l e, I, 597 ff.:

> *"Dead, for henceforth there was no life f o r m e!*
> *Mute, for henceforth what use were words to m e!*
> *Blind, for the day was as the night to m e!" —*

Vollständiger Satzparallelismus auf Grundlage einer
Epiphora liegt vor in: 381 a 4, M e r l i n V i v i e n, 40: *as*
Love, if Love be perfect, casts out fear, so Hate, if Hate be
perfect, casts out fear.

Kombiniert erscheinen Anaphora und Epiphora in der
sogenannten S y m p l o k e; vollendetstes Beispiel: 308 b
D e d i c a t i o n "I d y l l s", 49—52 (Schlußverse):

> *" . . . . May all love,*
> *His love, unseen but felt, o'ershadow Thee,*
> *The love of all Thy sons encompass Thee,*
> *The love of all Thy daughters cherish Thee,*
> *The love of all Thy people comfort Thee,*
> *Till God's love set Thee at his side again!"*

Ferner: 308 b, D e d i c a t i o n "I d y l l s", 43: *b r e a k*
n o t, o woman's-heart, but still e n d u r e; b r e a k n o t, for
thou art Royal, but e n d u r e.

In chiastischer Stellung: 316 b 17, C o m i n g A r t h u r,
475: *flash b r a n d and lance, fall b a t t l e a x e upon helm,*
fall b a t t l e a x e, and f l a s h b r a n d! — In ähnlicher Weise,
indem zwei Begriffe einmal mit näheren Bestimmungen
genannt, einmal ohne diese wiederholt werden — nur diesmal
nicht in umgekehrter Ordnung —, heißt es: 481 a 26, L o v e r ' s
T a l e, 326 ff.: *a land of p r o m i s e, a land of m e m o r y, a*
land of p r o m i s e flowing with the milk and honey of delicious
m e m o r i e s! Zum Chiasmus der früheren Stelle aber
vergleicht sich: 386 a 29, M e r l i n V i v i e n, 369: *the gnat,*
that s e t t l e s, b e a t e n b a c k, and b e a t e n b a c k s e t t l e s,
till one could yield for weariness. — Dieses Beispiel nähert
sich schon einer andern Art der Verbindung von Anaphora
und Epiphora, nämlich dem K y k l o s, für welchen wir ein
vollendetes, durch intensive Alliterationshäufung verstärktes
Beispiel finden in der Stelle: 631 b 15, Q u e e n M a r y, IV,
3: *G o d grant me grace to glorify my G o d!*

§ 146. Schließlich ist noch eine bei Tennyson besonders beliebte Form rhetorischer Wiederholung zu erwähnen, welche ich als Wortwiederholung bezeichne; sie beruht darauf, daß ein Wort, welches den Kern des Vorstellungsinhaltes einer Stelle bildet oder zu der hervorzurufenden Stimmung den Grundton angibt, als solcher durch Reihen von Sätzen unter ihrem Ausdrucksstrome beständig mitfließt und mitklingt und immer wieder an den verschiedensten Stellen des Satzes auftaucht, also *"the burden of the song"* zu nennen ist; wörtlich findet diese Bezeichnung Anwendung auf die hervorstechendsten Beispiele dieser Art, nämlich sämtliche kleinen Lieder in den Königsidyllen.

So klingt in Merlins Trioletten (315 a 29, Coming Arthur, 402 ff.) der launische Wechsel *rain and sun* wieder; — durch das Lied der Ritter (316 b 12, Coming Arthur, 470 ff.) geht das Klirren der Waffen: *blow trumpet, flash brand, fall battleaxe, clang battleaxe, clash brand, strike for the King!* in beständiger kunstvoll verflochtener Wiederholung; durch das Lied Enids vom Glück (346 a 31, Marriage Geraint, 337 ff.) rollt die Apostrophe *turn thy wheel;* in Viviens Liebeslied (376 b 24, Balin Balan, 436 ff.) *the fire of heaven* und *fire, fiery* etc.; ein anderes Lied von ihr (386 b 9, Merlin Vivien, 385) beginnt mit nachdrücklicher Angabe des Themas: *In Love, if Love be Love, if Love be ours.* in The Song of Love and Death (412 a 16 ff., Lancelot Elaine, 1010 ff.) die Gegensätze *sweet* und *bitter* (wie *love* und *death*) mit Überwiegen des ersteren; — das schönste aller Beispiele ist wohl das "Rosenlied" (439 b 19 ff., Pelleas Ettarre, 281 ff.), in welchem an allen Ecken und Enden die Rose ihre Pracht entfaltet: *A rose, but one, none other rose had I;* ähnlich klang es in Lynettens Liedchen (335 a 3 ff., Gareth Lynette, 1031 ff.) von *flowers* und *flower* wieder; Tristrams unbeständige Natur charakterisiert trefflich ein Liedchen (447 b 33, Last Tournament, 285 ff.) mit seinem Geträller von *new leaf, new life, new love — free love, free field,* — wie auch das in wechselndem Dämmerungslicht gesungene "Sternenlied" (455 b 1, Last Tournament, 735 ff.) mit seinem flackernden Geglimmer von *ay, ay, o ay* und *a star, a star;* — die trostlose Reue Guineveres spiegelt sich so recht in dem ihr vorgesungenen (von Weber, dem Autor von "Dreizehnlinden", meisterhaft übersetzten) Liedchen (458 b 16, G u i n e v e r e, 166 ff.) mit seinem herbstlich rauschenden *L a t e, late, so late,   too late, too late.*

Die Wirkung so wie*d*erholter Wortakkorde und Passagen verstärken auch noch vielfach Alliterationen.

Von an*d*eren vereinzelten Fällen *d*ieses musikalisch-rhetorischen Kunstmittels — sie sin*d* zahllos über alle Werke verstreut — füh*r*e ich nu*r* wenige, meist aus späteren Dichtungen, an :

— 152 a 25, A y l m e *r*'s F i e l *d*, 629: *"your house is left unto you d e s o l a t e"* — als Text der Leichenpredigt; natür-lich zieht *d*ann *desolate* und *desolation* wie ein Refrain *d*u*r*ch die ganze Rede; und von ihrem schul*d*igen Opfer, Aylmer, heißt es (155 b 14, A y l m e *r*'s F i e l *d*, 831): *the man became imbecile; his one word was "d e s o l a t e";* 296 a, M a u *d*, I, XV, 3: *if I b e d e a r to s o m e o n e e l s e, then s o m e o n e e l s e may have much to fear; but if I b e d e a r to s o m e o n e e l s e, then I should be to myself more d e a r: dear* und *some one else* wie*d*erholen sich in kunstreicher Verschlingung; überdies Anaphora von *if I be,* vgl. das Beispiel 459 a 31, G u i n e v e r e, 210, im § 144); — 316 a 21, C o m i n g A r t h u r, 449: *far shone the fields of M a y thro' open door, the sacred altar blossom'd white with M a y, the sun of M a y descended on their King;*   317, G a r e t h L y n e t t e, 2: *the last t a l l son of Lot and Bellicent, and t a l l e s t, Gareth;* — mit deutlich beabsichtigter Vermeidung eines Pronomens: 317, G a r e t h L y n e t t e, 6: *before my l a n c e if l a n c e were mine to use* (vgl. 120 a, L e t t e r s, III, 6: *my g i f t s, when g i f t s of mine could please);* — sowie 324 b 8, G a r e t h L y n e t t e, 419: *M a r k hath tarnish'd the great name of king, as M a r k would sully the low state of churl;* — 431 b 21, H o l y G r a i l, 811: *up into the s o u n d i n g h a l l I past; but nothing in the s o u n d i n g h a l l I saw* (mit onomatopoetischer Wirkung); — aus der .Kindersprache: 317, G a r e t h L y n e t t e, 16: *good m o t h e r is bad m o t h e r unto me* (vgl. den Ausruf Telemachs, O *d* y *s* s., 23, 97: μῆτερ ἐμή, δύσμητερ) ; — 352 a 15, M a r r i a g e G e r a i n t, 699: *tho'* *ye won the prize of fairest fair, and tho' I heard him call you fairest fair, let never maiden think, however fair, she is not fairer in new clothes. than old;* — 385 b 24, Merlin Vivien, 332: *I, feeling that you felt me worthy trust;* — 518 b, To Princess Alice, 1—2: *dead Princess, living Power, if that, which lived true life, live on;* 528 a 27, Columbus, 203: *to lay me in some shrine of this old Spain, or in that vaster Spain I leave to Spain;* 538 b 2, Tiresias, 18: *a tale, that told to me, when but thine age, by age as winter-white as mine is now;* 551 a 30, Ancient Sage, 241: *unshadowable in words, themselves but shadows of a shadow-world;* 551 b 16, Ancient Sage, 259: *in the hand of what is more than man, or in man's hand when man is more than man;* 593 b, 4 u., Queen Mary, I, 5: *"my pretty maiden, tell me, did you ever sigh for a beard?" "That's not a pretty question." "Not prettily put? I mean, my pretty maiden, a pretty man for such a pretty maiden."* 631 a, 5 u., Queen Mary, IV, 3: *O Lord God, although my sins be great, for thy great mercy have mercy!* (dieser Ausruf übrigens wörtlich aus Cranmers Gebet bei Froude, an das sich die ganze Stelle eng anschließt: Kalisch, Studier over Tennyson, 227). — Ein schöner Chiasmus — wie er uns schon so oft begegnete — verstärkt die Wirkung der Stelle: 642 a, 6 u., Queen Mary, V, 2: *I bring your Majesty such grievous news I grieve to bring it;* ähnlich, aber noch kunstvoller, weil "Spiel mit drei Kugeln": 656 a 8, Harold, I, 1: *"the King hath made me Earl; make me not fool! nor make the King a fool, who made me Earl!" "No, Tostig — lest I make myself a fool who made the King who made thee* (sc. *Earl), make thee Earl."* — 662 b 12, Harold, II, 2: *"... to fight for thee again!" "Perchance against their saver, save thou save him from himself."* Vgl. schon 294 a, Maud, I, XI, I, 4: *before my life has found what some have found so sweet;* — 668 b, 1 u., Harold, II, 2: *he is a liar who knows I am a liar, and makes believe that he believes my word;* — 687 b, 5 u., Harold, V, 1: *I am dead as Death this day to ought of earth's save William's death or mine.* — 719 a 3, Becket, II, 1: *"O beautiful (crucifix)! May I have it as mine, till mine be mine again?"* (die Sprechende hatte ihr eigenes nicht mitgebracht); — 854 a 13, Ring, 135: *while I communed with my truest self, I woke to all of truest in myself.*[1] —

§ 147. Schon mit einigen der letzten Beispiele sind wir von der reinen Wortwiederholung an sich dem Wortspiel, *d. i.* der Wiederholung eines Wortes in verschiedener Bedeutung, nahegerückt — und ich lasse daher hier des Zusammenhanges halber gleich ein Verzeichnis von Wortspielen und wortspielartigen Wiederholungen von Wörtern und Stammformen, mit und ohne scherzhafte Pointe, folgen:
— 13b, Character, 4: *the nothingness of things;*
— 17 a, Dirge, VI, 5: in Zeile 1 hieß es, daß *king cups* auf dem Grabe blühen; mit Anspielung auf diesen Namen heißt es nun: *kings have no such couch as thine;* — 33 b 15, Two Voices, 213: *did not dream it was a dream* ("hatten keine Ahnung davon, daß es..."); — 41 b 30, Oenone, 129: *such boon ... to thee .. should come most welcome;* —
42 b 4, Oenone, 169: *but he heard me not, or hearing would not hear me:* das letzte *hear* bedeutet "folgen";
44 b, Palace Art, Prologue, 16: *not for this was common clay* ("gemein, gewöhnlich") *ta'en from the common earth* ("allen gemein")[2]); vgl. noch 248 b, In Mem., 6, 3: "*Loss is common to the race*" — *and common is the commonplace;* — 67, The Goose, 49: *the glass blew in, the fire blew out, .. her cap blew off, her gown blew up: blow* in verschiedenen Bedeutungen;   143 b 8, Aylmer's Field, 59: *call'd to the bar, but ever call'd away by one low voice to one dear neighbourhood;*   158 b 5, Sea Dreams, 158: *I found a hard friend in his loose accounts, a loose one in the hard grip of his hand;*   158 a 23, Sea Dreams, 147: *he could not wait, bound on a matter he of life and death* ("dringendes Geschäft"); das Weib sagt dann mit

---

[1]) Über einen von allen angeführten Fällen etwas verschiedenen Typus emphatischer Wortwiederholung nach Art von: 48 b 5, Palace Art, 261: *she mouldering with the dull earth's mouldering sod* — s. die erschöpfende Zusammenstellung von Parallelen aus Tennyson zu dieser Stelle bei Rowe-Webb, *Selections from Tennyson.*

[2]) Vgl. das Wortspiel mit denselben zwei Bedeutungen von *common* (nur in umgekehrter Reihenfolge) in *Hamlet*, I, 2: "*thou know'st, 'tis common; all that lives must die...*" "*Ay, Madam, it is common.*"

versteckter Beziehung auf seinen plötzlichen Tod: 158 b
12, S e a D r e a m s, 165: *was he so b o u n d, poor soul? ... so
are we all;*   171 b 8, P r i n c e s s, I, 144·   *rhymes and
dismal lyrics...; they... would call them m a s t e r p i e c e s:
they m a s t e r'd me...;*[1]   175 b 2, P r i n c e s s, II, 135:
*the brain was like the hand, and grew with using; thence the
man's, if m o r e was m o r e:* i. e. *if a greater brain meant a
finer intellect;* doch vorher: *...often fineness compensated
size;* — 189 b 5, P r i n c e s s, IV, 200: *o u t so late* ("außer
Hause") *is o u t of rules;* — 264 a 3, I n M e m., 66, 7: *the shade
by which my life was crost, ... has made me k i n d l y with
my k i n d;* — 295 a, M a u d, I, XIII, I, 8: *his face... in
s p i t e of s p i t e* ("trotz des Ausdrucks der Verachtung") *has
a.   comeliness;* — 311 a 13, C o m i n g A r t h u r, 131:
sware on the field of d e a t h a d e a t h l e s s love;   319 b 7,
G a r e t h L y n e t t e, 116: *f o l l o w the deer? f o l l o w the
Christ, the King...;*   320 a 11, G a r e t h L y n e t t e, 147:
"quick! the p r o o f to p r o v e me to the q u i c k!" — 327 a
3, G a r e t h L y n e t t e, 565: *let be my n a m e until I make
my n a m e* (das letztere prägnant);   329 a 15, G a r e t h
L y n e t t e, 698: *for an your f i r e (viz. kitchen fire) be low
ye kindle mine (viz. fire of wrath);*   330 b 15, G a r e t h
L y n e t t e, 786: *"they have b o u n d my lord. "* (= *fetter'd*).
"B o u n d am I to right the wrong'd..." (= *obliged*), erwidert
Gareth; — 362 b 23, G a r e t h L y n e t t e, 554: *e a r t h
has e a r t h enough to hide him;* — 366 b 13, G e r a i n t E n i d,
791: *by o v e r t h r o w i n g me you t h r e w me h i g h e r* (pres-
siert); — 447 b 22, L a s t T o u r n a m e n t, 274: der Narr
nennt Tristans Harfenspiel *b r o k e n m u s i c* und wendet
das dann folgendermaßen: *when thou playest that air with
Queen Isolt, thou makest b r o k e n m u s i c with thy bride.*
(Treubruch) — *and so thou b r e a k e s t Arthur's m u s i c too
(viz. the harmony reigning in his hall);*   525 b 15,
C o l u m b u s, 42: *g u e s s - w o r k they g u e s s'd it* ("sie wähnten,
es sei Hypothesenkram");   534 a, T o V i c t o r H u g o, 1:
V i c t o r in drama, V i c t o r in Romance;   583 a, Q u e e n

---

[1] Vgl. den inhaltlich ähnlichen Scherz B y r o n s in *Engl. Bards
and Scotch Reviewers* über H a y l e y s *Temper's Triumphs* (Z. 315):
*Triumphant first see "Temper's Triumphs" shine! At least I'm sure they
triumphed over mine.*

Mary, I, 3: *by the mass we'll have no mass here;* — 585 b,
5 u., Queen Mary, I, 4: *not many friends are mine, except
indeed among the many;* — 598 b, 5 u., Queen Mary, II, 2:
under colour of such a cause as hath no colour (shaksperisch); — 601 a 1, Queen Mary, II, 2: *thoroughly to
believe in one's own self, so one's own self be thorough
(= perfect), were to do great things;* — 608 b 8, Queen
Mary, IV, 1: *"God save their Graces!" "Their Graces, our
disgraces!"* — 646 a, Queen Mary, V, 3, 1: *there's half
an angel wrong in your account; methinks I am all angel,
that I bear it* (bei Shakspere sehr häufig); — 663 b 3,
Harold, II, 2: *more kinglike he than like to prove a
king;* — 687 a 2, Harold, V, 1: *"have thy two brethren sent
their forces in?" "Nay, I fear not". "Then there's no force in
thee!"* 701 a, Becket, I, 1, stammelt der verlegene
Fitzurse, welchen Becket von Rosamundens weiterer Verfolgung zurückhält: *"I follow'd — follow'd one* " *"And
then what follows? Let me follow thee",* sagt Becket; —
714 a, Becket, I, 4 (im Gespräch der von Becket bewirteten Bettler): *"Who stole the widow's one sitting-hen?..."
"Sitting-hen! Our Lord Becket's our great sitting-hen
cock, and we shouldn't ha' been sitting here if the barons
and bishops hadn't been a-sitting on the Archbishop." "Ay,
the princes sat in judgment on me, the Lord hath prepared
your table — Sederunt principes, ederunt pauperes";* — 805 a,
Foresters, I, 1: *if he had not gone to fight the king's
battles, we should have better battels at home;* 814 b,
Foresters, II, 1: *our vice-king John — true king of vice
true play on words our John .. ·* 818 b, 1 u.,
Foresters, II, 1: *"I pray you stay a moment." "A moment
for some matter of no moment!"* — 824 b 2, Foresters,
III, 1: *if he fancied that I fancy a man other than him,
he is not the man for me;* — 825 a 2, Foresters, III, 1:
*"I have a bad wife." "Then let her pass as an exception,
Scarlet." "So I would, Robin, if any man would accept her."*
— 832 a und b, Foresters, IV, findet sich eine Reihe von
Wortspielen zwischen *much, more* und dem Namen von
Robin Hoods Genossen Much (s. schon § 29).

§ 148. Mit der *rhetorischen Wiederholung* bin ich von
der Kürze zur Fülle des Ausdrucks übergegangen und führe

nach *dieser* beabsichtigten nun Fälle unbeabsichtigter Häufung des Aus*d*rucks, also P l e o n a s m e n und T a u t o - l o g i e n, an; zur ersteren Gattung zähle ich:

— 65 b 6, L o v e L a n d, 50: *the past of T i m c;* 99, 33, L o c k s l e y H a l l, 67: *tho' my mortal s u m m e r s to such length of y e a r s should come as the many-winter'd crow* (für *crow's*, § 141); — 103, 1, L o c k s l e y H a l l, 179: *I that r a t h e r held it b e t t e r...;* 121 a 21, V i s i o n S i n, II, 23: *half-invisible t o t h e v i e w;* — 121 b, V i s i o n S i n, IV, 15: *I remember, w h e n I t h i n k:* absichtliche Nachahmung der Umgangssprache; ebenso 126 b 12, E n o c h A r d e n, 102: *then came a change, a s a l l t h i n g s h u m a n ch'a n g e;* ähnlich 121 b, V i s i o n S i n, IV, 21: *sit thee down, and h a v e n o s h a m e:* die prosaische Umschreibung charakterisiert das abgelebte, saft- und farblose Wesen des *gray and gap-tooth'd man,* der "alten Sünde"; ebenso 122 a 6, V i s i o n S i n, IV, 38: *w c are men of ruin'd bloo*ḍ; *t h e r e f o r e c o m e s it we are wise;* — 126 b 25, E n o c h A r d e n, 117: *he seem'd, as in a nightmare o f t h e n i g h t, to see his children...;* 263 a, I n M e m., 63, 11: *the c i r c u i t s of thine o r b i t round a higher height, a deeper deep;* — 284 a, I n M e m., 131, 5: *that we may lift f r o m o u t o f dust a voice ..;* vgl. 367 b 34, G e r a i n t E n i *d*, 876: *simple noble natures, credulous of good. , t h e r e most i n t h o s e who most have done them ill;* — 323 a 28, G a r e t h L y n e t t e, 350: *hath s t a r v e d him d e a d;* ebenso 354 b 26, G e r a i n t E n i d, 45: *she was ever praying the sweet heavens to s a v e her dear lord w h o l e from any wound;* — 363 a 24, G e r a i n t E n i *d*, 387· *f e i g n'd himself a s dead: as* ist nach *feign'd* überflüssig; — 553 b, F l i g h t, XIII, 1 (Ausruf): *I swear and s w e a r f o r s w o r n!...* (für *forswear myself* — wohl aus metrischen Gründen).

§ 149. Ein zweiter Typus des Pleonasmus ist Erweiterung des Aus*d*rucks *d*urch logisch überflüssige Determination, besonders bei Handlungen und Zuständen:

— 142 a 3, B r o o k, 144: *K a t i e w a l k s by the long wash of 'Australasian seas far off, and h o l d s h e r h e a d to other stars, and b r e a t h e s in April-autumns:* alles für "ist in Australien"; — 252 a, I n M e m., 18, 1: *we may s t a n d where he in 'English earth is laid,* — wo nur emphatisch

ausgedrückt werden soll: *he is laid in English earth;*
323b 11, G a r e t h L y n e t t e, 363: *we sit King to help
the wrong'd* (für *are);* — 337a 7, G a r e t h L y n e t t e, 1146:
*there r i d e s no knight, not Lancelot, his great self, hath foree
to quell me (rides* für *is);* — 398b 23, L a n c e l o t E l a i n e,
183: *those... who e a t in Arthur's halls;* ebenso 399b 31,
L a n c e l o t E l a i n e, 254: *the goodliest man that ever among
ladies a t e in hall;* — 464b 9, G u i n e v e r e, 540: *beauty
such as never woman w o r e;* ebenso 487b 22, L o v e r's
T a l e, I, 729: *she deem'd I w o r e a brother's mind;* vgl.
auch schon 261 a, I n M e m., 53, 4: *who w e a r s his manhood
hale and green;* — 705 a, 5 u., B e c k e t, I, 3: *London h a d a
temple and a priest when Canterbury hardly b o r e a name*
(hier Rücksicht auf Variation: *had — bore).* — Weitläufiger
ist schon: 570a 18, E p i l o g u e "H e a v y B r i g a d e", 20·
*all the peoples, great and small, that w h e e l b e t w e e n t h e
p o l e s* ("zwischen den Polen sitzen*d*", die Bewegung der Erde
mitmachen); ähnlich 565, 22, L o c k s l e y H a l l S i x t y
Y e a r s A f t e r, 188: *all good things may m o v e in Hesper,
perfect peoples, perfect kings;* und 578b 6, P o e t s B i b l i o-
g r a p h i e s, 12: *if glancing downward on the kindly sphere,
that once had r o l l'd you round and round the Sun*
Das poetisch wirksamste en*d*lich von allen hieher gehörigen
Beispielen ist wohl: 440b 2, P e l l e a s E t t a r r e, 323:
back... did Pelleas in an utter shame creep w i t h h i s s h a d o w
(gleichsam "seinen Schatten nachschleppend").
    Alle *d*iese Fälle berühren sich mit vielem beim Verhältnis
von allgemeinem und besonderem Ausdruck (§ 198) zu
Besprechendem. Es sei ihnen noch einer beigefügt, welcher
besonders feine psychologische Kleinkunst zeigt: 172 a 24,
P r i n c e s s, I, 194: die *d*rei jungen Leute geraten auf den
Einfall, als Mädchen verkleidet Zutritt zur Frauenuniversität
zu erlangen, und überbieten sich nun in Erinnerungen an
analoge Vorfälle: *remembering how we three presented Maid
or Nymph, or Goddess, at high tide of feast, in masque or
pageant at my father's court* — mit der für leidenschaftliche
Erregung *d*ieser Art charakteristischen Häufung von Neben-
umständen.
    § 150. Schließlich gehören zum Pleonasmus noch zahl-
reiche F ü l l - u n d F l i c k p h r a s e n, welche, ohne etwas

für den Inhalt Wesentliches zu bringen, oft nur metrischen Zwecken dienen. Solche sind:

293 b, M a u d, I, X, 22: *his gewgaw castle ... (look at it) pricking a cockney ear;* 339 b 5, G a r e t h Lynette, 1287: *"I swear thou canst not fling the fourth (enemy)." "And wherefore, damsel? Tell me all ye know."* Die Phrase ist nach einer rein rhetorischen Frage ganz unpassend und rein mechanisch hinzugefügt — wenn sie nicht etwa ein Scherz sein soll (darüber s. § 177). In ähnlicher Weise gab schon die Stelle 105 b, S l e e p i n g B e a u t y (D a y - D r e a m), III, 1: *she sleeps: her breathings are not heard in palace chambers far apart* — mit ihrer die Negation scheinbar einschränkenden, in Wirklichkeit ohne solche Absicht ganz gedankenlos hinzugesetzten pleonastischen Lokalangabe einem Leser die Veranlassung zur Frage: *whether this did mean that the lovely princess did not snore so loud that she could be heard from one end of the palace to another* (zitiert von Churton Collins aus N o t e s a n d Q u e r i e s, Febr. 1880), (s. auch *far—far—away* im lexikographischen Teil); — 372 a 9, B a l i n B a l a n, 165: *azure lands and fair,*[1]*) far seen to left and right;* — 463 b 2, G u i n e v e r e, 463: *to speak no slander, no, nor listen to it:* das zweite *no* dient nur dem Metrum;

509 a, R e v e n g e, XIV, 8: *a wind from the lands they had ruin'd awoke from sleep.* Hieher gehören auch pleonastische Temporalangaben: 508 a 1, R e v e n g e, VII, 5: *four galleons drew away from the Spanish fleet that day* (dem Reim zuliebe); besonders beliebt ist die Formel *there and then,* welche z. B. in der Wendung 569 a 6, H e a v y B r i g a d e, II, 7: *sway'd his sabre and held his own like an Englishman there and then* — ausschließlich, freilich auch vortrefflich, lautsymbolischen Zwecken dient; vgl. noch 888 b, C h a r i t y, XI. 1: *two trains clash'd: then and there he was crush'd in a moment and died;* "sofort, auf der Stelle" scheint die Phrase zu bedeuten in der Dialektwendung: 887, C h u r c h - w a r d e n C u r a t e, VII, 5: *An' 'e torn'd as red as a stag-tuckey's wattles, but theer an' then I coämb'd 'im down ...;* nur *there* — als Reimflickwort: 38 a 20, M i l l e r's D a u g h t e r, 128: *all the casement darken'd*

---

[1]) Über *fair* als Flickwort s. den lexikographischen Teil.

there.[1]) — Schließlich als trefflich verwerteter Pleonasmus der Umgangssprache ein dem Burnsschen *"and a' that"* verwandter Fall: 780 b (Promise May), I: *I haätes books an' all, fur they puts foälk off the owd waäys;* 781 a: *and thou (art) schoolmaster an' all.* —

§ 151. Vom Pleonasmus vielfach schwer zu sondern ist die Tautologie; die Bezeichnung findet sowohl auf das Verhältnis zwischen dem Attribut und seinem Substantiv — Schillers "im ebnen Plan" ("Kampf mit dem Drachen") — als auch auf dasjenige von Subjekt und Prädikat Anwendung. Beispiele sind:

attributives Verhältnis: 21 a, Margaret, I, 6: *pensive thought;* 27 a, Sonnet, IX, 12—13: *close it up with secret death for ever;* 59 b 19 (Dream Fair Women): *torrent brooks;* 83 b 12, Edwin Morris, 36: *varied changes,* 141 b 19, Brook, 140: *all his lavish waste of words;* — 491 b 27, Lover's Tale, II, 172: *prime youth;* — 547 b, Despair, XXI, 2: *you needs must have good lynx-eyes;* — 582 b, Queen Mary, I, 3: *these beastly swine make such a grunting here;* — 632 a 14, Queen Mary, IV, 3: *forasmuch as I have come to the last end of life;* weniger sichere Beispiele: 269 b 3, In Mem., 85, 63: *I, the divided half of such a friendship as had master'd time:* vielleicht *divided = separated* (sc. *from the other half)* — oder ist *divided* logisch Attribut zu *friendship* und nur attrahiert zu *half;* — 330 b 12, Gareth Lynette, 783: *a mere... under the half-dead sunset glared:* "unter dem halb erloschenen Licht der untergehenden Sonne";

andere Verhältnisse: 249 b, In Mem., 9, 6: *a favourable speed... lead thro' prosperous floods his holy urn;* — 251 b, In Mem., 15, 10: *all thy motions gently pass athwart a plain of molten glass;* — 283 b, In Mem., 128, 10: *if all your office had to do with old results that look like new...;* — 359 a 23, Geraint Enid, 319: *owe you me nothing...? yea, yea, the whole dear debt of all you are: debt* ist nach *owe* überflüssig, *your whole dear self* etwa würde genügen.

---

[1]) Über sonstige pleonastische Ortsangaben s. u. *place* im lexikographischen Teil.

§ 152. Der Tautologie nächstverwandt ist die **Hendiadys**, welche sich ihrerseits von der in jeder Poesie
häufigen parallel-synonymen Ausdrucksweise nur durch die
größere Einfachheit der sprachlichen Elemente und ihre
strengere begriffliche Kongruenz unterscheiden läßt; nur
die Beispiele, welche diese beiden Bedingungen einigermaßen
erfüllen, folgen hier, andere im nächsten Abschnitt:

— 12 a, **O de Memory**, IV, 17: *in every elbow and
turn* (vom Bach die Rede); — 16 a, **Deserted House**,
III, 3: *the nakedness and vacancy of the dark deserted
house;* — 36 b, **Miller's Daughter**, 15: *so healthy, sound,
and clear and whole;* — 69 a 26, **Morte d'Arthur**, 80:
lief and dear; — 95 b, **Ulysses**, 3: *mete and dole*
(beides Archaismen); — 109 b, **St. Agnes' Eve**, 9: *pure
and clear;* ibid. 24: *white and clean:* beides aus Reim-
not; — 254 a, **In Mem.**, 24, 3: *source and fount of
Day* (die Sonne); — 301 þ, **Maud**, I, XXII, XI, 8:
my dust would... blossom in purple and red; — 312 b 2,
Coming Arthur, 218: *each but sought to rule for his own
self and hand* ("selbständig und auf eigene Faust");
354 b 7, **Geraint Enid**, 26: *all the marble threshold
flashing, strown with gold and scatter'd coinage* (aus der
von Geraint hinweggeworfenen Börse) (für *scatter'd gold
and coinage*, s. § 143); 397 b 20, **Lancelot Elaine**,
118: *my service and devoir;* 478 b 9, **Lover's Tale**,
I, 143: *my slender spring and first of love;* 488 a 24,
Lover's Tale, I, 762: *my love should ne'er indue the
front and mask of Hate;* 488 b 20, **Lover's Tale**, I,
790: *borne into alien lands and far away.*

§ 153. Ehe ich kompliziertere Synonymenpaarungen
behandle, seien ein paar feine **Distinktionen** aus der
Dichtersprache angeführt, welche beweisen, daß der Dichter
synonyme Wörter nicht nur zu verbinden, sondern auch
zu trennen versteht: 39 a 38 (**Miller's Daughter**):
God... who wrought two spirits to one equal mind ("Gesinnung"); anders: 247 a, **In Mem., Prologue**, 27: *that
mind and soul* ("Geist und Gemüt") *according well, may
make one music as before;* — 280 a, **In Mem.**, 114:
Knowledge—Wisdom: s. die Anmerkung bei Churton
Collins und vgl. 93 a 4, **Love Duty**, 24: *Love... will*

bring the drooping flower of knowledge changed to fruit of wisdom; 101, 35, Locksley Hall, 143: *knowledge comes, but wisdom lingers;* — 339 b 2, Gareth Lynette, 1284: *wonders ye have done; miracles ye cannot;* — 480 a 8, Lover's Tale, I, 243: *as was our childhood, so our infancy . . . was a very miracle of fellow-feeling and communion;* ähnlich von Altersstufen schon 329 a 19, Gareth Lynette, 702: *some old head-blow not heeded in his youth so shook his wits they wander in his prime.*

§ 154. Nun gehe ich zu dem eigentlich kunstmäßigen Ausdruck von Vorstellungen und Vorstellungsreihen durch Paare von synonymen Worten und Wendungen — einem uralten und weitverbreiteten poetischen Stilmittel — über und führe an eminenteren Beispielen an

— 32 b 5—6, Two Voices, 119: *emptiness and the waste wide of that abyss;* — 109 b 10, Amphion, 97: *work thro' months of toil, and years of cultivation;* 117 a 9, Lord Burleigh, 59 ff.: *a trouble weigh'd upon her, and perplex'd her . . . with the burden of an honour unto which she was not born:* das Substantivum *trouble* und das Verbum *perplex,* ebenso das Verb *weigh* und das Subst. *burden* sind synonym; — 122 a 22, Vision Sin, IV, 62: *look whited thought and cleanly life;* — 163 a 28, Lucretius, 156: *these prodigies of myriad nakednesses, and twisted shapes of lust:* der gehäufte Ausdruck kennzeichnet die überreiche, regellose Mannigfaltigkeit der Visionen; 173 b 23, Princess, II, 30: *aftertime and that full voice which circles round the grave;* — 177 b 32, Princess, II, 294: *sweet household talk, and phrases of the hearth;* — 190 a 1, Princess, IV, 229: *(this is proper to the clown) . . . to harm the thing that trusts him, and to shame that which he says he loves;* 239, Higher Pantheism, 10: *broken gleams, and a stifled splendour and gloom;* — 266 b, In Mem., 77, 15—16: *to breathe my loss is more than fame, to utter love more sweet than praise;* — 341 b 27, Marriage Geraint, 36: *all flyers from the hand of Justice, and whatever loathes a law;* — 343 b 18, Marriage Geraint, 173: *in summer suit and silks of holiday* (formelhaft alliterierend); — 366 b 19, Geraint Enid, 797: *disband himself, and scatter all his powers;*

393 b 7, Merlin Vivien, 828: *the hoary fell and many-winter'd fleece of throat and chin;* — 437 b 18, Pelleas Ettarre, 171: *thro' his heart the fire of honour and all noble deeds flash'd;* — 449 a 27, Last Tournament, 372: *the slowly-mellowing avenues and solitary passes of the wood;* — 450 a 28, Last Tournament, 435: *a roar of riot, as from men secure amid their marshes, ruffians at their ease among their harlot brides, an evil song* (das letztere klingt ganz angelsächsisch); — 476 b 7, Lover's Tale[1]), I, 27: *the rising of the sun, the lucid chambers of the morning star, and East of Life* (alles zusammen eine Umschreibung für "Jugend"); — 477 b 30, Lover's Tale, I, 98: *he that saith it, hath o'erstept the slippery footing of his narrow wit, and fall'n away from judgment;* — 478 a 29, Lover's Tale, I, 130: *(the soul) married, made one with, molten into all the beautiful in Past;* — 479 b 18, Lover's Tale, I, 219: *all lovingkindnesses, all offices of watchful care and trembling tenderness;* — 607 b 7 Queen Mary, III, 1: *thine is a half voice and a lean assent;* — 613 b 15, Queen Mary, III, 3: *be... received into the bosom and Unity of Universal Church;* — 699 a, Becket, I, 1, 8: *was not the people's blessing as we past, heart-comfort and a balsam to thy blood* (aus *to thy blood* ist zu *heart-comfort* ein *to thee* zu ergänzen, vgl. § 143); 805 a, Foresters, I, 1: *that very word "greasy" hath a kind of unction in it, a smack of relish about it* — eine echt shaksperische Phrase; *unction* etymologisch zu verstehen. —

§ 155. Eine besondere Gruppe bilden Fälle, in welchen ein Begriff durch die eine Wendung nach seiner konkreten, durch die andere nach seiner abstrakten Seite beleuchtet wird:

— 205 b 7 (Princess, VI): *served with female hands and hospitality;* 210 a 20, Princess, VI, 356: *one deep chamber. ., due to languid limbs and sickness;* — 340 a 24, Gareth Lynette, 1334: *waving to him white hands, and courtesy;* — 348 a 16, Marriage Geraint, 436: *my means were somewhat broken into thro' open doors*

---

[1]) In diesem Jugendgedicht ist die pomphafte Synonymenhäufung besonders stark.

and hospitality; — 358 b 16, Geraint Enid, 280: *in the
mid-warmth of welcome and graspt hand;* 418 b,
Holy Grail, 1: *from noiseful arms, and acts of
prowess done (arms* wie lat. *arma* im ersten Verse der
Aeneis). — Als einigermaßen verwandt sei noch die kühne
Wendung angeführt: 120 a, Letters, I, 6: *a clog of lead
was round my feet, a band of pain across my brow.* —

§ 156. Diese Fälle leiten uns mit ihrer malerischen
Inkonzinnität zu einer Reihe anderer hinüber, in denen das
pedantische Gesetz des Parallelismus in Fügung und
Ausdruck zu Gunsten erquickender Abwechslung kühn
durchbrochen ist; solche sind etwa:

— 313 b 24 ff., Coming Arthur, 300 ff.: *on one
side (of Arthur's sword), graven in the oldest tongue of all
this world, "Take me", but turn the blade and ye shall
see* (statt *on the other side), and written in the speech ye
speak yourself...;* — 320 a 10, Gareth Lynette, 146:
a hard one (viz. proof), or a hundred, so I go; — 372 a
7, Balin Balan, 163: *(a boy lame-born) sighs to see the
peak sun-flush'd, or touch at night the northern star
(touching* erwarten wir parallel zu *flush'd);* — 393 b 6,
Merlin Vivien, 827: *in words part heard, in whispers
part;* 433 a, Pelleas Ettarre, 5: *thro' these (doors
"softly sunder'd") a youth, Pelleas, and the sweet smell of the fields
past, and the sunshine came along with him:* wir erwarten
sweet smell mit *sunshine* und *came along,* nicht mit *Pelleas*
und *past* verbunden; — 434 b 16, Pelleas Ettarre, 95:
o wild and of the woods (Alliteration); vgl. 684 a 7,
Harold, V, 1: *the babe enwomb'd and at the breast is
cursed;* — 463 b 15, Guinevere, 476: *mine helpmate, one
to feel my purpose and rejoicing in my joy;* — 479 b 12,
Lover's Tale, I, 213: *she was motherless and I without
a father;* — 539 b 21, Tiresias, 101: *mothers with their
babblers of the dawn, and oldest age in shadow from
the night* (die logische Antithese ist: *"still in the full light
of the dawn of youth" "already overshadow'd by the coming
night of death");* 541 b, Wreck, II, 3: *Spain in his
blood and the Jew:* d. h. halb spanischer, halb jüdischer
Abkunft; — 570 b, To Virgil, I, 1 ff: *Roman Virgil, thou
that singest Ilion's lofty temples robed in fire, Ilion falling,*

Rome arising, wars, and filial faith, and Dido's pyre:
diese Inhaltsangabe der Aeneis ist den ebenso bunten ersten
Versen bei Vergil nachgebildet: *Arma virumque...,*
604 a 9, Q u e e n M a r y, II, 4: *cries of the moment and the
street;* — 676 b, 2 u., H a r o l d, III, 2: *I love thee and thou
me* — *and that remains beyond all chances and all churches*
(der Alliteration zuliebe); — 703 a 22, B e c k e t, I, 2: *I will
be wise and wary, not the soldier* (wo wir etwa *soldier-
like* erwarten), *as Foliot swears it.* —

Natürlich kommen auch umgekehrt kleine Gewaltstreiche
zu Gunsten des Parallelismus vor, wie: 15 a, S e a - F a i r i e s,
3: *sweet faces, rounded arms, and bosoms prest to little harps
of gold; bosoms* muß parallel zu *faces* und *arms* stehen·
logisch wäre *harps prest to bosoms;* — 261 b, In M e m., 66,
6: *I bring to life, I bring to death* (für *put to death);*

425 a 7, H o l y G r a i l, 375: *while I drank the brook,
and ate the goodly apples:* das gezwungene *totum pro
parte* steht wegen *apples;* — 463 b 28, G u i n e v e r e, 489:
*miss the wonted number of my knights, and miss to hear
high talk of noble deeds:* das letztere *miss* für *fail.*

Indes sind jene erfreulich-jugendfrischen Verstöße gegen
die traditionelle Regel zahlreicher.

§ 157. Abwechslung ist wie bei jenen Durchbrechungen
des Parallelismus auch bei einer andern Erscheinung der
Zweck, welche man eben als V a r i a t i o n schlechtweg bezeichnet. Das Bestreben, den Ausdruck zu variieren, ist
eine andere Erscheinungsform jener ängstlichen Vermeidung
eintöniger Wiederholung, welcher schon die in § 142 angeführten Wortauslassungen zu danken waren, und bildet
das naturgemäße Gegenstück zur rhetorischen Wiederholung
ein und desselben Ausdrucks; ihr Verhältnis zum vorhin
besprochenen synonymen Ausdruck ist das des Notbehelfs
zum vollendeten Kunstmittel: dort schöpfte der Dichter
aus der Fülle des sprachlichen Schatzes, um einen Begriff
in verschwenderischen Reichtum des Ausdrucks zu kleiden,
hier sucht er mühsam zu einem Wort, das einen Begriff
zutreffend bezeichnet, ein möglichst kongruentes Synonym,
wenn es auch nicht so passend und zutreffend sein sollte,
weil ihm der Zusammenhang Wiederholung eines Begriffes
gebietet, die Rücksicht auf Euphonie aber die Wiederholung

des Begriffsnamens versagt. Bemerkenswerte Beispiele sin*d*:

4 a 28, C o n f e s s i o n s S e n s i t i v e M i n d, 30: *a world of peace and c o n f i d e n c e, day after day; and t r u s t and hope till things should cease;* 6 a, S o n g, 2: *r i d g e d sea,* ibid. 6 (an paralleler Stelle der zweiten Strophe): *crisped sea;* — 12 b, O d e M e m o r y, V, 12: ... *setting round thy first experiment with ·royal framework of wrought gold; needs must thou dearly love thy first essay;* — 73 b 9, G a r d e n e r's D a u g h t e r, 52: *so blunt in memory, so old at heart;* 80 a 27, A u d l e y C o u r t, 33: *the price of g r a i n* (für *eorn,* weil in der folgenden Zeile *c o r n - l a w s* stehen sollte); — 96 b, T i t h o n u s, 9—10: *s p a c e s of the E a s t gleaming h a l l s of m o r n;* — 117 a 22, L o r d B u r l e i g h, 72: *w a l k i n g up and p a c i n g down;* — 121 b, V i s i o n S i n, IV, 5: *b i t t e r b armaid:* das gewöhnlichere *s o u r* steht später bei *waiter;* für *bitter* auch Alliteration maßgebend; vgl. 136 b 3, E n o c h A r d e n, 741 (von Annie Lees Tochter): *a l ater but a l o f t i e r Annie Lee (tall* steht in der folgenden Zeile); — 137 b 11, E n o c h A r d e n, 810: *help'd at lading and unlading the tall barks, that brought the s t i n t e d commerce of those days; thus earn'd a s c a n t y living for himself;* — 151 a 36, A y l m e r's F i e l d, 569: *some low f e v e r . found the girl and flung her down upon a couch of f i r e;* 257 a, I n M e m., 36, 6—7: *for Wisdom dealt with mortal powers, w h e r e truth in closest words shall fail (where = in dealing with which, viz. powers), w h e n truth embodied in a tale shall enter in at lowly doors:* dieses *when* für *whereas* wegen des vorhergehenden *where;* — 259 b, I n M e m., 46, 11: *days order'd in a w e a l t h y peace, and those five years its r i c h e s t field* (beidemal von geistiger "Ernte"); 267 b, I n M e m., 82, 10: *Death ... bare the u s e of v i r t u e out of earth; ... transplanted human w o r t h will grow to p r o f i t otherwhere;* — 274 b, I n M e m., 98, 3: *you will see the Rhine, and those fair hills I s a i l'd below, ... and g o by summer belts of wheat and wine* (für *go* auch Reimzwang maßgeben*d*); schon weniger geschickt klingt dieses Verlegenheitswort in der Phrase: 474 b 20 (P a s s i n g A r t h u r): *p a s s on ... and g o from less to less;* 279 a, I n M e m., 111, 3: *to him who grasps a golden ball, by blood a King, by heart a clown:* die

Umschreibung ist notwendig, weil sich der Dichter das Wort
King selbst zur Antithese mit *clown* aufsparen will; — zu
303 b: Urgestalt von "Maud", II, IV (Churton Collins
p. 275, Z. 11—13): *should the happy spirit descend as she
looks down among the blest;* 440 a 21 ff., Pelleas
Ettarre, 312 ff.: *three pavilions ... in one droned her ...
knights, ... in one ... four of her damsels lay: and in the
third ... were Gawain and Ettarre;*[1] — 441 a 18, Pelleas
Ettarre, 363: *brutes that own no lust because they have
no law;* 509 a, Revenge, XIV, 9: *... a wind from the
lands they had ruin'd awoke from sleep, and the water began
to heave and the weather to moan: weather* variiert *wind*
sehr glücklich; ebenso gelungen ist hier wie vorhin die
Alliteration; — 565, 33, Locksley Hall Sixty Years
After, 199: *is there evil but on earth? or pain in every
peopled sphere?* — 644 b 13, Queen Mary, V, 2: *he we speak
of drove the window back, and like a thief, push'd in his
royal hand;* — 659 b 14, Harold, I, 2: *all the blood that
should have only pulsed for Griffyth, beat for his pursuer;*
— 808 b, Foresters, I, 2: *more water goes by the will than
the miller wots of, and more goes to make right than I know
of;* 880 b 23, Akbar's Dream, 36: *shall the rose cry
to the lotus "No flower thou"? the palm call to the cypress
"I alone am fair"?*

----

§ 158. Noch eine in der Dichtersprache aller Zeiten
höchst bedeutsame Eigentümlichkeit schließt sich an die
vorhin besprochene kunstreiche Fülle des Ausdrucks durch
Synonymenhäufung an: es ist die Umschreibung. An
künstlerischen Periphrasen ist Tennyson naturgemäß reich;
einen besonderen Typus unter ihnen bilden die fast regelmäßig durch ein eigentümlich unpersönliches *that which*
eingeleiteten Wendungen für Gott, die Seele, unbestimmte
geistige Wesen, Kräfte und Vorstellungen. Solche sind etwa:

----

[1] Die Wahl dieses farblosen *were,* wo wir der Situation gemäß
Steigerung erwarten, müßte, wenn es sich nicht um ein künstlerisch
berechnetes Unbestimmt-lassen handelte, als Prüderie erscheinen, der
man aber Tennyson sonst nicht beschuldigen kann; daß er es vielmehr versteht, *"to call a spade a spade",* beweisen Stellen wie: 27 b,
Bridesmaid, 13; 119 b, Move eastward, happy earth, 12.

— 91 a 23, T a l k i n g O a k, 187 : *that, which breathes within the leaf:* das (geheimnisvolle) Lebenselement, "Seele" der Pflanze, Dryade; — 93 a 6, L o v e D u t y, 26: *my faith is large in Time, and that which shapes it to some perfect end;* — 108 a, L' E n v o i (D a y - D r e a m), IV, 16: *that for which I care to live* (idealer Lebenszweck); — 261 b, I n M e m., 55, 3: *(from) w h a t we have the likest God within the soul* ("*the spirit of love*": Churton Collins); — 118 b, V o y a g e, XII, 6: *we follow that which flies before* (visionäre Frauengestalt); — 532 b, D e P r o f u n d i s, II, II, 2: *that which should be man . . . drew to this shore:* der geistige "Stoff" zu einem Menschenwesen; ähnlich für die menschliche Seele: 894, C r o s s i n g t h e B a r, 7: *when that which drew from out the boundless deep, turns again home;* vom Tode, der hier so umschrieben ist, hieß es 574 a 4, M y B r o t h e r's S o n n e t s, I, 6: *thou hast vanish'd from thine own to that which looks like rest;* —

— für "G o t t": 134 b 4, E n o c h A r d e n, 612: *That, which being everywhere, lets none, who speaks with Him, seem all alone;* — 175 a 25, P r i n c e s s, II, 128: *none lordlier than themselves but that which made woman and man;* dieser Typus ist besonders beliebt; vgl. etwa noch: 185 a 14, P r i n c e s s, III, 280: *dare we dream of that . . . which wrought us as* (sc. *of*) *the workman and his work, that practice betters?* und 566, 9, L o c k s l e y H a l l S i x t y Y e a r s A f t e r, 211: *That wich made us;* — ein Ausdruck von etwas verschiedenem grammatischem Bau, aber gleichem stilistischem Charakter: 221 a, W e l l i n g t o n, IX, 11: *more than is of man's degree, must be with us, watching here . . .;* vgl. 538 b 4, T i r e s i a s, 20: *that more than man which rolls the heavens;* 551 b 15, A n c i e n t S a g e, 258: *in the hand of what is more than man;* — 261 b, I n M e m., 55, 19: *(I call) to what I feel is Lord of all;* 280 b, I n M e m., 116, 8: *trust in that which made the world so fair;* — 549 a 17, A n c i e n t S a g e, 88: *That which knows, and is not known, but felt.* — Die grandioseste Umschreibung für Gott ist aber wohl: 282 b, I n M e m., 124, 1—4:

"That which we dare invoke to bless;
Our dearest faith; our ghastliest doubt;
He, They, One, All; within, without;
The Power in darkness w h o m we guess."

Schon in der letzten Zeile geht hier der Dichter in der Entfaltung der Gottesidee zu einer mehr persönlichen Auffassung über und deutet dies durch das veränderte Relativpronomen an; dieses finden wir auch, ohne daß mehr Nachdruck auf dem Persönlichen läge als in den anderen zahlreichen Fällen von "Weltschöpfer" für "Gott" (s. oben), — in dem Beispiel 882 a 10, Akbar's Dream, 116: *gaze on this great miracle, the World, adoring That who made, and makes, and is . . .*; anders liegt die Sache schon in Fällen wie: 433 a 17, Holy Grail, 902: *that One who rose again* (sc. *from the dead*), — weil hier der als scharf-umrissene Persönlichkeit aufgefaßte Gottmensch Christus gemeint und daher persönliches Relativum das einzig Mögliche ist.

Indes überwiegt im allgemeinen die Vorliebe für jenes poetisch-andeutende, verschwommen-unpersönliche *that which* so sehr, daß dieses auch in der nunmehr anzureihenden Gruppe von Fällen eintritt, wo nicht mehr halb bestimmte und undefinierbare, sondern im Gegenteil ganz genau fixierte und bestimmbare Personen, Wesen und Dinge gemeint sind, die der Dichter aus irgend welchen, meist artistischen Gründen nicht näher als durch die Umschreibung bezeichnen will oder auch kann:

— 62 b, To J. Sp., 15: *. . . when love is grown to ripeness, that on which it throve* ("das geliebte Wesen"), *falls off, and love is left alone;* 184 a 8, Princess, III, 216: *your Highness breathes full East . . . on that which leans to you;* — 190 a 2, Princess, IV, 290: *to harm the thing*[1]) *that trusts him, and to shame that which he says he loves;* — grammatisch verschieden, dadurch noch greller: 198 a 16, Princess, V, 158: *dash'd with death he reddens what he kisses;* — 270 a 13, In Mem., 85, 114: *my heart . . . may not rest quite in the love of what is gone* (Hallam); freilich ist ein Verstorbener für uns ein unbestimmtes Wesen, wie Tennyson selbst so schön sagt: 278 b 3, In Mem., 107, 23: *we will drink to him, whate'er he be;* ähnlich unklar ist der Begriff in 283 a 1, In Mem., 124, 21: *what I am beheld*

---

[1]) Über verschiedene Umschreibungen — z. T. ganz ähnlicher Art — mit *thing* s. unter diesem Worte im lexikographischen Teil.

again what is (my real or essential self: Churton Collins; die
ursprüngliche Lesart *scem* verdunkelt die Stelle); —͏zu den
sicheren Fällen gehören aber wieder die überaus stimmungs-
vollen Ausdrücke: 340 a 27, Gareth Lynette, 1337:
*the huge pavilion slowly yielded up . . . that which housed
therein (viz. the mysterious knight "Night-and-Death"),*
340 b 9, Gareth Lynette, 1348 (vom Äußeren desselben
Ritters): *ghastly imageries of that which Life has done
with (=͏ carcass, skeleton);* 428 b 24, Holy Grail,
626: *mad, and maddening what he rode (=͏ his horse);*
475 b 17, To Queen, 58: *that which knows* ("der gebildete Teil der Nation"), *but careful for itself, and that
which knows not, ruling that which knows to its own harm;*
— 483 b 21, Lover's Tale, I, 471: *words and syllables, which
pass with that which breathes them* (wo wir *him who*
erwarten); — 508 a, Revenge, VIII, 2: *(the enemy's ship)
having that within her womb that had left her ill content* (d. i.
ein Geschoß); — 676 b 15, Harold, III, 2: *in old Rome . . .
when that which reign'd call'd itself God;* 731 b 3,
Becket, III, 3: *the State will die, the Church can never die.
The King's not like to die for that which dies; but I must
die for that which never dies.* —

§ 159. Nach Ausschluß dieser besonderen Gruppen
wären an sonstigen Umschreibungen verschiedener, zum
Teil auch relativer Art noch zu zitieren:

87 a 7, Stylites, 108: *'tween the spring and downfall of the light (=͏ between sunrise and sunset);* — 87 b 32,
Stylites, 162: *whose . . . brows in silent hours become un-
naturally hoar with rime (silent hours =͏ night);* 93 b 27,
Love Duty, 76: *like those, who clench their nerves to rush
upon their dissolution* (Selbstmörder); — 180 b, Princess, III, 10: *Melissa . . . glowing round her dewy eyes the
circled Iris of a night of tears;*[1]) — 251 b, In Mem.,
15, 2: *the winds . . . roar from yonder dropping day (=͏ west);*
vgl. 301 a, Maud, I, XXII, IV, 5—6: *half to the setting
moon are gone, and half to the rising day (=͏ west—east),*
(übrigens spielt die Szene wirklich vor Sonnenaufgang);

---

[1]) Vgl. Shakspere, *All's well*, I, 3: *What's the matter, that this
distemper'd messenger of wet, the many-colour'd Iris, rounds thine eye?*

von Umschreibungen mit *day* vgl. noch: 433 b 17, Pelleas
Ettarre, 29: *slowly Pelleas drew to that dim day;* es kann
nur der Schatten der — vorher erwähnten — Buchen
gemeint sein, wie ja auch gleich weiter (433 b 24, Pelleas
Ettarre, 36) aus Variationsbedürfnis *dimness* für *shadow* eingesetzt ist: *then o'er it crost the dimness of a cloud floating,
and once the shadow of a bird flying;* — 252 a, In Mem.,
17, 6: *I saw thee (ship) move thro' circles of the bounding sky (= horizons);* — 252 b, In Mem., 19, 14: *the wave
again is vocal in its wooded walls;* 257 a, In Mem.,
36, 13: *(the words of the Gospel) which he may read that
binds the sheaf, or builds the house, or digs the
grave* (kurz "jeder einfache Handwerksmann"); 257 b,
In Mem., 38, 3: *...I loiter on, tho' always under alter'd
skies the purple from the distance dies, my prospect and horizon
gone* ("jeden Tag die Sonne anderswo untergehen sehe" =
mich anderswo befinde); — 259 a, In Mem., 46, 2: *the path
we came by, thorn and flower, is shadow'd by the growing
hour (= Past is overshadow'd by the Present);* — 262 a,
In Mem., 57, 11: *the passing of the sweetest soul that ever
look'd with human eyes;* — 275 a, In Mem., 98, 21: *not
in any mother town (= capital);* 275 b, In Mem.,,
100, 16: *the mothers of the flock (= ewes);* 274 b 1
In Mem., 97, 5: *two partners of a married life*
(Gatten); — 277 b 19, In Mem., 105, 24: *no motion, save alone
what lightens in the lucid east of rising worlds by yonder wood.*
von Tennyson selbst als *referring to the scintillation of the
stars* erklärt); — 281 b, In Mem., 120, 9: *the wiser man
who springs hereafter* ("die kommende Generation");
282 a 4, In Mem., 121, 8: *and life is darken'd in the
brain:* vom Untergang des personifizierten Abendsterns
*(Sad Hesper o'er the buried sun and ready, thou, to die with
him);* 285 b 4, In Mem., Epilogue, 80: *the foaming
grape of Eastern France* (Champagner); 286, Maud,
Part I, I, III, 4: *the flying gold of the ruin'd woodlands drove thro' the air* ("feuilles d' Automne") (vgl. § 206);
— 289, Maud, Part I, IV, I, 5: *the liquid azure bloom
of a crescent of sea;* — 295 a, Maud, I, XIII, II, 3: *to give
him the grasp of fellowship;* — 301 b, Maud, I, XXII,
XI, 4: *my heart would hear her and beat, were it earth in*

an earthy bed (= even if it were dead); — 308 a, D e d i-
cation "I d y l l s", 18: *with what sublime r e p r e s s i o n of
h i m s e l f (= self-possession);* — 309 b 22, C o m i n g A r t h u r,
50: *the golden symbol of his k i n g l i h o o d (= crown,
coronet);* 310 b 18, C o m i n g A r t h u r, 106: *the P o w e r s
w h o w a l k t h e w o r l d made lightnings and great thunders
over him;* — 312 a 12, C o m i n g A r t h u r, 192: *Uther c a s t
u p o n h e r e y e s o f l o v e* (eine biblische Umschreibung); —
315 a 21, C o m i n g A r t h u r, 394: *saying this the seer
w e n t t h r o' t h e s t r a i t a n d d r e a d f u l p a s s o f d e a t h;*
— 320 b 10, G a r e t h L y n e t t e, 175: *o u t o f s l u m b e r
c a l l i n g (= waking) two that still had tended on him . . . ;*
ibid. 13 (178) und 321 b 12, G a r e t h L y n e t t e. 238:
t i l l e r s o f t h e s o i l (= agricolae), 320 b 14, G a r e t h
L y n e t t e, 179: *southward they s e t t h e i r f a c e s;* vgl. 436 a
12, P e l l e a s E t t a r r e, 180: *when her damsels, and herself,
and those three knights all set their faces home;* 323 b 23,
G a r e t h L y n e t t e, 375: *by that deathless King who lived and
died for men* (= Christus); — 334 a 25, G a r e t h L y n e t t e,
1008: *as if t h e f l o w e r, t h a t b l o w s a g l o b e o f a f t e r
a r r o w l e t s (= sunflower), ten thousand-fold had grown, flash'd
the fierce shield, all sun;* 337 a 8, G a r e t h L y n e t t e,
1147: *that hour when the lone hern forgets his melancholy,
lets down his other leg, and stretching, dreams of goodly supper
in the distant pool:* wie Homer bei Vergleichen, ergeht sich
also Tennyson bei derlei Umschreibungen oft in Ausmalen
einer Situation ohne Rücksicht auf das inhaltliche Bedürfnis;
— 348 b 23, M a r r i a g e G e r a i n t, 476: *let me l a y l a n c e
i n r e s t . . . for this dear child* (geläufiger ist "eine Lanze
brechen"); 361 a 23, G e r a i n t E n i d, 446: *while the
sun yet beat a dewy blade (= while it was yet early morn);*
367 a 14, G e r a i n t E n i d, 821: *a hollow land, from which old
fires have broken* ("vulkanisches Terrain"); für Vulkan selbst:
607 b 11, Q u e e n M a r y, III, 1: *this land is like a h i l l o f
f i r e, one crater opens when another shuts;* für ein anderes
Elementarereignis: 489 b 24, L a s t T o u r n a m e n t, II, 44:
*huge blocks, which some old t r e m b l i n g o f t h e w o r l d (= earth-
quake) had loosen'd from the mountain;* 369 b 1, B a l i n
B a l a n, 5: *Arthur call'd his treasurer, o n e o f m a n y y e a r s;*
so schon P o e m s b y T w o B r o t h e r s, 48, 2 (V a l e o f

Bones): *(pine) uprears its giant form of many years;*
vgl. Keats, Endymion, III, 287: *had he, though blindly*
contumelious, brought ... convulsion to a mouth of many years?
— 370a 8, Balin Balan, 43: *and spake no word until the*
shadow turn'd (d. h. "bis Nachmittag"); noch komplizierter
442 a 26, Pelleas Ettarre, 429: *the gloom, that follows*
on the turning of the world, wo die moderne astro
nomische Vorstellung im mittelalterlichen Milieu seltsam
anmutet; 371 a 2, Balin Balan, 100: *Arimathaean*
Joseph ... who first brought the great faith (Christentum)
to Britain over seas 376 a 18, Balin Balan, 200: *and*
made his feet wings thro' a glimmering gallery (thro' wie
nach einem einfachen Verbum des Eilens); — 386 a 20,
Merlin Vivien, 360: *this vice ... which ruin'd man thro'*
woman the first hour (viz. curiosity); — 389 b 1 Merlin
Vivien, 564: *the brutes of mountain back that carry kings*
in castles (Elefanten); — 391 b 22, Merlin Vivien, 716:
that foul bird of rapine whose whole prey is man's good name
(die vergilische "Fama"); — 397 a 5, Lancelot Elaine, 75:
the place which now is this world's hugest (London); — 413 b 20,
Lancelot Elaine, 1102: *bid call the ghostly man hither,*
and let me shrive me clean (ganz wie deutsch "den Geist-
lichen"!); vgl. 456 a, Guinevere, 2: *the holy house* (für
"Kloster"); — 418 a 3, Lancelot Elaine, 1381: *on our*
dull side of death (für "hier auf Erden"); ähnlich 444 a
27, Last Tournament, 56: *on the hither side (= eve)*
of that loud morn; — 424 a 3, Holy Grail, 312: *let us*
meet the morrow morn once more in one full field of gracious
pastime ("noch ein Turnier abhalten"); — 426 a 3, Holy
Grail, 434: *when the Lord of all things made Himself*
naked of glory for His mortal change (made naked = stript,
bared); — 429 a 20, Holy Grail, 654: *he follow'd ... a*
mocking fire: "what other fire than he, whereby the blood beats,
and the blossom blows, and the sea rolls, and all the world
is warm'd?" (= *the Spirit of Life in the Universe);* — 435 a
25, Pelleas Ettarre, 135: *the men who met him rounded*
on their heels (= turned about) and wonder'd after him; —
468 b 1, Passing Arthur, 91: *that day when the great*
light of heaven burn'd at his lowest in the rolling year ("Winter-
sonnenwende"); — 469 a 21, Passing Arthur, 140: *the*

narrow realm whereon we move (Festland, im Gegensatz zur
See); — 477 b 24, L o v e r's T a l e, I, 92: *the heart of
Hope fell into dust ... forgetting how to render beautiful
her countenance with quick and healthful blood;* vgl. 772 a
(F a l c o n): *dead ... flowers, ... dearer than when you made
your mountain g a y;* — 479 b 13, L o v e r's T a l e, I, 214:
*from each of those two p i l l a r s w h i c h f r o m e a r t h u p h o l d
o u r c h i l d h o o d* (Eltern), *one had fall'n away;* — 484 a 4,
L o v e r's T a l e, I, 486: *had I died then:* dieser Konditional-
satz wird nun in 8 Zeilen recht gesucht umschrieben; vgl.
für "sterben" noch 893 a, D o u b t P r a y e r, 6: *Let not ...
the sod draw from my death Thy living flower and grass, before
I learn that Love ...* etc.; 492 b 6, L o v e r's T a l e, III, 8:
t o w h a t h e i g h t t h e d a y h a d g r o w n (= *what time of the
day it was) I know not;* — der Umgangssprache entstammt
die folgende Umschreibung für "es ist lange her": 510 a
28, S i s t e r s, 61: *for see — this wine — the grape from
whence it flow'd was blackening on the slopes of Portugal,
when ...;* 511 a 4, S i s t e r s, 98: *the Sun himself has
limn'd the face for me* (= "ich besitze eine Photographie von
ihr": so ausgedrückt wegen des Parallelismus zum Vorhergehenden, wo von einer durch den Blitz erleuchteten und
so gesehenen Landschaft die Rede ist); — 517 b, C h i l d r e n's
H o s p i t a l, IV, 9: *they that can wander at will w h e r e t h e
w o r k s o f t h e L o r d a r e r e v e a l'd* (= "in der freien
Natur"); 537 a, T o F i t z G e r a l d, 3: *the w h e e l i n g
O r b o f c h a n g e* für "diese Welt mit ihrem Treiben";
538 b 10, T i r e s i a s, 26: *in my wanderings all the lands that
lie subjected to the Heliconian ridge h a v e h e a r d t h i s f o o t-
s t e p f a l l* (für *I came thro' all the lands ...);* — 600 a, 8 u.,
Q u e e n M a r y, II, 2: *the h a l f s i g h t* ("Kurzsichtigkeit")
which makes her look so stern; 601 b 9, Q u e e n M a r y,
II, 3: *four guns gaped at me ...: had Howard ... made
them speak, ... their voice had l e f t m e n o n e to tell you this;*
— 621 b 15, Q u e e n M a r y, III, 5: *leave me now, will you,
companion to myself* (= *alone)* 646 b, 8 u., Q u e e n
M a r y, V, 3: *"this fine fair gossamer gold — like sun-gilt
breathings on a frosty dawn — that hovers round your
shoulder",* so der Graf Feria galant über Elisabeths Haar;
— 661 a, H a r o l d, II, 1: *"the b l a c k h e r r i n g - p o n d"*

nennen die Fischer das Meer; — 663 b 1, H a r o l d , II, 2: *"here comes the would-be what I will be"*, sagt Wilhelm beim Anblick Harolds, seines Rivalen um die englische Königskrone; — 677 a 7, H a r o l d , III, 2: *a prayer — a breath that fleets beyond this iron world, and touches Him that made it;* — 681 b, 3 u., H a r o l d , IV, 3: *peace with them ..., if they can be at peace with that God gave us to divide us from the wolf!* *(viz. conscience);* — 684 b 3, H a r o l d , V, 1: *whether that which held it had weaken'd, and the Rood itself were bound to that necessity which binds us down* ("Gewicht, Schwerkraft"); — 723 a, B e c k e t , II, 2, sagt der Zisterzienserfeind Walter Map: *I hate the dirty gap in the face of a Cistercian monk, that will swallow anything;* — 727 a, B e c k e t , III, 2, 1: *up from the salt lips of the land* ("Küste"; die kunstvolle Umschreibung ist im Munde einer Eleonore von Poitou charakteristisch). Zum Schluß ein besonders .glänzendes Beispiel: es ist die Gruppe von Umschreibungen für den menschlichen Körper, welche wir finden 861 a, L e p e r's B r i d e , VIII, 3 ff.:

> *This poor rib-grated dungeon of the holy human ghost,*
> *This house with all its hateful needs no cleaner than the beast,*
> *This coarse diseaseful creature which in Eden was divine,*
> *This Satan-haunted ruin, this little city of sewers,*
> *This wall of solid flesh that comes between your soul and mine...*

Das Ergebnis ist wohl, daß die meisten Umschreibungen zur Vermeidung alltäglicher Namen — von Wettererscheinungen, Tages-, Jahreszeiten, Himmelsgegenden — oder von Ausdrücken einer speziellen Terminologie, die ein Dichter schwer anwenden kann — *volcano, earth-quake, capital, photograph* — oder schließlich zum Zwecke anschaulicher Beschreibung — das goldene Herbstlaub — oder größeren Nachdrucks — die Umschreibung für *conscience* — gebraucht werden. (S. die Liste im Inhaltsverzeichnis!)

§ 160. Eine von allen anderen Umschreibungen ganz abgesonderte Stellung verdient eine Gruppe von Ausdrücken, die ich schon wegen ihrer ständigen äußeren Gestalt — Substantiv + genetivisches, seltener adjektivisches Attribut —, zum Teil auch wegen des inneren begrifflichen Aufbaues, vor allem aber wegen ihres eigenartigen, vielfach geheimnisvollen Stimmungsreizes mit den *kenningar* der altgermanischen Poesie vergleichen möchte. Solche Wendungen, zum kleinsten Teil echte Kenningar, zum größeren nur seltsame Genetiv-Umschreibungen für manchmal ganz gewöhnliche Begriffe, sind die folgenden:

— 7 b, Mariana, 17: *in the flitting of the bats* ("Dämmerung"); — 71 a 28, Morte d'Arthur, 215: *dash'd with drops of onset* (vgl. *toil-drops* für "Schweiß" bei W. Scott, Lay of the Last Minstrel, Canto II, XVIII, 4); 70 a 16, Morte d'Arthur, 140: *where the moving isles of winter shock by night, with noises of the northern sea (icebergs:* Rowe-Webb); — 74 b 6, Gardener's Daughter, 115: *a cedar spread his dark-green layers of shade;* — 103, Godiva, 6: *new men, that in the flying of a wheel cry down the past* ("im Augenblick, im Handumdrehen" mit Beziehung auf moderne Verkehrstechnik und vielleicht ihr Symbol, das Flügelrad, wenn wirklich *in waiting for the train at Coventry* gedichtet); — 117 b, Voyage, III, 7: *thro' the slumber of the globe (= night) again we dash'd into the dawn;* — 118 b, Launcelot Guinevere, 21: *Sir Launcelot and Queen Guinevere rode thro' the coverts of the deer* (für "Wald" — mit Beziehung auf die Jagd); — 124 b, Poet's Song, 3: *a light wind blew from the gates of the sun (= east);* ähnlich 572 a, Dead Prophet, VI, 3: *the Sun hung over the gates of Night;* — 133 a 17, Enoch Arden, 523: *the summer of the world* (Äquator); 153 a 22, Aylmer's Field, 689: *all neglected places of the field broke into nature's music* (Blüte, Aufsprießen) *when they saw her* (also: "alles blühte auf, wo sie vorbeiging")[1]); — 175 b 31, Princess, II, 164: *poets, whose thoughts enrich the blood of the world* ("den Schatz der geistigen Güter der Menschheit"?); — 190 b 2, Princess, IV, 262: *a spire of land that stands apart cleft from the main (spire* fast kein Bild mehr: 213 a 40, Princess, VII, 182: *cease — o maid ...to sit a star upon a sparkling spire* "auf schneebedecktem Berggipfel"); *silver horns* heißen die

---

[1] Zur bildlichen Verwendung von *music* vgl. 215 a 19, Princess, VII, 308: *all male minds ... sway'd to her from their orbits as they moved, and girdled her with music.*

schneeigen Gipfel im Hirtenlied 213 b 5, P r i n c e s s, VII, 189
(über die mit "hineingeheimnißte" Symbolik s. Churton
Collins); 195 b, P r i n c e s s, V, 7: *the soldier-city*
(= Heerlager); 211 a 7, P r i n c e s s, VII, 32: *I lay*
silent in the muffled c a g e of l i f e (d. i. bewußtlos); — 250 a 8,
I n M e m., IX, 16: *my friend, the b r o t h e r of my l o v e* ("in
Liebe wie ein Bruder"); 255 a, I n M e m., 29, 6: *to*
enrich the t h r e s h o l d of t h e n i g h t (Christmas eve) with
...delight; — 259 a, I n M e m., 44, 4: *...the days before*
God shut the d o o r w a y s of h i s h e a d[1]); 349 b 24,
M a r r i a g e G e r a i n t, 548: *the d e w of their great labour*
("Schweiß"); — 355 b 16, G e r a i n t E n i d, 94: *the three*
dead w o l v e s of w o m a n born (vgl. altnord. *vargr = out-*
law); 390 a 10, M e r l i n V i v i e n, 607: *f o r a g e r s f o r*
c h a r m s (scherzhaft "die auf der Suche nach einem Zauber
sind"); — 487 a 9, L o v e r ' s T a l e, I, 687: *d i s t r e s s f u l*
r a i n (= tears of pity); — 511 b 33, S i s t e r s, 159: *the*
sounded letter of the word; — 538 a, T i r e s i a s, 3: *both the*
r o o f s of s i g h t ("Augenlider"); vgl. die ausgeführtere Umschreibung: 393 a 9, M e r l i n V i v i e n, 796: *his eyebrow*
bushes... a snowy p e n t h o u s e for his hollow eyes; für die
Augenlider auch *e a v e s,* z. B. 91 b 5, T a l k i n g O a k, 209:
her eyelids dropp'd their silken eaves; s. übrigens s. v. *caves* im
lexikograph. Teil; gesuchter schon im Jugendgedichte
"T o a L a d y S l e e p i n g" bei Churton Collins, E a r l y
P o e m s, 291: *unroof the s h r i n e s of clearest vision...,*
507 b, R e v e n g e, IV, 3: *s e a - c a s t l e s* für *the Spanish*
galleons, or great galleys, with their lofty tiers of guns (Rowe-
Webb); — 539 b 14, T i r e s i a s, 94: *stony showers of that*
ear-stunning h a i l of A r é s; 689 b, H a r o l d, V, 1: *he*
fells the mortal c o p s e of f a c e s, 824 b 7, F o r e s t e r s,
III, 19: *those sweet t r e e - C u p i d s half-way up in heaven*
(Singvögel)· 825 a 16, F o r e s t e r s, III, 1: *hundreds of*
huge oaks... t o r r e n t s of e d d y i n g b a r k; 861 a,
L e p e r ' s B r i d e, VIII, 3: *this poor r i b - g r a t e d d u n g e o n*

---

[1]) Daß die Wendung hiehergehört, ist klarer als was sie bedeutet;
s. darüber zehn Seiten geistreicher Vermutungen bei A. C. B r a d l e y
(A Commentary on Tennyson's In Memoriam[2], 1902), der schließlich mit
G a t t y *the sutures of the s k u l l* für das Wahrscheinlichste hält, was
Tennysons Note Clo*sing of the skull after babyhood* nachträglich bestätigt.

of the holy human ghost ("der Körper", vgl. ags. *bân-fǽt* und Ähnliches); — orientalische Phraseologie: 881 b 8, A k b a r's D r e a m, 84: *was not Alla call'd in old Irân the Sun of Love? and Love the net of truth?* (In einer Anmerkung zitiert Tennyson noch *the noose of God*). —

§ 161. Eine zweite Unterart der Umschreibung ist der E u p h e m i s m u s, wenn er auch nicht immer die Form einer solchen annimmt. Beispiele — besonders für Tod, Töten, und Verwandtes — mögen schon im Früheren sparsim vorgekommen sein; andere folgen:

299 b, M a u d, I, XIX, VII, 7: *she lay sick once, with a fear of w o r s e;* — 314 b 28, C o m i n g A r t h u r, 368: *when Uther . past away ..., the two left the s t i l l King ...;* analog beim Verbum: 330 b 25, G a r e t h L y n e t t e, 796: *three with good blows he q u i e t e d;* vgl. ferner: 538 a, T i r e s i a s, 14: *Cadmus ... who found ..., smote and s t i l l'd ... the multitudinous beast* (den Drachen); 749 b (nach Beckets Ermordung): *"the traitor 's dead and will arise no more!" "Nay, have we s t i l l'd him?"* — 344 a 21, M a r r i a g e G e r a i n t, 210: *his quick, instinctive hand caught at the hilt, as to a b o l i s h him* (den Gegner); — 390 a 2, M e r l i n V i v i e n, 599: *m a k e her p a l e r with a poison'd rose* (man kann den Ausdruck auch litotetisch nennen); — 494 a 16, G o l d e n S u p p e r, 37: *in Julian's land they never nail a d u m b h e a d up in elm* (d. h. "man sargt die Toten nicht ein"); — 540 b 15, T i r e s i a s, 152: *let thine own hand strike thy youthful pulses into r e s t:* Rat zum Selbstmord; für den S e l b s t m o r d selbst finden wir einige Umschreibungen in "Lucretius": 162 b 16, L u c r e t i u s, 113: *such a calm man may gain, letting his own life go;* ibid. 163 a 18, L u c r e t i u s, 136: *to end myself;* — 163 a 23, L u c r e t i u s, 151: *plunge ... wholly out of sight, and sink past earthquake,* etc., ferner 370 a 25, B a l i n B a l a n, 60: *I ... had often wrought some fury on myself, saving for Balan;* — 888 b, C h a r i t y, XIII, 1: *they p u t him a s i d e f o r ever (= buried);* — auch die oben § 158 besprochene *that which*-Gruppe ist hier vertreten: 494 b 2, G o l d e n S u p p e r, 53: *entering the dim vault* (Familiengruft) *... beheld all round about him t h a t w h i c h a l l w i l l b e.* — Schließlich auch ein scherzhafter Euphemismus nach allen

diesen Todesbildern: 826 a, F o r e s t e r s, III, 1: *after we have e a s e d them of their coins* (beraubt).[1] —

§ 162. Neben den poetischen Umschreibungen wie alle bisher angeführten es sind — gibt es natürlich auch unpoetische, die vielfach überflüssig erscheinen und mit den Pleonasmen auf eine Stufe gestellt, ja ihnen zum Teil zugezählt werden müssen: sie sind meist grammatischer Art und könnten auch als "schleppender Ausdruck" bezeichnet werden; solche laufen Tennyson unter in Fällen wie:

259 b, I n M e m., 48, 1—4: *if these brief lays . . ., w e r e t a k e n t o b e s u c h a s closed grave doubts and answers h e r e proposed, then t h e s e w e r e s u c h a s men might scorn;* ·vgl. 212 a 19, P r i n c e s s, VII, 102: *Love like an Alpine harebell . . . frail at first . ., but s u c h a s gather'd colour day by day;* — 263 a, I n M e m., 62, 1: *if an eye t h a t's downward cast could make thee somewhat blench or fail:* wir erwarten einfache Partizipialkonstruktion, nicht Relativsatz[2]); — 331 b 15, G a r e t h L y n e t t e, 846: *go t h e r e f o r e* für einf. *go then,* so öfter; — 418 b, H o l y G r a i l, 10: *loved him much beyond the rest, and honour'd him, and w r o u g h t into his heart a way by love that waken'd love w i t h i n, to a n s w e r t h a t w h i c h came:* das alles für "Gegenliebe". —

Aus rein syntaktischen, nicht inhaltlichen Gründen ist der Ausdruck schleppend in Fällen wie: 450 a 20, L a s t. T o u r n a m e n t, 427: *a whimpering of t h e spirit of t h e child;* ebenso schon 14 b 7, P o e t, 46: *round about the circles of the globes of her keen eyes;* ferner 483 b 12, L o v e r's T a l e, 462: *else had the life of that delighted hour drunk in the largeness of the utterance of love;* sowie 706 b, 3 u., B e c k e t, I, 3: *he pray'd me to pray thee to pacify the King . . .* —

---

[1] Eine Art "Fachausdruck", vgl. S c o t t s Note zu *Lady of the Lake,* V, 270 (ed. M i n t o, Clar. *Press,* p. 225): der Räuber John Gunn sagt: *I came to the inn last night with the express purpose of learning your route, that I and my followers might e a s e you of your charge by the road."* — Auch in *Ivanhoe* häufig.

[2] Ein ganz genau umgekehrter Fall ist 263 b, I n M e m., 64, 21: *feels . . . a secret sweetness in the stream,* (sc. *w h i c h w a s*) *the limit of his narrower fate, while yet beside its vocal springs he played.*

§ 163. Im Gegensatz zu allen Arten von Umschreibungen, die insgesamt auf dem Prinzip der Einsetzung von
indirektem für direkten Ausdruck beruhen, ist auf einige
Fälle hinzuweisen, in denen wir umgekehrt kräftigste Unmittelbarkeit statt einer vom Inhalt geforderten Mittelbarkeit beobachten; so heißt es von Godiva 104 b 11, G o d i v a,
78: *she took the tax away,* was sie natürlich nur mittelbar tat, indem sie die harte Bedingung erfüllte, von welcher
ihr Mann die Aufhebung der Steuer abhängig machte; —
weitere Beispiele: 293 b, M a u d, I, X, I, 3: *this new-made
lord, whose splendour plucks the slavish hat from the villager's
head (plucks == makes draw);* — 356 a 14, G e r a i n t E n i d,
123: *(the giant) shook her pulses, erying "Look, a prize":*
shake == "erbeben machen", sogar ohne dahingehende
Absicht des Subjektes; — 573 b, E a r l y S p r i n g, VIII,
3: *now the Heavenly Power makes all things new and thaws
the cold, and fills the flower with dew;* — 507 a, R e v e n g e,
III, 3: *Sir Richard bore in hand all his sick men from the land*
("ließ an Deck tragen"); — 586 a 6, Q u e e n M a r y, I, 4:
do not you be seen in corners with my Lord of Devon
(= do not let yourself be seen); ebenso charakteristisch für
das Hofleben ist die Wendung 598 a 21, Q u e e n M a r y, II,
2: *... and fearing for her, sent a secret missive, which told her
to be sick* (sc. *and on the ground of this excuse, not to come
to court);* — ähnliche Imperative: 638 b, 6 u., Q u e e n M a r y,
V, 1: *do not seem so changed* ("benehmt euch nicht so,
daß es den Anschein hat..."); so auch schon in einem
Jugendsonett über Polen (Churton Collins, E a r l y P o e m s,
307), 2: *be not bought and sold (= let not yourselves be b.
and s.);* — 680 b 2, H a r o l d, IV, 2: *know what thou doest:*
"sieh zu, daß du wissest..."

§ 164. Mit diesen Fällen sind wir von der Fülle zur
Kürze des Ausdruckes zurückgekehrt, welcher wir uns nun
zum Schluß des Abschnittes nochmals zuwenden. Nur haben
wir es hier mit einem wesentlich anderen Typus der Ausdrucksersparnis zu tun als der eingangs besprochene der
Wortweglassung, nämlich mit der Kürzung durch Wort-
w a h l. Die folgende Liste von Beispielen zeigt uns in engem
Anschluß an die soeben zitierten einfache, nachdrückliche,
vielfach konkrete Ausdrücke statt erwarteter komplizierter,

farbloser, manchmal abstrakter; für langwierige Wortverbindungen treten einzelne ihrer Glieder oder überhaupt
gehaltvolle Einzelwörter ein[1]), — hier also ein Berührungs-
punkt mit der im Anfang des Kapitels behandelten Wortweglassung (§ 138):

— 5 a 44, Confessions Sensitive Mind, 140: *in
my morn of youth, the unsunn'd freshness of my strength:
freshness* steht für *time of freshness,* "Frühzeit"; 11 a
27, Recollections Arabian Nights, 126: *... tapers
...stream'd upon the mooned domes aloof:* für *poured forth
their light* etwa; 70 a 29, Morte d'Arthur, 153: *lest
the gems should blind my purpose* ("durch ihren Glanz mich
von meiner Absicht ablenken"): — 93 b 12, Love Duty,
61: *want ...gave utterance by the yearning of an eye
(= yearning looks);* 101, 23, Locksley Hall, 129:
*the common sense of most (= majority) shall hold a fretful
realm in awe·* 103, Godiva, 33: *winds from all the
compass* — für *all directions of the compass;* — 104 a 26,
Godiva, 62: *but she not less thro' all bore up:* die
Wendung ist in ihrer Gedrungenheit ein Spezimen der
lakonischen Erzählungsweise in diesem ganzen Gedichte;
104 b, Day-Dream, Prologue, 7: *to see you dreaming
— and, behind, a summer crisp with shining woods* (behind =
"im Hintergrund", als Rahmen zum Bilde der Schlafenden); — 107 b, L'Envoi (Day-Dream), I, 8: *every hundred
years to rise and learn the world* ("sich wieder einmal anzu-
sehen", hieße es in Prosa) *(learn* ist Tennysons Lieblingsausdruck für "kennen lernen"); — 117 b, Voyage, V, 8:
the nutmeg rocks (für *nutmeg-covered);* 118 b, Launcelot Guinevere, 1: *like souls that balance joy and
pain (= are possess'd by an equal share of...);* 121 a 1,
Vision Sin, II, 3: *a sound... gathering up ..., narrowing
in to where they sat assembled* (nähert sich Einzelnem in
§ 35); ähnlich 251 b, In Mem., 15, 2: *the winds begin to
rise and roar from yonder dropping day (roar = come*

---

[1]) Vieles von dem hier zu Zitierenden nähert sich naturgemäß
den im Folgenden unter "Besonderes für Allgemeines", "Concretum pro abstracto", "Bildersprache" angeführten Beispielen, wie auch dort sich Stellen finden werden, welche auch hier
eingereiht werden könnten.

roaring); ähnlich Churton Collins, Early Poems, p. 281,
Song, II, 10: *the ... wave mourns down the slope; —*
130 a 25, Enoch Arden, 346: *to greet his hearty welcome
heartily: greet —* "durch Gegengruß erwidern"; — 132 a
10, Enoch Arden, 454: *claiming her promise (= the
fullfilment of her promise);* 134 b 6 (614): *the man had died of
solitude* ("Gefühl, Bewußtsein der Vereinsamung"); ebenso
135 a 5, Enoch Arden, 645: *shook his isolation from
him,* 156 a, Sea Dreams, 15: *to buy strange shares
in some Peruvian mine (strange =* "von denen niemand
etwas wußte"); — 171 b 15, Princess, I, 251: (von den
studierenden Mädchen): *they see no men* ("wollen keine
sehen"); — 180 a 14, Princess, II, 435: *some hid and
sought in orange thickets (= played at hide-and-seek);
—* 217 a 8, Princess, Conclusion, 66: *revolts,* etc.
*most no graver than a schoolboy's barring out (= breaking
out of bar)*[1); — 253 a, In Mem., 21, 12: *the praise that comes
to constancy* ("zukommt"); ibid. 15: *the people throng the
chairs and thrones of civil power;* 253 b, In Mem., 23,
15: *Thougt leapt out to wed with Thought, ere Thought could
wed itself with Speech;* so schon 65 b 8, Love Land, 52:
*a bridal dawn of thunder-peals, wherever Thought hath wedded
Fact; —* 278 b, In Mem., 108, 16: *'tis held that sorrow
makes us wise, whatever wisdom sleep with thee:* für *whatever
may be the wisdom that sleeps with thee; —* 288, Maud, I,
I, XV, 2: *the silent thing that had made false haste to the
grave:* "haste, caused by other men's falseness" ergibt der Zusammenhang; — 342 b 24, Marriage Geraint, 106:
how men slur (= slander) him: zum Teil also bildliche
Wendungen; — 270 a, In Mem., 86, 4: *ambrosial air ...
breathing bare the round of space:* "den Horizont von
Nebel und Wolken befreiend"; vgl. ibid. 9: *blow the fever
from my cheek;* 271 a, In Mem., 89, 18: *the sweep of
scythe in morning dew (= dewy air of the morning); —* 285 a 14,
In Mem., Epilogue, 50 (Vermählung von Tennysons

---

[1]) Mit Bezug darauf, daß *to bar* ja gerade "verriegeln, ein-
schließen" bedeutet und hier durch Beifügung eines Adverbs in sein
Gegenteil verwandelt ist, vergleicht sich der Ausdruck etwa mit einem
nordischen *lúka upp =* öffnen (Detter-Heinzel. *Sæmundar Edda*,
II, Anm. zu *Háuamál*, 96. 2—3). Vgl. auch deutsch "auf-schließen".

Schwester; Szene in der Kirche): *her feet . . . on the dead ·*
d. h. "auf dem Fußboden der Kirche, unter welcher die
Toten in der Familiengruft — ruhen"; 310 b 10,
C o m i n g A r t h u r, 98: *the smallest rock far on the f a i n t e s t*
hill (für *faintly, dimly seen); vgl.* den Gebrauch von *e a s y:*
138 a 26, E n o c h A r d e n, 858: *easy tears* ("leicht zu ent-
lockende"); 145 a 33, A y l m e r's F i e l d, 183: (Herzens-
güte) *no false passport to that easy realm (hearts of the poor),*
171 b 12, P r i n c e s s, I: *an easy man (= easily won);* 680 b
2, H a r o l d, IV, 2: *we may find for thee . . . some easier earldom*
(= more easy to govern); 694 b 12, B e c k e t, P r o l o g u e:
I should find an easy father confessor in thee; vgl. ferner
263 a, I n M e m., 61, 9: *turn thee to the d o u b t f u l shore*
(= dimly seen); 324 a 13, G a r e t h L y n e t t e, 392:
then Arthur c r i e d to rend the cloth; 324 a 22, G a r e t h
L y n e t t e, 401: *under every shield a knight w a s n a m e d*
(= the name of a knight was written); 324 b 28, G a r e t h
L y n e t t e, 439: *grant me to serve . . . nor s e e k my name*
("suche zu erfahren, frage nach —"); 330 a 1, G a r e t h
L y n e t t e, 742: *"Have at thee then", . . . they s h o c k'd and*
Kay fell; derselbe Ausdruck 333 a 20, G a r e t h L y n e t t e,
941[1]); aber 336 a 5, G a r e t h L y n e t t e, 1085: *they madly*
h u r l'd together on the bridge; zu *shock* vgl. noch: 65 b 34,
L o v e L a n d, 78: *New and Old . . . must ever shock, like*
armed foes; 431 b 6, H o l y G r a i l, 796: *felt the boat shock*
earth; — 409 b 17, L a n c e l o t E l a i n e, 854: *day by day*
she past in e i t h e r t w i l i g h t ghost-like to and fro: früh
hin, abends zurück; vgl. 862 b, L e p e r's B r i d e, XXVII,
2: *he (the Priest) joins us once again, to his e i t h e r office true*
(i. e. *to that of joining for death as well as for life);*

469 a 19, P a s s i n g A r t h u r, 138: *the mist that all day*
long had h e l d the field of battle ("bedeckte", gleichsam "besetzt
hielt"); — 481 a 17, L o v e r's T a l e, I, 317: *thro' the rocks*
we w o u n d (= went a winding path); 522 a 6, J o h n
O l d c a s t l e, 33: *hereafter thou* (Wort Gottes) *fulfilling*
P e n t e c o s t, must learn to use the tongues of all the world:

---

[1]) Thistlethwaite vergleicht in seiner bereits zitierten Dissertation zu dieser Stelle *King John*, V, 7, 117: *come the three corners of*
the world in arms, and we shall s h o c k them.

d. h. das zu Pfingsten an den Aposteln gewirkte Wunder der Vielsprachigkeit, ein symbolisches Versprechen, auf natürlichem Wege erfüllen·   890 b, D a w n, IV, 4: *if twenty million of summers are s t o r e d in the sunlight still:* d. h. wenn die Sonne erst in 20,000.000 Jahren erkalten und somit das Leben auf unserer Erde noch so lange dauern soll.

§ 165. Als besonders bezeichnendes Beispiel für die Häufigkeit, aber auch für die Wirkung des in Rede stehenden Kunstmittels will ich hier aus dem lexikographischen Teil ein Verbum vorausnehmen, welches wegen seiner bequemen Einsilbigkeit gut zu handhaben ist, nämlich *s e n d*, das als Lieblingsausdruck des Dichters für mittelbare wie unmittelbare, entfernte oder nahe Veranlassung einer konkreten oder bildlichen Bewegung in den denkbar waghalsigsten Verwendungen ausgezeichnete Dienste leistet. Die Beispiele, vielfach wahre Kunststücke, sind:

— 318 b 21, G a r e t h L y n e t t e, 70: *crics and clashings ...,* *that s e n t him from his senses;* vgl. 840 a, 6 u., F o r e s t e r s, IV: *I had despair'd of thee. That s e n t me crazed;*   338 a 7, G a r e t h L y n e t t e, 1205: *an some chance .. had s e n t thee down before a lesser spear;* — 421 a 26, H o l y G r a i l, 163: *as she spake she s e n t the deathless passion in her eyes thro' him;* — 441 b 29, P e l l e a s E t t a r r e, 402: *s e n t hands upon him (!), as to tear him;* — 449 b 15, L a s t T o u r n a m e n t, 389: *a lodge ... appearing, s e n t his fancy back to where she lived a moon in that low lodge with him;*   481 a 14, L o v e r 's T a l e, I, 314: *Love ... s e n t his soul into the songs of birds·*   496 a 32, G o l d e n S u p p e r, 186: *his own (heart) s e n t such a flame into his face;* — 517 a, C h i l d r e n's H o s p i t a l, I, 2: *he s e n t a chill to my heart when I saw him come;* — 532 b, D e P r o f u n d i s, II, I, 8: *with this ninth moon, that s e n d s the hidden sun down yon dark sea;*   536 b, A c h i l l e s, 30: *thrice from the dyke he s e n t his mighty shout;* — 551 b 20, A n c i e n t S a g e, 263: *s e n d the day into the darken'd heart;* — 564, 16, L o c k s l e y H a l l, II, 146: *s e n d the drain into the fountain, lest the stream should issue pure;* — 566, 11, L o c k s l e y H a l l, 213: *(God) s e n t the shadow of Himself, the boundless, thro' the human soul;* — 692 b 5, H a r o l d, V, 2: *that chance arrow which the Saints sharpen'd and s e n t against him;* — 846 a

16, D e m e t e r P e r s e'p h o n e, 108: *lost in utter grief I
(Demeter) fail'd to s e n d my life thro' olive-yard and vine;* dtto.
846 b 23, D e m e t e r P e r s e p h o n e, 145: *thou... shalt ever
s e n d thy life along with mine from buried grain thro' springing blade;* — 846 b 13, D e m e t e r P e r s e p h o n e, 135:
Gods... to s e n d the n o o n into the n i g h t (alliterierende
Antithese); — 862 a, L e p e r 's B r i d e, XXI, 4: *the sudden
fire from Heaven had dash'd him dead, and s e n t him charr'd
and blasted to the deathless fire of Hell* (Antithese *fire of
Heaven — fire of Hell);* — 872 a 15, R o m n e y 's R e m o r s e,
151: *human forgiveness touches heaven, and thence... reflected,
s e n d s a light on the forgiven.* —

§ 166. Im Anschluß an diese Gruppe sind als besondere
Unterabteilung noch die wenigen auffallenderen Beispiele
für p r ä g n a n t e B e d e u t u n g anzuführen: 276 b, I n
M e m., 103, 28: *the maidens gather'd strength and grace and
p r e s e n c e* (für "Stattlichkeit der Erscheinung"); 287,
M a u d, I, I, VII, 1: *men of m i n d* ("Geisteshelden"); vgl.
357 b 27, G e r a i n t E n i d, 228: *men of m a r k;* 393 a
33, M e r l i n V i v i e n, 820: *a name of n o t e;* 396 b 3,
L a n c e l o t E l a i n e, 44: *... all their bones were bleach'd,
and lichen'd into c o l o u r (= o n e colour) with the crags*
(vgl. in § 138 das Beispiel 258 b, I n M e m., 42, 5); —
552 b, F l i g h t, IV, 4: *the hope I catch at vanishes and
y o u t h is turn'd to woe (youth =* "jugendliche Lebensfreude")

860 a, F o r l o r n, XII, 4: *funeral hearses rolling!
black with bridal favours mixt! bridal bells with t o l l i n g!*
(= *tolling of funeral bells).* — Über prägnant gebrauchte
Personalpronomina s. § 106; Possessiva, § 113; Artikel,
§ 118.

II. Intensität des Ausdrucks.

§ 167. Indem ich nun von den Quantitätsverhältnissen
zur Qualität des Ausdrucks übergehe und damit beginne, was
man als seine "Temperatur" bezeichnen möchte — nämlich
dem Emotionsgehalt —, will ich zunächst einige Beispiele für die in jeder Poesie so geläufige Verschiebung
des Gefühlsinhaltes, die Hyperbel, oder vielmehr in weiterem Sinne für eine ohne inhaltlichen Zwang gehobene,

emphatisch-pathetische Redeweise anführen. Es handelt sich hier zunächst um einige Verba[1]):

blame für einfaches "überbieten, übertreffen": 207 b 13, Princess, VI, 204: *Ida — 's death, you blame the man; you wrong yourselves — the woman is so hard upon the woman;*

andere übertriebene Ausdrücke für "übertreffen": 11 a 27, Recollections Arabian Nights, 126: *tapers flaring bright...look'd to shame the hollow-vaulted dark* (freilich nicht relativ, sondern absolut); — 551 b 24, Ancient Sage, 267 (Mäßigkeitsvorschriften): *...nor care... to vex the noon with fiery gems* ("überstrahlen"); — 889 b, Kapiolani, IV, 3: *the lava-light...dazing the starlight (= outshining);*

891 b, Mechanophilus, 22: *as we surpass our fathers' skill, our sons will shame our own.* — Sieh auch unten *lull.* — Das Höchste findet sich hier wie oft im Jugendgedichte "The Lover's Tale": 488 a 13, Lover's Tale, I, 751: *a life more living...some happier happiness, swallowing its precedent in victory* (für einfaches "übertreffend")[2]) — Poetisch schön hingegen, wenn auch kräftig, ist der Ausdruck: 328 a 21, Gareth Lynette, 645: *on the damsel's forehead shame, pride, wrath slew the May-white.* —

fall ist in einigen Bedeutungen übertrieben kräftig: 1. für "sich ereignen", *to chance:* 362 a 5, Geraint Enid, 497: *a man to whom a dreadful loss falls in a far land;* 636 b, Queen Mary, V, 1, 5: *if war should fall between your-self and France;* 705 b, Becket, I, 3: *when a bishoprick falls vacant;* — verwandt: "kommen" (von Zukünftigem): 92 b 1, Talking Oak, 285: *when my marriage-morn may fall;* — 2. für *to sink:* 62 b, To J. Sp., 11: *those in whose laps our limbs are nursed, fall into shadow, soonest lost;* ganz ähnlich 686 a 13, Harold, V, 1: *I die...I cannot fall into a*

---

[1]) Als Repräsentativbeispiel mag etwa ein Hinweis auf das fast regelmäßige *cried* für jedes, selbst das ruhigste *inquit* in Gold-smith's *Vicar of Wakefield* dienen (auch deutsch oft "rief" in dieser Weise verwendet).

[2]) Die Wendung findet sich allerdings schon in der 1. Epistel an die Korinther, 15, 54, aber in anderer Anwendung und Bedeutung: *then shall be brought to pass the saying that is written, Death is swallowed up in victory.*

falser world; — verwandt: 363 a 27, G e r a i n t E n i *d*, 590:
in the falling afternoon ("hereinbrechend") *return'd the huge
Earl Doorm.*

f o r g e für Bewirken, geistiges Schaffen jeder Art, besonders Erdichten, Erfinden: 34 b 1, T w o V o i c e s, 283: *who
forged that other influence;*   83 a, E d w i n M o r r i s, 18:
who forged a thousand theories of the rocks; — 354 a, G e r a i n t
E n i *d*, 3: *how many among us . . . do forge a lifelong trouble
for ourselves;* — von Erzählungen: 144 a 12, A y l m e r's
F i e l *d*, 96: *he forged . . . boyish histories;* 168 b 11, P r i n c e s s,
P r o l o g u e, 198: *we forged a sevenfold story;* — für ein
Schaffen der gestaltenden Phantasie: 265 a, I n M e m., 71,
2: *Sleep, . . . thou hast forged at last a night-long Present of the
Past;* — "fälschen" (geläufige Bedeutung): 546 b, D e s p a i r,
XII, 1: *one son had forged on his father and fled* ("Fälschungen
auf den Namen seines Vaters begangen") (Alliteration von
Einfluß auf Ausdruckswahl). —

Ein besonders bezeichnendes Beispiel ist *g a i n*, wo es
für "erreichen" ohne den gewöhnlich damit verbundenen
steigernden Nebenbegriff der Mühe und Eile, also geradezu
für einfaches *reach* steht: 156 a, S e a D r e a m s, 16:
seaward-bound for health they gain'd a coast . . .;   182 a 19,
P r i n c e s s, III, 101: *so saying from the court we paced, and
gain'd the terrace;*   209 b 26, P r i n c e s s, VI, 332: *on they
moved and gain'd the hall* (sie gehen sehr langsam, weil sie
ja die Verwundeten tragen); — hieher stelle ich auch
343 b 6, M a r r i a g e G e r a i n t, 161: *(Guinevere) took horse,
and forded Usk, and gain'd the wood,* — wo sich die zur
Jagd verspätete Königin freilich beeilen muß, der Wald
aber nicht rettendes Ziel einer Flucht ist, wie sonst wohl
der Akkusativ bei *gain;* — 383 b 14, M e r l i n V i v i e n, 195:
leaving Arthur's court he gain'd the beach (wo wir *went to* —
erwarten); — 409 a 9, L a n c e l o t E l a i n e, 816: *when they
gain'd the cell wherein he slept;*   436 b 1, P e l l e a s
E t t a r r e, 199: *when she gain'd her castle;* — 451 b 15, L a s t
T o u r n a m e n t, 513: *(Tristram) past and gain'd Tintagil;*
— 879 a 12, S t. T e l e m a c h u s, 45: *borne along by that
full stream of men, like some old wreck on some indrawing sea,
gain'd their huge Colosseum.* — Natürlich schließt das den
Gebrauch von *gain* für "Flucht, Eile, mühevolles Zustreben"

nicht aus: 189 a 4, Princess, IV, 171 (der Prinz rettet die ertrinkende Prinzessin): *right on this (tree) we drove and caught, and grasping down the boughs I gain'd the shore;* 758 a 2, Cup, I, 3: *I need not fear the crowd that hunted me across the woods, last night. I hardly gain'd the camp at midnight.*

hang für *hover,* ja einfaches *linger:* — 103 a, Godiva, 2: *I hung with grooms and porters on the bridge;* 180 a 14, Princess, II, 435: *some ... under arches of the marble bridge hung, shadow'd from the heat;* — 187 a 26, Princess, IV, 61: *tho'... the beard-blown goat hang on the shaft* (urspr. *pillar)*[1] (Bild der Verwüstung: "umherklettert"); — 204 a 10, Princess, V, 528: *a moment hand to hand, and sword to sword, and horse to horse we hung;* — 210 b, Princess, VII, 7: *low voices with the ministering hand hung round the sick;* wörtlicher freilich schon: 194 b 20, Princess, IV, 531: *on my shoulder hung their heavy hands, the weight of destiny;* — 270 b, In Mem., 87, 31: *who, but hung to hear the rapt oration ...* ("neigte sich begierig hin, zu hören"); ähnlich, aber mehr bildlich: 138 a 33, Enoch Arden, 865: *Enoch hung a moment on her words* ("neigte hin zu —, ließ sich in Unentschlossenheit erhalten durch —"); — 299 a 6, Maud, I, XIX, IV, 11: *only Maud and the brother hung over her dying bed;* — bildlich: 304 b, Maud, II, IV, X, 7: *on my heavy eyelids my anguish hangs like shame;*[2] — 894 a, Death Duke Clarence, 2: *the shadow of a crown, that o'er him hung* (Anrecht, Aussichten); — besondere Gruppe (Himmelserscheinungen): 306, Maud, III, I, 7: *the Charioteer and starry Gemini hang like glorious crowns ... in the west;* — 476 a, Lover's Tale, I, 4: *the sloping seas hung in mid-heaven* (das Meer scheint sich gegen den Horizont zu wölben); 477 a 22, Lover's Tale, I, 62: *when day* (d. h. "die Tagessonne") *hung from his mid-dome in Heaven's airy halls;* hieher stelle ich auch eines der poetischesten

---

[1] Vgl. bei Schiller (von der Gemse): "Jetzo auf dem schroffsten Zinken Hängt sie, auf dem höchsten Grat..." — Mustard vergleicht Verg., *Ecl.,* 1, 77: *dumosa pendere procul de rupe videbo.*

[2] Vgl. Longfellow *(Evangeline): fuller of fragrance than they (flowers), and as heavy with shadows and night-dews, hung the heart of the maiden.*

Beispiele: 233 b 30, D a i s y, 49: *how ... fair was Monte Rosa,*
h a n g i n g there a thousand ... valleys (invertierte Partizipialkonstruktion: § 131; das Bild ist: *M. Rosa with valleys "hang-*
ing" about it);[1]) — schließlich zwei Beispiele prägnanter Kürze
durch *hang* = "in der Schwebe sein, erwogen werden":
141 a 18, B r o o k, 109: *but he stood firm; and so the matter*
hung; 185 b 3, P r i n c e s s, III, 298: *this matter* (ob Lehr-
stühle der Anatomie an der Frauenuniversität zu kreieren
sind) *h a n g s.* — Zum Gebrauch dieses Verbums vgl. die
Bemerkung von M o r t o n L u c e, *Handbook to the Works of*
A. lord T. (London 1895), p. 55.

l i v e für *be, exist,* auch wo von wesenhaftem Leben
nicht die Rede und ein Bild nicht beabsichtigt ist: 341 a
17, G a r e t h L y n e t t e, 1383: *so large mirth l i v e d and*
Gareth won the quest; 341 b 17, M a r r i a g e G e r a i n t,
26: *tho' yet there lived no proof;* 366 a 18, G e r a i n t
E n i d, 765: *never yet ... came purer pleasure unto mortal kind*
than lived thro' her ...; 402 a 17, L a n c e l o t E l a i n e,
417: *the green light ... lived along the milky roofs.* — Freilich
liegt in den letzten zwei Fällen die Nebenbedeutung der
lebhaften Bewegung vor ("durchzuckte" — "glitt dahin");
dem ersten von ihnen analog, nur noch ausgesprochener
bildlich ist die schöne Stelle: 173 b 19, P r i n c e s s, II, 26·
grace and power ... with every turn lived thro' her to the tips
of her long hands ("durchströmten sie" wie das Blut in den
Adern). — Auch sonst kann *live* nur annähernd die Bedeutung von *to be* haben, aber wirklich inhaltlich begrün-
detem Nachdruck dienen, so 247 b, In M e m., P r o l o g u e,
35: *merit lives from man to man, and not from man, o God,*
to thee, wo *lives* nicht für "ist", sondern für "gilt, hat
Geltung" steht.

l o v e mit Infinitiv für bloßes *like*: 146 a 32, A y l-
m e r's F i e l d, 250: der Vater geht vorbei und hört das
Wort *love* im Gespräch der Liebenden: *and neither l o v e d*
nor l i k e d the thing he heard; — 257 b, In M e m., 38, 7:
the songs I love to sing; — "Gefallen finden an —": 327 a
7, G a r e t h L y n e t t e, 596: *(Arthur) loving his (Gareth's)*

---

1) Vgl. S h e l l e y, *Rosalind and Helen,* 543: *(yon alp) ... hung with*
its precipices proud..

lusty youthhood yielded to him; vgl. 568 a, T o H a m l e y, 5:
you came, and look'd and lov'd the view (zugleich Vertauschung
zweier Aktionsarten, s. § 43); — 357 b 27, G e r a i n t E n i d,
228: *he loves to know when men of mark are in his territory;*
— 409 b 8, L a n c e l o t E l a i n e, 845: *Lancelot ... said no
more; but did not love the colour* (Elainens Erröten "gefiel
ihm nicht"); — dialektisch: 558 b, S p i n s t e r's S w e e t-
'A r t s, IX, 5: *I loovs tha to maäke thysen 'appy* (zur Katze:
"Ich sehe es gern, wenn du es dir gut gehen läßt"); —
600 b 10, Q u e e n M a r y, II, 2: *you jest; I love it;* aber 587 b,
Q u e e n M a r y, I, 5, 8: *I am Spanish in myself and in my
likings;* hingegen 585 a 15, Q u e e n M a r y, I, 3: *I love not
to be called a butterfly;* — 603 b 12, Q u e e n M a r y, II, 4: *I do
not love your Grace should call me coward;* — 692 a 13, H a r o l d,
V, 2: *take them away, I do not love to see them.* —

Ein Gegenstück zu *diesem love* und stärkeres Synonym
zu dem negierten *love* der letzten *drei* Beispiele bildet *h a t e*
cum infinitivo für *abhor* (zugleich Bevorzugung eines germanischen Wortes gegen ein romanisches, s. den lexikograph.
Teil, § 273): 342 b 9, M a r r i a g e G e r a i n t, 91: *I hate
that he should linger here,*   und als bestes Beispiel Tennysons eigene Antwort auf die Einladung der Herzogin von
Argyll, zu einem "literarischen Frühstück" zu erscheinen:
"*I should hate it, Duchess*" (L i f e, Tauchnitz ed., IV, 257). —

l u l l, ein überaus beliebtes Wort[1]), steht öfter für
"Übertönen *durch* Lauteres",   wo also das gerade
Gegenteil von Stille eintritt: 26 a, B u o n a p a r t e, 8: *the
British battle ... l u l l i n g the brine against the Coptic sands*
("Geschützdonner übertönt Wogengetöse" — bei Abukir)[2]);
die gleiche Hyperbel — mit *anderem Verbum* — in dem
Schlachtenbild 100, 34, L o c k s l e y H a l l, 104: *the winds*

---

[1]) Die Beliebtheit mögen die Zitate erweisen: 9 b, S e c o n d
S o n g (O w l), 1: *thy tuwhits are lull'd;* 21 b, M a r g a r e t, II, 8: *lull'd
echoes of laborious day* ("gedämpfte"); 23 a, E l e ä n o r e, II, 9: *into
dreamful slumber lull'd;* 56 a, C h o r i c S o n g, VII, 2: *warm airs lull
us, blowing lowly;* 427 b 16, H o l y G r a i l, 544: *lulling random squabbles
when they rise;* etc.

[2]) Ähnlich bei B y r o n, *Siege of Corinth,* II, 15—16:
And there the volleying thunders pour,
Till waves g r o w s m o o t h e r to the roar.

are laid with sound; vgl. ferner 252 b, In Mem., 19, 7:
the Severn ... hushes half the babbling Wye; ja sogar *to
still* wird so gebraucht: 870 b 23, Romney's Remorse,
78: *a sound from far away, ...a fall of water lull'd the
noon asleep. You still'd it* (das Rauschen des Wassers)
for the moment with a song. — Weniger grell als diese, aber
im logischen Wesen identisch und dabei poetisch schöner ist
die Stelle 91 b 12, Talking Oak, 216: die Eiche nimmt
alle ihr zuströmenden Geräusche auf *(I took...)* und vereinigt sie in ihrem Rauschen: *and lulled them in my own*
(gleichsam "bettete ein, machte aufgehen in —"); — hingegen leidenschaftlich erregt, wie die ganze Sprache des
Gedichtes ist: 86 a 2, Stylites, 32: *I drown'd the
whoopings of the owl with sound;* ebenso 850 a, Vastness,
III, 2: *thousands of voices drowning his own (the Wise Man's)
in a popular torrent of lies upon lies.*

play ("eine Rolle annehmen") ist — nach elisabetha-
nischer Art — typisch für einfaches *behave as* u. dgl.·
177 b 1, Princess, II, 263: *why should I not play the
Spartan mother with emotion* (d. h. "die Erregung nieder-
kämpfen"); — 188 a 11, Princess, VI, 148: *(men)...play
the slave to gain the tyranny;* — 206 b 15, Princess, VI,
148: *you... that with your long locks play the Lion's mane. .;*

683 b 16, Harold, V, 1: *I have a mind to play the
William with thine eyesight and thy tongue* (d. h. dich ihrer
zu berauben, wie W. an meiner Stelle täte).

spare cum inf. für *forbear*[1]): 458 a 22, Guinevere,
143: *they spared to ask it;* 463 a 1, Guinevere, 428: *he
spared to lift his hand against the King;* 683 b, 8 u., Harold,
V, 1: *is thy wrath Hell, that I should spare to cry;* 843 a,
Jubilee Queen Victoria, VI, 2: *spare not now to be
bountiful...!*

---

[1]) Dasselbe bei Spenser, z. B. *Faerie Queene, b. I, c. 2, st. 31,
l. 2: O! spare with guilty hands, to teare my tender sides...* (von
Kitchin z. St. als Nachahmung vergilischer Phrasen wie *parce pias
tolerare manus* erklärt). Übrigens schon in älterer Sprache: V. 40 von
Noah's Flood in den *Chester Plays: O, Lorde, I thanke thee...that...
spares me and my howse to spill...* — Im *Century Dictionary* wird
aus Tennyson die Stelle zitiert: *if thou spare to fling Excalibur...*
(70 a 7, Morte d'Arthur, 181)

work für bloßes *do:* 566, 2, Locksley Hall Sixty
Years After, 204: *what are men? ... insects of an hour,
that hourly work their brother insects wrong.* —
Andere, mehr vereinzelte Fälle sin*d*:

134 b 25, Enoch Arden, 633: Robinson-Enoch
kommt seinen Rettern entgegen, *muttering and mumbling...
with inarticulate rage:* natürlich nicht "Wut", sondern
"leidenschaftliche Erregung", hier gerade freudiger Art;
188 b 24, Princess, IV, 159 (bei der allgemeinen Flucht
nach Entlarvung der drei verkleideten Männer): *blind
with rage she (Princess) miss'd the plank:* diesen starken
Ausdruck für "Erregung, Bestürzung" würde der Prinz —
noch *d*azu von seiner Braut — nicht gebrauchen, wenn
sich ein solcher nicht nach *blind with* unwillkürlich ein-
stellte und oben*d*rein wegen der Kürze empfähle: ja sogar
von der Liebesleidenschaft finden wir *rage* gebraucht: *you
must blame Love. His early rage had force to make me rhyme in
youth, and makes me talk too much in age* (38 b, 7 u.). — Diesem
rage (= "Erregung") verwandt ist *angry* für "leidenschaftlich, heftig" (ohne daß von Zorn die Rede wäre): 357 b 32,
Geraint Enid, 233: *I never ate with angrier appetite*[1]);
eine ähnliche psychologische Hyperbel ist 499 b, To my
Grandson, 2: *crazy with laughter and babble and earth's
new wine.*
Weitere Einzelbeispiele:

10 a 7, Recollections Arabian Nights, 14·
*my shallop drove the... deeps, and clove the citron shadows
in the blue;* — 12 a 11, Ode Memory, III, 16: *the deep
mind of dauntless infancy:* für bloßes "furchtlos, unbesorgt"
— steht "unerschrocken" *(N. E. D.: fearless, intrepid,
bold, undaunted);* — 186 b, "Tears, idle tears", 2: *from
the depth of some divine despair* (wohl nur "edel" gemeint);
250 a, In Mem., 11, 6: *dews that drench the furze;* —
254 a, In Mem., 25, 10: *mighty Love would cleave in twain
the lading of a single pain, and part it, giving half to him
(the friend)* (deutsch "Geteilter Schmerz ist halber Schmerz")·

---

[1]) Man vergleiche verstärkende Ausdrücke wie: *apud quem epi-
tyrum estur insanum bene* bei Plautus, *Miles glor.;* deutsch:
"rasend" = sehr, u. dgl.

255 b 15, In Mem., 30, 27: *pierces the keen seraphic flame from orb to orb (pierces = passes); —* 265 b, In Mem., 72, 23: *clouds* (Sturmwolken) *that ... whirl the ungarner'd sheaf afar* (übertrieben für "einzelne Ähren"); — 265 b, In Mem., 73, 8: *nothing is that errs from law (errs = swerves),* 271 b, In Mem., 89, 27: *...flung a ballad to the brightening moon;*   272 b, In Mem., 93, 4: *(the spirit's) native land where first he walk'd when claspt in clay;* — 288, Maud, Part, I, I, XIII, 2: *(if) the rushing battle-bolt sang from the three-decker;* vgl. 519 b, Defence Lucknow, II, 15: *bullets would sing by our foreheads;* vgl. ferner 652, Show-day, 5: *fancy hears ... that deathful arrow sing[1]);* von einer Quelle: 369 b 21, Balin Balan, 25: *the spring, that down, from underneath a plume of lady-fern, sang...,* noch kühner 370 a 7, Balin Balan, 42: *the carolling water;* und recht abenteuerlich: 522 a 27, John Oldcastle, 55: *as Rumour sang;* endlich 117 a, Voyage, II, 2: *dry sang the tackle, sang the sail* ("knarrte — rauschte"); vom Rauschen von Gräsern in einem Jugendgedichte: Churton Collins, Early Poems, 288, Grasshopper, II, 17: *the singing flowerèd grasses ...,*   293 b, Maud, Part I, X, I, 3: *this new-made lord, whose splendour plucks the slavish hat from the villager's head (plucks = makes draw,* s. auch § 163); — 298 b, Maud, I, XIX, III, 12: *how often I caught her with eyes all wet* ("überraschte"); ein anderes *catch* 273 b 15, In Mem., 95, 40: *(my soul) ...caught the deep pulsations of the world:* es ist ein in den nächsten zwei Zeilen nach seinem Inhalt beschriebenes Wahrnehmen gemeint: dieses *catch* für "wahrnehmen" ist recht häufig: 139 b, Brook, 28: *all about the fields you caught his weary daylong chirping;* 582 b, Queen Mary, I, 3: *these beastly swine make such a grunting here, I cannot catch what Father Bourne is saying;* 841 a, Foresters, IV: *some hunter in day-dreams or half-asleep will ... catch the winding of a phantom horn;* 891 a, Making Man, 6: *prophet-eyes may catch a glory slowly gaining on the shade;* — 305 a, Maud,

---

[1]) Über diese "literarische Metapher" in der ags. Poesie — z. B. *gûð-léoð* vom Sausen des Schwertes Hrunting, *Beówulf* 1523, oder (entfernter) *gryre-léoð* vom Wehgeschrei Grendels — s. Heinzel, Stil der altgermanischen Poesie (1875), p. 23.

II, V, II, 5: *it is that* (nämlich Vernachlässigung der *officia
pietatis) which makes us loud* (für "nicht zur Ruhe kommen
läßt") *in the world of the dead;* — 306 a, M a u d, II, V, VIII,
10: *if he (Maud's brother) had not been a Sultan of brutes,
would he have that hole in his side (Sultan* drückt einen
Superlativbegriff aus); — 307, M a u d, III, II, 1: *it yielded
a dear delight (= afforded;* so sehr oft, z. B. in später
ausgeschalteten Versen der W e l l i n g t o n - O d e [Rowe-
Webb, *Selections from Tennyson,* I, p. 97]: *Perchance our
greatness will increase, perchance a darkening future yields
some reverse from worse to worse);* 314 b 20, C o m i n g
A r t h u r, 360: *Bleys ... died but of late, and sent his cry
to me, to hear him speak before he left his life;* vgl. 855 a 2,
R i n g, 163: *the bygone lover thro' this ring had sent his cry
for her forgiveness;* noch stärker 888 a, C h a r i t y, VII, 2:
*I sent him a desolate wail and a curse, when I learn'd
my fate:* d. h. einen B r i e f dieses Inhaltes: ibid. XII, 1: *my
letter ... my wail of reproach and scorn;* — 318 b 2,
G a r e t h L y n e t t e, 51: *then were I wealthier than a leash
of Kings;* — 339 b 16, G a r e t h L y n e t t e, 1298: *and when
his anger tare him, massacring*[1]); 341 b 4, M a r r i a g e
G e r a i n t, 13: *Enid ... daily fronted him in some fresh
splendour:* sonst bedeutet *front* meist trotziges Begegnen, hier
steht es für einfaches *meet;* vgl. 157 a 9, S e a D r e a m s,
62: *when first I fronted him;* 345 a 22, M a r r i a g e
G e r a i n t, 275: *tits, wrens and all wing'd nothings;* vgl.
364 a 26, G e r a i n t E n i d, 652: *the huge Earl cried out
upon her talk as all but empty heart and weariness and sickly
nothing;* 358 b 7, G e r a i n t E n i d, 271: *many a voice
... and heel ... echoing, burst their drowse* (für *brake);*
381 a 4, M e r l i n V i v i e n, 40: *Love, if Love be perfect,
casts out fear (= excludes)*[2]); — 405 b 13, L a n c e l o t
E l a i n e, 618: *clench'd her fingers till they bit the palm;* —
419 b 26, H o l y G r a i l, 67: *who first saw the holy thing*
(den Gral) *to - d a y:* "in unseren Tagen"; 424 b 28, H o l y
G r a i l, 368: *when I thought my thirst would slay me (= kill,*

---

[1]) Vgl. die ags. Hyperbel *hine fyrwet bræc,* z. B. *Beówulf* 232,
1986, 2785.

[2]) Der Ausdruck stammt aus der Bibel: 1. *John,* 4, 18: *perfect love
casteth out fear* ...

make die); — 445 b 26, L a s t T o u r n a m e n t, 154: *ascend-ing, fill'd his double-dragon'd chair* ("nahm ein", *took); vgl.*
622 a 2, Q u e e n M a r y, III, 5: *no foreign prince or priest should fill my throne;* — 458 b 9, G u i n e v e r e, 159: *when she d r e w no answer* ("herausbekommen konnte"); — 502 b, R i z p a h, VIII, 6: *"they set him so high that a l l t h e s h i p s of t h e w o r l d c o u l d s t a r e a t h i m, passing by",* sagt die Mutter, um das über ihren Sohn verhängte Urteil als möglichst grausam *darzustellen;* ähnlich 640 b 6, Q u e e n M a r y, V, 2: *so brands me in the s t a r e o f C h r i s t e n d o m a heretic,* — wo auch nichts als *in conspectu totius Christiani-tatis* gesagt werden soll; — 531 b, V o y a g e M a e l d u n e, XI, 10: *suffer the Past t o b e Past* (für *let...be);* — 658 b, 2 u., H a r o l d, I, 2, sagt Harold zu Edith, die von bösen Träumen spricht: *"A gnat that vext thy pillow! Had I been by, I would have s p o i l'd h i s h o r n."* — 702 a, B e c k e t, I, 2: *"I heard him swear revenge." "Why will you c o u r t (= provoke) it by self-exposure?"* — 721 b, 7 u., B e c k e t, II, 2: *we have c l a s p t your cause:* für dieses nur mehr sehr schwach empfundene Bild ist *embrace* der geläufige Ausdruck, *clasp* ein künstlerischer Belebungsversuch; — 784 a 10, P r o m i s e M a y, I: *where have you l a i n i n a m b u s h* — scherzhaft für *been hidden* — *all the morning,* wo von einem, auch nur bildlichen "Auf-lauern" nicht die Rede ist; vgl. 538 a, T i r e s i a s, 5: *the meanings a m b u s h'd under all they (my eyes) saw;* — 864 a, T o U l y s s e s, VIII, 1: *I, once half-c r a z e d for larger light;* vgl. 866 a, P r o g r e s s S p r i n g, II, 1: *up leaps the lark, g o n e w i l d to welcome her,* — und schon 658 a, H a r o l d, I, 2, 1: *mad for thy mate, passionate nightingale,* — wo die Alliteration nicht ohne Einfluß auf die Ausdruckswahl ist. —

§ 168. Von diesen hyperbolisch-emphatischen Aus-drücken ist es zu G e s u c h t h e i t und A f f e k t a t i o n[1]) nur mehr ein Schritt, und diesen tut Tennyson manchmal, be-sonders — natürlich — in den Jugendgedichten. Stilaffektation gibt sich in der Wahl von Wörtern und Bildern, manchmal auch in gesuchten Umschreibungen kund. Beispiele sind:
— 13 a 1, O d e M e m o r y, V, 35: *a garden bower'd*

---

[1]) Über diesen Punkt vgl. C h u r t o n C o l l i n s, Early Poems, *Introduction,* p. XXVI f.

close with plaited alleys of the trailing rose; 13 b,
Character, 3: *the wanderings of this most intricate Universe:* hier beabsichtigte Nachahmung des gesuchten Predigerstils der Person, auf welche das Gedicht geht *(orator S. at Cambridge,* Life, Tauchnitz Edition, I, 65);
15 a 7, Poet's Mind, II, 15: *in the heart of the garden the merry bird chants,* vgl. 304 a, Maud, II, IV, VII, 1: *do I hear her sing as of old:* Urfassung (Churton Collins, p. 274): *Do I hear the pleasant ditty, that I heard her chant of old?* — 16 a, Deserted House, III, 3: *nakedness and vacancy;* vgl. 476 a, Lover's Tale, I, 2: *filling with purple gloom the vacancies between the tufted hills;* — 22 b, Eleänore, I, 4: *there is nothing here* (in England), *which, from the outward to the inward brought, moulded thy baby thought* (die lange Umschreibung steht für "sinnlich wahrgenommen", "als Eindruck aufgenommen"); — 31 b 23, Two Voices, 53: *if I make dark my countenance, I shut my life from happier chance* (die Umschreibung für "Selbstmord begehen"); — 33 b 22, Two Voices, 221: *he heeded not reviling tones, nor sold his heart to idle moans* (für einfaches "gab...hin"); — 42 a 20, Oenone, 53: *sequel of guerdon could not alter me;* — 46 b 15, Palace Art, 135 · (unter Statuen): *the world-worn Dante grasp'd his song* (= "hielt in der Hand sein Buch [Divina Commedia]");
59 a 26, Dream Fair Women, 158: *the polish'd argent of her breast;* — 61 a 11, Dream Fair Women, 263: *the captain of my dreams ruled in the eastern sky* (der Morgenstern); — 65 a, Love Land, 9: *pamper not a hasty time* (= "verzärtle nicht ein rasch vorwärtsstrebendes Zeitalter"); 69 b 33, Morte d'Arthur, 122: *a dying king, laid widow'd of the power in his eye* (= *deprived, bereft);* — 75 b 7, Gardener's Daughter, 178: *all that night I heard the watchman peal the sliding season;* — 92 b, Love Duty, 1: *Of love that never found his earthly close* (= *marriage), what sequel?* 93 b 1, Love Duty, 50: *if the sense is hard to alien ears, I did not speak to these;* — 96 b, Tithonus, 2: *the vapours weep their burthen to the ground* ("es regnet"); — 97 a 12, Tithonus, 29: *to vary (= differ) from the kindly race of men;* — 122 b 1, Vision Sin, IV, 73: *greet her with applausive breath, Freedom, gaily doth*

she tread (beabsichtigte Ironie); — 122 b 9—10, Vision
Sin, IV, 81—82: *her thirst she (Freedom) slakes where the
bloody conduit runs:* die gesuchte Übertreibung soll durch
ihren Inhalt ("Menschenblut trinken") den Parallelismus zur
zweiten Strophenhälfte ("Menschenfleisch essen": *her sweetest
meal she makes on the first-born of her sons)* herstellen; —
130 a 17, Enoch Arden, 338: *to save the offence of
charitable:* "um die Gabe nicht als Almosen erscheinen
zu lassen"; — 156 a, Sea Dreams, 19: *pious variers
from the church (= dissenters);* — 165 a, Princess, Prologue, 15: *the first bones of Time:* fossile Tierknochen;
— 166 b 5, Princess, Prologue, 68: *telescopes for azure
views;*   167 a 19, Princess, Prologue, 114: *one
discuss'd his tutor* ("besprach, charakterisierte"); — 174 a
16, Princess, II, 54: *we conscious of ourselves, perused
the matting* ("betrachteten"); — 174 b 12, Princess, II, 81:
*this day ... the Lady Psyche will harangue the fresh arrivals
of the week before;* — 182 a 8, Princess, III, 90: *the
crane ... may chatter of the crane, the dove may murmur
of the dove, but I an eagle clang an eagle to the sphere*
("lasse das Lob eines Adlers gegen Himmel ertönen": gesuchte Kürze, vgl. § 34); — 182 b 8, Princess, III, 120:
your example pilot (= guiding me), told her all;   183 b
1, Princess, III, 177: *the light of eyes that lent my knees desire
to kneel;*   183 b 17, Princess, III, 193: *you — Princess
— seem all he prefigured;* — 184 a 9, Princess, III,
217: *I know the Prince, I prize (= esteem) his truth;*
185 b 25, Princess, III, 321: *how sweet* (sc. *were it*) *to
linger here with one that loved us;* — 191 a 12, Princess,
II, 274: *a lidless watcher of the public weal;*   193 a 4,
Princess, IV, 427: *many a famous man ... have I heard
of, after seen the dwarfs of presage (falling short of what
had been expected,* Churton Collins); — 194 a 26, Princess,
IV, 511: *better have died and spilt our bones in the flood*
(analog nach *spilt our blood);* — 196 a 9, Princess, V, 30:
*some one sent beneath his vaulted palm a whisper'd jest to
some one near him;* — 204 b 33, Princess, VI, 38: *our
enemies have fall'n: but this* (die Saat der Frauenbewegung)
*shall grow a night of Summer from the heat, a breadth of
Autumn, dropping fruits of power (Summer =* "sommerlicher

Schatten"; *Autumn* = "herbstliche Üppigkeit"); — 212 a 32,
Princess, VII, 116: *the fierce triumvirs; and before them*
paused (= stood) Hortensia pleading; — 213 b 17, Princess, VII, 201: *azure pillars of the hearth arise to thee*[1]);
— 250 a, In Mem., 10, 15—16: *the kneeling hamlet drains*
the chalice of the grapes of God (s. Churton Collins, *Intro-*
duction, und z. St.); 252 a, In Mem., 17, 2: *such a*
breeze compell'd thy canvas (the ship's) ("trieb dein Segel");
— 254 a, In Mem., 24, 10: *is it that the haze of grief*
makes former gladness loom so great (s. das Wort im lexikographischen Teil); — 259 b, In Mem., 47, 11: *what vaster*
dream can hit the mood of Love on earth? — 260 b, In
Mem., 52, 11: *the sinless years, that breathed beneath the*
Syrian blue (= Christ's life, as told in the Gospel; cf. § 141);
— 263 b, In Mem., 64, 12: *to mould a mighty state's*
decrees, and shape the whisper of the throne: "den Aussprüchen
des Königs bei ihrer Veröffentlichung Gestalt geben" — mit
Erinnerungen an das Verfahren bei Orakelerteilung; —
279 a 2, In Mem., 109, 18: *the child would twine a trustful*
hand, unask'd, in thine: hier der Reim (s. § 221) maßgebend;
281 a 2, In Mem., 116, 14: *days of happy commune* ("freund-
licher Verkehr") *dead (= past);* 307, Maud, III, IV,
14: *by the side of the Black and the Baltic deep: deep* für
sea ist häufig, aber bei Anführung der Namen gesucht;
315 a 4, Coming Arthur, 377: *the two dropt to the cove:*
für *descended, went down* der metrischen Kürze halber;
358 a 12, Geraint Enid, 245: *when the Prince had brought*
his errant eyes home from the rock; vgl. 358 b 17, Geraint
Enid, 281: *found Enid with the corner of his eye;* —
362 a 24, Geraint Enid, 516: *swathed the hurt that*
drain'd her dear lord's life — für "verband die Wunde ihres
Gatten"; — 398 b 21, Lancelot Elaine, 181: *whence*
comest thou, my guest, and by what name livest between
the lips? 416 a 16, Lancelot Elaine, 1264: *then*
turned the tongueless man from the half-face to the full

---

[1]) Der Ausdruck ist als stilisiert zu bezeichnen, wie etwa der
schon gelegentlich zitierte: 103 a, Godiva, 18: *his beard a foot before*
him, and his hair a yard behind; — symbolische Deutungen wie die von
Churton Collins: *steady serenity of domestic life,* werden dadurch überflüssig. Vgl. die Note zu *before* in § 127.

eye: "wandte ihnen das ganze Gesicht zu, während sie ihn bisher nur im Profil gesehen hatten"; 430 a 16, Holy Grail, 710: *a welfare in thine eye reproves our fear of some disastrous chance for thee on hill, or plain:* Hofsprache· 436 b 20, Pelleas Ettarre, 219: *once, a week beyond (= later);* 438 b 18, Pelleas Ettarre, 221: *I will slice him handless by the wrist:* für *cut off his hand at the wrist;* — in dem Jugendgedichte The Lover's Tale häufen sich natürlich wieder die Künsteleien: 479 b 10, Lover's Tale, I, 211: *(she) crown'd with her highest act the placid face and breathless body of her good deeds past:* die ganze Umschreibung bedeutet auch nichts anderes als *past* und ist eine übertriebene Anwendung des sonst bei Tennyson überaus beliebten Bildes "Tod" für Schwund, Vergangenheit; (s. u. *die* im lexikographischen Teil); 481 a 2, Lover's Tale, I, 302: *the prophet and the chariot and the steeds, suck'd into oneness like a little star were drunk into the inmost blue:* die bekannte biblische Szene von Elias' Himmelfahrt in Elisäus' Augen (2, Kings, 2, 11); 483 b 22 ff., Lover's Tale, I, 472 ff.: *sooner Earth might go round Heaven, and the strait girth of Time inswathe the fulness of Eternity, than language grasp the infinite of Love·* — 551 b 24 f., Ancient Sage, 267 ff.: (Warnungen vor Hingabe an weltliche Güter)· *nor care... to vex the noon with fiery gems, or fold thy presence in the silk of sumptuous looms; nor roll thy viands on a luscious tongue; nor drown thyself with flies in honied wine(?);* — 665 a, 4 u., Harold, II, 2: *he is only debonair to those that follow where he leads, but stark as death to those that cross him;* — 728 a, Becket, III, 3, 16: *he can scarce be touching upon those, or scarce would smile that fashion* (für *way*). —

§ 169. Dieser, wie wir sehen, recht ansehnlichen Liste sollen nun Fälle gegenübergestellt werden, in denen dem Dichter edle Einfachheit des Ausdruckes — freilich vielfach auf dem nicht sehr empfehlenswerten Wege der Allgemeinheit — gelingt.

Die erste Stelle muß hier natürlich eine Blütenlese aus "Dora" einnehmen, jener von Wordsworth so hochgeschätzten und von Carlyle mit dem Buche Ruth verglichenen ländlichen Erzählung:

77 a, D o r a, 5: *Dora felt her uncle's will in all*
(= agreed with —); ibid. 13: *she is well to look to;*
17: *b r e d* für *educated, brought up;* 19: *w i s h'd* für *desir'd* (so
schon 10: *"I would wish");* 23: *the old man was w r o t h;*
77 b 5, D o r a, 28: *an answer t o* (für *according to) my wish;*
ibid. 6 (29): *p a c k* für "das Haus verlassen"; 20 (43): *my*
home is none of yours; 78 a 6, D o r a, 56: *Mary . . . t h o u g h t*
h a r d t h i n g s of Dora; 78 b 21, D o r a, 106: *(Dora) remem-*
bering the day when first she came, and a l l t h e t h i n g s t h a t
h a d b e e n; 79 a 21, D o r a, 137: *o Father! if you let me*
call you so (= permit me to —); 79 b 20, D o r a, 155: *as*
years w e n t f o r w a r d (homer. περιπλομένων, περιτελλομένων
ἐνιαυτῶν).

Gleich nach "D o r a" kommt natürlich "E n o c h A r d e n",
aus welchem ich — man müßte ihn eigentlich ganz ab-
schreiben — nur ganz Weniges anführe: 125 b 17,
E n o c h A r d e n, 47: *to m a k e a h o m e for Annie;* 125 b
24, E n o c h A r d e n, 54: *made himself f u l l s a i l o r* ("bildete sich vollkommen aus zum Seemann"); 130 a 9, E n o c h
A r d e n, 330: *(Philip) everyway . . . m a d e himself t h e i r s*
("machte sich ihnen dienstbar"); 132 a 6, E n o c h A r d e n,
450: *as she d w e l t (= ponder'd) upon his latest words;*
137 a 18, E n o c h A r d e n, 785: *speech and thought and*
n a t u r e fail'd a little, and he lay tranced. —
Von anderen Beispielen sei zunächst der Kunstgriff
einer eigentümlichen Anwendung des G e n e t i v s angeführt,
welcher, als Prädikat durch die Kopula mit dem Subjekt
verbunden, irgend eine leicht konstruierbare assoziative
Verknüpfung mit diesem andeutet und dabei eben dadurch,
daß er nicht ins Detail geht, dem Ausdruck eine gewisse
Gehobenheit verleiht:
— 247 a, I n M e m. P r o l o g u e, 22: *knowledge is of*
things we see (= refers only to —); — 280 a, I n M e m.,
114, 21: *she (Knowledge) is earthly of the mind, but Wisdom*
heavenly of the soul; — 476 b 3, L o v e r 's T a l e, 23: *thy*
(Memory's) breath i s of the pinewood: d. h. "der Hauch des
Waldes bringt Erinnerungen mit sich"; — 837 a 5, F o r e s t e r s,
IV: *marriage is of the soul, not of the body;* — 892 a,
R i f l e m e n f o r m! 10: *are figs of thistles? or grapes of*
thorns? —

Von inhaltlich bedingten Kunstmitteln sei auf die große **Einfachheit im Ausdruck seelischer Um-stimmungen** hingewiesen: 103, G o d i v a, 32: *she left alone, the passions of her mind ... made war upon each other for an hour, t i l l p i t y w o n;* 293 a, M a u d, Part I, VIII, 12—13: *and thought, it is pride, a n d mused and sigh'd "No, surely, now it cannot be pride".*

Sonstige Beispiele:

— 70 a 13, M o r t e d 'A r t h u r, 137: *the great brand m a d e lightnings in the splendour of the moon;* — 119 a, B e g g a r M a i d, 2: *she was m o r e f a i r than words can say:* beabsichtigte Nachahmung des Volksballadenstils; 203 b 8, P r i n c e s s, V, 496: *the mother m a k e s us most (= has greater influence upon our constitution than our father);* — 269 a 9, In M e m., 85, 30: *I ..., whose hopes were dim, whose life, whose thoughts were l i t t l e w o r t h;* — 274 b, I n M e m., 97, 27 (der bekannte Vergleich des Verhältnisses zu Hallam mit der Verbindung eines armen, einfachen Mädchens und eines hochgebildeten Mannes): *she knows not what his great-ness is, ... she knows but m a t t e r s o f t h e h o u s e, and he, he knows a t h o u s a n d t h i n g s:* die Einfachheit hier zugleich Charakterisierungsmittel; vgl. 351 a 27, M a r r i a g e G e r a i n t, 643: *lords and ladies ... talking t h i n g s o f s t a t e,* — wo die Einfachheit der hofunkundigen Enid gemalt werden soll; — 294 a, M a u d, Part I, X, VI: *And ah for a man to arise in me, that the man I am may cease to be!*[1] — 316 b 3, C o m i n g A r t h u r, 461: *reign ye (Arthur and Guinevere), ... and m a k e the world o t h e r;* — 317 b 11, C o m i n g A r t h u r, 506: *the King d r e w in the petty prince-doms under him:* "unterwarf", und zwar mit Leichtigkeit; — 321 b 12 ff., G a r e t h L y n e t t e, 238 ff. (wo Gareth sich für einen Bauern ausgibt, also bäuerlich-einfach reden muß): *these ... doubt if the King b e K i n g a t a l l, or come from Fairyland; and whether t h i s be built by magie ..., or whether t h e r e b e a n y c i t y a t a l l, or all a vision. ... but tell t h o u t h e s e the truth;* 322 b 15, G a r e t h

---

[1] Hier und in einigen der folgenden Fälle beruht die Einfach-heit auf dem umsichtigen Operieren mit wenigen — freilich auch in sich selbst einfachen — Ausdrücken und berührt sich also mit der § 146 besprochenen "Wortwiederholung".

Lynette, 205: *his arms clash'd and the sound was good to Gareth's ear;* vgl. 323a 8, Gareth Lynette, 330: *the field was pleasant in our eyes;* ibid. 13 (335): *the field was pleasant in my husband's eyes:* biblisch; wie denn die Episode an die Geschichte von Achab und Naboth erinnert; — 329b 2, Gareth Lynette, 713: *Kay, wherefore wilt thou go against the King;* — 335b 17, Gareth Lynette, 1069: *both thy younger brethren have gone down before this youth;* — 340b 7, Gareth Lynette, 1346: *canst thou not trust the limbs thy God hath given, but must, to make the terror of thee more, trick thyself out...;* ähnlich: 340b 12, Gareth Lynette, 1351: *he spake no word; which set (= pitched) the horror higher;* und schließlich: 341a 2, Gareth Lynette, 1368: *to make a horror all about the house* (für *spread);* 355a 24, Geraint Enid, 73: *three bandits ... waiting to fall on you;* 363b 18, Geraint Enid, 613: *out of her there came a power upon him,* 363b 30, Geraint Enid, 624: *I will do the thing I have not done (not = never till now), for ye shall share my earldom with me, girl...;* — 371b 11, Balin Balan, 139: *let not thy moods prevail, when I am gone who used to lay them;* — 395b 11, Merlin Vivien, 965: *she put forth the charm (= put into execution);* — 395b, Lancelot Elaine, 10: (Elaine stickte auf dem Futteral die Abzeichen des Schildes selbst ab) *and added, of her wit (= own invention), a border fantasy of branch and flower;* 425a 3, Holy Grail, 371 (von einem schönen Bach): *took both ear and eye;* — 436a 30, Pelleas Ettarre, 198: *he could not come to speech with her;* 440b 21, Pelleas Ettarre, 342: *madden'd with himself and moan'd* ("in seiner Einsamkeit"); — 445b 5, Last Tournament, 133: *this my realm, uprear'd, by noble deeds at one with noble vows (= in harmony);* 451a 9, Last Tournament, 479: *trampled out his face from being known;* — 452a 27, Last Tournament, 554: *the bride of one — his name is out of me (= I have forgotten);* — 454a 15, Last Tournament, 656: *thro' their vows the King prevailing made his realm (= founded);* ebenso 454b 16, Last Tournament, 686: *and so the realm was made;* — 457b 25, Guinevere, 114: *there (will I) hold thee*

with my life against the world (= defend); 538 a,
T i r e s i a s, 13: *our Cadmus, o u t o f w h o m thou art* ("aus
dessen Geschlecht du stammst"); 565, 18, L o c k s l e y
H a l l S i x t y Y e a r s A f t e r, 184 (vom Monde): *dead, but
how her living glory lights the hall … yet the moonlight i s
t h e s u n l i g h t (= is borrowed from the sun);* — 573 a,
E a r l y S p r i n g, I, 2: *once more the Heavenly Power m a k e s
a l l t h i n g s n e w* (das ganze Gedicht bewegt sich in einfacher und ungezwungener Sprache); — 582 a, 4 u., Q u e e n
M a r y, I, 2: *the Q u e e n's Officers are here in f o r c e to
take you to the Tower* ("mit der Vollmacht"); — 721 b, 9 u.,
B e c k e t, II, 2: *our brother's anger p u t s him, poor man,
beside himself;* — 722 b, B e c k e t, II, 2 (vom Rauch, den
der Wind umhertreibt): *but it was i n h i m* (d. h. "es war
seine Natur") *to go up straight;* 805 a, F o r e s t e r s, I,
1: *if they (monies) be not paid back at the end of the year,
the land g o e s t o t h e Abbot.* ◦-

§ **170.** Schließlich greife ich noch — wie schon öfter-
etwas aus dem lexikographischen Material zur Illustration von Einfachheits-Effekten heraus, nämlich einige
Beispiele für *g i v e* statt komplizierterer Verba:

38 b 9, M i l l e r's D a u g h t e r, 162: *sing the foolish
song I g a v e you:* "für dich dichtete, dir widmete";
188 a 30, P r i n c e s s, IV, 133: *… song, that g i v e s the
manners of your countrywomen* ("wiedergeben, widerspiegeln");
— 323 b 6, G a r e t h L y n e t t e, 358: *g i v e me* ("gewähre")
to right her wrong, and slay the man; — 366 b 4, G e r a i n t
E n i d, 782: *him who g a v e you life* ("im Zweikampfe Pardon
gewährte"); ebenso 367 b 7, G e r a i n t E n i d, 849: *give
me life;* — 420 a 3, H o l y G r a i l, 77: *to prayer and praise
she g a v e herself, to fast and alms (= devoted);* vgl. 428 a
18, H o l y G r a i l, 583: *g a v e herself and all her wealth to
me;* 453 b 16, L a s t T o u r n a m e n t, 629: *I will flee hence
and g i v e myself to God;* — 622 b, 1 u., Q u e e n M a r y,
III, 6: *I will g i v e your message* ("überbringen"); — 892 b,
W a n d e r e r, 12: *give (= devote) his fealty to the halcyon
hour.* —

§ **171.** Ein vom eben Dargestellten verschiedener Weg
zur Erzielung von Schlichtheit und Einfachheit des Ausdrucks ist die Aufnahme von P h r a s e n d e r f a m i l i ä r e n

und Umgangssprache in die dichterische; auch dieses Mittel hat Tennyson, der sonst doch mehr "edle", gehobene Sprache liebt, nicht verschmäht.

Hieher gehört wohl *dainty* für "niedlich": 38 b, Song (in Miller's Daughter), 8: *I would be the girdle about her dainty dainty waist* (auch diese Art der Wiederholung ist aus dem Leben gegriffen); 237 b, Child Songs, I, 1: *dainty little maiden;* freilich kann man von *colloquialism* nicht mehr sprechen in Fällen wie: 243 b, Hendecasyllabics, 14: *so fantastical is the dainty metre;* — Anderes: 165 b, Princess, Prologue, 28: *we keep a chronicle with all about him;* — 208 a 8, Princess, VI, 229: *we withdrew... and had our wine and chess beneath the planes;* 236 b, Islet, 2: *for a score of sweet little summers or so;* vgl. 892 a, Riflemen form! 17: *Better a rotten borough or so than a rotten fleet and a city in flames!* — 247 a, In Mem., Prologue, 17: *our little systems have their day;* vgl. 329 a 13, Gareth Lynette, 696: *"the King hath past his time"*, sagt Kay, weil er seine Meinung über den König natürlich nicht deutlicher sagen darf; eine andere Bedeutung hat die erstzitierte Phrase an der Stelle 294 a, Maud, Part I, XI, I, 5--7: *let come what come may, what matter if I go mad, I shall have had my day* —, wo übrigens der ganze Ausdruck der des alltäglichsten Selbstgesprächs ist, 294 b, Maud, I, XI, II, 3: *before I am quite quite sure that there is one to love me:* s. oben bei *dainty* dieselbe Art von Wiederholung; 299 b, Maud, I, XIX, IX:. *if ever I should forget that I owe this debt to you...o then, what then shall I say? If ever I should forget, may God make me .more wretched than ever I have been yet!* — 304 b, Maud, II, IV, XIII, 5: *I loathe the squares and streets, and the faces that one meets, hearts with no love for me;* — 311 b 7, Coming Arthur, 155: *Bleys laid magic by, and sat him down, and wrote all things and whatsoever Merlin did;* — typisch ist in den Königsidyllen der Beginn einer Antwort mit *and I will tell thee* (erklärbar durch Ellipse eines *This thou ask'st me):* 313 a 7, Coming Arthur, 253; 314 a 32, Coming Arthur, 338, etc.; — 354 b 14, Geraint Enid, 33: *round was their pace at first, but slacken'd soon;* — 358 b

27, Geraint Enid, 291: *took the word and play'd upon
it;* — 478 b 13, Lover's Tale, I, 147: *how should the
broad and open flower tell what sort of bud it was;* überhaupt sind diese in der Umgangssprache so beliebten Umschreibungen mehrfach verwertet: 647 b, Queen Mary,
V, 4, 7: *to pay them full in kind, the hottest hold in all the
devil's den were but a sort of winter* (zugleich die echt
kolloquiale Hyperbel); auch *kind* kommt so vor; so heißt
es — zugleich mit der beliebten Wortwiederholung und
durch Alliteration ausgeschmückt: 659 a, 7 u., Harold, I, 2:
*(Edith's lips) are amulets against all the kisses of all kind
of womankind in Flanders;* gehobener ist schon 73 b 26,
Gardener's Daughter, 69: *vague desires...made . . all
kinds of thought, that verged upon them, sweeter...* (vulgärer
wäre: *all kinds of thoughts);* der Dialekt zeitigt natürlich
noch Stärkeres, so: 847 a, Owd Roä, 1: *noä mander
o'use to be callin' him, Roä, Roä* (man erinnert sich an den
mittelenglischen Gebrauch von *maner);* die bezeichnendsten
Beispiele sind wohl: 227, Grandmother, XXI, 2: *often
they come to the door in a pleasant kind of a dream* — und
229, Northern Farmer, *old style,* II, 2: *naw soort o'
koind o' use.* — Ebenso charakteristisch wie diese Pleonasmen ist für die Volkssprache die Hyperbel nach
unten, wie sie sich besonders in der Vorliebe für *bit*
krystallisiert: 501 b, First Quarrel, XIV, 6: *"I am going
to leave you a bit",* sagt Harry schonend zu seiner Frau,
er soll sie für sechs Wochen verlassen; vgl. noch 558 b,
Spinster's Sweet-'Arts, VIII, 9: *but I rued it arter a
bit.* Rein pleonastisch stehen derlei Ausdrücke: 555 a,
Tomorrow, II, 2: *it seems to me now like a bit of yistherday in a dhrame;* 887 a, Church-warden Curate, VI,
1: *now I'll gie tha a bit o' my mind;* ähnlich *slip* im
irländischen Tomorrow: 555 a (II, 3): *there was but a slip
of a moon;* 556 b, Tomorrow, XII, 2: *thin a slip of a
gossoon call'd.* — Schließlich als Beispiel der Vorliebe volkstümlicher Sprache für Periphrasen jeder Art: 555 a,
Tomorrow, II, 7: *I must be lavin' ye* (für *leave ye) soon,*
— und die ebenso charakteristische Verbalperiphrase: 504 a,
Northern Cobbler, I, 4: *strange fur to goä fur to think
what saäilors a' seeän an' a' doon.* — Nun weitere Einzel-

beispiele von Kolloquialismen: 510 a 9, S i s t e r s, 42: *love will go by contrast, as by likes;* 552 b, F l i g h t, V, 1: *come, speak a little comfort!* 580 a 28, Q u e e n M a r y, I, 1: *thou was born i' the t a i l end of old Harry the Seventh;* 650 b, 2 u., Q u e e n M a r y, V, 5: *it was never m e r r y w o r l d in England, since the Bible came among us;* — 701 a, 7 u., B e c k e t, I, 1: *"It much imports me I should know her name". "W h a t h e r?"* (für *whose);* — 725 b, B e c k e t, III, 1: *gave me a g r e a t p a t o' the cheek for a pretty wench;* — 726 a, B e c k e t, III, 1: *I was a-g e t t i n g o' blue-bells for your ladyship's n o s e to smell on.*[1]) — Geschickt ist es, einen verwendeten Vulgarismus durch Einführung eines naiven Mißverständnisses zu unterstreichen: 732 a, B e c k e t, IV, 1, sagt der kleine Geoffrey: *"... Somebody s t r u c k him (the warder)." "Who was that?" "Can't tell. But I heard say he had had a s t r o k e, or you'd have heard his horn before now".* (Es ist natürlich ein Rausch gemeint; es hieß ja vom *warder* 724 b, III, 1, 17: *[he] hath given himself of late to wine);* — 813 a, u., F o r e - s t e r s, I, 3: *"I knew thy father; he was a manly man, as thou art, Much, and gray before his time as thou art, Much". "It is the t r i c k of the family, my lord".* — 874 a, Titel eines Epigramms: *"To one who r a n d o w n the English"*

888 a, C h a r i t y, IV, 1: *a l l v e r y w e l l j u s t n o w to be calling me darling and sweet, and after a while would it matter so much if I came on the street?* —

Zum Schluß eine kleine Blütenlese von trefflich abgelauschten Alltagsphrasen aus den Dialektgedichten:

230, N o r t h e r n F a r m e r, *old s t y l e,* XV, 3: *s a r t i n - s e w e r I beä (certain-sure);* ibid., XIV, 2: *what a man a beä s e w e r - l o y;* — 232, N o r t h e r n F a r m e r, *new s t y l e,* IX, 4: *Could'n I luvv thy muther by cause o' 'er munny laäid by? Naäy —fur I luvv'd 'er a v a s t s i g h t moor fur it: reäson why;* — 555 a, T o m o r r o w, I, 3: *ye gev her the t o p of the mornin';* — 555 b, T o m o r r o w, IV, 10: *and he 'ud 'a shot his own s o w l dead for a kiss of ye* (Hyperbel); —

---

[1]) Die ganze Rolle der Margery, aus welcher die letzten zwei Zitate Proben bieten, ist ein fortlaufender Beweis für Tennysons Gewandtheit in der literarischen Verwertung der Umgangssprache. Sie ist neben der (an sprachbildnerischen Kühnheiten reichen) W. Maps im *Becket* eines seiner gelungensten sprachlichen Experimente.

558 b, Spinster's Sweet-'Arts, X, 7: *can't ye taäke pattern by Steevie* (für *take model from*); — 886 b, Church-warden Curate, II, 4: *wa lost wer Haldeny cow, an' it beäts ma to knaw wot she died on* (= *of*); — 887 a, Church-warden Curate, VIII, 4: *But I says to tha "keeap 'em, an' welcome"* (deutsch "und basta"). —

§ 172. Ein wichtiges Element der Volkssprache sind die Sprichwörter und sprichwörtlichen Wendungen von formelhafter Festigkeit; auch von ihnen macht Tennyson Gebrauch; so lesen wir:

. — 27 a, Sonnet, IX, 14: ... *in the pits which some green Christmas crams with weary bones:* wohl mit Bezug auf das im *N. E. D.* unter *Christmas* zitierte Sprichwort (1635, Swan, *Spec. Med.*): *"A hot Christmas makes a fat churchyard".* — 62 a, Death Old Year, 33: *every one for his own:* die Anwendung der Phrase an der Stelle ist nicht ganz klar; — 128 a 5, Enoch Arden, 191: *this voyage . will bring fair weather yet to all of us:* der Seemanns-ausdruck im Munde des Seemanns auf Lebensschicksale angewandt; — 176 b 16, Princess, II, 215: *fair theories only made to gild a stormless summer:* ein Ausdruck vom Typus *to carry coals to Newcastle*, γλαῦκας εἰς Ἀθήνας φέρειν; — 178 b 30, Princess, II, 358: *we dipt in all that treats of whatsoever is* (eine scherzhafte Erweiterung der bekannten Wendung *de omni re scibili*); nun folgt eine Aufzählung disparater Gegenstände und zum Schluß: ... *and all the rest, and whatsoever can be taught and known;* — 187 b 27, Princess, IV, 93: *brief is life but love is long:* aus *Ars longa, vita brevis* modifiziert; — 261 a, In Mem., 53, 6: *had the wild oat not been sown, the soil, left barren, scarce had grown the grain ...:* die sprichwörtliche Wendung, an deren Bedeutung man beim Gebrauche nicht mehr denkt, ist hier zu vollem Bilde ausgesponnen, also gleichsam dichterisch neu belebt; — 326 a 25, Gareth Lynette, 529: *I leap from Satan's foot to Peter's knee;* — 329 a 16, Gareth Lynette, 699: *will there be dawn in West and eve in East?* vgl. eine ähnliche Umschreibung für "das wird niemals geschehen": 710 b 6, Becket, I, 3: *sons sit in judgment on their father! — then the spire of Holy Church may prick the graves — her crypt among the stars:* übertrieben für *all things turn upside down;* — 558 a, Spinster's Sweet-'Arts, VI, 12: *Fur a cat may looök at a king thou knaws but the cat mun be cleän;* vgl. 839 a, 8 u., Foresters, IV: Friar Tuck: *"If a cat may look at a king, may not a friar speak to one?"* — 626 a, Queen Mary, IV, 1: *more than one row'd in that galley* (= "es war da mehr als eine Hand im Spiele"); — 627 a 6, Queen Mary, IV, 1, erwidert Maria auf das Lob von Cranmers Güte: *"'After his kind it costs him nothing', there's an old world English adage to the point..."* (*"There is no credit in doing good, if it comes natural to one"*, würde Mark Tapley im Martin Chuzzlewit sagen); — 771 b (Falcon) erscheint — wie schon mehrfach — eine sprichwörtliche Redensart zu einem Wortspiel verwertet: *wasn't my lady born with a golden spoon in her ladyship's mouth, and we haven't never so much as a silver one for the golden lips of her ladyship;* — 842 a, To Marquis Dufferin Ava, III, 4: *your viceregal days have added fulness to the phrase of "Gauntlet in the velvet glove"* (recte *"iron hand in velvet glove"*). —

Als interessanter Fall sei schließlich zitiert, wie der Dichter sich selbst eine Formel prägt und nun für diese eine solche Vorliebe gewinnt, daß sie sich bei ihm gleichsam sprichwörtlich wiederholt: 828 b, Foresters, III: *air and word... are maid and man. Join them and they are a true marriage;* dasselbe dann 851 b, Ring, 4: *Air and Words... are bride and bridegroom.* Der umgekehrte Vergleich lag vor 214 b 16, Princess, VII, 270: *till at the last she set herself to man, like perfect music unto noble words.*

§ 173. Von der im Obigen betrachteten poetischen Verwertung von Elementen der Prosa, der alltäglichen Umgangssprache ist es nun gefährlich nahe hinüber zu wirklich prosaischer Dürre und Banalität, und Entgleisungen in dieser Richtung müssen naturgemäß vorkommen — insbesondere auf dem Wege überflüssiger, undichterischer Deutlichkeit des Ausdrucks. Beispiele:

— 34 a 10, Two Voices, 253: *his (the dead man's) lips are very mild and meek;* vgl. 801 a, 8 u., Promise May,

III: *I am a man not prone to jealousies* etc. . . . *but very*[1]) *ready to make allowances and mighty*[2]) *slow to feel offences;* 37 a 2, Miller's Daughter, 22: *more is taken quite away;* vgl. Longfellow, Golden Legend, Scene I: *they pass and vanish quite away;* — 40 a, Oenone, 18: *round her neck floated her hair or seem'd to float in rest:* das ganz geläufige Bild wird überflüssigerweise ausgedeutet; vgl. 57 b 5, Dream Fair Women, 41: *I started once, or seem'd to start in pain;* zu dieser Stelle bei Rowe-Webb, *Selections from Tennyson,* Parallelen aus Vergil und Milton, sowie: 134 a 18, Enoch Arden, 593: *he watch'd or seem'd to watch;* 58 b 16, Dream Fair Women, 116, urspr. Lesart: *one drew a sharp knife thro' my tender throat slowly — and nothing more* (verspottet von Lockhart, s. Churton Collins z. St.); später: *touch'd; and I knew no more;* — 63 a 18, To J. Sp., 43: *she loveth her own anguish deep more than much pleasure;* vgl. 251 a 9, In Mem., XIII, 13: *Come, Time, and teach me, many years,*[3]) *I do not suffer in a dream;* — 85 a 31, Edwin Morris, 140: *while the prime swallow dips his wing, or then while the gold-lily blows;* — 89 b 38, Talking Oak, 82: *and hear me with thine ears:* vielleicht soll gerade diese Wendung die *garrulousness* — 89,

---

[1]) Interessante Parallelen zu diesem *very,* dessen Mutter metrische Verlegenheit ist, bietet Longfellows *Hiawatha,* wo wegen des trochäischen Rhythmus solche *very* vor Adjektiven recht häufig sind; so in *Hiawatha's Wooing: on the mat her hands lay idle, and her eyes were very dreamy;* zwanzig Zeilen darauf: *very spacious was the wigwam;* in *H.'s Fishing: the squirrel . . . frisk'd and chatter'd very gaily;* in *H.'s Friends,* V. 7: *Chibiabos, the musician, and the very strong man, Kwasind.* Vgl. auch Wordsworth, *The Two April Mornings,* V. 35 (ed. Morley, p. 118 b): *To see a child so very fair, it was a pure delight.*

[2]) *mighty, exceeding, passing,* etc. sind als Verstärkungen häufig; s. in § 92 z. St. 154 a 23, Aylmer's Field, 749: *mighty courteous in the main;* von Ähnlichem vgl. noch 327 b 30, Gareth Lynette, 623: *being strong fools.*

[3]) Zu diesem syntaktisch eigentümlichen Attribut beim Vokativ vgl. noch 118 a, Voyage, VII, 1: *o hundred shores of happy climes, how swiftly stream'd ye by the bark!* Und zu syntaktischen Freiheiten, die sich der Dichter mit *many* nimmt, vgl. den prädikativen Gebrauch: 7 b, Mariana, 39: *o'er it many, round and small the cluster'd marish-mosses crept.* — Zu *many years* vgl. auch § 69 (über "kollektiven Plural").

19 — der alten Eiche charakterisieren; vgl. auch Rowe
und Webbs Note zu M o r t e d ' A r t h u r, 132: *"I will ..*
slay thee with my hands"; 90 b 37, T a l k i n g O a k, 161: *a*
teardrop trembled from its source (viz. her eye); (derselbe
Ausdruck in den von W a l t e r R a l e i g h, S t y l e, London
1904, p. 57, zitierten Versen von S a m u e l R o g e r s:
The very law that moulds a tear, And bids its tremble from
its source, ...); — poetisch wirkungsvoll hingegen heißt
es bei K e a t s, E n d y m i o n, I, 489: *Hereat Peona, in their*
silver source, Shut her pure sorrow drops with glad exclaim ...;
— 104 b 5, G o d i v a, 71: *the Powers, who wait on noble*
deeds; — 280 b, In Mem., 115, 15: *the happy birds, that change*
their sky; vgl. 467 b 9, P a s s i n g A r t h u r, 39: *like wild*
birds that change their season in the night and wail their way
from cloud to cloud; 844 a, D e m e t e r P e r s e p h o n e,
1: *a climate-changing bird;* A. C. B r a d l e y (zur ersten
Stelle) vergleicht H o r a z, Ep. I, XI, 27: *coelum mutant;*
— 311 b 2, C o m i n g A r t h u r, 150: *Merlin, the wise man*
that ever served King Uther thro' his magic art; — 369 b 2,
B a l i n B a l a n, 6: *go thou* — sagt Arthur zu seinem Schatz-
meister — *with him and him* (mit "dem und dem" von
meinen Rittern) *and bring it (tribute) to us*[1]); — 380 b 20,
M e r l i n V i v i e n, 25: *they place their pride in Lancelot*
and the Queen; 398 a 14, L a n c e l o t E l a i n e, 145: *a*
moral child without the craft to rule, sagt Guinevere von
Arthur: "geistig" (od. sittlich) ein Kind, wenn auch physisch
nicht mehr: in dichterischer Sprache wäre diese Klausel über-

---

[1]) In H a r t m a n n s *Erec* ist, wie Prof. H e i n z e l gelegentlich
hervorhob, in der Erzählung der Königin von ihrem Jagdabenteuer
mit dem Zwerg und dem fremden Ritter die Wiederholung dem Leser
bereits bekannter Details (ganz wie hier bei Tennyson die Anführung
gleichgültiger Namen) vermieden durch ein abkürzendes: *sus und sô*
wart min maget geslagen (Zeile 1124). — Allerdings kann man sich in
unserem Beispiel aus Tennyson eine hinweisende Gebärde des Königs
hinzudenken, was dann den Fall zu den (zuerst von T h e o b a l d
so ingeniös pantomimisch gedeuteten) Worten des Polonius in *Hamlet*
(II, 2, 156) stellen würde: *take this from this, if this be otherwise.* —
Von verwandten Fällen vgl. noch: ganz parallel zu Tennysons *him*
and him bei S h e l l e y, *Revolt of the Islam,* XI, 16, 5: *... the lies, which*
thou, and thou didst frame for mysteries ... — Euphemistisch vielleicht
die ähnliche Abkürzung bei S p e n s e r in Guyons Gelübde, *Faerie*
Queene, II, 1, 61, 5: *Such and such evil God on Guyon reare ...*

flüsssig; — 401 b 32, Lancelot Elaine, 400: *her bright hair blown about the s e r i o u s face (musing* oder dgl. erwarten wir); — 408 b 30, Lancelot Elaine, 807: *the strange-statued gate, where Arthur's wars were r e n d e r 'd mystically* ("wiedergegeben"; farbloser Ausdruck); — 425 b 9, Holy Grail, 411: *the spires prick'd with i n c r e d i b l e pinnacles into heaven* ("unglaublich hoch"); vgl. 482 b 19, Lover's Tale, I, 409: *a tissue of light u n p a r a l l e l 'd;* nicht so grell: 487 b 20, Lover's Tale, 727: *whom the gentlest airs of Heaven should kiss with an u n w o n t e d gentleness;* sehr gesucht hingegen in Timbuctoo, 66 (Churton Collins, Early Poems, 311, 42): *(Seraph) look'd into my face with his u n u t t e r a b l e, shining orbs;* lautlich wirkungsvoll aber: 529 b 3, Voyage Maeldune, III, 6: *the pine shot aloft from the crag to an u n b e l i e v a b l e height;* — 477 b 24, Lover's Tale, I, 92: *the heart of Hope fell into dust... forgetting how to r e n d e r b e a u t i f u l her countenance with quick and healthful blood:* prosaische Umschreibung (§ 162); — 478 b 2, Lover's Tale, I, 136: *the white heats of the blinding noons beat from the c o n c a v e sand;* — 479 b 33, Lover's Tale, I, 234: *the stream of life, one stream, one life, one blood, one s u s t e n a n c e;* 484 b 28, Lover's Tale, I, 540: *methought all excellence that ever was had drawn herself from ... all the s e p a r a t e Edens of this earth;* — 535 b, Brunnanburh, X, 6: *his folk and friends that had fallen in c o n f l i c t* (ags. Original *æt gûðe);* — 868 b, Merlin Gleam, VII, 13: *the Gleam... drew to the valley n a m e d of the shadow* (sc. *of death* — nach Bunyan, bzw. Psalm 23, 4; *named* ein metrisches Füllsel)· 890 a, Dawn, I, 3: *man with his brotherless d i n n e r on man in the tropical wood (!);* — 894, Crossing Bar, 10: *twilight and evening bell, and a f t e r t h a t the dark! —*

§ 174. Wiederum sei eine lexikographische Illustration beigefügt; es ist das Wort *matter,* welches oft mitten unter poetischen Schönheiten ganz prosaisch hereingeregnet kommt; so in dem schönen Gedichte Poland, Seite 26 b, Zeile 14 (von der Gleichgültigkeit Englands): *a matter to be wept with tears of blood!* Ähnlich: 193 a 15, Princess, IV, 438: *dying lips, with many thousand m a t t e r s left to do;* — 585 b 4, Queen Mary, I, 4: *"You know to flatter*

ladies." "Nay, I meant true matters of the heart."[1]) —
614 a 7, Queen Mary, III, 3: *...nor yet to question
things already done; these are forgiven — matters of the
past.*

§ 175. Neben diesen unwillkürlichen *lapsus* gibt es
eine bewußte, absichtliche Verwendung urprosaischer Ausdrücke, nämlich zu scherzhaften Zwecken. Solche Fälle
"trockener Komik" (wenn man das vielgeplagte Wort noch
anwenden darf) wären:

66 b, Goose, 18: *(woman) grew plump and able-
bodied:* "diensttauglich"; dieser Spezialterminus hier ent-
weiht zum Ausdruck der Bedeutung "handfest, stark";
89 a 15, Talking Oak, 19: *(the oak) plagiarized a heart,
and answer'd with a voice;* — 179 a 23, Princess, II, 383:
the Head of all the golden-shafted firm ("Zunft") (= Amor);
— 181 b 19, Princess, III, 68: *still she rail'd against the
state of things:* immer eine Feindin der jeweilig "bestehenden Verhältnisse" (vgl. die deutsche Phrase vom
"Mann, der immer anderer Meinung ist"); 212 a 31,
Princess, VII, 115: *with all their foreheads drawn in
Roman scowls, and half the wolf's-milk curdled in their
veins, the fierce triumvirs...;* — 325 b 33, Gareth Lynette,
501: *some prodigious tale of knights who sliced a red
life-bubbling way thro' twenty folds of twisted dragon:* die
Artikellosigkeit von *dragon* ist (wie das Verbum) darauf
berechnet, die Auffassung des Drachen als "Material"
schlächterischer Heldentaten nahezurücken. Tennyson wird
überhaupt regelmäßig jovial, sooft das schwerfällige Un-
getüm die Szene seiner Poesie betritt; so sagt er 538 a,
Tiresias, 15: *Cadmus...found, smote, and still'd
thro' all its folds the multitudinous beast,* — als ob man
jede Windung eigens "zur Ruhe bringen" müßte; der
Euphemismus *still'd* ist schon an sich köstlich, und das
malerische *multitudinous* erinnert an die "weitläufige Dame"
in Heines "Reisebildern" · — 335 a 25, Gareth Lynette,
1051: *see thou have not now larded thy last:* d. h. "daß du
nicht im Kampfe fallest", mit spöttischer Anspielung auf

---

[1]) Auffallend ähnlich der Stelle *Hamlet*, III, 2 (Delius, Anm. 43):
do you think, I meant country matters?

Gareths Stellung als *kitchen-knave;* die pomphafte Alliteration
hebt die Wirkung.

Wie wir also sehen, werden Scherze dieser Art oft
durch kühne Übertragung spezieller Fachausdrücke gewisser,
zum Teil nicht gerade poetischer Berufs- und Wissenszweige
(Handel, Küche) auf das Gebiet poetischer Vorstellungskreise erzielt. —

§ 176. Ich reihe hier gleich einen Überblick über die
mannigfaltigen anderen psychologischen Kategorien von
Scherzen[1]) an und beginne mit dem direkten Gegenstück zu
den eben besprochenen, nämlich der absichtlichen Anwendung übertrieben pathetischer Ausdrücke — deren Wirkung
noch sprachliche Kühnheiten und formlicher Schmuck er-
höhen — für ganz gewöhnliche, alltägliche Dinge:

— 82 b 23, Walking to Mail, 92: *(the stolen pig) was
left alone upon her tower, the Niobe of swine, and so
return'd unfarrow'd to her .sty:* "*entferkelt", weil ihr die
"Entlehner" ein Junges nach dem andern weggenommen
und successive verzehrt hatten; — in hochtrabenden Ausdrücken bewegt sich auch die parodistische Ganymed-
Episode in Will Waterproof (mit Hahn als Adler und
Schenke als Olymp, *head-waiter at the Cock* als Helden):
112 b 35 bis 113 a 16·   141 b 1, Brook, 122: *while I
breathed in sight of haven:* näml. in der Hoffnung, die langwierige Erzählung, welche er anhören muß, gehe zu Ende;
— 168 b 32, Princess, Prologue, 219: *some great Princess, six feet high, grand, epic, homicidal;*   199 a 3,
Princess, V, 213: *you did but come as goblins in the night,
nor in the furrow broke the ploughman's head, nor burnt the
grange, nor buss'd the milking-maid:* die pompöse Alliteration
stellt scherzhaft das große und das kleine Verbrechen auf
eine Stufe; dasselbe Mittel ist verwendet: 773 a (Falcon):
...profess to be great in green things and garden-stuff;
289, Maud, Part I, IV, III, 1: *her father, the wrinkled
head of the race:* spöttisch-feierliches Substantiv im
Kontrast zum scherzhaften Epitheton (ähnlich wäre deutsch:

---

[1]) Über den Humor bei Tennyson im Allgemeinen, besonders in
den Dialektgedichten, handelt das 2. Kapitel von Fischers Tennyson-
studien (Leipzig 1905), p. 88 ff.

"das glatzköpfige Familienoberhaupt"); — schließlich: 865 a, To Mary Boyle, XI, 1: *when this bare dome* (des Dichters Glatze) *had not begun to gleam thro' youthful curls.*

§ 177. Schon in diesen Scherzen beruht der Witz auf Übertreibung; von weiterem aus dieser Kategorie der "Übertreibungswitze" hebe ich zunächst eine besondere Gruppe hervor, deren psychologisches Prinzip die Ausführung eines abstrakt gebrauchten Wortes in der Richtung seiner konkreten Bedeutung ist:

85 a 17, Edwin Morris, 126: *they set an ancient creditor to work: it seems I broke a close with force and arms* (als ob das "Brechen" eines Termins konkret zu verstehen wäre); ähnlich übertrieben, wenn auch nicht scherzhaft gemeint, ist 103, 2, Locksley Hall, 180: *that earth should stand at gaze like Joshua's moon in Ajalon!* ("daß die Menschheit ohne kulturellen Fortschritt stillstehen sollte" — "gaffend" ist eine gewohnheitsgemäße, hier sinnlose Erweiterung); — 363 b 12, Geraint Enid, 606: *Enid shrank far back into herself, to shun the wild ways of the lawless tribe;* — verwandt ist 339 b 5, Gareth Lynette, 1287: *"I swear"* — sagt Lynette — *"thou canst not fling the fourth (enemy)". "And wherefore, damsel? Tell me all ye know..."* — wo ja die Frage rein rhetorisch, also ihre Erweiterung durch Aufforderung zur Antwort, als ob sie wirklich fragend gemeint wäre, nur ein Scherz ist (vgl. auch z. St. in § 150); — hieher gehört auch ein schönes Dialektbeispiel: 506 b, Northern Cobbler, XX, 4: *if tha wants ony grog tha mun goä fur it down to the Hinn, fur I weänt shed a drop on' is blood, noä, not fur Sally's oän kin:* nach *shed a drop* stellt sich *of his blood* ganz instinktiv als Ergänzung ein, — zugleich verleiht die Beziehung auf die große, für immer verschlossene Gin-Flasche, welche der Trinker als Denkmal seines überwundenen Lasters auf den Schrank gestellt hat, und die durch diese Wendung gleichsam Wesenheit erhält, — dem Ausdruck seine Pointe. — Endlich als Beweis, daß auch einer der populärsten Typen dieser Art vertreten ist, die Stellen: 246, "Ay" (in "The Window"), Z. 4: *be merry ...for ever and ever, and one day more* (bei Longfellow, The Children's Hour,

10, 2, heißt es *for ever and a day*) — und 555 b, T o m o r r o w,
IV, 9: *an' I loved ye meself wid a heart and a half...*

Von scherzhaften Wendungen anderer logischer Kategorien beschränke ich mich auf vier:

Zunächst zwei, die auf Metapher beruhen: 114 a 9,
W i l l   W a t e r p r o o f, 225: *we fret, we fume, would shift
our skins* (wie man Kleider wechselt)·   144 a 21,
A y l m e r's   F i e l d, 105: *college-times or Temple-eaten
terms* (Perioden juridischer Praxis);

ferner zwei Distinktionsscherze (auf prägnanter Bedeutung beruhend): — 726 a, B e c k e t, III, 1: *(people) know
an honest woman and a lady when they see her,*
und 887 b, C h u r c h - w a r d e n   C u r a t e, X, 4: *tha mun
tackle the sins o' the Wo'ld, an' not the faults o' the Squire.*

---

§ 178. An den Schluß des Kapitels stelle ich als
diametralen Gegensatz zu der in seinem Eingang behandelten
Hyperbel die L i t o t e s — zugleich als extremen Fall der
in § 169 besprochenen Typen von Einfachheit und Schlichtheit des Ausdrucks. Eigentlich litotetische Ausdrücke wären:
— 145 a 33, A y l m e r's   F i e l d, 183: (Die Charaktervorzüge Leolins) *were no false passport to that easy realm*
(nämlich zu den Herzen des Volkes): *no false* = "gerade
der rechte..."; hieher vielleicht auch: 46 a 8, P a l a c e A r t,
92: *every landscape fair ... not less than truth design'd;* ebenso
46 b 8, P a l a c e A r t, 128: *every legend fair ... not less than
life, design'd:* "naturgetreu, lebenswahr"; ferner: zu 303 b,
Urform von M a u d, II, IV, C h u r t o n   C o l l i n s, p. 275,
Zeile 37: *the blood, that is moved not of the will* (für
"w i d e r Willen"); — 326 b 16, G a r e t h L y n e t t e, 550:
*the Seneschal (Kay), no mellow master of the meats and
drinks;* — 377 a 26, B a l i n B a l a n, 466: *thy sweet rest,
not, doubtless, all unearn'd by noble deeds;*   404 b 5,
L a n c e l o t E l a i n e, 552: *we will do him no customary
honour;*— zuletzt als krönendes Beispiel dieser Art eine
Stelle, welche ich geradezu als die schönste Litotes bei
Tennyson bezeichnen möchte: 463 a 15, G u i n e v e r e, 442,
sagt Arthur in seiner sanft-schwermütigen Art zu der um
Vergebung flehenden Guinevere: *"thou hast not made my*

life so sweet to me, that I the King should greatly care to live" (wo gemeint ist: *"thou hast made my life so bitter to me, that I do not care to live at all").*

Eine dieser negierenden verwandte Form ist die **rhetorische Frage**, z. B. 286, M a u d, I, I, II, 2: *"O father! O God! was it well?"* ruft der Sohn bei Erinnerung daran, wie sein Vater in den Selbstmord getrieben wurde. Vgl. K i n g L e a r, II, Szene 4: *"is this well spoken?"* auf Regans harte Rede.

Nun der **positive** Typus litotetischen Ausdrucks: 572 b, D e a d P r o p h e t, XVII, 2: *small blemish upon the skin! but ... what is fair without is often as foul within: small* steht für *no,* wie das spätere *fair* zeigt; — ähnlich 754 b 7 u., C u p, I, 2: *perhaps you judge him with feeble charity;* — 774 b (F a l c o n): *I have small hope of the gentleman gout in my great toe,* weil er die Zehe selbst nicht mehr hat. —

Ferner noch Fälle von Litotes durch Wahl des Wortes selbst, nicht seiner positiven oder negativen Bestimmungen: — 502 b, R i z p a h, VII, 3: *he took no life, but he took one purse:* eine Mutter erzählt in absichtlich mildernden Ausdrücken von den Vergehen ihres Sohnes; 821 b, F o r e s t e r s, II, 2, 6: *we know all ... simples of the wood to help a wound* (für *heal),* und das köstliche Dialektbeispiel 788 a, P r o m i s e M a y, II: *if iver I cooms upo' Gentleman Hedgar ageän, and doänt laäy my cartwhip athurt 'is shou'ders ...*

§ 179. Wie die zu Anfang des Kapitels besprochenen hyperbelartigen Ausdrücke meist unwillkürliche, unbewußte Übertreibungen waren, so wollen wir auch hier am Schlusse nach den beabsichtigt kunstmäßigen auch noch einige Fälle unabsichtlicher Litotes behandeln (unhöflich gesprochen: Schwäche, Mattigkeit des Ausdrucks). So finden wir in der Tat weniger intensiven Ausdruck, als wir erwarten, etwa in folgenden Fällen:

— 56 b 13, C h o r i c S o n g VIII, 25: *some ... down in hell suffer endless anguish* (für "Qual" ein zu schwacher Ausdruck); vgl. 57 a 14, D r e a m F a i r W o m e n, 23: *I saw ... beauty and anguish walking hand in hand the downward slope to death;* — 118 a, V o y a g e, VIII, 1: *one fair Vision ever fled before us:* wir erwarten einen stärkeren Ausdruck, "herrlich" oder dgl. Über die durch starke Abnutzung bewirkte Farblosigkeit von *fair* s. den lexikogr. Teil; — 169 b 10, P r i n c e s s, I, 21: *my mother p i t y i n g made a thousand prayers:* eine Mutter, deren Sohn an kataleptischen Anfällen *(weird seizures)* leidet, empfindet mehr als *human pity*, 169 b 13, P r i n c e s s, I, 13, sagt der Prinz von dieser Mutter: *half-canonized by all that look'd on her, so gracious was her t a c t and tenderness:* tact ist ein Vorzug, aber noch keine Heiligentugend, der Dichter muß mehr meinen; 175 b 20, P r i n c e s s, II, 153, wettert Lady Psyche gegen die uralte Männertyrannei und gebraucht dabei den in Zusammenhang und Tonart ihrer Rede viel zu schwachen Ausdruck *ancient i n f l u e n c e and scorn;* 242, 49, B o ä d i c e a, 81: *(the colony) thought on all her e v i l tyrannies, all her pitiless avarice (evil* für *cruel* oder dgl.); — 263 a, I n M e m., 63, 8: *I would s e t their pains a t e a s e:* für "heilen, stillen"; 263 b, I n M e m., 65, 10: *since we deserved the name of friends, and thine e f f e c t so lives in me:* dieser Ausdruck ist wohl zu wenig für den, wie das ganze I n M e m o r i a m zeigt, so machtvollen Einfluß von Hallams Wesen auf die Seele des Dichters: 267 a 4, I n M e m., 78, 16: *can sorrow wane? ... can grief be c h a n g e d to l e s s?* parallel zu *wane* erwarten wir einen kräftigeren und mehr unmittelbaren Ausdruck; vielleicht vermag der Dichter keine Variation zu finden; — 269 a, 27 f., I n M e m., 85, 47—44: *allcomprehensive t e n d e r n e s s, all - subtilising intellect:* wenn Liebe zur ganzen Menschheit gemeint ist, fällt *tenderness* ab; schon 219 b 17, W e l l i n g t o n, VI, 55, hieß es auffälligerweise von Nelson: *mighty Seaman, t e n d e r and true;* 269 b 7, I n M e m., 85, 67: *the a l l - a s s u m i n g months and years* (für den "alles mit sich f o r t r e i ß e n d e n" Strom der Zeit); — 275 a 17, I n M e m., 98, 25 · *. nor more c o n t e n t ... lives in any crowd,* nämlich als unter den Wienern: für ihre rauschenden (im Folgenden auch geschilderten) Vergnügungen erwarten wir mehr als *content;* — 279 b, I n M e m., 112, 2: *I who gaze with t e m p e r a t e eyes on glorious insufficiencies, — set light by narrower perfectness:* das litotetische *temperate* schwächt die Antithese ab: Tennyson will nicht nur sagen, daß er Unvollendetes, aber ruhmvoll

Begonnenes "*ruhig*", *d. i.* ohne Tadel, ansieht, sondern daß
er es *geradezu* schätzt, und zwar mehr als vollendete
Leistungen auf eng umgrenztem Gebiete (s. p. 125[1]); — 283 a,
I n M e m., 127, 3: *well roars the storm to those that hear a
deeper voice across the storm:* wir würden sagen: "M u s i k
ist das Sturmgebrüll denen, welche darin Töne der Hoffnung auf eine bessere Zukunft vernehmen"; — 284 a, I n
M e m., 131, 2: *O living will that shalt endure when all that
seems shall s u f f e r s h o c k* ("in Trümmer gehen" ist gemeint);
— 291, M a u d, Part I, V, II, 7: *a time so sordid and
mean, and myself so l a n g u i d and base* ("untätig, energielos");
vgl. 302 a 9, M a u d, II, I, I, 19: *the languid fool* (von Mauds
Freier); — 352 b 26, M a r r i a g e G e r a i n t, 744: *flaws in
summer l a y i n g lusty corn* (Alliteration maßgebend); ein
anderes *l a y* = Gespenster etc. "legen" (Art Euphemismus):
374 a 24, B a l i n B a l a n, 295: *thou couldst l a y the Devil
of these woods, if arm of flesh could lay him;* 890 b, D a w n,
V, 2: *when we shall l a y the Ghost of the Brute that is walking and haunting us yet;* — 359 b 19, G e r a i n t E n i d, 347:
*the m a d n e s s of that hour, when first I parted from thee,
m o v e s me yet* (für *rages still in me* oder dgl.); 361 a 12,
G e r a i n t E n i d, 435: *and Geraint look'd and w a s n o t
s a t i s f i e d* (wo er seiner Frau Untreue im Gesichte zu
lesen glaubt); — 395 a 11, M e r l i n V i v i e n, 924: *a bolt
(sc. of thunder) . . . f u r r o w i n g a giant oak* (für *cleaving,
riving);* — 489 b 27, L o v e r ' s T a l e, II, 47: *fragments . . .
of rock . . . in my agony did I m a k e b a r e of all the golden
moss:* für verzweiflungsvolles Ausreißen ist das zu schwach;
vorher hieß es: *with mad hand t e a r i n g the bright leaves of
the ivy screen, I cast them in the noisy brook beneath;* —
525 b 8, C o l u m b u s, 35, heißt die Entdeckung Amerikas:
the vast o c c a s i o n of our stronger life; — 666 a, 9 u., H a r o l d,
II, 2: *beyond the m e r r i e s t m u r m u r s of their banquet clank
the shackles . . ·* (*murmurs* für das, was anderswo *roar of riot*
heißt, — der Alliteration halber); — 759 a, 12 v. u., C u p, I, 3:
*. . . what use in passions? To warm the cold bounds of our
dying life, . e m p l o y us, heat us, quicken us,* etc.: *employ*
matt für *occupy*, und zwar "völlig in Anspruch nehmen"·
vgl. in Schillers "Idealen": "B e s c h ä f t i g u n g, die nie
ermattet".

III. Anschaulichkeit des Ausdrucks.

§ 180. Um das Verhalten von Tennysons Poesie zu
diesem Haupterfordernis dichterischen Ausdrucks zu beleuchten, führe ich zunächst eine Reihe von Fällen an, in
denen wir statt erwarteter konkreter Ausdrucksweise aus
irgend welchen sprachtechnischen Gründen, z. B. in Anlehnung an gewohnheitsmäßig festgesetzte Ausdrücke, der
Kürze halber u. dgl., seltener ohne solche Rechtfertigung
abstrakte finden:

— 31 b 15, Two Voices, 145: *my full heart . . . rain'd thro'
my sight its overflow* (für *eyes*); so auch 102, 30, Locksley
Hall, 172: *not with blinded eyesight poring over miserable
books;* und am deutlichsten wohl 298 a, Maud, I, XVIII,
VIII, 6: *my love has closed her sight (= eyes);* 572 a, Dead
Prophet, VIII, 3: *she clear'd her sight* ("wischte sich die ver-
weinten Augen"); 814 a, 1 u., Foresters, II, 1: *true, were I
taken, they would pick out my sight;* ähnlich *vision:* Timbuctoo, 68 (Churton Collins, Early Poems, 311, 44):
with hasty motion did I veil my vision with my hands . . .;
mit *sight* für *eye* vergleicht sich das noch allgemeinere
sense für *ear:* 671 a, Harold, III, 1, 22: *when thro' his dying
sense shrills "lost thro' thee";* — 64 a, On a Mourner, VI,
3: *thro' silence (= silent spheres of nightly sky) and the
trembling stars;* noch konkreter: 144 b 28, Aylmer's Field,
146: *the brook vocal, with here and there a silence (= silent
tract, part of its course);* — 71 b 2, Morte d' Arthur, 220:
the knightly growth that fringed his lips; noch bezeichnender
92 b 8, Talking Oak, 292: *Thessalian growth* ("Gewächs" von
der Orakeleiche zu Dodona); geradezu für "Wesen" steht
growth 263 a, In Mem., 61, 7: *how dwarf'd a growth of cold
and night . . . must I grow;* anders 476 a, Lover's Tale, I,
11: *the growth of pines that fledged the hills* (deutsch "Be-
stand"); ähnlich *tilth* für *tilled land:* 135 a 28, Enoch
Arden, 668: *wither'd holt or tilth or pasturage;* — 93 a 28,
Love Duty, 48: *Duty . . . came . . . betwixt thy dear embrace
and mine: embrace* für "die ausgebreiteten Arme" (ags. *fæðm*);
vgl. 451 b 23, Last Tournament, 521: *belted his body
with her white embrace;* — 93 b 5, Love Duty, 54: *could
Love part thus (= a couple of lovers;* ein gutes Beispiel

für Ausdruckskürzung *durch dieses* Mittel); vgl. 154 b 5,
A y l m e r's F i e l d, 760: *naked m a r r i a g e s* ("Ehepaare")
flash from the bridge (die *noyades* von 1793);   101, 34,
L o c k s l e y H a l l, 140: *what is that to him that
reaps not harvest of his youthful joys, tho' the deep heart of
e x i s t e n c e beat for ever like a boy's: existence* kollektiv für
"alles Bestehende", "Welt der Erscheinungen"; — 104 b,
D a y - D r e a m, P r o l o g u e, 8: *to see . . . a summer crisp with
shining woods (summer = summer landscape);* vgl. 109 a, 2 u.,
A m p h i o n, 87: *squares of tropic summer shut and warmed
in crystal cases (summer* — "Sommerpflanzen", tropische
Gewächse im Treibhaus); — 110 b 17, S i r G a l a h a d, 53:
the t e m p e s t crackles on the leads (einige Zeilen später:
driving h a i l); cf. 265 a, In M e m., 72, 4: *blasts . . . that lash
with s t o r m the streaming pane;*   118 b, L a u n c e l o t
G u i n e v e r e, 4: *a sunlit f a l l (= shower) of rain;*
127 b 33, E n o c h A r d e n, 186: *in that m y s t e r y where
God-in-man is one with man-in-God, pray'd: mystery* lokal
zu verstehen, *mysterious dwelling, place;* recht volle Bedeutung
wenn auch nicht konkrete — hat das Wort noch: 283 b,
I n M e m., 128, 8: *o ye mysteries of good, wild Hours that
fly with Hope and Fear: mysteries = mysterious sources;* —
134 a 12, E n o c h A r d e n, 585: *every day the s u n r i s e
(= beams of the rising sun) broken into scarlet shafts among
the palms and ferns and precipices,*   145 b 1, A y l m e r's
F i e l d, 185: *turning to the w a r m t h* (Herdfeuer) *the
baby-soles;* vgl. 271 a, In M e m., 89, 16: *the landscape winking thro' the h e a t (= hot air);* 153 a 16, A y l m e r's F i e l d,
683: *the poor child of shame, the common c a r e whom no
one cared for;* — 155 b 18, A y l m e r's F i e l d, 835: *escaped
his keepers, and the silence which he felt, to find a deeper in the
narrow g l o o m by wife and child: gloom = gloomy family grave;*
vgl. 295 b, M a u d, I, XIV, II, 3: *Maud, like a precious
stone set in the heart of the carven gloom (viz. her "oak-room");*
281 b 1, In M e m., 118, 21: *iron dug from central gloom;* —
297 b 2, M a u d, I, XVIII, III, 13: *over whom (Maud) thy (the
cedar's) d a r k n e s s (= dark boughs) must have spread;* 356 a
11, G e r a i n t E n i d, 120: *before a gloom of stubborn-shafted
oaks (= gloomy glade);*   164 b 15, L u c r e t i u s, 245: *let
great Nature take, and forcing far apart (= asunder), those*

17*

*blind beginnings that have made me man, dash them anew
together,* etc.: *beginnings* sind die Atome, *primordia caeca* (D e
r er. n a t., I, 110, Churton Collins); vgl. 161 b 6, L u c r e -
t i u s , 38: *atom-streams and torrents . . . fly on to clash
together again, and make another and another frame of things
for ever;* — 166 a 8, P r i n c e s s , P r o l o g u e , 40: *her stature
more than mortal in the b u r s t of sunrise;*   166 a 24,
P r i n c e s s , P r o l o g u e , 56: *all the sloping pasture murmured,
sown with happy faces and with h o l i d a y: holiday* = alles,
was Festtagsstimmung ausdrückt: Kleider, Schmuck, etc.;
— 167 a 10, P r i n c e s s , P r o l o g u e , 105: *a f e a s t shone,
silver-set* ("festliche Tafel");   171 a 26, P r i n c e s s , I, 132:
*our dances broke and buzz'd in knots of t a l k (= groups of
talking persons);*   173 a 12, P r i n c e s s , I, 243: *seem'd to
float about a glimmering n i g h t (d. i. durch dunkle Räume);
— 179 a 5, P r i n c e s s , II, 426: *with all her faded A u t u m n s
falsely brown* — später zu *with all her a u t u m n t r e s s e s
falsely brown* geändert;   187 b 2, P r i n c e s s , IV, 68: *(a
song) not such as moans about the retrospect, but deals with
the o t h e r d i s t a n c e (viz. future): distance* steht metonymisch
für *what is seen in the distance;*   196 b 9, P r i n c e s s , V,
58: *a follower of the camp, a charr'd and wrinkled p i e c e of
w o m a n h o o d;* vgl. 247 a, I n M e m., P r o l o g u e , 14: *the
highest, holiest m a n h o o d, thou (Son of God),*   und 378 a
22, B a l i n B a l a n, 315: *the deathless m o t h e r - m a i d e n h o o d
of Heaven;* vgl. ferner *m a n k i n d* für "Mannsvolk": 205 a
11, P r i n c e s s , VI, 53: *let them not lie in tents with coarse
mankind, ill nurses;*   209 b, P r i n c e s s , VI, 307: *I had
been wedded wife, I knew m a n k i n d;* — 198 a 15, P r i n -
c e s s , V, 157: *dash'd with d e a t h he reddens what he kisses:
death* — "Kampfblut"; Einfluß der Alliteration; vgl. 208 b
10, P r i n c e s s , VI, 260: *you might mix his draught with
d e a t h* (kausativ: "tödliches Gift"); sehr kühn auch 151 b
18, A y l m e r's F i e l d, 590: *a dead man, a letter edged with
d e a t h beside him (= death-black colour);* ähnlich, doch
eigentlich eine Metonymie *(res effecta pro re efficiente):* 58 b
15, D r e a m F a i r W o m e n, 40: *the bright d e a t h quiver'd at
the victim's throat* (urspr. L.-A.: *one drew a sharp knife
thro' my tender throat);* zu *death* = "Blut" vgl. noch 242, 43,
B o ä d i c e a , 85: *ran the land with Roman s l a u g h t e r*

(= *blood of slaughtered Romans)*; (ein anderes *slaughter*
= "das Geschlachtete" in einem kleinen Gedicht T o —,
Churton Collins, E a r l y P o e m s, p. 281: *Love unreturned
is like the fragrant flame folding the slaughter of the sacrifice);*
andere Ausdrücke: 261 b, I n M e m., 56, 16: *Nature red in
tooth and claw with r a v i n e* ("Mordblut"); 451 a 16, L a s t
T o u r n a m e n t, 486: *all the pavement stream'd with m a s s a c r e;*
endlich auch *life* für *lifeblood:* 306 b, M a u d, II, V, X, 5:
the red life spilt for a private blow; — 205 a 7, P r i n c e s s,
VI, 49: *shall strip a hundred hollows bare of S p r i n g (= spring
flowers);* — 209 b 21, P r i n c e s s, VI, 327: *nor did mine own
(father) refuse her p r o f f e r, lastly gave his hand (proffer =*
"die dargebotene Hand"); — 213 a 23, P r i n c e s s, VII,
171: *now folds the lily all her s w e e t n e s s up (=* "Blüte");
vgl. 273 b 30, I n M e m., 95, 56: *a breeze began to tremble o'er
the large leaves of the sycamore and fluctuate all the still
p e r f u m e* ("die duftenden Blätter"); — 270 a, I n M e m.,
86, 14: *leagues of o d o u r streaming far (= odorous air);* —
223 a, E x h i b i t i o n O d e, III, 5: *harvest-tool and h u s b a n d r y*
("Wirtschaftsgeräte"); — 223 b 8, E x h i b i t i o n O d e, III, 14:
all of b e a u t y, all of u s e, that one fair planet can produce
(alle schönen und nützlichen Dinge); vgl. *choice.* für "das
Auserlesenste": 872 b, B y a n E v o l u t i o n i s t, I, 4: *rejoicing in my hounds, c h o i c e of women and of wines;* —
233 a, D a i s y, 27: *distant c o l o u r, happy hamlet, a moulder'd
citadel on the coast;* 249 b, I n M e m., 9, 6: *a favourable
s p e e d ruffle thy mirror'd mast (speed =* "Fahrwind"); —
251 b, I n M e m., 15, 19: *round the dreary w e s t (= western
horizon);* — auch V e r b a von abstrakter Bedeutung stehen
für konkrete: 255 a, I n M e m., 30, 3: *a rainy cloud p o s s e s s'd
the earth;* 258 a 13, I n M e m., 40, 21: *Ay me, the difference
I d i s c e r n:* ein bildliches *see* wäre poetischer; — 263 b,
I n M e m., 65, 6: *out of painful p h a s e s wrought there flutters
up a happy thought: phases* ist — im Bilde — konkret:
"Verwandlungsformen", wie beim Schmetterling; — 265 b 17,
I n M e m., 72, 26: *up thy vault ... climb thy thick noon,
disastrous d a y; day =* "Tagessonne", vgl. noch 304 b,
M a u d, II, IV, IX, 4: *the day comes, a dull red ball (day
= sun);* 531 a, V o y a g e M a e l d u n e, VIII, 4: *till the
labourless day dipt under the West (= the sun of a l. d.);*

day für das Sonnenlicht selbst: 844 b 15, D e m e t e r
P e r s e p h o n e, 21: *the Sun ... robed thee in his day from
head to feet;* auch abstrakte E p i t h e t a kommen statt
konkreter vor: 275 b, I n M e m., 100, 14: *pastoral rivulet*
inmitten der farbenreichsten Naturbeschreibung; — 276 a 10,
I n M e m., 101, 18: *till from the garden and the wild a fresh
association blow:* dieser pedantische psychologische Terminus inmitten der herrlichsten Naturbilder; wir erwarten
ein bildlich verwendetes Konkretum· — 288, M a u d, I, I,
XIV, 4: *nevermore to brood on a h o r r o r of shatter'd limbs
(= horrible heap);* vgl. 286, M a u d, I, I, I, 3: *the red-ribb'd
ledges drip with a silent horror of blood* (es ist blutrotes
Heidekraut); — 295 a, M a u d, I, XIII, I, 12: *barbarous
o p u l e n c e, jewel-thick, sunn'd itself on his breast and his hands
(opulence =* "reicher Schmuck"); — 295 a, Maud, I, XIII,
III, 8: *a child of d e c e i t (= of a deceitful father);* — 296 b 3,
M a u d, I, XVI, I, 16: *the g r a c e that, bright and light as
the crest of a peacock, sits on her shining head:* "Haarschmuck";
hingegen *grace* für "anmutige Gestalt": 451 b 19, L a s t
T o u r n a m e n t, 517: *a low sea-sunset glorying round her hair
and glossy-throated grace;* 307, M a u d, III, IV, 7: *those
that are crush'd in the clash of jarring c l a i m s:* d. h. "der
Ansprüche erhebenden Mächte", bzw. ihrer Heere:
340 b 1, G a r e t h L y n e t t e, 1340: *crown'd with fleshless
l a u g h t e r:* "grinsende Fratze eines Totenschädels" (es ist
vom gespenstischen Ritter *Night-and-Death* die Rede);
dasselbe Wort 574 b 2, F r a t e r A v e, 8: *gazing at the
Lydian laughter of the Garda lake below;* 348 b 18,
M a r r i a g e G e r a i n t, 471: *toppling over all a n t a g o n i s m
(= antagonists);* — 463 a 22, G u i n e v e r e, 449: *the ways
were fill'd with r a p i n e* (von Räubern); 845 b 25,
D e m e t e r P e r s e p h o n e, 89: *... to warn a far-off f r i e n d-
s h i p that he comes no more* (wie *acquaintance, relation);*
ähnlich schon 723 a, B e c k e t, II, 2: *I hate a split between
old f r i e n d s h i p s,* — und 248 a, I n M e m., 3, 1: *O Sorrow,
cruel f e l l o w s h i p* (wo wir bildliches *companion* erwarten);
869 b, R o m n e y's R e m o r s e, 12 ff.: *Where am I?
s n o w on all the hills! so hot, so fever'd! never colt would more
delight to roll himself in meadow grass than I to wallow in that
w i n t e r of the hills: winter* der Variation und der Alliteration

halber für *snow;* — so auch 70 a 16, Morte d' Arthur,
140: *moving isles of winter* — für *icebergs.*

§ 181. Zum Schluß wieder einmal Lexikographisches
zur Illustration, aber diesmal zwei Beispiele; zunächst
glory, das als Substantiv und Verb (auch in der Adjektivform *glorious)* sehr oft konkret (natürlich wörtlich oder
bildlich) von Lichterscheinungen, Strahlenglanz gebraucht
wird:

Schon im Konkurspoem Timbuctoo (Churton Collins,
Early Poems, 310), 9: *the stars were flooded over with
clear glory and pale;* — 71 a 5, Morte d'Arthur, 192:
the long glories of the winter moon; — 110 b 11, Sir
Galahad, 47: *down dark tides the glory slides:* für "strahlende Vision" — des Grals; — 110 b 19, Sir Galahad,
55: *o'er the dark a glory spreads* ("Lichtschein, Nimbus");
— 112 a 32, Will Waterproof, 72: (im Dusel) *I look
at all things as they are, but thro' a kind of glory:* Lichtschein, "Hof", wie um den Mond; 118 a, Voyage, XI, 3:
we lov'd the glories of the world ("Herrlichkeiten" — im
Sinne von *glorious sights);* vgl. 321 b 14, Gareth Lynette,
240: *we ... come to see the glories of our King:* "Herrlichkeit,
Pracht"· 133 b 32, Enoch Arden, 572: *the glows and
glories of the broad belt of the world;* — 233 b 23, Daisy,
59: *the height, the space, the gloom, the glory:* die alliterierende Antithese kennzeichnet die gotische Kirche sehr
gut; es ist von der Mailänder Kathedrale die Rede; zu
gloom vgl. die auch tief poetisch empfundene Stelle: 299 a,
Maud, I, XIX, V, 10: *abroad in the fragrant gloom of
foreign churches;* 264 a, In Mem., 67, 4: *there comes a
glory on the walls* (vom Mondlicht); ibid. 9: *the mystic glory
swims away;* — 264 b, In Mem., 69, 17: *he reach'd the
glory of a hand* (hypostatisch für "eine strahlende Hand");
281 a, In Mem., 118, 19: *crown'd with attributes of woe
like glories;* — 281 b, In Mem., 121, 4: *a glory done* (von
der Lichtpracht der untergegangenen Sonne); — 315 a 26,
Coming Arthur, 399: *the naked child descending in the glory
of the seas* (eine strahlende Woge, in der es erschien);
482 b 2, Lover's Tale, I, 392: *glory of broad waters inter-
fused (between rocks);* — 761 b 1, Cup, II, 2: *this diadem
that you may feed your fancy on the glory of it;* —

adjektivisch: *glorious* (== "strahlend"): 306, M a u d , III, I, 7: *Charioteer and starry Gemini hang like glorious crowns;* — verbal: *to glory* (= "strahlen"): 332 b 25, G a r e t h L y n e t t e , 916: *the knight .. stood a moment, ere his horse was brought, glorying* ("im Glanze seiner Rüstung"); — 451 b 18, L a s t T o u r n a m e n t , 516: *a low sea-sunset glorying round her hair;*   *to glorify* für "beleuchten": 198 b 5, P r i n c e s s , V, 179: *a maiden moon that sparkles on a sty, glorifying clown and satyr;* — für diesen Begriff auch noch das verwandte, aber seltsam übertriebene *to honour:* 246 b, W h e n (im Zyklus T h e W i n d o w), 16: *blaze upon her window, sun, and honour all the day.* —

Im Gegensatz zu dieser Vorliebe für konkreten Gebrauch von *glory* findet sich für ein bildliches *glory* (= "Nimbus") das konkrete *sunlight:* 149 a 18, A y l m e r ' s F i e l d , 421: *(he would) return in such a sunlight of prosperity;* vgl. ferner 143 a 10, A y l m e r ' s F i e l d, 30: *her (lady Aylmer's) all of thought and bearing hardly more than his own shadow in a sickly sun* ("künstlicher Nimbus").

Das zweite Beispiel ist *life,* welches in der Bedeutung "Lebewesen", (Tier, Mensch) sehr häufig vorkommt:

— 125 b 24, E n o c h A r d e n , 54: *he thrice had pluck'd a life from the dread sweep of the down-streaming seas;* 126 a 18, E n o c h A r d e n , 75: *like a wounded life, crept down into the hollow of the wood;*   133 b 10, E n o c h A r d e n, 550:... *nor save for pity was it hard to take the helpless life* (die Tiere) *so wild that it was tame;* — 206 a 11, P r i n c e s s , VI, 114: *those two foes above my fallen life;* — 234 a 17, D a i s y , 93: *so dear a life your arms enfold* (das Kind);   248 b, In M e m., 6, 12: *a shot... hath still'd the life that beat from thee (= killed thy son);* 250 a, In M e m., 10, 8: *thy (the ship's) dark freight, a vanish'd life;* — 256 a, In M e m., 33, 8:... *nor thou with shadow'd hint confuse a life that leads melodious days;* 261 a, In M e m., 54, 6: *not one life shall be destroy'd, or cast as rubbish to the void;* — 267 b, In M e m., 82, 3: *no lower life that earth's embrace may breed with him, can fright my faith (lower life* == die my lady Worm des H a m l e t); — 267 b, In M e m., 82, 15: *Death... put our lives so far apart we cannot hear each other speak;* — 310 b 2, C o m i n g

Arthur, 90: *then might we live together as one life;*
331 a 9, Gareth Lynette, 810: *ye have saved a life
worth somewhat as a cleanser of this realm;* — 612 b 4, Queen
Mary, III, 3: *the bees, if any creeping life invade their hive
too gross to be thrust out*... (gleich darauf heißt es der
Variation halber *creeping thing);* — 716 a 5, Becket, II, 1:
*Love that can shape or can shatter a life till the life shall
have fled:* hier *life* in seinen beiden Bedeutungen nebeneinander; Wortwiederholung, s. § 146; — 758 a, 2 u., Cup, I,
3: *the loveliest life that ever drew the light from heaven to
brood upon her;* — 844 b 24, Demeter Persephone, 30:
*when before have Gods or men beheld the Life that had
descended re-arise;* — 878 a 9, Death Oenone, 90: *she
heard the shriek of some lost life among the pines.* —

Übrigens steht *life* auch für die bloße Seele, Herz,
Wesen, Bewußtsein, wo sie als "Teil" der menschlichen
Person erscheinen: 309 b 28, Coming Arthur, 56: *Arthur
...felt the light of her eyes into his life smite on a sudden;*
life = Innerstes, Wesen, Seele; 310 a 19, Coming
Arthur, 75: *Arthur ...felt travail and throes and agonies
of the life, desiring to be join'd with Guinevere;* vgl. 441 b 3,
Pelleas Ettarre, 376: *thro' her love her life wasted and
pined, desiring him in vain,* ferner 338 b 16, Gareth
Lynette, 1240: *all his life past into sleep* ("Bewußtsein").

§ 182. Schon von den angeführten Beispielen für
abstractum pro concreto beruhen viele auf Hyposta sie-
rung, d. i. auf der Einsetzung einer besonderen Eigenschaft,
eines Zu- oder Umstandes, in Form eines substantivischen
Abstraktums für den Gegenstand selbst; die Beziehung auf
diesen kann — muß aber nicht — ähnlich wie bei der Kenning
durch einen Genetiv oder ein Adjektiv (in diesem Falle oft
Umkehrung des Verhältnisses: *stony drought* = *dry stones)*
ausgedrückt werden; Musterbeispiele sind das homerische
ἱερὸν μένος ᾽Αλκινόοιο und "König Rudolfs heilige Macht"
bei Schiller. — Dieses Stilmittel ist ganz offenbar ein
Lieblings-Kunstgriff Tennysons und soll daher noch durch
eine Anzahl weiterer Beispiele belegt werden, in deren
Anordnung ich an der oben angegebenen Einteilung in
Hypostasen der Eigenschaft, des Zustandes oder der Tätigkeit

und adverbialer meist modaler Umstände (über temporale s. § 96) nach Möglichkeit festhalten will.

I. Ich beginne mit einer Gruppe von Eigenschaftshypostasen, welche dem angeführten Typus ἱερὸν μένος, "heilige Macht" am nächsten steht; es sind Hypostasierungen hervorstechender Charaktereigenschaften für die Personen selbst, ein Typus, für den ich als *standard example* Shakspere'sche Bezeichnungen wie *fair cruelty* (Twelfth Night, I, 5) oder *fair affliction* von Constance im K. John (3, 4, 36, Delius, Anm. 13) wähle, und zu dem ich aus Tennyson anführe:

— 211 a 25, Princess, VII, 50: *those fair charities join'd at her side* (gleichsam *"sœurs de charité"*); hingegen 217 a 30, Princess, Conclusion, 88: *a patron of some thirty charities (= charitable institutions);* ferner: 397 b 24, Lancelot Elaine, 122, wo Guinevere spöttisch von Arthur sagt: *"that passionate perfection"* (passionate = passionating, "begeisternd"? perfection "Mannesideal"); — 426 a 9, Holy Grail, 440: *the gray-hair'd wisdom of the east* (die heiligen drei Könige); — 444 a 2, Last Tournament, 31: *the jewels of this dead innocence* (von einem toten Kinde); darauf gründet sich dann 445 b 18, Last Tournament, 146, die Spottbezeichnung: *the Tournament of the Dead Innocence,* und 448 a 16 ff., Last Tournament, 302, die höhnenden Worte: *in honour of poor Innocence the babe, who left the gems which Innocence the Queen lent to the King, and Innocence the King gave for a prize;* vgl. noch 728 a, Becket, III, 3, 7: *the wrong'd innocences that will cry from all the hidden by-ways of the world;* — weiter die furchtbare Selbstanklage Guineveres: 465 b 13, Guinevere, 608: *the shadow of another cleaves to me, and makes me one pollution;* — ferner: 604 b 1, Queen Mary, III, 1, 6: *the traitor husband dangled at the door, and when the traitor wife came out for bread to still the petty treason therewithin, her cap would brush his heels;* ebenso 629 a 6, Queen Mary, IV, 2: *(I should be) pitiful to this pitiful heresy (Cranmer's flock);* — 701 b 12, Becket, I, 1 (Becket zu Fitzurse): *o drunken ribaldry! out, beast! out, bear!* — Hieher auch Titelhypostasen nach Art von: *his Grace, his Majesty* etc. und nach ihrem Vorbild Ausdrücke wie: 846 a 13, Demeter

Persephone, 105: *their hard Eternities* (von den heidnischen Göttern); ibid. 22 (114): *this Darkness* (von Pluto; s. Rowe-Webb z. St.).

Umschreibungen ähnlicher Art für "Gott": 484 a 12, Lover's Tale, I, 494: *(had God's power) driven my current to the fountain whence it sprang, — even his own abiding excellence* — und in noch größerer Fülle 533 a, Human Cry, I, 2—4: *Hallowed be Thy name... Infinite Ideality! Immeasurable Reality! Infinite Personality!*

II. Eine andere, gleichfalls nicht isolierte, sondern sich wiederholende Erscheinung ist die Hypostase von Ausdehnungen; zunächst von allgemeinen Angaben dieser Art·

185 a 9, Princess, III, 275: *a river sloped... shattering on black blocks a breadth* ("breite Masse") *of thunder (= thundering water;* zu *thunder* vgl. 877 a 5, Death Oenone, 23: *across the downward thunder of the brook);* zu *breadth* vgl. 102, 18, Locksley Hall, 160: *breadths of tropic shade and palms in cluster;* 216 b 14, Princess, Conclusion, 45: *belts of hop and breadths of wheat;* 518 b, To Princess Alice, 8: *from thine own State, and all our breadth of realm;* ebenso *length* schon Poems by Two Brothers, 73, 3 (Druid's Prophecies): *What length of bloody train before me;* Churton Collins, Early Poems, 314, 7, Timbuctoo, 177: *the eye could scan thro' length of porch and lake and boundless hall, part of a throne...;* 75 b 6, Gardener's Daughter, 177: *such a length of bright horizon;* 135 a 26, Enoch Arden, 666: *a sea-haze ... cut off the length of highway* (sc. *the whole length) on before, and left but narrow breadth to left and right of wither'd holt or tilth or pasturage;* 136 b 5, Enoch Arden, 743: *from her lifted hand dangled a length of ribbon and a ring;* 169 a, Princess, I, 3: *with lengths of yellow ringlet;* 173 b 3, Princess, II, 10: *... lucid marbles, boss'd with lengths of classic frieze.*

Dann aber interessante Hypostasen besonderer Maße der Länge und Entfernung:

223 a, Exhibition Ode, III, 2: *the long laborious miles of Palace* (= der Palast, sorgfältig gebaut und meilenlang); vgl. Dickens, David Copperfield, II,

Cap. 13: *the towers, overlooking many a long, unaltered mile of the rich country;* — besonders häufig bei *league:* 270 a, In Mem., 86, 14: *leagues of odour streaming far;* 304 a, Maud, II, IV, IV, 5: *the shouts, the leagues of lights;* 474, To Queen, 9: *loud leagues of man and welcome;* 530 b, Voyage Maeldune, VII, 2: *the Peak sent up one league of fire;* 766 b, Cup, II, 3. v. E.: *league on league of ever-shining shore beneath an ever-rising sun;* 825 a, 6 u., Foresters, III, 1: *fifty leagues of woodland hear and know my horn;* 845 b 17, Demeter Persephone, 81: *following out a league of labyrinthine darkness;* die Vorliebe für diese typische Entfernungsangabe überhaupt zeigt etwa 185 b 20, Princess, III, 316: *we rode a league beyond* — aus *a little higher* abgeändert.

III. Eine dritte Sondergruppe endlich von Beispielen für Hypostase mag zeigen, wie dieses Kunstmittel dem Zwecke dient, nach Art der dekorativen Technik in der modernen Malerei gerade die hervorstechendsten, farbigsten Merkmale hervorzuheben:

— 133 b 28, Enoch Arden, 568: *the ... coco's drooping crown of plumes, the lightning flash of insect and of bird, the lustre of the long convulvuluses;* — 256 b 1, In Mem., 34, 5—6: *this round of green, this orb of flame* (sc. *are but) fantastic beauty* (sc. *if man's soul be not immortal):* dem leidenschaftlich erregten Menschen erscheinen Himmel und Erde nur als Lichtfläche und Farbenstreif[1]); — und schließlich die malerische Stelle: 385 a 9, Merlin Vivien, 290: *the curl'd white of the coming wave,* — womit sich wiederum vergleicht: 334 b 8, Gareth Lynette, 1017: *push'd horse across the foamings of the ford.* — Hieher vielleicht auch: 124 a, To E. L., 17: *Naiads oar'd a glimmering shoulder under gloom of cavern pillars.* —

Nun kann nach Ausscheidung dieser drei interessanten Gruppen eine Aufzählung mehr vereinzelter Beispiele folgen:

— 16 b, Dying Swan, III, 18: *the wavy swell of the soughing reeds:* für *wavy-swelling reeds,* weil parallel zu *creeping mosses, clambering weeds,* etc.; 30 a, Southern

---

[1]) J. Jacobs' Erklärung *earth seen from the stars is green* scheint kaum begründet.

Mariana, 32: *on the liquid mirror glow'd the clear per-fection of her face;* vgl. 477 b 16, Lover's Tale, I, 84: *to die in gazing on that perfectness* (Antlitz der Geliebten); 30 a, Southern Mariana, 40: *day increased from heat to heat, on stony drought (= on the dry stones) and steaming salt;* inhaltlich ähnlich: 39 b, Fatima, 13: *I look'd athwart the burning drouth of that long desert to the south,* zu 41 a, Oenone, ältere Version bei Churton Collins, Early Poems, p. 80, 26: *Here and Pallas and the floating grace of laughter-loving Aphrodite;* — 49 b 27, Vere de Vere, 59: *the languid light of your proud eyes is wearied of the rolling hours;* vgl. 64 b, Of old ..., 20: *may perpetual youth keep dry their (Freedom's eyes') light from tears;* 483 b 32, Lover's Tale, I, 482: *their eyes are dim with dwelling on the light and depth of thine;* schließlich als besonders kühn: 58 a 23, Dream Fair Women, 93: *she turning on my face the star-like sorrows of immortal eyes;* — 57 b 19, Dream Fair Women, 55: *the maiden splendours of the morning star shook in the steadfast blue;* von Sternen vgl. noch die vollere Wendung: 298 a, Maud, I, XVIII, VIII, 18: *has our whole earth gone nearer to the glow of your soft splendours; splendour* überhaupt oft für glänzende Dinge: 196 a 18, Princess, V, 39: *sheathing splendours* — von der Rüstung; 341 b 5, Marriage Geraint, 14: *Enid, but to please her husband's eye, ... daily fronted him in some fresh splendour* (vorhin *crimson and purples and gems,* also *splendour = splendid attire*); 425 a 33, Holy Grail, 401: *and on the splendour came:* Erscheinung eines strahlenden Ritters; 366 a, Progress of Spring, II, 8: *a halcyon ... the secret splendour of the brooks;* besonders pompös die Doppelhypostase bei der ersten Einführung von Arthurs königlicher Person: 322 b 23, Gareth Lynette, 313: *beheld ... the splendour of the presence of the King ...,* 59 a 26, Dream Fair Women, 78: *she tore her robe apart, and half the polish'd argent of her breast ... laid bare;* vgl. 74 b 29, Gardener's Daughter, 138: *the bounteous wave of such a breast as never pencil drew;* — 69 a 29, Morte d'Arthur, 85: *the wonder of the hilt* ("die wunderschön gearbeitete Hilze"); vgl. Dickens, M. Chuzzlewit, p. 150 (Ch. Dickens Edition): *looking far into the deep wonder of*

her bright dark eyes; — 73 a 27, Gardener's Daughter, 33:
*(the stream) creeps on ... to three arches of a bridge (= to a
three-arched bridge);* — 80 a 3, Audley Court, 9: *we
...rounded by the stillness of the beach to where the bay
runs up its latest horn;* vgl. 282 b, In Mem., 123, 4: *there
where the long street roars, hath been the stillness of the central
sea;* — 91 a 14, Talking Oak, 178: *the ringlets' waving balm;*
— 96 b 11, Ulysses, 68: *that which we are, ...one equal
temper of heroic hearts (= heroic hearts, all of one equal
temper);*   102, 7, Locksley Hall, 149: *weakness to be
wroth with weakness:* "es ist eine Schwäche, dem schwachen
Weibe zu zürnen"; *weakness* vom Weibe, wie *frailty, thy
name is woman* im Hamlet; — 104 a 16, Godiva, 52:
purple blazon'd with armorial gold ("mit golden gestickten
Wappenbildern"); vgl. 574 b, Helen's Tower, 4: *I hold
mother's love in letter'd gold (= golden letters);*   125 b 2,
Enoch Arden, 32: *his blue eyes all flooded with the helpless
wrath of tears (= with tears of helpless wrath);* — 145 a
27, Aylmer's Field, 177: *kindlier to ailing wife or wailing
infancy or old bedridden palsy;* zu *infancy* vgl. 479 b 27,
Lover's Tale, I, 228: *the flaxen ringlets of our infancies;*
560, Locksley Hall Sixty Years After, 10: *eyes that
lured a doting boyhood well might fool a dotard's age;* —
151 b 22, Aylmer's Field, 594: *then Averill came and
gazed upon his death (= upon him, as he lay dead);* vgl.
381 a 8, Merlin Vivien, 44: *born from death was I
(= from a mother who died at my birth);* 883 a 7, Akbar's
Dream, 177: *me too the black-wing'd Azrael overcame, but
Death had ears and eyes* ("im Tode hatte ich ..."); — 164 a
16, Lucretius, 212: *no lewdness etc...., no madness of
ambition (= mad ambition);* — 185 a 11, Princess, III,
277: *the bones of some vast bulk that lived and roar'd before
man was (bulk = bulky beast);* ebenso 265 a 3, In Mem., 70,
11: *dark bulks that tumble half alive, and lazy lengths on
boundless shores;* schwächer: 706 b 8, Becket, I, 3: *lords,
ye are all as like to lodge a fear in Thomas Becket's heart
as find a hare's form in a lion's cave; bulk* halb scherzhaft
auch von Menschen: 203 a 33, Princess, V, 488: *those
two bulks at Arac's side* (seine Brüder); vgl. Shakspere,
Troilus and Cressida, IV, 4: *though the great bulk*

Achilles be thy guard; 189 a 17, Princess, IV, 184: *Caryatids lifted up a weight of emblem;* vgl. 209 b 22, Princess, VI, 328: *then us they lifted up, dead weights;* 195 b, Princess, V, 18: *the two old kings began to wag their baldness up and down;* vgl. 587 a 18, Queen Mary, I, 4: *this fierce old Gardiner — his big baldness* ("Glatze"), *that irritable forelock which he rubs;* anders 845 a 13, Demeter Persephone, 49: *all the space of blank earthbaldness (= bald earth) clothes itself afresh;* — 193 b 14, Princess, IV, 470: *robed in the long night of her deep hair;* vgl. schon 152 a 12, Aylmer's Field, 616: *the church, — one night* (schwarz ausgeschlagen); 210 b, Princess, VII, 22: *a great black cloud ., a wall of night;* 254 a, In Mem., 24, 3—4: *the very source and fount of Day* (die Sonne) *is dash'd with wandering isles of night* ("schwarze Flecke"); 207 a 23, Princess, VI, 185: *when I felt thy (the babe's) helpless warmth about my barren breast* (noch kühner die ursprüngliche Lesart *thy waxen warmth);* — 243, Milton, 9: *all that bowery loneliness[1]);*

248 a, In Mem., II, 12: *thy thousand years of gloom* (= "du tausendjährige, düstere Eibe"); noch kühner 260 b, In Mem., 52, 11: *the sinless years that breathed beneath the Syrian blue* — für *the Gospel record of Christ's life!* Über Temporalhypostase s. übrigens § 96, 257 a, In Mem., 36, 11: *the Word* (Jesus) *... wrought ... the creed of creeds in loveliness of perfect deeds;* 264 b, In Mem., 69, 17: *he reach'd the glory of hand* ("eine strahlende Hand"!); — 273 a 5, In Mem., 94, 9: *they (spirits) haunt the silence of the breast (= only the silent breast);* — 275 b 6, In Mem., 99, 18: *betwixt the slumber of the poles (= the slumbering poles* — als Enden der Erdachse unbeweglich); 279 b 4, In Mem., 111, 12: *not being less but more than all the gentleness he seem'd to be;* vgl. schon 210 b, Princess, VII, 10: *till she not fair, began to gather light, and she that was, became her former beauty treble;* vgl. ferner: Life, Tauchnitz Ed., II, 70, To A. H. H. (urspr. In Mem.,

---

[1]) Über Hypostasen dieses Typus und ihr psychologisches Wesen s. Sélincourt, *The Poems of John Keats* (London, Methuen, 1905), p. 574.

108): *all the sweetness which thou wast in thy beginnings in the past, and all the strength thou wouldst have been:* Hypostase eines prädikativen Adjektivs; — 279b, In Mem., 112, 2—4: *I, who gaze with temperate eyes on glorious insufficiencies, set light by narrower perfectness:* ist eine Hypostase, wie Churton Collins richtig durch seine Erklärung *"men with splendid but unequal powers" — "men who have made the most of narrower powers"* andeutet; — 286, Maud, I, I, IV, 2: *a shuffled step ... a dead weight trail'd . a whisper'd fright (= frightful whisper);* — 293b, Maud, I, X, I, 7: *for whom grimy nakedness dragging his trucks ... wrought;* vgl. 572a, Dead Prophet, IV, 3: *his friends had stript him bare, and roll'd his nakedness everyway;* — 306, Maud, III, I, 2: *cells of madness* = "Narrenzellen"; 307, Maud, III, IV, 9: *many a darkness into the light shall leap, and shine in the sudden making of splendid names;* — 308, Dedication "Idylls", 13: *the shadow of His loss (= of Him who was lost — the Prince-Consort);* — 325a 18, Gareth Lynette, 457: *some young lad's mystery (= mysterious young lad)* (jedenfalls kühner als das verwandte *valiant crook-back'd prodigy* von Richard III. bei Shakspere); — 393a 8, Merlin Vivien, 795: *his eyebrow bushes (= bushy eyebrows);* — 539a 6, Tiresias, 54: *I behold her still (Pallas Athene) ... ineffable beauty, out of whom* (hier also die Hypostase aufgegeben)... *upon me flash'd the power of prophesying;* 644a, 1u., Queen Mary, V, 2: *sin is too dull to see beyond himself;* — 682b, 12u., Harold, IV, 3: *as haggard as a fast of forty days;* vgl. (inhaltlich) 683a 3, Harold, IV, 3: *bring not thy hollowness on our full feast;* — 785b 12, Promise May, I: *if you cared to fee an over-opulent superstition, then they would grant you what they call a license to marry;* — 844b 22, Demeter Persephone, 28: .. *lighted from below by the red race of fiery Phlegethon* (für *red-flowing Phlegethon; race* für *course* wegen Alliteration). —

Schließlich seien noch zwei Fälle verzeichnet, in denen sich der Dichter des grammatischen Wesens der Hypostasierung bewußt wird und dies poetisch verwertet; im ersten zu einer Art Wortspiel: 725a 4, Becket, III, 1, spricht Rosamunde von *"the gap left by the lack of love"* und muß auf Heinrichs erstaunten Ausruf *"The lack of love (d. h. of loving)!"* erklären: *"of one we love"* (die Hypostase *love — loved person* ist natürlich eine der häufigsten: 776 a 1 Falcon —: *you speak like love, and yet you love me not;* 839 a 2, Foresters, IV: *I am but the echo of the lips of love* [= Marian]); — im zweiten zu einem Bilde: 733 a, Becket, IV, 2: *What! have I scared the red rose (= rose-red blood) from your face into your heart? But this (dagger) will find it there, and dig it from the root for ever*

§ 183. Weit weniger zahlreich als die aufgezählten Hypostasierungen der Eigenschaft sind diejenigen der Tätigkeit; ich führe von solchen an: 12 a 6, Ode Memory, III, 11: *the eddying of her garments;* vgl. 209 b 28, Princess, VI, 334: *each base... of those tall columns drown'd in silken fluctuation;* d. h. "umgeben von Frauen in wogenden Seidenkleidern"; 118 a, Voyage, VIII, 4: *in hope to gain upon her flight* ("der Fliehenden immer näher zu kommen"); vgl. Life, Tauchnitz Ed., II, 71, The Victor Hours (urspr. In Mem., 127), 4: *then is this blind flight the winged Powers: flight = the flying hours,* "Tanz der Horen". —

Hypostasen des Zustandes: 153 b 3, Aylmer's Field, 701: *how sweetly would she glide between your wraths;* 179 b 4, Princess, II, 395: *dear are those three castles to my wants (= to "wanting me");* 192 b 10, Princess, IV, 399: *not to pry and peer on your reserve (= on you in your reserve, seclusion);* — 266 b 1, In Mem., 76, 10: *the matin songs that woke the darkness of our planet (= our planet out of its darkness);* — 373 a 2, Balin Balan, 217: *the thrall his passion had half gauntleted to death (= whom he, in his passion, had...).*

Hypostasierung der adverbialen Bestimmung (des Zu- oder Umstandes); einer modalen[1]): 22 a, Rosalind, I, 3: *my frolic falcon... whose free delight... stoops at all game (= who, with free delight...);* 92 a 23, Talking Oak, 267: *all starry culmination drop*

---

[1]) Repräsentativbeispiel: Wordsworth, *November 1813* (ed. Morley, p. 408 a), 10: *Dread King of Kings, vouchsafe a ray divine to his (George IV's) forlorn condition! (= to him, in his forlorn condition).*

balm-dews to bathe thy feet (every star when culminating);
98, L o c k s l e y H a l l, 11: *nourishing a y o u t h s u b l i m e*
(= myself in my youth) with the fairy tales of science;
151 b 14, A y l m e r 's F i e l d, 586: *being much befool'd and*
idioted by the r o u g h a m i t y of the other (= by the other, in
his rough, though amical fashion);   182 b 9, P r i n c e s s,
III, 122: *up went the h u s h'd a m a z e of hand and eye (= hand*
and eye, in silent amazement); — 199 b 8, P r i n c e s s, V,
247: *all about h i s m o t i o n clung the shadow of his sister*
(= about him, at every motion); — 674 b, 10 u., Q u e e n M a r y,
III, 1: *this l i g h t n i n g b e f o r e d e a t h plays on the word,*
and Normanizes too! d. h. "der König ist noch im letzten
Aufflackern seines Bewußtseins, dem Ausrufe "*Senlac —*
Sanguelac!" rhetorisch und normännisch."[1]) —

Hypostasierung einer f i n a l e n Bestimmung: 352 a 7,
M a r r i a g e G e r a i n t, 691: *... with store of rich apparel,*
etc. (lauter Konkreta) *... and p a s t i m e both of hawk and*
hound (= hawks and hounds for pastime). —

§ 184. Zuletzt bringe ich, wie schon mehrfach, eine
lexikographische Illustration der besprochenen Eigentümlichkeit: es ist der Gebrauch von *v o i c e* und Synonymen für
das die Stimme von sich gebende oder überhaupt ein
stimmbegabtes Wesen, insbesondere für einen Menschen,
welcher sich, weil die Szene in Dunkelheit spielt, oder aus
irgend einem andern Grunde nur durch seine Stimme
bemerkbar macht, — oder dessen Stimme, Wort, Äußerung,
für den gegebenen Moment der Handlung mehr Bedeutung
haben als seine ganze Persönlichkeit. Beispiele sind:

— 110 b 42, S i r G a l a h a d, 78: *wings flutter, v o i c e s*
hover clear (sc. *about me):* die *voices* sind Engel, welche ihn
durch Zurufe ermutigen und stärken; er nimmt ihre Gegenwart, wie auch *wings flutter* zeigt, nur mit dem Ohr, nicht
mit dem Auge wahr;   129 a 12, E n o c h A r d e n, 264:
(the child died) thro' the want of what it needed most, or
means to pay the v o i c e which best could tell what most it
*needed (voice = "*ärztlicher Rat"); — 195 b, P r i n c e s s,
V, 2: *we stumbled on a stationary v o i c e, and "Stand, who*

---

[1]) Über *lightning before death* s. S c h m i d t s. v. *lightning* zu
R o m e o a n d J u l i e t, V, 3, 90, und F l ü g e l (mit zwei Erklärungen
und neueren Belegen).

goes?" 197 b 14, Princess, V, 127: *she would hate, and every voice she talk'd with ratify it* (parallel zu *every face she look'd on justify it)*; — 210 b, Princess, VII, 6: *everywhere low voices with the ministering hand hung round the sick;* — 251 a 8, In Mem., 13, 12: *the human-hearted man I loved, (now) a Spirit, not (= no more) a breathing voice* ("lebender Mensch"); 380 b 3, Merlin Vivien, 8: *a wandering voice, a minstrel of Caerleon;* — 455 b 29, Last Tournament, 763: *about his feet a voice elung sobbing till he question'd it "What art thou?" and the voice about his feet sent up an answer, sobbing "I am thy fool.. "* · 467 a, Passing Arthur, 3: *when the man was no more than a voice, in the white winter of his age;* 474 b 13 (Passing Arthur): *sounds as if some fair city were one voice around a king returning from his wars;* inhaltlich ähnlich: 329 a 4, Gareth Lynette, 687: *on thro' lanes of shouting Gareth rode,* sowie 474, To Queen, 9: *loud leagues of man and welcome;* 567, 15, Locksley Hall Sixty Years After, 253: *poor old voice of eighty crying after voices that have fled! All I loved are vanish'd voices...;* — 581 b, 11 u., Queen Mary, I, 2: *step after step, thro' many voices erying right and left, have I climb'd back into the primal church;* 647 b, Queen Mary, Bühnenweisung vor V, 2: *voices of the night passing;* — 684 a 14, Harold, V, 1: *I am but a voice among you;* 716 a 2, Becket, II, 1: *Is there a voice coming up with the voice of the deep from the strand, one coming up with a song in the flush of the glimmering red? Love that is born of the deep coming up with the sun from the sea;* — 813 a 1, Forester's, I, 3: *be thou their leader and they will all of them swarm to thy voice like bees to the brass pane.* —

Von Synonymen des Wortes und Verwandtem zitiere ich: 337 b 15, Gareth Lynette, 1182: *Gareth crying prick'd against the cry (= him who cried);* 803 b, Promise May, III, 4 v. E.: *but she there — her last word forgave — and I forgive you.* — Typisch ist ferner *breathings* für die regelmäßig atmenden Schläfer selbst: 360 b 10, Geraint Enid, 402: *she glided out among the heavy breathings of the house;* 457 a 12, Guinevere, 68: *beside the placid breathings of the King, in the dead night*

Ans Ende stelle ich das kunstvollste und schönste
Beispiel dieser Art: 280 b, In Mem., 115, 7—8: ... *drown'd
in yonder living blue the lark becomes a sightless song.*
Vgl. dazu Wordsworth, To the Cuckoo, 4 (ed. Morley,
Macmillan, p. 204 b): *O Cuckoo, shall I call thee Bird,
Or but a wandering Voice?* —

§ 185. Der Vollständigkeit halber will ich zum Schluß
dieses Abschnittes über die Hypostasierung noch einige
wenige von den entgegengesetzten Fällen zitieren, in denen
wir etwa Hypostasierung erwarten würden und keine
finden: 251 b, In Mem., 16, 8: *in her deep self* für *in
the depths of her self,* "in den Tiefen ihres innersten
Wesens"; — 349 a 23, Marriage Geraint, 512: *ever
fail'd to draw the quiet night into her blood* (wozu
Churton Collins Vergil, Aen., IV, 530, vergleicht: *neque
unquam solvitur in somnos, oculisve aut pectore noctem
accipit).* —

Natürlich ändern die wenigen Fälle dieser Art gegenüber den zahllosen anderen nichts an der ausgemachten
Tatsache einer entschiedenen Vorliebe Tennysons für die
Hypostasierung. Und diese Vorliebe ist, wie ich hier nochmals hervorheben will, — mag sie nun nachdrücklicher
Hervorhebung des Wesentlichsten einer Erscheinung; ja
direkt malerischen Zwecken dienen, in ihrem Wesen
doch eine Begünstigung des Abstraktums gegen das unmittelbar dingliche Konkretum.

§ 186. Der ganzen großen Zahl von Belegen für
Bevorzugung des Abstraktums gegen das Konkretum läßt
sich natürlich auch eine Liste von Fällen gegenüberstellen,
in denen — meist durch syntaktische Kunstgriffe oder
Auslassung abstrakter Glieder der Gedankenkette — ein
Konkretum in den Vordergrund des Ausdrucks geschoben,
oder — durch Wahl des Ausdrucks — ein Begriff von
seiner konkreten Seite gefaßt, oder schließlich geradezu für
ein Abstraktum ein mit ihm assoziativ, z. B. als Objekt
einer Tätigkeit, verbundenes Konkretum durch Tropus eingesetzt wird. Unter den Beispielen, welche ich nun folgen
lasse, wird man ein erfreulich zunehmendes Übergewicht

des konkreten Ausdrucks in den Werken des späteren Alters beobachten können.

Zunächst einige Fälle, wo ein Stand oder Zustand unmittelbar durch den Namen einer darin befindlichen Person, nicht durch ein Abstraktum bezeichnet wird: 171 a 30, Princess, I, 136: *they* (die Frauen) *must lose the child, assume the woman* (vgl. 174 a 6, Princess, II, 44: *your language proves you still the child); drei Zeilen weiter, scherzhaft: *odes about this losing of the child;* zu *assume* mit direktem Akkusativ der angenommenen Rolle vgl. 195 b 7, Princess, IV, ult.: *he that next inherited the tale..., assumed the Prince;* 513 a 10, Sisters, 227: *the great Tragedian, that had quench'd herself in this assumption of the bridesmaid* ("Annahme der Rolle einer Brautjungfer" — bei der Hochzeit ihrer Schwester mit einem von ihr selbst geliebten Manne); — 337 b 22, Gareth Lynette, 1189: *shamed and overthrown, and tumbled back into the kitchen-knave (= state, degree of kitchen-knave)* (sc. *from the new-won dignity of knight);* 445 b 7, Last Tournament, 135: *the fear lest this my realm ... reel back into the beast (d. h. "Zustand tierischer Unkultur"); 564, 20, Locksley Hall Sixty Years After, 150: *have we risen from out the beast, then back into the beast again?* inhaltlich vergleicht sich 281 b 8, In Mem., 118, 28: *let the ape and tiger die* ("das Affen- und Tigerhafte der sinnlichen Menschennatur") (dieselben Ausdrücke 892 b, Wanderer, 2: *moods of tiger, moods of ape);* — 448 b 2, Last Tournament, 317: *thy vanity so shot up it frighted all free fool from out thy heart,* — sagt Tristram zu Dagonet; 532 a, De Profundis, I, 22: *then full-current (course of thy destiny) thro' full man* (nach *along the years of... youth);* 644 b, 7 u., Queen Mary, V, 2: *the boy (= boyish spirit) not (yet) out of him;* — 825 b 1, Foresters, III, 1: *Love seems but a ghost, but when thou feel'st with me, the ghost returns to Marian (= becomes Marian again), clothes itself in maiden flesh and blood, and looks at once maid Marian.* —

Verwandt ist der Gebrauch von "Täter" für "Tat", also eine gewissen Typen der Hypostasierung direkt entgegengesetzte Erscheinung: 350 a 22, Marriage Geraint,

574: *he ... came to loathe his crime of t r a i t o r;* 406 a 14, L a n-
c e l o t E l a i n e, 644: *courtesy with a touch of traitor in it;*
700 b 1, B e c k e t, I, 1: *thou canst not fall that way. Let traitor
be* (der Zusammenhang ergibt: "das Gerede von Verrat
gegen den König").

Nun mögen die Einzelbeispiele verschiedener Art
folgen:

— 96 a 4, U l y s s e s, 29: *for some three s u n s* ("Jahre,
die mir höchstens noch übrig sin*d*") *to store and hoard
myself* ("Sonne" für "Sonnenkreislauf", dieses für "Jahr");
vgl. 111 b, W i l l W a t e r p r o o f, 33: *thro' many an hour
of summer s u n s;* — 126 a 22, E n o c h A r d e n, 79: *bearing
a lifelong h u n g e r in his heart* (von ungestilltem Liebes-
sehnen); ebenso 132 a 16, E n o c h A r d e n, 460: *his eyes
full of that lifelong hunger;* 206 a 27, P r i n c e s s, VI, 130:
red grief and mother's hunger in her eye; ebenso 207 b 5,
P r i n c e s s, VI, 196: *and in*her hunger mouth'd and mumbled
it (her child);* 273 a, I n M e m., 95, 21: *a hunger seized my
heart* ("Begier nach Verkehr mit dem Toten"); 498 a 36,
G o l d e n S u p p e r, 320: *staring wide and hungering for the
gilt and jewell'd world about;* 722 a, 9 u., B e c k e t, II, 2: *the crowd
that hungers for a crown in Heaven;* 836 b, 9 u., F o r e s t e r s, IV:
you, Prince ... who hunger for the body, not the soul; — 128 b
27, E n o c h A r d e n, 246: *she mourn'd his absence as his
g r a v e (= death);* 133 a 10, E n o c h A r d e n, 517: *the
new m o t h e r came about her heart (= motherhood, motherly
feeling);* anders 647 b, 7 u., Q u e e n M a r y, V, 4: *I watch'd a
woman burn; and in her agony the m o t h e r came upon her —
a child was born —;* 742 b 8, B e c k e t, V, 2: *look! how
this love, this m o t h e r, runs thro' all the world God made;*
— 145 a 30, A y l m e r's F i e l d, 180: *a grasp, having the
warmth and m u s e l e of the heart;* 149 b 25, A y l m e r's
F i e l d, 460: *after his b o o k s (= "nach Beendigung des
Studiums");* — 155 a 12, A y l m e r's F i e l d, 797: *their (the
crowd's) e y e s vext her* ("Blicke"); — 156 a, S e a D r e a m s,
21: *not preaching simple C h r i s t to simple men* ("Christentum"); vgl. 463 a 34, G u i n e v e r e, 461: *to break the heathen
and uphold the C h r i s t (= Christian faith);* hieher auch die
bekannte Stelle: 278 a 20, I n M e m., 106, 32: *ring in (bells)
the C h r i s t that is to be* (d. i. "das künftige Reich Gottes

auf Erden"); [1]   190 a 4, Princess, IV, 232: *the song might have been worse and sinn'd in grosser lips beyond all pardon;* 192 b 33, Princess, IV, 422: *lend full tongue ... to those thoughts (tongue* = "Ausdruck"); vgl. ferner: 524 a 22, John Oldcastle, 163: *that proud Priest, that mock-meek mouth of utter Antichrist, ... who rose and doom'd me to the fire ...;* und schon fast unschön: 681 b 14, Harold, IV, 3: *drink to the dead ..., the living ...; they both have life in that large mouth of England, till her voice die with the world;*   207 a 2, Princess, VI, 164: *if ... you keep one pulse that beats true woman* ("wenn noch echte Weiblichkeit in Euch ist");   214 a 24, Princess, VII, 248: *(woman) stays all the fair young planet in her hands* (d. h. "die Zukunft der Menschheit in Gestalt ihres Kindes"; über das archaische *stay* siehe Churton Collins z. St.); — 253 a, In Mem., 22, 4: *thro' four sweet years, ... from flower to flower* (für *spring), from snow to snow* (Winter); — 248 a, In Mem., 3, 15: *a vice of blood* (sinnliche Begierde); vgl. 261 a, In Mem., 54, 4: *taints of blood;* 262 a, In Mem., 59, 5: *o Sorrow, wilt thou rule my blood (*= *temper);* das Interessanteste ist wohl: 248 a, In Mem., 2, 15: *gazing on thee, sullen tree (churchyard yew) ... I seem to fail from out my blood and grow incorporate into thee* ("aus der Art schlagen, meine Menschennatur aufgeben"); — 264 a 2, In Mem., 66, 6: *the shade by which my life was crost, which makes a desert in the mind* ("Leere"); — 276 b, In Mem., 103, 9: *the hall with harp and carol rang: harp* für "Harfenspiel";   298 a, Maud, I, XVIII, VIII, 9: *dreamful wastes where footless fancies dwell among the fragments of the golden day (fragments* = "vage Erinnerungen" — im Traum)·

301 a, Maud, I, XXII, V, 2: *babble and revel and wine* (= *drinking); wine* geradezu für "Rausch": 701 b 3, Becket, I, 1: *go home, and sleep thy wine off ...* (703 a 12, Becket, I, 1: *to snore away his drunkenness); zu wine* = "das Zechen", vgl. 682 b, 10 u,, Harold, IV, 3: *what late guest ... hath stumbled*

---

[1] Die gleiche Veranschaulichung bei Coleridge, *Relig. Musings:*
... in his own and in his Father's might
The Saviour comes! while as the thousand years
Lead up their mystic dance, the desert shouts!
S. Coleridges Note z. St. über das *millennium.*

on our *cups (= banquet); —* 343 b 31, Marriage Geraint,
186: *Cavall, King Arthur's hound of deepest mouth; —* 359 b
10, Geraint Enid, 338: *nay; I do not mean blood
(= bloodshed);* 384 b 29, Merlin Vivien, 277: *no more
thanks than might a goat have given with no more sign of
reverence than a beard (= shake of the beard);* vgl. 658 b 16,
Harold, I, 2: *a lesson worth finger and thumb (= worth
snapping the fingers at it);* 387 a 4, Merlin Vivien,
405: *such fire for fame (= fiery zeal, desire;* Alliteration
maßgebend); — 418 b, Holy Grail, 1: *noiseful arms*
("Waffentaten", wie *arma* im ersten Verse der Aeneis) *and
acts of prowess done; —* 499 b, To my Grandson, 2:
*crazy with laughter and babble and earth's new wine (the
"new wine" of earthly life; earth* für *living on earth); —* 608 a 8,
Queen Mary, III, 1: *in music peerless her needle
(= needlework) perfect, and her learning beyond the churchmen;*
— 624 b 15, Queen Mary, III, 6: *my father ... will shift the
yoke and weight of all the world* (für *of governing all the
world) from off his neck to mine; —* 625 b, Queen Mary,
IV, 1, 22: *the Holy Father* ("die geistliche Oberherrschaft,
Staat im Staate") *in a secular kingdom is as a soul descending
out of heaven into a body generate;* ähnliche Personen-
substitution: 622 b, Queen Mary, III, 6, 1: *you cannot
see the Queen: Renard denied her (= her presence, admission
to her), even now to me;* ferner: 629 b 8, Queen Mary, IV,
2: *who can foresee himself (= his own conduct); —* 706 b,
8 u., Becket, I, 3: *my lord, thine ear! I have the ear of the
Pope (= confidence),* — mit der beliebten Wortwiederholung
(§ 146); inhaltlich ähnlich: 709 a 16, Becket, I, 3: *and Becket
had my bosom on all this;* 796 a, Promise May, III·
*they say the master goäs cleän off his 'eäd when he 'eärs the
naäme on 'im; —* 829 b, 4 u., Foresters, IV, 1: *the land has
come between us* (d. h. "das Unglück des Landes macht
unsere Ehe derzeit unmöglich"); — 831 b, 3 u., Foresters,
IV, 1: *shall I undertake the knight* (für *to fight with the
knight) at quarterstaff?*

§ 187. Auch bei der Wahl der Epitheta — Adjektiva und Partizipia — zieht der Dichter vielfach konkrete
abstrakten vor; ganz besonders beliebt ist *iron:* 58 b 6,
Dream Fair Women, 104: *that sad place, which men called*

Aulis in those iron years (s. Rowe-Webb z. St.); 154 a 1,
A y l m e r's F i e l d , 727 : *a sudden twitch of his iron mouth;*
272 a 4, I n M e m., 90, 8: *an iron welcome;* 297 b, M a u d,
I, XVIII, IV, 9: *your iron skies;* 677 a 7, H a r o l d, III,
2 : *a breath that fleets beyond this iron world;* andere Stellen
s. in der alten anonymen Tennyson-Konkordanz von 1870
(London, Strahan)[1]); — sonstige Beispiele: 279 a, I n M e m.,
110, 11: *the b r a z e n fool;* — 280 b, I n M e m., 116, 1:
regret for b u r i e d time; — 299 a 8, M a u d, I, XIX, IV, 12:
Maud's d a r k father and mine; — 300, M a u d, I, XX, II,
2: *our p o n d e r o u s squire;* — 380 b, M e r l i n V i v i e n, 11:
out of n a k e d knightlike purity (für *mere);* vgl. 386 a 1,
M e r l i n V i v i e n, 341: *I tell you the c l e a n truth;* — 462 b
20, G u i n e v e r e, 417 : *r e d ruin*[2]*);* vgl. 451 a 26, L o s t
T o u r n a m e n t, 496: *the red dream* ("Traum von Blut");
540 b 16, T i r e s i a s, 153: *the red God (= Arês);* — 549 b 2,
A n c i e n t S a g e, 105: *thin minds, who creep from thought to
thought.* — Dasselbe beim A d v e r b: 825 a, 2 u., F o r e s t e r s,
III, I: *the oppression of our people moves me so, that when
I think of it h o t l y (= with passion, emotion) . . .*

§ 188. Auch die Wahl konkreter oder wenigstens konkreterer V e r b a statt abstrakter läßt sich mehrfach belegen:
247 a, I n M e m., P r o l o g u e, 3: *Strong Son of God
. . . whom we by faith . . . alone e m b r a c e:* für geistiges "Erfassen"; ja sogar *clasp* für ein geistiges *embrace:* 610 b 4,
Q u e e n M a r y, III, 3: *in Britain's calendar the brightest day
beheld our rough forefathers break their Gods and c l a s p the
faith in Christ;* — zu 303 b: Urform von M a u d, II, IV,
Churton Collins, p. 275, Z. 18: *I p a i n t the beauteous face
of the maiden that I lost . . . in my inner eyes again* (das Bild
ist weiter ausgeführt: *I can s h a d o w f o r t h my bride . . .);*
336 b 26, G a r e t h L y n e t t e, 1137: *you mistrusted our
good King would h a n d l e*[3]*) scorn* ("sich abgeben, befassen

---

[1]) Zu *iron crag* (474 a 18, P a s s i n g A r t h u r; s. § 81) vgl. *the
iron crags* bei S h e l l e y, *Prometheus,* IV, 308.

[2]) Vgl. C o l e r i d g e, *Relig. Musings,* 189.

[3]) Die Vorliebe für dieses Verbum zeigen schleppende Phrasen
wie: 81 b 5, W a l k i n g t o M a i l, 16: *he lost the sense that h a n d l e s daily
life* (für einfaches *sense for daily life);* 657 a, 7 u., H a r o l d, I, 1: *in all
that h a n d l e s matters of the state* ("betrifft"), *I am the King.*

mit —"); 401 b 17, Lancelot Elaine, 385: *the blood
sprang to my face* (wo das abgenütztere und weniger an-
schauliche *rush* gewöhnlich ist); ebenso bild*l*ich 250 b, In
Mem., 12, 1: *as a dove, when up she springs* (für *starts);*
— 702 a 11, Becket, I, 2: *He sued my hand. I shook at him*
(abwehrende Bewegung — für *refuse* —, oder ist wirklich
zu verstehen: *I trembled at the very sight of him?);* — 724 b,
Becket, III, 1, 12: *that he should ... spread (= develop himself) into the man;* — 750 a, Cup, I, 1, 11: *Rome will chain,
or slay him (chain = imprison).* —

§ 189. Es erübrigt nur noch ein Typus der Wahl
konkreten Ausdrucks für abstrakten; er ist *d*eshalb besonders beachtenswert, weil er der Rede vielleicht noch mehr
Leben und phantasie-anregen*d*e Kraft verleiht als die bisher besprochenen. Sein Wesen besteht *d*arin, daß statt einer
Wahrnehmung *o*der Vorstellung unmittelba*r d*eren konkreter Inhalt eintritt, ohne daß besonders angegeben wür*d*e,
daß es sich um den Gegenstan*d* nur als Gehalt einer Vorstellung *o*der Wahrnehmung und nicht als das *r*eale Objekt
der Außenwelt handelt. Das vollen*d*etste und in seiner Unmittelbarkeit wirkungsvollste Beispiel ist wohl das Er-
wachen des in Träumereien von der Heimat versunkenen
Enoch zur rauhen Wirklichkeit: 134 b 3, Enoch Arden,
611: *and when the beauteous hateful isle return'd upon
him ...: d.* h. "als die Wahrnehmung, er befinde sich auf
der einsamen Tropeninsel und nicht zu Hause, wie*d*er in
sein Bewußtsein einkehrte"; diesem Fall am nächsten steht
451 a 28, Last Tournament, 498: *out of Tristram waking,
the red dream fled with a shout, and that low lodge* (in der
er sich befan*d*) *return'd, mid-forest, and the wind among the
boughs.* — Überdies können noch angeführt werden: zunächst *d*rei Beispiele nicht konkreter Art, aber in ihrer
Unmittelbarkeit dem eben zitierten Muster wesensgleich:
135 a 5, Enoch Arden, 645: *he shook his isolation
from him* ("das Bewußtsein seiner Vereinsamung"); ebenso
362 a 26, Geraint Enid, 518: *her desolation came
upon her;* ferner 258 a, In Mem., 41, 14: *my nature rarely
yields to that vague fear implied in death (idea of death);*
endlich auch: 58 a 10, Dream Fair Women, 79: *the smell
...pour'd back into my empty soul and frame the times*

when I remember to have been joyful... ("Erinnerung an die Zeiten...").— Nun folgen aber ganz konkrete Fälle: 273 b 10, In Mem., 95, 34: *word by word... the dead man touch'd me from the past:* d. h. "die Vorstellung von ihm stieg in mir auf", denn die eigentliche mystische Vereinigung mit *living soul* des Freundes folgt erst auf diese Vorstufe; vgl. 298 b, Maud, I, XIX, II, 7: *that dead man at her heart and mine;* — 285 a 36, In Mem., Epilogue, 72: *the grave that has to-day its happy side:* eine künstlerische Verquickung von Abstraktum und Konkretum: "wie das Grab heute mit einer Seite der Sonne zugekehrt ist, gerade so hat die Vorstellung vom Toten heute ihre 'sonnige Seite'"; — 289, Maud, Part, I, III, 7: *face... growing upon me without a sound;* vgl. 88 a 8, Stylites, 173: *I saw their (devils') faces grow* ("auftauchen") *between me and my book;* ferner: Life, Tauchnitz Ed., II, 70: To A. H. H. (urspr. In Mem., 108), 3: *the face that dwells with reason cloister'd in the brain* (Erinnerungsbild von des Freundes Antlitz); fast unklar (durch Hinzutritt einer Hypostasierung) ist der analoge Fall: 477 b 17, Lover's Tale, I, 85: *that perfectness which I do bear within me:* Bild der Geliebten; — 315 a 18, Coming Arthur, 391: *presently thereafter follow'd calm, free sky and stars* ("Sichtbarwerden der Sterne"); 428 a 21, Holy Grail, 586: *the Quest faded in my heart,* 474 a 15 (Passing Arthur): *therewithal came on him the weird rhyme, "From the great deep. ."* etc. 476 b 16, Lover's Tale, I, 36: *it grows upon me now — the semicircle of dark-blue waters and the narrow fringe of curving beach;* — vom Inhalt eines Traumes: 620 b, 3 u., Queen Mary, III, 5: *how oft the falling axe, that never fell, hath shock'd me back into the daylight truth that it may fall to-day;* vgl. noch 641 b, 9 u., Queen Mary, V, 2: *I never read, I tear them; they come back upon my dreams* (für *upon me in my dreams* nach § 183); — 655 a 17, Harold, I, 1: *not stagger'd by this ominous earth and heaven* (= *by the aspect of* —). —

In ähnlicher Weise erscheint der Inhalt einer Äußerung für sie selbst eingesetzt in: 452 b 12, Last Tournament, 566 (Tristram über Isolde zu ihr selbst): *soft, gracious, kind, save when thy Mark is kindled on thy lips* (*thy Mark* für *mention of thy Mark)*; nächst verwandt ist Isoldens Klage: 454 a 7, Last Tournament, 648: sie sei *broken with Mark and hate and solitude*, — wo wieder *Mark* als Zentrum eines *drückenden* Vorstellungskreises für *dessen* ganzen Umfang gesetzt ist.

§ 190. Mit diesem Typus "Vorstellungsinhalt für Vorstellung" berührt sich aufs engste ein anderer, welchen ich mit dem Schlagwort "Sein für Schein" bezeichnen möchte, und der auf Einsetzung einer konkreten Erscheinung selbst für deren Abbild in Vorstellung, Rede oder festem Stoff (Statue, Bild) beruht; so in dem hübschen Scherz: 167 a 3, Princess, Prologue, 98 (nach Aufzählung der Festgäste): *and there was Ralph himself, a broken statue* (eines Ahnherrn) *propt against the wall, as gay as any; Lilia ... had wound a scarf of orange round the stony helm, and robed the shoulders in a rosy silk, that made the old warrior from his ivied nook glow like a sunbeam;* ibid. Vers 24 (119): *above their heads I saw the feudal warrior lady-clad;* hingegen am Schluß der Dichtung, 217 b 27: *Lilia ... disrobed the glimmering statue of Sir Ralph from those rich silks ...*

Weitere, nicht so ausgeführte, zum Teil auch weniger bewußte und mehr ökonomisch als artistisch begründete Beispiele sind:

— 186 a 2, Princess, III, 330: *a tent of satin elaborately wrought with fair Corinna's triumph;* ebenso 201 a 25, Princess, V, 355: *bronze valves, embossed with Tomyris and what she did to Cyrus;* — 233 b 19, Daisy, 55: *porch-pillars on the lion resting;* vgl. 126 b 8, Enoch Arden, 98: *the portal-warding lion-whelp ... of the lonely Hall;* — 270 b, In Mem., 87, 7: *I heard ... thunder-music (of the organ), rolling, shake the prophet blazoned on the panes (of the College chapel);* — 321 a 19, Gareth Lynette, 212: *barefoot on the keystone (of Camelot gate) ... the Lady of the Lake stood* (ihr Standbild); vgl. ibid. 32 (225): *high on the top were those three Queens, the friends of Arthur ...* Ebendaselbst findet sich Vers 30 (223) als Mittelding zwischen logisch genauer Darstellung und unserem Kunstmittel die Wendung: *... were Arthur's wars in weird devices done, new things and old co-twisted, as if Time were* *nothing,* zu welcher Ausdruckskürzung sich die eigenartig markige alliterierende Phrase Seite 322 b 8, Gareth Lynette, 298, vergleichen läßt: *palaces, rich in . . . the work of ancient kings who did their days in stone;* ferner vergleiche man dazu: 337 a 20, Gareth Lynette, 1159: *a hermit . . ., whose holy hand hath fashion'd on the rock the war of Time against the soul of man.*

Von den ganz unmittelbaren Beispielen sind noch zu zitieren:

— 375 b 6, Balin Balan, 160: *a goblet . . . boss'd with holy Joseph's legend; . . . one side had sea and ship and sail and angels blowing on it: and one was rough with wattling, and the walls of that low church he built at Glastonbury;* — 422 b 21, Holy Grail, 238: *all the light that falls upon the board, streams thro' the twelve great battles of our King* (sc. *emblazon'd on the window-panes);*

491 b 21, Lover's Tale, II, 166: *a room . . ., hung round with paintings of the sea, and one a vessel in mid-ocean, her heaved prow clambering, the mast bent and the ravin-wind in her sail roaring.* Hier ist also der Inhalt der Abbildung zu ihrer Bezeichnung *(one = a painting)* appositiv hinzugefügt. Ein grammatisch ganz analoger Fall ist 571 a, To Virgil, VII: *. . . golden branch amid the shadows, kings and realms that pass to rise no more* (wo wir Genetivverbindung erwarten würden: *of kings . . .).* —

Kühner als alle diese angeführten substantivischen Ausdrücke sind ähnliche Wendungen verbaler Natur, durch welche die bildliche Darstellung einer ganzen Handlung vergegenwärtigt wird: 28 b, Lady Shalott, III, 6: *a redcross knight for ever kneel'd to a lady in his shield*[1]), 422 b 24 ff., Holy Grail, 241: *one (painted window) there is . . . where Arthur finds the brand Excalibur. And also one to the west, . . . blank: . . . there perchance, when all our wars are done, the brand Excalibur shall be cast away;* ebenso 496 b 19, Golden Supper, 206: *cups where nymph and god ran ever round in gold.* —

---

[1]) Rowe-Webb, *Selections from Tennyson,* zitieren zur Stelle Keats, *Ode on a Grecian Urn,* II, wo es von den abgebildeten Figuren heißt: *for ever wilt thou love, and she be fair!*

§ 191. Nicht nur bei Abbildungen aus und auf festem Material, sondern auch bei flüchtigen, vorübergehenden Abbildern kommt diese Substitution von Gegenstand für Bild vor; der häufigste und poetisch schönste Typus dieser Gattung ist die Anwendung des Kunstmittels auf die Spiegelbilder von Himmel, Mond, Sternen und umgebenden Gegen ständen im Wasser:

— 208 b 3, Princess, VI, 253: *on her mouth a doubt ful smile dwelt like a clouded moon in a still water;* vgl. Longfellow, An April Day; *in the blue lake ... the moon dips her horn, and twinkles many a star;* vgl. ferner die in § 82 besprochene kompliz+iertere Parallelstelle 117 b, Voyage, IV, 5: *far ran the naked moon across the houseless ocean's heaving field, or flying shone, the silver boss of her own halo's dusky shield;* schön auch 119 a, Farewell, 13: *a thousand suns will stream on thee (rivulet), a thousand moons will quiver;* — übrigens schon in Poems by Two Brothers, 132, 10 (Walk at Midnight): *the gushing stream, where trembles the uncertain moon;* ganz exakt hingegen und dabei doch reizvoll ist der Ausdruck in dem Falle: 251 b, In Mem., 16, 9: *some dead lake that holds the shadow of a lark hung in the shadow of a heaven*[1]) — und neckisch-genau heißt es 212 b 18, Princess, VII, 135: *... if a dream, ... sweet dream ... stoop down and seem to kiss me ere I die.* — "Sein für Schein" aber wieder: 250 a 6, In Mem., 9, 10: *sleep, gentle heavens, before the prow* (Spiegelung des Himmels im Meere). — Eines der allerschönsten Beispiele liegt wohl vor: 332 b 25, Gareth Lynette, 916: der Ritter "Morgenstern" rüstet sich mit Hilfe von drei Dienerinnen am Ufer des Stroms: *in the stream beneath him, shone immingled with Heaven's azure waveringly, the gay pavilion and the naked feet, his arms, the rosy raiment, and the star* (Abglanz des Sterns, welcher seinen Schild schmückt); ebenso an der parallelen Stelle vor dem Kampfe mit "Evening-Star": 335 b 3, Gareth Lynette, 1055: *there beyond a bridge of treble*

---

[1]) Viel prosaischer bei Wordsworth, ed. Morley, p. 196 a, Yarrow Unvisited, 44: *Let beeves and home-bred kine partake The sweets of Burn-mill meadow; The swan on still St. Mary's Lake Float double, swan and shadow!*

*bow, all in a rose-red from the west, and all naked it seem'd,
and glowing in the broad deep-dimpled current underneath,
the knight, that named himself the Star of Evening, stood;* —
ferner (mit bewußter Ausführung des Bildes): 476 a,
L o v e r ' s T a l e, I, 11: *thou (quiet bay) didst receive the
growth of pines that fledged the hills that watched thee, . . . in
thine own essence, and delight thyself to make it wholly thine
on sunny days.* — 852 b 16 f., R i n g, 51 ff.: *I never saw it
(the tower) yet so all ablaze with creepers crimsoning to the
pinnacles, . . . and all ablaze too in the lake below!* ebenso
855 a 19 ff., R i n g, 180 ff.: *when the tower as now was all
ablaze with crimson to the roof, and all ablaze too plunging in the lake head-foremost — who were those that stood
between the tower and that rich phantom of the tower?* —
Weniger effektvoll die frühere Stelle: 236 a, R e q u i e s c a t,
3—4: *. . . her cottage . . . sees itself from thatch to base dream
in the sliding tides.*

Ihre Parallele im trockenen Element des Lichtes finden
diese Wasser-Bilder in der Stelle: 648 b 4, Q u e e n M a r y,
V, 5: *the moonlight casements pattern'd on the wall;*
ferner in dem ausgeführten Bild: 494 b 6 ff., G o l d e n
S u p p e r, 57 ff.: *her breast as in a shadow-prison, bars of
black · and bands of silver, which the moon struck from an
open grating overhead;* — sowie endlich in den Bildern der
Außenwelt im Spiegel der Dame von Shalott: 28 b 22 f.,
L a d y S h a l o t t, II, 24 f.: *sometimes thro' the mirror blue
the knights come riding two and two,* etc. —

Als einigermaßen verwandt sei schließlich hier noch
die Stelle angeführt: 166 b 30, P r i n c e s s, P r o l o g u e,
93: *thro' one wide chasm of time and frost they (ruins) gave
the park, the crowd, the house (= a view of . . .).* —

§ 192. In allen diesen Beispielen (ausgenommen natürlich das letzte) erscheinen statt täuschend ähnlicher Trug-
bilder die Gegenstände selbst genannt; ein Schritt weiter
nun ist die kühne Verwendung wirklicher optischer Täuschungen zu poetischen Zwecken, wie wir sie in folgenden
Fällen finden:

215 b 19, P r i n c e s s, VII, 336: *as the golden Autumn
woodland reels athwart the smoke of burning weeds* (das
Zittern der erhitzten Luft über dem Feuer); eine ähnliche

Erscheinung liegt zu Grunde dem Bilde: 271 a, In Mem.,
89, 16: *the landscape winking thro' the heat;* — 250 b 1, In
Mem., 11, 10: *yon great plain that sweeps with all its
autumn bowers, and crowded farms and lessening towers, to
mingle with the bounding main:* die scheinbare Flucht des
Landes vor den Blicken des absegelnden Seemannes;
ebenso schön hieß es schon 118 a, Voyage, VII, 1: *o
hundred shores of happy climes, how swiftly stream'd ye by
the bark!* — eine Art Gesichtstäuschung ist es auch, was
der Godiva auf ihrem Ritte durch die Stadt ihre erregte
Einbildungskraft vorspiegelt: 104 a 21, Godiva, 57: *the
little wide-mouth'd heads upon the spout had cunning eyes to
see...; and overhead fantastic gables, crowding, stared*

Den Sinnestäuschungen parallel sind Täuschungen des
geistigen Gesichtes; hiefür das etwas bittere Beispiel: 305 b,
Maud, II, V, III, 3 (im Irrenhause): *there is one of us
sobbing...; another, a lord of all things, praying to his own
great self...*

Eine beabsichtigte Täuschung von Anschauung und
Urteil ist die Verleumdung; auch für das von ihr ent-
worfene Bild kann die Bezeichnung der Person selbst
mit *restringierender* Klausel — eintreten: 527 a 7, Columbus, 124: *to judge between my slander'd self and me
(= between the image slander had made of me, — and my
own true self).* Ganz ähnliche psychologische Struktur
zeigt die Stelle: 156 b 1, Sea Dreams, 30: *the gentle-
hearted wife sat shuddering at the ruin of the world (= at
the picture of doomsday, as drawn by the preacher).*

Zuletzt sei von dieser Gruppe ein schönes Beispiel
angeführt, in welchem das durch Musik dem geistigen Auge
vorgezauberte Bild ebenso unmittelbar ausgemalt wird:
679 a 17, Harold, IV, 1: *he (Griffyth) loved his land...
his finger on her harp had in it Wales, her floods, her
woods, her hills* (es vergleichen sich die Worte Cyranos von
Bergerac beim Spiel des *fifre* im 4. Akt von Rostands
Stück: *"Écoutez, les Gascons, c'est toute la Gascogne!"*)
— Für die naturgemäß zahlreichen Fälle unmittelbarer
Vorführung von Erinnerungs- und Phantasiebildern überhaupt stehe hier nur die Stelle: 85 a 30—32 (Edwin
Morris, Schluß): *for in the dust and drouth of London life*

*she moves among my visions of the lake, while the prime
swallow dips his wing, or then while the gold-lily blows, and
overhead the light cloud smoulders on the summer crag.* —

§ 193. Eine besondere Gruppe der Enallagen "Sein
für Schein" bilden ferner Fälle der unmittelbaren Nennung
von Personen an Stellen, wo nur von ihrem N a m e n, nicht
von ihnen selbst die Rede ist:

— 224 b, M a r i e A l e x a n d r o w n a, II, 9: *loyal pines
of Canada murmur t h e e (thy name);* — 400 b 17, L a n c e l o t
E l a i n e, 304: *all his legions crying C h r i s t and h i m
(= Christ's name and his);* 475 a 13, T o Q u e e n, 27: *the
full city peal'd T h e e (Victoria) and t h y P r i n c e (Albert);*
— 841 a, F o r e s t e r s, IV: *surely these old oaks will murmur
thee, Marian along with Robin;* 845 b 7, D e m e t e r
P e r s e p h o n e, 71: *(I) heard the murmur of their temples
chanting m e, m e, the desolate Mother.* — Bildlich verwertet
ist dieser Gebrauch in der Wendung: 122 a 9, V i s i o n
S i n, IV, 41: *name and fame! to f l y s u b l i m e thro' the
courts, the camps, the schools!*

Als diesen aufs engste verwandt führe ich noch die
zwei Fälle an: — 272 b, I n M e m., 92, 8: *a wind of memory
murmuring t h e p a s t (= tales of the past),* — und: 618 b 9,
Q u e e n M a r y, III, 4: *the legate is here a s P o p e a n d
M a s t e r o f t h e C h u r c h:* der Vertretene für den Stell-
vertreter.

Hingegen kommt als Gegenstück zum Typus "Person
für Name" ein ungefähr umgekehrter Fall, nämlich *name*
als direkte Apposition zur Bezeichnung der Person, also
gleichsam mit ihr gleichgestellt, vor: 323 b 25, G a r e t h
L y n e t t e, 377: *the messenger of M a r k, a n a m e of evil
savour in the land, the Cornish king;* ebenso 347 b 19,
M a r r i a g e G e r a i n t, 417: *Geraint, a n a m e far-sounded
among men;* vgl. auch noch 205 b 4, P r i n c e s s, VI, 77:
*(Ida) call'd them (brothers) dear deliverers, and happy warriors,
and immortal n a m e s.* — Ähnlicher Parallelismus zwischen
"Person" und "Name": 544 b, W r e c k, XII, 8: *an answer
came, not from the nurse — nor yet to the w i f e — to her
m a i d e n n a m e!* —

§ 194. Anschließend an diese letzten drei will ich
überhaupt einige Fälle anführen, in denen nicht "Sein für

Schein", sondern umgekehrt "Schein für Sein" eintritt,
ohne daß der Inhalt es notwendig fordert: es sind gewisse
Wendungen mit *shadow* (das schöne Beispiel vom Schatten
der Lerche im Wasser wurde schon § 191 zitiert); man
könnte sie als "Hyperbeln der Entstofflichung" *(sit venia
verbo)* bezeichnen:

— 181 b 31, Princess, III, 80: *light, as flies the shadow
of a bird, she fled;* — 663 b, 5 u., Harold, II, 2: *I should
be as the shadow of a cloud crossing your light.* —

Andere Typen von "Schein für Sein" sind:

— 247 a, In Mem., Prologue, 13: *thou seemest
human and divine:* Christus ist wirklich Gott und Mensch·

sehr feinsinnig hingegen steht *seem*, nur scheinbar für
to be, in demselben Präludium, Zeile 33 ff.: *forgive what
seem'd my sin in me* (d. h. *quidquid Tibi, Deus, peccatum
visum est)* — *what seem'd my worth (quidquid mihi meritum
visum est) since I began; for merit lives from man to man,
and not from man, o God, to Thee.* — Noch ein Beispiel
von "Schein für Sein": 276 b 3, In Mem., 102, 24: *they (the
two rivalling feelings) mix in one another's arms to one pure
image of regret:* d. h. als Ergebnis ihrer Fusion bietet
die Seele das "Bild" vollendeter Reue.

Einmal hat auch der Dichter, wie wir das schon bei so
vielen seiner sprachlichen Kunstgriffe beobachten konnten,
das Wesen des angewendeten Stilmittels — Schein für Sein
erkannt, aufgegriffen und rhetorisch verwertet: 298 b,
Maud, I, XIX, I, 2: *Her brother is coming back to-night,
breaking up my dream of delight. My dream? do I
dream of bliss? I have walk'd awake with Truth.* —

Wieder einmal will ich mit dem schönsten Beispiel den
Abschnitt schließen: 574 a, My Brother's Sonnets, III,
3: *far off a phantom cuckoo cries from out a phantom
hill:* die dämpfende Wirkung von Nacht, Nebel und Entfernung auf Auge und Ohr wird gewissermaßen hyperbolisch
ausgedrückt.

———

§ 195. Mit der Erörterung der so erledigten Probleme
ist aber das Verhältnis der abstrakten zu den konkreten
Elementen der Dichtersprache noch nicht erschöpft: die
Betrachtungen darüber müssen nämlich noch durch eine

Untersuchung der Verteilung von allgemeinen und besonderen Ausdrücken ergänzt werden. Das Gewichtsverhältnis dieser beiden Ausdrucksqualitäten bei einem Dichter ist deshalb interessant und der Untersuchung würdig, weil einerseits die so erstrebenswerte größere Anschaulichkeit unstreitig auf Seite des Besonderen steht und andererseits der Autor dennoch — nach dem aristotelischen Grundsatze "ἡ ποίησις μᾶλλον τὰ καϑ' ὅλον, ἡ δ' ἱστορία τὰ καϑ' ἕκαστον λέγει"[1]) — aus der schwungvollen Gehobenheit allgemeiner Ausdrucksweise nicht zu tief ins prosaische Reich des Besonderen und Einzelnen hinabsteigen darf. Wie sich nun der Sprachkünstler mit dieser Schwierigkeit von Fall zu Fall abzufinden und einen Mittelweg zu schaffen sucht, kann am besten die Gegenüberstellung von Verzeichnissen allgemeiner Ausdrücke, die er für erwartete besondere gebraucht, und besondere, die er an die Stelle erwarteter allgemeiner setzt, beleuchten.

Beginnen wir — parallel zur früheren Behandlung von Abstraktum und Konkretum mit der Rubrik "Allgemeines für Besonderes"·

— 1, To Queen, 9: *should your greatness ... yield you time: greatness* = "die Beschäftigungen eures hohen Standes"; *N. E. D.* s. v. 4: *eminence of rank or station; great or exalted rank, place or power;* — 28 a, Lady Shalott, I, 17: *four gray walls, and four gray towers, overlook a space of flowers;* vgl. 185 b 22, Princess, III, 318: *flowery levels ... full of all beauty;* — 54 b, Choric Song, I, 3: *night-dews on still waters between walls (waters = pools);* ebenso 68 a, Morte d'Arthur, 12: *on one side lay the Ocean, and on one lay a great water* (über den Effekt gerade dieser Wendung s. Rowe und Webb z. St.);

55 b, Choric Song, V, 6: *to hear each other's whisper'd speech (= words);* — 64 a, You ask me..., 14: *by degrees to fullness wrought (= fully developt, grown ripe), the strength of some diffusive thought...;* vgl. 92 b, Love Duty, 6: *shall the braggart shout for some blind glimpse of freedom work itself thro' madness... to law ..;* vgl. 263 b, In Mem., 65, 6: *till out of painful phases wrought, there*

---

[1]) Zitiert aus Kap. 9 der Poetik bei Gerber, I, S. 51.

flutters up a happy thought; 85 b, S t y l i t e s, 21: *take the meaning* (= "verstehe mich recht"); ein konkretes *take:* 250 a, I n M e m., 10, 14: *the clover sod, that t a k e s the sunshine and the rain;* vgl. ferner 251 b, I n M e m., 16, 5: *doth she (sorrow) only seem to take the touch of change* (= assume the external aspect, the hue of —)...; *but knows no more of transient in her deep self...;* — 93 a 1, L o v e D u t y, 21: *thou art m o r e thro' love and g r e a t e r than thy years:* die allgemeinen Ausdrücke beziehen sich, wie das Folgende *knowledge, wisdom* zeigt, auf intellektuelle Entwicklung; vgl. 101, 36, L o c k s l e y H a l l, 142: *the individual withers, and the world is m o r e and m o r e (= goes on in development);* 94 a 7, L o v e D u t y, 87: *Memory's darkest h o l d* (man sähe ganz gern ein bildliches *cell, nook* oder *recess);* — 102, 26, L o c k s l e y H a l l, 168: *I will take some savage woman, she shall rear my dusky r a c e* ("Nachkommenschaft"); — 105, S l e e p i n g P a l a c e (D a y - D r e a m), VII, 2: *when will... thought and t i m e be born again (time* = "Lauf, Bewegung der Zeit": weil der hundertjährige Schlaf Dornröschens und des Hofes beständige regungslose Gegenwart ist); vgl. 120 a 3, C o m e n o t..., 9: *I am sick of T i m e* (des eintönigen Kreislaufes der Zeit, fast gleich *of life);* vgl. ferner 258 b, I n M e m., 43, 14: *as when he loved me here in T i m e* ("im zeitlich beschränkten irdischen Leben"); anders: 262 b, I n M e m., 61, 4: *all the circle of the wise, the perfect flower of human t i m e (= history of humanity);* unklar 272 a, I n M e m., 91, 6: *the form by which I know thy spirit i n t i m e among thy peers* (vielleicht "zeitliches Leben", im Gegensatz zum ewigen); — 105 a, S l e e p i n g P a l a c e, II, 3: *the fountain to his p l a c e (= source) returns;* beabsichtigt und gelungen ist ein solches *place* in der Stelle: 109 a 42, A m p h i o n, 86: *arbours clipt and cut, and alleys, f a d e d p l a c e s:* der allgemeine Ausdruck charakterisiert das Saftlose, Staubige, eintönig Langweilige solcher Gartenanlagen; 153 a 21, A y l m e r 's F i e l d, 688: *all neglected p l a c e s of the field broke into nature's music* (blühten auf) *when they saw her;* schön ist: 303 b, M a u d, II, IV, II, 2: *when I was wont to meet her in the silent woody p l a c e s;* 354 b 12, G e r a i n t E n i d, 31: *gray swamps and pools, waste p l a c e s of the hern;* — 110 b 14,

Sir Galahad, 50: *on my goodly charger borne, thro' dream-*
ing towns I go (pass erwarten wir); 121 b, Vision Sin,
IV, 3: *take my brute, and lead him in* (für *horse;* deutsch:
"mein Tier"); in Fällen freilich, wie 147 a 12, Aylmer's
Field, 291: *like a beast hard-ridden, breathing hard*
(sc. *for rage)* — ist ein speziellerer Ausdruck von vorn-
herein ausgeschlossen; 123 b 5, Vision Sin, V,
11: *he had not wholly quench'd his power; a little grain of*
conscience made him sour (power bedeutet, wie der erklärende
Zusatz ergibt, *moral instinct);* anders 148 b 20, Aylmer's
Field, 393: *he had powers* ("Begabung"), *he knew it: back*
would he to his studies, make a name ...; ebenso *(intelectual*
abilities): 285 a 1, In Mem., Epilogue, 37: *thou art ...*
full of power; — 135 b 13, Enoch Arden, 687: *a front*
of timber-crost antiquity, so propt, worm-eaten, ruinously old,
he thought it must have gone: der allgemeine Ausdruck ist
absichtlich gebraucht, um eine Art Wortspiel zu erzielen:
"but he was gone who kept it"; vgl. 261 b, In Mem., 56,
4: *a thousand types are gone: I care for nothing, all shall go*
(der Infinitiv ist in *dieser* Bedeutung weniger geläufig);
143 b 27, Aylmer's Field, 78: *these had been together from*
the first ("seit jeher, von Kindheit an"); dementsprechend
153 b 10, Aylmer's Field, 709: *they might have been*
together till the last; — 159 a 14, Sea Dreams, 194: *will*
you hear my dream, for I had one that altogether went to
music; vgl. 160 a 1, Sea Dreams, 246: *this tide's roar,*
and his ... went both to make your dream; 170 b 1, Princess, I, 75: *a sister ..., who moves about the princess* (als
Gefolgsdame; über die Vorliebe für *move* s. lexikogr. Teil);
186 a 19, Princess, III, 347: *all the rosy heights came*
out above the lawns ("hoben sich schärfer ab, traten deutlicher hervor": Sonnenuntergang); — 208 a 8, Princess,
VI, 208: *our palace ... where we withdrew from summer*
heats and state (state affairs); 233 b 37, Daisy, 73:
we past from Como when the light was gray ("in der Dämmerung"): die ganze italienische Reise wird in *Daisy* in
breiten Zügen und allgemeinen Umrissen erzählt); 246 b,
Marriage Morning (Zyklus The Window) 7: *woods*
where we hid from the wet, stiles where we stay'd to be kind;
meadows in which we met: ("to be kind" = to show kindness,

durch Hinüberhelfen?); — 247 a, In Mem., Prologue, 6: *thou madest Life in man and brute; thou madest Death; and lo, thy foot is on the skull which thou hast made* (der Ausdruck stammt aus George Herbert: *the dust which Thou hast made;* zitiert von Churton Collins, *Illustrations of Tennyson,* p. 97; doch auch schon in der Bibelstelle John, 1, 3: *all things were made by him: and without him was not anything made that was made;* hier auch schon dieselbe kunstreiche Wortwiederholung s. § 146 — wie bei Tennyson); — 251 b, In Mem., 16, 11: *the shock, so harshly given* (Reimwort zu *Heaven);* — 252 a, In Mem., 18, 3: *from his ashes may be made the violets of his native land;* — 255 b, In Mem., 31, 13: *behold a man raised up by Christ:* "von den Toten auferweckt" absichtlich allgemein ausgedrückt, weil das ganze Stück vom Geheimnis des Todes handelt; — 257 a, In Mem., 36, 1: *tho' truths in manhood darkly join (= grow into a system, a synthesis),* — 257 a, In Mem., 37, 19: *dear to me as sacred wine.* ursprünglich schrieb Tennyson *sacramental wine,* dann erschien ihm dies zu prosaisch-deutlich; — 258 b 6, In Mem., 41, 22: *the wonders that have come to thee:* nur der Zusammenhang ergibt, daß die Phrase bedeutet *the wondrous results thou hast achieved in self-development;* — 259 a, In Mem., 44, 2: *here* (hienieden) *the man is more and more:* gemeint ist Zunahme von Bewußtseinselementen, Entwicklung der Erfahrung, wie der Gegensatz *but he forgets the days before God shut the doorways of his head* zeigt; — 260 b, In Mem., 51, 10: *shall love be blamed for want of faith:* wie der Zusammenhang ergibt, handelt es sich um Zuversicht, Vertrauen auf das bessere Element in der Seele des Freundes, dessen Fehler man kennt; — 266 b, In Mem., 77, 11: *a man ... may find, and ... turn the page that tells a grief, then changed to something else;* — 269 b 25, In Mem., 85, 85: *can clouds of nature stain the starry clearness of the free* ("nebelhafte Überreste der sinnlichen Menschennatur"); anders 341 b 23, Marriage Geraint, 32: *lest his gentle wife ... should suffer any taint in nature* ("Schaden an ihrem sittlich edlen Wesen, Charakter leiden" — durch den Verkehr mit Guinevere); ebenso 342 a 24, Marriage Geraint, 68: *suspicious that her nature had a taint;* —

278 b, In Mem., 108, 9: *what find I in the highest place:*
variiert ein hervorgehendes *heaven's highest height,* während
parallel dazu *the wells of Death* durch *depths of death* ab-
gelöst wird; — 303 a, Maud, II, II, VIII, 4: *a passion so
intense ... it well might drown all life in the eye* (für "Seh-
kraft, Beobachtungsvermögen"); — 307, Maud, III, III,
9: *battle, and seas of death* (d. h. Schauplatz eines blutigen,
tödlichen Seekampfes); 309 a, Coming Arthur, 15:
either (von zwei Königen) *fail'd to make the kingdom
one* ("unter seiner Herrschaft zu vereinigen"); — 309 a,
Coming Arthur, 19: *drew all their petty princedoms under
him ... and made a realm and reign'd;* dieselbe Phrase
317 b 13, Coming Arthur, 508; — 312 b 3, Coming
Arthur, 219: *many hated Uther for the sake of Gorloïs
(= because he had slain Gorloïs,* — wie vorhin erzählt wurde);
— 316 b 20, Coming Arthur, 478: *his knights have heard
that God hath told the King a secret word:* die Allgemeinheit ist natürlich beabsichtigt; ebenso 317 a 8, Coming
Arthur, 490: *in whom high God hath breathed a secret
thing* (eine geheimnisvolle Mission ist gemeint); — 340 a,
12, Gareth Lynette, 1322: *seeing ... a huge pavilion ...
sunder the gloomy crimson on the marge: marge* ist das
typische und immer wieder verwendete Wort für *horizon,*
— 344 a 11, Marriage Geraint, 200: *she put her horse
toward the knight;* — 379 b 12, Balin Balan, 586: *all at
once they found the world* ("nahmen wieder die Dinge um
sich wahr, kamen zur Besinnung"); — 431 a 3, Holy
Grail, 760: *the wholesome flower and poisonous grew together,
cach as cach (= each resembling the other), not to be pluck'd
asunder;* — 513 b 21, Sisters 269: *the sisters glide about
me ... nor can I tell one from the other* ("unterscheiden");
694 b, 7 u., Becket, Prologue: *that palate is insane which
cannot tell a good dish from a bad;* 891 b, Mechanophilus, 11—12: *Thought into the outward springs (= becomes outward reality), I find her with the eye (find* in der
alten Bedeutung "wahrnehmen"). —

§ 196. Als besondere Gruppe will ich noch Allgemeinheiten im adjektivischen Ausdruck hervorheben:

96 b, Tithonus, 14: *he seem'd to his great heart
none other than a God: great* = "von Freude geschwellt";

101, 5, Locksley Hall, 113: *the large excitement that
the coming years would yield;* — 108 b, Amphion, 9: *o had
I lived when song was great* ("als Dichter noch Ruhm
ernteten"); — 274 a, In Mem., 96, 8: *who touch'd a jarring
lyre..., but... strove to make it true (= harmonious* oder dgl.);
— 286 a, Maud, Part I, I, III, 1: *a vast speculation had
fail'd:* "weit ausholende"; — ein Komparativ: 278 a 8,
In Mem., 106, 20: *ring (bells) the fuller minstrel in*
("den vollkommeneren"); Superl.: 594 b, 2 u., Queen
Mary, II, 1: *I fail where he was fullest;* — ein Adverb:
116 b 37, Lord Burleigh, 57: *proudly turns he round and
kindly (= politely, courteously).*

Schließlich sei bemerkt, daß sich auch in der Wahl
von Präpositionen und Konjunktionen ähnliche
Erscheinungen finden:

— 279 a, In Mem., 110, 15: *I... loved them more,
that they were thine (that* für *for that* — oder *more* für *the
more);* Life, Tauchnitz Edition, II; 70, To A. H. H.
(urspr. In Mem., 108), 13: *a master-mind with (= among)
master-minds.*

§ 197. An lexikographischen Gruppenerscheinungen
der eben besprochenen Art kann es natürlich nicht fehlen;
gerade wegen ihrer Anzahl kann ich sie hier nicht heraus-
greifen, sondern muß auf Artikel wie *make, mix—mingle,
place, sound* und viele andere im lexikalischen Teile verweisen; an dieser Stelle will ich als einzige Illustration das
Verbum *to work* zitieren, welches als eine Art Slang-Ausdruck
von Künstlern — jeder Art — für ihr Schaffen gebraucht
wird und von dieser umgangssprachlichen Redeweise ausgehend, auch sonst die verschiedensten Arten von Schaffen
und Wirken allgemein ausdrückt:

75 a 26, Gardener's Daughter, 166: *work in hues to
dim the Titianic Flora* (in Farben "arbeiten", sagt der Maler in
seiner Werkstatt); — 94 b 11, Golden Year, 21: *these
measured words, my work of yestermorn;* — 185 a 20, Princess, III, 286: *a golden brooch: beneath an emerald plane sits
Diotima, teaching him that died of hemlock;*[1] *our device; wrought*

---

[1] Zugleich also ein schönes Beispiel für § 159 (Umschreibung)
und § 190 ("Sein für Schein").

to the life; 186 a 2, Princess, III, 330: *a tent of satin, elaborately wrought* ("gestickt") *with fair Corinna's triumph;* 249 a 5, In Mem., 6, 17: *I who wrought at that last hour to please him well* ("dichterisch arbeitete"); ebenso 256 b 3, In Mem., 34, 7: *some wild Poet, when he works without a conscience or an aim;* aber auch *make* für "dichten": 412 a 13, Lancelot Elaine, 1007: *she made a little song ...: sweetly could she make and sing;* — von Handwerksarbeit: 264 b, In Mem., 70, 5: *cloud-towers by ghostly masons wrought;* — von Kampfarbeit: 218 b, Wellington, V, 25: *he with those deep voices (of the cannons) wrought, guarding realms and kings from shame;* — 311 a 8, Coming Arthur, 127: *so well thine arm hath wrought for me to-day;* — anschließend an alles dies ein edleres *work* für geistiges Gestalten, Schaffen: 257 a, In Mem., 36, 9: *the Word had breath, and wrought with human hands the creed of creeds.* —

Wie *work* kommt auch *do,* wegen seiner Kürze bequem und — besonders in alliterierenden Formeln — nachdrucksvoll, für künstlerisches Schaffen und Berufsarbeit vor: so vom Werk des Soldaten: 222 b, Light Brigade, II, 7: *their's not to reason why, their's but to do and die (do =* "den Befehl des Feldherrn ausführen"); vgl. 892 a, Riflemen form! 22: *be ready to do or die!*[1]) ähnlich 540 a 11, Tiresias, 119: *for that sweet mother land ... nobly to do, nobly to die;* vom Werk des Künstlers: 321 a 28, Gareth Lynette, 22: *in the space to left and right, were Arthur's wars in weird devices done* ("in Relief abgebildet"), — und die schon einmal zitierte markige Formel: 322 b 8, Gareth Lynette, 298: *the work of ancient kings who did their days in stone.* —

§ 198. Nun stelle ich allen diesen Fällen von allgemeinem Ausdruck für besonderen gleich die auffallendsten Beispiele der entgegengesetzten Erscheinung gegenüber: besonderer, determinierter, und zwar nicht immer in der

---

[1]) Dieselbe Alternative bei Byron, *Siege of Corinth,* XXIX, 9: *they perforce must do or die.* Diese alliterierende Antithese scheint übrigens alt zu sein; s. z. B. die von Scott als Motto vor das 27. Kapitel von *Old Mortality* gesetzten alten Balladenverse: *I am bound to Bothwell-hill, Where I maun either do or die.* Vgl. auch *Let us do or die!* im letzten Verse von Burns' *Bannockburn.*

vom Inhalt geforderten Richtung *determinierter Ausdruck* ohne logische Notwendigkeit für allgemeineren — lediglich der anregenden Lebendigkeit und Kraft konkreter Sprache zuliebe.

Einer der gewöhnlichsten Typen ist: einzelne Jahres zeit oder Monat für "Jahr"; Monat, Woche, Tag, Jahr für "Zeit":

89 b 31, Talking Oak, 75: *in these latter springs* ("in den letzten Jahren"); 125 b 27, Enoch Arden, 57: *ere he touch'd his one-and-twentieth May;* — hieher auch die diskrete Angabe von Lady Psyches Alter: 174 b 24, Princess, II, 93: *on the hither side, or so she look'd, of twenty summers;* ihr Kind ist — ibid. 26 (95): *a double April[1] old;* vgl. ferner 221 a, Wellington, IX, 3: *far on in summers that we shall not see;* 238 b 1, Victim, III, 5: *the child was only eight summers old;* 801 a 1, Promise May, III: *Utopian idiotcies, they did not last three Junes.* Nun verschiedene Fälle anderer Art, aber auch temporal: 227, Grandmother, XVII, 3: *for Willy I cannot weep, I shall see him another morn:* für *day, viz. when I join him in heaven: morn* flicht sinnreich die Nebenvorstellung vom Tod als "Morgenröte" eines neuen Lebens ein; — 262 b, In Mem., 60, 10: *she sighs amid her narrow days* — für *life, existence,* noch dazu nicht in temporalem, sondern in modalem Sinne (wie das Epitheton zeigt); 267 a, In Mem., 80, 11: *he bears the burthen of the weeks:* für "Zeit", nämlich die er in Trauer um seinen Freund zubringt, mit der Bedeutungsnuance "graues Alltagsleben"; 272 b, In Mem., 92, 10: *yea tho' it (vision) spake and bared to view a faet within the coming year; and tho' the months, revolving*

---

[1] Tennyson hat die geographisch begründete Vorliebe für den April mit anderen englischen Dichtern (z. B. Chaucer) gemein: 122 b 30, Vision Sin, IV, 102: *tales of thy first love — April hopes;* 178 a 9, Princess, II, 303: *like an April daffodilly;* 205 a 8, Princess, VI, 50: *to rain an April of ovation round their statues* (Blumenregen); 278 b, In Mem., 109, 12: *thro' all the years of April blood* (Jugend); — anders freilich 73 a 22, Gardener's Daughter, 28: *hair more black than ashbuds in the front of March;* — und wo der Sinn es fordert: 874 a, Roses on Terrace, 2 (1889 oder 1890): *Rose, on this terrace fifty years ago, when I was in my June* (30 Jahre alt), *you in your May* (26 Jahre — Emily Sellwood, geboren 1813).

near, should prove the phantom-warning true: es kommt gar
nicht auf die zeitliche Entfernung, sondern auf Zukünftigkeit
im allgemeinen an. —

Nun eine Mosaik verschiedener anderer Beispiele:
26 b, Sonnet, VII, 11: *to lisp in love's delicious
creeds:* "Glaubensbekenntnisse" für "Bekenntnisse";
85 b, Stylites, 14: *a sign betwixt the meadow and the
cloud:* für die abgenützte und dadurch unanschauliche
Formel *between heaven and earth;* ebenso ist eine Redeformel
durch Determination neubelebt in dem Falle: 488 a 6,
Lover's Tale, I, 744: *...that men and boys may say*
für das alltägliche *old and young,* "groß und klein";
85 b, Stylites, 21: *I do not breathe, not whisper*
(nachdrücklich für *I do not utter) any murmur of complaint;*[1])
vgl. mit ähnlichem konkreten Nachdruck: 162 b 21,
Lucretius, 118: *I prest my footsteps into his* —
zum Ausdruck hingebungsvoller Jüngerschaft (Vorbild der
Phrase Lucrez, De rer. nat., 3, 3—4: *inque tuis nunc ficta
pedum pono pressis vestigia signis); — pause* für *cease, rest*
ist überaus häufig; 95 b, Ulysses, 22: *how dull is it to
pause, to make an end, to rust unburnish'd, not to shine in
use!* 97 a 14, Tithonus, 31: *. the goal of ordinance
where all should pause, as is most meet for all,* 99, 27,
Locksley Hall, 61: *err from honest Nature's rule* ("abirren"
für "abweichen"); 107 b, L'Envoi (Day-Dream), I,
9: *to sleep thro' terms of mighty wars* (= *times, epochs);* —
140 a, Brook, 46: *whistling a random bar of Bonny Doon.*
sehr gelungen für "Teil, Bruchstück" der Melodie; ähnliche
Spezialisierung der Musik des Baches: 139 b, Song, II, 2
I chatter ... in little sharps and trebles (musikalische
Fachausdrücke)[2]); 142 a 28, Brook, 169: *one who bore
your name about these meadows, twenty years ago* ("in dieser
Gegend"); — 142 b, Aylmer's Field, 6: *that long-buried
body of the king, ...which at a touch of light...slipt into ashes,
and was found no more* (für einfaches "war nicht mehr

---

[1]) Es nähern sich also derlei Ausdrucksweisen unter Umständen
der rhetorischen Hyperbel.

[2]) Poetische Verwertung von Ausdrücken einer Spezialtermino-
logie zeigt auch der Fall: 875 b, *In Memoriam W. G. Ward,* 5: *subtle
at tierce and quart of mind with mind.*

da"); 152 b 13, A y l m e r's F i e l d, 646: *no coarse and blockish God of a c r e a g e stands at thy gate* (d. h. "kein räumlich beschränkter, körperlicher Götze") ... *thy God is far diffused* ...; — 156 a, S e a D r e a m s, 20: *a heated p u l p i t e e r* (für "Prediger", halb scherzhaft, wie deutsch "Tastenstürmer" für Klavierspieler); — 156 b 6, S e a D r e a m s, 35: *the s o o t f l a k e of so many a summer* (sc. *past in the city) clung to their fancies still (soot* wäre weniger anschaulich); — 156 b 9, S e a D r e a m s, 38: *lingering about the t h y m y promontories* (für *odorous); —* 198 b 9, P r i n c e s s, V, 183: *(are not women) twice as m a g n e t i c* (sc. *as men) to sweet influences of earth and heaven:* einfach "anziehungs-kräftig", ja es ist sogar nur "empfänglich" gemeint; s. § 48; vgl. 152 a 17, A y l m e r's F i e l d, 621: *his face magnetic to the hand from which livid he pluck'd it forth* ("festgewachsen"); — 261 b, I n M e m., 56, 10: *man, her (Nature's) latest work, who seem'd so fair, such splendid p u r p o s e in his eyes;* es ist nicht eine besondere Absicht, sondern "Unternehmungsgeist" gemeint; — 307, M a u d, III, II, 8: ... *nor (should) Britain's one sole God be the m i l l i o n a i r e* (für "Mammon", *riches, rich man); —* 307, M a u d, III, III, 1: *rumour of b a t t l e grew:* vorläufig nur "K r i e g s gerüchte"; ebenso ibid. 7: *a battle cry,* vom Abschiedsgeschrei des Volkes; hingegen umgekehrt *war* für *battle:* 400 b 2, L a n c e l o t E l a i n e, 289: *in the four loud battles by the shore of Duglas ... then the w a r that thunder'd in and out the gloomy skirts of Celidon the forest; —* 316 b 19, C o m i n g A r t h u r, 477: *strike for the King and live;* 317 a 1, C o m i n g A r t h u r, 483: *strike for the King and die, —* beidemal für *fight, —* also das ent-gegengesetzte Extrem zu den oben, § 197, zitierten Fällen von *work* und *do* für "kämpfen"; — 609 b 4, Q u e e n M a r y, III, 2, 12: *my foreign friends, who dream'd us b l a n k e t e d in ever-closing fog;* so sagt auch die alte Sünde in ihrem spieß-bürgerlich alltäglichen Wesen: 121 b, V i s i o n S i n, IV, 18: *a b l a n k e t wraps the day* ("Wolkendecke"); — 653 a, H a r o l d, I, 1, 17: *people ... look to the skies, then to the river, strike their h e a r t s:* an die B r u s t schlägt man in Reue.

Schließlich mögen zwei schöne Beispiele aus dem Be-reich des adjektivischen Ausdrucks zeigen, wie poetisch die

Auswahl einer einzelnen augenfälligen Begleiterscheinung
das Wesen einer allgemeinen Eigenschaft bezeichnen kann:

390 a 20, Merlin Vivien, 617: *the wall that
sunders ghosts and shadow-casting men,* — und: 890 b,
Dawn, IV, 3: *men, with a heart and a soul, no slaves of a
four-footed will* (in diesem Falle zugleich "Attraktion",
s. § 78).

IV. Innerer und äußerer Schmuck des Ausdrucks.

In der ersten Hälfte dieses Kapitels werden unter der
Rubrik "innerer Schmuck des Ausdrucks" Erscheinungen zu
behandeln sein, welche, wenn man bei ihnen von einem
andern als dem Selbstzweck der Verschönerung sprechen
kann, insgesamt in letzter Linie auf Veranschaulichung des
Auszudrückenden abzielen und sich somit den im vorigen
Abschnitt behandelten Spracheigentümlichkeiten aufs engste
angliedern. Ich will auch innerhalb dieses Teiles an dem
Einteilungsgrund des verfolgten Zweckes festhalten und
beginne demgemäß mit denjenigen Arten rhetorischer
Figuren, welche die kombinatorische Phantasie zu ihrer
assoziativen Tätigkeit anregen, um dann zu den mehr ausgesprochen ästhetischen aufzusteigen, die die plastische
Phantasie in gestaltende Bewegung versetzen, — und dann
erst den weiteren Schritt zu den rein äußerlichen, auf
Lautwirkungen beruhenden Schmuckmitteln des Ausdrucks
zu tun, welche ich unter "äußerem Schmuck" verstehe.[1] —

Zu jener ersten Gruppe, welche ich ihrem psychologischen Wesen gemäß als Figuren der Assoziation
bezeichne, gehören die Tropen vom gewöhnlichsten, auch
in der Alltagsprosa verbreitetsten Bau und Typus, vor
allem also die Synekdoche und die Metapher, ferner in
weiterem Sinne gewisse andere Vertauschungen assoziativ
verbundener, meist korrelativ entgegengesetzter Ausdrucks-
arten.

---

[1] Im Wesentlichen deckt sich diese Einteilung mit Gerbers
(Sprache als Kunst) Gegenüberstellung von Bild- und Lautfiguren;
seine dritte Abteilung, die noëtischen oder Sinnfiguren, sind in meinen
vorhergehenden zwei Kapiteln aufgeteilt; die Unterarten der Bild-
figuren, welche er unterscheidet, werden sich auf die zwei Gruppen
der "assoziativen" und "plastischen" Figuren verteilen.

Bevor ich zur Aufzählung von Beispielen für die einzelnen Typen übergehe, will ich bemerken, daß bei ihrer Wahl sorgfältiger als sonst an dem Grundsatze festzuhalten sein wird, wirklich nur das Individuell-Tennysonianische, vom "Usus" Abweichende hervorzuheben und nicht nur alle in der Sprache der Gebildeten zur Gewohnheit gewordenen, sondern auch alle jene Bilder auszuscheiden, welche dem gewissen, beim Gros der neuenglischen, ja überhaupt modernen Dichter ohne individuellen Unterschied im Umlauf befindlichen, festgeprägten Kapital von Redefiguren angehören.

§ 199. Unter den T r o p e n s y n e k d o c h i s c h e r Art hebe ich zunächst die interessanteren Fälle von *pars pro toto* hervor.

Gegen die Fundamentalbedingung der inhaltlichen Daseinsberechtigung einer jeden Synekdoche dieser Art: daß nämlich nur die *pars* hervorgehoben werde, "welche der Zusammenhang als charakteristisch hervorzuheben fordert" (Gerber), — scheint zu verstoßen die unerklärbare Stelle: 82a 28, W a l k i n g t o M a i l, 67: *when his bailiff brought a Chartist pike... he (Squire)... shudder'd, lest... his nice eyes should see the raw mechanic's bloody t h u m b s sweat on his blazon'd chairs:* warum nicht "Hände" oder "Fäuste"?[1]) — Ein verwandtes Beispiel ist vielleicht 576b 2, F r e e d o m, X, 2: *men loud against all forms of power — unfurnish'd b r o w s, tempestuous tongues,* — wo wir eher *brains* statt des allzu speziellen *brows* erwarten würden.

Hingegen psychologisch regelmäßige Beispiele für *pars pro toto* sind:

— 145b 7, A y l m e r 's F i e l d, 191: *my lady's Indian kinsman... with half a score of s w a r t h y f a c e s came. His*

---

[1]) Sollte auf die übliche Art, einen Sessel zu erfassen (mit dem Daumen auf der Vorderseite der Lehne), Bezug genommen sein? Parallelstellen, wie: G r e e n e, *Friar Bacon,* I, 98 (ed. Ward): *how this girl, like Lucrece, laid her f i n g e r s to the work...;* S h a k s p e r e, *Love's L.'s Lost,* V, 2: (Armado): *"I will kiss thy royal f i n g e r"* — erklären nicht viel. Wohl aber könnte eine Stelle bei Tennyson selbst, nämlich 347a 19, M a r r i a g e G e r a i n t, 385: *longing... to stoop and kiss the tender little t h u m b, that crost the trencher as she laid it down* — für den obigen Erklärungsversuch sprechen, indem auch hier auf die Rolle des Daumens bei einem ganz alltäglichen Handgriff ein gewisser Nachdruck gelegt wird.

own ... was not fair ...; in der Militärsprache dasselbe für indische Truppen: 520 b, D e f e n c e L u c k n o w, V, 9: *Praise to our Indian brothers, and let t h e d a r k f a c e have his due!* — 149 a 2, A y l m e r's F i e l d, 405: *(he) fetch'd his richest b e e s w i n g from a b i n n reserved for banquets;* 174 b 1, P r i n c e s s, II, 70 (nach Aufzählung von Frauenstatuen): *and the Roman b r o w s of Agrippina;* die Prosa würde sagen: "Agrippina — mit ihrer Römerstirn"; 213 a 15, P r i n c e s s, VII, 163: *. nor winks the gold f i n in the porphyry font:* um so bemerkenswerter, als ja in der Tat nicht die Flosse, sondern die ganze Seite des Goldfisches erglänzt; 222 a 25, T h i r d o f F e b r u a r y, 43: *tho' niggard t h r o a t s of Manchester may bawl* (ein hübscher Zufall ist die Ähnlichkeit mit dem deutschen "Geizhals"); vgl. 423 b 11, H o l y G r a i l, 288: *Taliessin is our fullest t h r o a t of song;* 557 a 2, T o m o r r o w, XIII, 4: *sorra the dhry e y e thin but was wet for the frinds that was gone! Sorra the silent t h r o a t but we hard it crying "Ochone!";* — 255 a, In M e m., 30, 1: *with trembling f i n g e r s did we weave the holly round the Christmas hearth;* — 257 a, In M e m., 36, 15: *(the Gospel) which he may read that binds the sheaf,* etc.. *and those wild e y e s that watch the wave in roarings round the coral reef;* 264 a 5, In M e m., 66, 9: *... like to him whose sight is lost; whose f e e t are guided thro' the land;* 346 a 5, M a r r i a g e G e r a i n t, 311: *a piece of turret stair, worn by the f e e t that now were s i l e n t;* 303 b, M a u d, II, IV, III, 5: *to see the s o u l s we loved* (= *the souls of those we loved);* 328 b 7, G a r e t h L y n e t t e, 661: *(a gate) high that the highest-crested h e l m could r i d e therethro' nor graze;* vgl. den alliterierenden Ausruf *"craven c r e s t s!"* von Rittern: 446 b 4, L a s t T o u r n a m e n t, 197; eine andere Umschreibung für bewaffnete Männer ist geläufiger: 362 b 8, G e r a i n t E n i d, 539: *Earl Doorm ... came riding with a hundred l a n c e s up;* 363 b 6, G e r a i n t E n i d, 600: *Earl Doorm ... call'd for flesh and wine to feed his s p e a r s (= spearmen);* 450 a 22, L a s t T o u r n a m e n t, 429: *Arthur with a hundred s p e a r s rode .;* 508 a, R e v e n g e, VIII, 4: *for a dozen times they came with their p i k e s and musqueteers;* — 379 b 6, B a l i n B a l a n, 580: *when their f o r e h e a d s felt the cooling air,*

Balin first woke; — 416 a 3, Lancelot Elaine, 1251:
*there two stood arm'd ...; to whom ... were added mouths
that gap'd, and eyes that ask'd "What is it?"* 441 a 22,
Pelleas Ettarre, 367: *he dash'd the rowel into his horse*
(für *spur);* 494 a 16, Golden Supper, 37: *in Julian's
land they never nail a dumb head* (für "Leichnam", s.
§ 161) *up in elm;* 503 a, Rizpah, XI, 3: *my baby,
the bones that had suck'd me, the bones that had laughed and
had cried;* — 512 a 19, Sisters, 179: *God help the wrinkled
children that are Christ's as well as the plump cheek:* mit
wirkungsvoller Durchbrechung des Parallelismus für *as the
plump-cheek'd ones;* — 540 a 28, Tiresias, 136: *the springs
of Dircê laving yonder battle-plain, heard from the roofs by
night (roofs* = *houses,* wie lat. *tecta);* vgl. Shakspere,
As you like it, II, 3, Delius, Anm. 7; 577 b, Fleet,
IV, 3: *the wild mob's million feet will kick you from your
place;* — 618 b 19, Queen Mary, III, 4: *let the Pope...plunge
his foreign fist into our island Church* (Alliteration!);
654 b 7, Harold, I, 1: *Edward draws a faint foot hither* (ebenfalls alliterierend); vgl. 655 a, 2 u., Harold, I, 1: *thy leave to set
my feet on board, and hunt and hawk beyond the seas!* Dasselbe aber bildlich — schon 257 a, In Mem., 37, 6
(Urania zur Muse): *go down beside thy native rill, on thy
Parnassus set thy feet* (wähle deinen festen Standpunkt)·
679 a 16, Harold, IV, 1: *he (Griffyth) loved his land...:
his finger ov her harp... had in it Wales, her floods, etc....;*
681 a 11, Harold, IV, 3: *I have lost the boy (Tostig)...
with whom I fought another fight than this... "Ay! ay!"*
sagt Aldwyth — *"thy victories over... Wales, when at thy side
he conquer'd with thee." "No — the childish fist that cannot
strike again."* — 700 b, 2 u., Becket, I, 1: *... livings, ... ad-
vowsons, granges, farms and goodly acres* (für "Felder");
scherzhaft (in Nachahmung der Umgangssprache): 726 a,
Becket, III, 1: *I was a-getting o' blue-bells for your ladyship's
nose to smell on;* — 752 a, 3 u., Cup, I, 1: *I see no face that
knows me;* — 814 a, 7 u., Foresters, II, 1: *since I breathed, a
houseless head beneath the sun and stars* (Alliteration); —
840 b, 4 u., Foresters, IV: *all those poor serfs whom we have
served will bless us, all those pale mouths which we have fed
will praise us — all widows we have holpen pray for us;*

— 864 a, To Ulysses, VIII, 2: *broader zones beyond the foam (seas);* dasselbe *foam* der Alliteration halber: 753 a 1, Cup, I, 2: *moon on the field and the foam, moon on the waste and the wold.* —

Die zwei künstlerisch bestgelungenen und bewußterweise weiter ausgeführten Anwendungen von "pars pro toto" finden sich in "Aylmer's Field":

— 155 a 23, Aylmer's Field, 808 (Lady Aylmer wird in der Kirche ohnmächtig): *her own people bore along the nave her pendent hands and narrow meagre face:* die für den gegebenen Moment charakteristischesten Züge sind hervorgehoben; 145 b 19, Aylmer's Field, 203: *her (Lady Aylmer's) vital spirits ... flitted off, busying themselves about the flowerage that stood from out a stiff brocade in which, the meteor of a splendid season, she once with this kinsman ... stept thro' the stately minuet of those days:* ein gemäß der ganzen Denkungsweise der Dame rein äußerlicher, aber malerisch der hervorstechendste Zug bildet den Ausgangspunkt für das ganze Erinnerungsbild der Szene. —

§ 200. Nun mögen die wenigen, aber recht aus gesprochenen Fälle von *totum pro parte* folgen: der Zweck ist meist kraftvolle Kürze:

130 b 9, Enoch Arden, 363: *Philip ... like the working bee in blossom-dust, blanch'd with his mill* (mit dem Mehl); hieher vielleicht auch 263 a, In Mem., 62, 13: *breathes a novel world (= the air of a new world);* 277 a, In Mem., 104, 4: *a single church below the hill is pealing* (für *bells of church);* vgl. 611 b, Queen Mary, III, 3: *let all the steeples clash* (freudige Übertreibung, wie auch das folgende *till the sun dance);* 302 a, Maud, II, I, II, 6: *the heavens fall in a gentle rain, where they should burst and drown with deluging storms;* 486 a 8, Lover's Tale, 1, 622: *the chillness of the sprinkled brook smote on my brows* (vgl. § 156, Ende); — 543 b, Wreck, VIII, 3: *a huge sea smote every soul from the decks: sea* für *wave;* 642 b, Queen Mary, V, 2: *(Calais) is France again* ("ist wieder französisch"; *France* für *part of France);* — 682 b, Harold, IV, 3: *caked and plaster'd with a hundred mires:* "Kot von hundert Pfützen"; 699 b, 1 u., Becket, I, 1: *he took his mitre off, and set it on me (= my head).*

§ 201. Da die sonstigen Arten der Synek*d*oche: "genus pro specie" und "species pro genere" bereits im vorhergehenden Kapitel (§ 195—198) behandelt wur*d*en, kann ich nun zu den metonymischen Tropen übergehen. Man teilt sie nach den alten *d*rei Schemen der Ideenassoziation ein, und unter Annahme *d*ieser Klassifikation fin*d*e ich vertreten: Metonymien auf Grund der örtlichen Koexistenz: den Typus "Ort für Bewohner": — 118 b, Launcelot Guinevere, 13: *the sparhawk... hush'd all the groves from fear of wrong* (d. h. "die in ihnen wohnenden kleineren Vögel"); und als beson*d*ers ausgesprochenes Beı spiel: 539 b 20, Tiresias, 100: *from within the city comes a murmur void of joy, lest she be taken captive (she = city,* für die Bewohnerschaft); hieher auch (nach der Erklärung bei Palgrave, *Selections from Tennyson,* 1885) der höchst gesuchte Ausdruck: 250 a, In Mem., 10, 15—16: *where the kneeling hamlet drains the chalice of the grapes of God* ("*before the altar of some village church*", Palgrave); — hier müssen wir wohl auch anthropomorphisierend einglie*d*ern· 429 a 8, Holy Grail, 642: *the Quest and he were in the hands of Heaven: Heaven* für "Gott (im Himmel)" ist geläufig, aber gera*d*e nach *hands* würden wir ein persönliches *God* erwarten. — Schließlich gehören in gewissem Sinne auch hieher die im syntaktischen Teil unter "Attraktion" (§ 79) in der Fußnote auf S. 107 zitierten Beispiele. —

Für die Vertauschung von Ursache und Wirkung finden sich: zunächst Fälle von Wirkung für Ursache: 102, 5, Locksley Hall, 147: *shall it not be scorn to me to harp on such a moulder'd string: be... scorn = be a cause of scorn, produce scorn;* — 235 a, Will, I, 8: *in middle Ocean meets the surging shock (shock* für *shocking wave);* — 757 b 7, Cup, I, 2: *all my brain is full of sleep:* für das, was Schlaf, Einschlafen nach sich zieht: *sleepiness, drowsiness.*

Weit häufiger als "res effecta pro re efficiente" ist der umgekehrte Austausch: "res efficiens" — resp. "producens" "pro re effecta". Beispiele:

107 b, L'Envoi (Day-Dream), I, 1: *a random string* — für *song:* also "ein paar lose Griffe auf der Dichterleier"; genau das Umgekehrte: 123 b, To——, 14: *the Poet cannot die, nor leave his music, as of old,* — wo ein

bildlich stoffliches *his lyre* uns geläufiger wäre; hingegen parallel zum ersten Fall, "Stimmwerkzeug für Stimme": 179 b 13, P r i n c e s s, II, 404: *make liquid treble of that bassoon, my* ***throat*** — für *voice*. — Weitere vereinzelte Fälle: 114 a 22, W i l l W a t e r p r o o f, 238: *live long, nor feel in head or chest our changeful* ***e q u i n o x e s*** (für deren Wirkung); — 297 a, M a u d, I, XVIII, II, 3: *the dry-tongued laurels' pattering talk seem'd her* ***l i g h t f o o t*** *along the garden walk (foot* für *footstep)*.[1])

Als besondere Gruppe sind Fälle der Einsetzung eines Gemütszustandes für seinen Erreger, bezw. Gegenstand, Inhalt — bei Willensregungen: Ziel — hervorzuheben: 184 b 28, P r i n c e s s, III, 264: *how much their welfare is a passion to us (object of passionate interest);* — 282 b, I n M e m., 124, 2: *our dearest faith; our ghastliest doubt:* für die Person Gottes als Gegenstand des Glaubens, Zweifels (anders B r a d l e y z. St.); 284 a, I n M e m., 129, 1: *dear friend, far off, my lost* ***d e s i r e*** *(= object of desire)*.

Neben dieser abstrakten Sondergruppe verdient eine konkrete Erwähnung, nämlich der Typus "Stoff für das Verfertigte":
112 b 43, W i l l W a t e r p r o o f, 127: *sipt wine from* ***s i l v e r;*** 126 b 4, E n o c h A r d e n, 94: *Enoch's ocean-spoil* (Fische) *in ocean-smelling* ***o s i e r*** (Korb)· — 392 a 16, M e r l i n V i v i e n, 740: *among the knightly* ***b r a s s e s*** *of the graves, and by the cold Hic Jacets of the dead·* 451 b 21, L a s t T o u r n a m e n t, 519: *the spiring* ***s t o n e*** *that scaled about her towers (stone = stairs of st.);* und hier als nächstverwandt noch die zwei Fälle: 130 b 9, E n o c h A r d e n, 363: *(Philip) like the working bee in blossom-dust, blanch'd with his* ***m i l l*** (für das von ihr erzeugte Mehl), — vorhin nach einer anderen möglichen Auffassung unter "totum pro parte" zitiert;[2]) sowie 833 b 1, F o r e s t e r s, IV: *may this mouth never suck* ***g r a p e*** *(= wine) again, if*

---

[1]) Dieser Fall und zwei der "musikalischen" vorhin zeigen Übertragung aus der Sphäre des abstrakteren Gehörs- in die des konkreteren Gesichtssinnes und sind somit eine Stütze für die am Eingang des Kapitels hergestellte Verbindung mit den Anschaulichkeit bezweckenden Kunstmitteln des vorigen.

[2]) Über das Ineinanderspielen von Synekdoche und Metapher s. G e r b e r a. a. O. II, 49.

§ 202. Im Anschluß an Synek*d*oche und Metonymie
habe ich, weil sie auch auf das kombinierende Vorstellen
wirken und auf der Assoziation — meist im Schema des
korrelativen Gegensatzes — beruhen, noch einige Typen
von Ausdruckstausch zu behandeln, für welche mir die
bequeme, von Gerber bei der Zusammenfassung der
verschiedensten syntaktischen Erscheinungen so umfangreich
angewendete Bezeichnung "Enallage" übrig bleibt.

Es kommt da zunächst die Verwechslung von **Relativem und Absolutem** in Betracht, welche folgende
Beispiele beleuchten mögen:

216 a, **Princess, Conclusion**, 30: *the sequel
of our tale had touch'd her:* Verlauf und Ausgang, ohne Beziehung auf den Anfang; ähnlich *prelude* ohne Beziehung
auf eine Fortsetzung: 6 a, **Song**, 4: *winds ... breathed
.. with mellow preludes, "We are free";* ebenso *preamble:*
47 a 18, **Palace Art**, 174: *no nightingale delighteth to prolong
her low preamble all alone, more than ...;* *to prevail* ohne
Beziehung auf Überwinden oder Übertreffen eines Gegners:
257 a, **In Mem.**, 37, 12 (die Muse der Elegie zur Urania):
I am not worthy ev'n to speak of thy prevailing mysteries,
wo man freilich noch an das Verhältnis der beiden
zueinander denken könnte; sicherer ist 280 a, **In Mem.**,
114, 4 *(Knowledge): who shall fix her pillars? Let her work
prevail (= spread victoriously);* — 302 a 6, **Maud**, II, I, I,
16: *he fiercely gave me the lie:* was der Held vorher behauptete, das nun sein Gegner als Lüge erklärt, ist nicht
gesagt; es soll eben nur das Beleidigende solchen Widerspruchs ohne Rücksicht auf das Behauptete betont werden;
— 368 a 2, **Geraint Enid**, 878: *when they reached the
camp the King himself advanced to greet them;* statt dieses
relativen *advanced* würden wir ein absolutes *came forth*
erwarten; — 391 a 23, **Merlin Vivien**, 686: *the shame
that cannot be explain'd for shame* (für *told plainly*). —
Ein Beispiel mit *increase* für *grow up* s. § 274.

Es kann auch umgekehrt Absolutes für Relatives eintreten, so in dem Falle: 247 a, **In Mem., Prologue**, 32
(zu Gott): *help thy vain worlds to bear thy light:* wir
erwarten einen auf Gott sich beziehenden Ausdruck wie
creatures, creation; dieser absolute hängt mit der im ganzen

Prolog zum Zwecke *größerer* Erhabenheit *d*urchgeführten Allgemeinheit des Ausdrucks zusammen.

Bei *dieser* Gelegenheit sei auch das folgen*de*, auf die Relativität eines Wortes — nämlich *old* — gegründete wortspielende Dialogscharmützel angeführt: 335 b 19, **G a r e t h L y n e t t e**, 1071, fragt Lynette den Ritter "Evening-Star": *"art thou not old ?"* (*d. h.* "wirst du nicht *d*eshalb dem jugend-starken Gareth unterliegen?") — *"Old, damsel, old and hard. old, with the might and breath of twenty boys"*: hier ist nicht alt = "schwach", wie in der Frage, son*d*ern alt = "stark, erwachsen, in voller Kraft", als Gegensatz zum unerwachsenen, schwachen *boy*.

§ 203. Eine zweite hieher gehörige Erscheinung ist der Austausch von **S u b j e k t i v e m u n d O b j e k t i v e m**. Charakteristisch für *d*iese Freiheit ist beson*d*ers eine Gruppe, die sich um *dark* und *blind* schart:

— 104 b 3, **G o d i v a**, 70: *his eyes... were shrivell'd into* **d a r k n e s s** *in his head,* — wo wir ein subjektives *blindness* zur lebhafteren Bezeichnung der Empfindung der betroffenen Person erwarten würden; ebenso 154 a 19, **A y l m e r ' s F i e l d**, 745: *myself am lonelier,* **d a r k e r**, *earthlier for my loss: dark* für subjektiven Zustan*d*: "im Finstern".

Umgekehrt steht *blind* für *dark* (nach dem Vorbild der *caeci scopuli* Vergils): 132 b 11, **Enoch Arden**, 485: *compass'd round by the* **b l i n d** *wall of night;* 260 a, **I n M e m.**, 49, 15: *(sorrow's) muffled motions* **b l i n d l y** *drown the bases of my life in tears.* Ebenso steht *blind* für *invisible*: 371 a 29, **B a l i n B a l a n**, 127: *was wounded by* **b l i n d** *tongues he saw not whence;* ja, es kommt sogar **s i g h t l e s s** nicht selten in diesem Sinne vor: 272 b, **I n M e m.**, 93, 9: *thy sightless range with gods in... bliss* (Churton Collins zitiert zwei Parallelstellen aus Shelley); 280 b, **I n M e m.**, 115, 8: *the lark becomes a sightless song* (cf. **M a c b e t h**, I, 7, 23).

Unter den sonstigen Beispielen ist der Typus "Subjektives für Objektives" beson*d*ers durch **a d j e k t i v i s c h e B e i s p i e l e** vertreten: 108 a, **L ' E n v o i (D a y - D r e a m)**, IV, 9: *(a mind) all too* **d e a r l y** *self-involved* (subjektives *dearly* für objektives *lovingly; self-involved — plunged in contemplation of —, occupied only with —);* 223 a, **E x-h i b i t i o n O d e**, III, 2: *the long* **l a b o r i o u s** *miles of Palace:*

laborious bezöge sich in gewöhnlicher Rede subjektiv auf den Eifer der Arbeiter;[1] — 249 a 4, In Mem., 6, 16: *his (the sailor's) vast and wandering grave:* dieser subjektiv bewußte Ausdruck, von der "ewig bewegten" See gebraucht, beruht auf einer Art Personifikation. — Ein verbaler Fall: 686 a 16, Harold, V, 1: *fain had I kept thine earldom in thy hands* ("belassen"; sonst *keep* nur "behalten", hier *kept* für *left.*) —

Die Beispiele für den umgekehrten Fall — Objektives für Subjektives sind grammatisch sehr verschiedener Art:

— 113 a 30, Will Waterproof, 158: *duller than at first, nor wholly comfortable, I sit* das Wort bezeichnet sonst die objektive Qualität von Sachen, hier den subjektiven Zustand einer Person;[2] vgl. *easy* für *at ease, careless:* 222 a 21, Third February, 39: *easy patrons of their kin;* ähnlich 497 b 24, Golden Supper, 277: *when some were doubtful how the law would hold,* wo *doubtful* wirklich *full of doubt,* also "zweifelnd" (von der Person), nicht "zweifelhaft" (von der fraglichen Sache) bedeutet; — 146 a 15, Aylmer's Field, 233: *the costly Sahib* (für "reich"), — wozu Mustard vergleicht: Horaz, Od., 3, 6, 32: *dedecorum pretiosus emptor,* und Goldsmith, Traveller, 181: *no costly lord;* s. auch einige Beispiele unter *-ful* in § 235 (Note ibid.); —

verbal: *oft... an inner trouble I behold:* das Verbum wird sonst nur vom Wahrnehmen äußerer Objekte, nicht von der Beobachtung eigener Seelenzustände gebraucht; hieher auch der Gebrauch von *seem* im Sinne von *sibi videri* und bei Visionen: 126 b 24, Enoch Arden, 114:

---

[1] Das Beispiel fällt also zugleich unter die Kategorie der "Attraktion" (§ 79) und des adjektivischen Ausdrucks statt des partizipialen (§ 62), indem *laborious* = *laboriously wrought* ist. — In diesem Sinne vergleicht sich dazu: 571 a, To Virgil, V, 4: *unlaborious earth (= uncultivated).*

[2] Vgl. z. B. Shakspere, *As you like it,* II, 6, Delius, Anm. 3: *For my sake be comfortable, hold death awhile at the arm's end...* (Orlando zu Adam). — Bei Tennyson ist noch interessant die Stelle: 319 a 14, Gareth Lynette, 93: *I will seek thee out some comfortable bride and fair,* wo die Bedeutung die gewöhnliche, die Anwendung auf eine Person aber ungewöhnlich ist. Vgl. auch § 235.

he seem'd, as in a nightmare of the night, to see his children,
129 b 26, Enoch Arden, 316: *I seem so foolish and so
broken down;* ebenso 134 b 5, Enoch Arden, 613: *(God)
lets none, who speaks with Him, seem all alone;* 554 b, Flight,
XXV, 2: *I seem to see a new-dug grave up yonder by the
yew!* Am kühnsten wohl im Bilde des Familienglücks,
welches sich bei Hallams Fortleben ergeben hätte: 268.
In Mem., 84, 17: *I seem to meet their (children's) least desire*
("stelle mir vor, wie ich ... würde"). Zum Gebrauch dieses
Verbums vgl. noch das Beispiel in § 194. —

Substantivisches: 288, Maud, Part I, I, XIV, 3:
the law that I made, nevermore to brood on a horror ... etc.:
law für subjektiven Entschluß, also ein individuelles Gesetz ·

Life, Tauchnitz Ed., II, 69, The Grave (urspr. In
Mem., 57), 7: *one unschool'd in want will say: "The dead
are dead",* etc.: *want* sonst nur vom Entbehren von Dingen,
nicht vom Verluste teurer Personen. —

---

§ 204. Ich gehe nun von den assoziativ-intellektuellen
Tropen, diesen "leichten Rätseln", mit welchen die Dichtersprache den Verstand angenehm beschäftigt, zu den plastisch-
ästhetischen über, in denen sie die gestaltende Phantasie
zu kühnem Fluge aus einem Vorstellungsgebiet ins andere
mit sich fortreißt. Das psychologische Wesen aller Ausdrucks-
verschiebungen dieser Art ist μεταφορά, "Übertragung",
daher der Name der einzigen Gattung, unter welcher sie
sich alle einreihen lassen.

In der Gruppierung der Metaphern will ich mich an
die syntaktische Kategorie halten, welcher der Inhalt des
jeweilig Auszudrückenden angehört, und unterscheide
demgemäß substantivische, adjektivische und verbale.[1]
Dem Verbum will ich, wie in der Syntax, den Ehrenplatz
einräumen; denn wie dort, so spielen, wie sich zeigen soll,
auch hier, bei einer Figur, deren innerstes Wesen ja eine
Bewegung im Reiche des Gestaltens ist, die Begriffe "Tätigkeit" und "Bewegung" die erste Rolle.

---

[1] Die ersten zwei Klassen sind Gerbers Metaphern der "Ruhe",
die dritte diejenigen der "Bewegung". Eine vielleicht allzu ausführliche Aufzählung der Metaphern in *In Memoriam* bietet J. Jacobs,
Tennyson and In Memoriam (London, D. Nutt, 1892), p. 62—68.

Unter den Aktionsmetaphern unterscheide ich solche, in denen eine Tätigkeit durch eine andere veranschaulicht wird, und solche, in denen es sich überhaupt um keinen Tätigkeitsbegriff handelt und die Herbeiziehung eines solchen selbst der Veranschaulichung dient, selbst die Bildlichkeit der Wendung ausmacht.

Jene erste Art gliedert sich ganz naturgemäß nach dem relativen Vorstellungsinhalt der in Frage kommenden Verbalbegriffe, nach dem graduellen — oder sogar essentiellen — Unterschied zwischen der Anschaulichkeits-Intensität der vertretenen und der vertretenden Tätigkeitsbezeichnung. Wir begegnen also, um mit granduellen Verschiebungen zu beginnen, zunächst Fällen, in denen an Stelle eines Verbums von konkretem Vorstellungsinhalt ein gleichfalls konkretes und nach Möglichkeit konkreteres tritt; da es sich also um eine Steigerung handelt, wird sich die Figur vielfach der Hyperbel nähern, und da die Vorstellung gewollter Tätigkeit eines Wesens dem zuständlichen Wirken *(şi licet)* unbelebter Dinge an Anschaulichkeit voraus ist, wird manches Hiehergehörige der Personifikation verwandt sein; beide diese Seitenberührungen treten gleich im ersten Beispiel zu Tage: so ist die Wendung: 140 a, B r o o k, 48: *a weak and scolding hinge* — Hyperbel und Personifikation zugleich. Weiteres: *w o o* typisch von Wind und Baum: 8 a 35, M a r i a n a, 75: *the sound which to the wooing wind aloof the poplar made ·* 10 b 28, R e c o l l e c t i o n s A r a b i a n N i g h t s, 80: *the solemn palms ..., unwoo'd of summer wind;* — 86 a 2, S t y l i t e s, 32: *I drown'd the whoopings of the owl with sound* — ein kühner Sprung aus dem Gebiet eines Sinnes in das eines andern, zugleich wieder in gewissem Sinne hyperbolisch (s. *lull* in § 167); — 177 a 31, P r i n c e s s, II, 261: *the sweetest little maid, that ever crow'd for kisses* (wieder ein Ansatz zur Hyperbel); 212 a 25, P r i n c e s s, VII, 109: *the women ... in wild revolt (against the Oppian law) ... cramm'd the forum:* hyperbolisch und personifizierend; — 213 a 15, P r i n c e s s, VII, 163: *... nor winks the gold fin in the porphyry font;* dasselbe Verbum in anderer Verwendung 271 a, I n M e m., 89, 16: *the landscape winking thro' the heat* (personifizierend); — 281 a, I n M e m., 177, 11 (wo der grammatische Ausdruck freilich substantivisch ist): *at every kiss*

of toothed wheels; 280 a, In Mem., 114, 5 *(Knowledge):*
on her forehead sits a fire: eine personifizierende Verbalmetapher ist in ein gleichfalls personifizierendes Situationsbild
eingelegt; ausgeführteres Bild dieser Art: 322 b 1, Gareth
Lynette, 291: *our one white lie sits like a little ghost*
(Kobold) *here on the threshold of our enterprise;* vgl. ferner:
530 a, Voyage Maeldune, V, 2: *the Spring and the*
middle Summer sat each on the lap of the breeze; 664 a, 4 u.,
Harold, II, 2: *there lodg'd a gleaming grimness in his*
eyes; — 283 a, In Mem., 125, 16: *this electric force, that*
keeps a thousand pulses dancing; 300 b, Maud, I, XXI,
8: *O rivulet, born at the hall;* 304 b, Maud, II, IV,
IX, 2: *yellow vapours choke the great city;* — 341 a 12,
Gareth Lynette, 1378: *then sprang the happier day*
from underground: mit nachdrucksvoller Erweiterung der
konkreten Bedeutung des Verbums; — 350 a 1, Marriage
Geraint, 553: *bit the bone:* vom Schwerthieb; mit Recht
sagt Fr. B. Gummere in den Anmerkungen zu seinen
Old English Ballads: "This simile is as old as our literature";
vgl. ags. *ecg-bite,* etc.; — 384 a 16, Merlin Vivien, 230:
the blind wave feeling round his long sea-hall in silence (wie
ein Olm); — 395 a 25, Merlin Vivien, 948: *the pale*
blood of the wizard at her touch took gayer colours:
Farbe als sinnfälliger für Raschheit des Pulsschlages·
— 427 a 28, Holy Grail, 520: *the floods of heaven drown-*
ing the deep (hyberbolisch); 476 a, Lover's Tale, I,
11: *the growth of pines that fledg'd the hills;* — 517 a,
Village Wife, XIX, 3: *I han't clapt eyes on 'im yit;* vgl.
778 b, Promise May, I: *as soon as he clapt eyes of (= on)*
'er; — 689 a, 5 u., Harold, V, 1: *all their horse swallow the*
hill locust-like, swarming up (vgl. oben *drown);* — 757 a 13,
Cup, I, 3: *a breeze of May... open'd out the purple zone*
of hill and heaven (nach Sonnenuntergang); 762 a,
Cup, II: *let all the air reel into a mist of odour;* — 823 b 1,
Foresters, II, 1, klagt eine der *fairies,* die *foresters* hätten
"kill'd the sward wheree'er they sat" (vgl. umgekehrt das ganz
geläufige *a lively green);* — 853 b 13, Ring, 105: *the*
down, that sees a thousand squares of corn and meadow: das
geläufigere *looks upon* würde nicht so lebhaft personifizieren;
— 865 b, Progress Spring, I, 6: *now from all the dripping*

eaves the spear of ice has wept itself away; ebenso schön ist 876 b, D e a t h O e n o n e , 9, von verwelktem Weinlaub gesagt, daß es *"in silence w e p t upon the flowerless earth".*

§ 205. Weitaus zahlreicher als diese Fälle sind die notwendigeren Veranschaulichungen abstrakter Verba durch konkrete, also Beispiele, in denen, wie erwähnt, der Unterschied zwischen dem Vertretenden und dem Vertretenen nicht mehr bloß ein gradueller, sondern ein wesentlicher ist; die folgende Auslese illustriere diese Kategorie

104 b 12, G o d i v a , 79: *(she) b u i l t herself an everlasting name;* 108 a, L ' E n v o i (D a y - D r e a m), IV, 15: *in the name of wife, and in the rights,* etc. *are c l a s p'd (= included, contained) the moral of thy life, and that for which I care to live;* — 121 b 4, V i s i o n S i n, III, 14: *I s a w within my head (= had a vision of —,* mit platter Deutlichkeitsklausel); umgekehrt ist das sonst wohl vom geistigen „Verweilen" bei .einer Vorstellung gebrauchte *dwell* für Betrachten eines konkreten Gegenstandes verwendet an der Stelle: 77 a 2, G a r d e n e r's D a u g h t e r, 266: *what it (picture) holds may not be dwelt upon by common day;* — 128 b 28, E n o c h A r d e n, 247: *(she) set her sad will no less to c h i m e with his;* vgl. 659 b, 3 u., H a r o l d, I, 2: *fawn upon him? Chime in with all? (= be of one opinion);* weniger anschaulich 357 b 13, G e r a i n t E n i d, 214: *desire to c l o s e with her lord's pleasure (= comply);* — 135 a 2, E n o c h A r d e n, 642: *amazed and m e l t e d all who listen'd to it;* 135 b 2, E n o c h A r d e n, 676: *his heart f o r e s h a d o w i n g all calamity;* — 147 b· 27, A y l m e r's F i e l d, 339: *his passions all i n f l o o d* (Ausdruck zwar substantivisch, aber Begriffsinhalt der eines aktiven Partizipiums praesentis); im Bilde des Stromes erscheint auch die Zeit: 183 a 2, P r i n c e s s, III, 148: *your great name flow on with b r o a d e n i n g time for ever;* — 152 b 27, A y l m e r's F i e l d, 660: *thee... with His (God's) light a b o u t t h y f e e t* ("dir deine Wege weisend"); — 190 b 23, P r i n c e s s, IV, 283: *you turned your warmer currents all to her, to me you f r o z e;* — 192 b 1, P r i n c e s s, IV, 390: *c l e a v e to your contract:* das Verbum ist in dieser — hyperbolischen — Verwendung sehr häufig; — 199 a 21, P r i n c e s s, V, 231: *o o z e d all o'er with*

honey'd answer as we rode; vgl. schon 158 a 27, Sea
Dreams, 151: ... *began to bloat himself, and ooze all over
with the fat affectionate smile that makes the widow lean;*
200 a 26, Princess, V, 296: *a taunt that clench'd his
purpose like a blow;* 214 b 12, Princess, VII, 266: *the
wrestling thews that throw the world:* gleichsam "in sieg-
reichem Ringkampf zu Boden werfen": hyperbolisch; man
vergleiche das inhaltlich verwandte, aber breiter ausgemalte
Bild: 263 b, In Mem., 64, 5: *who breaks his birth's invidious
bar, and grasps the skirts of happy chance;* dasselbe auf dem
Gebiet subjektiven Innenlebens: 248 a, In Mem., III, 16:
*crush her (Sorrow) like a vice of blood, upon the threshold
of the mind;* — 220 a 29, Wellington, VII, 34: *language
rife with rugged maxims hewn from life;* 255 a, In Mem.,
29, 3: *such compelling cause to grieve as ... chains regret to
his decease;* — 268 a, In Mem., 84, 22: *thy partner in the
flowery walk of letters (= scientific researches);* vgl. 278 b,
In Mem., 109, 4: *an eye, that saw thro' all the Muses' walk;* —
271 b, In Mem., 89, 36: *we ... threaded some Socratic
dream (= discuss'd some question of philosophy);* 284 b,
In Mem., Epilogue, 13: *to embalm in dying songs a
dead regret;* 300 b, Maud, I, XXI, 10: *if I read her
sweet will right;* dieses — auch in gewissem Sinne hyper-
bolische — *read* kommt geradezu für *look at attentively* vor:
396 a 3, Lancelot Elaine, 16: *stript off the ease, and
read the naked shield;* ebenso 399 b 20, Lancelot Elaine,
243: *lifted her eyes, and read his lineaments;* 407 b 15,
Lancelot Elaine, 732: *some read the King's face, some
the Queen's;* 595 b 16, Queen Mary, II, 1: *show'd his back
before I read his face;* 600 a, 7 u., Queen Mary, II, 2: *(the
Queen) seem'd thro' that dim dilated world of hers, to read
our faces;* 728 b, Becket, III, 3: *to read the faces of men
at a great show;* 867 b, Progress Spring, IX, 2: *a simpler,
saner lesson might he learn who reads thy gradual process,
Holy Spring;* ja, *peruse* kommt in diesem Sinne vor: 174 a
16, Princess, II, 54: *we conscious of ourselves, perused
the matting;* 717 b, 6 u., Becket, II, 1: *wherefore doest thou so
peruse it (my hand);* — 307, Maud, III, IV, 6: *many a
light shall darken, and many shall weep for those that are
crush'd* ("so manches Lebenslicht wird ausgeblasen

werden"); absichtlich *d*unkle Andeutung der großen
Verluste im kommenden Kriege; — 310 a 7, Coming
Arthur, 63: *a doubt that ever smoulder'd in the hearts
of those great lords and barons;* — 319 b 24, Gareth
Lynette, 133: *(Arthur) who swept the dust of ruin'd Rome
from off the threshold of the realm;* — 337 a 22, Gareth
Lynette, 1161: *yon four fools have suck'd their allegory
from these damp walls* (d. i. aus den geheimnisvollen In-
schriften der Grotte); *suck* ist in bildlicher Verwendung
beliebt: 273 b, 8 u., In Mem., 95, 53: *suck'd from out the distant
gloom a breeze began to tremble;* 481 a 2, Lover's Tale, I,
302: *the prophet and the chariot and the steeds, suck'd into
oneness like a little star were drunk into the inmost blue*
(vgl. § 168); 590 a 16, Queen Mary, I, 5: *if this Philip be
the titular king of England, and at war with him (France),
your Grace and kingdom will be suck'd into the war;* und in
scherzhafter Ausführung: 113 b, 4 u., Will Waterproof, 213:
*for this, thou shalt from all things suck marrow of mirth
and laughter;* — 451 a 27, Last Tournament, 497: *out
of Tristram waking, the red dream fled with a shout;* —
478 a 10, Lover's Tale, 111: *Death gave back, and would
no further come;* — 562, 31, Locksley Hall Sixty Years
After, 87: *from the golden alms of Blessing man had
coin'd himself a curse;* — 617 a 4, Queen Mary, III, 4: *she
(English Church) seethed with such adulteries;* — 638 a 5,
Queen Mary, V, 1: *he would weld France, England,
Scotland, into one sword to hack at Spain and me;* — 663 a 1,
Harold, II, 2: *I have often talk'd with Wulfnoth, and
stuff'd the boy with fears that these may act on Harold
when they meet;* — 881 b 6, Akbar's Dream, 82: *who
caught and held his people by the bridle-rein of Truth;*
— 893 a, Poets Critics, 14: *year will graze the heel
of year* (= *follow*); kühner war 245 a, Winter, 6: *(frost)
has bitten the heel of the going year.*

Der bei einem realistischen Dichter von Tennysons
Art naturgemäß seltene umgekehrte Fall der Verdeutlichung
eines konkreten Verbalbegriffs durch einen minder anschau-
lichen liegt etwa vor: 7 b, Mariana, 18: *when thickest
dark did trance the sky,* — wo die Einsetzung des raffiniert
gesuchten, halb personifizierenden *trance* für ein unpoetisch

alltägliches *veil* oder *hide* mit zur languid-schwülen Stimmung des ganzen Gedichtes beiträgt.

§ 206. Ich gehe nun zur zweiten Hauptklasse der Verbalmetaphern über, bei denen, wie oben auseinandergesetzt, die Einsetzung einer Tätigkeitsbezeichnung für den nicht-verbalen Vorstellungsinhalt eben selbst die Metapher ist, — und führe von dieser logisch sehr interessanten Gruppe folgende Beispiele an

— 74 a 30, Gardener's Daughter, 108: *(a meadow) down which a well-worn pathway courted us to one green wicket;* — 114 a 19, Will Waterproof, 235: *the hateful crow shall tread the corners of thine eyes (til crowes feet bee growe under your yë:* Chaucer, Troilus, II, 402); — 208 b 1, Princess, V, 251: *down thro' her limbs a drooping languor wept* (wo wir höchstens *crept* erwarten würden); — 275 b, In Mem., 101, 4: *this maple (will) burn itself away:* mit Beziehung auf die feuerrote Farbe der Blätter im Herbste; ebendarauf bezieht sich die schöne Wendung: 275 a, In Mem., 99, 12: *Autumn laying here and there a fiery finger on the leaves;* und 568 a, To Hamley, 3: *our fiery beech* von der Buche im Herbste; ohne den Vergleich: 84 a 27, Edwin Morris, 79: *a thought or two, that like a purple beech among the greens looks out of place;*[1] — 282 a, In Mem., 122, 18: *every dewdrop paints a bow;* 293 b, Maud, I, X, I, 22: *his gewgaw castle .. over the... moor ... pricking a cockney ear;* — 295, Maud, I, XIII, I, 13: *barbarous opulence jewel-thick sunn'd itself on his breast and hands;* — 340 a 12, Gareth Lynette, 1322: *seeing ... a huge pavilion ... sunder the glooming crimson on the marge;* — 349 b 25, Marriage Geraint, 549: *the dew of their great labour, and the blood of their strong bodies, flowing, drain'd their force;* vgl. 452 a 21, Last Tournament, 548: *drain'd of her force, again she sat ;* 367 a 34, Geraint Enid, 841: *your meek blue eyes, the truest eyes that ever answer'd (= reflected) Heaven;* 432 b 29, Holy Grail, 884: *now his chair desires him*

---

[1] Vgl. auch schon das § 159 zitierte Beispiel: 286, Maud, Part I, I, III, 4: *the flying gold of the ruin'd woodlands drove thro' the air.*

here in vain[1]);   873 a, Far-far-away, 2: *where earth's green stole into heaven's own hue* ("am Horizont, wo Himmel und Erde ineinander überzugehen scheinen");   das ausgeführteste Bild *dieser* Art ist wohl: 538 b 13 ff., Tiresias, 29 ff.: *one naked peak, the sister of the sun, would climb from out the dark, and linger there to silver all the valleys with her shafts.*

§ 207. Dieser Art von Metaphern nahe verwandt sind gewisse kühne Partizipia, in *deren* Anwendung auch ein gut Teil der Bildlichkeit auf Einsetzung eines passiven Verbalbegriffs für den averbalen der Eigenschaft beruht:

— 41 a 10, Oenone, 76: *loveliest in all grace of movement, and the charm of married brows* ("zusammengewachsene") (antike Parallelen bei Churton Collins, *Early Poems,* und Rowe-Webb, *Selections from Tennyson,* z. St.); vgl. 104 a 7, Godiva, 43: *unclasp'd the wedded eagles of her belt:* ein anderes *wedded;* 245 b, No Answer, 7: *the song of the wedded spheres* (Sphärenharmonie);   72 a 13, Morte d'Arthur, 263: *bowery hollows crown'd with summer sea* ("umsäumt") ..., — wozu Churton Collins und Rowe-Webb die Stelle Odyssee, X, 195, vergleichen: περὶ νῆσον πόντος ἐστεφάνωται; vgl. auch 40 a, Oenone, 13: *Ilion's column'd citadel, the crown of Troas;* 235 a, Will, I, 9: *(a promontory) ... citadel-crown'd;*   192 a 24, Princess, IV, 381: *conscious of what temper you are built* (nach Analogie der Wendung *frame of mind);*   286, Maud, Part, I, I, I, 2: *its (the hollow's) lips are dabbled with blood-red heath;*   357 a 27, Geraint Enid, 198: *a meadow gemlike chased in the brown wild;*   416 a 15, LancelotElaine, 1263: *the King came girt with knights.* —

§ 208. Mit den Partizipialwendungen sind wir vom verbalen zum nominalen Ausdruck übergegangen, und zwar in den Bereich des Adjektivs, mit welchem ich nun auch beginnen will. Adjektivische Metaphern sind:

88 b 5, Stylites, 198: *horny eyes* (nur halb durchsichtig, wie Horn im Vergleich zu Glas);   92 b, Love

---

[1] Vgl. den Gebrauch von ags. *bidan,* z. B. *Béowulf,* 397 *(onbîdian).*

Duty, 16: *the staring eye glazed o'er with s a p l e s s days*
("inhaltloses Leben"); — 100, 13, L o c k s l e y H a l l, 83:
the p h a n t o m years (= bygone years); vgl. 111 b, W i l l
W a t e r p r o o f, 30: *phantom hopes;* 104 b 7, G o d i v a,
74: *the s h a m e l e s s noon* (mit Bezug auf 104 a 3, G o d i v a,
34: *from then till noon no foot should pace the street);*
207 a 4, P r i n c e s s, VI, 166: *if you ... own one port of
sense not f l i n t to prayer:* der Ausdruck ist zwar substantivisch, der Begriff aber adjektivisch *(hard as flint);* cf. § 17;
ebenso 208 a 22, P r i n c e s s, VI, 242: *out upon you, flint!*

272 a 4, I n M e m., 90, 8: *an i r o n welcome* (vgl. das
typische "kalt" der altgerm. Poesie: altnord. *káld ráp,* etc.);

328 b 14, G a r e t h L y n e t t e, 668: *a m a i d e n shield
(bran-new).*

§ **209.** Nun kommen endlich die s u b s t a n t i v i s c h e n
M e t a p h e r n an die Reihe. Von ihnen biete ich folgende
Auswahl:

— 95 a 8, G o l d e n Y e a r, 48: *universal Peace (shall)
lie like a s h a f t of light across the land, and like a l a n e of
beams the sea;* — 110 a 7, St. A g n e s' E v e, 35: *a light
upon the shining s e a — the Bridegroom with his bride: sea,*
sc. *of light,* sind die Himmelssphären, typisch ist *g l a s s*
für die unbewegte W a s s e r f l ä c h e: 124 a, T o E d w a r d
L e a r, 2: *sheets of summer glass;* 251 b, I n M e m., 15,
11: *all thy (ship's) motions gently pass athwart a plain of
molten glass (= quiet sea);* (der Ausdruck ist vorgebildet
in Bibelphrasen: J o b, 37, 18: *Hast thou with him spread
out the sky, which is strong, and as a molten looking glass?*
hier vom Himmel; von einem Meere aber: R e v e l., 4, 6:
and before the throne a sea of glass like unto crystal; s. V a n
D y k e, *Poctry of Tennyson*[2], Appendix); — ein anderes
Bild: 286 a, I n M e m., E p i l o g u e, 116: *the friths that
spread their s l e e p i n g s i l v e r thro' the hills;* — 163 a 32,
L u c r e t i u s, 160: *the phantom h u s k s of something foully
done:* "Überbleibsel" in Gestalt quälender Erinnerungsbilder;
— 198 b 16, P r i n c e s s, V, 190: *the p i e b a l d m i s c e l l a n y,
man* (adjektivische und substantivische Metapher); — 205 a
28, P r i n c e s s, VI, 70: *the leader of the herd that holds a
stately f r e t w o r k to the Sun* (für "Geweih"); — 247 b, I n
M e m., I, 8: *the far-off i n t e r e s t of tears (= the fruit tears*

will bear)[1]); — 266 b 1, In Mem., 76, 9: *the matin-songs
that woke the darkness of our planet (the writings of the great
early poets,* erklärt Tennyson); sieh *matin-song* im lexikographischen Teil; — 273 a, In Mem., 95, 16: *the trees laid
their dark arms about the field;* ähnlich personifizierend
572 a, Dead Prophet, V, 3: *a tree with a moulder'd nest
on its barkless bones:* das glückliche Bild vielleicht der
Alliteration zu danken.   In Maud finden wir zunächst
eine ganze Reihe eigenartiger Bezeichnungen für die Personen der Handlung; so wird Mauds Bruder mit folgenden
Ehrentiteln eingeführt: 292 a, Maud, Part I, VI, VI, 3 ff.:
*that dandy despot, he, that jewell'd mass of millinery, that oil'd
and curl'd Assyrian Bull smelling of musk and insolence.*
Der arme Mann wird noch 296 a, Maud, I, XVI, 1, 1, mit
this lump of earth umschrieben. Von Mauds Freier heißt
es 300 a, Maud, I, XX, II, 7: *the titmouse (will) hope
to win her with the chirrup at her ear;* Maud selbst heißt
299 a, Maud, I, XIX, V, 12: *bright English lily,* 304 a,
Maud, II, IV, VII, 2—3: *my bird with the shining head,
my own dove with the tender eye;* ihr Vater und ihr Bruder
(der erstere hieß schon einmal *a gray old wolf and a lean)*
figurieren in einem breit ausgesponnenen Bilde, 305 b,
Maud, II, V, V, als *that gray old wolf* und *his o'ergrown
whelp.* — Von sonstigen bemerkenswerten Substantivmetaphern in Maud zitiere ich: 286, Maud, I, I, I, 2:
the hollow's lips — für "Ränder"; ebenso 482 a 32, Lover's
Tale, I, 389: *hollow lined and wooded to the lips;*
289, Maud, Part I, IV, I, 6: *(the crescent of sea), the silent
sapphire-spangled marriage ring of the land;* — 292,
Maud, Part I, VI, VI, 14: *a face of tenderness might be
feign'd, and a moist mirage in desert eyes:* "eine 'Fata
Morgana' von Tränennaß in der Sandwüste trockener Augen";
— 292 b, Maud, I, VI, IX, 4: *the new strong wine of love,
that made my tongue so stammer and trip;* vgl. 499 b, To my
Grandson, 2: *crazy with laughter and babble and earth's new
wine* ("berauschende Fülle der Sinneseindrücke"); — 300 b,

---

[1]) Für diese nach unseren Begriffen unedle Metapher führt
Churton Collins Shaksperes Sonett 31, Vers 7, als mögliches
Vorbild an.

Maud, I, XXII, I, 2: *the black bat, night, has flown;*
302b, Maud, II, II, III, 4: *did he (the little being that animated
the shell) stand at the diamond door of his house in a rainbow
frill?* — 302b, Maud, II, II, IV, 7: *the three-decker's oaken
spine* (Mast); — 303b, Maud, II, III, 1: *courage, poor heart
of stone:* gewöhnlich für "grausames", hier für "schmerz-
erstarrtes Herz" gebraucht; — 304b, Maud, II, IV, VIII,
5: *the blot upon the brain* (von der Erinnerung an die
Mordtat); — 307, Maud, III, IV, 16: *flames the blood-reed
blossom of war with a heart of fire.* —
 Aus den Königsidyllen und weiteren Werken:
 308a, Dedication, 21: *not making his high place
the lawless perch of wing'd ambitions;* — 356b 14, Geraint
Enid, 155: *short fits of prayer:* von angstvollen, fieber-
haften Stoßgebeten; — 427b 14, Holy Grail, 542:
*mirthful sayings, children of the place, that have no meaning
half a league away;* — 489a, Lover's Tale, II, 5: *upon the
hills ... I watch'd the floating isles of shade* (Wolkenschatten);
— 526a 12, Columbus, 68: *the great flame-banner
borne by Teneriffe;* — 545a 6, Despair, II, 7: *the rolling
eyes of the lighthouse;*   572a, Dead Prophet, VI:
*with shifting ladders of shadow and light ... the sun hung
over the gates of the Night;* — 606a 15, Queen Mary, III, 1:
be limpets (= eling) *to this pillar, or we are torn down by
the strong wave of brawlers;* ebenso ist ein Verbalbegriff
durch be + Substantivum umschrieben an der Stelle: 864b,
To Mary Boyle, II, 3: *be needle to the magnet of your
word* (vorherging: *be truer to your promise*). Die beiden
Stellen sind Gegenstücke zur zweiten Hauptklasse der
Verbalmetaphern (§ 206), wo ja umgekehrt ein Substantiv-
begriff verbal ersetzt war; — 659a, 9u., Harold, I, 2: *I swear
it by mine own eyes — and these two sapphires (Edith's
eyes), these twin rubies (her lips);* — 842a, To Marquis
Dufferin Ava, IV, 4: *... have I made the name a golden
portal to my rhyme;* — 882a 5, Akbar's Dream, 111:
the wild horse, anger, plunged to fling me, and fail'd; 882b
12, Akbar's Dream, 150: *the tiger of oppression;* — 882a
25, Akbar's Dream, 131, nennt Akbar in seiner orien-
talisch bilderreichen Sprache, welche uns schon vom Schluß-
beispiel in § 160 her bekannt ist, die Formen, in welche

sich religiös-philosophische Ideen kleiden: *a silken eord let down from Paradise, when fine Philosophies would fail, to draw the crowd from wallowing in the mire of earth.* Vgl. ferner 883 a 21, Akbar's Dream, 191: *morn has lifted the dark eyelash of the Night from off the rosy cheek of waking Day.*

Alles in allem hat wohl dieses bunte Gemengsel substantivischer Bilder einen Begriff davon gegeben, wie der Dichter auf allen Gebieten des sinnlichen Wahrnehmens, in Natur und Kunst, im Menschenleben, ja im ganzen weiten Reiche organischen wie unorganischen Daseins, im Gebiet der Farben, Gestalten, Bewegungen, Töne, ja schließlich in entlegenen Spezialgebieten alltäglich menschlichen Tuns und Wirkens — *interest of tears* — sowie auch menschlichen Könnens und Wissens nach bildlich Verwertbarem fahndet. Wie er auch den letzterwähnten kühnen Abstieg um seine Metapher tief in den Schacht einer abstrusen Wissenschaft hinunter so gar nicht scheut und sich eben darin als echt moderner Dichter zeigt, daß er alles ohne Unterschied poetisch zu verwerten weiß, was intellektuelles Gemeingut der modernen Menschheit ist, zeige die interessante Gruppe geometrischer Metaphern, welche ich als Kuriosität ans Ende stelle: Life (Tauchnitz Edition), II, 70, To A. H. H. (urspr. In Mem., 108), 14:

> ...*all the strength thou wouldst have been:*
> *A master mind with master minds,*
> *An orb repulsive of all hate,*
> *A will concentric with all fate,*
> *A life four-square to all the winds*[1]...

Im Anschluß an meine syntaktische Gruppierung der Metaphern sei noch die selbstverständliche Tatsache, daß ein Dichter nicht nur aus den angeführten Sprachelementen — Verbum und Nomen —, sondern aus jedem kleinsten Redeteil durch geschickte Verwendung das Gold bildlichen Ausdrucks zu prägen versteht, durch folgendes Beispiel einer

---

[1] Zum letzten Vers vgl. 218 b 7, Wellington, IV, 21: ...*that tower of strength which stood four-square to all the winds that blew,* und weitere Parallelen bei Rowe-Webb *(Selections from Tennyson)* zu dieser Stelle.

präpositionalen Metapher belegt: 212a 9, Princess, VII, 93: *the happy lovers heart in heart:* nach Analogie konkreter Vorstellungen wie "Arm in Arm, Hand in Hand".[1])

§ 210. Wir sind nunmehr außerhalb des Bereiches grammatisch-syntaktischer Einteilungsmöglichkeit angelangt und haben noch eine Reihe metaphorischer Wendungen vor uns, welche keiner und allen der angeführten Gattungen angehören, indem sie alle, die verbalen und die nominalen, in ausgemalten Bildern, Szenen vereinigen: also Fälle von Übertragung nicht einzelner Momente, Bewegungs- oder Dingvorstellungen, sondern ganzer Situationen, Handlungsbilder; kurz: S i t u a t i o n s - oder, grammatisch gesprochen, S a t z - M e t a p h e r n, die ich, schon weil sie den natürlichen Schlußstein des bisher Besprochenen bilden und sich aus dessen Elementen aufbauen, ferner aber auch deshalb hier ans Ende stelle, weil sie zu den ihnen eng verwandten und nächst zu besprechenden Gleichnissen und Vergleichen unmittelbar hinüberleiten. Solche Szenerie-Übertragungen sind:

144a 27, A y l m e r's F i e l d, 111: *when first the tented winter-field was broken up into that phalanx of the summer spears that soon should wear the garland;* 260 a 7, In Mem., 48, 15: *short swallow-flights of song, that dip their wings in tears, and skim away* — so nennt der Dichter seine Elegien; — 273 a 9, In Mem., 94, 13 ff.: *but when the heart is full of din, and doubt beside the portal waits, they (spirits) can but listen at the gates and hear the household jar within:* eine allegorische Hausgesellschaft fast wie in "*S a w l e s W a r d e*"; — 281 a, In Mem., 118, 20 ff.: *life is not as idle ore, but iron dug from central gloom, and heated hot with burning fears, and dipt in baths of hissing tears, and batter'd with the shocks of doom to shape and use...;* — 300 b, M a u d, I, XXII, II, 3: *the planet of Love is on high, beginning to faint in the light that she loves on a bed of daffodil sky;* kürzer (die Metapher auf zwei Worte beschränkt) hieß es von der Venus schon 271 b 27, In Mem., 89, 47: *before*

---

[1]) Vgl. Byron, *Don Juan*, IV, 27, 1: *Mixed in each other's arms, and heart in heart...* (Juan und Haidée). — S. § 127, p. 163.

the crimson-circled star had sunk into her f a t h e r's g r a v e;[1])
zu *grave* vgl. noch 289, M a u d, I, III, 14: *Orion low in his
grave; —* 420 a 1, H o l y G r a i l, 75: *a fervent flame of
human love, which being rudely blunted, glanced and shot only
to holy things* (der Vergleich ist mit einer Kerzenflamme)·
— 562, 36, L o c k s l e y H a l l S i x t y Y e a r s A f t e r, 94:
*Hope . . . crowned with sunlight — over darkness — of the still
unrisen sun:* eine Umschreibung für das Wesen der Hoffnung·
ähnlich wird die ihr verwandte A h n u n g 272b, In Mem.,
92, 15, bezeichnet: *sueh r e f r a c t i o n of events as often
rises ere they rise. —*

Biblischen Ursprungs sind zwei Bilder dieser Klasse:
483 a 3, L o v e r's T a l e, I, 424: *(the river) . . . was received,
s h o r n of its strength, into the sympathy of that small bay —*
mit ungenauer Erinnerung an Samson und Dalila; durch
das prosaische *sympathy* ins Scherzhafte gewendet; — 568,
6, L o c k s l e y H a l l S i x t y Y e a r s A f t e r, 280: *till you
find the deathless Angel seated on the vacant tomb:* die bekannte Szene mit den frommen Frauen am Grabe Christi
soll den Gedanken illustrieren: "bis du einen festen Glauben
an die Unsterblichkeit der Seele gewinnst"; der verborgene
Sinn ist durch *deathless* angedeutet. —

§ 211. Bevor wir nun von den eigentlichen Metaphern
Abschied nehmen, muß ich noch einige Stellen zitieren, an
denen der Dichter sichtlich in *embarras de richesse* gerät
und zwei ihm gleichzeitig vorschwebende Bilder vermengt;
so in der Verbalmetapher 64a, O n a M o u r n e r, VI, 1—2:
*when no mortal m o t i o n j a r s the b l a c k n e s s round the
tombing sod, —* wo *jar* aus dem Bereiche des Gehörsinnes und
motion und *blackness* aus verschiedenen Gebieten des Gesichtssinnes zusammenstoßen; — ferner: 297 a, M a u d, I, XVIII,
I, 6: *and never yet so warmly ran my b l o o d and sweetly,
. . . calming itself to the long-wish'd-for e n d,   full to the
end, close on the promised end:* die letzten Worte passen zu
einem *river of my life,* nicht *my blood; —* 322 b 30, G a r e t h

---

[1]) *Venus, surrounded by the crimson sunset, had set,* erklärt
Churton Collins und nennt die Wendung *an Alexandrinism.* F r a n c i s
B. G u m m e r e spricht in *Old English Ballads, Introduction,* XXX,
Note, von *reviving the obscure scaldic kenning,* aber ohne nähere
Angaben. — Tennyson selbst wie Churton Collins.

Lynette, 320: *in all the listening eyes of those tall knights, that ranged about the throne;* 881 a 17, Akbar's Dream, 61: *the morning of my reign was redden'd by that cloud of shame: redden'd* und *clouded* vermengt.

---

§ 212. Ich kann nunmehr ungehindert zur Behandlung der Vergleiche übergehen und beginne mit gewissen grammatischen Eigentümlichkeiten des vergleichenden Ausdrucks, deren Betrachtung hier umsomehr am Platze ist, als sie gerade noch in der Mitte zwischen dem Vergleich und der soeben behandelten Metapher stehen. Es sind dies die attributiven und appositiven Vergleiche, in ihrem Wesen schon Ansätze zu Metaphern, aber noch mit einer den zu vergleichenden Gegenstand anzeigenden Klausel. Von diesen Fällen nähern sich — um mit den attributiven zu beginnen — mehr der Situationsmetapher als dem Vergleich solche wie: — 266 a, In Mem., 75, 11—12: *round thee with the breeze of song to stir a little dust of praise:* Churton Collins zitiert Pindars οὖρος ὕμνων; — 342 a 30, Marriage Geraint, 74: *the knotted column of his throat.* — Dem Vergleich hingegen rückt der Typus schon näher, wenn sich das syntaktische Verhältnis von comparatum zu comparandum umkehrt und der eigentliche Aussagegegenstand im Vordergrund steht, der zum Vergleich herbeigezogene in die Attributivklausel zurücktritt, wie etwa in dem Beispiel: 264 a, In Mem., 68, 7: *all the bugle breezes blew reveillée to the waking morn,* wobei freilich der verbale Teil des Satzes rein metaphorisch ist.

Unter den zahlreicheren appositiven Vergleichen zitiere ich zunächst als Beispiel jenes ersten, der Metapher näheren Typus die Stelle: — 390 a 16, Merlin Vivien, 613: *the skin elung but to crate and basket, ribs and spine.* — Von den Fällen der Umkehrung mit deutlicherem Hervortreten des direkten Aussageobjektes und syntaktisch untergeordneter Rolle des zum Vergleich benutzten sind zunächst zu zitieren: 22b, Rosalind, III, 9: *whose brilliant hue is so sparkling-fresh to view, some red heath-flower in the dew* (wo freilich einfache Ellipse eines *as* vorliegen kann); 121 a 10, Vision Sin, II, 12: *(music) storm'd in orbs of song, a growing gale.* —

§ 213. Ferner ist eine Gruppe vergleichsweiser Farbenbezeichnungen dieses eigenartigen Typus hervorzuheben:

140 a, Brook, 35: *her eyes a bashful azure, and her hair in gloss and hue the chestnut;* — 233 a, Daisy, 14: *bays, the peacock's neck in hue* (eine auffallende Parallele aus Southeys "Madoc in Wales" bei Churton Collins, *Illustrations of Tennyson*, p. 90); — 332 b 1, Gareth Lynette, 892: *a silk pavilion, gay with gold... and all Lent-lily in hue;* — 447 a 22, Last Tournament, 244: *(dames) glowing in all colours, the live grass, rose-campion, bluebell, kingcup, poppy, glanced about the revels.* — Näher dem Typus des normalen, nicht appositiven Vergleichs stehen Fälle wie etwa der prächtige, 429 b 13, Holy Grail, 677, wo es vom Gral heißt: *in colour like the fingers of a hand before a burning taper;*

anders hingegen und schon mehr metaphorisch: 245 b, Spring (in The Window), 4: *you with gold for hair.* — Kühner und schon ganz metaphorisch heißt es von nußbraunem Haar: 114 a 17, Will Waterproof, 232: *live long, ere from thy topmost head the thick-set hazel dies.* Noch anders, nämlich **prädikativ**, gestaltet sich der Typus in Fällen wie: 237 a, Minnie Winnie, 5: *pink was the shell within, silver without;* 238 b 3, Victim, III, 7: *his face was ruddy, but his hair was gold.* Zu diesen letzten prädikativen Fällen füge ich von sonstigen Vergleichen — außerhalb der Farbenbezeichnungen — das Beispiel: 416 b 29, Lancelot Elaine, 1310: *sea was her wrath, yet working after storm.*

§ 214. Man könnte diese letzten Fälle auch als Einsetzung eines Ausdrucks der Identität für den logisch richtigen der Vergleichbarkeit definieren. Hier ist nun der Ort festzustellen, daß auch die umgekehrte Ungenauigkeit in der Dichtersprache vorkommt, indem nämlich Wendungen, die Ähnlichkeit ausdrücken, bei tatsächlicher Identität der so verbundenen Begriffe gebraucht werden, — eine Eigentümlichkeit, die sich mit der im vorigen Kapitel besprochenen Verwendung von "Schein für Sein"

(§ 194) logisch einigermaßen berührt.[1]) An Beispielen führe ich an, meistens ist *like* (deutsch "wie eben...") das Wort:

116 b 49, L o r d B u r l e i g h, 67: *he clasp'd her like a lover (he was her lover indeed)*; — 144 b 5, A y l m e r's F i e l d, 123: *he, like an Aylmer in his Aylmerism*...; 322 b 19, G a r e t h L y n e t t e, 309: *all about a healthful people stept as in the presence of a gracious king:* wir sind eben in Arthurs Residenz; 357 a 20, G e r a i n t E n i d, 191: *they (horses) themselves, like creatures gently born but into bad hands fall'n, and now so long by bandits groom'd, prick'd their light ears*...; 367 b 31, G e r a i n t E n i d. 873: *Enid easily believed, like simple noble natures, credulous*... *(she was one)*; — 376 b 12, B a l i n B a l a n, 424: *all glad, knightlike, to find his charger yet unlamed;* — 413 b 22, L a n c e l o t E l a i n e, 1104: *she with a face, bright as for sin forgiven* (sie hat soeben gebeichtet, also Verzeihung wirklich erlangt); 450 a 28, L a s t T o u r n a m e n t, 435: *a roar of riot, as from men secure amid their marshes, ruffians at their ease* (das sind sie wirklich alles); — 498 a 5, G o l d e n S u p p e r, 289: *adding, with a smile, .. a semi-smile as at a strong conclusion* ..., — und der dann folgende Redeabschluß ist wirklich kraftvoll; — 599 b 11, Q u e e n M a r y, II, 2: *you are shy and proud like Englishmen, my masters,* — sagt White zu den *guilds and companies* Londons; — 718 b, 10 u., B e c k e t, II, 1: *and when he (Becket) flash'd it (the bolt of excommunication) . (thou wouldst) shrink from me, like a daughter of the Church* (= "als getreue Tochter der Kirche"); 807 b, F o r e s t e r s, I, 1: *I would hoist the drawbridge, like (= being) thy master... I would set my men-at-arms to oppose thee, like the Lord of the Castle* (der ich bin); — schließlich 835 b, F o r e s t e r s, IV: *they must have sprung like Ghosts from underground, or, like the Devils they are, straight up from Hell.*[2]) — Hieher endlich auch

---

[1]) Ausführliches über diesen in der altgermanischen Poesie überaus häufigen Typus findet sich in D e t t e r - H e i n z e l s Anmerkung zu *Voluspa* 35. 1. 3. 4. *(Sæmundar Edda* II).

[2]) Hier wird sich also der Sprechende plötzlich bewußt, daß die Vergleichung ein zu schwacher Ausdruck für die — in seiner sub-jektiven Auffassung momentan bestehende — Identität ist und stellt

Pleonasmen wie: 174 a 5, Princess, II, 42: *your flight would seem ... as arguing love of knowledge and of power,* — dem gegenüber: 194 a 17, Princess, IV, 502: *a smile, that look'd a stroke of cruel sunshine on the cliff* (für *looked like* —, *as* —). Wie man also sieht, kommt auch der entgegengesetzte Fall vor, daß ein *as* oder *like* fehlt, wo wir es erwarten, wobei der Ausdruck sich mitunter wiederum dem oben besprochenen prädikativen Vergleiche nähert; z. B. 375 b 20, Balin Balan, 374: *(Lancelot draws from the homage done to Guinevere) a grace, but scantly thine* (= *like thine*); — 378 b 3, Balin Balan, 524: *fools prate, and perish* (sc. *as, like*) *traitors.* —

§ 215. Nachdem wir so auf grammatisch-syntaktische Eigentümlichkeiten der Vergleichstechnik einen Blick geworfen haben, wollen wir eine Anzahl bemerkenswerterer Vergleiche Tennysons inhaltlich betrachten.[1])

Das Gros seiner Gleichnisse schöpfte er aus Naturbeobachtung; wie er dabei verfuhr, ist aus vielen Stellen der Biographie seines Sohnes bekannt: fiel ihm einmal eine Naturerscheinung durch Pracht oder Eigenart auf, so wurde sie flugs in einer Art poetischer Momentaufnahme mit einigen rasch geschmiedeten Versen im Tagebuch fixiert und dieses Bild dann irgendwo in einem größeren Werke — oft eben als Vergleich — passend untergebracht. So kennen wir von vielen der Naturgleichnisse in den Königsidyllen das genaue Datum, z. B. 352 b 36, Marriage Geraint, 754: *glancing all at once as keenly at her as careful robins eye the delver's toil* (ebenso 361 a 8, Geraint Enid, 431· *look'd as keenly at her as...* etc.): Farringford, 1856 (Life, Tauchnitz Edition, II, 183); oder: 356 b 30, Geraint Enid, 171:

> .... *as one,*
> *That listens near a torrent mountain-brook,*

diese nachdrücklich fest; dies ist natürlich in der Umgangssprache häufig: Dickens, *M. Chuzzlewit*, p. 500 (Dickens Edition): *"Wander over the face of the earth, young sirs, like vagabonds as you are."* — Scarron, *Roman Comique*, Chap. I.: *"...le poulain allait et venait à l'entour de la charrette comme un petit fou qu'il était."*

[1]) Über Tennysons Vergleiche handelt ausführlich das 4. Kapitel von Fischers Tennysonstudien (Leipzig, Otto Wigand, 1905), p. 149 ff.

All thro' the crash of the near cataract hears
The drumming thunder of the huger fall
At distance, — were the soldiers wont to hear
His voice in battle . . . :

gedichtet bei Festiniog, Wales, im Sommer 1865 (L i f e,
II, 185).[1])

Von sonstigen kleinen Naturschilderungen, deren Verwendung zu Vergleichen nur eine Maßregel der Unter-
bringung ist, weil sie in der Tat mit ihrer Schönheit sich
selbst Zweck sind, — führe ich an:

— 212 a 16, P r i n c e s s, VII, 100: *Love, like an A l p i n e*
h a r e b e l l hung with tears by some cold morning glacier; frail
at first and feeble, . . . but such as gather'd colour day by day;
215 b 19, P r i n c e s s, VII, 336: *all the rich to-come reels,*
as the golden Autumn woodland r e e l s athwart the smoke of
burning weeds; — 295 b, M a u d, I, XIV, II, 9: *a hand, as*
w h i t e as o c e a n-f o a m in the moon; — 324 a 1, G a r e t h*
L y n e t t e, 380: *in either hand he bore what dazzled all, and*
shone far-off as shines a field of c h a r l o c k in the sudden sun
between two showers, a cloth of palest gold; — 361 b 11,
G e r a i n t E n i d, 468:[2])

They vanish'd panic-stricken, like a shoal
Of darting fish, that on a summer morn
Adown the crystal dykes at Camelot
Come slipping o'er their shadows on the sand,
But if a man who stands upon the brink
But lift a shining hand against the sun,
There is not left the twinkle of a fin
Betwixt the cressy islets white in flower:
So, scared but at the motion of the man,
Fled all the boon companions of the Earl.

Das Beispiel zeigt die bekannte homerische Methode breiter
Ausmalung der zur Vergleichung herbeigezogenen Situation
ohne Rücksicht auf das Bedürfnis des Vergleichs. Dasselbe
ist der Fall in dem Tätigkeitsvergleiche: 329 b 22, G a r e t h

---

[1]) Von nicht zu Vergleichen verwendeten Naturbildern, die ebenso
genau datiert sind, genüge als Beispiel das Bild der Ruine, in welcher
Enids Vater wohnt: 346 a 1—9, M a r r i a g e G e r a i n t, 307 ff., gedichtet in Middleham Castle im Sommer 1862 *(Life, II, 258).*

[2]) Eine auffallende Parallele zu diesem Vergleich aus K e a t s bringt
Churton Collins, *Illustrations of Tennyson,* p. 138.

Lynette, 733: *she..., as one that smells a foul-flesh'd agarie in the holt, and deems is carrion of some woodland thing, or shrew, or weasel, — nipt her slender nose ... shrilling: "...thou smellest all of kitchen-grease."* (Über Homerisches in Tennysons Vergleichen s. Mustard, *Classical Echoes in Tennyson*, New York 1904, p. 16—18.) —

Zu den Vergleichen mit Naturbildern zurückkehrend, zitiere ich von ihnen noch einen von dieser homerisch-breiten Art: 441 b 15, Pelleas Ettarre, 388:

> *.....he would have wept, but felt his eyes*
> *Harder and drier than a fountain bed*
> *In summer: thither came the village girls*
> *And linger'd talking, and they come no more*
> *Till the sweet heavens have fill'd it from the heights*
> *Again with living waters in the change*
> *Of seasons: hard his eyes*   . (der Dichter muß

sich selbst zum Gegenstand zurückrufen).

Ferner von kürzeren:

— 26 b, Sonnet, VII, •13: *poor Fancy sadder than a single star, that sets at twilight in a land of reeds;* — 406 b 5, Lancelot Elaine, 666: *I lose it (my quest), as we lose the lark in heaven, o damsel, in the light of your blue eyes* (vgl. die am Schluß von § 184 zitierte Wendung über die Lerche); — 671 a, 6 u., Harold, III, 1: *the brows unwrinkled as a summer mere*[1]); — 885 b 12, Bandit's Death, 20: *I was lilting a song to the babe, and it laugh'd like a dawn in May;* 757 a 7, Cup, I, 2: *yon grove upon the mountain, white in the sweet moon as with a lovelier*[2]) *snow!* — Eine Beobachtung aus dem Klein-leben der Natur: 813 a 1, Foresters, I, 3: *they will all of them swarm to thy voice like bees to the brass pan.*

---

[1]) Ganz ähnlich in Byrons *Mazeppa*, V, 40 ff.:
> *A brow like a midsummer lake,*
> *Transparent with the sun therein,*
> *When waves no murmur dare to make,*
> *And Heaven beholds her face within.*

Vgl. auch *Don Juan*, X, 8, 3: *...ere the lake-like brow is ruffled by a wrinkle*

[2]) Zu dieser restringierenden Klausel vgl. etwa die Bezeichnung Courtenays als *a weak Wyatt* (639 b 10, Queen Mary, V, 2); auch *a later but a loftier Annie Lee* (von ihrer Tochter): 136 b 3, Enoch Arden, 741. — S. § 4.

Im Gegensatz zur überwiegenden Zahl dieser Vergleiche werden manchmal Naturerscheinungen durch Vorstellungen aus einem dem Hörer näher liegenden Gebiete veranschaulicht; so das Sternenbild: 307, Maud, III, I, 14: *Mars as he glow'd like a ruddy shield on the Lion's breast;* ebenso 306, Maud, III, I, 7: ... *Charioteer and starry Gemini hang like glorious crowns over Orion's grave low down in the west;* Natur geradezu durch Kunst veranschaulicht finden wir in den Fällen: 70 b 13, Morte d'Arthur, 170: *looking wistfully with wide blue eyes as in a picture* (*"as the eyes of a portrait often have a fixed and expectant gaze"*, Rowe-Webb), und 105 a, Sleeping Palace (Day-Dream), III, 6: *more like a picture seemeth all...* —

Im Gegensatz ferner zu dem mehr schmückenden Zweck jener Fälle liegt deutlich vergleichender vor in Beispielen (die dabei auch aus der Natur geschöpft sind) wie: 330 b 11, Gareth Lynette, 773: *a mere, round as the red eye of an Eagle-owl;* — 342 a 32, Marriage Geraint, 76: *arms on which the standing musele sloped, as slopes a wild brook o'er a little stone, running too vehemently to break upon it;* (eine auffallend analoge Stelle aus Theokrit, I d. XXII, 48 ff., bei Churton Collins). —

§ 216. Damit sind wir von rein dekorierenden Bildern zu wirklichen Vergleichen übergegangen, und ich will nun von diesen eine Auswahl bieten, welche (wie vorhin bei den Substantivmetaphern) von der Mannigfaltigkeit der als Vergleichungsmittel dienenden wie auch der illustrationsbedürftigen Situationen ein Bild geben soll und hoffentlich auch die Grundsätze erweisen wird: daß Abstraktes naturgemäß durch Konkretes — ob nun wirklich beobachtete oder fingierte Bilder —, Konkretes durch Konkreteres oder dem Gesichtskreis des Lesers Näherliegendes illustriert wird; daß ferner meist nur ein Moment einer Vorstellungs-Gruppe oder -Folge (seltener die ganze) zur Veranschaulichung gelangt, und dies durch eine solche Situation geschieht, welcher das betreffende Moment — Tätigkeit, Eigenschaft, Zustand — oder ein ihm analoges in höherem Grade und Maße eigen ist, somit der Vergleich sich wie die Metapher vielfach mit der Hyperbel berührt. —

— 132 a 18, Enoch Arden, 462: *his voice shaking a*

little like a drunkard's hand: eine Gesichtsempfindung als "konkreter" zur Illustration einer Gehörsempfindung benutzt; noch Abstrakteres wird durch einen ähnlichen, aus der Bibel geschöpften Vergleich veranschaulicht in dem Falle 103, G o d i v a, 28: *a heart as rough as Esau's hand;* — 296 b 3, M a u d, I, XVI, I, 16: *the grace that, bright and light as the crest of a peacock, sits on her shining head:* wenn *grace* wörtlich zu nehmen ist, so ist Abstraktes kühn durch Konkretes, — wenn es aber den Haarschmuck bedeutet (§ 180), Konkretes durch ein Grelleres beleuchtet; — 349 a 16, M a r r i a g e G e r a i n t, 505: *slowly falling as a seale that falls, when weight is added only grain by grain, sank her sweet head upon her gentle breast:* bei der Wagschale tritt das zu veranschaulichende Moment des stoßweisen Sinkens wegen der hier nicht durch schmückende Nebenumstände abgelenkten, ausschließlich darauf konzentrierten Aufmerksamkeit schärfer hervor als eben im vorliegenden Falle, — daher der Vergleich gewählt; 462 a 18, G u i n e v e r e, 378: *sheets of hyacinth, that seem'd the heavens upbreaking thro' the earth:* der Himmel ist die breiteste blaue Fläche, also das intensivste Veranschaulichungsmittel für ein Feld blauer Blumen; die Antithese *heaven—earth* läßt man sich nicht gern entgehen, daher das abenteuerlich-phantastische *upbreaking;* — 478 b 22, L o v e r's T a l e, I, 156: *as men know not when they fall asleep into delicious dreams, ... so know I not when I began to love;*[1]) — 588 a 10, Q u e e n M a r y, I, 5: *Lady Anne bow'd to the Pyx; but Lady Jane stood up stiff as the very b a c k b o n e of heresy:* halb scherzhaft; vollends ein Scherz ist: 729 a, B e c k e t, III, 3: *the father's eye was so tender it would have called a goose off the green,* — zugleich ein Glanzbeispiel für stete Neigung der Volkssprache zur Hyperbel. — Umgangssprachlich ist auch: 726 a, B e c k e t, III, 1: *he's as like the King as fingernail to finger-*

---

[1]) Diesen Vergleich habe ich als den einzigen ungezwungenen und auf reelle, ja intim-feine Beobachtung gegründeten aus der Unmasse hervorgehoben, welche den zweifelhaften Schmuck dieser Jugenddichtung bilden. Wie monströs, unangebracht und unehrlich in der Anschauung ist beispielsweise: 485 b 10, L o v e r's T a l e, I, 592: *had the earth beneath me yawning cloven with such a sound as when an i c e- b e r g splits from cope to base...,* — wo ja ein mückenhaft nebensächlicher Umstand durch diesen Elefanten von Vergleich hervorgerückt wird!

nail. Und echt bäuerlich, mitten aus der Volkssprache heraus ist der Vergleich: 226, G r a n d m o t h e r, X, 3 : *thc moon like a rick on fire was rising over the dale* ("feuerrot", wie er manchmal ist); ebenso der zweite: 232, N o r t h e r n F a r m e r, *new style*, VIII, 4: *'e ligs on 'is back i' thc grip ... woorse nor a far-welter'd yowe* (Tennysons Note: *Or 'fow-welter'd',* — *said of a sheep lying on its back).* Mit jenem Mond-Beispiel vergleicht sich übrigens inhaltlich: 285 b 32, In Mem., E p i l o g u e, 108: *on the downs a rising fire* — vom Monde (oder ihn verkündendem Lichtschein?).

Nun einige der naturgemäß seltenen Fälle, in denen abstrakte Vorstellungskreise zur Verdeutlichung anderer — manchmal sogar konkreter — herbeigezogen werden: 213 b 16 (P r i n c e s s, VII, S o n g): *the monstrous ledges ... slope and spill their thousand wreaths of dangling water-smoke, that like a broken purpose waste in air;* — 521 b, J o h n O l d c a s t l e, 7: *I am emptier (viz. of purse) than a friar's brains* — im Munde des Wycliffiten; derselbe schöpft gleichfalls aus seinen eigensten Ideen den Vergleich 521 b, J o h n O l d c a s t l e, 18: *this tongue ... is here (in Wales) but as a Latin Bible to the crowd.* — Fast schon zu abstrakt, um so mehr als etwas ganz Konkretes illustriert wird, ist der traurig-müde Scherz: 633 a 1, Q u e e n M a r y, IV, 3: *the nave and aisles all empty as a fool's jest.* —

Ebenso überraschend (unter dieser Rubrik!) als gelungen sind die zwei Beispiele aus der Volkssprache: 557 b, S p i n s t e r's S w e e t -'A r t s, V, 1: *Feyther'ud saäy I wur ugly es sin;* und 559 a, S p i n s t e r's S w e e t -'A r t s, XII, 5: *thou was es soäber es daäy.*

Zuletzt noch als Kuriositäten ein zu armer und ein zu reicher Vergleich angeführt: dem ersten fehlt ein integrierender Bestandteil: 143 b 26, A y l m e r's F i e l d, 77: *(a joy would seem) to dilate as toward the light:* nach *as* fehlt mit sinnlich fühlbarer Lücke *a flower* (die Beziehung ist auf die Heliotropie der Pflanzen); zu viel des Guten hingegen bietet der pleonastische Doppelvergleich 172 a 5, P r i n c e s s, I, 175: *as blank as death in marble,* — weil *as death* oder *as marble* jedes für sich genügen würde: also eine "Vergleichsvermengung" wie die vorhin (§ 211) zitierten Vermengungen von Metaphern. —

§ 217. Eine zweite Abart der Metapher, nicht minder wichtig als der Vergleich, ist die Personifikation.

Aus dem alten mythologischen Apparat, dessen Anwendung auch beim modernsten Dichter ganz natürlich ist und wenig des Interessanten bietet, hebe ich nur hervor: 180 a 22, Princess, II, 443: *we three sat muffled like the Fates:* diese seltenere Bezeichnung der Parzen gibt der Stelle ihren ganzen Reiz, — 213 a 19, Princess, VII, 167: *now lies the Earth all Danaë to the stars.* —

Von den verschiedenen Personifikationen abstrakter Begriffe führe ich nur die ausgesprochensten an, bei denen die symbolischen Attribute und Tätigkeiten mitunter überaus glücklich gewählt sind:

255 a, In Mem., 29, 11—12: *Use and Wont, ...old sisters of a day gone by;* — 260 a, In Mem., 50, 7—8: *Time, a maniac scattering dust, and Life, a Fury slinging flame;* to drop dust in anderem — griechisch-rituellem — Sinne auch vom Tode: 267 a, In Mem., 80, 1—4: *... vague desire..., that holy Death ... had moved me ... from his side, and dropt the dust on tearless eyes;* — 269 a 1, In Mem., 85, 21: *the great Intelligences fair that range above our mortal state* (s. das Zitat aus Dante bei Churton Collins); — 287 a, Maud, I, I, IX, 1: *Peace sitting under her olive:* das übliche Attribut ist Olivenzweig, nicht -baum; vom Frieden noch ironisch: 307, Maud, II, 10: *no more shall ...Peace pipe on her pastoral hillock a languid note; -* 287, Maud, I, I, XI, 1: *Sleep must lie down arm'd;* — 299 a 3, Maud, I, XIX, IV, 7: *the feud, the household Fury sprinkled with blood by which our houses are torn;* — 299 b, Maud, I, XIX, X, 2: *to bury all this dead body of hate;* 687 b 14, Harold, V, 1: *if Hate can kill, and Loathing wield a Saxon battle-axe;* — 575 b 9, Hands All Round, 18: *Canada whom we love and prize* (d. h. "die Bewohnerschaft").

§ 218. In diesem letzten Beispiel ist also die Personifikation nur durch ein Pronomen angedeutet. Damit gehen wir zu den zahllosen verwandten Fällen über, in denen die Personifikation auf ein geschlechtiges Pronomen beschränkt und auch keine weitergehende beabsichtigt ist, — oder in denen, anders gesprochen, der Dichter rein nur zur Belebung

des Ausdrucks, mit oder ohne ausgeprägten plastischen
Zweck von der streng logischen Regelung des Substantiv-
Genus im Neuenglischen willkürlich abweicht und Abstrakten — manchmal auch Konkreten — ein phantastisches
männliches oder weibliches Geschlecht verleiht. Das psychologische Wesen dieser Fälle ist also doch ein halbbewußter
Ansatz zur προσωποποιία, und sie gehören daher nicht, wie
es scheinen sollte, in die Syntax, sondern an diese Stelle
des stilistischen Teiles. Von den unendlich häufigen Beispielen kann natürlich nur eine kleine Auswahl geboten
werden, — meist solche, in denen die Personifizierung in
anderer Richtung vorgenommen wird, als wir, wenn nun
einmal das Neutrum nicht gesetzt wird, erwarten würden:
4 b 3, Confessions of a Sensitive Mind, 52: *the
Spirit of happiness and perfect rest ... loveth ... his innocent
heart, her temple and her place of birth, where she would
ever wish to dwell, life of the fountain there ...;* hingegen
z. B. 65 b 11, Love Land, 51: *the Spirit of the years to
come yearning to mix himself with Life;* 5 a 15, Confessions Sensitive Mind, 111: *ask the sea ... why he
slumbers not like a mountain tarn;* desgleichen *wave:* 384 a
16, Merlin Vivien, 230: *the blind wave feeling round his
long sea-hall;* ebenso *deep (= sea):* 573 b, Early Spring,
IV, 5: *light airs from where the deep ... is breathing in his
sleep;* — 8 a 39, Mariana, 79: *the day was sloping toward
his western bower:* dieses Maskulinum regelmäßig, so oft die
Sonne des Tages gemeint ist; ebenso auch *sun,* z. B. 53, 30,
May Queen, Conclusion, 50: *the sun begins to rise
he shines upon a hundred fields;* 281 b, In Mem., 121, 2:
*sad Hesper o'er the buried sun and ready, thou, to die with
him;* — 17 b, Love Death, 2: *Love paced the thymy
plots of Paradise, and all about him roll'd his lustrous eyes:*
in diesem Gedichte erscheinen *Love* wie *Death* in ausgeführter Allegorie als Maskulina: aber auch sonst ist *love,*
ob es nun ohne eine Spur persönlicher Vorstellung eine
menschliche Leidenschaft — lat. Cupido, griechisch Ἔρως,
schon seit Chaucer *Love* Maskulinum oder ob es
geradezu in anderer Verwendung — wie im Prolog zu In
Memoriam — die Person Christi bedeutet. Ebenso verwandte Ausdrücke wie *passion:* 24 a, Eleänore, VII,

5: *in thee all passion becomes passionless . . . losing his fire . . .;* hingegen das entgegengesetzte *Hatred* erscheint als Fem.: 488 a 27, Lover's Tale, I, 765: *shall Love pledge Hatred . . . and batten on her poisons;* — 23 a, Eleänore, III, 2: *Summer herself should minister to thee;* in The Two Voices erscheint für *the silent voice* (d. i. die Selbstmordgedanken) zuerst *it*, z. B. 31 b 1: *it spake . . . in my mind . . .,* dann, wie die Vorstellung eines sprechenden Dämons deutlicher hervortritt, das Maskulinum: 31 b 7: *he answer'd scoffingly;* — aus demselben Gedicht ferner 31 a, Two Voices, 8: *I saw the dragon-fly come from the wells where he did lie;* 32 b 31 (145): *when Life her light withdraws;* 34 a, 35—36 (275): *in her still place the morning wept* ('Εώς, Aurora); so regelmäßig, z. B. 94 a 16, Love Duty, 96: *(had) driv'n her plow of pearl . . .;* 320 b 22, Gareth Lynette, 187: *the silver-misty morn rolling her smoke about the Royal mount;* — 35 b 17: *memory dealing but with time, and he with matter, could she climb . . . (time* als Mask. = griechisch Κρόνος?); — 41 a 27, Oenone, 93: *one . . . cloud . . . had lost his way;*[1]) — 44 b ff., Palace Art: durchgehends ist in dieser Allegorie — wie auch sehr oft später, ohne daß eine solche vorläge — *soul* als Fem. personifiziert; ebenso *spirit,* wenn es die Seele bedeutet, z. B. 110 b 10, Sir Galahad, 46: *my spirit beats her mortal bars* (in Erinnerung an lat. *anima* und kirchliche Vorstellungen); desgleichen *mind:* 163 b 2, Lucretius, 165: *how should the mind . . . clasp these idols to herself?* Wo aber *soul* ohne Nebengedanken für die Person selbst steht, finden wir Maskul.: 279 a, In Mem., 110, 4: *the feeble soul . . . forgot his weakness in thy sight;* — 62 a, Death Old Year, wird das alte wie das neue Jahr als Maskul. personifiziert; 68 b 15, Morte d'Arthur, 37: *him* vom Schwerte Excalibur, so im ganzen Gedicht; — 89 a ff.: in Talking Oak erscheint die Eiche als Maskul. und spricht z. B. 91 b 28 (232) von *oakling* im Maskul. als ihrem "Kinde"; — 109 b, St. Agnes' Eve, 27: *all heaven bursts*

---

[1]) Vielleicht das Shakspere'sche *his* für *its* ohne eigentlichen Genuswechsel, als grammatische Erscheinung; dasselbe vielleicht 105 a, Sleeping Palace (Day-Dream), II, 3: *the fountain to his place returns,* — und sonst.

her starry floors, and strows her lights below; 485 b 13,
L o v e r's T a l e, I, 595: *had H e a v e n ... roll'd h e r heaviest
thunder;* 820 a, 8 u., F o r e s t e r s, II, 1: *thou seem'st a saintly
splendour out from h e a v e n, clothed with the mystic silver of h e r
moon;* ebenso *s k y:* 669 b, u., H a r o l d, II, 2: *an oath which, if
not kept, would make ... the bright s k y cleave ... and send h e r
hosts; —* 124 b, P o e t's S o n g, 9: *the s w a l l o w stopt as h e
hunted the fly* (die φιλὴ χελιδών ist sonst immer und überall
Femininum); hingegen sagt man zum Kinde: 160 b, Wiegenlied in S e a D r e a m s: *what does little b i r d i e s a y in h e r
nest:* parallel zu folgendem: *what does little b a b y say in h e r
bed? —* hingegen 206 a 17, P r i n c e s s, VI, 120: *the b a b e
spied i t s mother; —* 163 b 14, L u c r e t i u s, 177: *the m o u n-
t a i n there has cast h i s cloudy s l o u g h, now towering o'er
h i m in serenest air, a mountain o'er a mountain ...,*
233 b 35, D a i s y, 71: *shower and storm and blast had blown
the l a k e (di Como) beyond h i s limit* (vielleicht in Erinnerung
an lateinische Maskulin-Personifikationen, wie V e r g i l s:
fluctibus et fremitu assurgens, Benace, marino); — 278 a, I n
M e m., 107, 10: *yon hard c r e s c e n t, as s h e hangs above the
wood:* weil die mythologische Vorstellung von Artemis-
Diana hereinspielt; L i f e, Tauchnitz Edition, II, 70:
Fragment (urspr. I n M e m., 108, 2): *young is the g r i e f
... and ever new the tale s h e tells; —* 280 a, I n M e m., 114:
*who loves not K n o w l e d g e? Who shall rail against h e r
beauty?* Ebenso *W i s d o m:* 656 b, 7 u., H a r o l d, I, 1: *Wisdom
when in power ... should ... smile ... till the true "must" shall
make h e r strike as Power,* 317, G a r e t h L y n e t t e, 5:
*a slender-shafted P i n e lost footing ... "How h e went down ... as
a false knight ...":* eine Art Attraktion des Genus an *knight; —*
347 a 3, M a r r i a g e G e r a i n t, 369: *the good h o u s e, tho'
ruin'd ... endures not that h e r guest should serve himself;*
410 b 12, L a n c e l o t E l a i n e, 915: *if I be loved, these are
my festal robes, if not, the v i c t i m's flowers before h e fall, —*
sagt ein Weib, Elaine; — 429 a 20, H o l y G r a i l, 654:
*he follow'd ... a mocking fire: "what other fire than h e, whereby
the blood beats, and the blossom blows,"* etc. (the *Spirit of Life
in the Universe). —* Das V a t e r l a n d wird natürlich (als
"Mutter") femininisch personifiziert: 475 a 15, T o Q u e e n,
29: *our ocean-empire with h e r boundless homes;* 570 a 32,

Epilogue "Heavy Brigade", 34: *tho' that realm were in the wrong for which her warriors bleed;* 679 a 16, Harold, IV, 1: *he (Griffyth) loved his land: he fain had made her great: his finger on her harp*... *had in it Wales, her floods, her woods, her hills;* und 754 b 1, Cup, I, 2: *the small state more cruelly trampled on than had she never moved.* — 774 b (Falcon):... *my great toe*... *I left him there (on the battle-field) for dead too* (sc. *as two of my fingers);* — 784 a 3, Promise May, I: *Conventionalism, who shrieks by day at what she does by night.* —

Da ich nun einmal die Allegorien auch unter diesem Kapitel mitnehme, so will ich noch bemerken, daß in dem Gedichte The Progress of Spring (866 a) der Frühling in weiblicher Gestalt auftritt.

§ 219. Im Anschluß an die so erledigte Personifikation will ich, der antithetischen Methode treu, auch die ihr entgegengesetzte Erscheinung besprechen, welche man als "Entpersönlichung" bezeichnen möchte. Unter dieses Kapitel — Gebrauch unpersönlicher, dinglicher Bezeichnungen für persönliche Wesen — gehört zunächst zufolge ihrer pronominalen Einleitung die ganze *that which-*Gruppe von Umschreibungen für Gott und andere Abstrakta, zitiert § 158. Von sonstigen Beispielen — vor allen an substantivischen Bezeichnungen — führe ich an:

— 31 a, Two Voices, 28—29: *think you this mould of hopes and fears could find no statelier than his peers in yonder hundred million spheres: mould* ist der Mensch; vgl. 198 b 16, Princess, V, 190: *the piebald miscellany, man* (speziell vom Manne); ähnlich 262 a 1, In Mem., 56, 22: *a monster then, a dream, a discord* (sc. *is man, if his soul be not immortal);* ja, es heißt sogar weiter: *dragons of the prime* ... *were mellow music match'd with him* (wo freilich der Einfluß der Alliteration in Betracht kommt); 74 b 9, Gardener's Daughter, 118: *this wonder keeps the house* ("Mirakel, Wunderwesen"); 121 b, Vision Sin, IV, 2: ... *ostler* ... *here is custom come your way* (a customer; vgl. deutsch "Kundschaft"); — 174 b 12, Princess, II, 81: *to-day the Lady Psyche will harangue the fresh arrivals of the week before* (das neuangekommene "Material"); — 188 a 26, Princess, IV, 129: *not vassals*

nor babes . . ., but living will s — wollen die Frauen sein;
vgl. die hypostasierende Wendung: 302 b, M a u d, II, II,
III, 2: *the tiny cell is forlorn, void of the little living will
that made it stir on the shore* ("Organismus, welcher die
Schale belebte"); — 218 a, W e l l i n g t o n, IV, 8, wird
der tote Herzog *a c o m m o n g o o d* genannt; — 255 b 15, I n
M e m., 30, 26—27: *from orb to orb, from veil to veil . . . pierces the
keen seraphic f l a m e:* so von der Seele, weil ein Bewegungs-
begriff, nämlich Tennysons Lieblingsidee: *the soul's continual
progress in after-life* ausgedrückt werden soll (s. Churton
Collins z. St.); 275 a, I n M e m., 99, 4: *day, when I lost
the f l o w e r of men*[1]); vgl. 335 a 11, G a r e t h L y n e t t e,
1038, wo L. den G. *the flower of kitchendom* nennt;
282 b, I n M e m., 224, 4: *the P o w e r in darkness w h o m
we guess: whom* bezeichnet unsere anthropomorphische
Gottes-Vorstellung, *Power* die geheimnisvolle Tiefe seines
Wesens für unsern Intellekt; dieses *power* auch von heidnischen Göttern: 844 b 19, D e m e t e r P e r s e p h o n e, 25:
*eyes that oft have seen the serpent-wanded p o w e r (Hermes)
draw downward into Hades with his drift of flickering spectres;*
ebenso 846 a 4, D e m e t e r P e r s e p h o n e, 96: *thee, the
great Earth-Mother, thee, the P o w e r that lifts her buried life
from gloom to bloom,* umgekehrt eine ganz persönliche
Bezeichnung für die "höllischen Mächte", wie wir sie wohl
nennen: 261 a, I n M e m., 53, 16: *for fear . . . Philosophy . . .
should . . . be procuress to the L o r d s of Hell;* — 445 a 7,
L a s t T o u r n a m e n t, 95: *thieves, bandits, l e a v i n g s of confusion:* wie ags. *ecga, sweorda l á f c;* — 467 b 10, P a s s i n g
A r t h u r, 40: *down the long wind the d r e a m shrill'd* ("die
Traumgestalt" — Gawains Geist); ibid. 16 (46): *who spake?
a dream*[2]); hingegen ibid. 28 (58): *"care not thou for dreams
from him"* (Gawain), sagt Bedivere zu Arthur; 492 b
23, L o v e r's T a l e, III, 23: *rush'd into dance, and like wild*

---

[1]) Dies speziell kein ganz ungewöhnlicher Ausdruck; *the very
flower of truth and honour,* nannte z. B. G l a d s t o n e seinen Gegner
in der irischen Frage, H a r t i n g t o n (zitiert in einem Feuilleton über
H. L e a c h M e t h u e n s Buch *The Duke of Devonshire,* Lit.-Beilage der
"N. Fr. Presse" vom 17. September 1905).

[2]) Vgl. ὄνειϱος bei H o m e r; die Traumgestalt selbst wird mit
οὖλος ὄνειϱε angesprochen, z. B. *Il., B* 8 (vom Entsender).

Bacchanals fled onward ("wie Bakchanten"); 587 b 4, Queen Mary, I, 4: *I would blow this Philip and all your trouble (= all who trouble you) to the dogstar and the devil;* — 640 a, 5 u., Queen Mary, V, 2: *I . . . held from you all papers sent by Rome;* — 699 b 10, Becket, I, 1: *"To please the King?" "Ay, and the King of kings, or justice "* (Unpersönliches zu Persönlichem parallel gestellt); — 711 b 3, Becket, I, 3: *five hundred marks . . . for which the King was bound security;* — 750 a, Cup, I, 1, 8: *she is my fate — else wherefore has my fate brought me again to her own city?* (mit der beliebten Wortwiederholung); — 754 b, 10 u., Cup, I, 2: *"what is Synorix?"* fragt der sich für einen "Strato" ausgebende Synorix, als Sinnatus den Ex-Tetrarchen erwähnt; — 808 b, u., Foresters, I, 2 (scherzhaft): *a virgin . . . three yards about the waist (Friar Tuck) is like to remain a virgin, for who could embrace such an armful[1]) of joy* (zur Freiheit der Hypostasen auf *-ful* vgl. 832 a 14, Foresters, IV: *I am misty with my thimbleful of ale);* — 846 a 13, Demeter Persephone, 105: *the man, that only lives and loves an hour, seem'd nobler than their hard Eternities* (eine Hypostase nach dem Typus der Titel wie *Grace, Majesty, Worship,* etc.) (s. § 182, I). —

Die extremen Fälle dieser Art sind (meist als Äußerungen der Verachtung) direkte Negierungen der Persönlichkeit:

— 452 b 22, Last Tournament, 578: *I (Isolt) misyoked with such a want of man* (so nennt sie Mark); — 738 b 3, Becket, V, 1: *"no wife"*, sagt Heinrich II., sei Eleonore für ihn; sie antwortet: *"yet this no wife — her six and thirty sail of Provence blew you to your English throne; and this no wife has born you four brave sons";* ähnlich auch 775 b 7 (Falcon): *he would marry me to the richest man in Florence; but I think you know the saying "Better a man without riches, than riches without a man."*

---

[1]) Vgl. Webster, *Duchess of Malfi*, III, 5, 100: *farewell, Cariola, and thy sweet armful (the babe);* Beaumont-Fletcher, *Philaster*, IV, 4, 115 *(Philaster embracing Bellario): not . . . the gold lock'd in the heart of earth, can buy away this armful from me.* Vgl. auch das Zitat aus Mrs. Centlivre im *N. E. D.*, s. v. *(thou shalt have an armful of flesh and blood).*

§ 220. Natürlich kann auch das Umgekehrte vorkommen: daß wir persönlichen Ausdruck finden, wo wir nicht-persönlichen erwarten; solche Beispiele — mit der Personifikation nicht ganz identisch — sind:

277 b, In Mem., 105, 10: *no more shall wayward grief abuse the genial hour with* (sc. *its) mask and mime:* mime in der Alliterationsformel für *mimicry:* das Gegenstück zu Fällen der früheren Kategorie wie *Bacchanals* für "Bakchantenzug"; — ein verwandtes Beispiel: 524 a 22, John Oldcastle, 163: *that mock-meek mouth of utter Antichrist* (nach *utter* erwarten wir ein Abstraktum wie *Antichrist spirit);* kühner sind schon die Beispiele mit *creature:* 535 a 3, Brunnanburh, III, 10: *the great sun-star glode over earth till the glorious creature* (die Sonne) *sank to his setting* (ags. Original: *glad ofer grundas godes condel beorht ... oð sio æpele gesceaft sah to setle);* dasselbe *creature,* welches doch nur ein persönliches oder, wie im eben zitierten Falle, als persönlich gedachtes Wesen bezeichnet, steht für eine Sache ("das Geschaffene"), nämlich den Körper des Menschen: 861 a, Leper's Bride, IX, 1, mitten unter rein dinglichen Umschreibungen (wie *dungeon, house, ruin, city, wall of flesh): this coarse diseaseful creature which in Eden was divine.* —

Zuletzt noch ein verbaler Fall: 833 b 7, Foresters, IV: *those holy wars that sought to free the tomb-place of the King of all the world.* Wie hier ein sachliches Subjekt mit persönlichem Verbalprädikat, so erscheint umgekehrt in einem übrigens substantivischen Falle ein abstrakt-sachliches Subjekt mit personifizierendem Prädikatsnomen verbunden — des Parallelismus zu einer folgenden Wendung halber: 587 a 3, Queen Mary, I, 4: *to have the wish before the word* (antithetische Alliteration) *is man's good Fairy — and the Queen is yours.*

---

§ 221. Ich beginne nun den zweiten Hauptteil dieses Kapitels, welcher nach dem inneren, inhaltlichen, den äußeren, lautlichen Schmuck des Ausdrucks zum Gegenstande haben soll, mit dem ersten der beiden phonetischen Hauptschmuckmittel, dem immer bewußt verwendeten

Reim,[1]) um hierauf Untersuchungen über die häufig
mehr unbewußt instinktive Alliteration folgen zu lassen.

Indem ich mit der systematischen Verwendung des
Reimes am Versschluß anfange, will ich durch Aufzählung
bemerkenswerter Fälle von Reimzwang — d. i. der dem
Reim zuliebe gebrachten Opfer und durch ihn veranlaßten
Kühnheiten an Sinnesänderung, Ausdruckswahl, Bild- und
Wortgebrauch, — von Tennysons Reimtechnik ein Bild zu
geben suchen:

— 3 b, Leonine Elegiacs, 10: *twin peaks shadow'd
with pine slope to the dark hyaline: hyaline* ist das *glimmering water* der früheren Zeile; — 5 b 15: *the lamb... raceth
freely with his fere:* gesucht gehobener Ausdruck, durch Reim
(year) und Alliteration bedingt; — 10 a 2, Arabian Nights,
8: *Bagdat's shrines of fretted gold, high-walled gardens green
and old:* die Verbindung ist so seltsam-schön wie Al Raschids
Gärten selbst; — 10 b 12, Recollections Arabian
Nights, 64: *eastern flowers?...fed the time (?) with odour in
the golden prime* (Refrain) *of good Haroun Alraschid;* —
12 a, Ode Memory, IV, 16: *the brook... drawing into his
narrow earthen urn, in every elbow and turn, the filter'd
tribute of the rough woodland;*[2]) — 18 b 22 (Oriana, IX,
8): *within thy heart my arrow lies:* des Reimes zu *eyes,
arise, skies* halber für *sticks* oder dgl.; — ein rechter Not-
reim ist: 19 a 5—6, Circumstance, 7—8: *daisy-bloss-
omèd — born and bred;* — 24 a, Eleänore, VII, 13:
waves... lying still shadow forth the banks at will: bloßes
Reimfüllsel; — 28 b 22, Lady Shalott, II, 24: *sometimes
thro' the mirror blue the knights come riding two and two:*
das schöne *blue* wird doch zum Teil dem Reim zu danken
sein; — 29 a, Lady Shalott, IV, 1: *in the stormy east-*

---

[1]) Über die Reime in In Mem. s. p. 41—44 von Jos. Jacobs,
Tennyson and In Memoriam; ibid. im Anhang Verzeichnis unreiner Reime.

[2]) Hier und in vielen Fällen zögere ich nicht, etwas im Text
früher Stehendes als durch Folgendes angeregt zu erklären, weil man
doch annehmen muß, daß ganze Bündel von Versen und Ausdrücken
auf einmal entstanden: im vorliegenden Falle wird der Dichter gewiß
zuerst an die *turns* des Baches gedacht haben und dann durch Suchen
nach einem Reim dazu auf das schöne Bild mit *urn* verfallen sein;
daß dann im fertigen Text der auf *turn* schließende Vers dem auf *urn*
endenden folgt, ist eine sekundäre Frage der Anordnungstechnik.

wind straining: Alliteration zu *stormy* und Reim zu *waning* maßgebend[1]); — 29 b 4, Lady Shalott, IV, 10: *down the river's dim expanse* (Reim zu *trance, mischance);* 30 a, Mariana South, 38 und 40: ...*nor any cloud would cross the vault — stony drought and steaming salt* (aus Salzgruben?): beide Reimworte recht gesucht; — 33 b 22, Two Voices, 220: *he heeded not reviling tones* (matt; Reim zu *moans);* — 35 a 17, Two Voices, 341: *how should I for certain hold, because my memory is so cold, that I first was in human mould?* Das kühne Bild *cold* ist vielleicht dem Reim zu danken; 46 b 5, Palace Art, 125: *every legend fair which the... Caucasian mind carved out..., was there:* das farblose Epitheton *fair,* als Flickwort unendlich häufig, muß den Reim herstellen; ja, ein übertriebenes *divine* muß zu diesem Zwecke herhalten in dem Falle: 56 a, Choric Song, VII, 10: *thro' many a wov'n acanthus-wreath divine;* — 57 b 15, Dream Fair Women, 49: *those sharp fancies... roll'd on each other, rounded, smooth'd, and brought into the gulfs of sleep* (des Reimes wegen für erwartetes *plung'd* od. dgl.); vgl. 267 b, In Mem., 82, 9: ...*nor blame I Death, because he bare the use of virtue out of earth* (wir erwarten ein leidenschaftlicheres Verbum); — 66 b, Goose, 42: *words of scorning* für *scorn,* als Reim zu *morning;* 100, 35, Locksley Hall, 105: *the hurt that Honour feels* (schleppende Umschreibung, des Reimes zu *heels* wegen; vgl. in Goethes "Sänger": "gib sie dem Kanzler, den du hast" Reim zu "Last"); — 105 a, Sleeping Palace (Day-Dream), IV, 3: *the wrinkled steward at his task:* parallel zu *butler with a flask* würden wir ein charakteristisches Attribut erwarten, das allgemeinfarblose *task* diktiert der Reim; 106 b, Revival, II, 2, heißt es: *the butler drank, the steward scrawl'd;* — 105 b, Sleeping Palace, VII, 1: *when will the hundred summers die* (= be over; Reim zu *nigh;* über die Beliebtheit von *die* in bildlicher Verwendung s. den lexikogr. Teil). — In "Amphion" (108 b ff.) sind die Reime durchaus auf komische Wirkung berechnet: 1. Reimbrechung und sonstige

---

[1]) Überhaupt muß in diesem Gedichte mit seinem Dreizeilenreim ein gewisser Zwang in der Wahl des Ausdrucks herrschen; ebenso in *The Two Voices.*

Klangspiele: *good land — woodland, forlorn pipes — hornpipes,
read thro' there — grew there, coterie — sloe-tree, attendance
tendons;* 2. lächerlich gezwungene Reimwörter: *barren
warren, dirt — garden-squirt, legs of trees were limber — timber,
sick — a jackass heehaws from the rick;* 3. absichtlich banale
und farblose: *in order due — two and two, sound — ground;*
— 115 b, Captain, 15: *secret wrath like smother'd fuel*
(zu *cruel*): *fire* erwarten wir; — 116 b 48, Lord Burleigh,
66: *her countenance all over pale ... as death did prove*
(= became; unreiner Reim zu *love*); 119 b, Eagle, 4:
the wrinkled sea beneath him crawls (zu *walls, falls*); —
122 a 35, Vision Sin, 50: *the tyrant's cruel glee* (Reim
zu *liberty*); — 222 b, Light Brigade, IV, 10: *Cossack
and Russian reel'd from the sabre-stroke, shatter'd and sunder'd* (Bedeutung: *scatter'd;* das matte, friedliche Wort steht
nur des Reimes zum Refrain *the six hundred* wegen); —
252 a, In Mem., XVII, 13: *whatever tempest mars mid-
ocean* (Reim zu *stars*); — 267 a, In Mem., 79, 4: *I know
thee of what force thou art to hold the costliest love in fee.*
der Reim (zu *me*) suggeriert das Bild, als Stütze für das
selbe wird *costly* eingefügt; — 275 a, In Mem., 98, 24:
*not in any ... town with statelier progress ... chariots flow ...
under brown of lustier leaves* (sc. als im Wiener Prater):
brown bedeutet sonst die Herbstfarbe des Baumes: 275 b,
In Mem., 101, 3: *the beech will gather brown;* hier wegen
lusty leaves daran nicht zu denken; auch wenn das Dunkel
des Schattens (s. § 83) gemeint wäre, ist *brown* gesucht; —
ein recht armer Reim ist 279 b 13, In Mem., 111, 21: *abuse
ignoble use;* 283 b, In Mem., 128, 15: *to cleave a
creed in sects and cries* ("Feldrufe"; Reim zu *lies*);
573 b, Early Spring, V, 2: *o follow, leaping blood, the
season's lure* (Reim zu *secure;* indes ist das Wort ziemlich
beliebt: 584 b, Queen Mary, I, 4, 8: *to be such a one as
Harry Bolingbroke has a lure in it);* — ibid. 3: *o heart, look
down and up:* für übliches *up and down,* wegen Reimes zu
crocus cup; vgl. 284 b, In Mem., Epilogue, 10: *they
went and came:* Reim zu *frame;*[1]) — 575 b, Freedom,

---

[1]) Solche Umkehrungen geläufiger Formeln zu Reimzwecken sind
ein immer und überall beliebtes Aushilfsmittel; so z. B. heißt es in
einer Übersetzung von Scotts *Lay of the Last Minstrel* (von Cornelius,

II, 2: *thou (Freedom) . . . so fair in southern sunshine bathed,
but scarce of such majestic mien as here* (d. i. in England);
— 828 b, F o r e s t e r s, III, 1: *by all the deer that spring
thro' wood and lawn and ling:* Reim und Alliteration ziehen
das seltene Wort herbei. —

§ 222. Vom Reim am Versende gehe ich zum R e i m
im V e r s i n n e r n über: ich meine nicht den Binnenreim,
welchen Tennyson einmal systematisch — L e o n i n e E l e -
g i a c s, 3 b — und sonst wohl sparsim verwendet, sondern
gewisse Verbindungen von je zwei, meist kurzen Reim-
wörtern, die neu geprägte oder altherkömmliche F o r m e l n
sind und als solche der Sprache Kraft und Nachdruck verleihen und die betreffenden Begriffe hervorheben.

Unter den Reimformeln unterscheide ich nach dem
inhaltlichen Verhältnis der verbundenen Wörter drei Klassen.
Zunächst den Typus der S y n o n y m i e, welcher sich begrifflich der Hendiadys nähert; Beispiele:

Zu den gewöhnlichsten Typen gehört wohl *n e a r
a n d d e a r:* 238 a, V i c t i m, I, 13—14: *were it our nearest,
were it our dearest;* vgl. ferner die Widmung an die Gattin,
240 b, Z. 1: *dear, near and true — no truer Time himself can
prove you, tho' he make you evermore dearer and nearer;*
20 a, M e r m a i d, III, 13: *they would s u e me, and w o o me;*
— 122 a 9, V i s i o n S i n, IV, 41: *n a m e and f a m e;* häufig in
den Königsidyllen, z. B. 395 b 14, M e r l i n V i v i e n, 968: *lost
to life and use and name and fame;* ebenso 417 b 26,
L a n c e l o t E l a i n e, 1371: *name and fame;*   188 a 8,
P r i n c e s s, IV, 111: *knaves are men, that l u t e a n d f l u t e
fantastic tenderness . . .;* — 215 b 21, P r i n c e s s, VII, 338:
my bride, my w i f e, my l i f e (Steigerung): vgl. C y m b e l i n e,
V, 5: *O Imogen! My queen, my wife, my life!*   300 a 4,
M a u d, I, XX, I, 6: *he v e x t her and p e r p l e x t her;*

Reclams U.-B.), Prolog, V. 5: "Die Harfe, all sein G u t u n d H a b'
Und Trost, trug ihm ein Waisenknab'." Bei W. S c o t t selbst, *Lay of
the Last Minstrel,* Canto VI, III, 8: *Trooping they came, from n e a r a n d
f a r* (Reim zu *war*). Vgl. Th. H o o d, *The Haunted House,* I, 25: *No
human figure stirr'd to g o o r c o m e* (Reim zu *Home*). Derselbe in *The
Workhouse* Clock: *Masses born to d r i n k a n d e a t, But starving amongst
Whitechapel meat . . .*

601 a 4, Queen Mary, II, 2: *fleer and jeer;* — 685 a 8,
Harold, V, 1: *(Morcar is) thine (Harold's), William's or
his own as wind blows, or tide flows*: die Bilder sind
synonym, weil sie beide den Begriff symbolisieren: "je
nachdem, wie sich die Verhältnisse gestalten"; — 752 a, 9 u.,
Cup, I, 1: *a rough, bluff, simple-looking fellow* (Reim
fürs Ohr, nicht fürs Auge); 794 b, Promise May, II:
the feller's cleän daäzed, an' maäzed (Reim), *an' maäted,
an' muddled ma* (Alliteration); 805 a, Foresters, I, 1:
how bare and spare I be on the rib; — 813 b, Foresters
II, 1, 11: *to foil and spoil the tyrant* (Steigerung); — 868 b,
Merlin Gleam, VI, 9: *flicker'd and bicker'd from
helmet to helmet.* —

Das Gegenstück zum synonymischen bildet der antithetische Typus; hiefür zitiere ich als Beispiele:

164 b 13, Lucretius, 243: *(Nature) that is the womb
and tomb of all* ("Wiege und Grab"; dieselbe Gegenüberstellung bei Shakspere, Sonnet, 86, 4; Delius Anmerk.
265); — 177 b 24, Princess, II, 286: *I am sad and
glad to see you;* [1] begriffsähnlich: 621 a 4, Queen Mary,
III, 5: *affrighted me, and then delighted me;* — 187 a
21, Princess, IV, 56: *that great year of equal mights and
rights* — hier also Korrelativa; vgl. 665 b, 8 u., Harold,
II, 2: *thine is the right, for thine the might;* — 221 a,
Wellington, IX, 10: *ours the pain, be his the gain!* —
319 b 4 f., Gareth Lynette, 113 f. (allegorisches Märchen;
Wahl eines Königssohnes zwischen zwei Bräuten): *and one
— they call'd her Fame, and one ... Shame;* dieselbe
Gegenüberstellung 387 b 2: *My name, once mine, now thine,
is closelier mine, for fame, could fame be mine, that fame
were thine, and shame, could shame be thine, that shame
were mine;* [2] vgl. Shakspere, Lucrece: *So of shame's
ashes shall my fame be bred* (Delius Anmerk. 182). — 549 a
23, Ancient Sage, 94: *the Years that make and break
the vase of clay* (= *form and destroy*); — 550 a 37,

---

[1] Zugleich ein Beweis der Vorliebe Tennysons für diese kurzen,
kräftigen Formeln, weil aus *I am very glad, and I am very vext* abgeändert.

[2] Zugleich ein glänzendes Beispiel jener kunstvollen Irrgärten
der Wortwiederholung, über die ich oben, § 146, gehandelt habe.

Ancient Sage, 176: *the doors of Night may be the gates of Light;* ebenso 551 b 6 f., Ancient Sage, 249 f.: *some say, the Light was father of the Night, and some, the Night was father of the Light...;* vgl. ferner 747 b, 3 u., Becket, V, 2: *that way which leads thro' night to light;* — 846 a 5, Demeter Persephone, 97: *thee (Demeter), the great Earth-Mother, ...that lifts her buried life from gloom to bloom;* — 874 b, Throstle, 14: *O warble unchidden, unbidden!*

Natürlich gibt es auch reim- (und alliterations)lose Formeln; dahin gehören ganz geläufige Wendungen, wie 26 b, Sonnet, VII, 4: *run thro' every change of sharp and flat;* 33 a 23, Two Voices, 179: *every worm... draws different threads, and late and soon spins, toiling out his own cocoon* ("Tag und Nacht, immerdar"). —

§ 223. Nach Hinwegräumung dieser zwei Sondergruppen kann ich in einer dritten, allgemeineren, alle Fälle zusammenfassen, in denen die reimenden Wörter durch irgendwelches andere assoziative Gedankenverhältnis gebunden sind, manchmal nur durch den zufälligen Satzinhalt zusammengeraten, also keine feste Formel bilden, und manchmal auch aus reiner Freude an homoioteleutischem Klangspiel, ohne ein logisches Bedürfnis emphatischer Hervorhebung gewählt werden:

169 b 5, Princess, I, 16: *while I walk'd and talk'd as heretofore;* vgl. 208 a 17, Princess, VI, 237: *she you walk'd with, she you talk'd with,* 200 b 4, Princess, V, 304: *hungry for honour, angry for his king* (freilich unreiner Reim); — 260 a, In Mem., 50, 11: *flies ...that lay their eggs, and sting and sing and weave their petty cells and die,* in Maud: *not to desire or admire, if a man could learn it...* (Erweiterung aus *nil admirari);* 300 a, Maud, I, XX, I, 20: (welches von zwei Kleidern) *be the neater and completer;* 330 b 1, Gareth Lynette, 772: *the wood is nigh as full of thieves as leaves;* — 359 a 11, Geraint Enid, 307: *Enid, my early and my only love* (freilich kein Reim); — 367 b 28, Geraint Enid, 870:*...nor did I care or dare to speak with you;* — 426 b 16, Holy Grail, 480: *quick and thick the lightnings...struck;* — 450 b 26, Last Tournament, 467: *Arthur deign'd not use of word or sword* (Augenreim); —

530 b 2, Voyage Maeldune, VI, 7: *þine and vine* ("Ranke und Rebe"); — 543 a 4, Wreck, VI, 8: *(he) past over the range and the change of the world;* — 550 b 26, Ancient Sage, 205: *(stars that) pass from sight and night to lose themselves in day;* — 556 a, Tomorrow, VI, 1: *consowl an' condowl;* — 589 a, 7 u., Queen Mary, I, 5: *wrecks his health and wealth on courtesans;* — 618 a 19, Queen Mary, III, 4: *you are art and part with us in purging heresy* (der Umgangssprache entlehnt); — 626 b, 3 u., Queen Mary, IV, 1: *his (Cranmer's) learning makes his burning the more just* (die Königin faßt *learning* wortspielend als "häretische Lehre", während Cranmers Fürsprecher darunter seine hohe Bildung verstanden); — 649 b, 10 u., Queen Mary, V, 5: *weak and meek old man;* — 654 b 15, Harold, I, 2, und 665 a 4, Harold, II, 2: *better die than lie!* — 663 a, 5 u., Harold, II, 2: *"there the great Assembly choose their king, the choice of England is the voice of England." "I will be king of England by the laws, the choice, and voice of England."*   826 a 2, Foresters III, 1: *prior, friar, abbot, monk* (freilich nur fürs Ohr ein Reim, nicht fürs Auge); weniger schmeichelhaft, dafür aber mit sichtlicherem Reim heißt es: 827 b 8, Foresters, III: *friars, thieves and liars.*   876 b, To Master of Balliol, V, 4: *stark and dark in his funeral fire;* — 878 a 19, Death Oenone, 100: *their oldest and their boldest* (von den Hirten: der allein es wagt, Oenone Paris' Tod mitzuteilen).

§ 224. Diesen vielfach rein spielenden Figuren zunächst, zwischen Reim und Alliteration, stelle ich eine beides vereinigende Gruppe phonetischer Nippsachen der Dichtersprache, welche auf geschickter Zusammenstellung von Wörtern beruhen, die bis auf einen oder wenige Laute homonym sind[1]):

— 220 a 14, Wellington, VII, 19: *till crowds at length be sane and crowns be just (peoples — kings);* vgl. 576 a, Freedom, VIII, 3—4: *thou loather of the lawless crown* ("anarchische Despotie") *and of the lawless crowd*

---

[1]) Als Musterbeispiel vgl. etwa Luzifers Worte zu Kain in Byrons Misterium (I. Akt, Szene 1, 126):
    ...*thou hast seen both worms and worlds,*
    Each bright and sparkling...

("anarchische Republik"); 722 a, 10 u., Becket, II, 2: *when Kings but hold by c r o w n s, the c r o w d that hungers for a c r o w n in Heaven is my true King;* 393 a 5, Merlin Vivien, 792: *defaming and defacing;* 428 b 25, Holy Grail, 627: *ridest thou then so h o t l y on a quest so h o l y;* — 448 b 22, Last Tournament, 308: *(Orpheus) had such a mastery of his mystery (métier!) that he could harp his wife up out of hell;* — 450 b 10, Last Tournament, 451: *to t i p m o s t lance and t o p m o s t helm;* — 466 b 10, Guinevere. 666: *fast with your fasts, not feasting with your feasts;* dieselbe Antithese in Shakspere's Lucrece: *Thy — Opportunity's — private pleasure turns to open shame, thy private f e a s t i n g to a public f a s t.* — 478 b 31, Lover's Tale, I, 165: *how should I have l i v e d and not have l o v e d;* — 486 b 20, Lover's Tale, I, 668: *a s a c r e d, s e c r e t, unapproached woe;* — 547 b, Despair, XX, 4: *away from your f a i t h and your f a c e!* — 550 a 34, Ancient Sage, 173: *the world is dark with g r i e f s and g r a v e s;* — 697 b, Becket, Prologue: *. . . the heart were lost in the rhyme and the m a t t e r in the m e t r e;* — 709 b, 2 u., Becket, I, 3: *as once he bore the standard of the A n g l e s, so now he bears the standard of the a n g e l s* (nach dem Muster des alten Wortspiels Gregors d. Gr. bei Bæda: *non Angli, verum angeli)*; — 720 a, 2 u., Becket, II, 2: *Holy Church may r o c k, but will not w r e c k:* das Lautspiel tritt gesprochen besser hervor als geschrieben; — 727 a, Becket, III, 1 (in Rosamundens Lied): *g l e a m upon g l o o m:* vom Regenbogen auf der Wolke — antithetische Formel; — 729 a, Becket, III, 3, ruft Herbert bei W. Maps Erzählung vom Krönungsmahle: *Goliasing* ("in Erinnerung an Tafelfreunden schwelgen*d*" — mit Bezug auf die typische Gestalt des Golias in Maps Gedichten) *and G o l i a t h i s i n g!* ("alles in übertriebenem Maßstabe darstellen*d*") — 773 a 12 (Falcon): *flutter'd or flatter'd by your notice of her;* — 856 a 13, Ring, 232: *the little senseless, w o r t h l e s s, w o r d l e s s babe;* — 860 a, Happy, II, 3: *who am, and was, and will be his, his o w n and o n l y o w n:* nach der heutigen *o*ᵘ-Aussprache des $\bar{\varrho}$ ergibt das geradezu Homonymie; — 891 b, Mechanophilus, 1: *now first we s t a n d and u n d e r s t a n d* (zu *stand* sc. *on firm intellectual ground*). —

§ 225. Nicht systematisch verwendet wie der Reim, aber — wie bei so vielen neuenglischen Dichtern — überaus häufig erscheint bei Tennyson die Alliteration. Sie wird manchmal bewußt und zu rhetorischen Wirkungen verwertet, manchmal zu bloßem Schmuck des Ausdrucks, sehr oft aber halb unbewußt und unwillkürlich, einem dunklen Drange folgend, angewandt; wie denn Tennyson selbst (nach dem Zeugnis der Biographie) zugestanden hat, es flössen ihm recht oft alliterierende Verbindungen gleichsam von selbst, ohne ausgesprochene Absicht in die Feder. An vereinzelten Beispielen hat es schon in meinen früheren Kapiteln nicht gefehlt. In den folgenden Sammlungen will ich mein Hauptaugenmerk auf die Wahl des Ausdrucks richten und beobachten, wie sie durch das Bestreben, alliterierend zu schreiben, beeinflußt wird. Eines der beiden alliterierenden Worte ist fast immer gezwungener, gesuchter und hat der Alliteration zuliebe ein näherliegendes, natürlicheres verdrängt.

Ich beginne mit jener bewußt kunstmäßigen Verwendungsweise und führe zunächst Fälle onomatopoetischer und lautsymbolischer Effekte durch Alliteration an.

- 8 a 35, Mariana, 75: *the sound which to the wooing wind aloof the poplar made;* vgl. 62 a, Death Old Year, 2: *winter winds are wearily sighing;* — 10 a 33, Recollections Arabian Nights, 39: *imbower'd vaults of pillar'd palm;* — 12 b, Ode Memory, V, 30: *whence we see stretch'd wide and wild the waste enormous marsh;* — 16 a, Dying Swan, I, 7: *and loudly did lament;* ibid. I, 9: *ever the weary wind went on;* 17 b 1, Dirge, VII, 5: *the balmcricket carols clear;* 18 a 4 (Oriana): *the hollow bugle blowing;* vgl. 18 a 35 (Oriana): *loud, loud rung out the bugle's brays;* vgl. ferner Bugle-song (186 a) vor Princess, IV; 199 b 3, Princess, V, 242: *the blast and bray of the long horn;* 20 b, Adeline, I, 5: *beyond expression fair with thy floating flaxen hair;* — 26 a, Buonaparte, 7: *peal after peal, the British battle broke;* — 31 a, Two Voices, 15: *a living flash of light he flew:* soll die gekreuzte Alliteration den Zickzackflug der Wasserjungfer andeuten? — 37 b 16, Miller's Daughter, 79: *as when a*

sunbeam ᴡ*avers* ᴡ*a r m* *within the* **d**ark *and* **d**impled beck;
41 b 2, O e n o n e, 101: *overhead the wandering ivy and
vine, this way and that, in many a wild festoon* **r**an **r**io t,
garlanding the **g**narled boughs (Alliteration fürs Auge?) with
bunch and **b**erry and flower thro' and thro' · — 44 a, S i s t e r s,
22: *I* **h**ated him with the **h**ate of **h**ell: malt den leiden-
schaftlichen Affekt; — 45 a 7—8, P a l a c e A r t, 23 f.: *the
golden* **g**orge of dragons spouted **f**orth a **f**lood of **f**ountain
foam;   54 b 15, L o t o s - E a t e r s, 42: *most weary seem'd
the sea, weary the oar,* ᴡ*eary the* ᴡ*andering* **f***ields of barren
foam:* der eintönige Ruderschlag wird gemalt; vgl. 431 b
2, H o l y G r a i l, 792: *seven* **d**ays *I* **d**rove *along the* **d**reary
deep;   66 b, G o o s e, 33: **y**elp'd *the cur, and* **y**awl'd *the
cat* (in diesem Gedichte überhaupt viel Onomatopoie): —
72 a, der Epilog zu M o r t e d'A r t h u r beginnt feierlich:
Here *ended* **H**all, *and our* **l**ast **l**ight *that* **l**ong *had wink'd
and threaten'd darkness,* **f**lared *and* **f**ell; vgl. das zeremoniöse
146 b 23, A y l m e r's F i e l d, 273: *Sir Aylmer Aylmer* **s**lowly
stiffening **s**poke; als nachdrucksvollen Abschluß vgl. noch 217 b
26, P r i n c e s s, C o n c l u s i o n, 116: *last* **l**ittle **L**ilia, *rising
quietly* . . . ; — 104 a 13, G o d i v a, 49: *adown the* **s**tair **s**tole
on; and, like a creeping **s**unbeam, **s**lid *from pillar unto pillar:*
vielleicht geben die sich in Intervallen wiederholenden
s-Anlaute ein Bil**d d**avon, wie ihr Körper an beleuchteten
Stellen der Treppe aufschimmert und dann wie**d**er im
Schatten verschwin**d**et;[1] ein ähnlicher Effekt: 140 a, B r o o k,
52: *she* **m**oved *to* **m**eet *me,* ᴡ*inding under* ᴡ*oodbine bowers;*
     124, P o e t's S o n g, 10: *the* **s**nake **s**lipt *under a* **s**pray;
— 141 b, S o n g (in T h e B r o o k), 5: *I* **s**lip, *I* **s**lide, *I*
gloom, *I* **g**lance; — 209 b 6, P r i n c e s s, VI, 312: *like a bell*
toll'd *by an earthquake in a* **t**rembling **t**ower, **r**ang **r**uin . . . ;
— 224 a 8, W e l c o m e A l e x a n d r a, 15: **f**lags, **f**lutter *out
upon* **t**urrets *and* **t**owers . . . **r**ush *to the* **r**oof, *sudden* **r**ocket, etc.;

---

[1] Die letzten zwei Beispiele (146 b 23 und 104 a 13) zeigen bewußte lautsymbolische Verwertung der vom Dichter in späterer Zeit
bekanntlich sorgsam gemiedenen Häufung von *s*-Anlauten; ein frühes,
sehr wirkungsvolles Beispiel dafür ist: P o e m s b y T w o B r o t h e r s,
13, E x i l e's H a r p, 8: *where is the* **h**eart *or the* **h**and *to awaken the
sounds of thy soul-soothing* **s**weetness *again?* — Beispiele von *s*-Allitera-
tionen bei Tennyson s. J. J a c o b s, *Tennyson and In Memoriam,* p. 50.

— 242, 35, Boädicea, 77: *roaring breakers boom and blanch;* 286, Maud, Part I, I, III, 3: *out he walk'd when the wind like a broken worldling wail'd;* — 301 a, Maud, I, XXII, IV, 8: *low on the sand and loud on the stone the last wheel echoes away:* gekreuzte Alliteration; — 450 a 28, Last Tournament, 435: *open doors, whereout was roll'd a roar of riot;* — 477 a 15, Lover's Tale, I, 55: *the slowly-ridging rollers on the cliffs clash'd, calling to each other;* — 725 a, Becket, III, 1 (Bienenlied): *babble in bower under the rose! Bee mustn't buzz, whoop* — *but he knows;* — und als eines der schönsten Beispiele noch: 874 b, Throstle, 3: *"Light again, leaf again, life again, love again":* als Inhalt des Frühlingsliedes der Drossel. —

§ 226. Eine andere bewußt kunstmäßige Verwendungsweise der Alliteration sind Formeln und formelhafte Ausdrücke. Eigentliche alliterierende Formeln, solche, die sich z. B. auch in der Volkspoesie belegen ließen, sind natürlich seltener; um so häufiger aber neu geprägte Verbindungen — manchmal nur für die gegebene Situation zutreffend —, die das Gepräge des Formelhaften an sich tragen. Solche vor allem sollen hier zitiert werden. Die Anordnung wird dieselbe sein wie bei den Reimformeln, sich also nach dem begrifflichen Verhältnis der verbundenen Worte richten. Demgemäß sind zunächst Beispiele für Synonymverbindungen:

15 b 15, Sea-Fairies, 25: *bight and bay;* — 23 b, Eleänore, IV, 14: *in thee is nothing sudden, nothing single;* — 33 b 39, Two Voices, 237: *fix'd and froz'n to permanence;* — 39 b 4, Miller's Daughter, 288: *the ... grass is dry and dewless;* 41 b 17, Oenone, 116: *tax and toll;* vorher *honour and homage* mit einer Alliteration fürs Auge; — 42 b 32, Oenone, 197: *a wild and wanton pard;* — 50, May-Queen, 3: *of all the glad New-Year ... the maddest merriest day;* 55 a, Choric Song, IV, 9: *portions and parcels;* — 62 a, Death Old Year, 28: *joke and jest;* — 122 a 1, Vision Sin, IV, 33: *fill the cup, and fill the can;* — 134 b 24, Enoch Arden, 632: *muttering · and mumbling;* — 167 a 27, Princess, Prologue, 122: *tilt and tourney;* vgl. 369 a 21, Geraint Enid, 959: *tilt and tournament* (so oft in den Königsidyllen); — 172 a

15, Princess, I, 185: *she look'd as* **gran**_d_ *as doomsday
and as* **grave;** 192 b 10, Princess, IV, 399: *not to* **pry**
and **peer** *on your reserve;* — 193 a 19, Princess, IV, 442:
block *and* **bar** *your heart;* — 196 b 26, Princess, V, 75:
base *and* **bad;** — 264 b, In Mem., 69, 9: *I met with* **scoffs,**
I met with **scorns;** — 288, Maud, I, II, 2—3: *she has
neither* **savour** *nor* **salt,** *but a* **cold** *and* **clear-cut** *face;* —
292 a, Maud, I, VI, VII, 2: *keep* **watch** *and* **ward;** — 586 a 10,
Queen Mary, I, 4: *this Prince of* **fluff** *and* **feather;** —
587 b 4, Queen Mary, I, 4: *I would blow this Philip and all
your trouble to the* **dogstar** *and the* **devil;** — 678 b 12, Harold,
IV, 1: *to rule all England beyond* **question,** *beyond* **quarrel;**

877 b 22, Death Oenone, 72: *his face deform'd by
lurid* **blotch** *and* **blain.** —

§ 227. Der zweite Typus ist der **antithetische;**
von den Beispielen zitiere ich folgende:

14 a 11, The Poet, 15: *from* **Calpe** *unto* **Caucasus;**
15 b 13, Sea-Fairies, 23: *here are the blissful* **downs**
and **dales** (Spiel der Meereswogen); — 24 a, Eleänore,
VII, 18: *the self-same influence controlleth all the* **soul** *and
sense of Passion gazing upon thee;* vgl. den Grundgedanken
der Königsidyllen: 475 a 23, To Queen, 37: *this old
imperfect tale, new-old, and shadowing* **Sense** *at war with
Soul,* vgl. auch 93 a 24, Love Duty, 44: *my* **senses** *and
my* **soul;** — 42 a 30, Oenone, 163: *a life of shocks,* **dangers,** *and* **deeds;** 44 b 5, Prologue "Palace Art", 7:
in all varieties of **mould** *and* **mind** ("äußere Gestalt — innere
Gesinnung"); — 46 b 33, Palace Art, 153: *strong to* **break**
or **bind** *all force in bonds:* das Zeugma (für *to break all
foree or bind it in bonds,* s. § 140) dem Effekt der alliterierenden
Verbindung zuliebe; — 71 a 7, Morte d'Arthur, 196:
from **stem** *to* **stern** (am Schiff); ebenso 315 a 1, Coming
Arthur, 374; — 85 b, Stylites, 2: *from* **scalp** *to* **sole;** —
93 b 7—8, Love Duty, 56—57: *the slow* **sweet** *hours that
bring us all things good, the slow* **sad** *hours that bring us all
things ill;* — 133 a 19, Enoch Arden, 526: *after . . . frequent
interchange of* **foul** *and* **fair** (sc. *weather);* wohl eine der
gewöhnlichsten Gegensatzformeln; vgl. dazu noch (mit
vollerer Ausführung und Hinzufügung anderer *f*-Anlaute):
333 a 6, Gareth Lynette, 927: **fair** *words were best*

for him who f ights for thee; but truly f oul are better, for they send that strength of anger thro' mine arms...; ferner: 463 b 20, Guinevere, 481: *drawing f oul ensample from f air names;* sowie 851 a, Vastness, 16, 2: *all that is f ilthy* (ein gesteigertes *foul) with all that is f air; —* 149 a 6, Aylmer's Field, 409: *Leolin f lamed and f ell again* (wie das Feuer)· 164 b 23, Lucretius, 253: *his h opes and h ates;* aus *hopes and fears* und *loves and hates* kontaminiert; — 167 b 15, Princess, Prologue, 141: *p rudes for p roctors, d owagers for d eans, and sweet g irl-g raduates in their g olden hair; —* 188 a 28, Princess, IV, 131: *to leaven p lay with p rofit ("utile dulci"); —* 188 b 25, Princess, IV, 160: *out I sprang from g low to g loom* ("aus dem erleuchteten Zelt ins Dunkel der Nacht"); vgl. 395 b 3, Merlin Vivien, 957: *change of g lare and g loom* (von Blitzen) — und 446 a 8, Last Tournament, 165: *g loom and g leam;* ähnlich schon Timbuctoo, 150 (Churton Collins, Early Poems, 313, 29): *from g loom to g lory; —* 191 a 20, Princess, IV, 318: *my honest h eat (= zeal) were all miscounted as malignant h aste·* — 198 a 15, Princess, V, 157: *f latter'd and f luster'd;* 198 a 23, Princess, V, 165: *w ild natures need w ise curbs; —* 212 b 30, Princess, VII, 147: *lovelier in her m ood than in her m ould that other, when she came from barren deeps* (Aphrodite): *mould = perfect form; —* 239, Wages, 6: *the wages of sin is d eath: if the wages of Virtue be d ust...; —* 254 a, In Mem., 26, 5: *that eye which watches g uilt and g oodness;* — 272 b, In Mem., 94, 1: *pure at h eart and sound in h ead;* eine andere, ebenfalls häufige Antithese: 278 a 18, In Mem., 106, 30: *the larger h eart, the kindlier h and;* und 294 a, Maud, I, X, V, 1: *a man with h eart, h ead, h and;* — 284 a, In Mem., 129, 2: *w oe and w eal; —* 332 b 12, Gareth Lynette, 903: *he is not k night but k nave;* ibid. 338 a 1 (1199): *one who came to h elp thee, not to h arm;* 345 b 22, Marriage Geraint, 298: *then s igh'd and s miled the hoary-headed Earl; —* ibid. 346 b 3 (342): *our h oard is little, but our h earts are great;* ibid. 352 a 25 (709): *neither c ourt nor c ountry; —* 439 b 13, Pelleas Ettarre, 276: *l arge l ight on w oods and w ays: woods* als "unwegsam" den *ways* gegenübergestellt; deutlicher· 441 b 5,

Pelleas Ettarre, 378: *by **w**ild and **w**ay;* — 441a 18,
Pelleas Ettarre, 363: eine Reihe antithetischer Alliterationen in affektvoller Sprache: *brutes that own no **l**ust because they have no **l**aw!. I **l**oathe her, as I **l**oved her to my shame. I never **l**oved her, but I **l**usted for her...;* — 501b, First Quarrel, XV, 3: *I had sooner be cursed than **k**iss'd;* — 538b 5, Tiresias, 21: *(God) **l**ifts, and **l**ays the deep;* — 549b 19, Ancient Sage, 122: *he withers **m**arrow and **m**ind (= body and soul);* — 630b 18, Queen Mary, IV, 3: *downfallen and debased from **c**ouncillor to **c**aitiff;* — 667a 1, Harold, II, 2· " *our helpless folk are **w**ash'd away, **w**ailing, in their own blood —" "**W**ailing? not **w**arring?"*
714b, Becket, I, 4: *thou the **l**ustiest and **l**ousiest of all this Cain's brotherhood, answer!* — 893a, Poets Critics, 8: *some will **p**ass and some will **p**ause..*

§ 228. Die dritte Klasse sind assoziative Verbindungen im allgemeinen; hier werde ich, um die Beispiele nicht in allzu bunter Mannigfaltigkeit zu bieten, nach den Redeteilen unterscheiden müssen. Ich zitiere also zunächst Fälle von Substantivum + Substantivum:

41b 26, Oenone, 125: *alliance and allegiance;*
44a, Sisters, 3, und dann als Refrain: *the wind is blowing in **t**urret and **t**ree;* vgl. 251b, In Mem., 15, 7: *on **t**ower and **t**ree;* — 69a 19, Morte d'Arthur, 73: *thou hast betray'd the **n**ature and thy **n**ame* ("hast deinem Charakter und deinem guten Namen zuwider gehandelt");
103, 13, Locksley Hall, 191: *heath and holt;* — 105b, Sleeping Palace (Day-Dream), VI, 6: *bur and brake and briar;* — 107b, Moral (Day-Dream), II, 2: *bud or blade, or bloom;* vgl. 169b 20, Princess, I, 31: *life was yet in bud and blade;* 111a 1, Sir Galahad, 81: *hostel, hall, and grange;* ibid. 2 (82): *park and pale;* — 119a, Farewell, 5: *lawn and lea;* vgl. 120b, Vision Sin, I, 11: *lake and lawn,* 202a 16, Princess, V, 411: *those two crowned twins, commerce and conquest;* — 282a, In Mem., 122, 11: *enter in at breast and brow;* — 285b 26, In Mem., Epilogue, 26, 2—3: *the **w**ealth of **w**ords and **w**it (= witty words?):* das sonst subjektive *wealth* der Alliteration halber für objektives *plenty,* s. § 203; — 398b 5, Lancelot Elaine, 165: *a faintly-shadow'd*

23*

track ... all in loops and links; — 571 a, T o V i r g i l,
III, 1, werden *wheat and woodland, tilth and vineyard, hive
and horse and herd* als Inhalt der G e o r g i c a angeführt. —

Zweitens A d j e k t i v + S u b s t a n t i v (Ding und seine
Eigenschaft) und A d j e k t i v + A d j e k t i v (Eigenschaften
desselben Dinges):

— 5 a 5, C o n f e s s i o n s S e n s i t i v e M i n d, 101: *deep
and daily prayers;* — 27 b, S o n n e t, X, 8: *fresh-water springs
come up thro' bitter brine;* 28 a, L a d y S h a l o t t, I, 29:
bearded barley; — 91 a 19, T a l k i n g O a k, 183: *my vapid
vegetable loves;* — 111 b, W i l l W a t e r p r o o f, 16: *till all
be ripe and rotten* (zeitliche Aufeinanderfolge); 124 a
10, To — —, 30: *the little life of bank and brier* ("idyllisches
Landleben"; *little* ist gesucht); — 126 b 7, E n o c h A r d e n,
97: *leafy lanes;* — 134 b 10, E n o c h A r d e n, 618: *to.
pace the sacred old familiar fields* (nach Lambs *"Old familiar
faces"*); — 135 b 22, E n o c h A r d e n, 696: *Enoch was so
brown, so bow'd, so broken;* — 280 b, In M e m., 115, 5:
loud and long (typisch vom Echo; überhaupt als Formel
sehr häufig, z. B. im Refrain von Campbells M a r i n e r s o f
E n g l a n d: *when the winds are blowing loud and long, and
the stormy tempests roar);* — 294 a, M a u d, I, X, V, 4:
one still strong man; — 806 a, F o r e s t e r s, I, 1: *that
strange starched stiff creature, Little John.* —

Drittens einige wenige Beispiele für V e r b a l v e r b i n-
d u n g e n: also Verbum + Nomen (Subjekt oder Objekt),
Verbum + Adverb (Art der Handlung) und Verbum +
Verbum: 4 a 43, C o n f e s s i o n s S e n s i t i v e M i n d, 45: *they
(mother's eyes) light his little life alway;* — 10 b 40, R e c o l-
l e c t i o n s A r a b i a n N i g h t s, 92: *leaping lightly from the
boat;* — 20 a, M e r m a i d, III, 16: *woo me, and win me*
(ursächlicher Zusammenhang); 44 a, S i s t e r s, 31:
curl'd and comb'd his comely head; — 133 a 15, E n o c h
A r d e n, 522: *the Biscay, roughly ridging eastward.* — 220 b
2, W e l l i n g t o n, VII, 39: *whatever record leap to light;* ebenso
307, M a u d, III, IV, 9: *many a darkness into the light
shall leap.* —

§ 229. Ich bin nun bei den zahllosen Fällen angelangt,
in denen die Alliteration sich durch inhaltlichen Zufall
einstellt, beziehungsweise vom Dichter in halb bewußter Vor-

liebe *durch* kleine Pressionen des Wortgebrauchs hergestellt wir*d*, aber nichts Formelhaftes an sich und auß*er* dem Zweck reinen Schmuckes etwa nur den hat, dem Gesagten Nach*d*ruck und Affektstärke zu verleihen. Zunächst einige Beispiele, in *d*enen *d*iese **emphatische Absicht** ganz *d*eutlich ist:

— 17 b, O r i a n a, 1: *my heart is* ⱳ*asted with my* ⱳ*oe;* vgl. 40 b 15, O e n o n e, 43: *a little while my heart may* ⱳ*ander from its deeper* ⱳ*oe;* voll rethorischer Alliterationen ist das Sonett an Kemble, p. 25 b: *my* ℎ*ope and* ℎ*eart is with thee — thou wilt be a* ℓ*atter* ℒ*uther* ... *thou art no sabbath-drawler of old saws* ... ℎ*ating to* ℎ*ark the humming of the* d*r*o*wsy pulpit-*d*r*one;* — 42 a 24, O e n o n e, 157: *thy mortal eyes are* ƒ*rail to judge of* ƒ*air;* — 95 b, U l y s s e s, 7: *I will drink* ℓ*ife to the* ℓ*ees;* — 99, 9, L o c k s l e y H a l l, 41: ƒ*alser than all* ƒ*ancy* ƒ*athoms,* ƒ*alser than all songs have* s*ung;* — 113 b 28, W i l l W a t e r p r o o f, 200, werden die Kritiker, Bio- und Bibliographen des Dichters scherzhaft *his* ℓ*iterary* ℓ*eeches* genannt; — 181 a 13, P r i n c e s s, III, 32, ironisch: *o* m*arvellously* m*odest* m*aiden, you!* — 502 a, R i z p a h, V, 2: *the* b*last and the* b*urning shame and the* b*itter* ƒ*rost and the* ƒ*right;* — 507 b, R e v e n g e, IV, 10: *I never turn'd my back upon* D*on or* d*evil yet;*[1)] 521 a 9, D e f e n c e L u c k n o w, VI, 19: *Havelock* b*affled, or* b*eaten, or* b*utcher'd for all that we knew;* — 528 b 15, C o l u m b u s, 221: *shipwrecks,* ƒ*amines,* ƒ*evers,* ƒ*ights;* — 618 b 15, Q u e e n M a r y, III, 4: *thou knowest we had to* d*odge, or* d*uck, or* d*ie;* 623 a 5, Q u e e n M a r y, III, 6: *that she* (Elisabeth) *breathes in England, is* ℓ*ife and* ℓ*ungs to every rebel birth that passes out of embryo;* — 644 b, 6 u., Q u e e n M a r y, V, 2: c*old,* c*oarse,* c*ruel,* als Eigenschaften Philipps II. im Gegensatz zu Courtenay; —

[1)] Vgl. dazu in I, 1 der ersten Quarto von *Phila*ⱬ*ter* (1620) die Wendung *Then should the much too much wrongd Phylaster, Possesse his right in spight of Don and the diuell (Don* ist der spanische Prinz Pharamond); (vol. I, p. 125 der "Variorum Edition" von B e a u m o n t und F l e t c h e r s Werken, London, Bell and Sons, 1904); vgl. auch im *N. E. D.* s. v. *Don,* 2, das Zitat (1626, *Dick of Devon,* II, IV, in B u l l e n, *Old Pl.* II, 39): *Now Don Diego* ... *or Don Divell, I defye thee* ...

687 a 15, Harold, V, 1: *that I could stab her standing there!*

§ 230. Aus der überaus großen Menge der sonstigen, manchmal beabsichtigt schmückenden, manchmal zufälligen, immer aber von einem inneren Drange diktierten und selbst um den Preis kleinerer Ausdrucks- und Bedeutungsverrenkungen gern erkauften Alliterationen hebe ich die folgenden hervor:

5 b 30, Confessions Sensitive Mind, 172: *shall we not look into the laws of life and death;* — 6 b, Isabel, I, 11: *flower of female fortitude;* — 11 b, Ode Memory, I, 7: *thou dewy dawn of Memory* (später refrain-artig wiederholt); — 17 a, Dirge, II, 1: *thee nor carketh care nor slander;* — ibid. IV, 3: *(flowers) drip sweeter dews than traitor's tear;* — ibid. VII, 1: *wild words wander;* — ibid. VII, 2: *God's great gift of speech;* — 19 a, Circumstance, 6: *two graves grass-green beside a gray church-tower;* — 22 b, Eleänore, I, 12: *some delicious land of lavish lights;* — 26 a, Alexander, 7: *that palm-planted fountain-fed. Oasis* 27 a, Sonnet, IX, 3: *sorrowest thou, pale Painter, for the past;* 28 b, Lady Shalott, III, 1: *a bow-shot from her bower-eaves, he rode between the barley-sheaves;* — 32 a, 8—9, Two Voices, 80: *the...mind...still sees the sacred morning spread the silent summit overhead;* 37 a 13 f., Miller's Daughter, 33: *to be the long and listless boy late-left an orphan of the squire;* vgl. 179 a 24, Princess, II, 384: *the long-limb'd lad* (Amor); — 58 b 27, Dream Fair Women, 127: *a queen, with... bold black eyes, brow-bound with burning gold;* 99, 1, Locksley Hall, 35: *many a morning on the moorland;* 100, 19, Locksley Hall, 89: *baby lips will laugh me down: my latest rival brings thee rest;* — 101, 24, Locksley Hall, 130: *the...earth shall slumber, lapt in universal law;* — 112 a 21, Will Waterproof, 61: *let raffs be rife in prose and rhyme, we lack not rhymes and reasons,* — und viele andere scherzhaft-feierliche Alliterationspaare in dieser humorvollen Dichtung; — 117 a, Voyage, II, 1: *warm broke the breeze against the brow;* — ibid. II, 8: *we seem'd to sail into the Sun;* — 119 b, Eagle, 1: *he clasps the crag with crooked hands, close to the sun in lonely lands (lands = regions, die*

Bergeshöhen)· 137 b 29, Enoch Arden, 828: *then may she learn I lov'd her to the last;* — 139 b, Song (in The Brook), 6: *by many a field and fallow, and many a fairy foreland;* 145 b 11—12, Aylmer's Field, 196: *when first he dash'd into the chronicle of a deedful day;* — 161 a, Lucretius, 28: *methought I never saw so fierce a fork* (Blitz); 164 b 6, Lucretius, 236: *(Lucretia) whose death-blow struck the dateless doom of kings;* — 179 b 12, Princess, II, 403: *modulate me, Soul of mincing mimicry!* — 223 a, Light Brigade, V, 6: *horse and hero fell;* — 225, Grandmother, III, 1: *the flower of the flock; never a man could fling him;* 243, Milton, 8: *the deep-domed empyreän rings to the roar of an angel onset (roar* erwarten wir nicht); — 257 b 4, In Mem., 37, 24: *(I) darken'd sanctities with song;* — 268 a 7, In Mem., 83, 11: *deep tulips dash'd with fiery dew,* 286, Maud, I, I, III, 2: *ever he mutter'd and madden'd* (Verba verschiedener Aktionsart, s. § 45); — 309 a, Coming Arthur, 3: *she was fairest of all flesh on earth:* — 312 a 7, Coming Arthur, 187: *was wedded with a winsome wife, Ygerne;* — 313 b 3 ff., Coming Arthur, 279 ff.: *mage Merlin, whose vast wit and hundred winters are but as the hands of loyal vassals;* — 317 b 4, Coming Arthur, 499: *we that fight for our fair father Christ;* — 318 b 24 f., Gareth Lynette, 73 f.: *Lo, where thy father Lot beside the hearth lies like a log;* — 319 a 10, Gareth Lynette, 89: *...frights* (= terrors) *to my heart; but stay; follow the deer by these tall firs and our fast-falling burns; so make thy manhood mightier day by day;* — 323 a 29 f., Gareth Lynette, 351: *and standeth seized of that inheritance which thou that slewest the sire hast left the son;* — 327 b 2, Gareth Lynette, 595: *Lynette my name; noble; my need a knight* (das letztere alliteriert fürs Ohr, nicht fürs Auge); — 406 a 6, Lancelot Elaine, 636: *had ridd'n a random round to seek him;* 407 a 25, Lancelot Elaine, 715: *I rode all round the region;* — 518 b, Children's Hospital, VIII, 2: *her dear, long, lean, little arms lying out on the counter-pane;* — 618 b, 9 u., Queen Mary, III, 4: *that these statutes may be put in foree, and that his fan may thoroughly purge his floor (fan* für "Besen"; so übrigens schon in der

Bibelstelle M a t t h. 3, 12: *whose fan is in his hand, and he
will throughly purge his floor);* — 671 b, 13 u., H a r o l d, III, 1:
*we have learnt to love him, let him a little longer remain a
hostage for the loyalty of Godwin's house;* — 683 a, H a r o l d,
IV, 3, ult.: *my carrier-pigeon of black news, cram thy crop full,
but come when thou art call'd;* — ein schönes Spiel mit
b-Anlauten: 831 b, u., F o r e s t e r s, IV, 1: *"This friar is of
much boldness, noble captain!" "He hath got it from the bottle,
noble knight." "Boldness out of the bottle! I defy thee:
Boldness is in the blood, Truth in the bottle..."* — Ja, über
den Rahmen der Dichtung selbst hinaus reicht die Alliterier-
Tendenz bis in Szenenweisungen hinein: 804, F o r e s t e r s
(Aufzählung der Statisten): *Retainers, Messengers, Merry
Men (!), Mercenaries,* etc.; ebenso 804 b: *Enter four ragged
Retainers.* — Ähnlich in der Angabe der *Dramatis Personae*
einer Jugenddichtung (L i f e, I, 49): *Carlos (a spirited
stripling with a spice of suspicion and a preponderance of
pride).* —

§ 231. Schließlich seien als ganze Kolonien allite-
rierender Verbindungen namhaft gemacht:

zunächst die erste Szene des zweiten Aktes von
H a r o l d (Seite 660, 661), Harolds Schiffbruch und Gespräch
mit bretonischen Schiffern; ich zitiere daraus: *our boat hath
burst her ribs... I have but bark'd my hands; ye fish
for men with your false fires* (vorher *lying lights);* — *"I
thank thee, Rolph. Run thou to Count Guy; he is hard at
hand. Tell him what hath crept into our creel, and he will
fee thee freely." "Thou art the human-heartedest, Christian-
charitiest of all crab-catchers";* — *"what hinders me to hold
with mine own men?" "The Christian manhood of the man
who reigns."* 662 a: *"...thou shalt or rot or ransom. Hale
him hence! ...we have Harold!"*

Ferner das Gedicht M e r l i n a n d t h e G l e a m
(866—868), wo ja die Alliteration schon wegen des Metrums
nahe lag, da es mit dem der B a t t l e o f B r u n n a n b u r h
verwandt ist; ich führe daraus an: I: *Mariner—Magician;*
II: *Master—Magic, moving—melody, light—landskip,
melody—Master;* IV: *gliding—glancing, Gnome—Griffin,
dancing—desolate, warble of water;* V: *silent river, silvery
willow, pasture and plowland, homestead and harvest, rough-*

ruddy faces of lowly labour; VI: *stronger and statelier, led me at length;* VII: *clouds and darkness closed upon Camelot, silent and slowly, the Gleam that had waned to a wintry glimmer; fallow—faded forest;* VIII: *broader and brighter, the land's last limit, Magic—Mighty, border of boundless Ocean, Heaven—hovers;* IX: *call your companions, crowd your canvas.* —

Schließlich kann, wo von der Alliteration bei Tennyson die Rede ist, auch eine Erwähnung der aktivsten Kundgebung seiner Vorliebe für sie, seiner Übersetzung der angelsächsischen "Schlacht bei Brunnanburh", nicht fehlen. Als Beweis für die Schwierigkeiten, welchen er bei aller Anwendung der Alliteration in seinen sonstigen Werken hier doch begegnen muß, führe ich aus diesem Gedichte die Stellen an: 535 a, IV, 2: *many a man marr'd by the javelin:* ags. *gárum ágêted;* 535 b, XII, 6: *shaping their way toward Dyflen again, shamed in their souls;* ags. *gewitan him þa... difelin secan;* 536 a, XIV, 5: *many a carease they... gave to the garbaging war-hawk to gorge it:* ags. *grǽdigne gúðhafoc.* —

Natürlich können, wie zum Schluß bemerkt werden muß, diese wenigen Bündel von Beispielen nicht als systematische Darstellung der Alliteration bei Tennyson gelten, sondern sie sollen nur von ihrer Verbreitung in seinen Werken und von ihrem Einfluß auf die Wahl und Fügung, ja selbst die inhaltliche Gestaltung des Ausdrucks Zeugnis ablegen.[1] —

[1] Übrigens ist eine besondere Untersuchung über die Alliteration bei Tennyson bereits nach Zusammenstellung der obigen Beispiele in einer Kieler Dissertation von Steffen (1905) geboten worden, welche ich leider nicht benützen konnte. — S. auch Jos. Jacobs, *Tennyson and In Memoriam,* p. 44—50.

Nachdem ich mich in den syntaktisch-stilistischen Kapiteln mit der Wortfügung und den Wortverbindungen beschäftigt habe, gehe ich nun zum einzelnen Worte, zum Wortschatz des Dichters über. Bei jeder kunstmäßigen Benutzung der Sprache ist Bereicherung des Wortschatzes auf dreierlei Weise möglich:

1. Durch Schöpfung neuer Wörter innerhalb der vom Geist der Sprache zugelassenen Grenzen: Wortbildung;

2. durch Schöpfen aus altem, vergessenem und außer Gebrauch gekommenem Sprachgut: Archaismen;

3. durch eigenartige, individuelle Verwendung des vorhandenen und im Umlauf befindlichen Sprachmaterials: das charakteristische Lexikon des Schriftstellers.

Demgemäß wird auch bei Tennyson zunächst die Wortbildung, dann der Wortschatz zu untersuchen sein, und dieser wiederum zuerst auf die neu belebten und so der Sprache wiedergegebenen, also doch gleichsam neu geschaffenen Ausdrücke, dann aber — im eigentlich lexikographischen Abschnitt   auf Wahl und Gebrauch des Wortreichtums, wie er jedem neuenglischen Dichter als Gemeingut zur Benutzung vorliegt.

Dritter Teil:

Wortbildung.

§ 232. Zur Wortbildung im weitesten Sinne gehört zunächst die Bildung von Wortformen, die flexivische Ableitung. Natürlich wird aber bei dem fixierten Zustande der Grammatik, welchen seit der Erfindung der Buchdruckerkunst jeder Dichter vor sich hat, die Ausbeute an morphologischen Erscheinungen — besonders bei einer so flexionsarmen Sprache wie das Neuenglische —

recht gering sein. Ich habe aus Tennyson nur zu
zitieren:

bei den starken Verben: in den Königsidyllen eine
große Vorliebe für die archaistisch gefärbten Ablautsformen
vom Typus *clave, brake, spake, rade, drave (fugavit, z. B.*
310 a 2, Coming Arthur, 58, u. ö.), etc.; beachtenswert
auch 430 a 6, Holy Grail, 700: *trode* für *trod* (wie *ate);*
regelmäßiges, aber ungebräuchliches Präteritum: 535 a,
Brunnanburh, 10: *the great sun-star . . . glode over earth*
als Übersetzung von *glåd ofer grundas;* —

bei den schwachen Verben: eine unsynkopierte Form
von *build:* 654 b, 1 u., Harold, I, 1: *I have builded the great
church of Holy Peter* (dieselbe Form als Präteritum in
Shaksperes Gedicht A Lover's Complaint, 152). —

Im Gebrauch der Partizipia: Freiheit in Anfügung
oder Weglassung des *-en* der starken: 134 b 29, Enoch
Arden, 637: *his long-bounden tongue;* 138 a 30, Enoch
Arden, 862: *promise-bounden;* 377 b 1, Balin Balan,
467: *bounden art thou . . . to help the weak;* 246 b, Ay
(im Zyklus The Window), 15: *my heart, you have gotten
the wings of love;* — 312 a 33, Coming Arthur, 213:
to be holden far apart; — 312 b 9, Coming Arthur, 225:
have foughten like wild beasts (s. § 64); — 580 a 38, Queen
Mary, I, 1: *bursten at the toes;* 713 a, Becket, I,
4: *ye have eaten of my dish and drunken of my cup* (Parallelismus); umgekehrt: 249 b, In Mem., 8, 15: *a flower
beat with rain and wind;*

ferner Partizipia auf *-en*, wo wir schwache auf *-ed* in
der Prosa gewohnt sind; so vor allem *proven*,[1] z. B.
310 a 12, Coming Arthur, 68, und überhaupt sehr oft
in den Königsidyllen, auch sonst: 548 b 28, Ancient
Sage, 66: *nothing worthy proving can be proven, nor yet
disproven;* 460 b 21, Guinevere, 284: *till he by
miracle was approven King;* Ähnliches: 146 b 6,
Aylmer's Field, 256: *pock-pitten fellow;* 440 a 20,

---

[1] *"proven, pp. Proved: an improper form, lately growing in
frequency, by imitation of the Scotch use in 'not proven' . . . "Not
proven", in Scots law, a verdict rendered by a jury in a criminal case
when the evidence is insufficient to justify conviction, yet strong enough
to warrant grave suspicion of guilt."* — Century Dictionary.

Pelleas Ettarre, 311: *gilden-peakt* (erschien **gilded-peakt* dem Dichter unschön oder dachte er an das alte Stoffadjektivum, ags. *gylden*?) Umgekehrt hingegen: 566, 23, Locksley Hall Sixty Years After, 225: *rotted floor.* —

Nun kann ich erst zur eigentlichen Wortbildung im engsten Sinne, zur suffixalen Ableitung, übergehen.

§ 233. Von der Bildung der Substantiva ist im syntaktischen Teil durch Besprechung der Kollektiva bei den Numeri des Substantivs (§ 70), sowie bei Gelegenheit des Verbalsubstantivs durch die dort angeknüpfte Behandlung der Verbalabstrakta (§ 54 f.) ein gut Teil vorausgenommen worden. Als "Verbalsubstantiva" nun in einem noch weiteren Sinne des Wortes könnte man eine Gruppe von Substantiven bezeichnen, deren Bildungsschema in der ganzen substantiv-bildenden Tätigkeit Tennysons das allerbeliebteste ist und schon deshalb die erste Stelle verdient: es sind die von Verben abgeleiteten **Nomina agentis auf -er,** welche oft so kongruent für aktive Partizipia eintreten, daß man an sprachliche Erscheinungen wie das rumänische participium praesentis auf *-tor* erinnert wird, und die andererseits in ihrer Häufigkeit und Kühnheit (wie noch viele später zu besprechende Erscheinungen) der landläufigen Behauptung widersprechen, Tennyson sei "kein großer Wortschöpfer" gewesen. Von Beispielen führe ich an[1]):

— zunächst die Belege für einen Gebrauch von *follower,* welcher uns zeigt, wie stark Tennyson die aktive

---

[1]) Aus anderen neuenglischen Autoren seien hier an Kühnheiten dieser Art zitiert: Kyd, *Span. Trag.,* II, 1, 114 (ed. Schick): *the hinderer of my loue;* — Longfellow, *March of Miles Standish,* 17: *...and henceforward Be but a fighter of battles, a lover and wooer of dangers;* Dickens, *M. Chuzzlewit,* p. 125 (Dickens Edition): *merry users of their legs;* Carlyle, *Sartor Resartus,* I, 5: *is the manliest man the greatest and oftenest laugher?* — Aus Shakspere die Zusammensetzung: *o thou great thunder-darter of Olympus!* (*Troilus and Cressida,* 2, 3) (vielleicht aus Chapman entlehnt); *Cymbeline,* I, 7: *...this hand, whose touch...would force the feeler's soul to the oath of loyalty.* — Wie ganz diese Substantiva die Funktion von Partizipien oder Relativumschreibungen annehmen, zeigt die Stelle in Miltons *Par. Lost,* III, 466 ff.: *The builders next of Babel on the plain Of Sennaar, and*

Funktion des Suffixes empfindet: 196 b 8, Princess, V, 57: *at her head a follower of the camp, a charr'd and wrinkled piece of womanhood;* hier bedeutet *follower* nicht "Gefolgsperson", sondern ganz etymologisch *one who followed*[1]); ebenso an der Stelle: 361 a 17, Geraint Enid, 440: *Enid with her sullen follower:* es ist ihr Gatte, dem sie vorausreitet; vgl. noch 448 a 27, Last Tournament, 313: *sole follower of the vows* ("*Befolger"); 576 a, Freedom, IV,

---

still with vain design New Babels, had they wherewithal, would build, — wo die Konstruktion so fortgesetzt wird, als ob sie begonnen hätte: *those who had built Babel... [and who still... would build].* — Instruktiv ist auch das Beispiel der Stelle aus der Apokalypse (XII, 10): *And I heard a loud voice saying in heaven...* (12): *"Woe to the inhabiters of the earth and of the sea!"* — auf welche Worte Milton, *Par. Lost,* IV, 5, in der veränderten Form *Woe to the inhabitants of the earth!* anspielt. — Kühn ist hier wie immer auch Keats; vgl. z. B. folgende Apostrophe an den Mond (ed. F. T. Palgrave, p. 8):

> *O Maker of sweet poets, dear delight*
> *Of this fair world, and all its gentle livers;*
> *Spangler of clouds, halo of crystal rivers,*
> *Mingler with leaves, and dew and tumbling streams,*
> *Closer of lovely eyes to lovely dreams,*
> *Lover of loneliness, and wandering,*
> *Of upcast eye, and tender pondering!*

Oder folgendes vom Schlaf *(Sleep and Poetry,* 11 ff., p. 44):

> *Soft closer of our eyes!*
> *Low murmurer of tender lullabies!*
> *Light hoverer around our happy pillows!*
> *Wreather of poppy buds, and weeping willows!*
> *Silent entangler of a beauty's tresses!*
> *Most happy listener! when the morning blesses*
> *Thee...*

Aus Prosa vgl. noch Miss Austen, *Pride and Prejudice* (ed. Brimley Johnson, I, 42): *I did not know before... that you were a studier of character.* — Wordsworth hat in *The Redbreast* (p. 172 b, ed. Morley): *the Cheerer thou of in-door sadness...*

Wie gern sich endlich auch schon der alte Wycliffe dieses Bildungsschemas, besonders zur Übersetzung substantivierter Partizipia, bedient, mögen folgende Stellen aus den ersten Kapiteln seiner Genesis zeigen: in 1: *God forsoþe saide/be þer maad liȝt ȝeuers in the firmament... and god maad two ȝrete lyȝtȝeuers;* in 2: *þe edder was feller þann eny lyuers of þe erþ;* ib. *þu schalt be cursyd among alle soulhauers* (lat. *animantia);* aus 3: *Jabel þt was fader of dwellers in tentis... Tubalcaym þat was ane hamersmyter (malleator).* —

[1]) S. *N. E. D.* s. v., 2 a.

1: *o follower of the Vision, still in motion to the distant gleam;*
87 b 30, S t y l i t e s, 161: *the w a t c h e r on the column till the
end* (konstruiert wie ein Partizip); vgl. 191 a 12, P r i n c e s s,
IV, 306: *a lidless watcher of the public weal;* vgl. auch 391 a
31, M e r l i n V i v i e n, 694: *whose kinsman left him watcher
o'er his wife:* — 175 b 10, P r i n c e s s, II, 143: *those horn-
handed b r e a k e r s of the glebe* (321 b 12, G a r e t h L y n e t t e,
238: *t i l l e r s of the soil);* — 190 b 17, P r i n c e s s, IV, 277:
I loved you like this k n e e l e r (die an Idas Throne kniende
Melissa); vgl. B y r o n, A n O c c a s i o n a l P r o l o g u e (in
Hours of Idleness), 21: *not one poor t r e m b l e r only fear
betrays... but all our dramatis personae wait in fond
suspense...;* 192 b 13, P r i n c e s s, IV, 402: *not a
s c o r n e r of your sex but venerator;* vgl. 376 a 1, B a l i n
B a l a n, 383: *met the scorner in the castle court (i. e. Garlon,
who had scorn'd him the day before);* 576 a, F r e e d o m, VII,
1: *o scorner of the party cry;* — 192 b 25, P r i n c e s s, IV,
414: *the l e a d e r wildswan in among the stars;* — 196 a
5, P r i n c e s s, V, 26: *a draggled mawkin... that tends her
bristled g r u n t e r s in the sludge;* — 209 b 30, P r i n c e s s,
VI, 336: *the swarm of female w h i s p e r e r s (= whispering
women);* 217 a 29, P r i n c e s s, C o n c l u s i o n, 87
(Landedelmann): *a r a i s e r (cultivator)[1]) of huge melons
and of pine, a p a m p h l e t e e r (= writer of pamphlets)
on guano and on grain;* — 220 a 32, W e l l i n g t o n, VII,
37: *s e l f - s e e k e r s;* · 220 a 33, W e l l i n g t o n, VII, 38:
*t r u t h - t e l l e r was our England's Alfred named, t r u t h-
l o v e r was our English duke:* zum letzteren vgl. 660 a 16,
H a r o l d, I, 2: *peace-lover is our Harold for the sake of
England's wholeness;* 664 a, 9 u., H a r o l d, II, 2: *no m o n e y-
l o v e r he;* zu *truth-teller* vgl. 667 a, 2 u., H a r o l d, II,
2: *thou art known as speaker of the truth;* 223 b,
E x h i b i t i o n O d e, V, 3: *let the fair white-wing'd
p e a c e-m a k e r fly* (gemeint ist *commerce* der vorhergehenden Zeile); — 237 b, S p i t e f u l L e t t e r, 14:
what room is left for a h a t e r? vgl. 562, 29, L o c k s l e y
H a l l S i x t y Y e a r s A f t e r, 85: *love your enemy, bless*

---

[1]) Zugleich ein eminentes Beispiel für die lexikographische Tatsache der Bevorzugung germanischer Wörter gegen romanische (§ 273).

your haters; — 658 b 10, H a r o l d, I, 2: *hate not one who felt
some pity for thy hater;* — 239, W a g e s, 4: *no lover of
glory she (Virtue);* — 281 a, I n M e m., 118, 6: *trust that
those we call the dead, are b r e a t h e r s of an ampler day;*[1])
— 316 a 18, C o m i n g A r t h u r, 446: *the fair b e g i n n e r s
of a nobler time (Arthur's knights);* 323 b 9, G a r e t h
L y n e t t e, 361: *this r a i l e r, that hath mock'd thee in full
hall* — wird von einem Weibe gesagt; ebenso sagt ein Weib
von sich: 541 b, W r e c k, I, 11: *I was the t e m p t e r,
Mother, and mine was the deeper fall;* vgl. auch 775 b 12
(F a l c o n): *Lady, I find you a shrewd b a r g a i n e r;* — 324 b 6,
G a r e t h L y n e t t e, 417: *truth-speaking, brave, good l i v e r s;*[2])
— 327 b 21, G a r e t h L y n e t t e, 614: *this Order lives to
crush all w r o n g e r s of the Realm;* 342 b 14, M a r r i a g e
G e r a i n t, 96: *wrongers of the world;* 563, 5, L o c k s l e y
H a l l S i x t y Y e a r s A f t e r, 999: *the brutes are not your
wrongers;* — 330 a 13, G a r e t h L y n e t t e, 754: *d i s h-
w a s h e r, and b r o a c h - t u r n e r, loon!* — 331 a 10, G a r e t h
L y n e t t e, 811: *the c l e a n s e r of this wood* (vgl. B e o w u l f,
2353, auch 432: *sele fælsode,* und inhaltlich: 338 b 3,
G a r e t h L y n e t t e, 1227: *all the stream is freed);* — 331 b
30, G a r e t h L y n e t t e, 861: *strong thou art . . . and s a v e r
of my life;* ebenso 498 a 3, G o l d e n S u p p e r, 287; vgl.
ferner 610 a 12, Q u e e n M a r y, III, 3: *daughter of God, and
saver of the faith (defensor fidei* ist der Titel; so heißt es
auch 611 a 6, Q u e e n M a r y, III, 3: *the great unborn d e f e n d e r
of the Faith);* — 338 a 25, G a r e t h L y n e t t e, 1223: *victor
from vanquish'd issues at the last, and o v e r t h r o w e r*

---

[1]) Dazu vgl. die halb scherzhafte Wendung bei D i c k e n s, *Dav.
Copperfield,* I, Chap. 16, wo Uriah Heep von seinem Vater sagt: *"He
was a sexton",* und auf die Frage: *"What is he now ?"* erwidert: *"He
is a partaker of g l o r y at present",* d. h. tot. — Das Wort *breathers* selbst
findet sich z. B. bei S h a k s p e r e, *Sonnets,* 81, 12: *when all the breathers
of this world are dead; As You Like It,* III, 2: *I will chide no breather
in the world.*

[2]) Dasselbe Wort schon bei C h a u c e r, *Tale of the Man of Lawe,*
926 *(C. T.* B 1024 Skeat): *so vertuous a l i v e r e in my lyf, Ne saugh I
nevere as she.* — Öfter bei W o r d s w o r t h: *Resolution and Independence,*
XIV, 6: *. . . stately speech; such as grave L i v e r s do in Scotland use,
religious men, who give to God and Man their dues;* — *To a Sky-Lark,*
22: *Happy, happy Liver . . .* — S. auch die Zitate aus W y c l i f f e und
K e a t s in der Note auf S. 365.

from being overthrown; 341 b 27, Marriage Geraint,
36: *all flyers from the hand of Justice;* vgl. 311 a 2, Coming
Arthur, 120: *the brands that hack'd among the flyers,*
und 535 a, Brunnanburh, V, 6: *fiercely we hack'd at the
flyers before us* (ags. *heowan here-flêman);* 346 a 14,
Marriage Geraint, 320: *the lander in a lonely isle;*
— 361 a 10, Geraint Enid, 433: *a wanton fool, or hasty
judger;* — 373 a 3, Balin Balan, 218: *that causer of
his banishment and shame;* 854 b 15, Ring, 167: *the causer
of that scandal;* — 398 a 24, Lancelot Elaine, 155: *no
keener hunter after glory breathes (than Arthur);* 434 b
7, Pelleas Ettarre, 86: *makers of nets, and living from
the sea;* — 452 a 23, Last Tournament, 250: *O hunter,
and o blower of the horn;* 475 a 5, To Queen, 19:
the faith that made us (Britons) rulers; 475 b 11, To
Queen, 52: *wordy trucklings* (Partizip-Substantiv) *to the
transient hour, and fierce or careless looseners of the faith;*
— 477 a 15, Lover's Tale, I, 55: *the slowly-ridging rollers
on the cliffs clash'd;* 535 b, Brunnanburh, XI, 5:
traitor and trickster and spurner of treaties; 536 a,
Brunnanburh, XV, 11: *haughty war-workers* (ags.
wigsmiþas); — 539 b 22, Tiresias, 102: *mothers with their
babblers of the dawn;* — 565, 21, Locksley Hall Sixty
Years After, 187: *Hesper, whom the poet call'd the
Bringer home of all good things;* [1]) — 571 a, To Virgil,
V, 1: *chanter of the Pollio;* — ibid. X, 2: *wielder of the
stateliest measure ever moulded by the lips of men;* — 576 a,
Freedom, VIII, 3, wird die Freiheit als *loather of the
lawless crown* apostrophiert; — 578 a, Opening Exhibition, IV, 1, heißen die Kolonien Englands: *sharers
of our glorious past;* — 589 a 16, Queen Mary, I, 5: *men
would murder me, because they think me favourer of this
marriage;* — 597 a, Queen Mary, II, 2, 7: *arrant cowards, or
tamperers with that treason out of Kent;* — 606 a 16, Queen

---

[1]) Ein gutes Beispiel für die eingangs erwähnte Funktions-
verwandtschaft dieser Bildungen mit aktiven Partizipien; nach Churton
Collins nämlich lautet die Wendung bei Sappho, welche Tennyson
hier vorschwebte: Ἕσπερε πάντα φέρων. (Tennyson bezieht sich deutlich auf die Stelle in den Worten 3 b, *Leonine Elegiacs,* 13: *The
ancient poetess singeth, that Hesperus all things bringeth.)*

Mary, III, 1: *be limpets tho this pillar, or we are torn down the strong wave of brawlers;* 839 b 7, Foresters, IV: *this brawler of harsh truths;* — 616 b, Queen Mary, III, 4: *severeness... when faith is wavering makes the waverer pass into ...hatred of the doctrines,* etc.; — 618 b 14, Queen Mary, III, 4: *and let him call me truckler* (weil es früher [617 b] hieß: *for you yourself have truckled to the tyrant)* (dasselbe Subst. 831 a 4, Foresters, IV, 1); vgl. 695 b, 3 u., Becket, Prologue: *true son of Holy Church — no croucher to the Gregories;* — 629 b 8, Queen Mary, IV, 2: *these burnings... are profitless to the burners;* — 630 a, 5 u., Queen Mary, IV, 3: *a traitor, a shaker and confounder of the realm;* 634 b, Queen Mary, IV, 3: *Dumble 's the best milcher in Islip* ("Milchkuh"); 640 b, 6 u., Queen Mary, V, 2: *a drinker of black, strong, volcanic wines;* — 642 b 12, Queen Mary, V, 2: *strike hard and deep into the prey they are rending from her — ay, and rend the renders too;* — 656 b 11, Harold, I, 1: *(one's own good word is) an honest gift if giver and taker be but honest;* — 694 b 17, Becket, Prologue: *a doter on white pheasant-flesh at feasts, a sauce-deviser for thy days of fish, a dish-designer;* — 700 a 7, Becket, I, 1: *I have been a lover of wines,... a favourer of players,...a feeder of dogs and hawks;* — 700 a 14, Becket, I, 1: *Henry the King hath been my friend, my brother, and mine uplifter in this world;* — 728 b, Becket, III, 3: *our recoverer and upholder of customs* nennt Walter Map den König; — 736 a 3, Becket, IV, 2: *I menaced her with this, as when we threaten a yelper (= yelping dog) with a stick;* — 757 a 11, Cup, I, 3: *the vast vine-bowers ran to the summit of the trees, and dropt their streamers earthward;* 795 a 2, Promise May, III: *all the blessed souls in Heaven are both forgivers and forgiven;*

806 a, Foresters, I, 1: *I am a true believer in true love myself;* ibid. *thou hast ruffled my woman...I believed thee to be too solemn and formal to be a ruffler;* 867 a, Progress Spring, VI, 3: *Some dark dweller by the coco-palm* ("Tropenbewohner")[1]); — 868 b, Merlin Gleam,

---

[1]) Vgl. Wordsworth, *Michael*, 23: *shepherds, dwellers in the valleys;* — Longfellow, *Frithjof's Temptation* (aus Tegnér): *all the dwellers in the forest* ("Tiere des Waldes").

V, 10: *reaper and gleaner;*   883 b, Hymn (Akbar's Dream), II, 1: *shadow-maker, shadow-slayer* heißt die Sonne;   894 a, God Universe, II, 3: *the silent Opener of the gate (= death).*

§ 234. Nach Ausscheidung dieses beliebtesten von allen können wir die übrigen Substantivsuffixe in alphabetischer Übersicht folgen lassen, wobei sich nur mehr für das abstrakte -*ness* eine entschiedene Vorliebe wird beobachten lassen. Ich bemerke noch, daß in der folgenden Liste nicht nur kühne Bildungen, sondern auch bemerkenswerte Funktions-Veränderungen und -Vertauschungen der Suffixe aufgenommen sind.

-*age:* 133 b 8, Enoch Arden, 548: *soft fruitage, mighty nuts;* — 370 b 12, Balin Balan, 80: *garlandage of flowers;* — 581 a, Queen Mary, I, 1: *the Pope could dispense with his (Pole's) cardinalate, and his achage, and his breakage* (i. e. *his being "full of aches and broken before his day"*, wie es vorher hieß); 760 b 19, Cup, II, 1: *no more fends disturb our peaceful vassalage to Rome.* — Vgl. §§ 55, 70.

-*ance:* 6 b, Lilian, II, 2: *my passion seeks pleasance in love-sighs;* vgl. 11 a 2, Recollections Arabian Nights, 101: *a realm of pleasance;* — 7 a, Isabel, II, 14: *a hate of gossip parlance;*   75 a 3, Gardener's Daughter, 143: *tendance* = *action of tending,* hier von Gartenarbeit;   98, Locksley Hall, 22: *her eyes on all my motions with a mute observance hung:* für *observation,* denn die Bedeutung "Gehorsam" ist nach dem Inhalt ausgeschlossen;   281 a, In Mem., 117, 5: *that out of distance might ensue desire of nearness:* also bedeutet *distance* nicht Entfernung, sondern das Entferntsein, *being distant, separated;* — 713 b, Becket, I, 4: *the Church is ever at variance with the Kings,*

-*dom:* 85 b, Stylites, 6: *the hope... of saintdom;* 507 a, Revenge, II, 5: *these Inquisition dogs and the devildoms of Spain.* — S. auch § 70.

-*ence:* 421 b 10, Holy Grail, 173: *once by misadvertence Merlin sat in his own chair and was lost;* — 436 b 13, Pelleas Ettarre, 211: *this persistence turn'd her scorn to wrath;* — 790 b 13, Promise May, II: *and science now could drug and balm us back into nescience.* —

hood: 6 b, Isabel, I, 12: *perfect wifehood and pure lowlihead;* 292 a, Maud, I, VIII, 2: *perhaps the smile and tender tone came out of her pitying womanhood;* 309 b, Coming Arthur, 50: *the golden symbol of his kinglihood;* — 327 a 7, Gareth Lynette, 569: *loving his lusty youthhood yielded to him;* — 343 b 21, Marriage Geraint, 176: *with all grace of womanhood and queenhood;* vgl. 843 a, Jubilee Queen Victoria, V, 1: *Queen, as true to womanhood as Queenhood;* — 469 b 12, Passing Arthur, 163: *one last act of kinghood;* 626 a, 8 u., Queen Mary, IV, 1: *your father was a man of such colossal kinghood (kinglihood* erwarten wir); 845 a 5, Demeter Persephone, 41: *I feel the deathless heart of motherhood within me shudder,* kollektiv: § 70; — in § 180 (abstr. pro concr.) s. die Beispiele: 247 a, In Mem., Prologue, 14: *the highest, holiest manhood, thou (Son of Good);* 378 a 22, Balin Balan, 315: *the deathless mothermaidenhood of heaven.*

-ion: gehäuft 322 a 24 f., Gareth Lynette, 281: *Know ye not then the Riddling of the Bards? "Confusion, and illusion, and relation, Elusion, and occasion, and evasion!"* S. auch § 54.

-ism: 182 b 17, Princess, III, 130: *puddled … it (women's cause) is with favouritism* ("Protektionswirtschaft"); 729 a, Becket, III, 3: *the banquet, from whence there puffed out such an incense of unctuosity …, that Lucullus or Apicius might have sniffed it in their Hades of heathenism;*[1]) 803 b, Promise May, III: *sunk in the deepest pit of pauperism:* dieser sozialstatistische Fachausdruck paßt in die affektvolle, durch Alliteration gehobene Rede Doras nicht hinein;

ist: 560, Locksley Hall (II), 18: *your modern amourist is of easier, earthlier make;* — 881 b 12, Akbar's Dream, 88: *the mystic melodist who all but lost himself in Alla;*

-let: 854 a 5, Ring, 127: *the brook that feeds this lakelet;* —

---

[1]) Aus der Rolle Walter Maps, in welcher Tennysons sprachbildnerisches Können und Wagen sich am hervorragendsten betätigt hat.

-ling: 251 b, In Mem., 16, 4: *(can) sorrow such a changeling be?* (Churton Collins: *assume so quickly forms so various);* 391 b 3, Merlin Vivien, 697: *there lay the reckling, one but one hour old;* — 582 b, Queen Mary, I, 3: *hear what the shaveling has to say for himself* (Priester; häufig in Scotts "Ivanhoe"); — 698 a, Becket, Prologue: *you could not see the king for the kinglings;* 729 a, Becket, III, 3: *the young crownling himself* nennt W. Map den gekrönten Sohn Heinrichs II.; 836 a 9, Foresters, IV: *this old crazeling in the litter there;*

ment: 7 a, Isabel, II, 8: *an accent very low in blandishment, but a most silver flow of... counsel in distress;* 486 a 1, Lover's Tale, I, 615: *long time entrancement held me* (für einfaches *trance);* — 833 b 3, Foresters, IV: *gramercy for thy preachment;*[1]) — *defacement,* § 55. —

-ncy: oft wo wir bloßes *-nce* erwarten: 317, Gareth Lynette, 8: *senseless cataract, bearing all down in thy precipitancy;* 381 b 17, Merlin Vivien, 82: *shelter for mine innocency;* — 476 a, Lover's Tale, I, 2: *the vacancies between the tufted hills* (konkret: "Zwischenräume"); 491 b 4, Lover's Tale, II, 149: *expectancy;*

-ness: wie oben bemerkt, nächst *-er* das beliebteste Substantivsuffix, von grenzenloser Produktivität in der Bildung von Adjektiv- und "Prädikat"-Abstrakten (d. h. Hauptwörtern vom Typus *x-ness = being x):* — zu p. 40 a, Oenone, ältere Version bei Churton Collins, Early Poems, p. 80, 22: *deep evilwilledness (= ill-will) of heaven;* 297 b, Maud, I, XVIII, IV, 12: *(stars are) cold fires, yet with power to burn and brand his nothingness into man;* 308 b, Dedication, 25: *a thousand peering littlenesses* (vgl. deutsch: "meine Wenigkeit"); — 312 b 22, Coming Arthur, 236: *if Arthur were the child of shamefulness* (für einfaches *shame);* — 342 a 16, Marriage Geraint, 60: *a prince whose manhood was all gone, and molten down in mere uxoriousness* (342 b 25, Marriage Geraint, 107: *effeminacy);* — 380 b 23, Merlin Vivien, 28: *Arthur bound them not to singleness (= unmarried*

---

[1]) Vgl. Shakspere, *Henry VI,* Pᵗ IIIᵈ, I, 4, 72; Marlowe, *Edw. II,* 3, 2, 22.

life); — 386 a 22, Merlin Vivien, 362: *curiousness* für
curiosity;   409 b 3, Lancelot Elaine, 840: *his large
black eyes, yet larger thro' his leanness*;   477 b 16,
Lover's Tale, I, 84: *to die in gazing on that perfectness*
("Schönheit der Geliebten"); — 481 a 2, Lover's Tale,
I, 302: *the prophet and the chariot and the steeds, suck'd into
oneness like a little star were drunk into the inmost blue*
(Elias' Himmelfahrt: 2, Kings, 2, 11) *("Oneness with
Christ: its blessedness and importance"* ist der Titel eines
Buches von Edward Lester, London 1860; Bodl. Bibl.
Sign. 100. g. 81. Vgl. auch das Zitat aus Pusey, 1860,
im *N. E. D. s. v.*); — 485 a 5, Lover's Tale, I, 550:
dear name, which had too much of nearness in it; dasselbe
512 a 9, Sisters, 169; 814 a 13, Foresters, II, 1: *to meditate
(on my birthday) upon my greater nearness to the birthday
of the after-life;* vgl. auch oben unter -*ance* das Beispiel
281 a, In Mem., 117, 5; — 486 a 7, Lover's Tale, I,
621: *Life ... with hated warmth of apprehensiveness*
("Wahrnehmungsfähigkeit"); — 537 b, To Fitz Gerald,
28: *grapes of Eshcol hugeness;*   563, 9, Locksley
Hall Sixty Years After, 103: *sweet St. Francis of
Assisi ... he that in his Catholic wholeness used to call the
very flowers sisters, brothers (wholeness = all-embracing love);*
ein anderes *wholeness* 660 a 16, Harold, I, 2: *peace-lover is
our Harold for the sake of England's wholeness (incolumitas);*
— 590 a 13, Queen Mary, I, 5: *foreseeing, with whate'er unwillingness (= however unwillingly);* hier also ein Ad-
verbialabstraktum; vgl. 312 a 24, Coming Arthur, 204:
to wed him in her tears, and with a shameful swiftness;
s. auch *closeness* in § 18; — 616 b, Queen Mary, III,
4: *an overmuch severeness* (für *severity*, Suffixtausch);
620 a 20, Queen Mary, III, 5: *of this fire he says ... it was no
wicked wilfulness, only a natural chance;* — 621 a, 3 u., Queen
Mary, III, 5: *it shall be all my study for one hour to rose
and lavender my horsiness, before I dare to glance upon
your Grace (my horsiness* — mit Bezug auf Elisabeths Worte:
your boots are from the horses — ist eine scherzhafterweise
parallel zu *your Grace* gebildete Titelhypostase, vgl. *their
Eternities* in § 219);   697 a, Becket, Prologue: *all
left-handedness and under-handedness;* — 731 a,

Becket, III, 3: *doth not the fewness of anything make the fulness of it in estimation* (sagt natürlich Walter Map); — 828 b 3, Foresters, III, 1: *we seek to curb their viciousness;* 843 a, Jubilee Queen Victoria, II, 1: *she beloved for a kindliness rare in Fable or History* (von dem sehr beliebten Adjektivum *kindly* gebildet).

-*ry:* 328 a 1, Gareth Lynette, 625: *a huge manbeast of boundless savagery:* für gewöhnlicheres *savageness,* also Suffixtausch; ebenso 755 b, 2 u., Cup, I, 2: *you know not the savagery of Rome;* hingegen *savagery* als nomen actionis (nicht, wie soeben, Adjektivabstraktum): 666 a 5, Harold, II, 2: *hast thou never heard his savagery at Alençon;* 397 b 15, Lancelot Elaine, 113: *Lancelot, the flower of bravery;* — 523 a 7, John Oldcastle, 90: *monkeries and nunneries* (Analogiewirkung); — 736 b 16, Becket, IV, 2: *the Pope divorced King Louis, scorning his monkery (= monkishness, monkish spirit);* — 738 b, 5 u., Becket, V, 1: *what game, what juggle, what devilry are you playing?* — 809 a, 7 u., Foresters, I, 2: *I hate him for his want of chivalry (= chivalrous spirit);* ebenso 837 b, 7 u., Foresters, IV: *he loves the chivalry of his single arm;* Kollektiv s. *rookery* und *Outlawry* in § 70.

-*ship:* 281 b, In Mem., 119, 10: *the friendship of thine eye:* nicht "Freundschaft", sondern "Freundlichkeit", *friendliness, friendly look;* 648 a, Queen Mary, V, 4: *all kingship and queenship, all priesthood and prelacy* (Kollektiva); 675 b 5, Harold, III, 2: *that kiss ... will make my kingship kinglier to me;* 694 b 14, Becket, Prologue: *I should beat thy kingship as my bishop (in play of chess) has beaten it;* — *fellowship* kollektiv: s. § 70,

-*ster:* 449 b 28, Last Tournament, 402: *the tonguesters of the court;* vgl. 564, 2, Locksley Hall (II), 132; 684 a 17, Harold, V, 1; 865 a, To Mary Boyle, IX, 2; 535 b, Brunnanburh, X, 10: *a youngster in war* (ags. *giungne æt guðe);* 564, 11, Locksley Hall (II), 141: *rhymester;* — 817 b, Foresters, II, 1: *how should this old lamester guide us?* —

-*th:* 358 b 1, Geraint Enid, 265: *the two remain'd apart by all the chamber's width;* — 561, 28, Locksley Hall, II, 48: *she with all the charm of woman, she with all the b r e a d t h of man* ("Umfang des geistigen Gesichtskreises"; vgl. 198 b 6, Princess, V, 180: *they — women — need more breadth of culture);* —

- t y: 185 b 4, Princess, III, 303: *foreseeing casualty* ("Zufälle"); vgl. 886 a, Church-warden Curate, 2: *nasty, casselty weather ("casualty, chance weather":* Tennyson); 407 b 21, Lancelot Elaine, 738: *(she) marr'd her friend's aim with p a l e t r a n q u i l l i t y (= with remaining pale and tranquil, so that not a word was to be got out of her);* — 729 a, Becket, III, 3: *u n c t u o s i t y,* s. oben unter *-ism;* — 831 b, Foresters, IV, 1: *tho' thou wert as hollow as...* (folgt Aufzählung von Beispielen) *...or any other symbol of v a c u i t y;* —

- y: 491 b 26, Lover's Tale, II, 171: *a beam of light, crowded with driving a t o m i e s (= motes;* das Wort findet sich zweimal bei Shakspere: As You Like It, 3, 2, 245; Rom. Jul., 1, 4, 57; aus dem 19. Jahrhundert zitiert *N. E. D.* Kingsley's Water Babies, VII, 369: *I suppose you have come here to laugh at me, you spiteful little atomy).* —

Nun folge noch eine Auswahl von Beispielen für Präfixe, meist negierenden Charakters:

— 157 a 12, Sea Dreams, 73: *fought with what seem'd my own u n c h a r i t y (= uncharitableness, want of charity);* 386 b 10, Merlin Vivien, 386: *faith and u n f a i t h;* 331 b 4, Gareth Lynette, 835: *meseems, that here is much d i s c o u r t e s y;* 387 b 20, Merlin Vivien, 453: *what is Fame in life but h a l f - d i s f a m e; —* 569 b, Heavy Brigade, IV, 15: *in wild d i s a r r a y* (vom fliehenden Feind); 388 b 28, Merlin Vivien, 520: *m i s f a i t h* im Sinne von *mistrust;* 628 a, 5 u., Queen Mary, IV, 2: *monsters of m i s t r a d i t i o n; —*

ferner: kopulatives *c o -:* 605 b 17, Queen Mary, III, 1: *the charge of being his c o - r e b e l s;* 709 b 3, Becket I, 3: *my comrade, boon companion, my c o - r e v e l l e r;* 720 b 10, Becket, II, 2: *c o - m a t e s we were, ...c o - k i n g s we were;*

endlich Präpositional - Adverbiales: 596 b, Queen Mary, II, 1: *swoll'n and fed with i n d r a u g h t s and side-currents, (we) roll upon London;* 660 b, Harold, II, 1, 5: *I...*

felt the remorseless outdraught of the deep haul like a great strong fellow at my legs.

Sonstige Präfixkompositionen werden besser bei der Zusammensetzung behandelt.

---

§ 235. Zu der nun folgenden Liste der Adjektiv-bildungen habe ich nur die allgemeine Bemerkung zu machen, daß Tennyson bei gewissen Suffixen auf ihren vollen Begriffsinhalt größeren Nachdruck legt als der gewöhnliche Sprachgebrauch: besonders ist dies bei dem beliebten *-ful* und seinem Korrelativum *-less* der Fall, welche er so gebraucht, daß der Typus *x-ful* wirklich *full of x* und *x-less — without x* bedeutet, ohne Rücksicht auf die etwa verwischte Bedeutung in der Alltagssprache.

able ist ein recht häufiges Suffix: 319 a 22, Gareth Lynette, 101: *the prince. . when tall and marriageable;* — 372 a 15, Balin Balan, 171: *gifts, born with the blood, not learnable, divine;* — 385 a 11, Merlin Vivien, 292: *ev'n such a wave, but not so pleasurable;* — 395 b, Lancelot Elaine, 1: *Elaine the fair, Elaine the loveable;* 474, To Queen, 3: *that rememberable day (= memorable);* — 496 b 21, Golden Supper, 208: *gems moveable and resettable at will;* — 511 b 4, Sisters, 130: *high in Heaven, . . . not findable here;* — 631 b 1, Queen Mary, IV, 3: *the greatest sin that can be sinn'd, yea, even such as mine, incalculable, unpardonable;* 643 a 2, Queen Mary, V, 2: *Saints be comfortable to me (= be a comfort, of c.);* vgl. 319 a 14, Gareth Lynette, 93: *some comfortable bride and fair* (s. § 203); 672 a 1, Harold, III, 1: *is naked truth actable in true life?* — 833 b 3, Foresters, IV: *if the land were ruleable by tongue.* Über die zahlreichen Bildungen auf *un . . . able* s. unten bei *un*

-al: spiritual (= "geisterhaft, gespenstisch"): 20 b II, 12: *spiritual Adeline;* 457 a 14, Guinevere, 68: *grim faces came and went before her, or a vague spiritual fear;* hingegen 153 b 1, Aylmer's Field, 699: *had you . . . one spiritual doubt she did not soothe?* — wohl nur für *on the mind* (Latinismus); — 272 b, In Mem., 93, 5: *no visual shade of some one lost:* fast gleich *visible;* — 624 b 12, Queen

Mary, III, 6: *my father* (Karl V.), *retiring into cloistral solitude;* 814 a, 9 u., Foresters, II, 1: *while I sat among my thralls in my baronial hall;* 842 a, To Marquis Dufferin Ava, III, 2: *your viceregal days.*

-*ful*, eines der häufigsten Suffixe und, wie bemerkt, oft in seiner vollen etymologischen Bedeutung gebraucht, wie besonders deutlich der Fall zeigt: 593 a 7, Queen Mary, I, 5: *a morning which found me full of foolish doubts, and leaves me as hopeful.* Andere Beispiele für -*ful:* 18 a, Oriana, VI, 5: *deathful stabs were dealt apace;* vgl. 307, Maud, III, IV, 15: *deathful-grinning mouths of the fortress;* 427 a 29, Holy Grail, 521: *the deathful ridge;* 652, Prologue to Harold, 5: *that deathful arrow;* — 23 a, Eleänore, II, 9: *dreamful slumber;* 55 b 4, Choric Song, IV, 15: *dreamful ease;* 298 a, Maud, I, XVIII, VIII, 8: *dreamful wastes where footless fancies dwell;* — 47 a 21, Palace Art, 177: *feastful mirth* (zwei Stellen aus Milton bei Rowe-Webb z. St.); 73 b 24 Gardener's Daughter, 67: *fitful blasts of balm;* 150 a 7, Aylmer's Field, 477: *letters, coming fitfully;* vgl. Longfellow, My Lost Youth, 7, 8: *the voice of that fitful song;* — 87 b 26, Stylites, 156: *crimeful record;* vgl. 689 a, 1 u., Harold, V, 1: *crimeful heads;* — 114 a 22, Will Waterproof, 238: *our changeful equinoxes;* 867 b 4, Progress Spring, VIII, 7: *the changeful West;* — 147 b 24, Aylmer's Field, 336: *the rageful eye;* vgl. 551 b 28, Ancient Sage, 271: *... nor thou be rageful, like a handled bee;* ebenso *wrathful:* 355 a 27, Geraint Enid, 76: *a wrathful answer;* 385 b 31, Merlin Vivien, 339: *that makes me passing wrathful;* dtto. 403 a 17, Lancelot Elaine, 477; 461 b 16, Guinevere, 344: *a sudden flush of wrathful heat;* — 156 b 24, Sea-Dreams, 53: *sheets of wasteful foam;* vgl. 547 b, Ancient Sage, 5: *worn from wasteful living;* 214 a 8, Princess, VII, 232: *all the faultful Past;* — 222 a 1, Third February, 19: *if you be fearful, then must we be bold*[1]); 241

---

[1]) Dieses Adjektiv zeigt wie viele andere dieser Kategorie zugleich mit dem Eintritt der vollen Bedeutung von -*ful* eine Verschiebung aus der geläufigen objektiven in eine seltenere subjektive Verwendung (s. § 203).

Boädicea, 33: *shall we care to be pitiful (= full of pity)*;
vgl. 580 b, Queen Mary, I, 1: *she spoke even of North-umberland pitifully;* 629 a, Queen Mary, IV, 2: *(I should be) pitiful to this pitiful heresy;* 289, Maud, I, III, 2: *spleenful folly;* 345 b 8, Marriage Geraint, 283: *a little spleenful yet;* 304 a, Maud, II, IV, V, 4: *a wakeful doze* (normal: *waking*); — 319 b 17, Gareth Lynette, 126: *wilt thou leave thine easeful biding here*; subjektiv: 861 a, Leper's Bride, IX, 1: *this coarse dis-easeful creature (man's body);* — 342 b 13, Marriage Geraint, 95: *his mightful hand striking great blows;* 367 a 19, Geraint Enid, 826: *yourself were first the cause to make my nature's prideful sparkle in the blood break into furious flame (prideful sparkle = sparkle of pride);* — 377 b 3, Balin Balan, 469: *a lustful King, who sought to win my love thro' evil ways,* 383 b 1, Merlin Vivien, 182: *the old man, tho' doubtful (= full of doubt, doubting), felt the flattery;* — 385 a 12, Merlin Vivien, 293: *some presageful mood;* 418 b, Holy Grail, 1: *noiseful arms;* vgl. Longfellow, Student's Tale (Tales of a Wayside Inn), 34: *the empty-handed years, vacant though voiceful with prophetic sound;* 419 a 2, Holy Grail, 14: *a gustful April morn* (für *gusty*); — 453 a 28, Last Tournament, 612: *patient, and prayerful, meek;* 479 b 15, Lover's Tale, I, 216: *all the careful burthen of our tender years;* — 482 a 13, Lover's Tale, I, 370: *a woful man (= full of woe);* ebenso 487 b 16, Lover's Tale, I, 723: *tearful eyes,* vgl. 488 b 10, Lover's Tale, I, 780: *looking round upon his tearful friends;* 491 b 34, Lover's Tale, II, 179: *tearful smiles;* — 671 a, 5 u., Harold, III, 1: *a summer mere with sudden wreckful gusts from a side-gorge;* — 678 b 7, Harold, IV, 1: *to lend an ear not over-scornful.* — Vgl. auch § 62.

-*ian:* 495 b 30, Lover's Tale, I, 141: *a flat malarian world of reed and rush (= malarie);*

-*ish*[1]): 231, Northern Farmer, *new style,* VI, 2: *a nicetish bit o' land* (von einem adjektivischen *nicety = nice*

---

[1]) Über dieses Suffix s. Bradley, *The Making of English,* London 1904, p. 131.

wie das vorhin zitierte *casselty weather* 886 a, Church-
warden Curate, I, 2); 296 b, Maud, I, XVI, I, 23:
I know it (Maud's beauty) the one bright thing to save my …
life … from a selfish grave ("Selbstmord"); vgl. Byron,
Prisoner of Chillon, VIII, letzte Zeile: *(faith) forbade*
a selfish death; — 527 a 11, Columbus, 128: *blockish*
irreverence, brainless greed; — 565, 14, Locksley Hall
Sixty Years After, 180: *the moon was falling greenish*
thro' a rosy glow; —

 -*ite:* 287, Maud, Part I, I, XII, 1: *a Mammon-*
ite mother kills her babe for a burial fee;

 -*ive: passive* — *patient,* "geduldig": 130 a 27,
Enoch Arden, 348: *worried his passive ear with petty*
wrongs or pleasures; — 140 a, Brook, 57: *dabbling in the*
fount of fictive tears ("heuchlerisch");

 -*less,* das Korrelativum zu *-ful* und ebenso beliebt,
wird wie dieses in der vollen etymologischen Bedeutung
gebraucht[1]): *awless* (in dieser Schreibung) beliebt in
Poems by Two Brothers: 111, 8: *(How shall I) bid*
my rash and feeble lyre to such an awless flight ascend? 148,
13 (Jerusalem): *such your awless imprecation;* ferner ibid.
182, 7: *the bodyless tribes of other lands;* — 205 b 10,
Princess, VI, 83: *the old lion, glaring with his whelpless*
eye (vgl. Byron, Lara, II, XXV, 10: *the tigress in her*
whelpless ire[2])); — 261 a, In Mem., 54, 5: *nothing walks*
with aimless feet; 439 b 10, Pelleas Ettarre, 273: *aim-*
less about the land … wandering; — 291, Maud, Part I,
VI, I, 3: *hueless cloud;* 842 b, To Marquis Dufferin
Ava, XIII, 2: *while my life's late eve endures, nor settles*
into hueless gray; — 297 b 4, Maud, Part I, XVIII, III,
15: *the thornless garden (paradise);* 298, Maud, I,
XVIII, VIII, 8: *dreamful wastes where footless fancies dwell;*
— 351 a 13, Marriage, Geraint, 629: *patch'd and blurr'd*
and lustreless (ein Fisch im Vergleich zu anderen; —

---

[1]) Als eine der kühnsten englischen Bildungen dieser Art darf
man wohl Byrons Wendung: *The Dogeless city's vanish'd sway*
(Childe Harold, IV, 4, 4) bezeichnen. Vgl. auch Keats, *Hyperion,*
I, 19: *his (Saturn's) realmless eyes were closed.*

[2]) S. auch *Don Juan,* III, 58, 1: *the cubless tigress in her*
jungle raging.

hingegen 13b, A Character, 17: *a lack-lustre dead-blue eye);*
362a 37, Geraint Enid, 529: *her veilless eyes;*
370a 26, Balin Balan, 61: *those three kingless years*
— sagt Balan von der Zeit seiner Verbannung aus des
Königs Angesicht; — 370b 26, Balin Balan, 94: *a*
Christless foe; vgl. 890b, Dawn, II, 2: *godless fury*
of peoples, and Christless frolic of kings;   374a 19,
Balin Balan, 290: *the skyless woods;*   387a 30,
Merlin Vivien, 431: *woman in her selfless mood;* vgl.
(alliterierend): 684a 16, Harold, V, 1: *the simple, silent,*
selfless man is worth a world of tonguesters; — 396a 22,
Lancelot Elaine, 35: *the trackless realms of Lyonnesse;*
398b 11, Lancelot Elaine, 171: *the wordless man —*
von einem stummen alten Diener; — von demselben: 416a
15, Lancelot Elaine, 408: *then turned the tongueless*
man; — 402a 8, Lancelot Elaine, 408: *the bushless*
downs,   412a 23, Lancelot Elaine, 1017: *death, that*
seems to make us loveless -clay;   438b 18, Pelleas
Ettarre, 221: *I will slice him handless by the wrist;*
vgl. 761a, 3u., Cup, II, 1: *that same head they would have play'd*
at ball with and kick'd it featureless; — 474, To Queen,
12: *thunderless lightnings;* 529b 1, Voyage Maeldune,
III, 5: *waterfalls pour'd in a thunderless plunge (on the "Silent*
Isle") . . . and high in the heaven above . . . there flicker'd
a songless lark; zu letzterem vgl. 549a 7, Ancient
Sage, 78: *she (Faith) hears the lark within the songless egg;*
— 520b, Defence Lucknow, VI, 8: *coffinless corpse*
to be laid in the ground; — 528a 9, Columbus, 185: *this*
creedless people will be brought to Christ; — 546a,
Despair, X, 1: *you saved me, a valueless life;* — 574a
1, My Brother's Sonnets, I, 3: *the cuckoo of a joyless*
June (Alliter.); — 622a 5, Queen Mary, III, 5: *this land-*
less Philibert of Savoy (= lackland) · – 637b 11, Queen
Mary, V, 1: *harvestless autumns;* — 643b, 6u., Queen
Mary, V, 2: *a voice of shipwreck on a shoreless sea;* — 709a,
3u., Becket, I, 3: *snake — ay, but he that lookt a fang-*
less one, issues a venomous adder; — 735b, 6u., Becket, IV,
2: *her (Rosamund's) churchless commerce with the King;*
— 738a, 4u., Becket, V, 1: *I had dream'd I was the bride of*
England, and a queen ... The brideless Becket is thy king

and mine; — 850 a, V a s t n e s s, III, 1: *truthless violence mourn'd by the Wise; —* 850 b, V a s t n e s s, VII, 2: *desolate offing, sailorless harbours; —* 851 a, V a s t n e s s, XII, 2: *debtless competence, golden mean;* 851 a, V a s t n e s s, XVII, 2: *drown'd in the deeps of a meaningless Past;* 871 b 3, R o m n e y's R e m o r s e, 112: *one truth will damn me with the mindless mob* (Alliter.); 876 b, D e a t h O e n o n e, 8 ff.: *(vine-leaves) thro' the sunless winter morning-mist in silence wept upon the flowerless earth; —* 878 b 18, St. T e l e m a c h u s, 21: *thou deedless dreamer; —* 883 b, H y m n (A k b a r's D r e a m), II, 4: *men ... kneel adoring Him the Timeless in the flame that measures Time* (Sonne);

890 a, D a w n, I, 3: *man with his brotherless dinner on man in the tropical wood; —* im Jugendgedichte L o v e a n d S o r r o w, Churton Collins, E a r l y P o e m s, 291: *Almeida, if my heart were substanceless ...*

Und schließlich als Meisterstück der Adjektivbildung; 571 a, T o V i r g i l, V, 2: *the blissful years again to be, summers of the snakeless meadow, unlaborious earth and oarless sea. —*

Als Besonderheit im Gebrauch von *-less* ist ferner eine Gruppe von Adjektiven zu verzeichnen, die den Typus aufweist: *x-less = un-x-able* (z. B. D i c k e n s, M. C h u z z l e - w i t, p. 103, Dickens Edition: *exhaustless stores of pure affection).* Bei Tennyson ist zunächst *searchless* in den P o e m s b y T w o B r o t h e r s beliebt: 109, D e i t y, 2: *the holy, secret, searchless shrine;* 149, 11 (J e r u s a l e m): *the wonders of his searchless word; —* ferner: 12 a 9, O d e M e m o r y, III, 14: *fathomless (= unfathomable);* 14 a 7, P o e t, 11: *viewless (= invisible;* so auch *sightless;* vgl. S h a k s p., M e a s. f o r M e a s., III, 1, Delius Anm. 30);

204 b 15, P r i n c e s s, VI, 20: *a bulk of spanless girth;* 532 a, D e P r o f u n d i s, I, 6: *all this changing world of changeless law (= unchangeable;* vgl. 792 a 16, P r o m i s e M a y, II: *in looking on a chill and changeless Past* (Alliter.)·

533 b, T o B r o o k f i e l d, 5: *echo helpless laughter to your jest (= irresistible);* 545 a, D e s p a i r, III, 1: *the limitless Universe. —*

Ganz singulär endlich ist der Fall: 547 a 1, D e s p a i r, XV, 4: *the homeless planet ... will be wheel'd thro' the silence of space, motherless evermore of an ever-vanishing race,*[1]) — wo *motherless* bedeutet: *not being mother to —, not productive of ; childless* wäre hier das Normale, vgl. z. B. 685 a 13, Harold, V, 1: *evil for good ... is oft as childless of the good as evil for evil.*

-*like:* 304 b, Maud, II, IV, VIII, 3: *thou deathlike Type of pain;* — 889 a, Charity, XVI, 2: *the tenderest Christ-like creature that ever stept on the ground;* — 591 b 2, Queen Mary, I, 5: *I'll have it* (den ersten Kieselstein, welchen Philipp in England betritt) *burnish'd firelike* (= *to make it glow like fire);* — 877 a 3, Death Oenone, 21: *the batlike shrillings of the Dead when driven to Hades. —*

-*ly:* über das Hauptbeispiel, das Lieblingswort *kindly,* s. den lexikographischen Teil; andere Beispiele sind: 600 a, 5 u., Queen Mary, II, 2: *I have never seen her so queenly or so goodly;* dasselbe Wort 843 a, Jubilee Queen Victoria, III, 3: *all is gracious, gentle, great and Queenly;* 631 a 3, Queen Mary, II, 2: *God ... will give thee saintly strength to undergo (the death of fire);* 668 a 9, Harold, II, 2: *a gentle, gracious, pure and saintly man.* — Eine gewisse Vorliebe für Bildungen auf -*ly* ist daraus zu erkennen, daß wir sie finden, wo dem Sinne nach die bloßen Adjektiva ohne das Suffix genügen würden; geläufiger ist noch: 639 b 2, Queen Mary, V, 1: *I bring you goodly tidings,* — bezeichnend aber schon 865 a, To Mary Boyle, IX, 1: *lowly minds were madden'd ... by tonguester tricks,* — wo ja nicht *humble,* sondern wirklich *low* gemeint ist. Freilich kommt umgekehrt einfaches Adjektivum vor, wo wir -*ly* erwarten, aber wohl nur *one:* 140 a, Brook, 31: *his one child;* 147 a 17, Aylmer's Field, 296: *the one transmitter of their ancient name.* — Zum Schluß ein adverbielles -*ly,* wo wir -*like* erwarten: 319 b 14, Gareth Lynette, 123: *I knew him King, when I ... heard him Kingly speak. —*

-*n* (Stoffadjektiva): 343 a 18, Marriage Geraint, 136: *a cedarn cabinet;* so schon Timbuctoo, 42 (Churton Collins, Early Poems, 311, 18): *cedarn glooms,* — wozu sich das von Rowe-Webb, *Selections from Tennyson,* zur Stelle

---

[1]) Würde genau einem gut griechischen ἀμήτωρ ... παίδων entsprechen, was vielleicht Tennyson unbewußt vorschwebte

11 a 16, Recollections Arabian Nights, 115 *(carven cedarn doors)* zitierte *cedarn alleys* von Milton, Comus, 990, vergleicht;[1]) — 510 a 23, Sisters, 56: *their locks, as golden as his were silver* (*silvern nicht mehr üblich) (über die Struktur der Phrase s. § 16).

-*ous:* 159 a 22, Sea Dreams, 207: *when the note had reach'd a thunderous fulness* (= *thunder-like);* — 195 b, Princess, V, 13: *a light wind wakes a lisping of the innumerous leaf and dies* (= *innumerable;* Churton Collins zitiert Miltons Comus, 349, und Henry More); — 446 b 11, Last Tournament, 204: *Lancelot's languorous mood;* — 538 a, Tiresias, 15: *the multitudinous beast* (malerisch-scherzhaft vom "vielfältigen" Drachen, welchen Kadmos tötete); — 572 a, Dead Prophet, VII, heißt die personifizierte *Reverence: a vulturous Beldam;* — 641 b 10, Queen Mary, V, 2: *these libellous papers which I found;* 655 a 17, Harold, I, 1: *not stagger'd by this ominous earth and heaven* (= *full of omens);* — 724 a, Becket, II, 2: *being ever duteous to the King* (= *dutiful);* — 736 b 13, Becket, IV, 2, nennt Eleanor die Rosamunde Clifford *one of his (Henry's) slanderous harlots.*

some: 90 a 37, Talking Oak, 121: *then ran she, gamesome as a colt;* 119 b 8, Beggar Maid, 12: *her dark hair and lovesome mien;*

ward: 214 b 13, Princess, VII, 267: *childward care* ("den Kindern zugewandte Sorge"); — *hiveward* s. § 94.

y, ein überaus beliebtes Suffix (wie wir schon bei einer Anzahl der Beispiele in § 19 — adjektivischer Ausdruck statt substantivischen — und § 62 — adjektivischer Ausdruck statt partizipialen — gesehen haben), wie -*ly* oft ohne Notwendigkeit an Adjektiva angehängt:

— Poems by Two Brothers, 106, 12 (Sublimity): *the arrowy stream descends with awful sound . .;* ebenso Churton Collins, Early Poems, 313, 20, Timbuctoo 141: *borne adown the sloping of an arrowy stream;* — ferner: Poems by Two Brothers, 165, 7: *the beamy flush that*

---

[1]) Eine noch kühnere Funktionsveränderung erlebt das Suffix dieses Adjektivs bei Shelley, *Revolt of the Islam,* XII, 33, 2: *a chasm of cedarn mountains* (= *cedar-grown).*

gilds the breaking day; — 11 a 4, Recollections Arabian Nights, 103: *the city's stilly sound;* — 12 a, Ode Memory, IV, 15: *rushy coves;* 22 a 4, Margaret, V, 6: *limes are tall and shady* (cf. § 43, p. 61); — 40 b 23, Oenone, 51: *reedy Simois;* — 48 b 19, Palace Art, 275: *the dully sound of human footsteps* (für *dullish);* hingegen 58 b 21, Dream Fair Women, 121: *the silence drear,* wo wir *dreary* erwarten; — 117 b, Voyage, V, 1: *peaky islet;* — 135 a 13, Enoch Arden, 653: *the dewy meadowy morning-breath of England* (s. § 19); vgl. 275 b, In Mem., 100, 15: *meadowy curves (of rivulet)* (= *among meadows);* — 156 b 2, Sea Dreams, 31: *the wordy storm;* cf. 273 b 7, In Mem., 95, 31: *wordy snares;* Byron, Lara, I, XXIII, 40: *a wordy war;* 278 b, In Mem., 109, 11: *passion pure in snowy bloom,* 295 a, Maud, I, XIII, II, 6: *a glossy boot;* — 295 a, Maud, I, XIII, II, 9: *a stony British stare;* — 297 b, Maud, I, XVIII, V, 2: *this stormy gulf* (sc. des irdischen Daseins); 301 a, Maud, I, XXII, VII, 5: *the woody hollows in which we meet;* 303 b, Maud, II, IV, II, 2: *silent woody places;* 301 b, Maud, I, XXII, XI, 4: *an earthy bed* (Grab); — 304 a, Maud, II, IV, VI, 2: *dewy splendour;* 343 a 32, Marriage Geraint, 150: *a hart ... milky-white;* — 355 b 12, Geraint Enid, 90: *swung from his brand a windy buffet out* ("sausend"); 356 b 18, Geraint Enid, 159: *the bulky bandit;* — 371 b 15, Balin Balan, 142: *their flowery welcome* (mit Bezug auf 370 b 12, Balin Balan, 80: *joy that blazed itself in woodland wealth of leaf, and gayest garlandage of flowers);* — 380 a, Merlin Vivien, 5: *the wily Vivien;* 436 a 21, Pelleas Ettarre, 189: *old milky fables of the wolf and sheep;* — 499 a 7, Golden Supper, 361: *then began the story of his love as here to-day, but not so wordily;* — 451 b 13, Last Tournament, 511: *a roky hollow;* — 457 a 6, Guinevere, 62: *Modred's narrow foxy face;* — 465 a 26, Guinevere, 591: *the moony vapour rolling round the King;* 475 b 11, To Queen, 52: *wordy trucklings to the transient hour;* 486 a 16, Lover's Tale, I, 630: *flaky cloud;* 490 a 24, Lover's Tale, II, 73: *the steepy sea-bank,* 526 a 15, Columbus, 71: *the weedy seas;* — 655 a 11, Harold, I, 1: *"too hardy with thy King!"* sagt Tostig zu Harold; Edward beruft sich dann darauf: *"Tostig says true; my son, thou art too h a r d, not stagger'd by this ominous earth and heaven"; —*[1] 794 a 1, P r o m i s e M a y, II: *some of my former friends would find my logic f a u l t y; —* 836 a, 3 u., F o r e s t e r s, IV: *pity for a father . . . is w e i g h t i e r than a thousand marks of gold; —* 843 b, J u b i l e e Q u e e n V i c t o r i a, VI, 8: *let the weary be comforted, let the n e e d y be banqueted; —* 845. a 8, D e m e t e r P e r s e p h o n e, 44: *the s h r i l l y whinnyings of the team of Hell.*[2])

§ 236. Von den Präfixen in der Adjektivbildung hebe ich nur eines hervor, das ganz besonders häufig verwendete *u n-.* Seine große Verbreitung und seinen siegreichen Konkurrenzkampf gegen andere Negationsarten mögen die folgenden Beispiele beleuchten.

25 b, S o n n e t, III, 11: *u n c o n g e n i a l spirits; —* 58 a 14, D r e a m F a i r W o m e n, 82: *u n b l i s s f u l clime; —* 76 b 27, G a r d e n e r's D a u g h t e r, 261: *u n h e e d f u l (= heedless); —* 94 a 11, L o v e D u t y, 91: *quiet eyes u n f a i t h f u l to the truth* ("ruhiger Blick, der innere Unruhe nicht verrät"); 243 b, H e n d e c a s y l l a b i c s, 21: *half coquette-like maiden, not to be greeted u n b e n i g n l y; —* 259 b, I n M e m., 47, 5: *faith as vague as all u n s w e e t; —* 308 b, D e d i c a t i o n, 29: *a lovelier life, a m o r e u n s t a i n'd, than his* (normaler wäre *stainless); —* 404 a 21, L a n c e l o t E l a i n e, 540: *hath left his prize u n t a k e n; —* 409 a 13, L a n c e l o t E l a i n e, 820: *lying u n s l e e k, unshorn;* 422 b 32, H o l y G r a i l, 249: *u n r e m o r s e f u l folds of rolling fire (= pitiless)* (vgl. *uncheerful* für *cheerless* bei M i l t o n, Psalm 88, 11); —

---

[1]) Also eine Art Volksetymologie (das Wort ist ja frz. *hardi,* nicht ags. **heardig),* welche eben das Beispiel unter diese Rubrik stellt.

[2]) In ihrer Note zu dieser Stelle zitieren R o w e - W e b b *(Selections from Tennyson)* Bildungen auf *-y* aus S h a k s p e r e *(vasty),* D r y d e n *(steepy)* und M o o r e *(stilly).* Man vgl. auch bei W o r d s w o r t h (ed. Morley, Macmillan 1889), p. 8 b, 1: *p a l y loop-holes;* p. 8 a, 8: *s l e e t y showers;* p. 9 a: *r i m y . . . extend the plains.* — Die Leichtigkeit solcher Bildungen erweise ein Beispiel, dem ich zufällig bei Churton Collins, *Illustrations of Tennyson,* p. 84, begegne: *the peculiar w h i t y green flash-ing from the eye of an enraged beast.* — Vgl. übrigens über diesen Punkt die vortrefflichen Zusammenstellungen von W. T. A r n o l d auf S. XLII f. der Einleitung zu seiner K e a t s - Ausgabe (London, Kegan Paul, 1884).

436 a 5, Pelleas Ettarre, 173: *wearing this unsunny face to him who won thee glory;* — 443 a 17, Pelleas Ettarre, 476: *thou canst not bide, unfrowardly, a fall from him;* — 481 b 14, Lover's Tale, I, 342: *nothing in nature is unbeautiful;* vgl. 654 b, 11 u., Harold, II, 1: *your churches uncouth, unhandsome;* und 739 a, 7 u., Becket, V, 1: *what uncomely faces;* — 482 b 24, Lover's Tale, I, 414: *most unloverlike;* vgl. 686 a 2, Harold, V, 1: *o brother, most unbrotherlike to me;* — 485 b 27, Lover's Tale, I, 609: *unpaining brows;* — 490 a 5, Lover's Tale, II, 54: *the motions of my heart ... unfrequent, low;* — *in-* für *un-* durch Analogieeinfluß: 527 a 10, Columbus, 127: *ignorant and impolitic as a beast;* — 564, 25, Locksley Hall Sixty Years After, 155: *cries of unprogressive dotage* ("fortschrittsfeindlich");   574 a, My Brother's Sonnets, III, 1: *these unsummer'd skies;* — 653 b, 4 u., Harold, I, 1: *old uncanonical Stigand;* — 662 a, Harold, II, 2, 17: *that un-Saxon blast* ("sachsenfeindlich") — heißt der Seesturm, weil er Harolds Schiffbruch verursacht hat;   751 b, 3 u., Cup, I, 1: *some unprincely violence to a woman;* — 758 a 17, Cup, I, 3: *some unbearded boy;* — 830 a, 11 u., Foresters, III, 1: *if (they come) not I have let them know their lives unsafe in any of these our forests;* — 830 b 5, Foresters, IV, 1: *art thou a knight? ... and walkest here unarmour'd;* — 838 a 13, Foresters, IV: *unholy wars against your lawful king.* —

Eine besondere Gruppe bilden die Adjektiva vom Typus *un...able,* wie: 136 a 12, Enoch Arden, 718: *a thousand memories ... unspeakable for sadness;* ebenso 842 b, To Marquis Dufferin Ava, IX, 3: *"unspeakable" he wrote "their kindness";* hingegen 394 a 23, Merlin Vivien, 874: *inutterable unkindliness;* ferner: 529 b 3, Voyage Maeldune, III, 7: *the pine shot aloft from the crag to an unbelievable height* (vgl. § 173); — 536 b, Achilles, 27: *the dread, unweariable fire (ἀκάματον πῦρ);* — 551 a 29, Ancient Sage, 240: *unshadowable in words* (= not to be shadowed forth by words); — 637 b, 5 u., Queen Mary, V, 1: *unalterably and pesteringly fond;* — 649 b 9, Queen Mary, V, 5: *unquenchable fire;* — 650 a 14, Queen Mary, V, 5: *unwoundable;* — 653 a,

Harold, I, 1, 7: *the undescendible abysm;* — 751 b 14,
Cup, I, 1: *face and form unmatchable.* —

Ein logisch verschiedener Fall ist 540 a 20, Tiresias,
128: *unvenerable will thy memory be,* weil hier partizipiale Bedeutung und nicht die gewöhnliche Funktion von
-able vorliegt.

Gesondert anzuführen sind ferner einige partizipiale
Fälle, in denen das logische Objekt, bzw. Subjekt syntaktisch ganz so angereiht wird, als ob das Partizip allein
stünde und durch ein getrenntes Wort negiert wäre; so
(vgl. schon § 60):

— 112 a 2, Will Waterproof, 42: *unboding
critic-pen (= not foreboding c.-p.);* so schon Early Poems
(Churton Collins), p. 288, Grasshopper, I, 16 f.: *unknowing fear, undreading loss...;* vgl. Byron, Childe
Harold, III, 47, 2: *a lofty mind, worn, but unstooping
to the baser crowd;* — 599 a 12, Queen Mary, II, 2: *and set
no foot theretoward unadvised (= without being advised)·
of all our Privy Council;* — dasselbe bei einem lateinischen
Partizipium: 711 b, 4 u., Becket, I, 3: *the Church...un-
subject to one earthly sceptre.*

Zum Schluß noch ein Beleg für das mit *un-* synonyme *dis-:* 459 b 7, Guinevere, 217: *disloyal life*
(von Guineveres ehelicher Untreue); 461 a 33, Guinevere,
328: *disloyal friend* (von Lancelot).[1] —

§ 237. Beim Verbum wird über die Suffixableitung
nur Weniges zu bemerken sein. Beachtung verdienen einige
Verba auf *-ize*.

— 185 b 2, Princess, III, 298: (die Anatomen)
encarnalize their spirits; — 295 a, Maud, I, XIII, II, 8:
Gorgonised me from head to foot with a stony British stare;
— 617 b 3, Queen Mary, III, 4: *you yourself have... done
your best to bastardise our Queen;* — 653 a, Harold,
I, 1, 19: *I think that they would Molochize them (their own
children) too;* — 722 b, Becket, II, 2: *your lordship affects
the unwavering perpendicular; but His Holiness... is fain to*

---

[1] S. über dieses Präfix die interessanten Bemerkungen von
Rowe und Webb *(Selections from Tennyson)* zur Stelle 844 b 17,
Demeter Persephone, 23: *imperial, disimpassion'd eyes.*

diagonalise (sagt W. Map; *daraufhin nennt ihn Becket a word-monger);* 882 b 17, Akbar's Dream, 155: *alchemise old hates into the gold of Love.* —

Ferner zwei Bildungen auf *-fy (-ficare):* 733 a, 3 u., Becket, IV, 2: *I will hide my face, blacken and gipsyfy it;* 783 a, Promise May, I: *we'll git 'im to speechify for us arter dinner (= make a speech).*

§ 238. Weit größer ist dafür das Material an Präfix-kompositionen, weil Tennyson, wie sich zeigen soll, eine entschiedene Vorliebe für untrennbare Komposita hat, und mögen sie noch so gezwungen aussehen.[1]) Ich ordne die Beispiele wieder nach der alphabetischen Reihenfolge der Präfixe:

a-: 430 b 4, Holy Grail, 728: *I was much awearied of the Quest* (nach *aweary* gebildet)·

co- (com-, con-): 120 a, Letters, III, 3: *with lips comprest* (sonst *press'd together);* 310 a 10, Coming Arthur, 66: *colleaguing with a score of petty kings* ("sich verbündend"); — 321 a 29, Gareth Lynette, 222: *new things and old co-twisted;*

counter-· 10 b 32, Recollections Arabian Nights, 84: *a sudden splendour ... flowing rapidly between their (the leaves') interspaces, counterchanged the level lake with diamond-plots;*

de-: 740 a, Becket, V, 2, 5: *can the King de-anathematise this York?* —

di-: 6 b, Isabel, I, 5: *locks not wide-dispread;*

dis-: 37 b 25, Miller's Daughter, 89: *love dispell'd the fear;* — 318 a 1, Gareth Lynette, 20: *until she let me fly discaged;* — 349 b 19, Marriage Geraint, 543: *each, dishorsed and drawing;* — 357 a 18, Geraint Enid, 189: *to disedge the sharpness of that pain about her heart;* vgl. 442 b 26, Pelleas Ettarre, 457: *"slay me: I have no sword." "Yea, between thy lips — and sharp; but here will I disedge it by thy death."* — 440 b 7, Pelleas Ettarre, 328: *ye that so dishallow the holy sleep;* 459 b 4, Guinevere, 214: *if this false traitor have dis-*

---

[1]) Über die charakteristischen Präfixkompositionen verbal gebrauchter Substantiva s. § 25.

placed his lord (= usurp'd the place of —); 481 b 25,
Lover's Tale, I, 353: *my coronal slowly disentwined
itself;* 844 b 17, Demeter Persephone, 23: *those
imperial, disimpassion'd eyes;* 869 b, Romney's
Remorse, 11: *Art! Why should I so disrelish that short
word?* — *dis-* für Negation: *disdain* = *not deign,* "nicht
geruhen": 372 b 3, Balin Balan, 189: *what, if the Queen
disdain'd to grant it!* —

en-: 275 a, In Mem., 98, 6: *let her great Danube...
enwind her isles;* — 377 b 16, Balin Balan, 482: *let the
wolves' black maws ensepulchre their brother beast;* — 445 a
16, Last Tournament, 104: *sitting in my place enchair'd
to-morrow;* — 483 b 25, Lover's Tale, I, 475: *o day which
did enwomb that happy hour;* 656 a, 6 u., Harold, I, 1:
*but all the powers of the house of Godwin are not enframed
in thee;* —

em- (assimiliert): 490 a 14, Lover's Tale, II, 63:
embathing all with wild and woful hues.

fore-: 143 b 29, Aylmer's Field, 80: *so much (five
years) the boy foreran* ("übertraf sie an Alter"); — 266 b,
In Mem., 77, 4: *lives, that lie foreshorten'd in the tract
of time;* — 336 a 12, Gareth Lynette, 1092: *his great
heart, foredooming all his trouble was in vain;* 475 b
24, To Queen, 65: *shadows... which forego the darkness
of that battle in the West;* — 589 a 5, Queen Mary, I, 5: *I
can forespeak your speaking;* 758 a, 8 u., Cup, I, 3: *you,
twin sister of the morning star, forelead the sun;*

forth-: 491 b 29, Lover's Tale, II, 174: *forth-
gazing on the waste and open sea;*

im- (assimiliertes *in-):* 11 b, Ode Memory, II, 7: *the
dew-impearled winds of dawn;* — 271 a, In Mem., 89,
14: *immantled in ambrosial dark;* — 332 b 26, Gareth
Lynette, 917: *immingled with Heaven's azure waveringly*
(Spiegelbild im Wasser); —

in-: 105 b, Sleeping Beauty (Day-Dream), II,
7: *her...beauty doth inform stillness with love, and day with
light;* — 298 a, Maud, I, XVIII, VII, 8: *the dusky strand
of Death inwoven...with dear Love's tie;* — 483 a 27,
Lover's Tale, 448: *this name... might inwreathe...her
life, her love...;* 483 b 23, Lover's Tale, I, 473:

inswathe; — 733b, 4u., Becket, IV, 2: *indungeon'd from one whisper of the wind;* hingegen das Simplex 744b 15, Becket, V, 2: *kill'd half the crew, dungeon'd the other half;* — 879a 11, St. Telemachus, 44: *like some old wreck on some indrawing sea;* —

inter-: Churton Collins, Early Poems, 313, 8, Timbuctoo, 129 (von Kreisen auf dem Wasser): *the wild unrest of swimming shade dappled with hollow and alternate rise of interpenetrated ark;* — 145b 15, Aylmer's Field, 199: *with her fingers interlock'd;*

mis-: 333a 5, Gareth Lynette, 926: *missay and revile;* — 361a 3, Geraint Enid, 426: *wedded to a man, not all mismated with a ... clown;* — 452b 21 Last Tournament, 577: *(Isolt) misyoked with such a want of man* (Mark); — 524a 5, John Oldcastle, 146: *have I mislearnt our place of meeting (= misunderstood);* — 610a 8, Queen Mary, III, 3: *I fear the Emperor much misvalued me;* — 650b 12, Queen Mary, V, 5: *nor let Priests' talk ... miscolour things about me;* 659a 14, Harold, I, 2: *thou hast misread this merry dream of thine* ("mißdeutet"); 714a, Becket, I, 4: *who misuses a dog would misuse a child* ("schlecht behandeln"); — 733b 13, Becket, IV, 2: *howsoever you do misname me,* **match'd** *with any such, I am snow to mud* (Alliter.).

out-:[1]) 1. 2a, Claribel, II, 10: *the slumbrous wave outwelleth;* 3b, Leonine Elegiacs, 9: *the glimmering water outfloweth;* — 520b, Defence Lucknow, V, 1: *another wild earthquake out-tore ... from our lines of defence ... twelve ... paces;* 2. 527a 3, Columbus, 120: *these ("flies") out-buzz'd me so;* — 671b 2, Harold, III, 1: *thy patriot passion ... out-passion'd his;* — 712a 16, Becket, I, 3: *as gold outvalues dross.*

over-: 45b 2, Palace Art, 53: *that over-vaulted grateful gloom;* Urform von Maud, II, IV (Churton Collins, p. 276, Z. 5—6): *can it overlast the nerves? can it overlive the eye? (out-* ist hier geläufiger); 324a

---

[1]) Als Repräsentativbeispiel für untrennbare Verbalkomposition mit *out* zitiert Bradley, *The Making of English*, p. 122, aus Browning: *Then a beam of fun outbroke On the bearded mouth that spoke.*

21, Gareth Lynette, 400: *a treble range of stony shields
...rose, and high-arching overbrow'd the hearth;* — 402 b
28, Lancelot Elaine, 458: *who will come to all I am
and overcome it:* nicht "überwinden", sondern wörtlich:
come, reach higher; noch konkreter: 482 a 20, Lover's
Tale, I, 377: *the joy of life in steepness overcome* = "Freude
(beim Bergsteigen), höher zu sein als andere Wesen"; —
721 b 7, Becket, II, 2: *seeing they were men defective or
excessive, must we follow all that they overdid or underdid?*

730 b, u., Becket, III, 3: *too high a stile for your lordship
to overstep.* —

pre-: 407 b 17, Lancelot Elaine, 734: *all had
marvel what the maid might be, but most predoom'd her as
unworthy;* —

re-: wegen seiner Kürze als Ersatz für ein unbequem
nachzuschleppendes *again* sehr beliebt: 94 a 6, Love
Duty, 86: *should my Shadow cross thy thoughts..., remand
it thou...to Memory's darkest hold* (= *command back*);
101, 1, Locksley Hall, 107: *can I but relive[1]) in
sadness?* 184 a 17, Princess, IV, 225: *footprint upon
sand which...waves of prejudice resmooth to nothing;* —
284 b, In Mem., Epilogue, 11: *(the years)...remade
the blood and changed the frame;* 465 b 5, Guinevere,
600: *as a stream that spouting from a cliff fails in mid air,
but gathering at the base re-makes itself;* — 370 b 8, Balin
Balan, 76: *thy chair...stands vacant, but thou retake it;*
427 a 29, Holy Grail, 521: *how my feet recrost the
deathful ridge;* — 449 b 5, Last Tournament, 379: *when
a gust hath blown, unruffling waters re-collect the shape of
one that in them sees himself;* — 464 a 16, Guinevere,
516: *thou reseated in thy place of light;* 720 b 8, Becket,
II, 2: *reseat him on his throne of Canterbury;* 533 a,
Sonnet, 5: *our true co-mates regather round the mast;*
610 b 2, Queen Mary, III, 3: *to take this absolution from
your lips, and be regather'd to the Papal fold;* — 583 a,
Queen Mary, I, 3: *our gracious Queen...hath begun to*

---

[1]) Die ziemlich zahlreichen Verbindungen von *re-* mit germanischen Verben haben ein besonders eigenartiges Gepräge; vgl. auch das
folgende *sub-*.

re-edify the true temple; hingegen germanisch: 642 b, u.,
Queen Mary, V, 2: *saints, I have rebuilt your shrines;* —
592 b, 7 u., Queen Mary, I, 5: *stamp out the fire, or this will
smoulder and reflame;* — 605 b, 8 u., Queen Mary, III, 1:
*Northumberland ... on the scaffold recanted, and resold him-
self to Rome;* — 613 b, u., Queen Mary, III, 3: *the reborn
salvation of a land so noble;* — 615 a, Queen Mary, III,
4, 7: *(statutes) no longer a dead letter, but requicken'd;* —
706 a 5, Becket, I, 3: *I mean to cross the sea to France, and lay
my crozier in the Holy Father's hands, and bid him re-create
me;* — 708 b 12, Becket, I, 3: *repeopled towns;* — 844 b
24, Demeter Persephone, 30: *when before have Gods or
men beheld the Life that had descended re-arise.* —

sub-: 723 a, Becket, II, 2: *"your lordship would sus-
pend me from verse-writing, as you suspended yourself after
sub-writing to the customs",* sagt W. Map; *sub-writing* nur
dem Wortspiel mit *verse-writing* zuliebe; sonst *subscribe,*
z. B. 704 a 6: *will you subscribe the customs?* —

un-: 36 a 5, Two Voices, 307: *when meres begin to un-
congeal* (frz. *dégéler);* — 59 b 15, Dream Fair Women,
177: *slowly my sense undazzled;* — Life, Tauchnitz Ed., II,
71, Victor Hours (urspr. In Mem., 127), 15: *unsocket
all the joints of war;* 479 a 11, Lover's Tale, I, 176: *un-
knits the riddle;* — 528 a 26, Columbus, 202: *Spain ...
may seek to unbury me;* — 672 b 9, Harold, III, 1: *Stigand,
unriddle this vision, canst thou?* — Ein etymologisch verschiedenes *un-:* 724 a, Becket, II, 2, fin.: *swear and un-
swear, state and misstate thy best!* —

under-: 11 a 46, Recollections Arabian Nights,
145: *six columns ... underpropt a rich throne ...;* — 248 a, In
Mem., II, 2: *stones that name the under-lying death;*
347 b 4, Marriage Geraint, 402: *his dwarf, a vicious
under-shapen thing;* — 659 a, 1 u., Harold, I, 2: *(a rock)
undereaten to the fall;* — über *underdo,* 721 b 9, Becket,
II, 2, s. oben bei *overdo;* — endlich als Beispiel für Belebung der vollen Bedeutung *undertake* = "aufgreifen,
unterwegs gefangen nehmen": 369 b 9, Balin Balan, 13:
wilt thou I undertake them (two knights) as we pass; —

up-, ungemein häufig und meist untrennbar verbunden: 10 b 16, Recollections Arabian Nights, 68: *the*

lemon grove... in closest coverture upsprung; — 14 a 31, P o e t,
35: *thro' the wreaths of floating dark upcurl'd, rare sunrise
flow'd;* — 105 b, Sleeping Palace (Day-Dream), VI,
1: *a hedge upshoots;* — 106 a 1, Sleeping Palace
(Day-Dream), II, 5: *she sleeps: on either hand upswells
the gold-fringed pillow...;* — 123 a, Vision Sin, V, 2:
uprose the mystic mountain-range; — 125 a, Enoch Arden,
18: *boats updrawn;* — 156 b 21, Sea Dreams, 52: *(a full
tide rose with ground-swell) which... upjetted in spirts of
wild sea-smoke;* 387 a 9, Merlin Vivien, 410: *the
beauteous beast ...upstarted at our feet;* 409 b 29,
Lancelot Elaine, 866: *her deep love upbore her;*
436 b 1, Pelleas Ettarre, 199: *when she gain'd her castle,
upsprang the bridge;* hernach: *down rang the grate of iron;*
sonst wird aber auch *down* untrennbar verbunden: 125 b
25, Enoch Arden, 55: *he thrice had pluck'd a life from
the dread sweep of the down-streaming seas;* — 468 a 23,
Passing Arthur, 82: *a land of old upheaven from the
abyss by fire, to sink into the abyss again;* — 491 b 30,
Lover's Tale, II, 175: *the upblown billow;* — 507 b,
Revenge, VI, 5 (spanisches Schlachtschiff): *...up-
shadowing high above us with her yawning tiers of guns.*
Zum Schluß dieser Aufzählungen noch ein amüsantes
Wortspiel, gegründet auf verschiedene Komposition ein und
desselben Verbums: 773 a (Falcon): *"Here's a fine fowl
for my lady; I had scant time to do him in. I hope he be
not underdone, for we be undone in the doing of him."*
Natürlich lassen sich der im obigen so reichlich be-
legten Vorliebe für untrennbare Verbalkomposition vereinzelte Fälle von Trennung statt erwarteter Verbindung
gegenüberstellen; so 468 a 19, Passing Arthur, 78: *this
blind haze, which... hath folded in* (für *enfolded) the passes
of the world;* — 527 b 8, Columbus, 155: *be not cast
down* (= *downcast*). —

§ 239. Von den trennbaren Verbindungen im allgemeinen sind nur einige interessantere Fälle, meist mit
out, hervorzuheben[1]):
— 33 a 24, Two Voices, 180: *every worm... spins,*

---

[1]) Im übrigen sei auf Vieles in § 35 verwiesen.

toiling out his own cocoon; — 184 b 17, P r i n c e s s, III, 253:
*living, each, a thousand years, that we might see our own work
out* ("bis zur Vollendung überwachen"); — 355 b 12, G e r a i n t
E n i d, 90: *swung from his brand a windy buffet out;*
607 a 9, Q u e e n M a r y, III, 1: *do you know the knave that
painted it?* *. Tell him to paint it out;* — 704 b, B e c k e t,
I, 3, 6: *he all but pluck'd the bearer's eyes away* (für *out);*
774 a 4 (F a l c o n): *the trumpets of the fight had echo'd
down;* 879 b 17, St. T e l e m a c h u s, 76: *his dying
words, which would not die, but echo'd on to reach Honorius.* —

§ 240. Wichtiger als diese Erscheinungen ist die Tatsache, daß der Dichter sehr häufig in der offenbaren Absicht, den Ausdruck poetisch-andeutend statt prosaisch-
deutlich zu gestalten, die Hinzufügung dieser Partikeln bei
Verben unterläßt und überhaupt — wie viele vor ihm —
das Verbum simplex in seiner gehobenen Allgemeinheit dem
compositum vorzieht. Ich will zunächst die auffälligeren
Fälle zitieren, wo feste Präfixverbindungen durch ihre
simplicia ersetzt erscheinen[1]), und dann erst von den
anderen eine Auswahl bieten. Wir finden also:

— P o e m s b y T w o B r o t h e r s, 9, 16 (M e m o r y):
*within whose (tower's) place of power the midnight owl is
plaining;* ebenso ibid. 28, 10 (D e l l o f E —): *the plainings
of the pensive dove;* Churton Collins, E a r l y P o e m s,
288, G r a s s h o p p e r, I, 6: *shame fall* (für *befall)* '*em,
they are deaf and blind* ...; 8 a 4, M a r i a n a, 44: *for
leagues no other tree did mark the level waste, the rounding
gray* (= *arrounding, surr.);* — 8 b, T o — —, III, 11: *heaven's
mazed signs stood still* (= *amazed,* nämlich beim Anblick
von Jakobs Ringen mit dem Herrn); vgl. 336 b 23, G a r e t h
L y n e t t e, 1134: *hast mazed my wit;* — 10 a 13, R e c o l-
l e c t i o n s A r a b i a n N i g h t s, 19: *broider'd sophas on
each side* (= *embroidered);* ebenso 17 a, D i r g e, VI, 3:
broidry für *embroidry;* 105 b, S l e e p i n g B e a u t y
(D a y - D r e a m), II, 1: *the silk star-broider'd coverlid;*
401 b 13, L a n c e l o t E l a i n e, 381: *a red sleeve broider'd*

---

[1]) Repräsentativbeispiel: K y d, *Spanish Tragedy,* II, 2, 20 (ed.
Schick): *dye, hart; another ioyes* (= *enjoys) what thou deservest.* —
Ebenso M a r l o w e, *Edw. II,* I, 1, 151, und S h a k s p e r e öfters
(S c h m i d t[3], s. v. *joy, vb.,* 1, b).

with pearls; 21 a, A d e l i n e, IV, 6: *whom waitest thou?* für *awaitest,* wie die Rektion zeigt (bei *wait* steht sonst *for,* z. B. 27 b, S o n n e t, X, 10: *to wait for death);* vgl. 337 a 15, G a r e t h L y n e t t e, 1154: *bread and baken meats and good red ... wine ... waited him;* — 60 a 28, D r e a m F a i r W o m e n, 220: *b a t t l e d tower (= embattled);* — 63 b, O n a M o u r n e r, IV, 5: *till all thy life one way incline with one wide Will that c l o s e s thine (= encloses, includes);* 98, L o c k s l e y H a l l, 14: *when I clung to all the present for the promise that it closed (= enclosed);* 259 b, I n M e m., 48, 2: *if these ... lays ... were taken to be such as closed grave doubts* etc.; 383 b 26, M e r l i n V i v i e n, 207: *to lie closed in the four walls of a hollow tower;* 67 b, T h e E p i c, 27: *what c a m e of that (viz. your gift of verse) (= became);* — 77 b 19, D o r a, 47: *if you speak with him ... or c h a n g e a word with her (= exchange);* vgl. 262 b, I n M e m., 61, 2: *if, in thy second state sublime, thy ransom'd reason change replies with all the circle of the wise ...;* 554 b, F l i g h t, XXII, 2: *we never changed a bitter word;* 615 a, Q u e e n M a r y, III, 4, 9: *I have changed a word with him in coming;* 878 b 7, St. T e l e m a c h u s, 10: *a man who never (ex-)changed a word with men;* — 86 a 12, S t y l i t e s, 42: *while my stiff spine can (up-)h o l d my weary head;* — 89 b 17 T a l k i n g O a k, 61: *I have s h a d o w'd (= overshadow'd) many a group of beauties;* vgl. 259 a, I n M e m., 46, 3: *the path we came by ... is shadow'd by the growing hour;* 96 a 10, U l y s s e s, 35: *Telemachus ... w e l l - l o v e d of me* (gewöhnlicher *well-beloved);* vgl. 483 a 2, L o v e r' s T a l e, I, 423: *my own loved mountains;* — 102, 29, L o c k s l e y H a l l, 171: *whistle back the parrot's call, and l e a p the rainbows of the brooks (= overleap);* — 113 a 43, W i l l W a t e r p r o o f, 171: *truth, that flies the f l o w i n g (= overflowing) can, will haunt the vacant cup;* — 123 a 16, V i s i o n S i n, IV, 128: *far too naked to be (a-)s h a m e d;* vgl. 336 b 17, G a r e t h L y n e t t e, 1138: *shamed am I that I so rebuked ... thee;* 436 a 14, P e l l e a s E t t a r r e, 182: *I should be (a-)shamed to say it   I cannot (a-)b i d e Sir Baby;* 150 a 16, A y l m e r' s F i e l d, 486: *him they l u r e d into their net (= allured);* vgl. 156 a, S e a D r e a m s, 14: *lured him to buy ... shares* (Aktien); 458 a 14, G u i n e v e r e,

135: *lured by the crimes and frailties of the court;* 879 a 3, St. T e l e m a c h u s, 36: *to lure those eyes*, etc.; 154 b 20, A y l m e r's F i e l d, 775: *who wove coarse webs to (en-) s n a r e her purity;* 166 a 13, P r i n c e s s, P r o l o g u e, 45: *some were (over-) w h e l m e d with missiles from the wall;* 188 a 6, P r i n c e s s, IV, 109: *they (love-poems) (re-) m i n d us (women) of the time when we made bricks in Egypt;* vgl. 526 b 3, C o l u m b u s, 91: *to mind me of the secret vow I made;* — 200 b 16, P r i n c e s s, V, 316: *she should (a-) b i d e by this issue;* ein anderes *bide:* 402 a 20, L a n c e l o t E l a i n e, 420: *thither wending there that night they bode;* vgl. 406 a 8, L a n c e l o t E l a i n e, 638: *bide with us;* 419 b 13, H o l y G r a i l, 54: *there awhile it (Grail) bode;* ein drittes *bide =* "vertragen": 436 a 14, P e l l e a s E t t a r r e, 182: *I cannot (a-)bide Sir Baby;* 715 a, B e c k e t, I, 4: *tho' I can drink wine I cannot bide water;* 831 a 7, F o r e s t e r s, IV, 1: *if I will not bide to be search'd;* — 200 b 23, P r i n c e s s, V, 323: *if Ida yet would (con-) c e d e• our claim;* 258 b, In M e m., 43, 16: *love will ... r e w a k e n with the dawning soul* (für re-awaken), 265 b 2, In M e m., 72, 14: *(day who might'st have) ... p l a y' d a chequerwork of beam and shade along the hills (= displayed);* 267 a, In M e m., 79, 10: *hill and wood and field did p r i n t (= imprint) the same sweet forms in either mind;* — 281 a, In M e m., 117, 2: *to (with-) h o l d me from my proper place;* vgl. 401 a 16, L a n c e l o t E l a i n e, 337: *the face before her lived ... and held her from her sleep;* 640 a, 5 u., Q u e e n M a r y, V, 2: *I held from you all papers sent by Rome;* 722 a 11, B e c k e t, II, 2: *those De Broes that hold our Saltwood castle from our see;* ebenso *(with-) d r a w:* 721 b, u., B e c k e t, II, 2: *draw yourself from under the wings of France;* 310 b 22, C o m i n g A r t h u r, 110: *Arthur ... leading all his knighthood t h r e w the kings (= over-threw);* — 322 b 24, G a r e t h L y n e t t e, 314: *t h r o n e d (= en-throned) and delivering doom;* vgl. 854 b 19, R i n g, 171: *(en-) s h r i n e d him within the temple of her heart;* — 324 b 1, G a r e t h L y n e t t e, 412: *to r e a v e him of his crown;* so konstant für *bereave:* 323 a 9, G a r e t h L y n e t t e, 331: *he reft us of it;* 400 a 15, L a n c e l o t E l a i n e, 272: *the heathen caught and reft him of his tongue;* 640 a 15, Q u e e n M a r y, V, 2: *this new Pope ... reft me of that legateship;* — 340 a 21,

Gareth Lynette, 1341: *circled with her maids (= encircled)*; 478 b 28, Lover's Tale, I, 162: *love ... was my outward circling air;* so auch konstant *compass'd* für *encompass'd*, z. B. 354 b 20, Geraint Enid, 39: *to compass her with sweet observances;* — 441. b 28, Pelleas Ettarre, 401: *he (a-)woke, and being (a-)ware of some one nigh...:* beide simplicia der Alliteration zuliebe; — 441 b 1, Pelleas Ettarre, 374: *her ever-veering fancy turn'd to Pelleas: re-* oder *again* erwarten wir nach dem Inhalt; 667 a 13, Harold, II, 2: *tongueless and eyeless, (im-)prison'd;* — 727 b, Becket, III, 2: *our woodland Circe that hath (be-)witch'd the King.*

§ 241. Nun eine Auslese aus den weit zahlreicheren Fällen, wo' wir statt getrennter Partikelkomposition das Verbum allein finden:

31 b 24, Two Voices, 72: *I shut my life from happier chance* (kontaminiert aus *shut against* und *shut out from);* vgl. 151 a 27, Aylmer's Field, 560: *shut from all her charitable use;* 278 b, In Mem., 108, 1: *I will not shut me from my kind* (für *shut up);* 618 a, 8 u., Queen Mary, III, 4: *well we might ... have shut you from our counsels;* — 62 b, To J. Sp., 20: *one went* (sc. *away), who never hath return'd;* vgl. 314 a 13, Coming Arthur, 319: *Gawain went* (sc. *out, away);* ähnlich 324 b 16, Gareth Lynette, 427: *let Kay ... look to thy wants, and send thee* (sc. *away) satisfied;* — 79 a 11, Dora, 127: *they peep'd* (sc. *in, viz. thro' the door) and saw the boy ...;* cf. 104 b 2, Godiva, 69: *boring a little auger-hole in fear, peep'd* (sc. *thro') ("peeping Tom of Coventry"* heißt er in der Lokalsage); — 80 b 8, Audley Court, 45: *all his juice is dried (up);* — 151 b 11, Aylmer's Field 583: *his long arms stretch'd (out) as to grasp a flyer;* vgl. 178 b 28, Princess, II, 356: *jewels five-words long, that on the (out-)stretch'd forefinger of all Time sparkle for ever;* 193 b 19, Princess, IV, 475: *she stretch'd her arms and call'd;* vgl. auch 442 a 19, Pelleas Ettarre, 422: *a cripple, one that held* (sc. *out) his hand for alms;* — 163 b 14, Lucretius, 177: *the mountain there has cast his cloudy slough,* so öfters für *cast off, away,* u. dgl.; vgl. 91 a 24, Talking Oak, 188: *slip* (sc. *off) its bark and walk;* 174 a 10, Princess, II, 48: *to cast and fling the tricks, which make us toys of men;*

222, Third February, 28: *we flung* (sc. *off*) *the burthen
of the second James;* 271 a, In Mem., 89, 11: *shook* (sc. *off*).
the dust ... of town; 447 a 20, Last Tournament, 242:
dame and damsel cast the simple white; 813 a 3, Foresters,
I, 3: *to cast all threadbare household habit;* — 277 b, In
Mem., 105, 27: *run out your ... ares (stars), and lead* (sc. *on*)
the closing cycle rich in good; vgl. 298 b 3, Maud, I,
XVIII, VIII, 23: *some dark undercurrent woe that seems to
draw* (sc. *on*); — 336 a 31, Gareth Lynette, 1111: *the
buoy that rides at sea, and dips* (sc. *down*) *and springs*
(sc. *up again*) *for ever;* — 384 b 19, Merlin Vivien, 267:
have ye found your voice (sc. *again*); ebenso 402 b 1,
Lancelot Elaine, 431: *at last he got his breath;*
441 b 4, Pelleas Ettarre, 377: *her life wasted and pined*
(sc. *away*), *desiring him in vain;* vgl. 453 a 19, Last
Tournament, 603: *to pine and waste in those sweet memories,* 450 b 22, Last Tournament, 463: *whatever
knight of thine I fought and tumbled* (sc. *down*); vgl. 271 a,
In Mem., 89, 20: *the gust that ... tumbled half the mellowing
pears;* 475 a 23, To Queen, 37: *this old imperfect
tale ... shadowing* (sc. *forth*) *Sense at war with soul;* —
592 b 4, Queen Mary, I, 5: *I have heard, the tongue yet
quiver'd with the jest when the head leapt (off);* — 619 a 13,
Queen Mary, III, 4: *Bonner, it will be carried* (sc. *out*);
— 661 a 1, Harold, II, 1, 7: *then I rose and ran:* das *away*
fehlt, um der alliterierenden Verbindung formelhafte Run-
dung zu geben. —

Eine Art Wortspiel gründet sich auf diese stilistische
Eigentümlichkeit in dem Falle: 649 b (ad fin.), Queen
Mary, V, 5 (Maria sieht Cranmers Geist): *"he smiles and
goes (= goes about, walks) ..." "Madam, who goes? King
Philip?" "No, Philip comes and goes* (sc. *away again*), *but
never goes"* (sc. *about,* viz. *here in the palace; i. e. he never
abides here*). —

§ 242. Manchmal kommt es freilich auch vor, daß wir
getrennte oder untrennbare Komposition finden, wo uns
das simplex genügen würde, meist aus besonderen inhaltlichen Gründen.

Beispiele sind:
— 17 a, Dirge, II, 3: *thine enshrouded form;*

40 b 36, O e n o n e, 66: *opening out his...palm (= opening + stretching out);* — 48 b 6, P a l a c e A r t, 282: *inwrapt tenfold in slothful shame;* 104 a 17, G o d i v a, 53: *she rode forth, clothed on with chastity;* — 127 b 1, E n o c h A r d e n, 154: *appraised his (baby's) weight* (aus *praised + approved);* ebenso 175 a 9, P r i n c e s s, II, 112: *appraised the Lycian custom;* — 176 a 12, P r i n c e s s, II, 178: *let no man enter in on pain of death;* vgl. 179 a 22, P r i n c e s s, II, 382: *with me, Sir, enter'd in the bigger boy* (Amor); 312 a 20, C o m i n g A r t h u r, 200: *Uther enter'd in;* — 186 a 4, P r i n c e s s, III, 332: *engirt with many a florid maiden-cheek;* — 213 a 18, P r i n c e s s, VII, 167: *and like a ghost she glimmers on to me* ("schimmert herüber"); 219 a 1, W e l l i n g t o n, V, 32: *a man of well-attemper'd frame;* — 297 a, M a u d, I, XVIII, III, 2: *when our summers have deceased* (aus *we... deceased* und *our summers... ceased);*

308 a, D e d i c a t i o n (I d y l l s), 12: *commingled with the gloom of imminent war, the shadow of His loss;* — 383 a 10, M e r l i n V i v i e n, 162: *that Vivien should attempt the blameless King* (es handelt sich um *tempt == lead into temptation);* — 453 a 14, L a s t T o u r n a m e n t, 598: *the King was all fulfill'd with gratefulness (fulfill'd* in etymologischer Bedeutung); — 583 b 16, Q u e e n M a r y, I, 3: *does your gracious Queen entreat you kinglike:* es ist *treat* ("behandeln") gemeint; ebenso 666 a, 12 u., H a r o l d, II, 2: *do they not entreat thee well;* 692 b, u., H a r o l d, V, 2: *Madam, we will entreat*[1] *thee with all honour;* — 626 b 7, Q u e e n M a r y, IV, 1: *stood out against the King in your behalf at his own peril:* nicht *stood,* aber eher *stood up* würden wir erwarten; umgekehrt *stood* allein für *stood out:* 460 a 2, G u i n e v e r e, 244: *strong men-breasted things stood* (sc. *out) from the sea.*

§ 243. Auch außerhalb des Verbums macht sich eine Vorliebe für den Gebrauch von simplex pro composito bemerkbar, und zwar nicht nur in der Präfixkomposition, sondern in der Zusammensetzung überhaupt.

Von präfixalen Fällen beim Substantiv zitiere ich: 60 a

---

[1]) Vgl. M a r l o w e, *Edw. II,* 1, 4, 189: *the king, I fear, hath illentreated her.* S. auch *N. E. D.* s. v. *entreat,* 1 *("obs. or arch.").*

9, Dream Fair Women, 201: *the (ac-)count of crimes;*
129 a 1, Enoch Arden, 253: *in days of difficulty and*
pressure (= op-pression), und zur Vergleichung aus
Kyd, Spanish Trag., III, 1, 80, ed. Schick: *to make a*
quitall (= requital) for thy discontent. —

Von Fällen außerhalb des Substantivs (adjektivischen,
adverbialen, etc.) kann ich summarisch etwa anführen:
71 a 8, Morte d'Arthur, 195: *they were ware (= became*
aware); so öfter, z. B. 425 a 29, Holy Grail, 397: *then*
was I ware of one that on me moved; — *kin* für *akin:* 170 a
12, Princess, I, 56: *kin as horse's ear and eye* (so die
ursprüngliche Lesart, später *twinn'd);* .180 a 24, Princess,
II, 445: *gentle satire, kin to charity;* — 242, 2, Boädicea,
44: *lands of (ever-)lasting summer;* *through* für
throughout: 67 a, The Epic, 19: *the general decay of faith,*
right thro' the world; 447 a 8, Last Tournament, 230:
the snowdrop only, flowering thro' the year, would make the
world as blank as Winter-tide.

§ 244. Interessanter als diese vereinzelten sind die
zahlreicheren Fälle, in denen für eine substantivische Komposition nur deren Grundwort steht; z. B.: 91 a 20,
Talking Oak, 184: *I ... adjust my ... vegetable loves with*
anthers and with dust (= blossom-dust); 227, Grandmother, XV, 4: *shadow and shine is life...,* *flower and*
thorn (shine für *sunshine* der alliterierenden Antithese zuliebe); — 282 a, In Mem., 122, 18: *every dewdrop paints a*
bow (für *rain-bow);* — 285 b 7, In Mem., Epilogue, 83:
bride and groom (für *bridegroom)* (zur Vermeidung der
Wiederholung); vgl. 641 b 8, Queen Mary, V, 2: *there is*
one Death stands behind the Groom, and there is one Death
stands behind the Bride; — 300 b, Maud, I, XXI, 6: *at*
the head of a tinkling fall (waterfall — freilich eines kleinen
Bächleins); — 395 a 9, Merlin Vivien, 932: *out of heaven*
a bolt (= thunderbolt) ... struck. —

§ 245. Umgekehrt scheint in einigen Fällen nicht das
Grund-, sondern das Bestimmungswort die ganze Komposition zu vertreten:

—˙316 b 11, Coming Arthur, 469: *a city all on fire*
with sun and cloth of gold (sun = sunshine, sunlight); ebenso
324 a 1, Gareth Lynette, 380: *a field of charlock in the*

sudden sun between two showers, 398 b 1, L a n c e l o t
E l a i n e, 161: *the green path that show'd the rarer f o o t
(= footprint,* also vielleicht "Sein für Schein" nach § 190 ff.);
— 408 a 2, L a n c e l o t E l a i n e, 748: *crush'd the wild
passion out against the floor beneath the b a n q u e t, where the
meats became as wormwood (banquet = banquet-table);* — 424 a
27, H o l y G r a i l, 336: *thicker than drops from t h u n d e r
(= from a thundercloud);* — 521 b, J o h n O l d c a s t l e, 2:
to take me to that h i d i n g (= hiding-place) in the hills;
562, 30, L o c k s l e y H a l l S i x t y Y e a r s After, 86:
*Christian love among the Churches look'd the t w i n of
heathen hate:* der Singular ist in Zusammensetzungen
(*twin-brother,* etc.) geläufiger; — 780 b, P r o m i s e M a y, I:
*what be he a-doing here ten mile an' moor fro' a r a ä i l
(= railway)?* —

Ein adjektivischer Fall: 783 b 9, P r o m i s e M a y, I: *my
n a r r o w (-minded) father.* —

Indes können die meisten dieser Beispiele auch als
Tropen — Synekdochen, Metonymien — ausgelegt werden.

---

§ 246. Mit den letzten zwei Gruppen von Beispielen
bin ich von der Ableitung zur Z u s a m m e n s e t z u n g übergegangen und will jetzt versuchen, von der Kompositionstechnik des Dichters ein Bild zu geben.

Unter den Zusammensetzungen von S u b s t a n t i v m i t
S u b s t a n t i v muß ich der Übersicht halber einige Unter-
gruppen unterscheiden.

Ich beginne also mit dem Typus, bei welchem die
Beziehung von Bestimmungswort zu Grundwort sich durch
einen einfachen G e n e t i v — freilich der verschiedensten
Art und Funktion — ausdrücken läßt.

— 9 a, E l e ä n o r e, II, 2: *thou art perfect in l o v e - l o r e
(ars amandi)*[1]; — zu 14 b 11, T h e P o e t, 46, urspr. Lesart:
*Wisdom, a name to shake hoar Anarchies as with a t h u n d e r -
f i t;* zu 22 a, ältere Version von R o s a l i n d bei Churton
Collins, E a r l y P o e m s, 305 Z. 28: *fancies . . . fresh as the*

---

[1] Vgl. K e a t s, *Lamia,* I, 190: *a virgin purest lipp'd, yet in the
l o r e o f l o v e deep learned to the red heart's core.*

*early seasmell¹) blown through vineyards from an inland
bay ...; —* aus einem andern Jugendgedicht (in *The Gem,*
1831), zitiert in Morton Luce's *Handbook,* p. 251: *by a
mossed brookbank on a stone; —* 112 a 2, Will Waterproof, 42: *unboding critic-pen (critic's oder critics'); —*
211 a 19, Princess, VII, 43: *willing she should keep court-
favour;* 213 a 3, Princess, VII, 151: *she far-fleeted by
the purple island-sides;* 217 b 11, Princess, Conclusion, 101: *the city-roar that hails premier or king;
—* 272 b, In Mem., 92, 12: *the phantom-warning; —*
302 b, Maud, II, II, III, 8: *his (the shellworm's) dim water-
world (world of water —* Stoffgenetiv); 304 b, Maud,
II, IV, XI, 4: *the quiet evenfall* ("Einbruch des Abends");
305 b, Maud, II, V, III, 5: *a statesman ... betraying his
party-secret; —* 316 a 16, Coming Arthur, 444: *before
the stateliest of her (Britain's) altar-shrines the King ...
was married; —* 318 a 26, Gareth Lynette, 46: *almost
beyond eye-reach; —* 327 b 7, Gareth Lynette, 600:
living-place (= abode, dwelling-place); — 335 b 7, Gareth
Lynette, 1059: *in open dayshine* (für *daylight); —* 385 a
18, Merlin, 299: *mind-mist* (vorher *presageful mood*
genannt); — 427 b 28, Holy Grail, 556: *a bedmate of
the snail and eft and snake;* 444 b 11, Last Tournament, 69: *a table-knight of thine (= knight of thy
table); —* 451 a 15, Last Tournament, 485: *all the
rafters rang with woman-yells; —* 460 a 13, Guinevere,
255: *the flickering fairy-circle (= circle of fairies);*
461 a 23, Guinevere, 318: *tilting-field; —* 462 a 15,
Guinevere, 375: *the time was maytime; —* 466 b 19,
Guinevere, 675: *wear out in almsdeed and in prayer;*
479 a 17, Lover's Tale, I, 182: *the Maydews oy
childhood;* 483 b 6, Lover's Tale, I, 456: *Love lieth
deep; Love dwells not in lip-depths; —* 484 b 20, Lover's
Tale, I, 532: *the wind told a lovetale* (dasselbe Wort in
Miltons "Paradise Lost", I, 452); — 508 a, Revenge,
VII, 6: *battle-thunder* als Art Kenning für "Geschütz-

---

¹) Das regelmäßige Fehlen des von Tennyson später konsequent
verwendeten *hyphen* gibt den Zusammensetzungen der frühesten
Jugendgedichte schon äußerlich ein eigenartiges Gepräge. Gesondert
zusammengestellt habe ich sie in der Zs. "Bausteine", I, 238—241.

feuer"; vgl. 539 b 18, Tiresias, 98: *war-thunder of iron rams;* — 534 a, To Victor Hugo, 2: *cloud-weaver of phantasmal hopes and fears, ...child-lover;* 534 a, Brunnanburh, I, 3: *bracelet-bestower* (ags. *beorna beahgifa);* — 534 b, Brunnanburh, III, 7: *the great sun-star (star of sun:* Genet. explicativus; ags. *sunne...mære tungol);* — 536 a, Brunnanburh, XV, 11: *haughty war-workers (wigsmiþas);* — 537 a, Sir John Franklin, 2: *thou, heroic sailor-soul;* — 570 b 5, Epilogue "Heavy Brigade", 53: *the vast sun-clusters'*[1]) *gather'd blaze, world-isles in lonely skies (clusters of suns,* — *isles of worlds* — das letztere als Genet. explicativus); — 571 a, To Virgil, II, 1: *Landscape-lover, lord of language;* 641 a, 7 u., Queen Mary, V, 2: *I would dandle you upon my knee at lisping-age;* 652, Show-day Battle-Abbey, 10: *hate-healer Time;* 661 a, Harold, II, 1: *wicked sea-will-o'the-wisp! wolf of the shore;* — 664 b 5, Harold, II, 2: *stand out of earshot then, and keep me still in eyeshot (shot = reach);* — 692 a 4, Harold, V, 2: *it seems but yester-even I held it (his birthday) with him in his English halls, with all his rooftree ringing "Harold";* — 695 a 8, Becket, Prologue: *this Rosamund, my true heart-wife (= the true wife of my heart);* — 801 a, 1 u., Promise May, III: *what poor earthworms are all...of us;* — 812 b, Foresters, I, 3: *the London folkmote has made him all but king;* — 825 a, 8 u., Foresters, III, 1: *some (oaks) pillaring a leaf-sky on their monstrous boles;* — 851 a, Vastness, XIII, 2: *vows that will last to the last death-ruekle;* 859 a 2, Ring, 402: *the larger woman-world of wives and mothers;* — 890 a, Kapiolani, VI, 11: *flame-billow* vom Strom der. Vulkanlava. — 865 a, To Mary Boyle, VII, 3: *more than half a hundred years ago, in rick-fire days:* hier adjektivisch gebraucht; ebenso 772 a (Falcon): *dead mountain-flowers, dead mountain-meadow flowers.* —

In gewissen Fällen ergäbe Umschreibung *durch* gene-tivischen Ausdruck eine Härte, und das Natürlichste wäre adjektivische Zerlegung: 524 a 18, Sir John Oldcastle,

---

[1]) Von *clusters of suns* ist schon in Shelleys Note zu *Queen Mab,* I, 252, die Rede.

159: *the venom of world-wealth (= worldly wealth)*,
anders 772 a (Falcon): *dead flowers ... richer than all the
wide world-wealth of May (= wealth of the world in May)*,
to me; ferner 551 a 10, Ancient Sage, 221: *what then
I call'd ... in my boy-phrase (boyish phrase) "The Passion
of the Past"*

§ 247. Eine zweite Abteilung sind Fälle, in denen die
Zerlegung nur durch eine mehr oder weniger einfache Prä-
positionalverbindung, manchmal auch noch komplizertere
Wendungen, möglich ist:

zu 40 a: ältere Version von Oenone bei Churton
Collins, Early Poems, p. 79, v. 4: *above the loud glen-
river (r. in the gl.);* ibid. p. 80, v. 8: *his cheek brightened,
as the foam-bow brightens when the wind blows the foam*
(Erklärung bei Rowe-Webb, *Selections from Tennyson*, II,
54); ebenso in der älteren Fassung von Palace of Art,
Churton Collins, Early Poems, p. 93: *that great foam-bow
trembling in the sun;* ähnlich 45 a 20, Palace Art, 36:
*four currents ... stream'd ... in misty folds, that floating as
they fell lit up a torrent-bow;* — 107 b, L'Envoi (Day-
Dream), I, 14: *Poet-forms of stronger hours (forms used
by poets);* — 126 b 9, Enoch Arden, 99: *portal-warding
lion-whelp, and peacock-yewtree of the lonely Hall (yew-
tree with peacock on it);* 133 a 28, Enoch Arden, 535:
(ship moved) thro' many a fair sea-circle (horizon at sea);
162 a 25, Lucretius, 91: *apple-arbiter* (Paris);
194 a 20, Princess, IV, 505: *thunder-shower
(= from a thundercloud);* — 223 a, Daisy, 29: *tower, or high
hill-convent (on a hill);* vgl. 864 a, To Ulysses, XI,
3: *crag-cloister* (Note: *The monastery of Sumelas);*
315 b 11, Coming Arthur, 407: *after their wage-work
is done (work for wages);* 319 a 9, Gareth Lynette,
88: *those brain-stunning shocks, and tourney-falls;* —
320 a 21, Gareth Lynette, 157: *villain kitchen-
vassalage (in)*[1]); 329 a 18, Gareth Lynette, 701:
some old head-blow (on); 340 a 6, Gareth Lynette,

---

[1]) In ganz durchsichtigen Fällen füge ich einfach die betreffende
Präposition, welche bei Auflösung der Komposition die Wörter verbinden müßte, in Klammern bei.

1315: *under cloud that grew to thunder-gloom* (i. e. *with
th. in it);* 379 b 8, B a l i n B a l a n, 582: *familiar up
from cradle-time (= time of lying in cr.);* 381 b 15,
M e r l i n V i v i e n, 80: *Heaven's own white Earth-angel
(on);* — 383 b 10, M e r l i n V i v i e n, 190: *world-war
of dying flesh against the life* (d. h. "ewiger Krieg"; *world*
in seinem alten Sinne von *saeculum* wie in der liturgischen
Formel *world without end);* — 393 a 25, M e r l i n V i v i e n,
812: *face-flatterer (to);* — 451 b 18, L a s t T o u r-
n a m e n t, 516: *a low sea-sunset (at);* 454 b 2, L a s t
T o u r n a m e n t, 672: *a brow like hillsnow high in heaven
(on);* — 460 a 3, G u i n e v e r e, 245: (Tritonen) *sent a deep sea-
voice thro' all the land (from);* 477 a 1, L o v e r's T a l e,
41: *pleasure-boat (for);* 511 a 3, S i s t e r s, 97:
*momentary thunder-sketch of lake and mountain (sketch,
made by thunderlight);* 513 a 21, S i s t e r s, 248: *home-
return* für gewöhnliches *return home;* 548 a 11: *some
deathsong for the Ghouls to make their banquet relish;* —
556 a, T o m o r r o w, VI, 6: *hand-promise* ("durch Hand-
schlag"); 563, 31, L o c k s l e y H a l l S i x t y Y e a r s
A f t e r, 125: *the practised hustings-liar (on);* — 637 a 13,
Q u e e n M a r y, V, 1: *all the fair spice-islands of the
East;* — 665 b 8, H a r o l d, II, 2: *free sea-laughter
(= l. at sea, meaning cry of sea-bird);* — 674 b, H a r o l d,
III, 1: *and dreadful lights crept up from out the marsh
corpse-candles gliding over nameless graves;* 716 a 14,
B e c k e t, II, 1: *breathing-while (for);* — 717 b, 2 u., B e c k e t,
II, 1: *Life on the hand is naked gipsy-stuff (st. for gipsies
to meddle with); life on the face, the brows — clear innocence;*
— 722 b, B e c k e t, II, 2: *a word-monger (— in words);*
vgl. 832 a, F o r e s t e r s, IV: *our friar is so holy that he's a
miracle-monger;* 728 b, B e c k e t, III, 3: *side-beam,
side-smile;* — 767 b (F a l c o n): *bird-babble for my
falcon (for);* — 839 a, 7 u., F o r e s t e r s, IV: *I have had a year
of prison-silence (in);* — *he is but a hedge-priest (Friar
Tuck* — "Buschpriester")[1]); — 881 a 1, A k b a r's D r e a m,

---

[1]) Das Wort ist nicht neu; nach dem *N. E. D.* kommt es seit
1557, u. a. auch in A s c h a m s *Scholemaster,* und neu belebt 1874 in
G r e e n s *Short History of the English People* vor (p. 120 der Auflage
von 1902: *from Pope to hedge-priest).*

45: *all man-modes of worship (in use among men);* —
890 a, D a w n, I, 5: *head-hunters (for).* —

§ 248. Diesen zwei Gruppen, der genetivischen (§ 246)
und der präpositionalen (§ 247), welche als verwandt zu-
sammenzufassen sind, stelle ich zwei andere, gleichfalls
untereinander verwandte, gegenüber.

Die erste von ihnen sind Zusammensetzungen, deren
Teile zueinander im Verhältnis der Identität oder Vergleichung stehen, manchmal auch beide Prädikate ein und
desselben Dinges sind, es nach zwei Seiten hin charakterisieren —, öfters in rhetorisch-antithetischer Weise, wie
gleich im ersten Beispiel: 25 b, T o K e m b l e, 2: *thou wilt
be...a soldier-priest* (vgl. *"Ecclesia militans");* oder —
noch deutlicher: 296 a, M a u d, I, XVI, I, 5: *the gross mud-
honey of the town;* — andere Beispiele für diesen ganzen
Typus: 101, 2, L o c k s l e y H a l l, 108: *o thou wondrous
Mother-Age:* "Mutter Zeit", die alle Wunden heilt; vgl.
103, 7, L o c k s l e y H a l l, 185: *Mother-Age, for mine* (i. e.
my mother) I knew not. Das Verhältnis ist, wie man sieht,
prädikativisch: *Age is (like) a Mother.* — Weiteres: 148 b
17, A y l m e r's F i e l d, 390: *these old father-fools;* —
249 a 3, In M e m., VI, 15: *his heavy-shotted hammock-
shroud* (bei einem Begräbnis auf der See); — 250 b, In
M e m., 12, 9: *ocean-mirrors rounded large;* weniger
originell ist 527 a 30, J o h n O l d c a s t l e, 147: *the great
Ocean-sea;* — 283 b 3, In M e m., 127, 7: *the red fool-
fury of the Seine;* 288, M a u d, Part I, I, XVIII, 3:
Maud with her sweet purse-mouth[1]*) when my father dangled
the grapes,* 289, M a u d, Part I, IV, III, 3: *bow'd to his
lady-sister;* vgl. I, XXII, V, 3: *o young lord-lover;*
292 a, M a u d, I, VI, VI, 3: *that dandy-despot;* — 363 a
2, G e r a i n t E n i d, 565: *laid him on a litter-bier;*
441 a 6, P e l l e a s E t t a r r e, 351: *eyelet-holes* ("Turm-
fenster") (die letzten zwei Beispiele fast tautologisch); —
451 a 2, L a s t T o u r n a m e n t, 472: *table-shore;*
548 a 26, A n c i e n t S a g e, 32: *dive into the Temple-cave*

---

[1]) Das Auffällige ist hier nach meinem Empfinden der Gebrauch
dieses Kompositums von einer momentanen Stellung des Mundes,
nicht seiner ständigen Gestalt.

of thine own self; 570 b 27, Epilogue "Heavy
Brigade", 75: *the cycle-year that dawns behind the grave:*
das "Jahr" des jenseitigen Lebens ist eine Ewigkeit
das bedeutet *cycle;* — 591 a, 4 u., Queen Mary, I, 5: *your
king-parliament:* "das Parlament, welches bei euch in
England der eigentliche König ist"; — 675 b, 6 u., Harold,
III, 2: *that the Saints . . . should be this William's fellow-
tricksters;* 701 b, 6 u., Becket, II, 1: *those baron-
brutes;* — 717 a, 1 u., Becket, II, 1: *this beast-body that
God has plunged my soul in;* vgl. 872 b, Evolutionist, 1:
The Lord let the house of a brute to the soul of a man (was
freilich für die Einreihung des Beispiels zur genetivischen
Klasse spräche); — 724 b, Becket, III, 1, 29: *these tree-
towers, their . . . minster-aisles;* — 733 b 18, Becket, IV, 2:
the Judas-lover of our passion-play (sagt Eleonore von
Fitzurse, welcher zugleich Verräter am König und ihr
Liebhaber ist); 815 b, Foresters, II, 1: *the fool-
people call her a witch;* 851 a, Vastness, XVII, 1:
we all of us end but in being our own corpse-coffins;
851 b, Song (The Ring) 13: *silver crescent-curve*
("Mondsichel").

§ 249. Den auf Vergleichung beruhenden Beispielen
dieser Klasse nun ist nächstverwandt die zweite Gruppe
dieser zweiten Hauptabteilung: Substantivkomposita nämlich,
deren Bestimmungswort sich zum Grundworte attributivisch
verhält, eine Eigenschaft desselben angibt, aber gewöhnlich
nicht unmittelbar, sondern durch einen Vergleich, oder
wenn man will, eine Metapher, bzw. Einsetzung von
Identität für Ähnlichkeit, Schein für Sein: das geläufigste
Beispiel ist wohl *hawk-eyes* (bei Tennyson z. B. 327 a 17,
Gareth Lynette, 579) = *eyes of a hawk = eyes as keen
as those of a hawk.* — Andere Fälle, vergleichende und rein
attributive, promiscue: 6 b, Lilian, II, 10: *the baby-roses
in her cheeks (roses as in cheeks of a baby);* — 21 a, Adeline, IV, 1: *honey-converse (= converse honey-sweet)*
(Homer: τοῦ καὶ ἀπὸ γλώσσης μέλιτος γλυκίων ῥέεν αὐδή,
Il. A 249 — von Nestor); — 243 a, Milton, 3: *God-gifted
organ-voice of England,* 313 a 28, Coming Arthur,
274: *flame-colour, vert and azure, in three rays;* — 318 a
2, Gareth Lynette, 22: *until she (mother) let me (Gareth)*

*fly discaged in ever-highering e a g l e - c i r c l e s up to the great
Sun of Glory (= let me fly, like an eagle, in ever-highering
circles);* — 395 b 2, Merlin Vivien, 956: *the rushing of
the r i v e r - r a i n (= river-like streams of rain);* — 545 a,
Despair, IV, 1: *we were nursed in the drear n i g h t f o l d of your
fatalist creed... (= fold dark as night);* — 700 b 13, Becket,
I, 1: *on such a sudden at such an e a g l e - h e i g h t I stand (height
as great as those reached only by eagles);* — 718 b 15, Becket,
II, 1: *I would creep, crawl over k n i f e - e d g e flint* (hier adjektivische Funktion; Typus vergleichen*d*). — Hieher auch eine
besonders kühne Bildung in einem Jugendgedichte: Churton
Collins, Early Poems, 292, Sonnet, 10: *blow back their
wild cries down their c a v e r n t h r o a t s.* —

Zum Schluß des Kapitels ein schönes Beispiel für die
Wirksamkeit der allmächtigen Analogie auch auf *d*iesem
Gebiete: 825 b 8, Foresters, III, 1: *Robin Hood: "I am
English yeoman." Maid Marian: "Then I am y e o - w o m a n.
O the clumsy word!"* — •

Damit können wir uns der Zusammensetzung des
Substantivs mit anderen Redeteilen zuwenden.

§ 250. Ich beginne mit dem Typus von Adjektiv +
Substantiv, welcher aus erstarrten Verbindungen von
Substantiven mit besonders ständigen Epitheten hervorgeht:
199 b 17, Princess, V, 256: *the blind w i l d b e a s t of
foree;* 301 b, Maud, Part II, I, I, 3: *the harmless
wild-flower on the hill;* — 325 a 27, Gareth Lynette,
466 (ironisch): *Sir F i n e - f a c e, Sir F a i r - h a n d s;*
353 b 12, Marriage Geraint, 798: *some g a u d y - d a y*
(nach *holiday);* 358 b 16, Geraint Enid, 280: *in the
m i d - w a r m t h of welcome and graspt hand;* vgl. 435 b 4,
Pelleas Ettarre, 143: *in m i d - b a n q u e t;* 455 b 15,
Last Tournament, 749: *the red fruit grown on a magie
oak-tree in m i d - h e a v e n* (poetisch für *mid-air);* aber 530 a,
Voyage Maeldune, V, 14: *the m i d d l e - d a y heat;* —
449 b 11, Last Tournament, 385: *beechen-boughs*
(= *boughs of beeches);* 723 a, Becket, II, 2: *the College
of R e d h a t s* (W. Map von den Kardinälen); — griechisch:
193 b 28, Princess, IV, 484: *protomartyr of our cause;*
anders in der Urform von Maud, II, IV (Churton Collins,
p. 276, 10): *o A r c h e t y p e of pain;* —

partizipiale Fälle: 268 a 8, In Mem., 83, 12: *laburnums, dropping-wells of fire* (vgl. deutsch "Gold regen", und Cowper, Task, 6, 149: *laburnum, rich in streaming gold,* — das letztere zitiert von Churton Collins z. St.); — 479 b 18, Lover's Tale, 219: *all loving-kindnesses* (mit Attraktion). —

Der umgekehrte, französische Typus (Subst. + Adj.) erscheint in: 376 a 4, Balin Balan, 386: *wear you still that same crown-scandalous* (das Ehrenzeichen Guineveres auf seinem Schild); und nach dem für diese Gruppe repräsentativen *knight-errant* gebildet: 463 a 25, Guinevere, 452: *the knighthood-errant of this realm.*

Die Sweetsche Klasse der *conversion compounds* (Adjektiv + Substantiv = Adjektiv; ae. *glædmôd, blíð-heort)* ist vertreten durch: 41 a 17, Oenone, 73: *light-foot Iris (πόδας ὠκέα Ἶρις)* (Parallelen aus Spenser und Beaumont bei Rowe-Webb z. St.); dasselbe 536 a, Achilles, 1; — 374 a 20, Balin Balan, 291: *the hoarhead woodman;* hingegen etwa 345 b 10, Marriage Geraint, 285: *the hoary-headed Earl.* —

Nach Substantiv + Subst. und Adjektiv + Subst. muß natürlich auch noch der wohlbekannte Typus: Verb (Imperativ) + Substantiv belegt werden: 307, Maud, III, III, 5: *that old hysterical mock-disease;* — 728 b, u., Becket, III, 3: *there was a dare-devil in his eye — I should say a dare-Becket;* — 833 a 7, Foresters, IV: *Robin is no scatterbrains like Richard.* — Als Adjektiv fungiert eine solche Verbindung: 13 b, Character, 17: *a lack-lustre dead-blue eye* (dasselbe Wort in As You Like It, II, 7, 21); — ferner: 546 a, Despair, IX, 9: *we have read their know-nothing books;* 547 a, Despair, XVI, 8: *we have knelt in your know-all chapel.*

§ 251. Jetzt einige Verbindungen von Substantiven mit Präpositionen und Adverbien:

— 10 b 32, Recollections Arabian Nights, 84: *interspaces* (daneben *counterchanged,* beides lautsymbolisch: es ist von der unruhigen Bewegung von Lichtreflexen auf der Wasserfläche die Rede). — Interessantes mit *under-:* 10 b 38, Recollections Arabian Nights, 89: *under-*

flame: "Flamme auf Erden", dem *d*unklen Firmamente *(deep sphere)* gegenübergestellt; — 16 a, D y i n g S w a n, I, 4: *the air ... had built up everywhere an under-roof of doleful gray;* d. h. "unter dem Himmelsdach ein zweites von Wolken und Nebel"; — 16 b, D y i n g S w a n, III, 5: *under-sky (= regions under the sky);* 186 b, T e a r s, i d l e t e a r s, 7: *a sail, that brings our friends up from the underworld* ("unter dem Horizont hervor"); — 362 b 6, G e r a i n t E n i *d*, 537: *broad-faced with under-fringe of russet beard.* Mit *after:* 184 b 10, P r i n c e s s, II, 246: *afterhands* (= "Hände künftiger Generationen"); — 193 a 8, P r i n c e s s, IV, 431: *after-beauty* (erklärt Z. 4: *when known, there grew another kind of beauty in detail, made them worth knowing);* — 311 b 9, C o m i n g A r t h u r, 157: *one great annal-book, where after-years will learn the secret of our Arthur's birth;* — 478 b 7, L o v e r ' s T a l e, II, 141: *from the after-fulness of my heart, flow back unto my ... spring and first of love;* ,anderes: 191 a 9, P r i n c e s s IV, 303: *the yestermorn;* — 297 b, M a u *d*, I, XVIII, V, 3: *a pearl, the countercharm of space and hollow sky;* — 418 a 9, L a n c e l o t E l a i n e, 1387: *at the inrunning of a little brook;* 504 a, N o r t h e r n C o b b l e r, III, 1: *back-end o' June* (= *later end;* Dialekt); 728 a, B e c k e t, III, III, 5: *these are by-things in the great cause;* — 850 b, V a s t n e s s, VIII, 2: *Pleasure who flaunts on her wide downway* (nach M a c b e t h, II, 3: *"the primrose way to the everlasting bonfire").* —

§ 252. Und nun zum Abschie*d* vom zusammengesetzten Substantiv noch einige Kuriositäten und kompliziertere Verbindungen verschiedenster Art:

zu 42 a, ältere Version von O e n o n e, Churton Collins, E a r l y P o e m s, p. 81, l. 82: *good for selfgood doth half destroy selfgood;* — 168 a 4, P r i n c e s s, P r o l o g u e, 158: *... and swore he long'd at college ... only ... for she-society;*

446 a 28, L a s t T o u r n a m e n t, 185: *Tristram, late from overseas in Brittany return'd, and* (sc. *from) marriage with a princess of that realm (overseas* = "Aufenhalt jenseits des Kanals"); — 501 a, F i r s t Q u a r r e l, XIII, 13: *bygones ma' be come-agains;* — 574 b 3, F r a t e r A v e, 9: *sweet Catullus' all-but-island, olive-silvery Sirmio!* (lat. *paen-*

insula)[1]); — 641 b 2, Queen Mary, V, 2 (in einer Reihe von Personifikationen): ... *Evil-tongue, Labour-in-vain;* 719 b, Becket, II, 2, 22: *our pious ... husband-in-law,* nennt Heinrich II. scherzhaft Ludwig von Frankreich, den früheren Gemahl Eleonorens von Poitou; 882 a 22, Akbar's Dream, 128: *the silent Alphabet-of-heaven-in-man made vocal* (s. § 268). —

§ 253. Bei den zusammengesetzten Adjektiven will ich, wie beim Substantivum, nach der grammatischen Gattung des Bestimmungswortes unterscheiden und beginne mit dem Schema: Substantiv + Adjektiv.

Hier gibt es zunächst (wie beim Substantiv) einen präpositionalen Typus; so würde z. B. in dem Falle 199 a 23, Princess, V, 233: *blossom-fragrant slipt the heavy dews ... on our .. heads* — die logische Zerlegung ergeben: *fragrant from the blossoms.* Andere Beispiele (die Angabe der betreffenden Präpositionen *brevi manu* wie oben beim Substantiv):

Churton Collins, Early Poems, p. 301, Hesperides, 9: *a slope that ran bloombright into the Atlantic sea (with);* ibid. 288, Chorus, 3: *the fountainpregnant mountains;* zu 40 a, Oenone, ältere Version bei Churton Collins, Early Poems, p. 79, v. 4: *the cedarshadowy valleys (with);* — 267 b, In Mem., 80, 14: *influence-rich (in) to soothe and save;* 289, Maud, Part, I, II, 11: *I escaped heart-free (of, at);* — 295 a, Maud, I, XIII, 12: *barbarous opulence jewel-thick (with);* 373 b 27, Balin Balan, 271: *those fair days — not all as cool as these, tho' season-earlier;* — 381 b 18, Merlin Vivien, 83: *slow sweet eyes fear-tremulous (with);* 397 a 19, Lancelot Elaine, 89: *a heart love-loyal (in) to the least wish of the Queen;* ebenso 458 a 4, Guinevere, 125: *he past, love-loyal,* etc.· — 409 b 22, Lancelot Elaine, 859: *brain-feverous;* — 451 a 7, Last Tournament, 477: *thus he fell head-heavy (of, at);* 457 b 9, Guinevere, 98: *passion-pale (with) they met and greeted;*

---

[1] Wie es auch bei Catullus selbst heißt (**XXXI**, 1): *Paeninsularum, Sirmio insularumque | Ocelle ...*

549 b 28, Ancient Sage, 131: *this earth-narrow life* ("stofflich beschränktes Dasein"); 648 a, Queen Mary, V, 4: *famine-dead (by);* — 654 a 8, Harold, I, 1: *am I not work-wan (by), flesh-fallen (in);* — 663 b 13, Harold, II, 2: *friendship-fast for ever (in);* — 719 b, 5 u., Becket, II, 2: *at last tongue-free (of) to blast my realms with excommunication;* 875 a, Oak, 6: *yon oak, bright in spring, living gold; summer-rich then; and then autumn-changed, soberer-hued gold again;* — 876 a, June Bracken and Heather, 7: *the June-blue heaven;* ...*a fancy summer-new* (d. h. "sonnig-frisch"). —

Hieher auch der pronominale Fall: 740 b 9, Becket, V, 2: *we are self-uncertain creatures* (= *uncertain about ourselves).* —

Ein zweiter Typus ist der vergleichende:

— 272 a, In Mem., 91, 4: *the sea-blue bird of March* ("Eisvogel") (von Churton Collins u. a. zu Alkmans ἁλιπόρφυρος εἴαρος ὄρνις gestellt); 289, Maud, I, III, 4: *face, star-sweet on a gloom profound;* — 320 b 21, Gareth Lynette, 186: *the silver-misty morn;* — 346 b 15, Marriage Geraint, 354: *a blossom vermeil-white·*

408 a 24, Lancelot Elaine, 770: *death-pale;* hingegen 411 b 4, Lancelot Elaine, 969: *deathly-pale;* aber sonst *death-*: 455 b 26, Last Tournament, 760: *death-dumb autumn-dripping gloom;* 468 b 5, Passing Arthur, 95: *a deathwhite mist;* 553 a, Flight, XII, 3: *the death-white sea (foam);* — 419 a 1, Holy Grail, 13: *a world-old yew-tree;* 533 b, To Brookfield, 7: *those dawn-golden times;* 565, 27, Locksley Hall Sixty Years After, 193: *a star so silver-fair;*

591 a 5, Queen Mary, I, 5: *stone-hard, ice-cold* (Philipp II.); — 684 a, 5 u., Harold, V, 1: *egg-bald head.*

§ 254. Diesen Fällen nächstverwandt sind unter der nunmehr zu behandelnden Rubrik "Adjektiv + Adjektiv" Beispiele von ganz gleicher logischer Struktur, die aber statt des zum Vergleich herbeigezogenen Substantivs ein von ihm abgeleitetes Adjektiv zum Bestimmungswort haben:

— 291, Maud, I, VI, III, 8: *but an ashen-gray delight;* — 343 a 32, Marriage Geraint, 150: *a hart.. milky-white;* — 427 a 6, Holy Grail, 498: *silver-shining*

armour star r y - clear; — 477 b 2, L o v e r 's T a l e, I, 70:
a face most star r y -fair.

Die Hauptmasse der Verbindungen von Adjektiv mit
Adjektiv bilden Kombinationen zweier Eigenschaften eines
Dinges oder einer Eigenschaft mit einer determinierenden
Bestimmung, welche, losgelöst, als Adverb beim Adjektivum
erscheinen müßte:

— 40 b 19, O e n o n e, 47: *the mountain lawn was d e w y-
d a r k* (Parallelen auf *dewy* bei Rowe-Webb, II, 53); —
293 b, M a u d, I, X, I, 21: *the s u l l e n - p u r p l e moor; —*
296 a, M a u d, Part I, XIV, IV, 5: *the dim - g r a y dawn; —*
331 a 27, G a r e t h L y n e t t e, 828: *a f u l l - f a i r manor (full
=* "überaus"); — 379 b 13, B a l i n B a l a n, 587: *staring
w i l d - w i d e; —* 442 b 3, P e l l e a s E t t a r r e, 534: *the
d e a d - g r e e n stripes of even* ("lichtlos, leblos grüne Flächen
des Abendhimmels"); — 450 a 6, L a s t T o u r n a m e n t,
413: *the b l a c k - b l u e Irish hair and Irish eyes;* 566, 33,
L o c k s l e y H a l l S i x t y Y e a r s A f t e r, 235: *earth may
reach her e a r t h l y - w o r s t, or if she gain her e a r t h l y - b e s t;
—* 640 b, 7 u., Q u e e n M a r y, V, 2: *f i e r y - c h o l e r i c; —* 666 b
13, H a r o l d, II, 2: *our l a z y - p i o u s Norman King (Edward the
Confessor); —* 701 b 4, B e c k e t, I, 1: *thine eyes glare s t u p i d -
w i l d with wine; —* 868 a, M e r l i n G l e a m, V, 11: *r o u g h -
r u d d y faces* (Alliteration). —

Unter Umständen kann das Verhältnis der beiden
Adjektiva das des Gegensatzes sein; solche antithetische
Kompositionen sind: 480 b 3, L o v e r's T a l e, 273: *this our
closest-drawn, most loveliest, e a r t h l y - h e a v e n l i e s t harmony;*
521 a 3, D e f e n c e L u c k n o w, VI, 13: *lopping away of
the limb by the p i t i f u l - p i t i l e s s knife; —* 533 b, T o
B r o o k f i e l d, 9: *man of h u m o r o u s - m e l a n c h o l y mark;*
671 b, H a r o l d, III, 1: *f r i e n d l y - f i e n d l y smile. —*

Von Verbindungen des Adjektivs mit Adverbien und
Präpositionen hebe ich hervor: 258 b, I n M e m., 43, 3:
i n t e r v i t a l gloom (between this life and the next: Note
Tennysons, zitiert Churton Collins); vgl. 532 a, D e P r o -
f u n d i s, I, 8: *nine long months of a n t e n a t a l gloom*[1]); ferner

---

[1]) Cf. S h e l l e y, *Epipsychidion,* 456: *echoes of an a n t e n a t a l
dream...*

zwei Fälle vom Schema: Adjektiv + Adverb = Adjektiv: 616 a 7, Queen Mary, III, 4: *the steep-up track of the true faith;* 666 b 3, Harold, II, 2: *the deep-down oubliette.* —

Verbum + Adjektiv erscheint 524 a 22, John Old castle, 163: *mock-meek.* —

§ 255. Verba werden zusammengesetzt: mit ihren Objekten, mit substantivischen Umstandsbestimmungen, welche sonst präpositional anträten, und mit Adverbien. Beispiele: zu 40 a, Oenone, ältere Version bei Churton Collins, Early Poems, p. 80, v. 3: *the goldensandalled morn rosehued the scornful hills;* — 2 a, Claribel, I, 1 (dann Refrain): *where Claribel low-lieth;* 25 b, To Kemble, 12: *the worn-out clerk brow-beats his desk below* (hier scherzhaft in rein etymologischem Sinne gebraucht); — 201 b 3, Princess, V, 366: *those that iron-cramp'd their women's feet;* — 213 a 3, Princess, VII, 151: *she far-fleeted by the purple island-sides;* 265 b, In Mem., 73, 15: *the soul...self-infolds the large results of foree;* — 314 a 17, Coming Arthur, 323: *Modred laid his ear beside the doors, and there half-heard;* — 520 b, Defence Lucknow, V, 8: *now double-charge it (gun) with grape!*

§ 256. Besondere Besprechung verdienen die zusammengesetzten Partizipia, vielleicht die zahlreichste und wohl die interessanteste Gruppe von Zusammensetzungen bei Tennyson. Ich beginne mit den aktiven auf *-ing* und führe zunächst Fälle der Zusammensetzung mit dem *direkten* Objekt an:

zu 41 a, Oenone, ältere Version, bei Churton Collins, Early Poems, p. 80, v. 26: *laughter-loving Aphrodite* (das homerische φιλομειδής)· — 126 b 9, Enoch Arden, 99: *the portal-warding lion-whelp;* — 196 a 15, Princess, V, 36: *boys that slink from ferule and the trespass-chiding eye;* 219 b, Wellington, VI, 41: *(the French eagle) wheel'd on Europe-shadowing wings;* — 289, Maud, Part I, III, 11: *the tide in its broadflung shipwrecking roar;* — 415 a 14, Lancelot Elaine, 1201: *the vast oriel-embowering vine;* — 457 a 7,

Guinevere, 63: *heart-hiding smile;* — 490 a 28, Lover's Tale, II, 77: *six…virgins…upbare a broad earth-sweeping pall;* — 491 a 32, Lover's Tale, II, 145: *spirit-searching splendours* (von den Augen der Geliebten: "bis in die Seele dringend"); — 519 a 4, To Princess Alice, 15: *England's England-loving daughter;* — 539 a 12, Tiresias, 60: *shrine-shattering earthquake;* 539 b 14, Tiresias, 94: *ear-stunning hail of Arês;* — 563, 28, Locksley Hall Sixty Years After, 122: *rivals of realm-ruining party;* — 628 a, 12 u., Queen Mary, IV, 2: *the long brain-dazing colloquies,* 628 b 5, Queen Mary, IV, 2: *"no sacrifice, but a life-giving feast",* nennt Cranmer die Messe; — 634 b 11, Queen Mary, IV, 3: *the carrion-nosing mongrel (nose* als Verbum); — 716 b 12, Becket, II, 1: *babe-breasting mothers;* — 724 b, Becket, III, 1, 26: *Solomon-shaming flowers (d. h.* "Lilien auf dem Felde", mit Bezug auf Matth., 6, 28—29 und Luke, 12, 27 f.); 728 b, Becket, III, 3: *this black, bell-silencing, anti-marrying, burial-hindering interdict* natürlich eine Leistung Walter Maps; — 743 b, 7 u., Becket, V, 2: *the waste voice of the bond-breaking sea;* — 831 a 4, Foresters, IV, 1: *a truckler! a word-eating coward!* ("der immer widerruft"); — 844 a, Demeter Persephone, 1: *the climate-changing bird that flies all night across the darkness.* —

§ 257. Logisch komplizierter sind Kompositionen von Partizipien mit Adverbialbestimmungen und Präpositional-objekten, überhaupt substantivischen Bestimmungen solcher Art, daß sie bei Zerlegung durch Präpositionen angeknüpft werden müßten. Von diesem Typus zitiere ich (indem ich, wie vorhin bei Substantiv und Adjektiv, die Präposition in Klammern beifüge):

— 12 a 13, Ode Memory, III, 18: *those spirit-thrilling eyes (with);* vgl. 325 b 32, Gareth Lynette, 500: *knights, who sliced a red life-bubbling way thro' twenty folds of twisted dragon* (= *bubbling with lifeblood,* s. § 267); — 126 b 32, Enoch Arden, 122: *reporting of his vessel China-bound (for);* — 133 b 22, Enoch Arden, 562:…*found a fallen stem;…fire-hollowing this in Indian fashion…(by);* — 374 b 15, Balin Balan, 312: *rocks roof-pendent, sharp* ("Stalaktiten") *(from);* — 380 a 19,

Balin Balan, 622: *death-drowsing eyes (in, with);*
381 b 8, Merlin Vivien, 73: *the sad sea-sounding
wastes of Lyonesse* ("vom Rauschen der See widerhallend";
onomatopoet. Alliteration); gleich gebaut: 724 b, Becket,
III, 1, 24: *long bird-echoing minster-aisles* (sc. *of trees); —*
455 b 26, Last Tournament, 760: *a death-dumb autumn-
dripping gloom* (= *dripping with autumnal rain); —* 521 b,
John Oldcastle, 9: *foam-churning chasms;*   522 a
28, John Oldcastle, 55: *crown-lusting line (for);*
686 b 11, Harold, V, 1: *the perjury-mongering Count*
(William).

Ferner drei Fälle des vergleichenden Typus, wie er
bei Adjektivum und Substantivum zu verzeichnen war:
384 a 8, Merlin Vivien, 222: *the satin-shining palm;*
    446 a 21, Last Tournament, 178: *an ocean-sounding
welcome; —* 477 a 19, Lover's Tale, I, 59: *silver-
smiling Venus. —*

§ 258. Wenn Adjektiva mit Partizipien in Verbindung
treten, haben sie meist adverbiale Bedeutung:

Early Poems (Churton Collins), 305, Urfassung
von Rosalind, l. 19: *the freshflushing springtide;*
298, Maud, I, XIX, II, 5: *my dark-dawning youth;*
307, Maud, III, IV, 15: *deathful-grinning mouths of
the fortress;*   394 b 5, Merlin Vivien, 886: *essay'd, by
tenderest-touching terms* (Alliter.), *to sleek her ruffled
peace of mind:* hier also nicht adverbielles Verhältnis, sondern
Parallelismus: *tender and touching;* so auch: 184 a 16, Princess, III, 224: *old-recurring waves of prejudice; —*
395 a 16, Merlin Vivien, 939: *the livid-flickering
fork* ("Blitz"); — 398 a 6, Lancelot Elaine, 137: *the
tiny-trumpeting gnat (trumpeting with a tiny voice);*
403 b 2, Lancelot Elaine, 492: *a... wave..., green-
glimmering toward the summit;* vgl. 433 b 20, Pelleas
Ettarre, 32: *thro' that green-glooming twilight of the
grove; —* 429 a 28, Holy Grail, 662: *he heard the hollow-
ringing heavens sweep over him; —* 451 a 23, Last Tournament, 493: *the long low dune, and lazy-plunging sea;*
— 461 a 2, Guinevere, 297: *our simple-seeming abbess*
(im Hamlet heißt es umgekehrt: *our most seeming-
virtuous queen); —* 532 a, De Profundis, I, 4: *the vast*

waste dawn of multitudinous-eddying light; — 685 a 2,
Harold, V, 1: *low-moaning heavens;* — 823 b, Foresters,
II, 2: *by the moon's long-silvering ray.*

§ 259. Indes kommt es auch vor, daß solche Adjektiv-
bestimmungen in der vollen Adverbialform die Zusammensetzung eingehen: 477 a 15, Lover's Tale, I, 55: *the
slowly-ridging rollers on the cliffs;* — 653 a, Harold,
I, 1, 2: *yon grimly-glaring, treble-brandish'd scourge of
England.* —

Nun noch einige Beispiele für nicht-adjektivische Adverbia in Verbindung mit aktiven Partizipien: 441 b 1,
Pelleas Ettarre, 374: *her ever-veering fancy turn'd
to Pelleas;* — 453 a 9, Last Tournament, 593: *those
far-rolling, westward-smiling seas* (Lautsymbolik);
670 a 10, Harold, II, 2: *your ever-jarring Earldoms*
— 671 a, 7 u., Harold, III, 1: *long down-silvering beard,*
— 784 a 9, Promise May, I: *the gulf of never-dawning
darkness;* — 843 b, Jubilee Queen Victoria, IX:
*Fifty years of ever-broadening Commerce! Fifty years of
ever-brightening Science! Fifty years of ever-widening
Empire!* — 878 b 29, St. Telemachus, 32: *westward-
wheeling stars.* —

§ 260. Unter den zusammengesetzten Partizipien
Praeteriti unterscheide ich in der üblichen Weise "echte",
die von wirklichen Verben gebildet sind, und "unechte"
von Substantiven — und beginne mit den ersteren.

In ihrer Zusammensetzung mit Substantiven sind
natürlich die Fälle am wichtigsten und zahlreichsten, in
welchen das Substantivum das logische Subjekt der Handlung, bzw. das tätige Werkzeug oder die wirkende Ursache
bezeichnet; diese Beispiele stelle ich also voran: [1]

— Timbuctoo, 46 (Churton Collins, Early Poems,
311, 22): *the infinite ways...Seraph-trod;* Jugendsonett bei Churton Collins, Early Poems, 292, l. 12:
blastborne hail; 10 a 30, Recollections Arabian
Nights, 36: *the star-strown calm;* 11 b, Ode
Memory, II, 7: *dew-impearled winds of dawn* (dazu

---

[1] Vgl. zu diesen Fällen z. B. Shakspere, *Cymbeline*, I, 7: *"Had
I been thief-stolen, as my two brothers, happy!"*

Parallele aus D r a y t o n , I d e a s , S o n n e t 54: *the dainty
dew-impearled flowers* bei Churton Collins, *Illustrations
of Tennyson);* — 23 a, E l e ä n o r e , III, 6: *bower . . . g r a p e -
t h i c k e n 'd from the light;* — 26 a, A l e x a n d e r , 7: *that
p a l m - p l a n t e d f o u n t a i n - f e d Ammonian Oasis in the
waste;* — 48 a 28, P a l a c e A r t , 252: *the plunging seas
drew backward from the land their m o o n - l e d waters white*
(Einfluß des Mondes auf Gezeiten des Meeres); — 54 a,
L o t o s - E a t e r s , 17: *pinnacles . . . s u n s e t - f l u s h 'd;* vgl. 372 a
7, B a l i n B a l a n , 163: *the peak s u n - f l u s h 'd;* — 144 a
21, A y l m e r's F i e l d , 105: *T e m p l e - e a t e n terms* (d. h.
"Perioden juridischen Studiums im *Inner-Temple");* — 153 b
25, A y l m e r's F i e l d , 723: *a n g e r - c h a r m 'd from sorrow*
(= *by anger charmed from s.);* — 167 a 24, P r i n c e s s ,
P r o l o g u e , 119: *the feudal warrior l a d y - c l a d* (= *clad by
a lady);* — 186 b, P r i n c e s s , IV, 8: *the tent l a m p - l i t from
the inner;* — 202 a 24, P r i n c e s s , V, 418: *our maids were
better at their homes, than thus m a n - g i r d l e d here;* — 254 b,
In M e m . , 27, 12: *w a n t - b e g o t t e n rest;* 263 b, In
M e m . , 65, 2: *a fancy t r o u b l e - t o s t;* — 269 b 36, In M e m . ,
85, 96: *pining life . . . f a n c y - f e d;* — 274 a, In M e m . ,
96, 4: *doubt is D e v i l - b o r n;* vgl. 391 a 27, M e r l i n
V i v i e n , 690: *accusation . . . s p l e e n - b o r n;* In M e m . ,
127, Urfassung (L i f e , Tauchnitz Ed., II, 71, "Victor Hours"),
10: *wise yourselves or w i s d o m - l e d;* — 293 b, M a u d , I, X,
I, 17: *a w e - s t r i c k e n breaths;* vgl. 361 b 11, G e r a i n t
E n i d , 468: *they vanish'd p a n i c - s t r i c k e n;* — Life,
Tauchnitz Edition, II, 172 (in einem später ausgeschiedenen
Stück aus "Maud"): *a g r a y - b e a r d - r i d d e n isle;* — 297 b,
M a u d , I, XVIII, IV, 6: *the m a t t o c k - h a r d e n 'd hand;* —
328 b 18, G a r e t h L y n e t t e , 672: *a f u e l - s m o t h e r 'd fire*
(= *smother'd by too much fuel);* — 328 b 26, G a r e t h
L y n e t t e , 680: *a spear, of grain s t o r m - s t r e n g t h e n 'd
on a windy site;* — 354 b 11, G e r a i n t E n i d , 30: *b a n d i t -
h a u n t e d holds;* vgl. 861 a, L e p e r's B r i d e , IX, 2: *this
S a t a n - h a u n t e d ruin (viz. man's body);* — 359 b 23,
G e r a i n t E n i d , 351: *eyes . . . w i n e - h e a t e d from the feast;*
— 371 a 20, B a l i n B a l a n , 118: *a knight . . . s p e a r -
s t r i c k e n from behind;* vgl. 389 a 21, M e r l i n V i v i e n ,
553: *a r r o w - s l a i n;* — 409 a 10, L a n c e l o t E l a i n e ,

817: *his battle-writhen arms* (= *writhen by many battles*);
424 a 25, Holy Grail, 334: *the long rich galleries,*
lady-laden; — 447 b 11, Last Tournament, 263:
water-sodden log stay'd in the wandering warble of a
brook; — 449 a 29, Last Tournament, 374: *with ruby-*
circled neck; — 450 b 24, Last Tournament, 465:
the face wellnigh was helmet-hidden; — 454 b 26, Last
Tournament, 696: *heather-scented air;* 857 a 1,
Ring, 277: *clear and heather-scented height,* 482 a 11,
Lover's Tale, I, 368: *an earthquake-cloven chasm;*
490 a 12, Lover's Tale, II, 61: *some fair metropolis,*
earth-shock'd (für **earthquake-shock'd,* s. § 267)· 491 b
1, Lover's Tale, II, 146: *a haggard prisoner, iron-stay'd*
in ... dungeons; — 509 a, Revenge, XIV, 13: *the shot-*
shatter'd navy of Spain; — 523 a 18, John Oldcastle,
101: *mitre-sanction'd harlot* (vorher *mitred Arundel);* —
534 b 2, To Victor Hugo, 4: *fame-lit laurels;* —
539 b 16, Tiresias, 96: *the song-built towers and gates*
(of Thebes: built by Amphion's music); 594 a, Queen
Mary, II, 1, 7: *save that he fears he may be crack'd in*
using: I have known a semi-madman in my time so fancy-
ridd'n (= *possess'd by such a fancy);* — 638 a, 6 u., Queen
Mary, V, 1: *a land so hunger-nipt and wretched;* vgl.
730 a 2, Becket, III, 3: *famine-wasted,* — und 803 b,
Promise May, III: *laid famine-stricken at the gates*
of Death; 652, Show-day Battle Abbey, 8: *our*
Norman-slander'd king; — 662 b 10, Harold, II, 2: *he*
from the liquid sands of Coesnon haled thy shore-swallow'd,
armour'd Normans up to fight; — 831 b, Foresters, IV,
1: *a weasel-suck'd egg;* 842 b, To Marquis Dufferin Ava, VIII, 3: *in haunts of jungle-poison'd air;*
— 846 a 18, Demeter Persephone, 110: *rain-rotten*
died the wheat; 861 a, Leper's Bride, VIII, 3: *this*
poor rib-grated dungeon of the holy human ghost (viz. the
body); — 877 a 20, Death Oenone, 38: *adder-bitten*
lamb; — 890 b, Dawn, III, 3: *rake-ruin'd bodies and*
souls (ruin'd by rakes). —

Hieher endlich auch ein pronominales Beispiel: 626 b
15, Queen Mary, IV, 1: *he is effaced, self-blotted*
out. —

§ 261. Als zweite Klasse zitiere ich die übrigen Fälle, in denen irgend ein anderes präpositionales Verhältnis zwischen dem Substantivum und der Verbalform vorliegt: 21 a, Adeline, V, 7: *melodious airs lovelorn;* — 58 b 28, Dream Fair Women, 128: *brow-bound with burning gold* (Rowe-Webb vergleichen Coriolanus, 2, 2, 102: *brow-bound with the oak);* — 169 b 22, Princess, I, 33: *proxy-wedded (by);* — 276 a, In Mem., 102, 12: *the bird in (its) native hazels tassel-hung;* — 315 b 23 Coming Arthur, 419: *the peak haze-hidden* (= *hidden in a haze);* vgl. 575 b, Freedom, II, 3: *forehead vapour-swathed;* — 325 a 7, Gareth Lynette, 446: *the plant that feels itself root-bitten by white lichen (bitten at the root),* 330 a 2, Gareth Lynette, 743: *they shock'd, and Kay fell shoulder-slipt;* 334 b 18, Gareth Lynette, 1017: *being all bone-batter'd on the rock;* — 337 a 26, Gareth Lynette, 1165: *letters . . . crag-carven;* vgl. 631 b 13, Queen Mary, IV, 3: *the stone-cut epitaph;* 376 a 26, Balin Balan, 408: *. . . lance . . . point-painted red* (= *painted red at the point);* 384 b 32, Merlin Vivien, 280: *foot-gilt with all the blossom-dust of those deep meadows;* — 389 a 26, Merlin Vivien, 558: *those isle-nurtured eyes (on);* 394 b 4, Merlin Vivien, 885: *the face hand-hidden* (= *hidden in the hand), as for utmost grief or shame;* 444 b 1, Last Tournament, 59: *his nose bridge-broken;* 449 b 24, Last Tournament, 398: *a drift of foliage random-blown* (= *blown at random);* — 595 a, Queen Mary, II, 1: *brain-dizzied with a draught of morning ale;* — 601 a 5, Queen Mary, II, 2: *the nursery-cocker'd child;* — 641 b, 5 u., Queen Mary, V, 2: *tongue-torn with pincers;* — 661 b, 5 u., Harold, II, 1: *they should hang cliff-gibbeted for sea-marks;* — 729 b, Becket, III, 3: *midriff-shaken even to tears* (sc. *with laughter);* — 753 a 15, Cup, I, 2: *huntsman, and hound, . and deer were all neck-broken;* — 876 b, Death Oenone, 2: *the cave from out whose ivy-matted mouth . . .;* — und wieder zum Schluß ein pronominales Beispiel: 206 b 9, Princess, VI, 142: *self-involved* (= "in Gedanken versunken"). —

Das Gegenstück zu gewissen Fällen dieses letzten

Abschnittes, wie *tongue-torn, neck-broken, midriff-shaken,* —
bilden andere, in denen das Partizip ein starkes —
voransteht und das Substantiv, mit einer Partizipialendung
versehen, nachfolgt, so daß sie ganz das Aussehen "unechter" Partizipia haben, ohne es aber ihrem Inhalte nach
zu sein; solche Beispiele sind: 823 b, Foresters, II, 2
(eine der *fairies* klagt): *reed I rock'd upon broken-back'd;* —
886 b, Church-warden Curate, II, 2: *the mare brokken-
kneedd;* — hieher ferner ein Fall, dessen erster Teil nicht
einmal mehr partizipial ist, und der doch nicht eine Eigenschaft, sondern einen vorübergehenden Zustand ausdrückt,
also trotz seiner grammatischen Gestalt den eigentlichen
Partizipien zugezählt werden muß: 210 a 3, Princess, VI,
339: *the two great cats (the Princess's tamed leopards)
bow-back'd with fear.* —

Zum Schluß der substantivischen Klasse sind noch
einige besonders langatmige Bildungen anzuführen, so:
408 a 6, Lancelot Elaine, 752: *she... ever kept the one-
day-seen Sir Lancelot in her heart;* 414 b 14, Lancelot
Elaine, 1170: *the nine-years-fought-for diamonds;*
578 b 2, Poets Bibliographies, 6: *Horace, you wise
adviser of the nine-years-ponder'd lay ("nonum ... prematur in annum",* Ars Poetica, 388); — 719 b, 2 u., Becket,
II, 2: *this long-tugged-at, threadbare-worn quarrel of Crown
and Church,* alles "Zusammenrückungen" (s. § 268). —

§ 262. Adjektiva haben in der Verbindung mit
Partizipien Praeteriti ganz wie bei den präsentischen (§ 258)
adverbiale Bedeutung:

Life, Tauchnitz Ed., II, 70, 6, The Grave
(urspr. In Mem., 57), 14: *the trim-set plots of art;* —
289, Maud, Part I, III, 11: *the tide in its broad-flung
shipwrecking roar;* — 290, Maud, I, IV, IV, 2: *a hard-
set smile;* — 330 b 21, Gareth Lynette, 791: *black-
shadow'd* (Räuber im Schatten von Bäumen); — 373 a
23, Balin Balan, 238: *Sir Balin sat close-bower'd in
that garden;* 398 a 29, Lancelot Elaine, 160: *the
barren-beaten thoroughfare:* hier gibt das Adjektiv den
resultierenden Zustand an; ebenso 462 b 6, Guinevere, 403:
she sat stiff-stricken, listening; — 414 b 12, Lancelot

Elaine, 1168: *hard-won and hardly-won with bruise
and blow* (das *hardly* = lat. *vix*); 460 a 7, Guinevere,
249: *the dim-lit woods;* 479 a 34, Lover's Tale, I,
149: *beating heart ... with its true-touched pulses; —* 536 b,
Achilles, 26: *sheer-astounded were the charioteers*
(übersetzt Ilias, 18, 225: ἡνίοχοι δ' ἐκπλήγεν); — 587 a 20,
Queen Mary, I, 4: *his buzzard beak and deep-incavern'd
eyes; —* 767 a (Falcon): *I bred thee the full-train'd
marvel of all falconry. —*

Vom Typus Adverb + Partizip schließlich sind markantere Beispiele: 362 a 39, Geraint Enid, 531: *flying
... before an ever-fancied arrow; —* 521 a 10, Defence
Lucknow, VI, 20: *the still-shatter'd walls* (durch das
Geschützfeuer); — 878 a 4, Death Oenone, 85: *the long
torrent's ever-deepen'd roar. —*

§ 263. Ich komme nun zu den sogenannten "unechten" Partizipien[1]). Simplicia dieser Art sind schon
vorhin bei Behandlung des Verhältnisses von Verbum und
Substantivum (§ 26) angeführt worden. Hier haben wir es
mit den zusammengesetzten zu tun; sie sind vielleicht die
kunstvollste, kühnste und zahlreichste Gruppe von Tennysons
Zusammensetzungen überhaupt.

In der Mitte zwischen echten und unechten Partizipien,
stehen gewisse, dem äußeren Aussehen nach echte, weil
von Wörtern abgeleitete, die als Verba geläufig sind, —
in ihrer Bedeutung aber nicht mehr partizipiale, sondern
zuständlich-adjektivische. Solche Beispiele sind:
— 235 a, Will, I, 9: *(a promontory) tempest-buffeted,
citadel-crown'd; —* 273 b 22, In Mem., 95, 46: *mattermoulded forms of speech; —* 295 a, Maud, I, XIII, I, 9:
his face... has a broad-blown comeliness; — 335 b 26,
Gareth Lynette, 1078: *many-stain'd pavilion;*
409 b 12, Lancelot Elaine, 849: *the weirdly-sculptured
gates; —* 412 a 11, Lancelot Elaine, 1005: *with the
sallow-rifted glooms of evening; —* 449 b 12, Last Tournament, 386: *a lodge of intertwisted beechen-boughs furze-*

---

[1]) Vgl. H. Bradley, *The Making of English* (London 1904),
p. 120 f.

cramm'd, and bracken-rooft; 464 b 8, G u i n e v e r e,
539: *imperial-moulded form.*

§ 264. Unter den eigentlich "unechten" Partizipien
ist der Typus mit einem A d j e k t i v als Bestimmungswort
der häufigste und normalste, verdient also die erste Stelle;
die folgenden Beispiele sind natürlich nur eine Auswahl:
— 3 b, L e o n i n e E l e g i a c s, 11: *false-eyed Hesper,
unkind;* 6 b, I s a b e l, I, 2: *clear-pointed flame of
chastity;* — 11 a 36, R e c o l l e c t i o n s A r a b i a n N i g h t s, 135:
the Persian girl... with a r g e n t - l i d d e d *eyes;* — 13 a 13, O d e
M e m o r y, V, 47: *those whom passion hath not blinded,* s u b t l e -
t h o u g h t e d, m y r i a d - m i n d e d (die seltsame Geschichte
dieses Wortes, spätgriech. μυριόνους, von C o l e r i d g e aufgegriffen, übersetzt und auf Shakspere angewandt, aus der
Biographia Literaria von Tennyson übernommen — s. bei
Churton Collins, *Illustrations of Tennyson*, p. 29); — 28 a,
L a d y S h a l o t t, 5: *many-tower'd Camelot* (ü b e r d i e
z a h l r e i c h e n Z u s a m m e n s e t z u n g e n d i e s e r A r t m i t
many s. R o w e - W e b b, *Selections from Tennyson*,
z. St.); — zu 40 a, O e n o n e, ältere Version, Churton Collins,
E a r l y P o e m s, p. 80, v. 3: *the goldensandalled morn;*
ähnlich ibid. p. 303, H e s p e r i d e s' S o n g, IV, 20: *the luscious
fruitage,...goldenkernell'd, goldencored;* — 47 a 7, P a l a c e
A r t, 163: *large-brow'd Verulam* (Bacon); vgl. 477 a 13,
L o v e r's T a l e, I, 53: *a low-brow'd cavern;* 72 a 12,
M o r t e d'A r t h u r, 262: *deep-meadow'd* (Rowe und
Webb vergleichen das homerische βαθύλειμος, z. B. Il.,
9, 151); — 102, 13, L o c k s l e y H a l l, 155: *my father
evil-starr'd;* 243, H e x a m e t e r s P e n t a m e t e r s, 1:
the strong-wing'd music of Homer; — ibid., M i l t o n, 1:
mighty-mouth'd inventor of harmonies; — 249 a 3, In M e m.,
6, 15 (Seemannsbegräbnis): *his heavy-shotted hammock-
shroud* ("mit Kanonenkugel beschwert"); — 242, 14, B o ä -
d i c e a, 56: *yellow-ringleted;* — 273 b 34, In M e m., 95,
58: *the full-foliaged elms;* — 285 b 36, In M e m., Epil.,
112: *the silent-lighted town (= town with its silent lights, with
its silence and its lights);* 286, M a u d, I, I, I, 3: *the
red-ribb'd ledges;* — 286, M a u d, I, I, IV, 4: *the
shrill-edged shriek of a mother;* 288, M a u d, I, I,
XIII, 3: *the smooth-faced, snubnosed rogue;* — 293 a,

Maud, Part I, VIII, 10: *the snowy-banded, ... delicate-handed priest;* vgl. 835 a 5, Foresters, IV: *the delicate footed creature (stag);* 294 a 2, Maud, I, X, III, 5: *broad-brimm'd hawker of holy things;* — 297 a, Maud, I, XVIII, II, 2: *the dry-tongued laurels' pattering talk* (onomatopoet.); 328 b 20, Gareth Lynette, 674: *dull-coated things* (Schmetterlings-Maden); — 329 b 21, Gareth Lynette, 732: *a foul-flesh'd agaric;* — 332 a 26, Gareth Lynette, 888: *rough-thicketed ... banks;* — 345 b 17, Marriage Geraint, 301: *a house ... ever open-door'd;* — 346 a 7, Marriage Geraint, 313: *hairy-fibred arms (of ivy-stems);* 346 b 13, Marriage Geraint, 352: *the dusky-rafter'd many-cobweb'd hall;* — 356 a 11, Geraint Enid, 120: *stubborn-shafted oaks;* — 362 b 6, Geraint Enid, 537: *broad-faced with under-fringe of russet beard;* — 391 b 26, Merlin Vivien, 720: *the myriad-room'd and many-corridor'd complexities of Arthur's palace;* zu *myriad* — vgl. 570 b 4, Epilogue "Heavy Brigade", 52: *yon myriad-worlded way;* zu *many-* (s. o.!): 764 a 2, Cup, II: *the many-breasted mother Artemis;* 408 b 29, Lancelot Elaine, 806: *the strange-statued gate;* — 445 b 26, Last Tournament, 154: *double-dragon'd chair;* — 451 b 19, Last Tournament, 517: *glossy-throated grace;* vgl. 395 b, Lancelot Elaine, 12: *the yellow-throated nestling;* — 453 a 29, Last Tournament, 613: *pale-blooded;* vgl. 584 a 20, Queen Mary, I, 3: *this fine blue-blooded Courtenay;* sowie 736 b, 1 u., Becket, IV, 2: *he grovels to the Church when he's black-blooded;* auch 605 b 10, Queen Mary, III, 1: *you are too black-blooded* ("pessimistisch"); rhetorisch verwertet: 608 a 1, Queen Mary, III, 1: *you call me too black-blooded — true enough [:] her (Lady Jane Grey's) dark dead blood is in my heart with mine;* vgl. ferner 683 a 6, Harold, IV, 3: *eat; and, when again red-blooded, speak again;* 485 a 10, Lover's Tale, I, 555: *echoes of the hollow-banked brooks;* — 533 b 1, Sonnet, 10: *hoar high-templed Faith;* — 578 b, To Macready, 2: *full-handed thunders (of applause);* 594 a, Queen Mary, I, 5: *one full-throated No!* — 629 b 2, Queen Mary, IV, 2: *o thin-skinn'd hand and jutting veins;* — 654 b 22, Harold,

I, 1: *being half Norman-blooded;* — 745 a 12, Becket, V,
2: *the loud-lung'd trumpets;* vgl. 159 b 27, Sea Dreams,
244: *threats of doom, and loud-lung'd Antibabylonianisms;*
— 774 a, 4 u. (Falcon): *as some cold-manner'd friend
may strangely do us the truest service;* — 813 a 7, Foresters,
I, 3: *the highback'd polecat;* — 846 a 19, Demeter
Persephone, 111: *the barley-spears were hollow-husk'd*
(Mißwachs). —

Unerwarteterweise aufgelöst finden wir solche Adjektiv-
partizipia an den Stellen: 322 a 20, Gareth Lynette,
277: *thine own beard that . . . seems wellnigh as long as thou
art statured tall,* — und (anders): 346 a 23, Marriage
Geraint, 329: *a coppice gemm'd with green and red.* —

§ 265. Mit Substantiven setzen sich unechte Partizipia am häufigsten in jenem bildlich vergleichenden Schema
zusammen, welchem wir in früheren Abschnitten (§ 249,
253) schon mehrfach begegnet sind. Beispiele:

— 236 b, Islet, 11 f.: *Eroses . . . apple-cheek'd*
(Churton Collins vergleicht μαλοπάρηος bei Theokrit, Id.,
27), *. shallop . . . ivory-beak'd;* — zu 72 b ff., ausge-
schaltete Zeilen von Gardener's Daughter (bei Morton
Luce, *Handbook to the Works of A. l. T.*, p. 123): *a lute-
toned whisper,* 288, Maud, I, I, XVIII, 4: *the moon-
faced darling of all;* — 289, Maud, I, IV, I, 1: *the ruby-
budded lime;* — 297 b 5, Maud, I, XVIII, III, 16: *the
snow-limb'd Eve;* — 302 a 3, Maud, II, I, I, 13: *the babe-
faced lord;* — 313 b 9, Coming Arthur, 285: *his huge
cross-hilted sword (with hilt in form of cross);* — 330 b
8, Gareth Lynette, 779: *bowl-shaped . . . a gloomy-
gladed hollow* (vgl. deutsch "Tal-Kessel"); — 450 b 13, Last
Tournament, 454: *eunuch-hearted King;* — 455 a 3,
Last Tournament, 705: *the garnet-headed yaffingale;*
— 475 a 26, To Queen, 40: *that gray king (Arthur), whose
name, a ghost, streams 'like a cloud, man-shaped, from
mountain peak;* — 490 a 26, Lover's Tale, II, 75: *the
silver-sheeted bay;* — 504 b, Northern Cobbler, IV, 10:
*I looŏk'd eock-eyed at my noäse an' I seeäd 'im a-gittin'
o' fire;* — 665 b 9, Harold, II, 2: *this iron-mooded Duke*
(William), (vgl. Wellingtons Beinamen *"Iron Duke")*
(-mooded hier wie ags. -mōd in *"conversion compounds"*). —

In vereinzelten Fällen liegt das Bildliche des Ausdrucks umgekehrt im Grundwort, dem unechten Partizip selbst, nicht im bestimmenden Substantiv; so 204 a 6, Princess, V, 524: *strong, supple, sinew-corded,* — wo wir **cord-sinew'd* erwarten (die Alliteration ist mit im Spiele); — 375 a 4, Balin Balan, 329: *the hall of Pellam, lichenbearded;* — 490 b 26, Lover's Tale, II, 107: *the cloudpavilion'd element, the wood.* —

Als unterkunftslose Nachzügler mögen endlich noch einige Fälle folgen, in denen allerlei Präpositionalverbindungen die Beziehung der zwei Bestandteile zueinander ausdrücken würden:

121 b 5, Vision Sin, III, 15: *a gray and gaptooth'd man (with gaps in teeth);* — 243, Milton, 1: *godgifted organ-voice of England (by, from);* — 449 b 12, Last Tournament, 386: *a lodge ... furze-cramm'd, and bracken rooft (with bracken for roof);* 844 b 19, Demeter Persephone, 25: *the serpent-wanded power* (Hermes mit dem *caduceus*).

———

§ 266. Den so erledigten Kompositionen der nominalen und verbalen Redeteile kann ich jetzt eine Auslese zusammengesetzter Adverbien hinzufügen.

In vorderster Reihe stehen da die Bildungen mit - *like* und - *wise,* welche man doch wohl in ihrem fertigen Zustande als Modaladverbia einreihen darf. Für ersteres zitiere ich: 277 a 24, In Mem., 103, 56: *a ... cloud that landlike slept along the deep;* — 659 b 13, Harold, I, 2: *Griffyth ... chased deer-like up his mountains;* 767 a (Falcon): *... swoop down upon him eagle-like, lightning-like;* — aus dem Dialekt: 780 a, Promise May, I: *she said it spiteful-like.* —

Zwischen *like* und *wise* stehe die lautsymbolisch schöne Gegenüberstellung beider in den Worten Isoldens zu Tristan: 451 b 26, Last Tournament, 524: *catlike thro' his own castle steals my Mark, but warrior-wise thou stridest thro' his halls.* —

- *wise* selbst belege ich mit: 6 b, Isabel, I, 6: *locks not wide-dispread, Madonna-wise on either side her head;* — 376 a 3, Balin Balan, 385: *Garlon utter'd mocking-*

wise; — 382 a 3, Merlin Vivien, 98: *muttering broken-wise;* — 428 b 11, Holy Grail, 613: *I speak too earthly-wise;* in anderer Funktion: 384 b 24, Merlin Vivien, 272: *the spring that gather'd trickling dropwise from the cleft;* und endlich: 454 b 15, Last Tournament, 685: *did mightier deeds than elsewise he had done* — für *otherwise;* umgekehrt finden wir 267 b, In Mem., 82, 12: *otherwhere* für gewöhnlicheres *elsewhere.* —

Von sonstigen Adverbien ist zunächst eine geschlossene Gruppe zum Teil langatmiger Zusammensetzungen aus substantivischen und adjektivischen Elementen — das Resultat meist in lokaler Funktion — zu zitieren:

— 189 a 3, Princess, IV, 170: *a tree ... stoop'd ... mid-channel;* 330 b 22, Gareth Lynette, 793: *mid-thigh-deep in bulrushes and reed;* — 434 a 9, Pelleas Ettarre, 54: *breast-high in the bright line of bracken·* — ähnlich 489 a, Lover's Tale, II, 19: *the hemlock, brow-high,* — aber hier adjektivisch.

Die noch übrigen, irgendwie bemerkenswerten Adverbialzusammensetzungen kann ich summarisch aufzählen:

— 448 a 6, Last Tournament, 292: *ye might have moved slow-measure to my tune;* — 516 a, Village Wife, XIII, 2: *to-year,* im Dialekt wohl geläufig; vgl. 886 b, Church-warden Curate, IV, 3: *ta-year (this year,* Note Tennysons); 657 b 18, Harold, I, 1: *side not with Tostig in any violence, lest thou be sideways guilty of the violence;* — 695 b, 2 u., Becket, Prologue: *tread under-heel (= underfoot);* — 725 b, Becket, III, 1: *and so brought me no-hows as I may say* ... (umgangssprachlich; aus der in dieser Beziehung klassischen Rolle der Magd Margery). —

§ 267. Am Schluß dieses ganzen Kapitels über die Wortzusammensetzung müssen noch einige Fälle — grammatisch verschiedener Art — angeführt werden, in denen wir selbst bei unserem sehr kompositionsgewandten Dichter unter metrischem Zwange oder angesichts inhaltlicher Notwendigkeit nachdrücklicher Hervorhebung statt erwarteter Zusammensetzung anormale Auflösung finden:

— 153 a 20, Aylmer's Field, 687: *her eyes had such a star of morning in their blue;* ähnlich nennt Vivien den Merlin 395 a 29, Merlin Vivien, 952: *her silver star of eve;* — 393 b 23, Merlin Vivien, 844: *a long, long weeping, not consolable;* — 476 b 7, Lover's Tale, I, 27: *the rising of the sun (= East);* — 574 b, Epitaph Lord Stratford, 3: *Here silent in our Minster of the West (= Westminster), who wert the voice of England in the East ... ("Probably nothing so bad ... was ever written seriously by a poet of Tennyson's eminence":* Churton Collins); 665 a 10, Harold, II, 2: *all the North of Humber is one storm;* das sagt natürlich mehr als *Northumberland;* — 782 a, Promise May, I: *I ha taäen good care to turn out boäth my darters right·down fine ladies* (für *downright);* — 892 b, Tourney, 8: *lances snapt in sunder (= asunder).*

Desgleichen sei hier am Schlusse zusammenfassend einer (nicht speziell tennysonianischen) Eigentümlichkeit der Kompositionstechnik gedacht, welche in der Abkürzung dreigliedriger Zusammensetzungen durch Auslassung des Mittelgliedes besteht;[1]) Beispiele:

335 a 11, Gareth Lynette, 1038: *thee, the flower of kitchendom* (für **kitchen-knave-dom; -dom* kollektiv, s. § 70); 325 b 32, Gareth Lynette, 500: *knights, who sliced a red life-bubbling way thro' twenty folds of twisted dragon* (für **lifeblood-bubbling = bubbling with lifeblood;* s. § 257); — 490 a 12, Lover's Tale, II, 61: *some fair metropolis, earth-shock'd* (für **earthquake-shock'd);* hingegen 482 a 11, Lover's Tale, I, 368: *an earthquake-cloven chasm* (beides schon § 260 zitiert).

In gewissem Sinne gehört auch hieher: 578 b 2, Poets Bibliographies, 6: *Horace, you wise adviser of the nine-years-ponder'd lay* (für **nine-years-to-be-ponder'd: nonum prematur in annum,* Ars Poet., 388), wo freilich das fehlende *to be* in der Bedeutung von *adviser* steckt.

§ 268. Auf Zusammenrückung, eine mit logischer Berechtigung von der Zusammensetzung unterschiedene Bildungsweise, gehen manche der im obigen unter den

---

[1]) Vgl. z. B. altisländ. *sonar-blóþ* für **sonar-galtar-blóþ* ("Blut des Sühn-Ebers", *sonar-gǫltr),* was dann, als "Sohnesblut" mißverstanden, zu Sagenentstellung führt. Auch *kaup-staðr* für *kaup-drengja-*(oder *-manna-)staðr.*

Zusammensetzungen eingereihten Beispiele im Grunde zurück, ohne daß es aber notwendig erschienen wäre, sie besonders hervorzuheben. Zweckmäßig wird dies nur bei einer besonderen Klasse sein, nämlich den Gebilden auf *a-*, welche, aus Präposition + Substantiv (meist verbalem) entstanden, als Zustandsbezeichnungen adverbieller Art dienen und den Dichtern im allgemeinen recht geläufig sind, weshalb ich aus Tennyson — mit Übergehung des gewöhnlichsten Typus *a ... -ing* (ags. *on ... -unge*) — hier nur anführe· 371 a 4, **Balin Balan**, 102: (Pellam) *eats scarce cnow to keep his pulse a beat;* 728 b, **Becket**, III, 3: *yon side-beam that ... sets the church-tower ... a-hell-fire as it were;* — 844 b 29, **Demeter Persephone**, 35: *the field of Enna, now once more ablaze with flowers:* dasselbe Wort 852 b 16, **Ring**, 51; 855 a 19, **Ring**, 180; vgl. 882 a 2, **Akbar's Dream**, 108: *a-glare;* 874 a, **Roses on Terrace**, 3: *Two words, "My Rose," set all your face aglow.*

Damit wären meine Betrachtungen über Tennysons Technik in Bildung und Zusammensetzung der Wörter abgeschlossen und ich darf ans Ende dieser Beispielsammlung wohl die Behauptung setzen, Tennyson verdiene wegen seiner hervorragenden Fähigkeit, absterbende Suffixe in ihrer vollen Bedeutung und Funktion zu beleben und in neuen und weiteren Umlauf zu bringen, sowie andererseits die spröde Abneigung des Neuenglischen gegen die Zusammensetzung glücklich zu überwinden, dieser zwiefachen Sprachmeisterschaft wegen also, sowie im Hinblick auf die zahlreichen geflügelten Worte aus seinen Dichtungen, welche für alle Zeiten sprichwörtlich feststehende Ausdrucksformeln und sprachliches Gemeingut geworden sind, — verdiene unser Dichter wohl, mit Bradleys schön geprägtem Wort als einer der großen *Makers of English* bezeichnet zu werden. —

Vierter Teil

Wortgebrauch.

Außer *durch* Bil*d*ung selbständiger Wörter kann ein Dichter, wie schon einmal bemerkt, seinen Wortschatz noch aus zwei Quellen fertigen Sprachmaterials schöpfen: aus der Summe alter, auß*er* Gebrauch gekommener Ausd*r*ücke und Wen*d*ungen, — und aus der leben*d*en, in seiner Zeit und Umgebung gesprochenen und geschriebenen Sprache *d*urch *d*eren in*d*ividuelle, vom Durchschnittsgebrauch ab weichende Verwen*d*ung.

§ 269. Wen*d*en wir uns zunächst dem erstgenannten Kunstmittel zu, so muß gleich hier bemerkt wer*d*en, daß eine systematische Behan*d*lung der Archaismen bei Tennyson nur auf Grun*d* einer eingehen*d*en Vergleichung der Königsidyllen mit ihren mittelenglischen Quellen, der Dramen mit dem historiographischen Quellenstoff und Meisterwerken der Geschichts*d*ichtung, des Robin Hood-Dramas mit der Volkspoesie und vieler kleinerer Ge*d*ichte mit antiken und neueren Stilvorbil*d*ern möglich wäre, was alles literar-philologische Aufgaben für sich sin*d*. Hier muß ich mich auf ein Verzeichnis ausgewählter Archaismen[1]) aus den Werken im allgemeinen und *d*ann speziell aus den Königsidyllen beschränken:

— zunächst einige *r*echt gekünstelte aus den Jugend-gedichten: Churton Collins, Early Poems, 182, Song, IV, 2: *thy locks are all of sunny sheen in rings of gold yronne*

---

[1]) Als solche zitiert Churton Collins auf S. 18, 19, der *Illustrations of Tennyson* die Wörter *bight* (Voyage Maeldune), *garth* (Enoch Arden), *poach'd filth* (Merlin Vivien), *roky hollow* (Last Tournament), *dune* (ibid.), *agaric* (Gareth Lynette), *mawkin* (Princess), *bosks* (ibid.), *byre* (Victim).

(mit einem Hinweis auf Chaucers: *His crispe hair in ringis was yronne)*; ibid. 292, Sonnet, 11: *their hated eyne* (Reim zu *between)*; ibid. 293, Love, I, 10: *thine empery is over all* (wahrscheinlich, wie wohl die meisten Archaismen der Jugendgedichte, aus Keats geschöpft: *N. E. D.* zitiert aus Lamia: *A want of something more, more than her empery;* das Wort kommt bei Marlowe öfter, z. B. Tamburlaine, Part I, v. 126, 227, 839, 2135, 2264 [ed. Wagner], bei Shakspere sechsmal vor); ibid., The Grasshopper, II, 6: *thou hast no compt of years* (im *N. E. D.* eine Stelle aus Baileys Festus: *he makes no compt of them);* — aus dem Text letzter Hand: 5 b 19, Confessions Sensitive Mind, 171: *he wots not* vor folgendem (Z. 21) *he knows not.* Das Verbum ist sehr häufig: 9 b, Second Song (The Owl), I, 1: *I wot,* etc.; in demselben Lied: 9 b, II, 1: *thy chaunt:* als Substantivum und als Verbum ist das Wort mit und ohne *u* sehr geläufig; — *atween* (manchmal postpositiv) für präpositives *between:* 6 a, Song, 8; 18 a, Oriana, 4, 8; 18 b, ibid. 9, 3; 22 a, Rosalind, II, 3, etc.; über die große Vorliebe für Bildungen auf *a-* jeglichen Ursprungs: *adown, afar, anear, a-leaning, a-dying, afield (= on the battle-field:* 403 a 8, Lancelot Elaine, 468: *if any man that day were left afield), a-nights* (816 b 6, Foresters, II, 1), — war schon § 268 die Rede. 32 b 21, Two Voices, 135: *and mete the bounds of love and hate* ("durchmessen"); das Wort — ags. *metan* — ist T. sehr geläufig: 95 b, Ulysses, 3: *I mete and dole unequal laws;* 147 b 4, Aylmer's Field, 316: *words, as meted by his measure of himself;* 483 b 13, Lover's Tale, I, 463: *how should Earthly measure mete the Heavenly-unmeasured or ·unlimited Love;* 68 a, Morte d'Arthur, 8: *nigh* für *near: a chapel nigh the field;* 105 b, Sleeping Palace (Day-Dream), VII, 3: *knowledge drawing nigh;* — 71 a 6, Morte d'Arthur, 193: *then saw they how there hove a dusky barge* (falscher Archaismus für das Malorysche *hoved,* s. Rowe-Webb z. St.); — 80 b 26, Audley Court, 63: *haply (= perchance;* dieses selbst vertritt regelmäßig das modernere und prosaischere *perhaps);* — 85 b, Stylites, 28: *strong and hale of body:* das etymologisch identische *whole* kommt in den Königsidyllen öfter für "geheilt, gesund" vor; z. B. 369 a 6, G e r a i n t E n i d, 944: *when Geraint was whole again* ("genesen"); — 86 a 28, S t y l i t e s, 58: *I had not s t i n t e d p r a c t i c e (= shrunk from doing it, viz. anything "to subdue this home of sin, ...flesh");* — 104 a 21, G o d i v a, 57: *the little wide-mouth'd heads upon the spout had c u n n i n g eyes to see:* hier hat das Wort noch zur Hälfte die moderne Bedeutung "schlau, listig", nähert sich aber schon der alten *(cunning... to see = able to see);* ganz im archaischen Sinne findet es sich schon 123 a 12, V i s i o n S i n, III, 124: *joints of cunning workmanship;* — 104 a 31, G o d i v a, 67: *one low churl... the fatal b y w o r d of the years to come;*   110 a, S i r G a l a h a d, 2: *my t o u g h lance t h r u s t e t h sure:* das ganze Gedicht hat präraphaelitisch-archaisierende Färbung; — 279 a, I n M e m., 110, 2: *the men of r a t h e and r i p e r years:* zur Verstärkung der allite-rierenden Antithese[1]) ist *those of* — nach *and* ausgelassen (cf. p. 185); zu *rathe* (ags. adv. *hraðe)* vgl. 401 a 17, L a n c e l o t E l a i n e, 338: *rathe she rose;* — 481 b 1, L o v e r' s T a l e, I, 329: *far as eye could k e n;* — 522 b 13, J o h n O l d-c a s t l e, 68: *far l i e v e r (I might have) led my friend back to the pure and universal church;* vgl. 342 b 11, M a r r i a g e G e r a i n t, 93: *far l i e f e r had I gird his harness on him;* 438 a 10, P e l l e a s E t t a r r e, 284: *I had liefer ye were worthy of my love;*[2]) — 523 a 18, J o h n O l d c a s t l e, 101: *the mitre-sanction'd h a r l o t:* von einem Bischof gesagt; heute ist *harlot* nur weiblich; — 700 b, 2 u., B e c k e t, I, 1: *her (holy mother Canterbury's) livings, her a d v o w s o n s, granges, farms* (alter Rechtsterminus); — 701 a, 7 u., B e c k e t, I, 1: *it much i m p o r t s me I should know her name;* — 836 a 4, F o r e s t e r s, IV: *by my h a l i d o m e.* —

Aus den Königsidyllen:

309 a, C o m i n g A r t h u r, 16: *and after these (Kings) (ruled) King Arthur for a s p a c e:* "eine Zeitlang"; früher war temporales *space* häufiger als heute; bei Tennyson kommt es sehr oft vor;   310 a 28, C o m i n g A r t h u r, 85: *s a v i n g I be join'd to her (= unless);* so sehr oft,

---

[1]) Dieselbe Antithese bei R. B r o w n i n g (der *rathe* sehr liebt) im Epilog zur *P a c c h i a r o t t o -*Sammlung (1876), III, 3: *Suspicion of all that's r i p e or r a t h e, From the bud on branch to the grass in swathe.*

[2]) *l i e f and dear,* s. § 152.

z. B. 311 a 24, Coming Arthur, 142: *how should I ... give my one daughter saving to a King;* — 311 a 1, Coming Arthur, 119: *Arthur call'd to stay the brands that hack'd among the flyers;* 313 a 6, Coming Arthur, 252: *think ye this King ... hath body enow to hold his foemen down?* 313 b 12, Coming Arthur, 288: *her face wellnigh was hidden;* vgl. 314 a 23, Coming Arthur, 329: *dark ... wellnigh to blackness;* — 317, Gareth Lynette, 18: *Heaven yield her for it;* 338 a 5, Gareth Lynette, 1203: *some chance to mar the boast thy brethren of thee make;* 360 a 17, Geraint Enid, 375: *the pieces of his armour ... all to be there against a sudden need:* das alte temporale *against;* 361 b 20, Geraint Enid, 477: *. fled all the boon companions of the Earl;* — 364 a 27, Geraint Enid, 653: *and bare her by main violence to the board;* — 365 b 10, Geraint Enid, 727: *with a sweep of it (sword) shore thro' the swarthy neck* 372 b 8, Balin Balan, 195: *some goodly cognizance of Guinevere, in lieu of this rough beast upon my shield;* 386 a 25, Merlin Vivien, 365: *your face is practised;* — 397 a 21, Lancelot Elaine, 91: *he yearn'd to make complete the tale of diamonds for his destined boon (tale = number);* 408 b 1, Lancelot Elaine, 778: *right fain were I to learn this knight were whole (whole = healed; fain* als Adjektiv, heute nur als Adverb); 414 a 19, Lancelot Elaine, 1139: *that day there was dole in Astolat;* 437 b 9, Pelleas Ettarre, 162: *if ye slay him I reck not* (modern ist *care);* — 451 b 11, Last Tournament, 509: *thy favour changed: favour = countenance;* — 466 b 15, Guinevere, 671: *distribute dole to poor sick people, richer in His eyes who ransom'd us, and haler too than I ...*

§ 270. Nachweise des Stileinflusses einzelner älterer Autoren und Werke sind nicht im Plane dieser Arbeit gelegen[1]); ich will nur noch hier unter den Archaismen einige

---

[1]) Untersuchungen dieser Art liegen übrigens auch schon vor; so ist z. B. der große Einfluß der Bibel auf Tennysons Sprache behandelt in Thistlethwaites schon (S. 38[2]) zitierter Dissertation zu den Königsidyllen; ferner in: Lester, *Lord Tennyson and the Bible,* London 1891; endlich auch in dem von mir benutzten Appendix zu Van Dyke, *The Poetry of Tennyson*[2].

Wendungen anführen, die ausgesprochen homerisches, und andere, die ausgesprochen Shakspersches Gepräge tragen.

Homerica[1]) also nenne ich:

zu 41 a, ältere Version von Oenone bei Churton Collins, Early Poems, p. 80, v. 26: *laughter-loving Aphrodite (φιλομειδής);* so erscheinen vielfach Epitheta übersetzt; z. B. 43 a 5, Oenone, 204: *whirling Simoïs* (homer. δινήεις), 69 a 6, Morte d'Arthur, 60: *this way and that dividing the swift mind,* von Churton Collins zu Vergils *atque animum nunc huc celerem, nunc dividit illuc* (Aen., IV, 285) gestellt und wie dieses eine Erweiterung des formelhaften διάνδιχα μερμήριξεν; vgl. 401 b 9, Lancelot Elaine, 377: *he turn'd her counsel up and down within his mind;* — 92 b, Love Duty, 4: *in the round of time (περιτελλομένων ἐνιαυτῶν);* — 95, Ulysses, 13: *much have I seen and known; cities of men and manners, climates, councils, governments,* — eine Nachbildung des dritten Verses der Odyssee: πολλῶν δ' ἀνθρώπων ἴδεν ἄστεα καὶ νόον ἔγνω; ebenso 863 b, To Ulysses, I, 1 ff.: *Ulysses, much-experienced man (πολύτροπος), whose eyes have known this globe of ours;* 96 b 1, Ulysses, 58: *push off, and sitting well in order smite the sounding furrows:* cf. ἑξῆς δ' ἑζόμενοι πολιὴν ἅλα τύπτον ἐρετμοῖς; — 96 b 3, Ulysses, 60: *the baths of all the western stars:* λοετρὰ Ὠκεανοῖο (z. B. Il., 18, 489; Od., 5, 275); 134 a 1, Enoch Arden, 583: *all day long sat often in the seaward-gazing gorge, a ship-wreck'd sailor, waiting for a sail:* diese die Situation zusammenfassende Apposition ist homerisch; — auf die Stellen: 170 a 21, Princess, I, 65: *cook'd his spleen* — Ilias, IV, 5—13: ἐπὶ νηυσὶ χόλον θυμαλγέα πέσσει (lateinische Parallelen — *coquere iram, invidiam* bei Mustard, p. 14)[2]),

---

[1]) Mustard, Classical *Echoes in Tennyson,* New York, Macmillan, 1904. Chap. I: *Tennyson and Homer;* in den weiteren Parallelen aus griechischen Lyrikern, Tragikern, Bukolikern, Prosaikern, Philosophen, sowie aus lateinischen Dichtern (darunter Horaz, Vergil, Catull, Lucrez, Ovid, Q. Calaber).

[2]) Dasselbe Bild im Englischen schon *Beówulf,* 189: *swâ þâ mæl-ceare maga Healfdenes singala séað,* und 1194: *ic þæs môdceare sorh-wylmum séað.* — Freilich kann hier leidenschaftlich erregte Besorgnis gemeint sein.

und 187 b 35, Princess, IV, 101: *laugh'd with alien lips:* Odyss. 20, 347: γναθμοῖσι γελώων ἀλλοτρίοισιν, — macht Churton Collins aufmerksam; — 346 a 21, Marriage Geraint, 327: *many a windy wave:* ἠέριος πόντος (hier noch obendrein glückliche Alliteration); hingegen 95 b, Ulysses, 17: *windy Troy:* Ἴλιος ἠνεμόεσσα (Il. 12, 115; 18, 174 — Mustard); — 444 b 7, Last Tournament, 65: *sputtering thro' the hedge of splinter'd teeth* (homer. ἕρκος ὀδόντων, z. B. Il. 4, 350; 9, 409 — Mustard). —

§ 271. Als Shaksperisch hebe ich folgende Wendungen hervor:

5 b 7, Confessions Sensitive Mind, 149: *this excellence and solid form of constant beauty* (die vollendete Schöpfung); — 41 a 17, Oenone, 83: *lightfoot Iris brought it yester-eve, delivering, that to me, by common voice elected umpire...* (vgl. z. B. Andronicus, 1, 1, 21); — 41 b 12, Oenone, 111: *she to Paris made proffer of royal power, ample rule unquestion'd, overflowing revenue wherewith to embellish state*   62 b 2, Death Old Year, 43: *Old year, we'll dearly rue for you* (s. *dear* bei Schmidt [3], 5);   69 b 3—4, Morte d'Arthur, 92: *What good should follow this, if this were done? What harm, undone? deep harm to disobey, seeing obedience is the bond of rule;* — 73 b 11, Gardener's Daughter, 54: *the common mouth, so gross to express delight, in praise of her grew oratory;* — 73 b 30, Gardener's Daughter, 73: *this orbit of the memory folds for ever in itself the day we went to see her;* — 82 b 28, Walking to Mail, 97: *what ails us, who are sound, that we should mimic this raw fool the world, which charts us all in its coarse blacks or whites;* — 93 a 26, Love Duty, 46: *for Love himself took part against himself to warn us off, and Duty loved of Love — o this world's curse, beloved but hated, came.* · dieses Wortlabyrinth ist echt shaksperisch; — 104 a 30, Godiva, 66: *one low churl, compact of thankless earth;* — 143 a 30, Aylmer's Field, 50: *when the red rose was redder than itself, and York's white rose as red as Lancaster's, with wounded peace which each had prick'd to death;* — 161 a, Lucretius, 20: *the wicked broth confused the chemie labour of the blood;* — 177 b 4, Princess, II, 266: *he (Brutus) for the common weal, the fading*

politics of mortal Rome, ... *slew both his sons;* 297 b,
M a u d, I, XVIII, IV, 6: *born to labour a n d the mattock-
harden'd hand:* nach der bekannten Shakspereschen Kopu-
lierungsmethode etwa für *labour with a* ... *hand;* — aus den
K ö n i g s i d y l l e n führe ich nur von ungefähr an (Syste-
matisches findet sich in der schon mehrfach zitierten
Dissertation von Thistlethwaite); — 317, G a r e t h L y n e t t e,
17: *good mother is bad mother unto me! A worse were better,
yet no worse would I* — ein Shakspersches Antithesenspiel;
450 b 8, L a s t T o u r n a m e n t, 449 (Vögel, von einem
Sumpfe aufgescheucht): *an ever upward-rushing s t o r m and
c l o u d of s h r i e k and p l u m e: storm of shriek — cloud of plume;*
vgl. 482 b 5, L o v e r's T a l e, I, 395: *streak'd or starr'd at
intervals with falling brook or blossoming bush (streak'd —
brook, starr'd — bush):* das Muster solcher Verschränkungen
bleibt: *the courtier's, scholar's, soldier's eye, tongue, sword* in
H a m l e t, 3, 1, 159; — 488 a 17 f., L o v e r's T a l e, I, 755 f.:
*deem that I love thee but as brothers do, so shalt thou love me
still as sisters do:* vgl. das Homoioteleuton in H a m l e t, 3,
4, 9: *"Hamlet, thou hast thy father much offended." "Mother,
you have my father much offended";* — 598 a 8, Q u e e n M a r y,
II, 2: *in this l o w p u l s e and p a l s y of the state;* — 599 a 8,
Q u e e n M a r y, II, 2: *thro' this common k n o t a n d b o n d of
love;* — 599 a, 7 u., Q u e e n M a r y, II, 2: *if* ... *this marriage
should* ... *impair in any way this r o y a l s t a t e of England;*
— 604 b, Q u e e n M a r y, III, 1, 23: *Stafford, I am a s a d man
and a serious: sad* = "ernst", vgl. in W i n t e r's T a l e,
4, 4, 316: *My father and the stranger are in sad talk;*
628 b 7, Q u e e n M a r y, IV, 2: *you look somewhat worn; and
yet it is a day to test your health ev'n a t t h e b e s t;* — 630 b
20, Q u e e n M a r y, IV, 3: *the leprous flutterings of the byway,
scum and offal of the eity would not change estates with him;
in brief so miserable, there is no hope of better left for him,
no place for worse;* — 644 a, 3 u., Q u e e n M a r y, V, 2: *this
c o a r s e n e s s is a want of p h a n t a s y. It is the low man
thinks the woman low;* — 659 b 7, H a r o l d, I, 2: *"farewell,
my king." "N o t y e t, b u t t h e n — my queen."* — 659 b, 5 u.,
H a r o l d, I, 2: *when Harold goes and Tostig, shall I p l a y t h e
c r a f t i e r T o stig with him?* Vgl. 683 b 17, H a r o l d, V, 1:
I have a mind to p l a y the W i l l i a m with thine eyesight and

thy tongue (s. Schmidt³, s. v. *play,* 7); 660b, Harold,
II, 1, 5: *the remorseless outdraught of the deep: remorse
= pity,* ist shaksperisch; — 698a, Becket, Prologue:
let me learn at full the manner of his death, and all he said
(s. Schmidt³, s. v. *manner,* 2, z. B.: *the treacherous manner
of his death,* Henry, VI, Part I, 2, 2, 16; *the manner of their
deaths:* Ant. Cleop., V, 2, 340); — 698b, Becket, Prologue: *I loved according to the main purpose and
intent of nature;* — 705b 1, Becket, I, 3: *who made thee
London? Who, but Canterbury? (viz. bishop of London, b.
of C.):* ein schönes Beispiel für den Shakspereschen
Typus "Land für Herrscher"; — 715a, Becket, I, 4: *and
see here, my lord, this rag fro' the gangrene i' my leg. It's
humbling — it smells o' human natur';* vgl. Lear, IV,
6, 136: *"let me kiss thy hand." "Let me first wipe it — it
smells of mortality."* — 752a 5, Cup, I, 1: *fear me
not (= fear not for me).*

§ 272. Endlich aus den Miltoniana ein paar merk-
liche Anklänge an "Allegro" und "Penseroso": 11 a 3,
Recollections Arabian Nights, 101: *many a shadow-
chequer'd lawn;* Allegro, 96: *dancing in the checker'd shade;*
— 21 b 8, Margaret, I, 21: *(moon) moving thro' a fleecy
night;* Penseroso, 72: *stooping thro' a fleecy cloud;* — 55b,
Choric Song, V, 10—11: *to lend our hearts and spirits
wholly to the influence of mild-minded melancholy;* Penseroso, 12: *but hail, thou Goddess sage and holy, hail, divinest
Melancholy!* — 59 b 27 ff., Dream Fair Women, 179: *as
one that museth where broad sunshine laves the lawn by some
cathedral, thro' the door hearing the holy organ rolling waves
of sound on roof and floor within, and anthem sung, is charm'd
and tied to where he stands .:* erinnert an die Kirchen-
szene gegen Ende des "Penseroso" (V. 161—166). — 251b,
In Mem., 15, 18: *(cloud) ... onward drags a labouring
breast:* vgl. Allegro, 73 —74: *mountains on whose barren
breast the labouring clouds do often rest.* — Endlich in einem
Jugendsonett bei Churton Collins, Early Poems, 291:
though Night hath climb'd her peak of highest noon; ähnlich:
the wandering moon, riding near her highest noon, Penseroso, 68. —

Was bedeutsame Einflüsse anderer Autoren betrifft, so

müssen Zusammenstellungen über den Einfluß Shelleys
auf Tennysons reiche Bildersprache und Keats' auf Selt-
samkeiten und Kühnheiten insbesondere in Ausdruck und
Wortbildung der Jugendgedichte besonderen Untersuchungen
vorbehalten bleiben. Fertiges Material an Parallelen läge
hiezu, verstreut in den Kommentaren, in Fülle vor.

§ 273. Nachdem wir auf diese Weise — freilich nur
in ungeordneten, fragmentarischen Proben — uns vom Gebrauch alter Sprachelemente ein Bild zu machen versucht
haben, wenden wir uns nunmehr der Handhabung des
lebenden, allgemein gebräuchlichen Sprachmaterials durch
unsern Dichter zu und müssen da mit gewissen allgemeinen
Betrachtungen lexikographischer Art beginnen.

Die Frage nach der Verteilung der zwei etymologischen
Hauptelemente der englischen Sprache im Wortschatze des
Dichters — für dessen charakteristische Gesamtgestalt
gewiß von größter Bedeutung — wird gewöhnlich dahin
beantwortet, Tennyson habe für germanische Wörter eine
entschiedene Vorliebe gehabt und romanische oft und
glücklich vermieden. Die beste Beleuchtung dieser Frage
wird wohl die Gegenüberstellung von zwei Listen sein, von
denen die erste lauter Fälle enthält, in denen wir statt erwarteten und gewöhnlichen romanischen Ausdrucks einen
germanischen finden, die zweite die entgegengesetzten. Von
Beispielen der ersten Gattung führe ich an:

— 33 b 4, Two Voices, 182: *o dull, one-sided voice
(partial);* — 33 b 10, Two Voices, 188: *I cannot hide that
some have striven: hide = conceal,* "verschweigen"; 37 b 6,
Miller's Daughter, 70: *weary sameness in the rhymes
(= monotony);* vgl. 144 a 31, Aylmer's Field, 115: *dull
sameness;* — 119 b, Move eastward..., 7: *to glass
herself in dewy eyes (= mirror, reflect);* — vgl. 717 b 5,
Becket, II, 1: *I ... run clearer, drop the mud I carried,
like yon brook, and glass the faithful face of heaven;* — 126 a
30, Enoch Arden, 87: *give his child a better bringing-
up (= education);* — 127 a 15, Enoch Arden, 138: *set
Annie forth in trade (= establish);* — 142 a 11, Brook,
152: *bindweed-bells and briony rings (bindweed = convolvulus,* Rowe-Webb); das lat. Wort hingegen als passender

verwendet im Tropenbild 133 b 30, Enoch Arden, 570; auch 530 a, Voyage Maeldune, V, 4; 161 a, Lucretius, 23: *(the poison) check'd his power to shape (= imaginative power);* 196 b 23, Princess, V, 72: *brows as pale and smooth as those that mourn half-shrouded over death in deathless marble:* so sehr oft für *immortal;* — 210 a, Song vor Princess, VII, 1: *the moon may draw the sea* (Einfluß des Mondes auf Flut und Ebbe); *draw* geradezu für *attract:* 758 a, Cup, I, 3: *the loveliest life that ever drew the light of heaven to brood upon her;* — 212 b 14, Princess, VII, 131: *if you be ... some sweet dream, I would but ask you to fulfil yourself (= realize);* — 218 b, Wellington, V, 27: *with those deep voices (canons') our dead captain taught the tyrant* (Bonaparte): *taught = chastised, corrected;* vgl. auch schon 26 a, Buonaparte, 14: *those whom Gideon school'd with briers,* und dazu die Bibelstelle Judges, 8, 16, wo *taught* steht; 238 a, Victim (Norse Queen), I, 3: *thorpe and byre arose in fire;* ibid. II, 6: *scathed with flame;* — 270 b, In Mem., 87, 24: *all the framework of the land (organism of state);* — 276 b, In Mem., 103, 27: *the maidens gather'd strength and grace (= assumed);* — 304 a, Maud, II, IV, VII, 10: *without knowledge, without pity (knowledge = self-consciousness);* — 326 b 24, Gareth Lynette, 558: *wherefore would ye men should wonder at you? (mirari* ist mit *admirari* absichtlich verwechselt; später ist von *to be noised of* — die Rede); — 331 a 11, Gareth Lynette, 812: *fain would I reward thee worshipfully* (für *honourably);* vgl. 403 b 10, Lancelot Elaine, 500: *Sir Lavaine did well and worshipfully;* vgl. 417 a 14, Lancelot Elaine, 1326: *it will be to thy worship, as my knight (= honour);* umgekehrt steht *honour* für *worship* oder *reverence:* 706 b, 7 u., Becket, I, 3: *as thou hast honour for the Pope our master, have pity on him ...;* — 339 b 17, Gareth Lynette, 1299: *massacring man, woman, lad and girl,* — *yea, the soft babe* (für *tender);* 357 b 2, Geraint Enid, 203: *Geraint had ruth again on Enid looking pale (= pity with —);* — 359 a 30, Geraint Enid, 326: *they would not make them laughable (= ridiculous) in all eyes;* vgl. 392 a 24, Merlin Vivien, 748: *believable (= credible);* 361 a 16, Geraint Enid, 439: *Doorm, whom his shaking*

vassals call'd the Bull: shake für *tremble* ist sehr häufig;
— 374 b 2, Balin Balan, 299: *our devil is a truth
(= reality);* 380 b 24, Merlin Vivien, 29: *brave
hearts and clean (pure);* 383 b 2, Merlin Vivien,
183: *his own wish in age for love (desire);* — 414 b 30, Lancelot Elaine, 1186: *an armlet (bracelet);* in der Übersetzung der "Schlacht bei Brunnanburh" hingegen heißt es
der Alliteration halber *bracelet-bestower* für *beahgifa;*
444 a 18, Last Tournament, 47: *brother-slayer*
(nicht *fratricide);* — 457 b 31, Guinevere, 120: *for I will
draw me into sanctuary (= retire);* — 479 a 29, Lover's
Tale, I, 194: *oh falsehood of all starcraft! (astrology);*
507 b, Revenge, V, 3: *the little Revenge... with her
hundred fighters on deck, and her ninety sick below (fighters
=* "Kombattanten, Kampffähige"); — 522 a 24, John
Oldcastle, 41: *household war (civil war* ist zu abgenutzt); — 524 a 16, John Oldcastle, 157: *I lost myself
and fell from evenness, and rail'd at all the Popes (evenness =
aequus animus);* — 594 b, o., Queen Mary, II, 1: *Philip
comes to wed Mary... all men hate it (= abhor,* so öfters,
s. S. 229); vgl. 605 a 17, Queen Mary, III, 1: *"have you had
enough of all this gear?" "Ay, since you hate the telling it";* —
597 b 7, Queen Mary, II, 2: *all hangs on her address
(depends), and upon you, Lord Mayor;* vgl. 520 a, Defence
Lucknow, IV, 3: *each of us fought as if hope for the
garrison hung but on him;* 632 a 14, Queen Mary, IV, 3:
*forasmuch as I have come to the last end of life, and thereupon
hangs all my past, and all my life to-be;* 668 a 18, Harold,
II, 2: *if that but hung upon King Edward's will;* — 599 b, 7 u.,
Queen Mary, II, 2: *your havings (= possessions) wasted
by the scythe and spade;* vgl. 716 b 10, Becket, II, 1: *I have
sent his folk, his kin, all his belongings, overseas;* — 611 a 13,
Queen Mary, III, 3: *the light of this new learning wanes
and dies: the ghosts of Luther and Zuinglius fade...: new learning*
scheint der typische Ausdruck für "Reformationsdoktrinen";
denn er wiederholt sich: 626 a 8, Queen Mary, IV, 1:
these heresies, new learning as they call it; — 612 a, Queen
Mary, III, 3, 7: *he, so fierce against the Headship of the
Pope (primacy);* — 623 a 16, Queen Mary, III, 6: *in states-
manship to strike too soon is oft to miss the blow;* — 662 b, 4 u.,

Harold, II, 2: *thou ... shalt have large lordship (= dominion) there of lands and territory;* — 850 a, Vastness, V, 2: *Thraldom who walks with the banner of Freedom* (für *Slavery* od. dgl.); 893 a, Doubt Prayer, 3: *from sin thro' sorrow into Thee we pass: sorrow* unter dem Einfluß der Alliteration für *repentance.* —

Man kann wohl auf Grund *dieser* Beispiele feststellen, daß Anfang und Schwerpunkt der Tendenz zu Gunsten germanischer Wörter die Königsidyllen sind und sie erst seit ihnen eine stetige und bewußte genannt werden darf. —

§ 274. Für den umgekehrten Fall — romanische Wörter statt germanischer — seien angeführt:

— zunächst *argent* für *silver:* 11 a 36, Recollections Arabian Nights, 135: *argent-lidded eyes;* 59 a 26, Dream Fair Women, 158: *the polish'd argent of her breast;* 109 b, St. Agnes' Eve, 16: *yonder argent round* ("Mond"); aber 119 b, Move eastward, 6: *thy (the earth's) silver sister-world;* — 124 b, Poet's Song, 6: *chanted a melody loud and sweet:* das lautsymbolisch verwertbare Wort tritt auch sonst für *sing* ein; — 140 a, Brook, 49: *he clamour'd from a casement...*, "*Run, Katie!*" — 142 b, Aylmer's Field, 14: *capacious hall:* das Wort veranschaulicht die steife Pracht des *ancien régime*-Stils; — 151 b 14, Aylmer's Field, 586: *befool'd and idioted by the rough amity of the other;* 159 a 27, Sea Dreams, 212: *huge cathedral fronts...grave, florid, stern;* 169 b 25, Princess, I, 36: *youths of puissance* (von Körper-Kraft und -Bau); 187 b 1, Princess, IV, 67: *(a song) not such as moans about the retrospect,* 193 a 7, Princess, IV, 430: *in you I found my boyish dreams involved;* vgl. 268 b 12, In Mem., 84, 40: *(my spirit) ... link'd with thine in love and fate...involved in thee;* — 252 a, In Mem., 18, 19: *(mein Bewußtsein) treasuring the look it cannot find, the words that are not heard again;* hingegen heißt das Gedächtnis: 259 a, In Mem., 44, 6: *hoarding sense;* — 297 a, Maud, I, XVIII, III, 6: *thy (the cedar's) limbs have here increased* (für *grown up* — zugleich Relatives für Absolutes, vgl. § 202); — 311 b 27, Coming Arthur, 175: *bold in heart and act and word was he: deed* ist in solchen Verbindungen geläufiger (wollte der Dichter die Häufung von *d* vermeiden?);

436 a 29, Pelleas Ettarre, 197: *always from her side restrain'd him with all manner of device (kept back, withheld);* — 468 b 8, Passing Arthur, 98: *formless fear* der Alliteration zuliebe für *shapeless;* 522 a 1, John Oldcastle, 28: *heaven-sweet Evangel, ever-living word;* — 700 a 7, Becket, I, 1: *I have been a lover of wines, and delicate meats, and secular splendours* (für *worldly* — es spricht ein Priester); — 778 a, Promise May, I: *to keep his birthdaüy,* — dagegen 781 b: *what's the newspaäper word? ... to celebrate my birthday.* —

Besondere Erwähnung verdient noch das Gedicht Boädicea (S. 241 f.), weil sein lang hinströmendes Metrum entsprechend langatmige lateinische Wörter statt kurzer englischer am Versschluß fordert. Eine Blütenlese solcher Versausgänge ist: 4 und 73: *volubility;* 7: *confederacy;* 8: *Britain's barbarous populaces;* 12: *annihilate us;* 17: *propitiated;* 19: *barbarous adversary;* 27 und 84: *multitudinous agonies;* 29: *on the refluent estuary;* 36: *meditating* (vgl. 9: *supplicating);* 37: *mystical ceremony;* 42: *celebrated,* vgl. 50 und 68: *humiliated;* 39: *isle of silvery parapets* (die Kreidefelsen); 52: *miserable in ignominy;* 55: *all the flourishing territory;* 59: *precipitously;* 63: *effeminacy;* 65: *works of the statuary;* 67: *voluptuousness;* 75: *writhing barbarous lineäments;* 79: *tumultuous adversaries;* 86: *valorous legionary,* — und lautlich besonders effektvoll: 80: *on the buckler beat with rapid unanimous hand.* —

§ 275. Damit sind wir auch schon zu dem wichtigsten romanischen Element von Tennysons Sprache übergegangen: den Latinismen, welche trotz aller Vorliebe für germanische Wörter doch bei dem gelehrten Dichter eine große Rolle spielen. Von solchen Beispielen einer in ihrer Unmittelbarkeit an Milton gemahnenden Anwendung lateinischer Wörter seien zitiert:

— 108 a 8, L'Envoi (Day-Dream),˙ III, 12: *my fancy ... perforce will still revert to you;* ebenso 122 b 26, Vision Sin, IV, 96: *change* (Imperat.), *reverting to the years, when ...;* — 190 b 12, Princess, IV, 272: *an affluent orator;* 220 b, Wellington, VIII, 6: *he, on whom ... affluent Fortune emptied all her horn;* 548 a 1,

Ancient Sage, 7: *affluent fountain;* —182 b 31, Princess,
III, 144: *wink at our advent (= conceal our coming hither);*
249 a 9, In Mem., 6, 21: *expecting still his advent home;*
840 b 10, Foresters, IV: *to celebrate this advent of our King;*
— 192 a 2, Princess, IV, 359: *fear ... wing'd her transit
to the throne;* dazu vgl. 196 a 16, Princess, V, 37:
*transient in a trice from ... woman-slough to harness
(= passing,* vgl. § 61); ferner 198 b 35, Princess, V,
209: *your ingress here upon the skirt and fringe of our
fair land;* und 209 a 6, Princess, VI, 283: *yourself and
yours shall have free adit;* 727 a, Becket, III, 2, 4: *her
exit is our adit;* 212 a 20, Princess, VII, 104: *last
I woke sane;* — 221 a, Wellington, IX, 19: *such a wise
humility as befits a solemn fane;* vgl. 270 b, In Mem., 87,
5: *college fanes;* — 243, Milton, 1: *inventor of harmonies;*
ibid. 11: *bloom profuse;* 13: *some refulgent sunset;* —
243 b, Hendecasyllabics, 18: *I blush to belaud myself;*
vgl. 497 a 29, Golden Supper, 250: *laud me not before
my time;* 533 b, To Brookfield, 12: *I cannot laud this life,
it looks so dark;* 681 b, 10 u., Harold, IV, 3: *without too large
self-lauding* (Alliteration); — 263 b, In Mem., 64, 22: *while
yet beside its (the stream's) vocal springs he play'd;* 287,
Maud, Part I, I, V, 4: *a scheme that had left us flaccid
and drain'd;* — 356 b 25, Geraint Enid, 166: *transfixt*
für "durchbohrt" (von einem Speere); 404 b 24, Lancelot Elaine, 571: *the banquet, and concourse of knights
and kings;* — 457 a 7, Guinevere, 63: *gray persistent
eye (= fixedly dwelling on every object);* — 482 b 24, Lover's
Tale, I, 414: *the moon ... stood still ... nor yet endured in
presence of His (the Sun's) eyes to indue his lustre;* vgl.
488 a 24, Lover's Tale, I, 762: *my love should ne'er indue
the front and mask of Hate;* — 498 a 4, Golden Supper,
288: *a semi-smile;* — 538 b 9, Tiresias, 25: *all the lands
that lie subjected to the Heliconian ridge* (Mustard vergleicht Livius, 21, 23, 2: *Lacetaniam, quae subiecta Pyrenaeis
montibus est;* Milton, Paradise Lost, 12, 640: *to the subjected plain)*[1]); — 540 a 8 ff., Tiresias, 116 ff.: *No sound is*

---

[1]) Noch "lateinischer" ist Spenser, *Faerie Queene,* I, XI, 19,
1: *Long he them bore above the subject plaine.* — Vgl. die Fälle § 61, p. 81.

*breathed so p o t e n t to c o e r c e and to c o n c i l i a t e, as their
names;* vgl. 700 b 8, B e c k e t, I, 1: *I do think the King was
potent in (= had influence on) the election;* ebenso 871 a 24,
R o m n e y' s R e m o r s e, 109: *this Art ... leaves me harlot-
like, who love her still, and whimper, i m p o t e n t to win her back
before I die;* — 592 b 14, Q u e e n M a r y, I, 5: *when the Roman
wish'd to reign, he slew not him alone who wore the purple,
but his a s s e s s o r in the throne;* — 599 a 15, Q u e e n M a r y,
II, 2: *those to whom the king, my father, did c o m m i t his
trust;* — 696 a 2, B e c k e t, P r o l o g u e: *the Holy Father.
will need my help — be f a c i l e to my hands;* — 696 a 4,
B e c k e t, P r o l o g u e: *flashes and f u l m i n a t i o n s from the
side of Rome;* — 617 a, 3 u., Q u e e n M a r y, III, 4: *you, my
Lord, ... in clear and open day were c o n g r u e n t with that
vile Cranmer in the accursed lie of good Queen Catharine's
divorce;* — 709 a 4, B e c k e t, I, 3: *glancing thro' the story of
this realm, I came on certain wholesome usages, lost in d e-
s u e t u d e;*   845 a 3, D e m e t e r P e r s e p h o n e, 39: *that
cloving chasm, thro' which the car of dark Aïdoneus rising
r a p t thee hence;* so öfter *rapt* — "fortgerissen": 188 b 27,
P r i n c e s s, IV, 162: *her white robe ... rapt to the horrible
(water-)fall;* 192 b 22, P r i n c e s s, IV, 411: *long breezes
rapt from inmost south and blown to ... north;* 488 b 19,
L o v e r' s T a l e, I, 789: *odour rapt into the winged wind;* —
endlich *g l o r i o u s* für *vainglorious,* lat. *gloriosus, (braggart,
boastful:* Churton Collins): 44 b, P r o l o g u e "P a l a c e A r t",
5: *a glorious Devil, large in heart and brain;* 96 b, T i t h o n u s,
12: *glorious in his beauty and thy choice (= glorying,* s. § 62);
283 b, In M e m., 128, 14: *glorious lies;* vgl. Belege aus
Elisabethanern in A. W a g n e r s Anmerkung zu M a r l o w e,
T a m b u r l a i n e, Part I, v. 1445: *this glorious Tyrant.* —

Als G r ä z i s m u s sei zitiert: 47 a 30, P a l a c e A r t,
186: *wreaths and a n a d e m s (ἀναδήματα, festoons,* Rowe-Webb
z. St.). Cf. S h e l l e y, A d o n a ï s, XI, 4. —

Und nun noch als interessanter Beleg, wie fest beim
Dichter gewisse Gedanken mit ihren klassischen Ausdrucksformeln assoziiert waren, — zwei Zitate klassischer Stellen,
die er in denselben lateinischen Worten in Englische überträgt: 570 a 44, E p i l o g u e "H e a v y B r i g a d e", 46: "*I
will strike*" *said he (Horace)* "*the stars with head s u b l i m e*":

sublimi feriam sidera vertice; 623 b, u., Queen Mary, III, 6: *you know what Virgil sings, woman is various and most mutable: varium et mutabile semper femina.* —

§ 276. Außer der Klasse von Latinismen, welche im Gebrauche lateinischer Wörter bestehen, gibt es eingreifendere, die sich als Übertragungen lateinischer (auch griechischer) Konstruktionen und Wendungen in den englischen Ausdruck selbst darstellen; auch solche kommen bei Tennyson vor:

Churton Collins, Early Poems, 315, 27, Timbuctoo, 247: *how chang'd from this fair city!* vgl. lat. *quantum mutatus ab illo!* — 41 a 7, Oenone, 73: *lovelier than whatever Oread haunt the knolls of Ida* (*"a classical construction; equivalent to, any Oread that haunts,"* Rowe-Webb; vgl. § 125); vgl. 252 a, In Mem., 17, 13: *whatever tempest mars mid-ocean;* 252 a, In Mem., 18, 11: *come, whatever loves to weep;* 341 b 27, Marriage Geraint, 36: *all flyers from the hand of Justice, and whatever loathes a law;* 537, To Fitz Gerald, 11: *your diet spares whatever moved in that full sheet let down to Peter at his prayers;* 877 a 17, Death Oenone, 35: *thou knowest, taught by some God, whatever herb or balm may clear the blood...,* 54 b 7 (Lotos-Eaters, 34): *his voice was thin, as voices from the grave,* — geht wohl unmittelbar auf Vergils *pars tollere vocem exiguam* (Aen., VI, 492) und mittelbar auf Theokrits ἀραιὰ δ' ἵκετο φωνά (Id., XIII) zurück (beides zitiert Churton Collins); derselbe Ausdruck 529 b 9, Voyage Maeldune, III, 12: *our voices were thinner and fainter than any flittermouse-shriek;* 877 a 3, Death Oenone, 21: *a wailing cry... thin as the batlike shrillings of the Dead when driven to Hades;* 57 a 19, Dream Fair Women, 27: *the tortoise creeping to the wall* (lat. *testudo);* — 64 b, Of old sat Freedom on the heights, 15: *grasps the triple forks* (= *fulmen trisulcum,* Rowe-Webb); 70 a 15, Morte d'Arthur, 139: *like a streamer of the northern morn* (*"tongue of light of the Aurora Borealis, of which 'northern morn' is a translation",* Rowe-Webb); cf. 92 a 31, Talking Oak, 275: *the northern morning o'er thee shoot, high up, in silver spikes!* — 97 a 27, Tithonus, 44: *before thine answer given* für *before giving thy answer* (Rowe-Webb zitieren Milton: *since created man)*, 113b 23, Will Waterproof, 195, ist *libels* ("Schmähschriften") scherzhaft mit *little books* wörtlich wiedergegeben[1]); — 142b, Aylmer's Field, 12: *(he had) been himself a part of what he told (d. h. taken active part in —),* erinnert an *quorum pars magna fui* (Aen., II, 6); — 171a 5, Princess, I, 111: *mother-city;* ebenso: 275a 13, In Mem., 98, 21: *not in any mother town:* übersetzt, wie A. C. Bradley bemerkt, das griechische *metropolis; —* 284b 4, In Mem., 131, 12: *until we close with all ... we flow from:* eine Übersetzung des pantheistischen Terminus *emanatio;* 371a 14, Balin Balan, 112: *when we sought the tribute: seek* für "fordern" wie lat. *quaerere;* vgl. 537b, To Dante, 5: *thy Florence ... hath sought the tribute of a verse from me; —* 467b 23, Passing Arthur, 53: *thy name and glory clings to all high places like a golden cloud for ever —* erinnert entfernt an *semper honos nomenque tuum laudesque manebunt* (Vergil, Ecl., V, 78); — 476a, Lover's Tale, I, 6: *pleasant breast of waters, quiet bay:* "Meerbusen", lat. *sinus;* 760b 1, Cup, II, 1: *greeting and health from Synorix! (health =* lat. *salutem);*

846a 4, Demeter Persephone, 96: *thee, the great Earth-Mother (Δημήτηρ = Γῆ μήτηρ); —* 851a, Vastness, XII, 2: *golden mean (aurea mediocritas,* Hor., Carm., II, 10, 5). —

§ 277. Überrascht sind wir, auch einigen scheinbaren Germanismen bei Tennyson zu begegnen:

— 5b 43, Confessions Sensitive Mind, 186: *the busy fret of that sharp-headed worm ... in the gross blackness underneath:* "das geschäftige Fressen" *(N. E. D.:* "*a gnawing or wearing away, erosion. Now rare");* vgl. auch 17a, Dirge, II, 2—3: *nothing but the small cold worm fretteth thine enshrouded form;* 208a 27, Princess, VI, 247: *no heart have you, or such as fancies like the vermin in a nut have fretted all to dust* ("zerfressen"); 177b 12, Princess,

---

[1] Eines ähnlichen Ausdruckes bedient sich, vielleicht mit unbewußter Reminiszenz an diese Stelle, Stopford A. Brooke (Autor von *Tennyson; his Art and Relation to Modern Life)* auf S. 79 seines *Primer of Engl. Literature: Puritanism in its attack on the stage, and in the Martin Marprelate controversy ..., flooded England with small books.*

II, 274: *my conscience will not count me fleckless:* für *spotless,* deutsch "fleckenlos"; ähnlich 260 b, In Mem., 52, 14; — 451 b 13, Last Tournament, 511: *last in a roky hollow, belling, heard the hounds of Mark:* "bellend"; — 808 b, Foresters, I, 2: *I am easily led by words, but I think the Earl hath right:* "hat Recht"; — 881 a 8, Akbar's Dream, 52: *I decreed ... that men may taste swine-flesh, drink wine:* "Schweinefleisch"; *flesh* kommt, besonders in Verwendung mit *wine,* in den Königsidyllen oft genug vor, z. B. 347 a 11, Marriage Geraint, 377: *the means of goodly welcome, flesh and wine:* bei Thistle thwaite Parallelen aus Bibel und Shakspere. —

Natürlich werden wir alle diese Beispiele angesichts der feststehenden Tatsache, daß Tennyson erst im reiferen Mannesalter das Deutsche gelernt und es nie vollkommen beherrscht hat, als interessante Zufälle ansehen müssen. —

§ 278. Da wir nun bei derlei etymologischen Allotria sind, wird eine Aufzählung der wenigen Volksetymologien, welche Tennyson als humoristische Ornamente besonders in den Dialektgedichten angebracht hat, wohl am Platze sein:

— 504 a, Northern Cobbler, I, 3: *cast awaäy on a disolut land wi' a vartical soon:* Vermengung von *desolate* und *dissolute;* 515 b, Village Wife, XII, 1: *outdacious;* — 516 b, Village Wife, XVI, 8: *hammergrate,* vom Dichter selbst als *emigrate* erklärt; — 611 b 12, Queen Mary, III, 3: *she hath a dropsy ... or a highdropsy, as the doctors call it (hydropsy);* — 714 b, Becket, I, 4: *be we not in our Lord's own refractory* — sagt einer der von Becket im *refectory of the monastery at Northampton* bewirteten Bettler; 779 b (Promise May, I): *"He's an artist." "What's a hartist? I doänt believe he's iver a 'eart under his waistcoat."* 796 a, Promise May, III: *'listed for a soädger ... i'the Queen's Real Hard Tillery (Royal Artillery).* —

⸻

§ 279. Mit diesen etymologischen Zusammenstellungen wären die Probleme der Ausdruckswahl im allgemeinen erledigt; ich kann aber dieses Thema nicht verlassen, ohne auch nur flüchtig eine lexikographische Tatsache zu berühren, welche systematisch freilich nur im Zusammenhang mit dem Inhalt und der literarischen Stilart jedes Gedichtes für sich behandelt werden könnte. Ich meine die Anpassung des Ausdrucks im einzelnen an die Vorstellungskreise und den Grundton der betreffenden Dichtung, kurz das, was ich als "Rücksicht auf das Milieu" in der Wortwahl bezeichnen möchte.

Ich kann wieder nur ein paar abgebröckelte Beispiele anführen:

— so gehört hieher der Gebrauch des Wortes *mellow* in Eleänore (22 a ff.): *richest pauses ... mellow-deep, thy spirit's mellowness,* — desgleichen *languor* und *languid: the languors of thy love-deep eyes; his bow-string slacken'd, languid Love;* 24 a, VIII, 9: *a languid fire,* — alles zur lautsymbolischen Charakteristik der Hauptperson; — 57 a, Dream Fair Women, 13: *wherever light illumineth* (ohne Objekt): soll wohl Chaucersche Sprache nachahmen; — 106 b, Revival (Day-Dream), IV, 1: *pardy* als Beteuerung im Munde des Märchenkönigs; 128 b 1, Enoch Arden, 220: *keep every thing shipshape* (im Hause: es spricht ein Seemann); — 135 a 30, Enoch Arden, 670: *on the nigh-naked tree the robin piped disconsolate:* das Wort malt den Herbst und Enochs Schwermut; 163 b 21, Lucretius, 184: *yon arbutus totters:* passender als *shrub* oder *bush* im Munde des römischen Dichters; — 262 b, In Mem., 60, 10—11: *she sighs amid her her narrow days, moving about her household ways:* die Eintönigkeit des Reimes und das Farblose des Ausdrucks geben das Grau des geschilderten Alltagslebens wieder; — The Grave (urspr. In Mem., 57), 13 (Life, II, 70): *the daisy weeping dew:* von einem Kirchhofs-Gänseblümchen; — 488 a 27, Lover's Tale, I, 765, sagt der Liebende *Love forbid!* für *God forbid!,* weil Vorstellung und Wort in ihm fortwährend wiederkehren[1]); — 371 b 11, Balin Balan, 138: *let not thy moods prevail, when I am gone who used to lay them:* der Ausdruck ist bezeichnend für Balans sanfte Gemütsart; zum Schluß ein ergötzliches Beispiel aus dem Dialekt: 887 a,

---

[1]) Vgl. *for love's sake* als Beteuerung in Massingers *Duke of Milan,* I, 3, 1.

Church-warden Curate, VI, 2: *thou be a big scholard now wi' a hoonderd haäcre o' sense,* sagt der Landmann, der alles nach "Joch" mißt.

Gestört hingegen muß das Milieu erscheinen durch die Wahl von Ausdrücken wie: 500 a, First Quarrel, II, 7: *passionate girl tho' I was, an' often at home in disgrace.* das Wort paßt nicht in den sonst ganz einfachen Ton der Erzählung einer Bäuerin hinein.

Zum Schluß muß wohl noch eines Zuges von Tennysons sprachlicher Milieukunst Erwähnung geschehen: nämlich seiner vollkommenen Beherrschung der Seemannssprache, welche ja jedem englischen Dichter (Shakspere, Tempest, I, 1; Stürme in Robinson, Gulliver, etc. etc.) und ihm um so mehr geläufig ist, als er mit der See von Kindheit an bekannt war (Mablethorpe, Life, I, 46 ff.); ein paar Belege werden genügen: 117 b, Voyage, II, 3: *the Lady's head upon the prow caught the shrill salt, and sheer'd the gale;* 118 a, Voyage, VII, 4: *with wakes of fire we tore the dark;* — 135 a 9, Enoch Arden, 649: *the vessel scarce sea-worthy;* — 139 a 1, Enoch Arden, 901: *there came so loud a calling of the sea* (vielfach mißverstanden; Erklärung: Life, II, 277); — 156 b 22, Sea Dreams, 51: *a full tide rose with ground-swell;* 176 a 3, Princess, II, 169: *as when a boat tacks, and the slacken'd sail flaps.*

§ 280. Jetzt erst kann ich von der Wahl des Ausdrucks zu Gebrauch und Bedeutung des Gewählten übergehen; und wiederum eröffne ich die Reihe von semasiologischen Synthesen, welche hier zu machen sind, mit einer wesentlich etymologischen Tatsache, nämlich der Verwendung von Worten in ihrer etymologischen Bedeutung ohne Rücksicht auf die abweichende, welche sich etwa im gewöhnlichen Sprachgebrauch entwickelt haben mag.

Das Hauptbeispiel ist *circumstance,* das bei Tennyson "die umgebende Welt", das "Objekt", wie man kollektiv sagt, bedeutet *(N. E. D.: "that which stands around or surrounds; the totality of surrounding things";* s. auch Morton Luce, *Handbook to the Works of A. l. T.,* p. 95 und p. 37, Note): so könnte man den Titel eines kleinen Gedichtes auf S. 18 b mit "Lauf" oder "Kreislauf der Welt" wiedergeben (die letzte Zeile lautet: *"so runs the round of life from hour to hour");*[1]) vgl. noch: 48 a 31, P a l a c e A r t, 255: *the hollow orb of moving Circumstance roll'd round by one fix'd law* (zitiert *N. E. D.); s.* auch die Erklärung *"the surrounding sphere of the Heavens"* und weitere Note bei Rowe-Webb; 263 b 3, I n M e m., 64, 7: *who . . . breasts the blows of circumstance* ("Kampf mit dem Objekt"); 575 a, T o D u k e A r g y l l, 10: *this ever-changing world of circumstance* ("Welt der umgebenden Dinge": Inhaltsgenetiv). —

Andere Beispiele sind: *f r e q u e n t:* schon in T i m b u c t o o, 231 (Churton Collins, E a r l y P o e m s, 315, 11): *her gardens frequent with the stately Palm;* dann aber: 12 b, O d e M e m o r y, V, 31: *the frequent bridge:* "viel begangen", *frequented* (S h e p h e r d, *A Study of Tennyson's Vocabulary, Mod. Lang. Notes,* V, 197); 16 a, D e s e r t e d H o u s e, II, 4: *the door . . . frequent on its hinge before (= often moving);* 319 b 13, G a r e t h L y n e t t e, 122: *when I was frequent with him in my youth* ("viel verkehrte"); *f r e q u e n c e = crowded assembly,* lat. *frequentia* (Churton Collins): 192 b 33, P r i n c e s s, IV, 422: *not in this frequence can I lend full tongue . . . to those thoughts . . . ; — e q u a l:* 56 a, C h o r i c S o n g (L o t o s E a t e r s), VIII, 9: *swear an oath, and keep it with an equal mind;* 96 b 11, U l y s s e s, 68: *one equal temper of heroic hearts:* an beiden Stellen von Rowe und Webb *(Selections from Tennyson)* mit lat. *aequa mens, aequus animus* erklärt; — 58 b 1, D r e a m F a i r W o m e n, 101: *but she, with sick and scornful looks a v e r s e:* bedeutet hier wirklich "abgewandt"; — 64 a, Y o u a s k m e..., 18: *should banded unions . . . i n d u c e a time when single thought is civil crime (induce* = "herbeiführen"); — 94 a 2, L o v e D u t y, 82: *shall sharpest p a t h o s blight us:* "Leiden" oder "Leidenschaft", nicht "Pathos"; hingegen etwa 136 a 1, E n o c h A r d e n,

---

[1]) Auch sonst nicht ganz vereinzelt: z. B. K i n g s l e y, *Alton Locke,* Chap. 18, l. 7: *to float down the stream of daily circumstance* ("Lauf des täglichen Lebens"). Ibid. Chap. 22 sogar: *God is circumstance* = "Gott ist das All". In Kap. 8 dieses Werkes wird die Idee der klassischen Tragödie als *man conquered by circumstance,* der modernen als *man conquering circumstance* angegeben. — *Circumstance* betitelte auch S h e l l e y ein aus dem Griechischen übersetztes Epigramm von ähnlicher Grundidee wie das kleine Gedicht Tennysons.

707: *shaking his gray head pathetically,* wo es wirklich "ernst, feierlich" bedeutet; — 151 a 20, A y l m e r's F i e l d, 553: *(that kiss) s e c o n d e d (= followed by a second);* 162 a 6, L u c r e t i u s, 72: *lays that will outlast thy D e i t y* (nicht "Gottheit", sondern "Göttlichkeit", Geltung als Gottheit); — 162 a 31, L u c r e t i u s, 97: *the all-generating powers and g e n i a l heat of Nature (genial =* "zeugend, ausbrüten"); — *to r u i n =* lat. *ruere:* 161 b 8, L u c r e t i u s, 40: *the flaring atom-streams and torrents..., ruining along the illimitable inane* (Churton Collins vergleicht M i l t o n, P. L., 6, 867: *Hell saw Heaven ruining from Heaven,* — und findet M i l t o n s Vorbild für diesen Ausdruck in M a r i n i s "A d o n e", I, st. 36: *ruinando dal eterea mole;* M u s t a r d vergleicht noch S h e l l e y, A l a s t o r, 327: *wave ruining on wave);* vgl. 394 a 20, M e r l i n V i v i e n, 871: *the sea-cliff pathway broken short, and ending in a ruin* ("Absturz"), 163 b 4, L u c r e t i u s, 167: *press in, p e r f o r c e of multitude (= by force of —);* — 185 a 28, P r i n c e s s, III, 294: *... that carve the living hound, and cram him with the f r a g m e n t s of the grave (the bodies which had already been dissected,* Churton Collins), *or in the dark d i s s o l v i n g human hearts* ("sezierend") *and holy s e c r e t s (secretum =* "das Verborgene"); — 191 b 25, P r i n c e s s, IV, 350: *cast a l i q u i d look on Ida:* "tränenfeucht"; 203 a 17, P r i n c e s s, V, 472: *e m p a n o p l i e d and plumed we enter'd in (the lists):* "in voller Rüstung"; — 205 b 17, P r i n c e s s, VI, 90: *a twitch of pain t o r t u r e d her mouth:* lat. *torsit;* "verdrehte", nicht "quälte", was ja schon *pain* sagt; — 210 b, P r i n c e s s, VII, 19: *void was her u s e (= usual occupation or employment)* (Churton Collins); ähnlich schon 151 a 28, A y l m e r's F i e l d, 561: *shut from all her charitable use;* — 216 a, P r i n c e s s, C o n c l u s i o n, 1: *so closed our tale, of which I give you all the random s c h e m e as wildly as it rose:* "Gestalt" *(σχῆμα),* nicht "Plan, Grundzüge", müssen wir annehmen; denn die Geschichte soll ja vollinhaltlich wiedergegeben sein; — 223 a, E x h i b i t i o n O d e, III, 1: *the w o r l d - c o m p e l l i n g plan was thine: compel* hier nicht "unterwerfen", sondern "zusammentreiben *(compellere),* sammeln", nämlich die Ausstellungsobjekte aus aller Welt; — 255 b 13, In M e m., 30, 25: *(the soul) r a p t from the fickle and the frail (snatched,* Churton Collins); vgl. 270 a,

In Mem., 86, 5: *(ambrosial air) ...rapt below thro' all the dewy-tassell'd wood* (vgl. § 275); — 261 b, In Mem., 56, 7: *"the spirit does but mean the breath: I know no more"*, sagt die Natur; — 273 b, 5 u., In Mem., 95, 56: *a breeze began to...fluctuate all the still perfume (== to set the leaves a-fluttering); vgl.* 209 b 29, Princess, VI, 335: *silken fluctuation*, von wogenden Frauenkleidern; — 286 b 15, In Mem., Epilogue, 143: *one far-off divine event, to which the whole creation moves* (dieses *event* drückt Tennyson sonst gewöhnlich durch *result* aus); — 369 a 28, Geraint Enid, 966: *nor did he doubt her more, but rested in her fealty:* hier "eheliche", sonst "Lehenstreue"; 367 b 23, Geraint Enid, 865: *mild heat of holy oratory* ("Zuspruch"); 388 b 8, Merlin Vivien, 500: *some vast charm concluded in that star (enclosed);* — 445 a 2, Last Tournament, 90: *tend him curiously* ("sorgfältig", zu lat. *cura);* vgl. 161 b 20, Lucretius, 52: *girls, Hetairai, curious in their art;* 764 a 1, Cup, II, sagt Antonius vom ziselierten Becher: *"most curious!"* — 488 b 18, Lover's Tale, I, 787: *(one hour) worth the life that made it sensible:* "sinnlich wahrnehmbar, erlebbar"; — 614 a 25, Queen Mary, III, 3: *we... do here absolve you and deliver you from all heresy; deliver* = "freisprechen"; — 638 a 14, Queen Mary, V, 1: *the Pope has pushed his horns beyond his mitre — beyond his province:* "über den ihm zugemessenen Wirkungskreis hinaus" *(provincia = provindicia).* — Über lateinische (und französische) Partizipia in etymologischem Sinne s. § 61.

Wie wir sehen, ist die Eigenheit naturgemäß nur an Wörtern lateinischer Herkunft zu beobachten. —

§ 281. Eine zweite systemisierbare lexikographische Tatsache ist der Gebrauch von Wörtern in **kausativer Bedeutung**, also gleichsam eine semasiologische Metonymie.

Es kommen da vor allem zwei Adjektiva und ein Substantiv in Betracht:

happy bedeutet oft "glücklich machend, beglückend" 131 b 6, Enoch Arden; 421: *God reward you for it... with something happier than myself:* d. h. "mit mehr Glück als ich Euch geben kann"; 206 a 9, Princess, VI, 112: *the happy word "he lives";* 296 b, Maud, I, XVII, 9: *the happy Yes:* vgl. auch 812 a 1, Foresters, I, 3: *if this life of ours be a good glad thing.* —

weary für "*ermüdend*" ist überaus häufig: 18 b, Oriana, 10, 8: *weary way;* ebenso 129 b 6, Enoch Arden, 294; 37 b 6, Miller's Daughter, 70: *weary sameness* ("ermüdende Eintönigkeit"); 54 a, Lotos-Eaters, 6: *weary dream;* 54 b 14, Lotos-Eaters, 41 ff.: *most weary seem'd the sea, weary the oar, weary the wandering fields of barren foam;* 130 b 14, Enoch Arden, 368: *after scaling half the weary down;* 139 b 9, Brook, 29: *his weary daylong chirping;* 185 b 6, Princess, III, 302: *many weary moons;* 307, Maud, III, II, 3: *in a weary world my one thing bright;* und schließlich auch das Adjektivabstraktum selbst: 857 b 27, Ring, 333: *and even that "Io t'amo", those three sweet Italian words, became a weariness* ("etwas Ermüdendes"). —

Das Substantivum *life* ist oft im Sinne "das Belebende, Lebensprinzip" gebraucht *(N. E. D.: the cause or source of living, the vivifying or animating principle, ... "soul" ...):* 137 b 14, Enoch Arden, 813: *yet since he did but labour for himself, work without hope, there was no life in it whereby the man could live:* "die Arbeit hatte nichts Belebendes"; 148 b 16, Aylmer's Field, 389: *he had known a man, a quintessence of man, the life of all:* "der seine ganze Umgebung belebte"; 192 b 17, Princess, IV, 406: *I bear a life less mine than yours (= heart, soul);* ebenso *death* = "das Tötende": 382 b 23, Merlin Vivien, 146: *as an enemy that has left death in the living waters (= deadly poison).* S. auch die Beispiele mit *death* in § 180, p. 260. —

Sonstige vereinzelte Beispiele: 14 a 5, Poet, 9: *with echoing feet he threaded the secretest walks of fame* ("Widerhall hervorrufend"; *N. E. D.: of sounds or sound-producing agencies: that causes echo);* — 146 a 20, Aylmer's Field, 238: *slight was his answer (= slighting, contemptuous);* — 149 a 8, Aylmer's Field, 411: *after an angry dream:* ein Traum, der nach vorübergehender Beruhigung wieder seinen Zorn erregte; — 206 a 26, Princess, VI, 29: *wan was her cheek with hollow watch: hollow* = frz. *creusant;* —

273 b 3, In Mem., 95, 27: *love's dumb cry defying change to taste his worth: change = what changes all, viz. Time;* 288, Maud, I, I, XVIII, 2: *Maud ... the ringing joy of the Hall (= making the Hall ring, viz. with her voice);* 313 a 14, Coming Arthur, 260: *simple words of great authority:* erst diese Thronrede selbst sicherte Arthur seine *authority;* 397 b 24, Lancelot Elaine, 122, sagt Guinevere verächtlich von Arthur: *that passionate perfection;* da er nun gerade *passionless* ist, wird *passionate = passionating* sein ("begeisternd", ironisch); ähnlich 892 a 3, Mechanophilus, 27: *the wonders were so wildly new (= bewilderingly);* vgl. 107 b, L'Envoi (Day-Dream), I, 12: *secrets ... as wild as aught of fairy lore;* 893 a, Poets Critics, 1: *this thing, that thing is the rage: object, cause of (critics') rage. —*

§ 282. Die dritte Grunderscheinung des Wortgebrauches endlich ist Verallgemeinerung der Bedeutung durch achtlosen oder häufigen Gebrauch bis zum Verblassen und zur Farblosigkeit: eine Menge von Wörtern läuft so als Scheidemünze der Dichtersprache um und tritt an begrifflichen und Vorstellungs-Lücken, in metrischer und Ausdrucks-Verlegenheit ein; in erster Reihe stehen da natürlich gewisse Epitheta, *fair* voran. Für dieses wie viele andere Wörter verweise ich auf das Wortverzeichnis und biete hier nur eine ganz spärliche Auslese: 34 a 29, Two Voices, 269: *a deeper tale my heart divines;* der Sinn ist: "es steckt wohl noch etwas hinter dem Werden und Vergehen"; — 56 a, Choric Song, VII, 10: *many a wov'n acanthus-wreath divine;* vgl. 124 a, To E. L., 3: *the long divine Peneïan pass;* ebenso abgenutzt ist *classic:* 112 b 17, Will Waterproof, 101: *classic Canning;* anders freilich 181 b 5, Princess, III, 54: *some classic Angel* — Studentin der klassischen Fächer an der Frauenuniversität; ferner *perfect:* 213 b 25, Princess, 209: *pale was the perfect face;* vgl. 30 a, Mariana South, 32: *the clear perfection of her face* · — 74 a 10, Gardener's Daughter, 89: *voices of the well-contented doves;* — 83 b 10, Edwin Morris, 34: *some full music;* so sehr oft bei *full;* — 93 b 20, Love Duty, 69: *the dark*

was worn: "hatte aufgehört, war zu Ende"; 124 a, T o
E. L. (nach einer Aufzählung landschaftlicher Schönheiten
Griechenlands): *all things fair;* — 133 b 29, E n o c h
A r d e n, 569: *the lustre of the long convolvuluses:* nur
"Pracht", nicht "Glanz" · — 150 a 16, A y l m e r's F i e l d,
486: *whatever eldest-born of rank or wealth might lie within
their compass;* — 204 a 9, P r i n c e s s, V, 537: *I felt my
veins s t r e t c h with fierce heat: stretch* für *dilate, swell;* —
271 b 6, I n M e m., 89, 26: *a guest, or h a p p y sister, sung;*
"eine meiner g u t e n Schwestern" — in wehmütiger Erinnerung; — 281 a, I n M e m., 117, — ziehen sich "ab-
genutzte" Ausdrücke durch die ganze erste Strophe: *o days
and hours, your w o r k is this to h o l d me from my proper
p l a c e, a little while from his embrace, for f u l l e r gain of
after bliss.*

§ **283.** Eine Erscheinung endlich, die sich mit der im
stilistischen Teil besprochenen Gewohnheit der "Wortwiederholung" (§ 146) einigermaßen berührt, ist das wiederholte Vorkommen gewisser auffälligerer Wörter in kurzen
Abständen, erklärbar durch eine momentane Vorliebe des
Dichters für den einmal hingesetzten Ausdruck oder die
aufgetauchte Vorstellung, — und jedenfalls unbeabsichtigt.
Beispiele wären:

— 10 a 22, R e c o l l e c t i o n s A r a b i a n N i g h t s, 28:
(sward with) deep i n l a y of braided blooms; vgl. 10 b 38,
R e c o l l e c t i o n s A r a b i a n N i g h t s, 90: *the deep sphere
overhead, distinct with vivid stars i n l a i d:* dieselbe Vor-
stellungsübertragung wiederholt sich also; — 21 b, M a r -
g a r e t, II, 1: *you love, r e m a i n i n g peacefully, to hear the
murmur of the strife...;* ibid. 7: *you are the evening star,
alway r e m a i n i n g betwixt dark and bright;* — 33 b 28, T w o
V o i c e s, 226: *the sullen answer s l i d betwixt...;* ibid. 33 (231):
I fear to s l i d e from bad to worse; — 83 a, E d w i n M o r r i s,
20: *elaborately good;* ibid. 83 b 9 (33): *differently beautiful:* dasselbe grammatische Schema; — 83 b 32, E d w i n M o r r i s,
57: *I s c a r c e have other music...;* 84 a 19 (71): *he s c a r c e l y
hit my humour:* die gleiche Litotes; — 100, 19, L o c k s l e y
H a l l, 89: *baby lips will laugh me d o w n;* ibid. 24 (94):
preaching d o w n a daughter's heart; — 165 a 4, L u c r e t i u s,
267: *the... wise, who f a i l to find thee (Tranquillity);* 165 b

4, L u c r e t i u s, 277: *cried out upon herself as having fail'd in duty to him;* — *b u l k* in P r i n c e s s: 185 a 11, P r i n c e s s, III, 277: *the bones of some vast bulk that lived and roar'd before man was;* 203 a 33, P r i n c e s s, V, 488: *those two bulks at Arac's side (his brothers);* 305 b, M a u d, II, V, III, 7: *a vile physician, b l a b b i n g the ease of his patient:* 305 b, M a u d, II, V, VI, 1: *curse me the b l a b b i n g lip;* — 307, M a u d, III, III, 6: *I stood on a g i a n t deck;* ibid. IV, 8: *God's just wrath shall be wreak'd on a g i a n t liar;* — 472 b 22 (P a s s i n g A r t h u r): *the l o n g glories of the winter moon* ("langhingedehnte Strahlen"); ibid. 467 b 10 (später gedichtet), P a s s i n g A r t h u r, 40: *down the l o n g wind the dream shrill'd;* *s w a t h e* in L o v e r ' s T a l e: 477 b 28, L o v e r ' s T a l e, I, 96: *thou... didst swathe thyself all round Hope's quiet urn;* 479 a 13, L o v e r ' s T a l e, I, 178: *shade or fold of mystery swathing (a problem);* 486 b 23, L o v e r ' s T a l e, I, 671: *she took the body of my past delight, narded and swathed and balm'd it for herself;* und in der Beteuerungsformel: 483 b 23, L o v e r ' s T a l e, I, 473: *sooner ... the strait girth of Time (might) inswathe the fulness of Eternity ...;* — *c o r o n a l* ("Kranz"): 481 b 25, L o v e r ' s T a l e, I, 353: *my coronal slowly disentwined itself;* 483 b 28, L o v e r ' s T a l e, I, 478: *o Genius of that hour which dost uphold thy coronal of glory like a God;* 630 a, Q u e e n M a r y, IV, 3, 11: *it is e x p e d i e n t for one man to die, yea, for the people, lest the people die;* 630 b 8, Q u e e n M a r y, IV, 3: *our Queen and Council at this present deem it not e x p e d i e n t to be known ... —*

Wiederholt sich nun ein Wort öfter in einer oder gar allen Perioden der dichterischen Produktion, so sprechen wir von L i e b l i n g s w ö r t e r n; sie sollen, soweit sie beobachtet wurden, in dem nun folgenden alphabetischen

Index

vorgeführt werden, dessen Zweck ohne Streben nach Vollständigkeit eine möglichst charakterisierende Zusammenstellung der mit besonderer Vorliebe (sowie einiger in abweichenden, anormalen Bedeutungen) gebrauchten

Wörter, auch der besonders beliebten Verbindungen und Metaphern sein soll.[1])

abhorrent: in der nicht ganz geläufigen Beziehung auf Vergangenes (nicht Zukünftiges): "aus Ärger, Verdruß über —": 132 a 23, E n o c h A r d e n, 467: *the lazy gossips of the port, a. of a calculation crost* ... (Im *N. E. D.* ist von den zeitlichen Beziehungen des Wortes nicht die Rede; ein diesem analoges Beispiel findet sich nicht.) —

accomplish = *realize:* 272 a, I n M e m., 91, 7: *the hope of una.'d years;* 863 b, T o U l y s s e s, VI, 4: *my Yucca pushes toward our faintest sun a spike of una.'d bells;* vgl. auch 215 b 27, P r i n c e s s, VII, 334. —

Æon, Æonian: ein beliebter Ausdruck für lange Zeitstrecken, Zeitalter (nach A. C. B r a d l e y s Kommentar zu I n M e m o r i a m, p. 116, aus geologischen Werken herübergenommen): 204 b 35, P r i n c e s s, VI, 40: *the Æ.ian breeze of Time* (später dieser Pleonasmus zu *growing breeze of Time* verbessert); 256 b, I n M e m., 35, 11: *Æ.ian hills*

---

[1]) Beiträge zur Tennyson-Lexikographie sind:
1. Zwei alte Konkordanzen: *A Concordance to the Entire Works of A. T.,* by D. B a r r o n B r i g h t w e l l, London, Moxon, 1869, und *A Concordance to the Works of A. T.,* London, Strahan, 1870 (anonym). Die letztere enthält in einem Supplement den Wortschatz des *Holy Grail*-Bandes von 1868 und zitiert durchwegs nach den alten Einzelausgaben; die erstere nur nach Titel und Zeile der einzelnen Gedichte.
2. Von Verstreutem in der Kommentarliteratur besonders hervorzuheben: J. B. S h e p h e r d (Autor von *Tennysoniana), A Study of Tennyson's Vocabulary (M o d e r n L a n g. N o t e s, V, 196;* eine mehr anregende als systematische Sammlung von Beobachtungen); — ein Ansatz zur Beobachtung der Lieblingswörter bei M o r t o n L u c e, *A Handbook to the Works of A. l. T.,* London, Bell and Sons, 1895, p. 77; — eine Liste von *unusual words or words in unusual significance* bei J o s e p h J a c o b s, *Tennyson and In Memoriam,* p. 52—57. —

In den hier folgenden Index wurden Verweisungen auf verstreutes lexikographisches Material in den früheren Abschnitten aufgenommen, soweit solches nicht schon dort im Text alphabetisch geordnet vorliegt, was der Fall ist in: § 24 (S u b s t a n t i v a a l s V e r b a), 32 (t r a n s i t i v e V e r b a a b s o l u t g e b r a u c h t), 33 (i n t r a n s i t i v e V e r b a t r a n s i t i v), 34 (V e r b a d e r Ä u ß e r u n g), 41 (A u x i l i a r i a), 97 (T e m p o r a l a d v e r b i a), 98 (L o k a l a d v e r b i a), 127 (P r ä p o s i t i o n e n), 167 (p a t h e t i s c h e r V e r b a l a u s d r u c k), 234 (S u b s t a n t i v s u f f i x e), 235 (A d j e k t i v s u f f i x e), 238 (V e r b a l p r ä f i x e).

(s. Churton Collins z. St.); 273 b 17, In Mem., 95, 41: *Æ.ian
music measuring out the steps of Time;* 283 b, In Mem., 127,
16: *the great Æon sinks in blood* ("das Zeitalter", personifiziert); 532 a, De Profundis, I, 3: *for a million æons;*
566, 5, Locksley Hall Sixty Years After, 207: *many
an Æon moulded Earth . . .;* 852 a 16, Ring, 21: *Æ.ian
evolution.* —[1])

agony: 155 a 3, Aylmer's Field, 788: *as cried
Christ ere His a. (mental struggle or anguish in Gethsemane,
N. E. D.);* für große Erregung jeder Art: 121 a 28, Vision
Sin, II, 30: *luxurious a.* ("Krampf"); 149 a 14, Aylmer's
Field, 417 ("tödliche Verzweiflung, Schmerz"); "krampf-
hafter Ausbruch, Aufschrei": 71 a 13, Morte d'Arthur,
200: *as it were one voice, an a. of lamentation.*

air, bildlich: 73 b 25, Gardener's Daughter, 69:
*vague desires, like fitful blasts of balm . . ., made the air of Life
delicious* (erinnert an Ciceros *". . . spiritus vitae",* In
Catilinam, I). Die Beliebtheit der Vorstellung von Luft als
wahrnehmbarem Stoff und Bewegung illustriert das schöne
Ensemble von Zitaten bei Brightwell; vgl. besonders
sweet after showers, ambrosial air (270 a, In Mem., 86, 1). —

all: in pleonastischer Einfügung häufig: 29 a 12,
Lady Shalott, 91: *all in the blue unclouded weather* ("all"
is loosely attached to the whole sentence, Rowe-Webb); 53,
5, May Queen, Conclusion, 25: *all in the wild
March-morning;* vgl. auch noch: 136 b 28, Enoch Arden,
766; 139 b, Brook, 28; 176 a 26, Princess, II, 192:
*here lies a brother by a sister slain, all for the common good
of womankind;* 291, Maud, Part I, IV, X, 3 *(all unmeet);*
312 a 30, Coming Arthur, 210: *all before his time was
Arthur born, and all as soon as born . . .;* 414 b 24, Lancelot Elaine, 1180: *all in an oriel on the summer side
. . . of Arthur's palace . . . they met;* in Zusammensetzung:
271 b 5, In Mem., 89, 25: *the all-golden afternoon;*

---

[1]) Zu diesem Wort vgl. auch auf S. 234 der neuen Ausgabe von
In Memoriam (Macmillan 1905) die Anekdote über des alten Dichters
"keen disappointment", daß in der *Revised Version* der Bibel an der
Stelle: *"Depart from me, ye cursed, into everlasting fire"* nicht
æonian eingesetzt worden sei *"or some such word: for he never would
believe that Christ could preach 'everlasting punishment'".*

Sonstiges: 114 b 30, L a d y C l a r e, 42: *keep the secret a l l ye can* (adverbial: *as close as ever you can*); 150 b 30 A y l m e r's F i e l d, 534: *listless in a l l despondence (= utter despondence)*;

alway für *always*, wirkungsvoll: 4 a 44, C o n f e s s i o n s S e n s i t i v e M i n d, 46: *they (mothers' eyes) light his little life alway;* 8 a 1, M a r i a n a, 41: *hard by a poplar shook alway;* cf. S h e l l e y, M a r i a n n e's D r e a m (1817), XI, 4; besonders in den Königsydillen: 327 b 30, G a r e t h L y n e t t e, 624: *who alway rideth arm'd in black,* — 490 b 20, L o v e r's T a l e, II, 101, u. ö. —

ancient für *old* (wie in "A n c i e n t M a r i n e r"): 7 b, M a r i a n a, 7: *a. thatch;* u. ö.; "seit uralten Zeiten dauernd": 6 a, K r a k e n, 3: *his a., dreamless, uninvaded sleep;* substantivisch: 107 b, L'E n v o i (D a y - D r e a m), I, 19: *we are A n c i e n t s of the earth, and in the morning of the times:* im Verhältnis zu den vielen künftigen Geschlechtern "Ahnen", "*Elders*".

April u. a. Monatsnamen, s. § 198, Fußnote, p. 298. *armful,* s. § 219 (p. 340¹). — *assume* = "eine Rolle annehmen", s. § 186 (p. 277). —

Ausrufe und *Beteuerungen,* bemerkenswertere: 95 a 29, G o l d e n Y e a r, 69: *live on, G o d l o v e u s, as if,* etc.; 319 a 26, G a r e t h L y n e t t e, 105: *one was fair,* etc.... *one, g o o d l a c k, no man desired;* 331 a 18, G a r e t h L y n e t t e, 819: *ay, t r u l y o f a t r u t h, ...;* 522 b 19, J o h n O l d c a s t l e, 74: *in matters of the faith, a l a s t h e w h i l e! ...a coward to the Priest;* 582 b, Q u e e n M a r y, I, 3: *Old Bourne to t h e l i f e!* ("geht ihm ans Leben!"); 619 a 1, Q u e e n M a r y, III, 4: *"G o d u p o n e a r t h!"* ruft Gardiner, der sonst mit Vorliebe *"G o d's p a s s i o n!"* gebraucht; 657 a 11, H a r o l d, I, 1: *St. O l a f!* (Gurth); 657 b 4, H a r o l d, I, 1: *H o l y M a r y! how Harold used to beat him!* 661 a, H a r o l d, II, 1 (im Gespräch der Fischer): *"...what fish did swallow Jonah?" "A whale".* "*Then a w h a l e t o a w h e l k we have swallowed the King of England";* 662 a, H a r o l d, II, 2, 14: *"by the s p l e n d o u r o f G o d!"* schwört Wilhelm (ebenso 692 b 9, H a r o l d, V, 2); 709 b 5, B e c k e t, I, 3: *"G o d's e y e s!"* König Heinrichs II. konstanter Schwur; vgl. 711 a 10, B e c k e t, I, 3: *the King's "God's eyes!" come now so thick and fast... —*

baldness hypostatisch für *head*, § 182, S. 271.

battle für Zweikampf *(fight)*: 323 b 2, G a r e t h L y n e t t e, 354;   für *war*, s. § 198 (307, M a u d, III, III, 1). —

bear: 1. "reichen bis   ": 65 a, L o v e L a n d, 20: *to whatever sky b. seed of men and growth of minds;* 143 a 9, A y l m e r's F i e l d, 29: *her all of thought and b.ing (= intellectual reach);* — 2. bei einer Bewegung mit Richtungsangabe: 113 a 13, W i l l W a t e r p r o o f, 141: *by smoky Paul's they b o r e;* 157 a 29, S e a D r e a m s, 90: *the motion of the boundless deep b o r e thro' the cave;* hieher auch die kühne Wendung vom Prediger: *then from his height and loneliness of grief, b o r e down in flood and dash'd his angry heart against the desolations of the world* (152 a 24, A y l m e r's F i e l d, 628);

beauteous, s. b o u n t e o u s.

Birds o f T e n n y s o n, s. u. w o o d b i n e, Note.

blame, s. § 167. — **blind** = *invisible,* § 203.

blow für "aufblühen, blühen" sehr oft: 17 a, D i r g e, V, 1: *round thee bl. ... bramble roses;* 25 a, M y l i f e..., II, 15; 28 a, L a d y S h a l o t t, I, 7; 31 b 29, T w o V o i c e s, 59: *the thorn will bl. in tufts of rosy-tinted snow;* 49 a, V e r e d e V e r e, 27: *not thrice your branching limes have blown;* 52, M a y Q u e e n, C o n c l u s i o n, 7, etc.,

bold in verallgemeinerter Bedeutung als Epitheton ornans der Männlichkeit: 19 a, M e r m a n, I, 1: *who would be a merman b.;* 50, M a y Q u e e n, 23: *there's many a bolder lad;* 62 a, D e a t h O l d Y e a r, 35: *the New-Year blithe and b.* = "jugendlich"; 63 a, T o J. S p., 23: *pure and b. and just;* 68 a, M o r t e d' A r t h u r, 6: *b. sir Bedivere:* so ständig (wegen Alliteration), etc.;

bounteous von reifer Linienfülle, fast dem Sinne von b e a u t e o u s sich nähernd: 22 b, E l e ä n o r e, I, 9: *thy bounteous forehead;* 74 b 29, G a r d e n e r's D a u g h t e r, 138: *the bounteous wave of such a breast as never pencil drew (b e a u t e o u s breast* in S o n n e t s t o a C o q u e t t e, II, 7, zit. B r i g h t w e l l); 143 b 23, A y l m e r's F i e l d, 74: *bounteously made;* "huldreich" und "herrlich" zugleich: 110 a, S i r G a l a h a d, 21: *more bounteous aspects on me beam;* die gewöhnliche Bedeutung: 36 b 10, T w o V o i c e s, 451: *I wonder'd at the bounteous hours...: you scarce could see the grass for flowers;*

268 b 2, In Mem., 84, 30: *all the train of bounteous hours;*
762 b 15, Cup, II: *barren shore . . . bounteous bays and havens;*
das vorerwähnte *beauteous* besonders wirkungsvoll in:
134 b 2, Enoch Arden, 610: *the beauteous hateful isle;*
198 a 12, Princess, V, 154: *breathing and sounding beauteous
battle, comes with the air of the trumpet round him . . .* etc.;
   bower ist als Substantivum und Verbum entschieden
ein Lieblingswort des Dichters:
   — 3 b, Leonine Elegiacs, 3: *blossomy rushes and
bowers;* 8 a 28, Mariana, 80: *the day was sloping toward his
western b.* (= *resting place);* 10 b 26, Recollections
Arabian Nights, 78: *garden-b.s and grots* (ebenso 235 b,
Flower, 6); 22 a 11, Margaret, V, 13: *look out below your
b.-eaves* (ebenso 28 b, Lady Shalott, III, 1); 41 a 29,
Oenone, 94; 50, May Queen, 29: *the honeysuckle round
the porch has wov'n its wavy b.s;* 449 b 10, Last Tournament,
384: *many a league-long b.* (im Walde); 509 b 8, Sisters, 10,
Reimformel: *all the bowers and the flowers;* 571 a, To Virgil,
IV: *Tityrus piping underneath his beechen bowers ("sub tegmine
fagi");* 829 a, Foresters, IV, 1: *Scene: a Forest Bower*
alliterierend 864 a, To Ulysses, X, 1: *the wealth of tropic
b. and brake;* — 60 a 26, Dream Fair Women, 218: *the
promise of my bridal b.* (ebenso 284 b, In Mem., Epilogue,
28); — typisch für Frauengemächer: 104 a 6, Godiva,
42: *then fled she to her inmost b.;* 447 a 26, Last Tournament, 248: *her (Queen's) b.,* — so stets von Guineveres
Wohnung; ebenso 695 a, 7 u., Becket, Prologue: *I have
built a secret b. in England,* — das dann stets (auch in Szenenweisungen, z. B. vor II, 1; III, 1) *Rosamund's bower* heißt;
— auch sonst von Wohnstätten: 233 b 8, Daisy, 44:
Boboli's ducal b.s; 249 b, In Mem., 8, 6: *b. and hall;* —
Verbalformen: 12 b, Ode Memory, V, 34: *a garden
bower'd close;* in Zusammensetzungen: 10 a 33, Recollections Arabian Nights, 39: *imbower'd vaults of pillar'd
palm;* 28 a, Lady Shalott, I, 17: *the silent isle imbowers
the Lady of Shalott;* 167 b 21, Princess, Prologue, 147:
however deep you might embower the nest; 750 a, Cup, I,
1: *pine, beech* etc. *bowering-in the city where she dwells;*
876 b, Death Oenone, 6: *the . . . vines which . . . over-
bower'd the naked Three* (die Göttinnen vor Paris);

Adjektivableitung: *bowery:* 10 b 4, Recollections Arabian Nights, 56: *thro' many a b. turn and walk;* 15 a 16, Poet's Mind, II, 24: *a level of b. lawn;* 72 a 13, Morte d'Arthur, 263: *b. hollows crown'd with summer sea* (in Avilion); 243, Milton, 9: *b. loneliness.*

breadth, s. § 182. —

break: 1. von jedem Zerstören oder Auflösen, Zunichtemachen: 34 b 24, Two Voices, 306: *vast images ... half shown, ... are broken and withdrawn;* 111 b, Will Waterproof, 29: *ghosts of broken plans;* 163 a 25, Lucretius, 153: *gout and stone, that br. body toward death;* 164 b 11, Lucretius, 241: *the Commonwealth which breaks as I am breaking now* ("zusammenbrechen"); 170 a 8, Princess, I, 52: *a gentleman of broken means* (gewöhnlich ist *fortunes);* 310 b 30, Coming Arthur, 119: *they swerved and brake flying* (die Schlachtreihen "brachen sich" = lösten sich auf); vgl. 417 b 1, Lancelot Elaine, 1346: *when ... the lords and dames, and people, from the high door streaming, brake disorderly, as homeward each;* — 268 b 18, In Mem., 84, 47: *wherefore wake the old bitterness again, and br. the low beginnings of content;* 370 b 1, Balin Balan, 69: *a knight ... brake my boast* ("machte zu Schanden"); 654 a 13, Harold, I, 1: *thy brother breaks us with over-taxing;* 2. "unterbrechen", einen Zusammenhang "trennen" (im Partizipium "unvollständig, unvollkommen"); von Schlaf, Traum etc.: 12 a 4, Ode Memory, III, 9: *sweet dreams softer than unbroken rest (= undisturbed);* 37 a 19, Miller's Daughter, 39: *each morn my sleep was broken thro' by some wild skylark's matin-song;* 121 b 2, Vision Sin, III, 12: *mine (dream) was broken ... and link'd again;* 157 b 14, Sea Dreams, 106: *I slept again, and pieced the broken vision;* 298 b, Maud, I, XIX, I: *her brother is coming back ..., breaking up my dream of delight;* — von der Rede: 140 b 14, Brook, 73: *evermore her father came across with some long-winded tale, and broke him short;* typisch für stammelnde Rede: 93 a 19, Love Duty, 41: *when thy low voice, faltering, would br. its syllables;* 130 a 22, Enoch Arden, 343: *scarce could the woman ... light on a broken word;* 134 b 32, Enoch Arden, 640: *the tale he utter'd brokenly;* — Musik: 150 a 8, Aylmer's Field, 478: *letters, ... coming fitfully, like broken music;* vgl. das

Wortspiel mit *broken music* 447 b 16 ff., Last Tournament, 268 ff. (§ 147); 109 b, St. Agnes' Eve, 21: *break up the heavens, o Lord;* 110 b 37, Sir Galahad, 73: *the clouds are broken in the sky;* 134 a 12, Enoch Arden, 585: *every day the sunrise broken into scarlet shafts among the palms and ferns and precipices* ("zersplittert"); — konkret: 187 a 24, Princess, IV, 59: *tho' the rough kex break the starr'd mosaic* ("durchbricht, emporschießt mitten durch —"); — Gesetze, Grenzen u. dgl. "durchbrechen": 192 b 12, Princess, IV, 401 *(precinct);* 194 b 7, Princess, IV, 518 *(bound);* auch *burst:* 563, 23, Locksley Hall Sixty Years After, 117: *Russia bursts our Indian barrier;* Wortspiel: 830 b, Foresters, IV, 1: *"art thou ... the chief of these outlaws who break the law?" ... "being out of the law how should we break the law? if we broke into it again we should break the law, and then we were no longer outlaws";* — Verkehr "unterbrechen": 221 b, Third February, 8: *Wild War, who breaks the converse of the wise;* 253 b 5, In Mem., 22, 13: *(Death) who broke our fair companionship;* eine Bewegung, Anprall "aufhalten, hemmen": 234 b 14, To Maurice, 22: *groves of pine ... to br. the blast of winter;* 269 a 33, In Mem., 85, 56: *imaginative woe ... diffused the shock thro' all my life, but in the present broke the blow;* seltsam ist 278 a, In Mem., 107, 15: *the rolling brine that breaks the coast;* diese Umkehrung der Vorstellungen — für uns "bricht sich" die Woge an der Küste — vielleicht *durch* den Einfluß des wie Nomen agentis aussehenden *breaker;* — "durch Unterbrechung in etwas Abwechslung bringen": 271 b 11, In Mem., 89, 31: *break the livelong summer day with banquet in the distant woods* (dazu vergleicht Mustard: Horaz, Carm., II, 7, 6: *cum quo morantem saepe diem mero fregi);* 383 a 26, Merlin Vivien, 178: *(she) began to br. her sports with graver fits;* "losreißen, abbringen von ": 320 a 2, Gareth Lynette, 138: *to br. him from the intent to which he grew;* 737 b 16, Becket, V, 2: *fasts disciplines that ... br. the soul from earth;* — Fachterminologie: 647 b 5, Queen Mary, V, 3: *I and he (Philip) will snaffle your* "God's death", *and br. your paces in* ("zureiten"), *and make you tame;* — das Partizipium = *fragmentary, incomplete:* 112 a 19, Will Waterproof, 59: *ten thousand broken*

lights and shapes, yet glimpses of the true; 247 a, In
Mem., Prologue, 19: *they (our systems) are but broken
lights of thee (o Lord); —* 3. "anbrechen, ausbrechen, herein-
brechen": 111 b, Will Waterproof, 23 f.: *and barren
commonplaces br. in full and kindly blossom;* 312 b 20, Coming
Arthur, 236: *the great lords ... brake out in open war;* 314 a
13, Coming Arthur, 319: *breaking into song (Gawain)
sprang out;* 354 a, Geraint Enid, 12: *that tempest
which, if he spoke at all, would br. perforce upon a head so
dear in thunder;* 435 b 11, Pelleas Ettarre, 150: *then
blush'd and brake the morning of the jousts;* 727 a 11, Becket,
III, 1: *some dreadful truth is breaking on me;* 777 b 8 (Falcon):
*I could almost think that the dead garland will break once
more into the living blossom. —*

breath, neben seiner eigentlichen in verschiedenen
übertragenen Bedeutungen geläufig (Stimme, Wind, etc.):

"Atem, Hauch": 146 a 5, Aylmer's Field, 223:
ice-ferns on January panes made by a br.; 393 b 15, Merlin
Vivien, 836: *sharp breaths of anger;* hieher in weiterem
Sinne auch: 37 b 28, Miller's Daughter, 92: *love possess'd
the atmosphere, and fill'd the breast with purer br.;* 298 a, Maud,
I, XVIII, VII, 1: *not die, but live a life of truest br.;* 335 b 20,
Gareth Lynette, 1072: *old, with the might and br. of
twenty boys,* auf nichtatmende Wesen übertragen: 20 b,
Adeline, III, 14: *hast thou look'd upon the br. of the lilies
at sunrise?* übertragen "Stimme, Worte": 56 b, Dream
Fair Women, 5: *(Chaucer's) sweet br. preluded those
melodious bursts (viz. Elizabethan literature);* 69 b 10, Morte
d'Arthur, 99: *what record ... but empty br. and rumours
of a doubt* ("eitel Wortruhm"); 605 b 16, Queen Mary, III,
1: *did not his (Wyatt's) last br. clear Courtenay and the
Princess from the charge of being his co-rebels? —* "Wind": 133 a
21, Enoch Arden, 528: *the br. of heaven came continually*
("günstiger Fahrwind"); 142 a 9, Brook, 150: *a low br. of
tender air;* 507 b, Revenge, VI, 6: *(the enemy's ship) took
the br. from our sails.*

Noch häufiger als das Substantivum ist das Verbum *to
breathe* ("a favourite word with Tennyson, as with Milton":
Bradley zu In Mem., 104, 11); zunächst "atmen": 263 a,
In Mem., 62, 9: *breathes a novel world (= the air of a novel*

world); — bezeichnend die Kausativbedeutung "in Atem (oder außer Atem) bringen": 167 a 18, Princess, Prologue, 113: *he had breathed the Proctor's dogs* (im *N. E. D.* zitiert); 832 a 8, Foresters, IV, 1: *I am overbreathed ... by my two bouts at quarterstaff;* — umgekehrt "aufatmen; Atem holen": 314 b 28, Coming Arthur, 368: *passing forth to br.;* 349 b 23, Marriage Geraint, 547: *twice they fought, and twice they breathed (= stopped to take breath);* — "seinem Atem freien Lauf lassen; eine Tätigkeit entfalten können": 200 b 6, Princess, V, 306: *some fifty on a side, that each may br. himself;* übertragen "ausatmen, ausstrahlen": 80 a 1, Audley Court, 7: *just alighted from his boat, and breathing of the sea;* 215 a 13, Princess, VII, 302: *(an Angel-like being) ... breathing Paradise;* s. auch 198 a 12, Princess, V, 154 (s. v. *bounteous);* — "einhauchen": 283 a, In Mem., 125, 10: *if the song were full of care, he (Love) breathed the spirit of the song (= inspired);* 27 a, Sonnet IX, 12: *hint it not in human tones, but br. it into earth;* das Atmen als wichtigste Lebensfunktion für "leben": zur Erklärung dieser Übertragung die zwei Stellen: 83 b 15, Edwin Morris, 40: *to walk, to sit, to sleep, to wake, to br.;* 95 b, Ulysses, 24: *as tho' to br. were life;* mit vollzogener Übertragung: 32 a 31, Two Voices, 114: *to br. and loathe, to live and sigh;* 35 b 32, Two Voices, 395: *no life that breathes with human breath has ever truly long'd for death;* 39 a 28, Miller's Daughter, 25, 3: *the still affection of the heart became an outward breathing type;* 260 b, In Mem., 52, 12: *the sinless years that breathed beneath the Syrian blue* (s. § 141, § 168, p. 237; cf. § 96); 721 b 14, Becket, II, 2: *to suppress God's honour for the sake of any king that breathes;* — analog für "sterben": 274 b, In Mem., 98, 5: *where he breathed his latest breath;* — in weiterer Übertragung *breathe thro'* = "beleben": 277 b, In Mem., 105, 20: *an ancient form thro' which the spirit breathes no more;* — "die Luft eines Ortes einatmen" = dort leben, sich aufhalten: 142 a 4, Brook, 145: *Katie . breathes in April-autumns* ("lebt in Australien"); 181 b 4, Princess, III, 53: *let us br. for one hour more in Heaven;* 196 b 25, Princess, V, 74: *where shall I br.* ("verborgen leben")? — "sprechen, sagen": 36 a 32, Two Voices, 434: *a whisper breathing low;* 85 b, Stylites, 21: *I do not br., not whisper, any murmur of complaint;* 176 b 4, Princess, II, 203: *love-whispers may not br. within this vestal limit·* 282 b, In Mem., 123, 11: *my lips may br. adieu;* 299 a, Maud, I, XIX, V, 12: *breathing a prayer;* vgl. 356 b 14, Geraint Enid, 155: *breathe short fits of prayer, at every stroke a breath;* 311 b 28, Coming Arthur, 176: *whenever slander breathed against the King;* vgl. 369 a 12, Geraint Enid, 950: *before the Queen's fair name was breathed upon,* 540 a 8, Tiresias, 117: *no sound is breathed so potent... as their names who...* etc.; ja sogar für *to utter, give utterance by speech:* 37 a 6, Miller's Daughter, 26: *br. a thought of pain;* 266 b, In Mem., 77, 15: *to br. my loss* (daneben *to utter love);* — von Musik: 40 b 12, Oenone, 40: *music slowly breathed;* — von der stummen Sprache toter Dinge: 30 b 19, Mariana South, 62: *old letters, breathing of her worth;* 269 a 12, In Mem., 85, 32: *where all things round me breathed of him;* 275 a, In Mem., 99, 7: *meadows breathing of the past;* 275 b, In Mem., 100, 3: *no place that does not br. some gracious memory of my friend;* 277 a, In Mem., 104, 11: *... nor landmark breathes of other days;* — sehr oft von Wind und Windhauch: 6 a, Song, 3: *the winds... breathed low around the rolling earth ...,* "*We are free*" (also zugleich ein Beispiel für die vorhergehende Bedeutung); 24 a, Eleänore, VIII, 3: *the amorous, odorous wind breathes low;* 104 a 19, Godiva, 55: *all the low wind hardly breathed for fear;* 180 b, Song (vor Princess, III), 3: *br. and blow, wind of the western sea;* 646 b, 8 u., Queen Mary, V, 3, nennt Feria Elisabeths Haar: *this fine fair gossamer gold, like sun-gilt breathings on a frosty dawn, that hovers round your shoulder;* 840 b 21, Foresters, IV: *in the balmy breathings of the night.* —

breeze ist das beliebteste Wort für "Wind": 2 a, Claribel, I, 2: *the br.s pause and die;* 3 b, Leonine Elegiacs, 1: *low-flowing br.s are roaming the...valley;* 9 b, Recollections Arabian Nights, 1: *the br. of a joyful dawn;* 22 b, Eleänore, I, 10: *br.s from our oaken glades;* 30 a, Mariana South, 43: *heard her native br.s pass (viz. of native land);* 106 b, Revival (Day-Dream), I, 6; etc.; — übertragen: 266 a, In Mem., 75, 11: *round thee with the br. of song to stir a little dust of praise;* 282 a, In Mem., 122, 17: *the br. of Fancy.* —

bring, wo wir andere Verba erwarten, zum Teil der Einfachheit des Ausdrucks dienend: P o e m s b y T w o B r o t h e r s, 132, 5 (W a l k a t M i d n i g h t): ... *brought from yon thick-woven odorous boughs, the still rich breeze...;* 36 b 17, T w o V o i c e s, 458: *I marvell'd how the mind was b r o u g h t to anchor by one gloomy thought;* 38 a 29, M i l l e r's D a u g h t e r, 137: *slowly was my mother b r o u g h t to yield consent to my desire* (in den letzten beiden Fällen für "be-wogen", etwa *moved);* ähnlich, mit großer Schlichtheit: 528 a 9, C o l u m b u s, 185: *this creedless people will be b r o u g h t to Christ;* 64 b: *L o v e t h o u t h y l a n d, with love f a r - b r o u g h t from out the storied Past;* 388 a 25, M e r l i n V i v i e n, 487: *miss'd, and b r o u g h t her own claw back, and wounded her own heart;* — 526 a 20, C o l u m b u s, 76: *the light grew as I gazed, and b r o u g h t o u t a broad sky of dawning ... (= made visible);* 660 b 7, H a r o l d, I, 2: *thunder may b r. d o w n that which the flash hath stricken* ("den Rest geben"); — 683 a 3, H a r o l d, IV, 3: *br. not thy hollowness on our **full** feast.* ***Famine is fear*** *...* ("komm uns nicht mit —"); — "Nachricht bringen, mitteilen, hinterbringen": 404 b 9, L a n c e l o t E l a i n e, 556: *bring us where he is, and how he fares* (für *bring word);* 582 a 5, Q u e e n M a r y, I, 2: *he brought his doubts and fears to me* ("kam mit —, wandte sich mit —"); 607 a 3, Q u e e n M a r y, III, 1: *find out his name and bring it me.*

brown, s. § 83.

carve *(out)* in bildlicher Verwendung recht häufig: 32 b 22, T w o V o i c e s, 136: *to c. out free space for every human doubt;* 46 b 7, P a l a c e A r t, 131: *legend ... which the ... Caucasian mind carved out of Nature for itself;* 814 a 8, F o r e s t e r s, II, 1: *my mother ... bad me ... whenever this day should come about (viz. my birthday), to carve one lone hour from it;* die Beliebtheit des Wortes zeigen Stellen wie: 46 b 18, P a l a c e A r t, 138: *wrinkles carved his skin;* 88 a 27, S t y l i t e s, 192: *you may c. a shrine about my dust;* 110 a, S i r G a l a h a d, 1: *my good blade carves the casques of men.*

catch, § 167, S. 232. —

centred: isoliert sind Verwendungen wie: die im *N. E. D.* s. v. 1 zitierte *"a center'd, glory-circled memory"* (T i m b u c t o o, 21); wörtlich nochmals gebraucht in 483 a

15, L o v e r's T a l e, I, 436; vgl. auch (konkret): 400 b 7,
L a n c e l o t E l a i n e, 294: *one emerald center'd in a sun of
silver rays (set in the centre of —); —* die gewöhnliche
Bedeutung ist: "konzentriert, verdichtet, in einem Punkte
vereinigt": 96 a 14, U l y s s e s, 39: *c. in the sphere of common
duties* ("ständig bedacht auf —"); 162 a 13, L u c r e t i u s, 79:
*center'd in eternal calm: "*ganz aufgehend in —", also im ge·
läufigen Bilde gerade Auflösung, nicht Konzentrierung·
262 b, I n M e m., 59, 9: *my centred passion cannot move
(fixed upon one object);* ähnliche Verwendung des Substantivs
c e n t r e: 256 a, I n M e m., 33, 3: *whose faith has c. everywhere,
nor cares to fix itself to form: "*dessen Glaube sich um jeden
dogmatischen Standtpunkt herum zu konzentrieren vermag
und sich an keinen bindet"; — einige S y n o n y m a z u
c e n t r e d: 69 a 30, M o r t e d'A r t h u r, 84: *fix'd in thought;*
188 a 26, P r i n c e s s, IV, 129: *s p h e r e d whole in ourselves
and owed to none;* 206 b 20, P r i n c e s s, VI, 153: *remain
o r b'd in your isolation;* einfaches *w h o l e* ("einheitlich, abgeschlossen"): 198 b 11, P r i n c e s s, V,ᵉ 185: *my mother
looks as whole as some serene creation,* etc. (d. h. "einheitlich
in Reinheit") *...not like the piebald miscellany, man, ...but
whole and one;* 216 b 21, P r i n c e s s, C o n c l u s i o n, 52:
our Britain, whole within herself; 218 a, W e l l i n g t o n, IV,
8: *whole in himself; —* vgl. endlich L o n g f e l l o w, T h e
I m a g e o f G o d *(transl. from Spanish): O Lord, that seest
from yon starry height, centred in one, the future and the past*
("vereinigt": für Gott ist alles Gegenwart). —

change, der typische Ausdruck für alle Veränderung,
Abwechslung, Entwicklung: 5 b 2, C o n f e s s i o n s S e n s i-
t i v e M i n d, 144: *unmoved of ch. = unalterable (viz. truth);*
26 b, S o n n e t, VII, 4: *run thro' every ch. of sharp and flat*
("wechselnde Stadien"); 47 a 9, P a l a c e A r t, 170: *all those
names ... full-welling fountain-heads of ch.* ("Urheber von
Kulturumwälzungen"); — 59 b 7, D r e a m F a i r W o m e n, 167:
all ch. of liveliest utterance ("Tonstufen"); ebenso 254 b, I n
M e m., 28, 9: *four voices of four hamlets round ... each voice
four changes on the wind; —* 103, 4, L o c k s l e y H a l l, 182:
*let the great world spin for ever down the ringing grooves
of ch. (= evolution);* 107 a, D e p a r t u r e (D a y - D r e a m),
III, 7: *rapt thro' many a rosy ch. the twilight died into the*

dark (hier "Farbenstufen"); 107 b, L'E n v o i (D a y - D r e a m),
II, 4: *reap the flower and quintessence of ch.* (= *human
development)*; 258 a, In Mem., 41, 7—8: *I have lost the
links that bound thy ch.s* (= *stages of development); here upon
the ground, no more partaker of thy ch.* (= *development in
after-life).* —

Verbal *(to vary):* 98, L o c k s l e y H a l l, 19: *in the
Spring a livelier iris ch.s on the burnish'd dove* ("schillert");
112 b 23, Will W a t e r p r o o f, 107: *she (Muse) ch.s with that
mood or this (varies with the moods, is a companion fit for all
moods).* —

circle (vb.): 42 a 32, O e n o n e, 165: *the full-grown
will, c.d thro' all experiences* ("der den Kreis aller Erfahrungen durchlaufen hat"); 89 b 39, T a l k i n g O a k, 84:
I c. in the grain five hundred rings of years; 112 a 24, Will
W a t e r p r o o f, 64: *on this whirligig of Time we c. with the
seasons.*

circumstance, § 280.

clear: eines der häufigsten Wörter, besonders zur
Laut- und Lichtmalerei verwendet (aber auch abstrakt)·
1. von lautlichen Eindrücken (griechisch λιγύς): 15 a 19,
P o e t's M i n d, II, 27: *tho' its voice be so cl. and full;* 15 b
19, S e a - F a i r i e s, 29: *the sharp cl. twang of the golden
chords;* 16 b, D y i n g S w a n, III, 4: *to the ear, the warble
was low, and full and cl.;* 17 b, D i r g e, VII, 5: *the balm-
cricket carols cl.;* 24 b, K a t e, 8: *an unbridled tongue, cl. as the
twanging of a harp;* 31 b 4, T w o V o i c e s, 34: *then did my response
clearer fall* ("heller", weil sicherer); 36 a 26, T w o V o i c e s, 428:
a little whisper silver-cl.; 72 b, E p i l o g u e "M o r t e d'A r t h u r",
31 *(church-bells);* 110 b 42, S i r G a l a h a d, 78: *voices hover
cl.;* 894, C r o s s i n g B a r, 2: *one clear call for me*[1]) — und
viele andere Lautbilder; — 2. von Gesichtseindrücken:
"strahlend, hell, rein": 28 a, L a d y S h a l o t t, I, 31: *river
winding cl.ly;* 28 b, L a d y S h a l o t t, II, 10 *(mirror);* 31 a,
T w o V o i c e s, 12: *cl. plates of sapphire mail* (am Insekt);
41 b 10, O e n o n e, 109: *a light that grows larger and clearer;*
42 a 5, O e n o n e, 138: *cl. and bared limbs;* 46 a 13, P a l a c e

---

[1]) Von E d m u n d L u s h i n g t o n mit λαμπρά με καλεῖ τις ὀμφά
übersetzt *(Life,* IV, 101).

Art, 97: *cl.-wall'd city* (vgl. ags. Judith, 137); 156 a,
Sea Dreams, 4: *her cl. germander eye;* vgl. (mit halber
Übertragung): 322 b 32, Gareth Lynette, 322: *in all
the . . . eyes of those . . . knights . . . cl. honour shining like the
dewy star of dawn;* ferner 491 a 31, Lover's Tale, 144:
her eloquent eyes . . . fill'd all with pure cl. fire; 178 a 13,
Princess, II, 307: *crystal currents of cl. morning seas;*
822 b 8, Foresters, II, 2: *the cl. noon;* — endlich als Vereinigung der Anwendung auf Laut und Anblick (in einem
Vergleich): 22 a, Rosalind, II, 8: *(lark's strains, shadow [?],
lightning, sunlight, leaping stream) . . . is not so cl. and bold
and free as you, my falcon Rosalind;* — 3. aufs abstrakte
Gebiet werden meist die sub 2 angeführten Bedeutungen
übertragen: "strahlen*d*" (von Schönheit, Ruhm), "rein"
(moralisch), "klar" (intellektuell), "hell" = heiter: 35 a 11,
Two Voices, 335: *no certain clearness;* 30 a, Mariana
South, 32: *the cl. perfection of her face;* 27 b, Sonnet X,
6: *all . . . pain cl. Love would pierce and cleave;* 109 b,
St. Agnes' Eve, 9: *make Thou my spirit pure and cl.;*
210 b, Princess, VII, 13: *like creatures native unto gracious
act, and in their own cl. element, they moved;* 488 b 7, Lover's
Tale, I, 777: *all the clearness of his fame hath gone;* 876 a,
June Bracken and Heather, 7: *a faith as cl. as the
heights of the June-blue heaven;* natürlich ist auf *d*iesem Gebiete
Abnutzung und Bedeutungsverlust am leichtesten; — 4. unter
den sinnlichen Bedeutungen ist noch "glatt, blank" zu
nennen (eigentlich dem Tastsinn angehörig): 10 a 17, Recollections Arabian Nights, 23: *cl.-stemm'd platans;*
13 b, Character, 30: *chisell'd features cl. and sleek;* von
da aus Übertragung: 481 b 9, Lover's Tale, I, 337: *her
cl. forehead (unwrinkled);* 5. *clear of —* = "frei von ":
44 b, Palace Art, 10: *of ledge or shelf the rock rose cl., or
winding stair;* 95 a 5, Golden Year, 45: *cl. of toll* = "zoll-
frei"; 218 a, Wellington, IV, 10: *clearest of ambitious crime;*
653 a, Harold, I, 1, 19: *I think that they would Molochize them
(their children) . . . to have the heavens cl.* ("frei von Kometen");
— 6. an diese Bedeutung schließt sich die verbale Verwendung "befreien von ": 214 a 29, Princess, VII, 253:
cl. away the parasitic forms; 667 b, o., Harold, II, 2: *he freed
himself . . . from the charge. The king, the lords, the people*

clear'd him of it ...; 877 a 18, D e a t h   O e n o n e, 36: *whatever herb or balm may cl. the blood from poison;* 7. umgangssprachliche Gebrauchsweisen: 172 a 6, P r i n c e s s, I, 176: *it was cl. against all rules;* 182 b 23, P r i n c e s s, III, 136: *her duty was to speak, and duty duty, cl. of consequences;* dialektisch: 231, N o r t h e r n F a r m e r, *new style*, VII, 3: *'e's nobbut a curate, an' weänt niver git hissen cl.* ("ins Trockene, auf einen grünen Zweig" kommen). —

clime, beliebt; "Klima"; auch "Zone, Sphäre": 13 b, P o e t, 1: *the poet in a golden cl. was born, with golden stars above;* 102, 35, L o c k s l e y H a l l, 177 (prägnant: "Sonnenglanz und Naturpracht der Tropen" *[sun or clime])*; 118 a, V o y a g e, VII, 1: *hundred shores of happy climes;* 289, M a u d, I, IV, I, 4; 269 a 5, In M e m., 85, 25: *thro' the blissful climes* ("Himmelssphären", cf. M i l t o n, P. L., XI, 708: *to walk with God high in Salvation and the Climes of bliss [N. E. D.]).*

close: 1. als A d j e k t i v und A d v e r b in allen Bedeutungen sehr geläufig: 12 b, O d e M e m o r y, V, 34: *a garden bower'd cl.;* 13 a, S o n g, II, 1: *the air is damp, and hush'd, and cl.;* 22 a, R o s a l i n d, II, 1: *the quick lark's closest-caroll'd strains;* 106 a, A r r i v a l (D a y - D r e a m), IV, 1: *more cl. and cl. his footsteps wind;* 108 a 9, L' E n v o i (D a y - D r e a m), III, 13: *(my fancy ... finds not) a closer truth than this ...* (= "exakter"); vgl. 257 a, In M e m., 36, 6: *where truth in closest words shall fail;* 145 b 9, A y l m e r's F i e l d, 193: *(his face) sear'd by the cl. ecliptic, was not fair;* 204 a 2, P r i n c e s s, V, 520: *... that loved me closer than his own right eye;* und endlich mit Neubelebung der ursprünglichen konkreten Bedeutung das Wortspiel: 585 b 8, Q u e e n M a r y, I, 4: *"Can you be cl.?" "Can you, my Lord?" "Cl. as a miser's casket."* — 2. als V e r b u m häufig *unite, combine* (besonders "Eigenschaften an einem Träger"): 1, T o Q u e e n, 27: *a thousand claims to reverence closed in her as Mother, Wife, and Queen;* 65 a 32, L o v e L a n d, 36: *(a law) to cl. the interests of all;* 73 a 7, G a r d e n e r's D a u g h t e r, 13: *all grace summ'd up and closed in little;* 217 b 4, P r i n c e s s, C o n c l u s i o n, 94: *few words and pithy, such as closed welcome, farewell, and welcome for the year to come;* 381 a 21, M e r l i n V i v i e n, 57: *fate and craft and folly close;* 455 a 11, L a s t T o u r n a m e n t, 713: *courtesy wins woman all as well as*

valour may, but he that closes both, is perfect; verschiedene andere
Bedeutungen: 84 b 29, Edwin Morris, 109: *I whistled* ·
she turn'd, we closed, we kiss'd, swore faith (closed = em-
braced — in rascher asyndetischer Erzählung); hingegen
von feindlicher Begegnung: 468 b 2, Passing Arthur,
92: *on the waste sand by the waste sea they closed,* 182 a
3, Princess, III, 85: *as if to cl. with Cyril's random wish*
(= agree, comply); — 475 a 24, To Queen, 38: *ideal man-*
hood closed in real man (embodied); — 744 a 10, Becket, V,
2: *their ... King closed with me last July that I should,* etc.
(hier: "übereinkommen"); zum Schluß wieder die alte
konkrete Bedeutung: 820 b 18, Foresters, II, 1: *closed for*
ever in a Moorish tower; vgl. 383 b 26, Merlin Vivien,
207: *closed in the four walls of a hollow tower.* — *closeness,*
s. § 18. —

clothe, in bildlicher Verwendung überaus häufig: das
glücklichste dieser Bilder ist wohl 70 b 25, Morte d'Arthur,
182: *(Bedivere) swiftly strode ..., clothed with his breath:* "von
Atemdampf umhüllt" (es ist Winter); andere sind: 100,
21, Locksley Hall, 91: *the child ... clothes the father with*
a dearness not his due (d. h. "die Liebe der Mutter dehnt sich
vom Kinde auch auf den unwürdigen Vater aus"); 104 a 17,
Godiva, 53: *she rode forth, clothed on with chastity;*[1] 110 b
30, Sir Galahad, 66: *pure spaces* (sc. *of heaven) clothed in*
living beams (vgl. Paradise Lost, I, 86: *... in the happy*
realms of light, clothed with transcendent brightness); 152 b 8,
Aylmer's Field, 641: *with thy worst self hast thou clothed*
thy God ("deine eigenen schlechtesten Eigenschaften dem
Gotte zugeschrieben"); 187 b 21, Princess, IV, 87: *why*
lingereth she to cl. her heart with love, delaying as the tender
ash delays to cl. herself (sc. *with green);* cf. 266 b, In Mem.,
76, 13: *ere these ... (oaks) have clothed their branchy bowers*
with fifty Mays; auch 845 a 13, Demeter Persephone,
49: *... earth-baldness clothes itself afresh;* 315 a 16, Coming
Arthur, 389: *the child and he (Merlin) were clothed in fire;*

[1] Ein altes Bild; vgl. z. B. Wielands "Abderiten", Buch I,
Kap. 10: "Die Weiber der Gymnosophisten sind weniger nackend als
die Weiber der Griechen in ihrem vollständigsten Anzuge; sie sind
vom Kopf bis zu den Füßen in ihre Unschuld und in die öffent-
liche Ehrbarkeit eingehüllt."

427 a 14, Holy Grail, 506: *had the boat become a living creature clad with wings;* 454 b 3, Last Tournament, 673: *the golden beard that clothed his lips with light;* 474 b 7 (Passing Arthur): *clothed with living light, they (three Queens) stood before his throne;* 486 a 33, Lover's Tale, I, 647: *her love did cl. itself in smiles about his lips;* 518 b, To Princess Alice, 9: *when Love and Longing dress thy deeds in light;* 542 b, Wreck, V, 3: *he clothed a naked mind with the wisdom and wealth of his own* (Anspielung auf das Werk der Barmherzigkeit "die Nackten bekleiden"); vgl. 616 b 11, Queen Mary, III, 4: *tropes are good to cl. a naked truth, and make it look more seemly;* 611 a 19, Queen Mary, III, 3: *his faith shall cl. (= overspread) the world that will be his, like universal air and sunshine;* 763 a 7, Cup, II: *Thou (Artemis) whose breath is balmy wind to robe our hills with grass;* 820 a 16, Foresters, II, 1: *thou seem'st a saintly splendour out from heaven, clothed with the mystic silver of her moon;* 825 b 1, Foresters, III, 1: *(Love) clothes itself in maiden flesh and blood;* 844 b 15, Demeter Persephone, 21: *the Sun...robed thee in his day from head to foot;* 845 a 13, Demeter Persephone, 49: *all the space of blank earth-baldness clothes itself afresh;* 869 a, o., Merlin Gleam, VII, 20: *no longer a shadow, but clothed with the Gleam;* 893 b, Silent Voices, 1: *when the dumb Hour, clothed in black, brings the Dreams about my bed.*

comfortable subjektiv, s. § 203 (p. 310, Note 2); § 235 (unter -*able*). —

commeasure: 42 a 33, Oenone, 166, s. *N. E. D.*

***control*[1])** als Verbum für "beherrschen", als Subst. "Herrschaft, Beherrschung" häufig: 24 a, Eleänore, VII, 18: *the self-same influence controlleth all the soul and sense of Passion gazing upon thee;* 65 a 37, Love Land, 41: *meet is it changes should c. our being:* "beherrschen" — lenken, im Gleichgewicht erhalten; 255 a, In Mem., 28, 18: *they (Christmas bells) my troubled spirit rule, for they controll'd me when a boy;* 589 a, 3 u., Queen Mary, I, 5: *they will*

---

[1]) *How eagerly will the poetic imagination seize on a word like "control", which gives scope by its very vagueness, and is fettered by no partiality of association.* (Walter Raleigh, *Style*, London, Arnold, 1904; p. 20, 21).

revolt: but I am Tudor, and I shall c. them; — als Subst.: 220 a
4, Wellington, VII, 9: *keep it (our isle) ours, o God, from
brute control* ("Fremdherrschaft"). —

cove, ein Lieblingswort: 15 b 21, Sea - Fairies, 31:
sweet is the colour of cove and cave (allit. Formel); 23 a,
Eleänore, I, 18, und 24 a, Eleänore, VII, 11; 267 a,
In Mem., 79, 10: *eddying c.s (of a streamlet);* 276 a 8, In
Mem., 101, 16: *the sailing moon* (s. § 191) *in creek and c.;*
315 a 4, Coming Arthur, 377; 418 a 10, Lancelot
Elaine, 1388; Life, Tauchnitz Ed., I, 85, Anacaona, 7:
in the slumbrous c.s, in the cocoa-shadow'd c.s . . .; etc., etc.;

crimson, s. § 84.

crown (substantiv wie verbal) ist der typische Ausdruck für das Höchste, Vollendetste, Äußerste, konkret wie
bildlich: 47 a 28, Palace Art, 184: *young night divine cr.'d
dying day with stars,* wozu Rowe-Webb aus Maud vergleichen: *yon fair stars that er. a happy day;* 118 a, Voyage,
IX, 6 (von visionärer Gestalt über den Wassern): *like
Heavenly Hope she cr.'d the sea;* — 55 a, Choric Song, II,
13: *why should we* (Menschen) *only toil, the roof and cr. of
things;* 100, 6, Locksley Hall, 76: *a sorrow's crown of
sorrow is remembering happier things;* 214 b 25, Princess,
VII, 279: *the crowning race of human kind;* diese Verbindung wird (wie *golden year)* geradezu zur Formel[1]):
286 a 16, In Mem., Epilogue, 128: *the er. r. of those
that, eye to eye, shall look on knowledge,* etc.; 290, Maud,
Part I, IV, VI, 3: *he (the "monstrous eft"* in der Urzeit)
felt himself in his foree to be Nature's cr. r.; vgl. ferner 891 a,
Making Man, 3: *ere the crowning Age of Ages,* 369 a
28, Geraint Enid, 966: *he cr.'d a happy life with a fair
death;* vgl. 479 b 10, Lover's Tale, I, 211: *er.'d with her
highest act . . . her good deeds past;* — 372 a 17, Balin Balan,
173: *had I cr.'d with my slain self the heaps of whom I slew;*
435 b 19, Pelleas Ettarre, 158: *parapets . . . er.'d with
faces;* 451 b 17, Last Tournament, 515: *Tintagil, half
in sea, and high on land, a crown of towers;* 452 b 26,
Last Tournament, 582, sagt Tristan zu Isolde: *cr.'d*

---

[1]) Diesen Lieblingsausdrücken entspricht auch eine Lieblingsidee: der Evolutionsgedanke, welcher sich durch Tennysons ganze
Dichtung mit steigender Klarheit und Ausdehnung zieht.

warrant had we for the cr.ing sin, which made us happy: cr.'d warrant = "das Beispiel der Königin Guinevere"; zu dieser Attraktion vgl. 475 b 21, T o Q u e e n, 62: *our slowly-grown and cr.'d Republic's cr.ing common-sense;* zu *cr.ing sin* vgl. 680 a, H a r o l d, IV, 2, 18: *o cr.ing crime!* — 477 a 21, L o v e r 's T a l e, I, 61: *silver-smiling Venus ere she fell would often loiter in her balmy blue to cr. it (the lighthouse) with herself;* 481 b 19, L o v e r 's T a l e, I, 347: *(the poppy) cr.s himself above the naked poisons of his heart;* 489 b 6, L o v e r 's T a l e, II, 26: *the cope and cr. of all I hoped and fear'd,* 511 a 28, S i s t e r s, 122: *my er.ing hour, my day of days;* 540 b 30, T i r e s i a s, 167: *the wise man's word, here trampled by the populace underfoot, there cr.'d with worship;* cf. 570 a 33, E p i l o g u e "H e a v y B r i g a d e", 35 *(to cr. with song);* 562, 5, L o c k s l e y H a l l S i x t y Y e a r s A f t e r, 61: *you... cr.ing barren Death as lord of all;* 562, 36, L o c k s l e y H a l l S i x t y Y e a r s A f t e r, 93: *Hope... cr.'d with sunlight;* 688 b 8, H a r o l d, V, 1: *the King of England stands between his banners. He glitters on the er.ing of the hill;* 763 a—b, C u p, II: *the victor's column... with him that cr.s it·* 843 a, Q u e e n V i c t o r i a, II, 8: *the bounteous er.ing year of her Jubilee;* 851 a, V a s t n e s s, XII, 1: *Love for the maiden, cr.'d with marriage.* — Das Gedicht C r o s s i n g t h e B a r (p. 894) nannte Tennysons Sohn *"the crown of your life's work"* (L i f e, IV, 101) mit einem Lieblingsausdruck des Vaters. Vgl. auch § 207.

cycle: typisch für "Epoche, Periode"; langer, abgeschlossener Zeitraum: 103, 6, L o c k s l e y H a l l, 184: *better fifty years of Europe than a c. of Cathay;* 240 a, V o i c e a n d P e a k, VII, 2: *when their c. is over...* ("bestimmte Daseinsfrist"); 277 b, I n M e m., 105, 28: *the closing c. rich in good* (das "Millennium"); vgl. auch 269 a 8, I n M e m., 85, 28: *all knowledge that the sons of flesh shall gather in the c.d times* ("im Lauf der Zeiten, Zeitalter"); 570 b 17, E p i l o g u e "H e a v y B r i g a d e", 75: *the c.-year that dawns behind the grave* (= "das ewige Leben"); — *c i r c l e* für diesen Begriff: 95 a 11, G o l d e n Y e a r, 51: *thro' all the circle of the golden year.* —

death für Konkreta, § 180, p. 260; Plural: § 72, IV (p. 97²); s. auch *d i e.* —

deep: unendlich häufig und *d*aher oft ganz bedeutungslos; es steht (mit Vorliebe): 1. von der Dichte, Höhe von
Pflanzenwuchs, beson*d*ers Gras, Moos, Sträuchern, Wald:
10 a 22, Recollections Arabian Nights, 28: *d. inlay of
braided blooms;* 17 a, Dirge, V, 1: *round thee blow, self-
pleach'd d., bramble roses;* 54 b, Choric Song, I, 8: *here
are cool mosses d.;* 72 a 12, Morte d'Arthur, 262: (Avilion)
d.-meadow'd; 92 a 36, Talking Oak, 280: *(oak) broad
and d.;* 118 b, Launcelot Guinevere, 7: *forest-d.s;*
145 a 14, Aylmer's Field, 164: *one (cottage)... d. in
hollyhocks;* 543 a 6, Wreck, V, 10: *the d.-wooded mountain-
side;* — überhaupt von dichten Massen: 109 b, St. Agnes'
Eve, 1: *d. on the convent-roof the snows;* — 2. von allen
Arten örtlicher und zeitlicher Ausdehnung: "weit": 10 b 37,
Recollections Arabian Nights, 89: *dark-blue the d.
sphere overhead:* vom Nachthimmel, der *d*urch Dunkelheit
tief erscheint; dieselbe Beobachtung: 31 a 5, Mariana
South, 91: *deepening thrọ' the silent spheres Heaven over
Heaven rose the night;* 217 b 23, Princess, Conclusion,
113: *the powers of. the night... deepening the courts of
twilight;* Ähnliches in einer Vision: 110 a 1, St. Agnes'
Eve, 29: (der Himmel öffnet sich) *and deepens on and
up;* — von der "hohlen" Luft: 104 a 18, Godiva, 54: *the d.
air listen'd round her as she rode;* — Entfernung, Ferne:
102, 12, Locksley Hall, 144: *ah, for some retreat d. in
yonder shining Orient;* 117 b, Voyage, V, 5: *d. across the
boundless east we drove;* 265 b 2, In Mem., 72, 14: *up the
d. East...;* temporal: 12 a 9, Ode Memory, III,
14: *the cope of half-attained futurity, tho' d. not fathomless;*
110 a 6, St. Agnes' Eve, 34: *the sabbaths of Eternity,
one sabbath deep and wide* (beides von zeitlicher Erstreckung);
— 3. von Intensität: bei Sinneswahrnehmungen: 18 a,
Oriana, VI, 6: *the battle deepen'd in its place* ("wurde
heftiger"); 41 a 26, Oenone, 92: *d. midnoon* (deutsch
"hoher" Mittag); 48 b 4, Palace Art, 260: *d. silence;*
135 a 32, Enoch Arden, 672: *thicker the drizzle grew, d.er
the gloom;* 136 a 3, Enoch Arden, 709: *d.er inward whispers;*
— von psychischen Tatsachen: 115 b, Captain, 3: *d. as
Hell I count his error;* 258 a, In Mem., 41, 9: *d. folly;*
289, Mau*d*, I, III, 5: *revenge too d. for a transient wrong;* —

(in gewissem Sinne gehört hieher auch die folgende Gruppe) — 4. im Seelenleben: "innig", aus den Tiefen des Gefühls oder Intellekts heraus: 5 a 5, Confessions Sensitive Mind, 101: *d. and daily prayers;* 9 a, Madeline, II, 3: *revealings d. and clear ... of wealthy smiles;* 12 a 11, Ode to Memory, III, 16: *the d. mind of dauntless infancy;* 23 b, Eleänore, VI, 4: *thought ... over thought, ... grow so full and d. in thy large eyes ...;* vgl. 98, Locksley Hall, 28: *all the spirit deeply dawning in the dark of hazel eyes;* 48 a 5, Palace Art, 229; 93 a 22, Love Duty, 42: *d. desired relief;* 117 a 23, Lord Burleigh, 73: *d.ly mourn'd the Lord of Burleigh;* 187 a 3, Tears, idle tears, 18: *deep as love, deep as first love;* 258 b, In Mem., 42, 10: *the spirit's inner deeps.* — 5. substantivisch der ständige Ausdruck für die hohe See (lat. *altum):* 6 a, Kraken, 1: *below the thunders of the upper d.;* 20 a 6, Mermaid, II, 16: *(sea-snake) in the central d.s;* 157 a 25, Sea Dreams, 86: *a tide ... and I from out the boundless outer d. swept with it to the shore;* 210 b, Princess, VII, 22: *sees a great black cloud drag inward from the deeps;* 240 a, Voice and Peak, V, 3: *they* (Flüsse) *feel the desire of the d.;* 315 a 6, Coming Arthur, 379: *till last, a ninth one (wave), gathering half the d., ... rose;* 382 a 16, Merlin Vivien, 111: *to let the boundless d. down upon far-off cities while they dance* ("die Wassermassen der See"): — Endlich wird, um die schönsten Beispiele an den Schluß zu stellen, *dieses deep* = "See" mit bewußter Metapher auf den großen unbekannten Ozean des außerirdischen Daseins übertragen: so heißt es von Arthur in den Königsidyllen mehrfach (zuerst 315 b 4, Coming Arthur, 400): *from the great deep to the great deep he goes,* — und auf sich selbst ·wendet Tennyson diese Vorstellung im ganzen Gedichte Crossing the Bar an, vor allem in der Wendung (894, Crossing Bar, 7): *... when that which drew from out the boundless deep, turns again home.*

deep = *hid,* s. § 62, p. 83, u. —

die (*dead, death*), wohl mehr seiner bequemen Einsilbigkeit und emphatischen Kraft als seines Begriffsinhaltes wegen vielleicht das am allerhäufigsten metaphorisch verwendete Wort bei Tennyson. Es ist der regelmäßige Ausdruck für Schwun*d* jeglicher Art, oft mit der weitestgehen*d*en Verwischung der eigentlichen Be*d*eutung. Am *d*eutlichsten ist der Zusammenhang mit *d*ieser noch in Gruppe 1; *d*iese bezeichnet nämlich: **1.** das, was auch wir "Absterben" in der Natur nennen, also vor allem die Verän*d*erungen an den Pflanzen im Herbst; ferner alles, was ganz beson*d*ers den Ein*d*ruck des Leblosen macht, so insbeson*d*ere regungslose, nicht *d*urch Licht o*d*er Bewegung "belebte" Objekte. Beispiele: 134 a 31, Enoch Ar*d*en, 604: *the smell of dying leaves;* 251 b, In Mem., 16, 8: *some dead lake;* 285 a 28, In Mem., Epilogue, 64: *on the trees the dead leaf trembles;* 289, Mau*d*, I, III, 3: *an eyelash dead on the cheek* ("regungslos liegend"); 328 b 19, Gareth Lynette, 673: *like a fuel-smother'd fire, that lookt half-dead;* vgl. 762 a 11, Cup, II: *rouse the dead altar-flame, fling in the spices;* 426 b 19, Holy Grail, 483: *the dry old trunks about us, dead, yea, rotten with a hundred years of death;* ebenso 443 b, Last Tournament, 12: *a stump of oak half-dead;* 529 b, Voyage Mael*d*une, IV, 4: *the steer fell down at the plow and the harvest died from the field;* 538 b 17, Tiresias 33: *the winds were dead for heat;* 876 b, Death Oenone, 10: *she stared at those dead cords that ran dark thro' the mist* ("blattlose Weinranken"); — **2.** Untergang von Sonne Mon*d* und Sternen (mit Ansatz zur Personifikation); 180 b Song (vor Princess, III), 6: *the dying moon;* 186 a 18, Princess, III, 346: *the Sun grew broader toward his death;* 281 b, In Mem., 121, 2: *sad Hesper o'er the buried sun And ready, thou, to die with him;* 300 b, Mau*d*, I, XXII, II, 6· *(Venus) beginning to faint in the light of the sun ... and to die;* 374 b 14, Balin Balan, 311: *a cavern-chasm. where ... the whole day died, but, dying, gleam'd on rocks.* (d. h. *the whole day was like sunset);* **3.** Schwund von Farben, Gestalten und Tönen: Licht der Gestirne: 249 b, In Mem., 8, 6: *all the magie light dies off at once from bower and hall;* 257 b, In Mem., 38, 3: *the purple from the distance dies (at sunset);* 264 a, In Mem., 67, 10: *from off my bed the moonlight dies;* — Linien, Farben, Formen: 144 b 31, Aylmer's Fiel*d*, 149: *low knolls that dimpling died into each other* ("übergingen"); 306, Mau*d*, III, I, 6: *when the shining daffodil dies* ("zu glänzen aufhört": in der

Nacht); Maud, II, IV, Urform (Churton Collins, p. 276), 9: *till it Maud's phantom — fade and fail and die;* — Klänge, Schälle: 186a, Bugle-song (vor Princess, IV), Refrain: *echoes dying, dying, dying;* vgl. 237 a, Minnie Winnie, 12: *echo on echo dies to the moon;* 398 b 18, Lancelot Elaine, 178: *some light jest ... with laughter dying down;* Worte und deren Inhalt: 313 a 10, Coming Arthur, 256: *when the savage yells of Uther's peerage died;* 369 a 19, Geraint Enid, 957: *the spiteful whisper died;* 443 a 26, Pelleas Ettarre, 585: *all talk died;* 879 b 17, St. Telemachus, 76: *his dying words, which would not die* ("verhallen, verklingen"), *but echo'd on.* · — **4.** auf abstraktem Gebiete: Schwund von subjektiven Bewußtseins-Inhalten und -Zuständen: von Gesprächsstoffen (vgl. die letzten Beispiele der vorigen Gruppe): 183 b 13, Princess, III, 189: *speak, and let the topic die;* 200 b 7, Princess, V, 307: *that ... by overthrow of these or those, the question settled die;* von Vorstellungen und Gedanken: 204 a, Princess, VI, 1: *my dream had never died or lived again;* 215 b 10, Princess, VII, 327: *my doubts are dead;* von Gemüts-Stimmungen und -Verfassungen: 161a, Lucretius, 3: *when the morning flush of passion and the first embrace had died;* 267 a 5, In Mem., 78, 17: *o last regret, regret can die;* 281 b 8, In Mem., 118, 28: *let the ape and tiger die* (d. h. "die tierische Natur im Menschen"); 307, Maud, III, III, 5: *that old hysterical mock-disease should die;* 338 a 14, Gareth Lynette, 1212: *but now ... the marvel dies;* 394 a 28, Merlin Vivien, 879: *his anger slowly died;* 418 a 19, Lancelot Elaine, 1397: *dead love's* ("erloschener Liebe") *harsh heir, jealous pride;* — von körperlich-seelischen Funktionen und Fähigkeiten: 262 a, In Mem., 57, 9: *in these ears, till hearing dies, one ... bell will seem to toll;* 264 a 11, In Mem., 66, 15: *his (the blind man's) inner day can never die;* 448 a 24, Last Tournament, 310 (zum Narren): *is all the laughter gone dead out of thee* (= "ist alle deine Lustigkeit dahin?"); **5.** Verschwinden objektiver Zu- und Umstände: 209 b 12, Princess, VI, 318: *let our girls flit, till the storm die* ("bis die unruhigen Zeiten vorbei sind"); 277 b 8, In Mem., 105, 12: *change of place ... has broke the bond of dying use (dying = mortal);* 278 a 1, In

Mem., 106, 13: *a slowly dying cause* ("eine untergehende
Ideenwelt"): 706 b 5, Becket, I, 3: *strike, and ye set these
customs by my death ringing their own death-knell thro' all the
realm;* 6. Schwund in der Zeit; *dead* ist das Vergangene:
in ausgeführter Allegorie erscheint diese Metapher in dem
Gedichte (62 a) The Death of the Old Year (Z. 5:
the old year lies a-dying); vgl. noch: 277 b, In Mem., 106,
3: *the year is dying in the night;* 281 a 2, In Mem., 116, 14:
days of happy commune dead; 298 b, Maud, I, XIX, II, 9:
so did I let my freshness die: "ließ meine Jugendzeit ver-
streichen"; 553 a, Flight, XI, 4: *(islands of the Blest)
where summer never dies* ("nie aufhört"); — typisch von überwundenen Stadien der Selbstentwicklung: 183 b 29, Princess, III, 205: *we touch on our dead self (= on what we have
been once);* 247 b, In Mem., 1, 4: *men may rise on stepping-
stones of their dead selves to higher things.* —

Daß ein so vielgebrauchtes Wort doch noch wirklich
lebendiger bildlicher Verwendung fähig ist, zeigt zur Ehre
für den Dichter eine Stelle in einem abstrakt-philosophischen
Gedichte seines späten Alters: 880 a, Akbar's Dream, 12, —
wo es — mit Erinnerung an das Wort Pauli "Der Glaube
ohne die Werke ist tot" — heißt: *the prayers, that have no
successor in deed, are faint and pale in Alla's eyes, fair
mothers they dying in childbirth of dead sons.* Über *dying*
= *mortal,* s. § 59; *the death that cannot die* und
deathless, s. § 79, p. 109.

dip, ein Lieblingswort: 45 a 16, Palace Art, 32:
. to where the sky dipt down to sea and sands; 70 a 19,
Morte d'Arthur, 143: *ere he dipt the surface (Excalibur),
rose an arm...;* 81 a 17, Audley Curt, 88: *the harbour-buoy
. with one green sparkle ever and anon dipt by itself;* 85 a 31,
Edwin Morris, 140: *while the prime swallow dips his wing*
("über das Wasser dahinfliegt"); 98, Locksley Hall,
15: *I dipt into the future far as human eye could see;* 104 a
10, Godiva, 46: *a summer moon half-dipt in cloud;* 111 b,
Will Waterproof, 17: *(the Muse) dips her laurel in the
wine;* 119 b, Move eastward, 10: *dip forward (earth) under
starry light;* 128 b 25, Enoch Arden, 244: *to the last d.
of the vanishing sail;* 144 a 1, Aylmer's Field, 85: *dipt
against the rush of the air in the prone swing;* 183 a 8, Princess,

III, 154: *to take the dip of certain strata to the North*
(hier geologischer Fachausdruck); 186 b, Princess, IV,
12: *dipt beneath the satin dome* (Zelt); 215 a 12, Princess,
VII, 307: *all dipt in Angel instincts;* 267 b, In Mem., 83,
1: *dip down upon the northern shore, o sweet new-year ...;*
402 a 4, Lancelot Elaine, 404: *they dipt below the
downs* (vom Verschwinden Hinwegreitender); 554 b, Flight,
XXIII, 3: *see the ships from out the West go dipping thro' the
foam;* 685 a, 8 u., Harold, V, 1 *(Senlac-Sanguelac): a
lake that dips in William as well as Harold* (s. p. 56); 776 b,
10 u. (Falcon): *when you came and dipt your sovereign hand
thro' these low doors;* 781 b, Promise May, I: *have I been
dipping into this (book) again;* 885 b 14, Bandit's Death,
22: *we dipt down under the bridge by the great dead pine.*

Don or devil, s. § 229, p. 357[1]

dream = "Traumgestalt", s. § 219, p. 339[2].

drift in der seltenen Bedeutung *that which is driven:*
844 b 20, Demeter Persephone, 26: *(Hermes) with his
drift of flickering spectres* (s. *N. E. D.,* s. v., 7) (auch Rowe-
Webb z. St.). —

dust, insbesondere zur Bezeichnung der Vergänglich-
keit, sehr beliebt: 33 b 9, Two Voices, 207: *a d. of systems
and of creeds;* 55 b, Choric Song, V, 15: *two handfuls
of white d., shut in an urn of brass* (ist alles, was vom
Menschen bleibt); 63 a 5, To J. Sp., 29: *his mute d. I
honour and his living worth;* 63 b 12, To J. Sp., 76: *lie still,
dry d., secure of change;* 88 a 27, Stylites, 192: *you may carve
a shrine about my d.;* 92 b, Love Duty, 11: *dead, become
mere highway d.;* 113 b 11, Will Waterproof, 183: *fallen
into the dusty crypt of darken'd forms and faces* (i. e. *oblivion):*
119 b, Come not..., 4: *the unhappy d. thou wouldst not
save* (d. h. "die Leiche eines, den du einst..."); 122 a 19,
Vision Sin, IV, 51: *every heart ... is a clot of warmer d.;*
142 b, Aylmer's Field, 1: *d. are our frames; and, gilded
d., our pride ...* (folgt ein Vergleich); 287, Maud, I, I,
VIII, 4: *we are ashes and d.;* 298 a, Maud, I, XVIII, VII,
4: *the d. of death;* 301, Maud, I, XXII, XI, 5: *my d.
would hear her and beat;* 305 a, Maud, II, V, I, 3: *my
heart is a handful of d.* (er dünkt sich tot); für *powder*
steht *d.* als das poetischere Wort: 390 a 1, Merlin Vivien,

598: *pineh a murderous d. into her drink.* Am häufigsten
ist das Wort natürlich in "In Memoriam"; ich zähle nur
einige Stellen auf: 247 a, Prologue, 9; 256 a, 34, 4;
256 b, 35, 12 *(streams . . . sow the d. of continents to be);*
261 b, 55, 18; ibid. 56, 19; 265 a, 71, 10 *(the dust of change);*
267 a, 80, 4; 284 a, 131, 5; von der Asche des Toten:
252 a, 17, 19; 253 a, 21, 22; 256 b, 35, 4; 277 b, 105, 5 *(our
father's d.).* —

eaves, wörtlich und bildlich häufig: 22 a 10, Margaret, V, 12: *your bower-eaves;* dtto. 28 b, Lady Shalott,
III, 1; 91 b 5, Talking Oak, 209: *her eyelids dropt their
silken e.;* 109 a 9, Amphion, 53: *shepherds from the
mountain-e. look'd down,* etc.; — Sieh A. C. Bradley, Commentary on In Memoriam², p. 161: zur Stelle 264 a,
In Mem., 67, 11: *closing e. of wearied eyes.* — Andere
Umschreibungen für Augen-Lider und -Brauen s. § 160,
p. 216. —

eddy, ein Lieblingswort; schon in früher Zeit: Poems
by Two Brothers, 86, Midnight, 15: *beneath, the
gurgling eddies slowly creep;* 182, 4: *upon the e.ing blasts they
sail;* — 7 a, Isabel, III, 5: *the vexed eddies (of a stream);*
16 b, Dying Swan, III, 22: *e.ing song;* 28 b 13, Lady
Shalott, II, 15; 37 a 32, Miller's Daughter, 52; 139 b,
Song, II (in "Brook"), 3; 209 a 25, Princess, VI, 302:
I cannot keep my heart an e. from the brawling hour; 260 a,
In Mem., 49, 6: *the fancy's tenderest e.;* 261 a, In Mem.
53, 12: *those that e. round and round;* 267 a, In Mem., 79,
10: *e.ing coves;* 283 b, In Mem., 128, 5: *vast eddies in the
flood of onward time shall yet be made;* 483 a 19, Lover's
Tale, I, 440: *eddies of melodious airs;* 825 a 16, Foresters,
III, 1: *torrents of eddying bark* (heißen die Eichen).

emerald, s. § 83. -- *employ,* s. § 32, p. 42.

endure in aktivem, nicht passivem Sinne: "es über
sich bringen, wagen" (fehlt in den Wörterbüchern): 375 b
21, Balin Balan, 375: *who, sitting in thine own hall, canst
e. to mouth so huge a fulness;* 482 b 23, Lover's Tale,
412: *the moon ... stood still ... nor yet e.d in presence of his
(Sun's) eyes to indue his lustre;* 493 a 20, Lover's Tale,
III, 49: *I mused nor yet e.d to take so rich a prize;* — ein
anderes *endure* = find stay, repose in —: 256 a, In Mem.,

32, 14: *thrice blest...whose loves in higher love e.;* sonst dafür *rest* (z. B. 270 a 13, In Mem., 85, 112), *dwell* (282 b, In Mem., 123, 9). —

entreat = *treat,* s. § 242 (p. 399¹). —

equal mind = *aequus animus* etc., s. § 280; *e.* als Schlagwort subst., s. § 22. —

fade, fast ebenso beliebt wie *die* für jede Art von allmählichem Schwun*d;* ausgehend vom Absterben der Pflanzenwelt — z. B. 152 a 1, Aylmer's Field, 605: *Autumn's mock sunshine of the faded woods* ("die gelben Blätter") — wir*d* es angewandt auf: 1. "verwelkte" Kleiderpracht: 196 a 17, Princess, V, 38: *transient...from what was left of faded woman-slough* ("weibliche Verkleidung") *to harness;* 343 a 16, Marriage Geraint, 134: *a faded silk, a faded mantle and a faded veil;* verhallende Klänge: 420 b 15, Holy Grail, 121: *then the music faded;* — Naturerscheinungen: 280 b, In Mem., 115, 1: *now f.s the last long streak of snow;* 446 a 10, Last Tournament, 167: *a faded fire;* — besonders häufig von Erscheinungen in weiten Fernen und am Himmel: 95, Ulysses, 20: *that untravell'd world, whose margin f.s* (in Nebel der Weite; hier örtlich, sonst meist zeitlich abgestuftes Hinschwinden); — 23 b, Eleänore, VI, 12: *as tho' a star...in heaven... should slowly...grow...,* then as slowly *f. again;* 119 b, Move eastward, 3: *fringes of the faded eve* ("verblaßter Abendhimmel"); 553 a, Flight, XI, 1: *how often have we watch'd the sun f. from us thro' the West;* 851 b, Song (vor Ring), 9: *Moon, you f. at times from the night* (vom Nachthimmel); — versinnlichend: 881 b 16, Akbar's Dream, 95: *till the mortal morning mists of earth f. in the noon of heaven;* 2. vom Menschen: körperliches Verschwinden (und zwar hier plötzliches): 371 b 26, Balin Balan, 153: *he smote the thrall, and faded from the (royal) presence into years of exile* (cf. frz. *s'eclipser* u. dgl.); "Verblühen" der Schönheit: 143 a 7, Aylmer's Field, 27: *his wife a faded beauty of the Baths;* cf. 643 b, Queen Mary, V, 2: *we (women) f. and are forsaken;* — Hinschwinden durch Körper- oder Seelenleiden: 117 a 18, Burleigh, 68: *she droop'd and droop'd before him, fading slowly from his side;* 581, Queen Mary, I, 2, 18: *the wan* *boy-king (Edw. VI) with his fast-fading eyes fixt hard on mine* ("Lebensglanz verlierend"); — Hingang ins Jenseits: 260 b 1, In Mem., 50, 13: *be near me when I f. away;* 541 a, Fitz Gerald's Death, 30: *when I from hence shall f. with him into the unknown;* 3. psychische Zustände: 149 a 9, Aylmer's Field, 412: *this kindlier glow faded with morning;* 151 a 22, Aylmer's Field, 555: *a Martin's summer of his faded love;* — 164 a 34, Lucretius, 230: *the nobler pleasure seems to f.;* — anders 61 b 8, Dream Fair Women, 287: *the heart faints, faded by its heat;* und 490 b 25, Lover's Tale, II, 106: *...flatter'd the fancy of my fading brain;* 812 a, Foresters, I, 3: *whate'er thy griefs, in sleep they fade away;* 4. von bestehenden Zuständen, Verhältnissen der Außenwelt: 177 b 4, Princess, II, 266: *the fading politics of mortal Rome;* cf. 317 a 12, Coming Arthur, 494: *Rome, the slowly-fading mistress of the world;* 266 a, In Mem., 75, 9: *these fading days* ("dekadentes Zeitalter"); — 223 a, Light Brigade, VI, 1: *When can their glory fade?* —

Wie lebhaft bei aller Abnutzung das Bewußtsein der Übertragung bleibt, zeigen späte Fälle vollwertiger bildlicher Verwendung: 790 b 5, Promise May, II: *his old-world faith, the blossom of his youth, has faded, falling fruitless...* 891 a 3, Making Man, 5: *the races flower and fade.*

fail dient oft prägnanter Kürze des Ausdrucks: 129 a 3, Enoch Arden, 255: *she f.'d and sadden'd knowing it* ("wußte sich nicht zu helfen, war ratlos"); 210 b, Princess, VII, 16: *old studies f.'d* ("versagten, brachten keine Beruhigung"); 560, Locksley Hall Sixty Years After, 19: *Amy loved me, Amy f.'d me, Amy was a timid child;* Mit einer Art Litotes für "untergehen, verschwinden": 164 b 33, Lucretius, 263: *till that hour, my golden work shall stand, then it f.s at last and perishes;* 268 b 8, In Mem., 84, 36: *thy spirit should f. from off the globe;* "aufhören": 254 b, In Mem., 28, 7: *voices... swell out and f.* —

fair gehört wie kaum ein anderes Wort zur "Scheidemünze" des poetischen Ausdrucks. Seine Farblosigkeit wie sein Auftreten für treffendere oder bestimmtere Ausdrücke und in festen Formeln mögen wenige Beispiele dartun: 1. auf konkretem Gebiet: 26 a, Buonaparte, 4: *f. daylight*

(= broad daylight); 47 a 11, Palace Art, 167: *names...
were blazon'd f.;* 110 a, Sir Galahad, 32: *the tapers
burning fair. Fair gleams the snowy altar-cloth;* 112 a 26, Will
Waterproof, 66: *f. horizons;* so oft von Naturschön-
heiten: 114 a, Lady Clare, 10: *my lands so broad and f.;*
133 a 28, Enoch Arden, 535: *many a f. sea-circle,*
274 b, In Mem., 98, 2 *(Rhine and those f. hills)* und gleich
darauf: 275 a 1, In Mem., 98, 9 *(Danube rolling f.);* 275 b,
In Mem., 101, 5: *the sunflower, shining f.;* 297 b, Maud,
I, XVIII, IV, 2: *you f. stars;* 306 a, Maud, II, V, VII, 7:
another stiller world of the dead, stiller, not fairer than mine;
ibid. VIII, 1: *I know where a garden grows, fairer than aught
in the world beside;* — vom Menschen: 117 a 19, Lord
Burleigh, 69: *three f. children first she bore him* (formelhaft); Maud, II, IV, Urform (Churton Collins, p. 275, 26):
as I knew her f. and kind; 186 a 3, Princess, III, 331:
f. Corinna's triumph (bei Frauennamen wie deutsch das un-
flektierte "schön"); 313 a 29, Coming Arthur, 275:
three f. queens... with bright sweet faces; 369 b 25, Balin
Balan, 29: *"f. Sirs"*, sagt Arthur zu den beiden; so öfter;
— sonstiges: 210 b, Princess, VII, 2: *their f. college
turn'd to hospital;* 358 a 5, Geraint Enid, 238: *hire us
some f. chamber for the night;* — die alte allit. Formel *fair
and free* (s. Fehr, Die formelhaften Elemente in
den alten englischen Balladen, Dissert. Basel 1900,
Anhang, Tabelle 2): 116 b 40, Lord Burleigh, 60 (vom
Helden);   2. auf abstraktem Gebiet für Vollkommenheit,
Vollendung jeder Art: 185 b 26, Princess, III, 322: *f.
philosophies that lift the fancy;* 247 b, In Mem., Prologue,
38: *Thy creature, whom I found so f.* (Hallam); 261 b, In
Mem., 56, 9: *man, her (Nature's) last work, who seem'd so f.;*
317 b 4, Coming Arthur, 499: *our fair father Christ*
(formelhaft; vgl. 464 b 22, Guinevere, 553); 330 a 17,
Gareth Lynette, 758: *I leave not till I finish this f.
quest;* 463 a 27, Guinevere, 455: *"that f. Order of my
Table Round"*, sagt Arthur; ebenso Akbar: 883 a 9, Akbar's
Dream, 179: *"all my f. work"*   von seinem Reich
und seiner Universalreligion; endlich: 550 b 5, Ancient
Sage, 184: *we... await the last and largest sense to...
show us that the world is wholly f. (= perfect, harmonious,*

κόσμος); 3. der Umgangssprache nahe: 113 a 5, Will
Waterproof, 135: *he (Cock) stoop'd and clutch'd him (boy), f.
and good;* 178 a 11, Princess, II, 305: *all her thoughts ...
f. within her eyes (= fairly, easily to be read).*

fall, s. § 167. —

far—far—away: eine Wendung, die von Kindheit
an auf Tennysons Gemüt einen magischen Zauber aus-
übte (Life, Tauchnitz Edition, I, 36); Zeugnis davon vor
allem das von seiner Gattin in Musik gesetzte Lied unter
diesem Titel (p. 873), ferner die autobiographische Stelle
551 a 8—19, Ancient Sage, 219—230, wo im Bilde
träumerischer Stimmungen des Knaben der Vers eingeflochten ist: *desolate sweetness — far and far away —,* endlich
die folgenden Stellen, denen man das Wohlgefallen an der
Klangverbindung, auch wo sie vom Inhalt nicht gerade
gefordert wird, deutlich anmerkt: 54 b 5, Lotos-Eaters,
32 (nach Genuß des Lotos): *...the gushing of the wave Far
far away did seem to mourn and rave On alien shores;* 223 b,
Exhibition Ode, IV, 1: *is the goal so far away? far,
how far no tongue can say;* 237 a, City-Child, 3: ("wo zu
Hause?") *"Far and far away", said the dainty little maiden;*
246 b, When? (Zyklus "The Window"), 8: *a month
hence* soll die Hochzeit sein; das ist für den Liebenden
far, far away; 293 a, Maud, I, IX, 7: *rapidly riding far
away* (es ist nur ein Spazierritt), cf. 862 a, Happy, XX,
3 (und XXI, 2!); 327 a 11, Gareth Lynette, 573: *thou
get to horse and follow him far away* — für *from afar, far
behind;* 488 b 20, Lover's Tale, I, 790: *borne into alien lands
and far away;* 536 b, Achilles, 17: *shouted, and Pallas
far away call'd* (Ilias, XVIII, 217: ἀπάτερθε); 565, 2,
Locksley Hall Sixty Years After, 168: *earth at last
a warless world ... I have seen her far away* (in der Zukunft)·
567, 18, Locksley Hall Sixty Years After, 256:
forward far and far from here is all the hope of eighty years;
882 a 24, Akbar's Dream, 130: *banners blazoning a Power
that is not seen and rules from far away;* Life, IV, 177,
Epitaph on Prince Leopold, 4: *"I seem, but am not,
far away."* —

Farben, s. § 83; Herbstfarbe der Blätter,
§ 206. —

find (vgl. § 47, § 48): 39 a 40, Miller's Daughter, 208: *blessings which no words can f. (reach, meet);* — 151 b 29, Aylmer's Field, 601: *the sad mother ... being used to f. her pastor texts, sent ... praying him (rector) to speak. of her (dead) child;* 383 b 7, Merlin Vivien, 188: *he (Merlin) found a doom that ever poised itself to fall* ("erblickte in Zukunft"). —

Flora Tennysons, s. u. **woodbine**, Note.

flow in allerlei bildlichen Verwendungen: 14 a 27, Poet, 31: *Heaven fl.'d upon the soul in many dreams of high desire;* 30 b 24, Mariana South, 67: *beauty fl.s away,* 37 a 1, Miller's Daughter, 21: *there's somewhat fl.s to us in life, but more is taken quite away;*   95 a 12, Golden Year, 52 (vom Erguß der poet. Begeisterung): *thus far he fl.'d, and ended;* cf. 62 b, To J. Sp., 6 f.; — 151 a 25, Aylmer's Field, 558: *the mother fl.'d in shallower acrimonies* ("erging sich"); 152 b 16, Aylmer's Field, 649: *fl.ing lawns* ("wogende Wiesen"); — 284 b 4, In Mem., 131, 12, s. § 276 *(emanatio).* —

folded *(fold),* sehr häufiges Bild: 1. typisch von Wolkenschichten: 96 b, Tithonus, 10: *far-f. mists;* 152 a 3, Aylmer's Field, 607: *low-f. heavens;* 282 a, In Mem., 122, 3: *yearn'd to burst the f. gloom, to bare the eternal heavens again;* 291, Maud, I, VI, I, 3: *fold upon fold of hueless cloud;* cf. 154 b 11, Aylmer's Field, 766 *(folds — "Wolkenhülle");* 477 a 8, Lover's Tale, I, 48: *the cloud of unforgotten things, that sometimes on the horizon of the mind lies f.;*   2. von den gekreuzten Armen Schlafender und Toter — ausgehend von der Vorstellung der geschlossenen Blüte, wie sie vorliegt in: 213 a 23, Princess, VII, 171: *now folds the lily all her sweetness up;* 273 b, 2 u., In Mem., 95, 59: *the heavy-folded rose* (anders 55 a, Choric Song, III, 2: *th f. leaf is woo'd from out the bud);*   die Übertragung erklärt Tennyson selbst in einer Note zur Stelle 258 b, In Mem., 43, 2: *every spirit's f. gloom,* — mit den Worten: *"the spirit between this life and the next should be f. like a flower in a night slumber";*   mit vollzogener Übertragung: 34 a 7, Two Voices, 247: *his palms are f. on his breast;* vgl. 16 b, Dirge, I, 2: *fold thy palms across thy breast;* 61 a 11, Dream Fair Women, 263: *f. sleep;* 105 a 6,

Sleeping Palace (Day-Dream), I, 8: *faint murmurs...*
come like hints and echoes of the world to spirits f. in the womb;
hieher wohl auch 75 b 11, Gardener's Daughter, 182:
the drowsy hours... o'er the mute city stole with f. wings; —
und 110 b 7, Sir Galahad, 42: *(angels)... with f. feet, in*
stoles of white, on sleeping wings they sail (gekreuzte Fuß-
stellung fliegender Gestalten — oft auf Gemälden, s. Rowe-
Webb z. St.); 3. "umarmen": 76 a 9, Gardener's
Daughter, 210: *there sat we down... two mutually enfolded*
(gleich darauf: *enwound*); 80 b 25, Audley Court, 62: *f. in*
thy sister's arm; 553 b, Flight, XIV, 2: *I'd sooner fold*
an icy corpse dead of some foul disease; 844 b 16, Demeter
Persephone, 22: *"Mother!" and I was f. in thine arms;* —
99, 24, Locksley Hall, 58: *roll'd in one another's arms;* —
4. "schließen, umschließen, einhüllen": 17 a, Dirge, V, 6:
the green that folds thy grave ("rather a strained expression",
Morton Luce); 73 b 30, Gardener's Daughter, 73: *this orbit*
of the memory folds for ever in itself the day we went to see her;
76 b 5, Gardener's Daughter, 239: *the f. annals of my*
youth (= closed roll); 187 a 14, Princess, IV, 49: *fancies*
hatch'd in silken-f. idleness; 196 b 20, Princess, V, 69: *she*
moan'd, a f. voice ("verschleierte" Stimme); — aber 100,
34, Locksley Hall, 104: *ranks are roll'd in vapour.*

follower, s. § 233, p. 365[1]

forge, s. § 167.

forlorn = *forsaken (N. E. D.,* s. v., 4 b): 40 a, Oenone,
15: *Oenone, wandering f. of Paris;* 845 b 9, Demeter
Persephone, 73: *fled by many a waste, f. of man;*
beachtenswert auch: 142 a 8, Brook, 149: *a tonsured head*
in middle age f. ("tief vorgerückt");

fret = "fressen", s. § 277. —

fringe, *fr.d,* in bildlicher Verwendung von allem mit
Fransen Vergleichbaren sehr beliebt: 5 b 11, Confessions
Sensitive Mind, 153: *the fr.d hills;* 8 b, To — , I, 6:
ray-fr.d eyelids of the morn; 9 a, Madeline, II, 10: *clouds*
sun-fr.d; 45 a 32, Palace Art, 52: *the light aërial gallery,*
golden-rail'd, burnt like a fr. of fire; 57 b 4, Dream Fair
Women, 40: *foam-flakes, ... torn from the fr. of spray;* 71 b 2,
Morte d'Arthur, 220: *the knightly growth that fr.d his*
lips; 119 b, Move eastward..., 3: *fr.s of the faded eve;*

370 a 9, B a l i n B a l a n, 44: *from the fr. of coppice round them burst a spangled pursuivant;* 476 b 17, L o v e r's T a l e, I, 37: *the semicircle of . . . waters and the narrow fr. of curving beach;* 531 b, V o y a g e M a e l d u n e, XI, 11: *we kiss'd the fr. of his (hermit's) beard.*

gain, s. § 167.

gather: 1. mit Singularobjekt (s. *N. E. D.,* s. v., I, 1, 4 c): 439 b 24, P e l l e a s E t t a r r e, 387: *one rose, a rose to g. by and by, one rose, a rose to g. and to wear;* 649 a, 6 u., Q u e e n M a r y, V, 5: *he stoop'd and g.'d one from out a bed of thick forget-me-nots;*   dasselbe bei *s o w:* 381 a 9, M e r l i n V i v i e n, 45: *born from death was I . . . and s.n upon the wind — and then on thee;* vgl. 34 b 12, T w o V o i c e s, 294: *he s.s himself on every wind.* — 2. von der kombinierenden Verstandestätigkeit (= *to realize, collect, from tokens, observations);* typisch: 189 b 22, P r i n c e s s, IV, 217: *from whence the Royal mind . . . easily g.'d either guilt;* 342 a 17, M a r r i a g e G e r a i n t, 61: *this she gather'd from the people's eyes* ("schloß aus Blicken"); 393 b 9, M e r l i n V i v i e n, 830: *Vivien, gathering somewhat of his mood* (= *inferring, conjecturing);* 647 a, 6 u., Q u e e n M a r y, V, 3: *methought I g.'d from the Queen that she would see your Grace before she died;*   am deutlichsten ist noch die Übertragung in Fällen wie: 259 a, In M e m., 45, 5: *as he grows he g.s much* ("sammelt Erfahrungen"); — 3. (mit verblaßter Bedeutung): *to assume, gain, acquire (gradually):* 40 b 13, O e n o n e, 42: *a cloud that g.'d shape;* 276 b, In M e m., 103, 27: *the maidens g.'d strength and grace and presence, lordlier than before;* 461 b 28, G u i n e v e r e, 356: *to g. heart again* (= *to re-assume, after wrath, more tender feelings).* — Zur Stelle 17 b, L o v e D e a t h, 1: *what time the mighty moon was g.ing light,* vergleicht Churton Collins V e r g i l, G e o r g i c a, I, 427: *luna revertentes cum primum c o l l i g i t ignes.* —

give, § 170; s. auch § 32, p. 42; § 191 (Ende). —

glance: 1. "strahlen, leuchten": 199 b 10, P r i n c e s s, V, 249: *that . . . made them gl. like those three stars of the airy Giant's zone;* 881 b 30, A k b a r's D r e a m, 106: *deeds a light to men? But no such light gl.d from our Presence on the face of one . .;* 881 a 32, A k b a r's D r e a m, 76: *a purer gleam than glances from the sun of our Islâm;* in diesen

beiden Beispielen schon der Begriff der Bewegung; s.
weiter: 2. *to move rapidly ("obsolete": N. E. D.;* letzte Stelle
1786): bei T. öfter, besonders von einer mit Aufleuchten
verbundenen Bewegung, so: 37 a 32, Miller's Daughter,
52: *the minnows ... in crystal eddies gl. and poise;* ferner:
22 a, Rosalind, II, 13: *life shoots and gl.s thro' your veins;*
50, May Queen, 39: *the rivulet ... 'ill merrily gl. and play;*
286 a 1, In Mem., Epilogue, 113: *the glancing rills;* —
temporal (von schnell vergehender Zeit): 371 b 24,
Balin Balan, 151: *but three brief moons had gl.d away
from being knighted;* dasselbe bei *flash:* 132 a 8, Enoch
Arden, 452: *autumn into autumn fl.'d again;* — 3. "gleiten":
von Tonübergängen, Gesprächswechsel: 59 b 4, Dream
Fair Women, 166: *her voice ... did fall down and gl. from
tone to tone, and glided thro' all change of liveliest utterance;*
80 a 26, Audley Court, 32: *glancing thence, (we) discuss'd.*
— 271 b 13, In Mem., 89, 33: *we gl.d from theme to theme;* —
von Licht: 163 b 26, Lucreţius, 189: *here an Oread
how the sun delights to gl. and shift about her slippery
sides;* — speziell *"of a weapon; to glide off an object struck,
without delivering the full effect of the blow"* (N. E. D.): 18 a,
Oriana, 5, 5: *the bitter arrow went aside, ... the damned
arrow glanced aside* (Steigerung): 204 a 11, Princess,
V, 529: *the blade gl.d* (sc. *aside): I did but shear a feather;* —
übertragen: 674 a, 7 u., Harold, III, 1: *to find a means
whereby the curse might gl. from thee and England.*

gleam, Lieblings-Wort und -Vorstellung, wie wohl am
besten das autobiographische Gedicht "Merlin and the
Gleam" (867 b ff.) zeigt; einzelne Belege:

37 b 14, Miller's Daughter, 78: *a gl.ing neck;* 38 a
8 (115): *chalk-quarry ... gl.'d to the ... moon;* 41 a 6, Oenone,
72: *fruit, whose gl.ing rind .. ·* 56 b 3, Choric Song, VIII,
14: *(Gods') golden houses, girdled with the gl.ing world;* vgl.
95 b, Ulysses, 20: *all experience is an arch wherethro' gl.s
that untravell'd world ...;* 96 b, Tithonus, 10: *gl.ing halls
of morn (= East);* 114 a 5, Will Waterproof, 221:
greasy gleam (im Gasthaus); 118 a, Voyage, IX, 1: *she
(Vision) gl.'d like Fancy;* 120 b, Letters, VI, 1: *sweetly
gl.'d the stars:* 135 b 7, Enoch Arden, 681: *a bill of sale
gl.'d thro' the drizzle;* 140 a, Brook, 44: *that old bridge*

which... makes a hoary eyebrow for the gl. beyond it, where the waters marry; 170 b 19, P r i n c e s s, I, 93: *the green gl. of dewy-tassell'd trees;* etc.; auf Abstraktes übertragen: 35 b 17, T w o V o i c e s, 380: *mystic gl.s (of memory);* 66 a 5, L o v e L a n d, 89: *gl.s of good;* 745 a 4, B e c k e t, V, 2: *I never spied in thee one gl. of grace* (deutsch "Fünkchen"); 892 b, W a n d e r e r, 1: *the g l e a m of household sunshine ends.* —

gloom, s. A. C. B r a d l e y, *A Commentary on Tennyson's In Memoriam*[2], London, Macmillan, 1902, p. 183 (zu I n M e m., 89, 45).

glory, s. § 181; *g l o r i o u s,* s. § 275, p. 444.

hand: *t o r e a c h a h a n d* (meist mit einem *t h r o')* in bild*l*ichem S*i*nne ist eine Lieblingsmetapher Tennysons (am häufigsten in I n M e m.); wörtlich noch: 160 b 3, S e a D r e a m s, 275: *left him one h., and reaching thro' the night her other;* 742 b 3, B e c k e t, V, 2: *we came upon a wild-fowl sitting on her nest, so still — I reach'd my h. and touch'd;* — übertragen: 247 b, I n M e m., I, 7: *...reach a h. thro' time to catch the far-off interest of tears* (s. Churton Collins z. St.); 253 a, I n M e m., 21, 18: *Science reaches forth her arms to feel from world to world;* 261 b, I n M e m., 55, 17: *...falling ...upon the great world's altar-stairs... I stretch lame h.s of faith, and grope, and gather dust and chaff, and call...;* 264 b, I n M e m., 69, 17: *he reach'd the glory of a h.* ("eine strahlende Hand"; in ausgeführter Allegorie); 265 b 7, I n M e m., 72, 19: *the dark h. struck down thro' time, and cancell'd nature's best* (hier vom Tode); 267 b 4, I n M e m., 80, 16: *unused example from the grave (shall) reach out dead h.s to comfort me;* 268 b 15, I n M e m., 84, 43: *...He that died in Holy Land would reach us out the shining h.;* 283 a 3, I n M e m., 124, 23: *out of darkness came the h.s that reach thro' nature, moulding men;* 440 a 27, P e l l e a s E t t a r r e, 418: *back, as a h. that pushes thro' the leaf to find a nest and feels a snake, he drew* (hier ist die Lieblingsvorstellung zu einem Vergleich verwertet); 540 a 14 f., T i r e s i a s, 122: *their examples reach a h. far thro' all years;* 626 a 1, Q u e e n M a r y, IV, 1: *I ...implore you... to reach the h. of mercy to my friend (Cranmer);* 677 b 9, H a r o l d, IV, 1: *the king-doms of this world began with little, a hill, a fort, a city — that reach'd a h. down to the field beneath it, "Be thou mine",* etc. —

handle, s. § 188 und Fußnote ibid. (p. 281³). —
hang, s. § 167. — **happy,** s. § 281. — **hate** = abhor,
s. § 167.

heart, die typische Metapher für Mitte, Mittelpunkt
Inneres, Innerstes, Punkt der größten Verdichtung, "Wesen";
oft rein intensitiv:

1. konkret: 15 a 7, Poet's Mind, II, 15: *in the*
h. of the garden the merry bird chants; 15 b 3, Sea Fairies,
12: *out of the live-green h. of the dells;* 20 b, Adeline, III,
10: *...the violet woos to his h. the silver dews;* 23 a 2
Eleänore, I, 17: *from... the h.s of purple hills;* vgl. 24 b,
Kate, 5: *from the bosom of a hill;* 349 b 15, Marriage
Geraint, 539: *all his face glow'd like the h. of a great fire*
at Yule; 459 b 32, Guinevere, 242: *he saw them — head-*
land after headland flame far on into the rich h. of the west;
507 b, Revenge, V, 2: *the little Revenge ran on sheer into*
the h. of the foe; cf. 774 a 17 (Falcon): *we mounted, and we*
dash'd into the heart of 'em;. 542 b 3, Wreck, II, 7:
I came on him once at a ball, the h. of a listening crowd ·
anders 843 a, Jubilee Queen Victoria, IV, 7: *a mul-*
titude loyal...to the h. of it; 636 b, Queen Mary, V, 1, 12:
nature's licensed vagabond, the swallow, that might live always
in the sun's warm h. (d. h. "im Süden"), *stays...here in*
our poor north; 762 a 14, Cup, II: *as in the midmost h. of*
Paradise; 808 a 1, Foresters, I, 1: *"I am thine to the very h.*
of the earth", glaubt Sir Richard of the Lea sein väterliches
Gut reden zu hören; vgl. 840 a, 5 u., Foresters, IV: *(worth)*
the weight of the very land..., down to the inmost centre; 825 a,
Foresters, III, 1: *some (forest oaks) hollow-hearted*
from exceeding age; 831 b, 5 u., Foresters, IV, 1: *the h. o' the*
bottle, the warm wine; 885 b 18, Bandit's Death, 26:
black was the night ...hush'd as the h. of the grave; — ja
sogar in einer Bühnenweisung: 824 a (vor Akt III der
Foresters): *Scene. — Heart of the Forest;* vgl. 727 b,
Becket, III, 2: *in the dark h. of the wood;* und 845 b 4,
Demeter Persephone, 68: *I thridded the black h. of*
all the woods. — 2. verschiedene abstrakte Verwendungen,
oft nur verstärkend: 271 a, In Mem., 88, 7: *in the midmost*
h. of grief my passion clasps a secret joy; 291, Maud, I, VI,
III, 4: *(a spark of light)...kept itself warm in the h. of my*

dreams; 293 b, M a u d, I, X, II, 14: *sick to the h. of life;*
415 a 26, L a n c e l o t E l a i n e, 1213: *one whom ever in my*
h e a r t o f h e a r t s I did acknowledge nobler; 454 a 23,
L a s t T o u r n a m e n t, 664: *the vow that binds too strictly*
snaps itself... ay, being snapt — we ran more counter to the
s o u l thereof than had we never sworn; 477 b 22, L o v e r 's
T a l e, I, 90: *the deep vault where the h. of Hope fell into*
dust...; 650 a 9, Q u e e n M a r y, V, 5: *adulterous to the*
v e r y h. o f H e l l (die ganze Phrase rein verstärkend);
852 b 1, R i n g, 36: *Hubert weds in you the h. of Love, and*
you the s o u l of Truth in Hubert. —

hinder = bar, obstruct, konkret mit direktem Sach-
objekt: 664 a, 2 u., H a r o l d, II, 2: *yon huge keep that hinders*
half the heaven (Allit.); — vgl. *g i v e* in § 191, Ende.

hold, gern zu Einfachheits-Effekten benutzt; der
bekannteste ist 40 a, O e n o n e, 24: *the noonday quiet h.s the*
hill, — wozu Mustard vergleicht: G r a y, E l e g y, 6: *and all*
the air a solemn stillness h.s; T h e o k r i t: μεσαμβρινὰ δ᾽ εἶχ᾽
ὄρος ἡσυχία. — **1.** (intransit.) "gelten, bestehen, feststehen":
73 a 3, G a r d e n e r 's D a u g h t e r, 9: *some law that h.s in*
love; andere Konstr. 497 b 24, G o l d e n S u p p e r, 277:
some were doubtful how the law would h.; 96 b 2, U l y s s e s,
59: *my purpose h.s;* cf. 149 a 9, A y l m e r 's F i e l d, 412; —
179 a 27, P r i n c e s s, II, 387: *do I chase the substance or*
the shadow? will it h.? (i. e. *that which I chase, prove material?*)
2. (absolut) "es halten, glauben": 162 b 19, L u c r e t i u s,
116: *my master h e l d that Gods there are;* 163 a 21,
L u c r e t i u s, 149: *he that h.s the Gods are careless* (vgl.
auch ibid. 161 a, 13: *left by the Teacher, whom he held*
divine); "es halten mit —": 814 a 18, F o r e s t e r s, II, 1:
I h e l d f o r Richard, and I h a t e d John; — teils hieher, teils
unter **3** a (Präpositional-Bestimmung) gehört 256 a,
In M e m., 33, 14: *in h.ing by the law within* ("es halten
nach —" oder "sich halten an —"); — auf Wechsel abstrakter
und konkreter Anwendung dieser Präpositionalverbindung
beruht das Wortspiel: 67 b 1, E p i c, 21 ff.: *"there was no*
anchor, none, to h. by." Francis, laughing, clapt his hand on
Everard's shoulder, with "I h. by him." "And I", quoth Everard,
"by the wassail-bowl". — **3** b (Akkusativobjekt): konkret:
142 a 3, B r o o k, 144: *h.s her head to other stars;* 205 a 28,

Princess, VI, 70: *(stag) h.s a stately fretwork to the Sun;* abstrakt ("aufrecht erhalten, behaupten"): 127 b 14, Enoch Arden, 167: *grieving held his will;* 577 b, Indian Exhibition, 10 (Refrain): *Britons, h. your own!* — Seelenzustände "hegen": 4 a 17, Confessions Sensitive Mind, 19: *to have a common faith! to hold a common scorn of death!* 85 b, Stylites, 5: *to grasp the hope I h.;* — Gespräch (sonst *have):* 67 a, Epic, 6: *we held a talk;* — "vorhalten": 201 b 24, Princess, V, 387: *some pretext held of baby troth;* hier für *h. out;* über *h.* = *with-h.* s. § 240 (57 a 3, Dream Fair Women, 11: *strong gales h. swollen clouds from raining;* 640 a, 5 u., Queen Mary, V, 2: *I...held from you all papers sent by Rome).* — Auch als Substantiv ist *h.* beliebt: 83 a, Edwin Morris, 9: *new-comers in an ancient h.;* 94 a 7, Love Duty, 87: *remand it (my Shadow) ...to Memory's darkest h.* —

hollow (als Subst.), überaus häufig: 72 a 13, Morte d'Arthur, 263: *bowery h.s crown'd with summer sea;* 147 a 19, Aylmer's Field, 298; 205 a 7, Princess, VI, 49; 286, Maud, I, I, I, 1: *I hate the dreadful h. behind the little wood;* etc. —

horned für "gewunden, reich an Windungen" *(sinuous);* 5 b 10, Confessions Sensitive Mind, 152: *the h. valleys all about;* 16 b, Dying Swan, III, 19: *the wave-worn horns of the echoing bank;* 270 a, In Mem., 86, 7: *down the h. flood* (mit Anlehnung an die mythologische Vorstellung vom gehörnten Flußgott — s. Churton Collins und A. C. Bradley z. St.); — anders etwa 80 a 4, Audley Court, 10: *to where the bay runs up its latest horn,* — wo horn = "Ausläufer" ist; vgl. im *N. E. D.,* s. v. *horn,* 19, die Zitate aus Fitz Gerald und W. Morris. —

inveterate wirkungsvoll für "uralt"; von Bildwerk: 321 a 30, Gareth Lynette, 223: *... Arthur's wars in weird devices done, ... so i.ly, that men were giddy gazing there.* —

iron als Epitheton, s. § 187. —

kind kollektiv, deutsch "-gleichen" (Geschlecht, Gattung, Klasse): 49 b 3, Vere de Vere, 35: *(the mother of the dead man) had the passions of her k., d. h. "...die Mütter haben, wenn Söhne sterben";* 66 a 2, Love Land, 86: *serve his k.* ("Volk"); 159 a 11, Sea Dreams, 196: *nor ever cared*

to better his own k. ("die Menschen"); 264 a 3, In Mem.,
66, 7 *(kindly with my k.); 278 b, In Mem., 108, 1: *I will
not shut me from my k.;* cf. 308, Maud, III, V, 5, und
561, 32, Locksley Hall Sixty Years After, 52; —
arch. "Natur, natürliche Ordnung" (Elisabethanismus):
448 b 12, Last Tournament, 327: *the dirty nurse, Experience, in her k. hath foul'd me (d. h. as is natural to her),*
   und in der geläufigen Phrase: 647 b, Queen Mary, V,
4, 7: *to pay them full in k. —*
   kindly, poetisch brauchbarer als das in Prosa ab-
genutzte *kind;* überaus beliebt: 1. von Menschlichkeit, Güte:
97 a 12, Tithonus, 29: *the k. race of men;* 134 a 1, Enoch
Arden, 574: *he could not see the kindly human face;* 135 a 16,
Enoch Arden, 656: *levied a k.* (= *charitable) tax upon themselves;* 149 a 8, Aylmer's Field, 411: *this kindlier glow
faded;* 151 a 26, Aylmer's Field, 551: *(smile, word);* 159 a
10, Sea Dreams, 195: *(heart);* so auch *kindly-hearted*
für gewöhnlicheres *kind-h.,* z. B. 349 a 5, Geraint Enid,
494; 564, 32, Locksley Hall Sixty Years After,
162: *something kindlier, higher, holier...;* 567, 4, Locksley Hall, 242: *k. landlord, boon companion;* 756 b 10, Cup,
I, 2: Camma fragt, ob der von seinem Volke verbannte
Tetrarch *not k. to them* war; Sinnatus (ironisch): *K.? O,
the most k. Prince in all the world!* (Erklärung folgt); 826 b, 3 u.,
Foresters, III, 1: *that you may thrive, but in some kindlier trade (than bandits');* 846 b 9, Demeter Persephone,
131: *younger kindlier Gods to bear us down...;*   2. von
Dingen: "günstig, wohltuend", oft geradezu "ergiebig".: 33 b
30, Two Voices, 228: *the elements were kindlier mix'd*
("günstiger, harmonischer"); 84 a 24, Edwin Morris, 76:
you can talk: yours is a k. vein (= *fertile, eloquent);* 101,
24, Locksley Hall, 130: *the k. earth shall slumber, lapt
in universal law* ("die gute alte Erde"); vgl. 578 b 5, Poets
Bibliographies, 11: *(dead poets) glancing downward on
the k. sphere that once had roll'd you round and round the
Sun; —* 111 b, Will Waterproof, 24: *barren commonplaces
break in full and k. blossom;* 137 b 27, Enoch Arden, 826:
thro' that dawning (of death) gleam'd a kindlier hope; 570 a
13, Epilogue "Heavy Brigade", 15: *Trade...with k.
links of gold. —*

know absolut, § 32; ingressiv, § 43.

latter = ***last,*** s. § 88.

lavish, ein Lieblingswort *(fertile, luxuriant, exuberant, profuse):* 22 b, Eleänore, I, 12: *l. lights, and floating shades;* 25 b, Sonnet, III, 14: *the l. growths of southern Mexico;* 144 a 23, Aylmer's Field, 107: *a couple, fair as ever painter painted, poet sang, or heaven in l. bounty moulded;* 253 b, In Mem., 23, 11: *the l. hills;* 382 b 26, Merlin Vivien, 149: *their l. comment, when her name was named;* 480 b 7, Lover's Tale, I, 277: *l. carol of clear-throated larks;* vb.: 578 a, Poets Bibliographies, 4: *old Virgil who would write ten lines, they say, ...and l. all the golden day to make them wealthier in his reader's eyes;* 711 b 14, Becket, I, 3: *all I had I l.'d for the glory of the King.*

lea, ungefähr ebenso beliebt wie *hollow:* 15 b 2, Sea Fairies, 12: *waterfalls...from wandering over the l.;* 18 b, Circumstance, 2: *along the heathy leas;* 25 b, Sonnet, III, 4 *(echoing l.);* 51, New Year's Eve, 18 *(fallow l.);* 91 b 39, Talking Oak, 244: *for never yet was oak on l. shall grow so fair as this* (pleonast. Lokalangabe, s. u. *place);* 119 a, Farewell, 5: *lawn and l.;* 124 b 1, To E. L., 21: *mountain l.;* 238 b, Victim, IV, 6: *blight and famine on all the l.;* 251 b, In Mem., 15, 6; 263 b, In Mem., 64, 25: *who ploughs with pain his native l.;* 264 b 5, In Mem., 68, 13; 301 a, Maud, I, XXII, VIII, 4; 315 a 32, Coming Arthur, 405: *a rainbow on the l.;* etc.

league, s. § 182, p. 268. —

learn, der typische Ausdruck für "erfahren, kennen lernen, sich eine Fähigkeit aneignen" (einer der bequemen Einsilbler): 148 b 25, Aylmer's Field, 398: *I am grieved to l. your grief;* 249 b, In Mem., 8, 4· *l.s her gone and far from home;* 250 b, In Mem., 12, 19; 259 a, In Mem., 45, 15: *had man to l. himself anew beyond...Death:* "sein individuelles 'Ich' unterscheiden zu lernen": vgl. 386 a 23, Merlin Vivien, 363: *children... who have to l. themselves and all the world;* 312 a 3, Coming Arthur, 183: *my belief in all this matter — so ye care to l.* ; 343 a 14, Marriage Geraint, 132: *if Enid errs, let Enid l. her fault;* 346 b 10, Marriage Geraint, 349: *by the bird's song ye may l. the nest;* 588 b 15, Queen Mary, I, 5: *your*

people have begun to l. your worth; 591 a 9, Queen Mary,
I, 5: *you cannot l. a man's nature from his natural foe;* 654 b 8,
Harold, I, 1: *he hath l.t . . . to love our Tostig much of late;*
663 b 8, Harold, II, 2: *thou hast not (yet) l.t thy quarters
here;* 810 a 13, Foresters, I, 2: *go now and ask the maid
to dance with thee, and l. from her if she do love this
Earl.*

ledge, sehr häufig, in verschiedenen Vorstellungskreisen:
20 a, Mermaid, III, 10: *the diamond-ledges that jut from the
dells;* 40 a, Oenone, 6: *lawns and meadow-l.s;* 43 a 8, Oenone,
207: *pines, that plumed the craggy l.;* cf. 54 b, Choric Song,
I, 11; 44 b, Palace Art, 9: *of l. or shelf the rock rose clear;*
cf. 302 b, Maud, II, II, IV, 8; 286, Maud, I, I, I, 3: *the
red-ribb'd l.s (of a hollow);* etc. — allit.: 415 b 21, Lancelot Elaine, 1241: *Sir Lancelot leant, in half disdain at
love, life, all things, on the window-l.;* cf. 37 b 20, Miller's
Daughter, 84. —

length *in hypostasi,* § 182, II, p. 267.

life, s. § 181, § 281; § 96.

light on —, upon : sehr beliebt für "stoßen auf —,
antreffen, finden": 82 a 5, Walking to Mail, 44: *You could
not l. upon a sweeter thing;* — 106 a, Arrival (Day-Dream),
III, 4: *he comes, scarce knowing what he seeks . . . he trusts to
l. on something fair;*   84 a 1, Edwin Morris, 53: *what
should one give to l. on such a dream* (= *to meet in reality*);
100, 29, Locksley Hall, 99: *what is that which I should
turn to, l.ing upon days like these* ("da ich nun zufällig gerade in diesem Zeitalter geboren bin");   130 a 22, Enoch
Arden, 343: *scarce could the woman . . . l. on a broken word . . .;*
vgl. 437 a 21, Pelleas Ettarre, 246: *he was stricken mute;
but when she mock'd his vows and the great King, l.ed on words;* —
167 a 1, Princess, Prologue, 96: *here we lit on Aunt
Elizabeth;* — 242, 4, Boädicea, 46: *how shall Britain l.
upon auguries happier?* etc. — Aber auch *come on:* 196 a 27,
Princess, V, 48 (*Psyche weeping*); in den Königsidyllen
öfter *chance:* 314 a 31, Coming Arthur, 337: *when did
Arthur ch. upon thee first?* 427 b 31, Holy Grail, 559:
I ch.d upon a goodly town; — *strike:* 303 a, Maud, II, II,
VIII, 6: *that it (mind) should . . . suddenly strike on a sharper
sense for . . . little things . . .*

lightly = *nimbly, quickly:* 68 b 16, M o r t e d'A r t h u r,
38; s. Rowe-Webb z. St. (Zitat aus M a l o r y): vgl. *Century
Dict.*, s. v., 8, und *N. E D.*, s. v., 5; 41 a 16, O e n o n e, 82:
light-foot Iris (πόδας ὠκέα); 536 a, A c h i l l e s, 1 (Il. 18,
202). —

like = *for:* 114 b 15, L a d y C l a r e, 28: *I buried her
l. my own sweet child, and put my child in her stead;* — = *as
it were:* 93 b 28, L o v e D u t y, 77: *there — closing l. an individual life — in one blind cry of passion and of pain.
(we) caught up the whole of love:* "gleichsam ein Einzelleben
beschließen*d*"; = *as well as* —: 107 b, M o r a l (D a y-
D r e a m), II, 6: *liberal applications lie in Art l. Nature.*
l. für Identität, s. § 214. —

live, s. § 167. —

lonely = *sole, one,* nicht wie sonst *desert, isolated:*
571 a, T o V i r g i l, III, 2: *all the charm of all the Muses
often flowering in a lonely word* ("einzig", nicht "einsam"). —

loom (vb.): ein suggestives Wort, bes. in späterer Zeit
häufig: 254 a, I n M e m., 24, 10: *is it that the haze of grief
makes former gladness l. so great;* 315 b 24, C o m i n g A r-
t h u r, 431: *a phantom king, now l.ing and now lost* (antithet.
Allit.); 563, 21, L o c k s l e y H a l l S i x t y Y e a r s A f t e r,
115: *till the Cat thro' that mirage of overheated language l.
larger than the lion;* 599 b 1, Q u e e n M a r y, II, 2: *we will
refrain ... from any other (marriage), out of which l.s the least
chance of peril to our realm;* 666 a 18, H a r o l d, II, 2: *I see
the blackness of my dungeon l. across their lamps of revel.*

love für *like:* § 167; *in hypostasi:* § 182 ad fin.

lull: § 167. —

make: **1.** typisch für *to form, to prove, turn out,* oft
fast *to be:* von Wesen: 115 b, C a p t a i n, 6: *brave the captain
was: the seamen m a d e a gallant crew;* 117 a 5, L o r d B u r-
l e i g h, 55: *a gentle consort m a d e he;* 388 a 8, M e r l i n
V i v i e n, 470: *afterwards he m a d e a stalwart knight;* —
2. von Dingen: *to form,* "bilden", oder: "die Gestalt annehmen
von —": 117 b, V o y a g e, VI, 3: *ashy rains, that spreading
m a d e fantastic plume or sable pine;* 161 b 9, L u c r e t i u s,
41: *(atom-streams) m. another and another frame of things
for ever;* 276 b, I n M e m., 103, 22: *by many a level mead
and shaȡowing bluff that m a d e the banks;* 278 a, I n M e m.,

107, 8: *ice m. daggers at the sharpen'd eaves;* 306 a, M a u *d*,
II, V, VIII, 3: *a garden . . . all m a d e u p of the lily and rose;*
kühner in Aktivform: 771 b, 2 u., F a l c o n: *to take it (wreath)
down, if but to guess what flowers had m a d e it;* — 308 b,
D e d i c a t i o n "I *d* y l l s", 46: *that star which shone so close
beside Thee that ye m a d e one light together;* 374 b 16, B a l i n
B a l a n, 313: *Others (viz. rocks) . . . arising, m a d e that mouth
of night (= formed dark cave);* 652, S h o w - d a y B a t t l e -
A b b e y, 11: *we stroll and stare where might m a d e right
eight hundred years ago (= went for);* 854 a 18, R i n g, 140:
*past and future mix'd in Heaven and m a d e the rosy twilight
of a perfect day;* — **3.** *m.* in verschiedenster Bedeutung im
Dienste der E i n f a c h h e i t statt spezieller Verba, für jegliches
"bewirken, hervorrufen, — bilden, begründen" (vgl. schon
§ 169, *passim)*: 152 a 29, A y l m e r's F i e l d, 633: *eight that
were left to m. a purer world* (Noah und seine Familie);
vgl. 420 a 16, H o l y G r a i l, 90: *when King Arthur m a d e
his Table Round (= founded);* so sehr oft in Königsidyllen:
m a d e a realm, etc.; 252 a, In M e m., 18, 3: *from his
ashes may be m a d e the violets of his native land;* 279 b, In
M e m., 112, 14: *tracts of calm from tempest m a d e;* 413 b 9,
L a n c e l o t E l a i n e, 1091: *never yet was noble man but
m a d e ignoble talk* ("rief hervor"); 494 b 1, G o l d e n S u p p e r,
52: *entering the dim vault, and m a k i n g there a sudden light,*
538 a, T i r e s i a s, 2: *while yet the blessed daylight m a d e
i t s e l f ruddy thro' both the roofs of sight, and woke these eyes;*
608 a 3, Q u e e n M a r y, III, 1: *if ever I cry out against the
Pope, her (Lady Jane Gray's) dark dead blood that ever moves
with mine, will stir the living tongue and m. the cry (= draw,
force from me);* 673 a 17, H a r o l d, III, 1: *tho' we be not bound
by the king's voice in m a k i n g of a king, yet the king's voice
is much toward his m a k i n g;* 699 b, B e c k e t, I, 1, 29: *the fire,
the light, the spirit of the twelve Apostles enter'd into thy
m a k i n g;* 733 b, 6 u., B e c k e t, IV, 2: *give her to me to m. my
honey-moon;* 879 a 17, St. T e l e m a c h u s, 50: *the momentary
gloom* (im Colosseum), *m a d e by the noonday blaze without
(effected by contrast).* *m.* für *create* im Prolog zu I n
M e m., s. § 195, p. 294. —

matin-song, vom Morgengesang der Vögel und in
anderen Übertragungen (fehlt *N. E. D.,* aber s. s. v. *m a t i n*,

4): 12 b 4, Ode Memory, IV, 23: *when the first m.-s.
hath waken'd loud over the dark dewy earth forlorn;* 37 a 20
Miller's Daughter, 40: *some wild skylark's m.-s.;* 94 a
15, Love Duty, 95: *when the first low matin-chirp has
grown full quire;* 266 b 1, In Mem., 76, 9: *the m. s.s that
woke the darkness of our planet ("the writings of the great
early poets"*, Tennyson); — 276 a, In Mem., 102, 9: *here thy
boyhood sung long since its m.-s.;* 479 b 25, Lover's Tale,
I, 226: *sang aloud the matin-song of life (= passed gaily our
childhood);* — vgl. auch: 330 b 5, Gareth Lynette, 776:
till the dusk that follow'd evensong; so auch 5 a 3, Confessions Sensitive Mind, 99: *at matins and at evensong.* —

matter, s. § 174. —

mellow, bezeichnenderweise ein Lieblingsausdruck
Tennysons: zunächst in seiner eigentlichen Bedeutungs-
sphäre: 83 a, Edwin Morris, 12: *m. brickwork;* 271 a, In
Mem., 89, 20: *the m.ing pears;* kausativ: *summer's hourly-
m.ing change may breathe . . . upon the . . . wheat;* dann auf
mancherlei Sinneseindrücke übertragen: 92 a 35, Talking
Oak, 279: *m. rain;* 504 b, Northern Cobbler, XVII, 3:
(von abgestandenem Gin): *fine an' meller 'e mun be by this,
if I cared to taäste;* — besonders auf Lichterscheinungen;
vor allem Mondlicht: 7 a, Isabel, III, 1: *the m.'d reflex of
a winter moon;* 102, 19, Locksley Hall, 159; 440 a 15,
Pelleas Ettarre, 306; 851 b, Song (vor "Ring"), 1:
mellow moon of heaven; — aber auch sonst: 21 b, Margaret,
II, 9: *gleams of m. light;* 98, Locksley Hall, 9: *the
Pleiads, rising thro' the m. shade;* 207 a 12, Princess, VI,
174: *(her eye) . . . into mournful twilight m.ing;* — 449 a 25,
Last Tournament, 370: *the slowly-m.ing avenues . . . of
the wood* (Farbe der Blätter); — von Geräuschen und
Klängen: 6 a, Song, 4: *. . . winds . . . breathed . . . with m.
preludes, "We are free";* vgl. 56 a, Choric Song, VIII,
3: *the wind breathes low with m.er tone;* 120 b, Vision Sin
II, 1: *a m. sound* (ibid. 4: *low voluptuous music);* 139 a
Brook, 5: *lucky rhymes . . . m. metres;* 192 b 27, Princess,
IV, 416: *the m. breaker murmur'd;* 479 b 1, Lover's Tale
I, 202: *m.'d echoes of the outer world;* 518 b, To Princess
Alice, 7: *the m.'d murmur of the people's praise;* — auf

abstraktes Gebiet übertragen: 114 a 23, Will Waterproof,
239: *till m. Death ... shall call thee ...;* 141 a 29, Brook,
120: *he m.'d all his heart with ale;* vgl. 172 a 7, Princess,
I, 178: *as his brain began to m.* (sc. *with drink);* 267 b, In
Mem., 81, 3: *there cannot come a m.er change, for now is
love mature in ear;* 326 b 16, Gareth Lynette, 550:
(Kay), no m. master of the meats and drinks (s. § 178). —
mellowness, s. § 234.

   mete, s. § 269, p. 431.

   middle und Verwandtes, s. § 20.

   mighty für "groß" ungemein geläufig; konkret: 17 b
Love Death, 1: *m. moon* (Vollmond); 133 b 8, Enoch
Arden, 548 *(nuts);* 310 a 30, Coming Arthur, 86: *I
seem as nothing in the m. world;* vgl. 463 a 29, Guinevere,
456: *(Table Round) to serve as model for the m. world;* 312 a
19, Coming Arthur, 199: *m. swarm;* 498 a 18, Golden
Supper, 302: *bearing high in arms the m. babe* (i. e. *big
for his age);* — abstrakt: 519 a, Defence Lucknow, I,
3: *never (hast thou, banner of Britain, floated) with mightier
glory, than when ...* etc.; 534 a 9, Montenegro, 14:
never ... has breathed a race of mightier mountaineers;
542 b 9, Wreck, III, 13: *as a psalm by a m. master;* 626 a
11, Queen Mary, IV, 1: *m. doctors doubted there* ("große
Theologen"); 649 a 15, Queen Mary, V, 5: *your Majesty has
... done such m. things by Holy Church ...;* — adverbial "sehr":
144 b 3, Aylmer's Field, 121: *... and mighty courteous
in the main.* — S. Seite 248[2].

   mix und ***mingle*** sind die fast ständigen Ausdrücke
für wirkliche und bildliche Verbindung jeder Art; sie
werden gebraucht: **1.** in konkreter Bedeutung; von körperlicher Berührung: 161 b 24, Lucretius, 56: *hands they
mixt;* 550 a 8, Ancient Sage, 147: *the plowman passes,
bent with pain, to mix with what he plough'd* ("in pulverem
reverti");* 878 a 25, Death Oenone, 106: *she leapt upon
the funeral pile and mixt herself with him and past in fire;*
   von Vermengung oder Annäherung von Farben und
Gestalten: 202 b 20, Princess, V, 44 (in ausgeführtem
Bilde): *the fires of Hell mix with his hearth;* 206 a 12,
Princess, VI, 115: *those two foes above my fallen life ...
mixt their dark and gray* ("neigten Köpfe zusammen");

236 b, Islet, 19: *palaces ... mixt with myrtle and clad with vine;* 274 a 3, In Mem., 95, 63: *East and West ... mixt their dim lights* ("Morgendämmerung"); 308 a, Dedication "Idylls", 12 (bildlich): *commingled with the gloom of imminent war, the shadow of His loss .;* 477 a 18, Lover's Tale, I, 58: *mixt with the gorgeous west the lighthouse shone;* — **2.** von der einzelnen Person als Glied einer größeren Anzahl oder Menge, Klasse: *mixt with* = *among:* 165 b, Princess, Prologue, 32: *counts and kings ... and mixt with these, a lady;* 178 b 11, Princess, II, 339: *speak little; mix not with the rest;* 209 b 15, Princess, VI, 321: *pass, and mingle with your likes;* 262 b, In Mem., 60, 5: *he mixing with his proper sphere ...* ("verkehrt in seiner Sphäre"); vgl. 292 b 6, Maud, Part I, VI, VIII, 13; 280 a, In Mem., 114, 2: *may she (Knowledge) mix with men and prosper;* 307, Maud, III, III, 6: *I ... mix'd my breath with a loyal people* (beim Abschied der Krieger); 540 b 26, Tiresias, 163: *I would that I were gather'd to my rest, and mingled with the famous kings of old;* 813 a 4, Foresters, I, 3: *mix with all the lusty life of wood and underwood, hawk, buzzard, jay,* etc.; ja, sogar vom umgekehrten Verhältnis, Mehrheit zur Einheit, wird *mingle* gebraucht: 173 b 25, Princess, II, 32: *"aftertime ... will rank you* (die drei vermeintlichen Studentinnen) *nobly, mingled up with me",* sagt Ida. — Diesem Typus zunächst steht: **3.** Teilnahme an einer Tätigkeit anderer: 202 a 6, Princess, V, 401: *the sole men to be mingled with our cause;* 271 a, In Mem., 89, 10: *he mixt in all our simple sports;* 445 a 17, Last Tournament, 105: *thou, Sir Lancelot ... arbitrate the field; for wherefore shouldst thou care to mingle with it;* 466 b 12, Guinevere, 668: *mingle with your (the nuns') rites;* 567, 35, Locksley Hall Sixty Years After, 273: *ere she (earth) gain her Heavenly-best, a God must mingle with the game;* 586 a 16, Queen Mary, I, 4: *mix not yourself with any plot I pray you;* vgl. 753 a 10, Cup, I, 2: *I fear my dear lord mixt with some conspiracy against the (Roman) wolf;* 598 a 16, Queen Mary, II, 2: *I scarce have heart to mingle in this matter, if she (Elizabeth) should be mishandled;* kausativ: 612 b 18, Queen Mary, III, 3: *Philip should not mix us anyway with his French wars;* 644 b 21, Queen

Mary, V, 2: *my Lord of Devon — mixt with Wyatt's rising;* 846 a
9, D e m e t e r P e r s e p h o n e, 102: *I would not m i n g l e with
their (Gods') feasts;* — von dem Versunkensein in die
eigene Tätigkeit: 75 a 2, G a r d e n e r's D a u g h t e r, 142: *she,
a Rose in roses, m i n g l e d with her fragrant toil, nor heard us
come;* **4.** vom Auftauchen der Gestalt einer Person oder
überhaupt einer Vorstellung — in einer Vorstellungsreihe:
183 b 28, P r i n c e s s, III, 204: *we had our dreams; perhaps
he m i x t with them;* 284 a, I n M e m., 130, 11: *m i x'd with
God and Nature* erscheint Hallam dem Dichter; vgl. 284 a,
I n M e m., 129, 12: *I dream a dream of good, and m i n g l e
all the world with thee;* — vom eigenen "Ich": 478 a 27,
L o v e r's T a l e, I, 128: *the light soul twines and m i n g l e s
with the growths of vigorous early days . . . molten into all the
beautiful in Past . . .;* Assoziation solcher Art zwischen
abstrakten und konkreten Vorstellungen: 412 a 10, L a n-
c e l o t E l a i n e, 1004: *she m i x t her fancies with the . . . glooms
of evening;* 890 a, K a p i o l a n i, IV, 6: *long as the lava-light
glares . . ., long as the silvery vapour . . . floats, will the glory
of Kapiolani be m i n g l e d with either;* **5.** von der Verbindung von Eigenschaften, Tätigkeiten, Zuständen: 122 a
20, V i s i o n S i n, IV, 52: *every heart . . . is a clot of warmer dust,
m i x'd with cunning sparks of hell;* 267 a 6, I n M e m., 78, 18:
*m i x t with all this mystic frame, her (Sorrow's) deep relations
are the same;* 276 b 3, I n M e m., 102, 23: *they (two rivalling
feelings) m i x in one another's arms to one pure image of regret;*
279 b 5, I n M e m., 111, 13: *(he) j o i n'd each office of the social
hour to noble manners;* 842 b, T o M a r q u i s D u f f e r i n A v a,
XIII, 4: *my memories of his briefer day will m i x with love
for you and yours;* — **6.** zeitliche Verbindung: 61 b 2, D r e a m
F a i r W o m e n, 281: *desiring what is m i n g l e d with past years;*
113 b 29, W i l l W a t e r p r o o f, 201: *(hour of delight) m i x
for ever with the past* ′ 568, 7, L o c k s l e y H a l l
S i x t y Y e a r s A f t e r, 281: *let the stormy moment fly and
m i n g l e with the Past!*

    moon, s. § 191. — ***morning,*** s. § 95. — ***motion,***
s. § 54, p. 73. —

    mound, ein beliebter Ausdruck: 11 a 2, R e c o l l e c-
t i o n s A r a b i a n N i g h t s, 101: *a realm of pleasance, many
a m.;* 55 b, C h o r i c S o n g, V, 14: *old faces of our infancy*

heap'd over with a m. of grass; 78 a 20, D o r a, 70 (und 79);
641 b 5, Q u e e n M a r y, V, 2: *a m. of dead men's clay;* etc.
v e r b a l: 12 b, O d e M e m o r y, V, 27: *sand-built ridge of
heaped hills that m. the sea;* 94 a 17, L o v e D u t y, 97: *m.ed
rock* ("Wolkenzug"); 94 b 22, G o l d e n Y e a r, 32: *(m.ed
heaps).* —

move, ein in seiner Allgemeinheit sehr beliebtes Wort:
1. von wirklicher Bewegung jeder Art in einer bestimmten
Richtung: 140 a 25, B r o o k, 51: *"Run, Katie!" Katie never
ran: she moved to meet me, winding under woodbine bowers;*
182 b 2, P r i n c e s s, III, · 115 (s. den Zusammenhang); 291,
M a u d, I, V, III, 7: *to m. to the meadow and fall before her
feet;* 358 b 14, G e r a i n t E n i d, 278: *m o v i n g up with
pliant courtliness;* 368 a 12, G e r a i n t E n i d, 888: *ye pray'd
me for my leave to m. to your own land* (für *remove;* vgl.
§ 240); 397 a 9, L a n c e l o t E l a i n e, 79: *are you so sick,
my Queen, you cannot m. to these fair jousts;* — Kreislauf
des Blutes: 608 a 4, Q u e e n M a r y, III, 1: *her dark dead blood
is in my heart with mine…m.s with mine;* — **2.** Bewegung als
äußeres Anzeichen der Geschäftigkeit, Tätigkeit, des Unter-
nehmens, des Lebens: 166 a 25, P r i n c e s s, P r o l o g u e, 57:
there m.d the multitude, a thousand heads ("wogte"); 170.b 1,
P r i n c e s s, I, 75: *a sister … who m.s about the Princess* (als
Hofdame); vgl. 346 b 17, M a r r i a g e G e r a i n t, 356: *near
her … m.d the fair Enid* (= *was busy); 184 a 2, P r i n c e s s,
III, 210: *we m. at no man's beck;* hier von tätigem Gehorsam;
dazu vgl. 692 b 13, H a r o l d, V, 2: *pray God, my Normans
may but m o v e as true with me to the door of death;* — 308 a,
D e d i c a t i o n "I d y l l s", 16: *we see him as he m.d* ("auf Erden
wandelte"); — 369 a 3, G e r a i n t E n i d, 941: (Arthur) *m o v i n g
everywhere, clear'd the dark places and let in the law* (Streifzüge
zur Herstellung der Ordnung im Lande); — von Kriegs- und
politischen Unternehmungen: 590 b 5, Q u e e n M a r y, I, 5:
why should he m. against you? ("agitieren"); 594 a, Q u e e n
M a r y, II, 1, 1: *I do not hear from Carew or the Duke of
Suffolk, and till then I should not m.* ("nichts unternehmen");
596 a, Q u e e n M a r y, II, 1: *if we m. not now, Spain m.s, .
creeps…about our legs till we cannot m. at all* (Wortspiel);
3. andere Übertragungen: 372 a 13, B a l i n B a l a n, 169:
how far beyond him Lancelot seem'd to m. (to soar, viz. in

courtesy and manhood); formelhaft *move to music* (s. darüber Fischer, Tennysonstudien, Leipzig 1905, S. 157,
Note, und S. 210, Note): 670 a 11, Harold, II, 2: *make your
ever-jarring Earldoms m. to music and in order;* 861 a,
Leper's Bride, X, 3: *moving each to music, soul in soul
and light in light:* so sehr oft in Königsidyllen; vgl.
auch 215 a 18, Princess, VII, 307; — 485 a 4, Lover's
Tale, I, 549: *I was as the brother of her blood, and by that
name I m.d upon her lips* (vgl. Phrasen wie: *he went by the
name of —). —*

   much, s. § 29, 94. — ***music,*** bildlich, § 160, p. 215[1].

   naked, § 82. — ***night,*** hypostatisch für "schwarz",
s. § 182, S. 271.   ***nor,*** s. § 2, § 87.   ***obtain,*** absolut,
s. § 31. — ***ooze,*** § 205, p. 314, u. —

   place: 1. als farbloses Flickwort, wo speziellere Ausdrücke nicht gleich zur Hand sind: 105 a, Sleeping
Palace (Day-Dream), II, 3: *the fountain to his pl. returns
(= source);* 156 a, Sea Dreams, 11: *their slender...fortunes...
trembled in perilous pl.s o'er a deep* (gefährlich angelegtes
Kapital); 252 a, In Mem., 18, 8: *in the pl.s (= haunts)
of his youth;* 303 b, Maud, II, IV, II, 2: *when I was wont
to meet her in the silent woody pl.s;* 467 b 24, Passing
Arthur, 54: *thy name and glory cling to all high pl.s like a
golden cloud for ever;* vgl. 278 b, In Mem., 108, 9: *...to
seale the heaven's highest height ... what find I in the highest
pl.?* 2. häufige Formel: *in his (her, its) place,* eine
der Volkspoesie entlehnte pleonastische Lokalangabe (vgl.
z. B. Litill Gest of Robin Hood, Str. 454, 2: *in place
where as he stode;* King Cophetua, 2, 4: *he (Cupid) drew
a dart and shot at him in place where he did lye);* 18 a,
Oriana, 6, 6: *the battle deepen'd in its pl.;* 24 a, Eleänore,
VIII, 6: *in its pl. my heart a charmed slumber keeps;* 34 a
35, Two Voices, 275: *in her still pl. the morning wept;* 40 a 3,
Fatima, 40: *I will grow round him in his pl.;* 55 a, Choric
Song, III, 12: *the flower ripens in its pl.;* 58 a 24, Dream
Fair Women, 92: *...spoke slowly in her pl.;* 64 b, Of old
sat Freedom on the heights, 5: *there in her pl. she
did rejoice;* 204 a, Song (vor Princess, VI), 9: *stole a
maiden from her pl.* (Bedeutung "herbei"); 236 a, Requiescat,
1: *fair is her cottage in its pl.;* etc.; — natürlich unter

Umständen mit voller Bedeutung, z. B. in der Urform von
M a u d, II, IV, Churton Collins, pag. 275, Z. 17: *but she
tarries in her pl. (viz. in heaven).* — V e r w a n d t e F o r m e l n:
42 a 4, O e n o n e, 137: *Pallas w h e r e s h e s t o o d;* ebenso:
115 a 34, L a d y C l a r e, 82: *he turn'd and kiss'd her wh.
she st.;* 296 a, M a u d, I, XIV, IV, 1: *I heard no sound wh.
I st.;* — ferner: 89 a 20, T a l k i n g O a k, 24: *a babbler i n
t h e l a n d;* 116 b 2, L o r d B u r l e i g h, 20: *summer woods,
about them blowing, made a murmur in the land;* — 118 b,
L a u n c e l o t G u i n e v e r e, 18 (Schluß einer Strophe über
Frühlingsleben in Natur): *a b o v e t h e t e e m i n g g r o u n d.*
Vgl. auch § 150, und *(pl.* für besondere Ausdrücke) § 195,
p. 292.

> *play,* s. § 167.

> *plunge* in absoluter Verwendung typisch vom Wellen-
schlag: 520 a 3, D e f e n c e L u c k n o w, III, 9: *as ocean on
every side pl.s and heaves at a bank that is daily devour'd by
the tide;* 529 b 1, V o y a g e M a e l d u n e, III, 3: *the . . . waterfalls pour'd in a thunderless pl.;* etc.; — in verschiedenen Übertragungen: 612 b, 4 u., Q u e e n M a r y, III, 3: *our short-lived
sun, before his winter plunge, laughs at the last red leaf;* 667 a 10,
H a r o l d, II, 2: *tear out his eyes, and pl. him into prison;*
717 b 1, B e c k e t, II, 1: *this beast-body that God has pl.d my
soul in;* 878 b 25, St. T e l e m a c h u s, 28: *slowly plunging
down thro' that disastrous glory (= descending).* —

> *possess* "Besitz ergreifen von   ", "erfüllen, sich aus-
breiten durch —, über   ": 37 b 27, M i l l e r's D a u g h t e r,
91 (bildlich): *love p.'d the atmosphere;* 255 a, In M e m., 30,
3: *a rainy cloud p.'d the earth;* 867 b, P r o g r e s s S p r i n g,
IX, 3: *thy leaves p. the season in their turn, and in their
time thy warblers rise on wing.* —

> *power,* s. § 195, p. 293. — *Präpositionen,* § 127. —

> *presence,* beliebt in den Bedeutungen: "Erscheinung,
Gestalt, Auftreten, Person" (s. *Century Dictionary,* s. v. 5—8):
12 a 7, O d e M e m o r y, III, 12: *the light of thy great
pr.;* 41 a 14, O e n o n e, 70: *all the full-faced pr. of the Gods*
("Versammlung"); 43 a 28, O e n o n e, 227: *I hate her pr.;*
97 b 10, T i t h o n u s, 58: *the glow that slowly crimson'd all
thy (Eos') pr.* ("Gestalt") *and thy portals;* 145 a 25, A y l m e r's
F i e l d, 175: *a splendid pr.;* 335 a 5, G a r e t h L y n e t t e,

1032: *thou hast a pleasant pr.;* cf. 347 b 23, M a r r i a g e
G e r a i n t, 421; 598 a, 3 u., Q u e e n M a r y, II, 2: *... thanks for
your most princely pr.* ("persönliches Erscheinen"); 866 b,
P r o g r e s s S p r i n g, V, 9: *hail ample pr. of a Queen,
bountiful, beautiful, apparell'd gay;* — 551 b 25, A n c i e n t
S a g e, 268: *... nor care ... to ... fold thy pr. in the silk of
sumptuous looms.* — Plural *p r e s e n c e s*, im Jugendgedichte
T h e M y s t i c (Churton Collins, E a r l y P o e m s, 287)
mehrfach von visionären Gestalten gebraucht: *The imperish-
able pr.s serene ... Dim shadows, but unwaning pr.s.* —

prime, ein überaus beliebtes Wort ("Jugend, Frühzeit"):
9 a 5 (Refrain in R e c o l l e c t i o n s A r a b i a n N i g h t s):
... the golden pr. of good Haroun Alraschid (Churton Collins
vergleicht S h a k s p e r e, R i c h a r d, III, I, 2, 248: *that
cropp'd the golden pr. of this sweet prince);* 31 b 35, T w o
V o i c e s, 378: *gray pr.;* 35 b 15, T w o V o i c e s, 66: *could
she (memory) climb beyond her own material pr.?* 175 a 3,
P r i n c e s s, II, 106: *man ... raw from the pr.;* 207 a 24,
P r i n c e s s, VI, 186: *I felt thy helpless warmth about my
barren breast in the dead pr.;* 222 a 5, T h i r d F e b r u a r y,
23: *have we fought for Freedom from our pr.;* 258 b, I n M e m.,
43, 15: *at the spiritual pr.* (sieh § 19, p. 21); 262 a 2, I n
M e m., 56, 22: *dragons of the prime* ("Urzeit"); in den Geleit-
versen zu G o l l a n c z' Ausgabe des me. Gedichtes "T h e
P e a r l" (Life, Tauchnitz Ed., IV, 119): *we lost you for
how long a time, true Pearl of our poetic pr.!* — A d j.: 12 b,
O d e M e m o r y, V, 23: *the pr. labour of thine early days;*
85 a 31, E d w i n M o r r i s, 140: *pr. swallow* ("Frühlings-Schw.");
269 b 16, I n M e m., 85, 76: *my old affection of the tomb,
and my pr. passion in the grave;* — *p r i m a l (= primeval):*
563, 1, L o c k s l e y H a l l S i x t y Y e a r s A f t e r, 95: *have
we grown at last beyond the passions of the pr. clan;* — umgangssprachlich: *p r i m e* — "prima", i. e. "vortrefflich": 80 a
21, A u d l e y C o u r t, 27: *a flask of eider ... pr., which I knew;*
514 a, V i l l a g e W i f e, I, 3: *butter I warrants be pr., an'
I warrants the heggs be as well.* —

promise, verallgemeinert, "Hoffnung, Aussicht", in
diesem Sinne vor allem im Titel des Dramas T h e P r o m i s e
o f M a y, welcher sich erklärt durch Doras Lied auf S. 778 b,
("das Kommen des Mai") — und ihre Worte im III. Akt

(802 b) zu Evas Verführer: *only fifteen, when first you came to her, so lovely in the pr. of her May;* sonstige vereinzelte Stellen: 60 a 26, D r e a m F a i r W o m e n, 218: *the pr. of my bridal bower;* 98, L o c k s l e y H a l l, 14: *when I clung to all the present for the pr. that it closed;* 103, 9, L o c k s l e y H a l l, 187: *the crescent pr. of my spirit hath not set;* 187 b 2, P r i n c e s s, IV, 69: *the hues of pr.* (kurz vorher· *H o p e, a poising eagle, burns above the unrisen morrow),* 270 a 5, In Mem., 85, 105 f.: *which be they that hold apart the pr. of the golden hours? First love, first friendship* 480 b 5, L o v e r's T a l e, I, 275: *green prelude, April pr., glad new-year of Being;* 530 a, V o y a g e M a e l d u n e, V, 5: *blossom and blossom, and pr. of blossom, but never a fruit;* 545 b, D e s p a i r, V, 1: *...hoped for a dawn and it came, but the pr. had faded away;* 867 a, P r o g r e s s S p r i n g, VII, 12: *the still-fulfilling pr. of a light narrowing the bounds of night.*

purple, s. § 84.

purport = *purpose;* 183 b 20, P r i n c e s s, III, 196: *if your Highness keep your p.;* 327 b 13, G a r e t h L y n e t t e, 606: *delays his p.;* — 33 a 12, T w o V o i c e s, 171: *hadst thou... link'd month to month with such a chain of knitted p....;* —

random, die Lieblingsbezeichnung für "gelegentlich, regellos, zwecklos", subjektiv: "sorglos": 22 b, R o s a l i n d, III, 5: *we must hood your r. eyes, that c a r e n o t whom they kill;* 35 a 21, T w o V o i c e s, 345: *I would shoot, howe'er i n v a i n, a r. arrow from the brain;* 107 b, E n v o i (D a y - D r e a m), I, 1: *a r. string your finer female sense offends* (mit Bezug auf *"Moral",* 107 a—b); 109 a 12, A m p h i o n, 56: *dash'd about the drunken leaves the r. sunshine lighten'd,* cf. 284 b, In Mem., E p i l o g u e, 24; 111 b, W i l l W a t e r p r o o f, 13: *r. rhymes;* 113 b 26, W i l l W a t e r p r o o f, 150 *(speeches);* 124 a, T o E. L., 15: *at r. thrown by fountain urns;* cf. 433 b 19, P e l l e a s E t t a r r e, 31 *(at r. looking);* 140 a 20, B r o o k, 46: *whistling a r. bar of Bonny Doon;* 163 b 13, L u c r e t i u s, 176: *Nature can smile... at r. ravage;* cf. *r. pillage* 833 a 20, F o r e s t e r s, IV; 182 a 3, P r i n c e s s, III, 85: *as if to close with Cyril's r. wish;* 211 b 19, P r i n c e s s, VII, 71: *Love struck... with showers of r. sweet on maid and man;* 216 a, P r i n c e s s, C o n c l u s i o n, 2: *our tale, of which I* *give you all the r. scheme;* 235 a, W i l l, I, 4: *the loud world's r. mock;* 257 b, I n M e m., 39, 2: *my r. stroke;* 360 a 24, G e r a i n t E n i d, 382: *the wild Earl ... with all his rout of r. followers;* — 463 a 23, G u i n e v e r e, 450: *here and there a deed of prowess done redress'd a r. wrong;* 532 a, D e P r o f u n d i s, I, 21: *the years of haste and r. youth;* 673 b 7, H a r o l d, III, 1: *I sorrow'd for my r. promise given to yon fox-lion;* 700 b, 3 u., B e c k e t, I, 1: *the r. gifts of careless kings;* 754 a 8, C u p, I, 2: *a r. guest who join'd me in the hunt;* 776 a 15 (F a l c o n): *the wildest of the r. youth of Florence.*

rapid als Subst., s. § 21. —

rare = *excellent,* sehr häufig: 21 a, M a r g a r e t, I, 2: *o r. pale Margaret* (21 b, III, 5: *exquisite M.)*[1]); 113 a 37, W i l l W a t e r p r o o f, 165: *I had hope, by something r., to prove myself a poet;* 243 b, H e n d e c a s y l l a b i c s, 19: *some r. little rose;* 491 b 15, L o v e r 's T a l e, I, 160: *those r. realities of which they (forms in fancy) were the mirrors;* 702 a, 4 u., B e c k e t, I, 2: *"o r., a whole long day of open field." "Ay, but you go disguised." "O r. again! We'll baffle them."*

Das Adverb *r a r e l y:* 9 b, T h e O w l, II, 2: *r.ly smells the new-mown hay;* 272 a, I n M e m., 91, 2: *r.ly pipes the mounted thrush* (s. B r a d l e y z. St.). —

rathe, § 269, p. 432[1]; — **rather,** § 86 ad fin. **read** metaphorisch, § 205, p. 315.

rich, ein Lieblingsepitheton von ausgedehnter Anwendung: 1. konkret: von Dingen: "reich geschmückt" und dadurch "prächtig" (participium pro adiectivo; vgl. in § 62, p. 83, die Beispiele für *g a y* = *adorned with* —): 371 a 9, B a l i n B a l a n, 107: *r. arks with priceless bones of martyrdom;* auch 262 a, I n M e m., 57, 7: *my friend is r.ly shrined* (bildlich); — von üppiger Vegetation: 173 a 14, P r i n c e s s, I, ult.: *on some dark shore just seen that it was r.;* 233 a, D a i s y, 9: *how r.ly down the rocky dell the torrent vineyard streaming fell;* — "farbenreich, bunt": 173 a, P r i n c e s s, II, 5: *(the Academic silks) on, and we as r. as moths from dusk cocoons;* 855 a 22, R i n g, 183: *that r. phantom of the tower (all ablaze with crimson, viz. creepers);* besonders vom

---

[1]) Vgl. S c o t t, *Minstrelsy of the Scottish Border: "Clerk Saunders",* Str. 32, 1: *"fair Marg'ret and rare Marg'ret."*

Abendhimmel: 186 a, B u g l e - s o n g, 13: *yon r. sky;* 459 b
32, G u i n e v e r e, 242: *far on into the r. heart of the west;*
544 b, W r e c k, XII, 2: *r. was the rose of sunset there, as
we drew to the land;* bildlich von einem "Morgenrot": 308 b,
D e d i c a t i o n, 35: *the r. dawn of an ampler day;* von
Schönheit der Gestalt: 437 a 6, P e l l e a s E t t a r r e, 231:
the sight of her r. beauty; 188 a 31, P r i n c e s s, IV, 134
sogar: *her s u m p t u o u s head:* verbal: 758 a, 2 u., C u p, I, 3
(sagt Synorix von Camma): *the loveliest life that ever drew
the light from heaven to shine upon her, and e n r i c h earth
with her shadow!* (anders 255 a, I n M e m., 29, 6); von
der Wirkung auf andere Sinne (Geschmack, Geruch):
149 a 2, A y l m e r's F i e l d, 405: *Averill ... fetch'd his r.est
beeswing;* 172 a 2, P r i n c e s s, I, 172: *plied him with his
r.est wines;* 243 b, S p e c i m e n T r a n s l a t i o n I l i a d, 8:
the winds ... roll'd the r. vapour far into the heaven (Il., VIII,
549: ἡδεῖαν *[κνίσην]);* — 2. abstrakt: speziell von poetischen
Schönheiten: 162 a 4, L u c r e t i u s, 70: *how my r. prooemion
makes thy (Venus') glory fly along the Italian field;* 233 b 39,
D a i s y, 75: *the r. Virgilian rustic measure of "Lari Maxume";*
in mancherlei anderen Anwendungen: 83 b 6, E d w i n
M o r r i s, 30: *three r. sennights (= delightful);* 215 a 4, P r i n-
c e s s, VII, 293: *from earlier than I know, immersed in r.
foreshadowings of the world;* 371 b 17, B a l i n B a l a n, 145:
so r. a fellowship would make me wholly blest (Gesellschaft
von Arthurs Rittern). —

    ridged: **1.** das typische Epitheton der leicht bewegten
Wasserfläche: 6 a, S o n g, 2: *winds ... leaning upon the r. sea*
(ibid. 6: *crisped sea);* 15 b 20, S e a - F a i r i e s, 30; 10 a 29,
R e c o l l e c t i o n s A r a b i a n N i g h t s, 35: *a motion from the
river won r. the smooth level (of canal);* 159 a 19, S e a
D r e a m s, 204: *a r i d g e of breaker issued from the belt;*
477 a 15, L o v e r's T a l e, I, 55: *the slowly - r i d g i n g rollers
on the cliffs clash'd ...;* 98, L o c k s l e y H a l l, 6: *hollow
ocean - r i d g e s roaring into cataracts* (ebenso 560, L o c k s l e y
H a l l S i x t y Y e a r s A f t e r, 2); 133 a 15, E n o c h A r d e n,
522: *the Biscay, roughly ridging eastward;* in den letzten
Fällen also von h e f t i g e r Bewegung; vgl. 5 a 34, C o n-
f e s s i o n s S e n s i t i v e M i n d, 130: *ask the sea ... wherefore
his r i d g e s are not curls and ripples of an inland mere?* —

Synonyma von *r.*: 6 a, Song, 6: *crisped sea;* 55 b, Choric Song, V, 8: *crisping ripples on the beach·* 57 b 3, Dream Fair Women, 39: *crisp foam-flakes;* 119 b Eagle, 4: *the wrinkled sea beneath him crawls;* 133 a 30, Enoch Arden, 537: *her (the ship's) full-busted figure-head stared over the ripple;* 550 b 12, Ancient Sage, 191: *all that breathe are one slight ripple on the boundless deep;* 665 b 6, Harold, II, 2: *mark the sea-bird rouse himself and hover above the windy ripple;* — von fließendem Wasser: 267 a, In Mem., 79, 9: *(cold streamlet) curl'd thro' all her eddying coves;* — **2.** *r.* von welligem Lande: 12 b 3, O de Memory, IV, 22: *the r. wolds;* 12 b, O de Memory, V, 26: *a sand-built ridge of heaped hills that mound the sea;* etc. — verwandte Ausdrücke von verschiedenen Gegenständen: 12 a, Ode Memory, IV, 14: *ribbed sand;* 104 a 11, Godiva, 47: *shower'd the rippled ringlets to her knee;* 104 b, Day-Dream, Prologue, 8: *to see ... a summer crisp with shining woods;* 272 a, In Mem., 91, 11 f.: *the thousand waves of wheat that ripple round the lonely grange.*

ring (Verbum), wegen seiner onomatopoetischen Verwendbarkeit sehr beliebt: 146 b 12, Aylmer's Field, 262: *the land was r.ing of it;* cf. 148 b 22, Aylmer's Field, 395; 294 b, Maud, I, XII, III, 2: *birds in our wood sang r.ing thro' the valleys;* 304 a, Maud, II, IV, VI, 8 *(eeho);* ibid. VII, 4 *(cry);* 400 a 30, Lancelot Elaine, 287: *the fight which all day long rang by the white mouth of the violent Glem;* 462 b 8, Guinevere, 405: *armed feet thro' the long gallery ... rang coming;* vgl. 71 a 3, Morte d'Arthur 190: *the slippery crag that rang sharp-smitten with the dint of armed heels;* — 562, 21, Locksley Hall Sixty Years After, 77 *(voices);* — 700 a 3, Becket, I, 1: *am I the man? that rang within my head last night;* cf. 891 a, Dreamer, 2: *"The meek shall inherit the earth" was a Scripture that rang thro' his head.* —

roll, beliebt (s. Bradley zu In Mem., 130, 1) wie *ring,* weil ebensolcher Lauteffekte fähig (hier nicht direkt onomatopoiisch, sondern lautsymbolisch): von der Bewegung der Erde (sehr oft): 6 a, Song, 3: *around the r.ing earth;* 578 b 6, Poets Bibliographies, 10 (transitiv); 864 a, To Ulysses, VII, 4: *a name that earth will not forget till*

earth has r.'d her latest year; 866 b, **Progress Spring,**
IV, 10: *come, Spring!... Earth is glad to r. her North beneath thy
deepening dome;* — vom bewegten Wasser: 313 b 16, **Coming
Arthur,** 292: *(Lady of the Lake) when the surface r.s, hath power
to walk the waters like our Lord;* transitiv: 659 a, 5 u., **Harold,**
I, 2: *till the sea shall r. me back to tumble at thy feet;* — von Lava:
889 b, **Kapiolani,** III, 4: *(Goddess) r.ing her anger... in
blood-red cataracts down to the sea;* — von bildlichem Fluß: 474,
To Queen, 8: *London r.'d one tide of joy thro' all her trebled
millions;* ausgeführtes Bild (subst.): 685 a 9, **Harold,** V, 1:
*he watches, if this war-storm in one of its rough r.s wash up
that old crown of Northumberland;* — von Körpern: 868 a,
Merlin Gleam, IV, 10: *r.ing of dragons by warble of
water;* transitiv: 396 a 13, **Lancelot Elaine,** 26: *God
broke the strong lance, and r.'d his enemy down* (so sehr oft
in Königsidyllen vom Werfen des Gegners); cf. 689 b 10,
Harold, V, 1: *make (God) one man as three to r. them
down;* von Drehbewegung überhaupt: 110 a 2, **St.
Agnes' Eve,** 30: *the gates r. back;* 146 b 8, **Aylmer's
Field,** 258: *then made his pleasure echo, hand to hand, and
r.ing as it were the substance of it between his palms a moment
up and down.* ; — die Vorstellung des Wogens oder Gleitens
auf unbewegte Gegenstände übertragen: 143 b 17, **Aylmer's
Field,** 68: *a manelike mass of r.ing gold* (Haar); 877 b 1,
Death Oenone, 51: *ere the mountain r.s into the plain*
("noch vor der Stelle, wo —"); von Klängen (Schall-
Wellen): 722 b, **Becket,** II, 2: *is the world any the worse
for my verses if the Latin rhymes be rolled out from a full mouth;*
872 a, **Parnassus,** I, 6: *.. stand with my head in the
zenith, and r. my voice from the summit;* 894 b, **Death
Duke Clarence,** 14: *the r. and march of that Eternal
Harmony;* von der Zeit: 316 b 14, **Coming Arthur,**
483: *the long night hath r.'d away;* besonders wirkungsvoll:
237 b, **Spiteful Letter,** 7: *I think not much of yours or of
mine (viz. pages), I hear the roll of the ages.*

  season, in verallgemeinerter Bedeutung: 75 b 8, **Gardener's Daughter,** 179: *I heard the watchman peal the sliding
s.* ("Stunden der Nacht"); 94 b 26, **Golden Year,** 36: *thro'
all the s. of the golden year* ("Epoche"); 420 a 17, **Holy Grail,**
91: *all men's hearts became clean for a s.* (vgl. *all for a s.*

was silent [Longfellow, Evangeline]); cf. 519a, Defence Lucknow, I, 1: *Banner of England, not for a
s. . . . hast thou floated in conquering battle.*

seek, § 47. — **seem,** § 203, p. 311. — **self,** § 107. —
send, § 165.

set, als allgemeiner und einfacher Ausdruck beliebt:
"sich setzen, legen" — von etwas Strömendem: 98, Locksley
Hall, 24: *all the current of my being s.s to thee;* 174b 33,
Princess, II, 102: *till toward the centre s. the starry tides*
(flüssige kosmische Massen); — (refl.) "sich machen
an ": 137b 5, Enoch Arden, 804: *Enoch s. himself.
to work whereby to live;* 371b 27, Balin Balan, 155:
now would strictlier s. himself to learn . . . (courtesy); 500b,
First Quarrel, X, 1: *I s. to righting the house;* "to
adress, direct": 276b 1, In Mem., 102, 21: *my feet are s. . . . to
leave the fields;* 878b 26, St. Telemachus, 29: *s. his face
by waste and field and town (= went);* — kausativ: 537b,
To Fitz Gerald, 25: *on me . . . came back that wholesome
heat the blood had lost, and s. me* (im Traume) *climbing
icy capes;* 798b, Promise May, III: *I shall s. him a-
swearing;* 845a 20, Demeter Persephone, 56: *(I) gave
thy breast to ailing infants in the night, and s. the mother
waking in amaze to find her sick one whole;* — verwandt:
694a 11, Becket, Prologue: *no man without my leave shall
cross the seas to s. the Pope against me;* — Einfachheits-
Effekt: 511b 23, Sisters, 149: *after two Italian years had
set the blossom of her health again (= re-established).* —

shadow, s. § 194; für *overshadow,* § 240, p. 395; für
shadow forth, § 241.

shower, ein Lieblingswort: 12b, Ode Memory, V,
6: *music and sweet sh.s of festal flowers;* vgl. 110a, Sir
Galahad, 11; 17a, Dirge, V, 5: *these (flowers) in every
sh. creep thro' the green that folds thy grave;* 21a, Margaret,
I, 4: *like moonlight on a falling sh.;* cf. *sunlight on the plain
behind a sh.* in Merlin Vivien; 270a, In Mem., 86, 1:
sweet after sh.s, ambrosial air; etc.; — Vb.: 15b 1, Sea
Fairies, 11: *down sh. the gambolling waterfalls;* Adj.:
25a, My life . . ., II, 7: *beneath the showery gray
(sky).* —

sing, s. § 167, p. 272. **sleep,** § 46.

slope (Subst., Adj. und Vb.) (seltener *slant)*, Lieblingsausdruck: 1. für alles Geneigte, Schiefe, Sinkende: vom Erd-
boden: 5 b 22, Confessions Sensitive Mind, 164: *his
native sl., where he was wont to leap and climb;* 10 a 21, Recollections Arabian Nights, 27: *the sloping of the moonlit
sward;* cf. 46 a 22, Palace Art, 106; 38 a 4, Miller's
Daughter, 112: *upon the freshly-flower'd sl.;* vgl. 124 a, To
E. L., 20; 447 a 17, Last Tournament, 239; 80 a 13, Audley
Court, 19: *a sl. of orchard;* cf. 440 a 12, Pelleas Ettarre,
323; 105 a, Sleeping Palace (Day-Dream), II, 2: *on every
slanting terrace-lawn;* 123 b 7, Vision Sin, V, 13; 166 a 23,
Princess, Prologue, 55: *all the sloping pasture mur-
mur'd;* vgl. 569 a 4, Heavy Brigade, II, 5: *thro' the great
gray sl. of men;* 297 a, Maud, I, XVIII, III, 7: *a pas-
toral sl.;* 315 b 21, Coming Arthur, 417: *a sl. of land
that ever grew, field after field, up to a height;* 320 b 16,
Gareth Lynette, 181: *damp hill-sl.s;* 328 a 26, Gareth
Lynette, 650: *descended the, sl. street* (329 a 5, Gareth
Lynette, 688: *down the slope street;* 329 b 10, Gareth
Lynette, 721: *rode down the sl. city);* 433 b 12, Pelleas
Ettarre, 24: *a mound of even-sloping side;* — von schiefen
Gegenständen: 402 b 16, Lancelot Elaine, 446: *two
dragons gilded, sloping down to make arms for his chair;*
720 b 1, Becket, II, 2: *stagger on the sl. decks;* — 2. vom
Lauf der Gestirne: 8 a 40, Mariana, 80: *the day (= sun)
was sloping toward his western bower;* 98, Locksley
Hall, 8 (Orion sloping),   von Lichtstrahlen: 175 a 20,
Princess, II, 123: *a beam had slanted forward;* 193 b 1,
Princess, IV, 457: *from the illumined hall long lanes of
splendour slanted. .;* 345 a 9, Marriage Geraint, 262:
the dusty sloping beam; 480 a 23, Lover's Tale, 258:
the morning light sl.d thro' the pines;   Schatten: 40 a,
Oenone, 21: *the mountain-shade sl.d downward to her seat;*
109 b, St. Agnes' Eve, 6: *the shadows of the convent-towers
slant down the snowy sward;* — vom Nebel: 40 a, Oenone, 3:
swimming vapour slopes athwart the glen; — 3. von Meeres-
wellen: 5 a 17, Confessions Sensitive Mind, 113: *the
crisp sl. waves;* 425 a 2, Holy Grail, 370: *the sloping wave;*
492 b 12, Lover's Tale, III, 14: *the sullen bell toll'd
quicker, and the breakers on the shore sl.d into louder surf;*

476 a, Lover's Tale, I, 3: *the sloping seas* (vom Meere, weil es sich gegen den Horizont zu wölben scheint); — von fließendem Wasser: 185 a 7, Princess, III, 273: *the river sl.d to plunge in cataract;* im Vergleich: 342 a 32, Marriage Geraint, 76: *arms on which the standing muscle sl.d, as sl.s the wild brook o'er a little stone;* — 4. auf Abstraktes übertragen: 57 a 6, Dream Fair Women, 14: *Beauty and anguish walking hand in hand the downward sl. to death;* 263 b, In Mem., 64, 14: *on Fortune's crowning sl.;* 366 b 12, Geraint Enid, 790: *halfway down the sl. to Hell;* 564, 10, Locksley Hall Sixty Years After, 140: *break the State, the Church, the Throne, and roll their ruins down the sl.;* — in ausgeführtem Bilde: 261 b, In Mem., 55, 16: *the great world's altar-stairs that sl. thro' darkness up to God;* — transitiv (auch bildlich): 862 a, Leper's Bride, XXI, 1: *that God would ever slant His bolt from falling on your head;* — von der Zeit: 253 b 1, In Mem., 22, 10: *where the path we walk'd began to slant the fifth autumnal sl.* —

small: seinen siegreichen Konkurrenzkampf gegen *little* mögen folgende Beispiele beleuchten:[1]) **1.** konkret: 171 a 10, Princess, I, 116, heißt Gama *a little dry old man,* sonst aber meist *the small king,* z. B. 208 a 28, Princess, VI, 248 (auch von seiner Stimme: 171 a 7, Princess, I, 113: *crack'd and sm. his voice;* vgl. 31 a, Two Voices, 1: *a still s. voice);* — 448 a 15, Last Tournament, 301: *twelve sm. damsels white as Innocence;* 542 b, Wreck, IV, 2: *the sm. sweet face (of baby);* 459 a 4, Guinevere, 183: *"my words, the words of one so sm.",* sagt die *"little novice"* zu Guinevere; vgl. Longfellow, Childhood *(from German): there was a time when I was very sm.;* — von Dingen: 213 a 27, Princess, VII, 175: *a sm. sweet Idyll;* — numerisch: 534 a 4, Montenegro, 9: *o sm.est among peoples!* (Z. 12: *great Tsernogora!);* noch ausgesprochener: 429 a 10, Holy Grail, 644: *with sm. adventure met, Sir Bors rode...;* **2.** in abstrakter Verwendung kommt *little* noch recht häufig vor: 156 b 19, Sea Dreams, 48: *musing on the l. lives of men, and how they marr'd this little by their feuds;* 237 b, Spiteful Letter, 5: *o l. bard, is your*

---

[1]) H. Bradley, *The Making of English,* p. 203: *if any emotion is associated with the designation, we must choose "little".* Auch daran hält sich Tennyson nicht immer.

lot so hard; 237 b, L i t e r a r y S q u a b b l e s, 6: *who . . . do their l. best to bite and pineh their brethren;* aber auch hier beginnt schon *small* zu überwiegen: 214 a 25, P r i n c e s s, VII, 249: *if she (woman) be sm., slight-natured, miserable* ("kleinlich"); ebenso: *thine own sm. saw, "We love but while we may"* ("engherzig"; 455 a 15, L a s t T o u r n a m e n t, 717); 238 a 1, L i t e r a r y S q u a b b l e s, 13: *one sm. touch of Charity could lift them;* L i f e, II, 69, T h e G r a v e (Urform von In M e m., 57), 3: *sm. thanks or credit shall I have;* cf. 161 a, L u c r e t i u s, 8: *took sm. notice, or austerely;* — 360 b 24, G e r a i n t E n i d, 416: *I count it of sm. use to charge you;* 381 b 10, M e r l i n V i v i e n, 75: *that sm. charm of feature mine;* 388 a 16, M e r l i n V i v i e n, 478: *Fame . . . should have sm. rest or pleasure in herself;* 394 a 9, M e r l i n V i v i e n, 860: *o God, that I had loved a sm.er man;* vgl. 464 b 26, G u i n e v e r e, 557: *I am thine husband — not a sm.er soul;* 621 b 4, Q u e e n M a r y, III, 5: *are you so sm. a man* ("klein-mütig")? — 400 a 6, L a n c e l o t E l a i n e, 263: *not with half disdain hid under grace, as in a sm.er time* ("engherzigeren Zeitalter"); 427 b 18, H o l y G r a i l, 546: *(I) rejoice, sm. man, in this sm. world of mine;* 429 a 7, H o l y G r a i l, 641· *sm. heart was his after the Holy Quest;* vgl. 782 b, 1 u., P r o m i s e M a y, I: *sm. heart have I to dance;* 436 a 25, P e l l e a s E t t a r r e, 193: *if he fly us, sm. matter;* 442 a 17, P e l l e a s E t t a r r e, 520: *sm. pity upon his horse had he* (vgl. 545 b, D e s p a i r, VII, 2); vgl. auch 835 a 11, F o r e s t e r s, IV: *I fear I had sm. pity for that man;* 741 a 5, B e c k e t, V, 2: *sm. peace was mine in my noviciate;* 774 b (F a l c o n): *I have sm. hope of . . . gout in my great toe* (hier, wie oft, litotetisch, s. § 178). —

Wie *sm.* für *little,* so tritt *large* für *great* ein, z. B.: 405 a 26, L a n c e l o t E l a i n e, 603: *so fine a fear (fine =* nice, "engherzig") *in our l. Lancelot;* scherzhaft: 538 a 4, T o F i t z G e r a l d, 36: *that l. infidel your Omar (Khayyám).*

smite und *strike:* für die eigentliche Bedeutung[1])

---

[1]) Als bemerkenswerte Übertragungen einer elementaren Be-deutung von *strike,* nämlich "Feuer durch Feuerzeug anzünden", seien notiert: 708 b 8, B e c k e t, I, 3: *a King who ranged confusions, made the twilight day, and s t r u c k a shape from out the vague, and law from mad-ness;* noch seltsamer 878 b 30, St. T e l e m a c h u s, 33: *every dawn s t r u c k from him his own shadow on to Rome* (er geht von Osten nach Westen).

genüge das herrliche Beispiel 98, Locksley Hall, 33 ff.:

"Love took up the harp of Life, and *smote* on all the chords with might;
Smote the chord of Self, that, trembling, pass'd in music out of sight." —

Übertragungen; zwei große Klassen:

1. *strike* für rasche Bewegung *oder* für Verbreitung (z. B. Äste, Wurzeln) in der Natur *oder* im Bilde (z. B. von Impulsen): 57 b 7, Dream Fair Women, 43: *a great thought str.s along the brain;* 61 a 25, Dream Fair Women, 278: *eagerly I sought to str. into that ... track of dreams again;* 724 a 10, Becket, II, 2; 92 a 30, Talking Oak, 273: *thy branchy root, that under deeply str.s;* cf. 204 b 36, Princess, VI, 41: *the tops shall str. from star to star;* 112 b 27, Will Waterproof, 111: *(the Muse) used all her fiery will, and smote her life into the liquor;* 151 b 2, Aylmer's Field, 574: *star to star vibrates light: may soul to soul str. thro' a finer element of her own?* — 162 b 1, Lucretius, 98: *Nature, when she str.s thro' the thick blood of cattle;* 163 b 23, Lucretius, 186: *a noiseless riot underneath str.s thro' the wood;* 195 a 25, Princess, nach IV: *she struck such warbling fury thro' the words;* nach 212 b 22, Princess, VII, 140, folgt ursprünglich u. a.: *up along the shuddering senses struck the soul;* 251 a, In Mem., 14, 11: *(if he) should str. a sudden hand in mine;* 286 a 12, In Mem., Epilogue, 124: *a soul shall draw from out the vast and str. his being into bounds;* 340 b 17, Gareth Lynette, 1356: *Lancelot thro' his warm blood felt ice str.;* 407 b 8, Lancelot Elaine, 725: *wroth, but all in awe, for twenty strokes of the blood* ("Aufwallungen"); 427 a 24, Holy Grail, 516: *I saw the spiritual city and all her spires ... str. from the sea;* 481 b 28, Lover's Tale, I, 356: *thrills of bliss that str. across the soul in prayer;* 814 a, 5 u., Foresters, II, 1: *the soul of the woods hath stricken thro' my blood,*

2. für plötzliches *oder* grelles Licht, und zwar *smite* mehr vom Auffallen, *strike* von der Verbreitung der Strahlen — aber ohne strenge Scheidung; neben *smite* auch *beat;* Beispiele:

smite: 33 b 27, Two Voices, 225: *God's glory smote him on the face;* 40 b 25, Oenone, 55: *the ... morning smote*

...*the snow;* 71 a 27, M o r t e d'A r t h u r, 214: *the wither'd moon s m o t e by the fresh beam of the springing east;* 182 a 18, P r i n c e s s, III, 100: *a Memnon s m i t t e n with the morning Sun;* 196 a 21, P r i n c e s s, V, 42: *(the sun) h i t the Northern hills;* 233 b 26, D a i s y, 62: *sun - s m i t t e n Alps;* 310 a 1, C o m i n g A r t h u r, 57: *Arthur ... felt the light of her (Guinevere's) eyes into his life sm. on the sudden;* 313 a 27, C o m i n g A r t h u r, 273: *down from the casement over Arthur, s m o t e flame-colour, vert and azure, in three rays;* 345 a 9, M a r r i a g e G e r a i n t, 262: *s m i t t e n by the dusty sloping beam;* 421 b 21, H o l y G r a i l, 184: *there s m o t e along the hall a beam of light;* 425 a 23, H o l y G r a i l, 391: *then flash'd a yellow gleam across the world, and where it s m o t e the plowshare in the field ...;* 426 a 23, H o l y G r a i l, 454: *the fiery face as of a child that s m o t e i t s e l f into the bread.*

b e a t: 304 b, M a u d, II, IV, XIII, 1: *the broad light glares and b.s;* 308 b, D e d i c a t i o n "I d y l l s", 26: *that fierce light which b.s upon a throne;* 342 a 27, M a r r i a g e G e r a i n t, 71: *the new sun b. thro' the blindless easement of the room;* 361 a 23, G e r a i n t E n i d, 446: *while the sun yet b. a dewy blade;* 526 a 25, C o l u m b u s, 81: *I saw the glory of the Lord flash up, and b. thro' all the homely town;* von der H i t z e: 478 b 2, L o v e r's T a l e, I, 136: *the white heats of the blinding noons b. from the concave sand;* ebenso 433 b 10, P e l l e a s E t t a r r e, 22: *had felt the sun b. like a strong knight on his helm;*[1]) ähnlich *s m i t e* von K ä l t e: 486 a 9, L o v e r's T a l e, I, 623: *the chillness of the sprinkled brook s m o t e on my brows;* von Hitze: 878 a 17, D e a t h O e n o n e, 98: *moving quickly forward till the heat smote on her brow.* —

s t r i k e etc.: 194 a 18, P r i n c e s s, IV, 503: *a s t r o k e of cruel sunshine on the cliff;* 210 a 8, P r i n c e s s, VI, 344: *the day, descending, s t r u c k athwart the hall;* 215 b 13, P r i n c e s s, VII, 330: *let thy nature str. on mine, like yonder morning on the blind half-world;* 251 b, I n M e m., 25, 8: *wildly dash'd on tower and tree the sunbeam str.s along the*

---

[1]) Hier also der eigentliche Sinn des Verbums aufgegriffen und vergleichend ausgeführt; derselbe Vorgang 656 a 16, H a r o l d, I, 1: *their old crown is yet a force among them, a sun set but leaving l i g h t enough for Alfgar's house to s t r i k e thee down by.*

world; 365 a 8, G e r a i n t E n i *d*, 692; 395 b, L a n c e l o t
E l a i n e, 6: *where morning's earliest ray might str.
it;* 402 a
17, L a n c e l o t E l a i n e, 417: *the green light from the meadows underneath s t r u c k up;* 433 a 11, H o l y G r a i l, 897:
*this light that str.s his eyeball is not light, this air that s m i t e s
his forehead is not air;* 474, T o Q u e e n, 12: *thunderless
lightnings s t r i k i n g under sea;* 552 a 11, A n c i e n t S a g e,
287: ... *see the* ... *dawn of more than mortal day str. on the
Mount of Vision!* — 857 a 22, R i n g, 298: *a man who sees
his face in water, and a stone, that g l a n c e s from the bottom
of the pool, str. upward thro' the shadow* ("aufleuchten"); 893 b
7, D o u b t P r a y e r, 14: *if Thou willest, let my day be brief,
so thou wilt str. Thy glory thro' the day.* —

sound, das typische allgemeine Wort für Geräusche
und Klänge aller Art: 80 a 9, A u d l e y C o u r t, 15: *s.ing
sycamores;* 96 b 2, U l y s s e s, 59: *let us* ... *smite the s.ing
furrows;* 100, 34, L o c k s l e y H a l l, 104: *when the winds
are laid with s.* ("Schlachtlärm"); 109 a 29, A m p h i o n, 73:
a s. like sleepy counsel pleading; 118 b, L a u n c e l o t G u i n e -
v e r e, 14: *by grassy capes with fuller s. in curves the yellowing
river ran;* 218 a, W e l l i n g t o n, II, 3: *here, in streaming
London's central r o a r, let the s. of those he wrought for, and
the feet of those he fought for, echo round his bones;* 304 b,
M a u *d*, II, IV, IX, 3: *the great city s.ing wide;* 322 b 15,
G a r e t h L y n e t t e, 305: *his arms clash'd; and the s. was
good to Gareth's ear;* 420 a 6, H o l y G r a i l, 80: *the strange
s. of an adulterous race;* 431 b 21, H o l y G r a i l, 811: *up
into the s.ing hall I past; but nothing in the s.ing hall I saw;* etc. —

Ebenso **noise:** 29 b 16, L a d y S h a l o t t, IV, 22:
thro' the n.s of the night she floated down to Camelot; 110 a,
S i r G a l a h a *d*, 26: *I hear a n. of hymns;* 324 b 19, G a r e t h
L y n e t t e, 430: *many another suppliant* ... *came with n. of
ravage wrought by beast and man.*

voice: 96 a 31, U l y s s e s, 56: *the deep moans round
with many v.s;* cf. 315 a 6, C o m i n g A r t h u r, 379: *(a ninth
wave) gathering half the deep, and full of v.s;* — dazu *v o c a l*,
z. B. 144 b 28, A y l m e r's F i e l *d*, 146 *(brook).*

spare, s. § 167. — **splendour,** s. § 182, p. 269.

stay in archaistisch gefärbter Transitivverwendung
häufig: 3 b, L e o n i n e E l e g i a c s, 11: *low-throned Hesper*

is st.ed between the two peaks; 10 a 35, R e c o l l e c t i o n s
A r a b i a n N i g h t s, 41: *vaults of . . . palm, imprisoning sweets,
which . . . were st.'d beneath the dome of . . . boughs;* 11 b, O d e
M e m o r y, II, 9: *when she (maid) . . . st.s on her . . . locks
the . . . freight of . . . blooms;* — 238 b, V i c t i m, V, 2: *he st.'d
his arms upon his knee;* 327 b 10, G a r e t h L y n e t t e, 603:
(a knight) holds her st.'d in her own castle; 480 a 14, L o v e r's
T a l e, 249: *the rainbow on my tears, st.'d on the cloud of
sorrow;* 638 b 4, Q u e e n M a r y, V, 1: *you will st. your going
(= delay).* —

suck, s. § 205, p. 316. — **sudden,** s. §§ 91, 92.

summer, als Subst. u. Adj., oft ohne nachdrückliche
Beziehung auf die Jahreszeit, für alles Sonnige, überhaupt
ruhig Schöne und Reife, vielleicht das charakteristischeste
Lieblingswort unseres Dichters: 1. von Konkreten: 72 a 13,
M o r t e d' A r t h u r, 262: *bowery hollows crown'd with s. s e a* (so
überaus häufig); bezeichnenderweise hat nach Rowe-Webb
gerade diese Wendung ihre Parallele bei W o r d s w o r t h
(S k a t i n g): *And all was tranquil as a s. sea;* 91 b 7, T a l k i n g
O a k, 211: *the s. of my leaves;* 85 a 33, E d w i n M o r r i s, 142;
104 a 9, G o d i v a, 45: *looking like a s. moon;* 104 b, D a y -
D r e a m, P r o l o g u e, 8: *to see . . . a s. crisp with shining
woods (= sunny landscape);* 109 a 43, A m p h i o n, 87: *squares
of tropic s. shut and warm'd in crystal cases* ("Sommerpflanzen" — Treibhausgewächse; s. § 180); 116 b 1, L o r d
B u r l e i g h, 19: *s. woods* (cf. 254 b, I n M e m., 27, 4);
145 a 14, A y l m e r's F i e l d, 164: *one (cottage) a s. burial
deep in hollyhocks;* 233 a, D a i s y, 12: *sunny waters, that only
heaved with a s. swell;* 239, W a g e s, 9: *to bask in a s. sky;*
cf. 548 a 17, A n c. S a g e, 23: *s.-bright skies;* 265 a, I n
M e m., 71, 4: *we went thro' s. France;* 274 b, I n M e m.,
98, 4; 414 b 24, L a n c e l o t E l a i n e, 1180: *an oriel on the
s. side of Arthur's palace;* 671 a, 6 u., H a r o l d, III, 1: *the brows
unwrinkled as a s. mere;* — Hitze: 172 a 11, P r i n c e s s, I,
181: *the s. of the vine in all his veins;* 347 a 22, M a r r i a g e
G e r a i n t, 388: *the wine made s. in his veins;* 2. auf
Abstraktes angewandt: 277 b, I n M e m., 105, 26: *long
sleeps the s. in the seed* (der "Sommer" einer glücklichen
Zukunft, *"the closing cycle rich in good");* 576, T o P r i n c e s s
B e a t r i c e, 18: *lead a s. life;* 862 a, L e p e r's B r i d e,

XVIII, 2: *I wept alone, and sigh'd in the winter*[1]*) of the Present for the s. of the Past.* — Zusammensetzungen mit *summer* aus Jugendgedichten: Churton Collins, Early Poems, 288, The Grasshopper, I, 2: *Voice of the summerwind, Joy of the summerplain, Life of the summerhours;* ibid. II, 15: *in thy heat of summerpride.* — Zum Schluß zeige ein schönes Dialektbeispiel, wie sich pleonastisches *summer* von selbst einstellt, wo von Schönem und Herzerfreuendem die Rede ist: 778 b, Promise May, I: *they be two o' the purtiest gels ye can see of a summer murnin'* —

swathe: § 283 (Beisp. aus Lover's Tale); § 168 (362 a 24, Geraint Enid, 516).

sweet, ungefähr ebenso beliebt (und unter Umständen — bedeutungslos) wie *fair; a)* "schön, lieblich": 140 b 18, Brook, 77: *that petitionary grace of sw. seventeen;* 141 b, Song (in Brook), 3: *I move the sw. forget-me-nots;* 196 b 5, Princess, V, 54: *like some sw. sculpture;* 233 b 10, Daisy, 46: *bright vignettes ... of tower or duomo, sunny-sw.;* — von Klängen oft: 223 a, Exhibition Ode, I, 1: *uplift a thousand voices full and sw.; b)* "angenehm, erfreuend"; 141 b 12, Brook, 133: *the sun of sw. content;* 198 b 24, Princess, V, 199: *we remember love ourself in our sw. youth;* 319 a 13, Gareth Lynette, 92: *sw. is the chase;* — 622 a, 7 u., Queen Mary, III, 5: *I had kept my Robins and my cows in sweeter order, had I been sueh; — c)* "lieb, teuer": 292, Maud, I, VI, VI, 12: *for his own sw. sake;* 301 a, Maud, I, XXII, VII, 1: *the meadow your walks have left so sw.;* 301 b, Maud, I, XXII, XI, 1: *my own, my sw.* (hier Reimwort); 429 b 14, Holy Grail, 678: *the sw. Grail* — nennt ihn einer seiner Sucher; — *d)* "sanft": 133 a 22, Enoch Arden, 529: *the breath of heaven ... sent her (ship) sw.ly by the golden isles;* — (moralisch):. 213 b 30, Princess, VII, 214: *she had fail'd in sw. humility;* 214 b 11, Princess, VII, 265: *(man) must gain in sw.ness and in moral height;* 311 b 31, Coming Arthur, 179: *his ways*

---

[1]) Natürlich findet auch *winter* symbolische Anwendung, nur seltener als *s.;* konkret: 426 b 13, Holy Grail, 477: *a hundred wintry watercourses* ("stürmische", nicht gerade "winterliche"; vgl. griech. χειμώνιος); abstrakt: 209 b 4, Princess, VI, 310: *turn'd askance a wintry eye.* — Vgl. auch die Beispiele in § 95; § 180 ad fin.

are sw., and theirs are bestial; 347 a 17, M a r r i a g e G e r a i n t,
383: *sw. and serviceable;* ebenso 408 a 26, L a n c e l o t E l a i n e,
771; 703 b 3, B e c k e t, I, 1: *be sw. to her, she has many
enemies, sw. = affable:* 639 a *(bottom),* Q u e e n M a r y,
V, 1: *you must be s w. and supple, like a Frenchman.*

take, zu Einfachheits-Effekten verwendet (s. auch § 195,
p. 292): 9 b, S e c o n d S o n g, I, 4: *thy tuwhits ... tuwhoos
... t o o k echo with delight* (wie *possess'd);* ebenso 16 b, D y i n g
S w a n, III, 1: *the wild swan's death-hymn t o o k the soul of
that vast place with joy hidden in sorrow* (hiezu vergleicht
Morton Luce W i n t e r's T a l e, 4, 4, 118: *Daffodils
t a k e the winds of March with beauty;* aus M i l t o n: *t o o k
with ravishment);* 40 a, O e n o n e, 11: *(Gargarus) t.s the
morning (= bars the prospect to the east);* 72 a 18, M o r t e
d'A r t h u r, 268: *(swan) ... t a k e s the flood with swarthy
webs* (cf. *pontum c a r p e r e remis,* O v i d., M e t., 11, 752);
96 b 8, U l y s s e s, 65: *tho' much is t.n, much abides (t.n =*
"errungen"); 107 b, L'E n v o i (D a y - D r e a m), III, 2: *your
eyes my fancy t.;* 484 b 9, L o v e r's T a l e, I, 530: *(brook)
t.n with the sweetness of the place ... makes a constant bubbling
melody;* 509 b 28, S i s t e r s, 30: *which voice most t.s you? —*

thing, stimmungsvoll - allgemein, auch als Füllwort
beliebt: 1. als Bezeichnung von wirklichen konkreten
Dingen: 224 a 1, W e l c o m e t o A l e x a n d r a, 8: *welcome
her, all th.s youthful and sweet;* vgl. 289, M a u d, I, IV, I,
3: *wherefore cannot I be like th.s of the season, gay?* 296 b,
M a u d, I, XVI, I, 20: *I know it — (Maud's beauty) — the
one bright th. to save my ... life;* vgl. 307, M a u d, III, II,
3: *eyes so fair that had been in a weary world my one th.
bright;* 350 b 14, M a r r i a g e G e r a i n t, 596: *the terror
... of that strange bright and dreadful th., a court;* 419 b 26,
H o l y G r a i l, 67: *the holy th.* (vom Gral; ebenso 420 b 18,
H o l y G r a i l, 124); — von Landschaftsanblicken: 512 b
28, S i s t e r s, 215: *the great th.s of Nature and the fair;*
2. th. = "Wesen" (mit einer Art "Entpersönlichung" [§ 219] —
sehr beliebt): *a)* von unbestimmten Tieren: als schönste
Beispiele wohl die Bezeichnungen des Tiefseegetiers (vgl.
S c h i l l e r s: "da kroch's heran" etc. im "T a u c h e r") in "T h e
M e r m a i d": 20 a, Mm., III, 18: *all the dry pied th.s that
be in the hueless mosses under the sea . · — ibid.* 23: *from*

aloft all th.s that are forked, and horned, and soft ...;
ferner: 197 a 27, Princess, V, 105: *like tender th.s that
being caught feign death;* 328 b 20, Gareth Lynette,
674: *dull-coated th.s* (Schmetterlingsmaden); 329 b 21,
Gareth Lynette, 732: *some woodland th., or shrew, or
weasel;* dtto. 816 a, Z. 3 v. u., Foresters, II, 1; 361 b
3, Geraint Enid, 460: *half ridden off with by the th. he
rode* (458: *black horse, like a thundercloud);* 657 a 3, Harold,
I, 1: *...Nor thou be a wild th. out of the waste, to turn
and bite the hand that would help thee from the trap;* vgl.
293 b, Maud, I, X, II, 8,   wo sich der Liebende vergleichend *"a wounded th. with a rancorous cry"* nennt; — 702 a 2,
Becket, I, 2: *they say that you are wise in winged th.s* (zur
Struktur der Phrase vgl. 773 a [Falcon]: *to be great in green
things and in garden-stuff);* — *b)* Wesen im allgemeinen:
55 a, Choric Song, II, 5: *all th.s have rest: why should
we toil alone..., we... the roof and crown of th.s?* 34 b 6, Two
Voices, 288; 190 a 1, Princess, IV, 229: *to harm the
th. that trusts him, and to shame that which he says he
loves;* 318 a 4, Gareth Lynette, 23; 460 a 2, Guinevere, 244: *the white mermaiden swam, and strong man-
breasted th.s stood from the sea;* — *c)* Personen: 221 b
5, Wellington, IX, 44: *we believe him something
far advanced in State;* 249 b 3, In Mem., VII, 7: *like a
guilty th. I creep,*   auffallend häufig in "Maud"·
288, Maud, I, I, XV, 2: *the silent th. that had made
false haste to the grave* (Leiche des Selbstmörders); 295 a,
Maud, I, XIII, III, 13: *her mother has been a th. complete;*
296 b, Maud, I, XVI, II, 4: *if she had given her word to
a th. so low?* (cf. 262 b, In Mem., 60, 16); — 306 a, Maud,
II, V, VII, 4: *she never speaks her mind, but is ever the one
th. silent here (Maud's phantom);* — 359 a 29, Geraint
Enid, 325: *tho' men may bicker with the th.s they love;* 348 b
28, Marriage Geraint, 479: *I never saw...anything
so fair;* cf. 363 b 20, Geraint Enid, 614: *I never yet
beheld a th. so pale;* 823 a, Foresters, II, 2: *"true, she is
a goodly th.",* sagt eine der *fairies* von Maid Marian; —
3. abstrakt: *a)* in Verbindungen, wo wir es durch "das",
"etwas", "alles" ersetzen können (Gesprächsthemen, Vorstellungen): 26 a, Alexander, 12: *high th.s were spoken*

there ("Heiliges"); 139 a, B r o o k, 8: *(poet) could make the th. that is not as the th. that is;* 154 a 9, A y l m e r's F i e l d, 735: *thou that killest, hadst thou known . . . the th.s belonging to thy peace and ours;* 178 a 30, P r i n c e s s, II, 324: *not to answer . . . all those hard th.s that Sheba came to ask of Solomon;* 215 a 21, P r i n c e s s, VII, 310; 221 b, T h i r d F e b r u a r y, 18; 226, G r a n d m o t h e r, XII, 1: *stood up like a man, and look'd the th. that he meant;* 251 a, I n M e m., 14, 12: *ask a thousand th.s of home* ("tausenderlei"); 253 a, I n M e m., 21, 21: *behold, ye speak an idle th.;* 303 b, M a u d, II, II, IX, 5, 8; 401 a 16, L a n c e l o t E l a i n e, 337: *the face before her lived . . . full of noble th.s;* 553 a, F l i g h t, VIII, 3: *often in the sidelong eyes a gleam of all th.s ill;* 819 b, 5 u., F o r e s t e r s, II, 1: *criedst "I yield" almost before the th. was ask'd;*
b) *things* = "Lage, Verhältnisse", state of things[1]*):* 26 b, P o l a n d, 9: *Lord, how long shall these th.s be?* 82 a 14, W a l k i n g t o M a i l, 53: *new th.s and old;* 94 b 15, G o l d e n Y e a r, 25: *human th.s returning on themselves move onward;* 100, 6, L o c k s l e y H a l l, 79: *a sorrow's crown of sorrow is remembering happier th.s;* 256 b, I n M e m., 34, 11; *'t were hardly worth my while to choose of th.s all mortal (modes of life all terminating in death);* 258 a, I n M e m., 40, 28: *shall count new th.s as dear as old;* 321 a 29, G a r e t h L y n e t t e, 222: *Arthur's wars (sculptured on the gate), new th.s and old co-twisted;* 521 b, J o h n O l d c a s t l e, 21: *wroth at th.s of old;* 620 b, Q u e e n M a r y, III, 5: *to sing, love, marry, churn, brew, bake, and die, then have my simple headstone by the church, and all th.s lived and ended honestly;* — c) mis-cellanea (Ideen, Ideale, Gemütszustände): 222 a 23, T h i r d F e b r u a r y, 41: *the precious th.s they had to guard* (ideale Güter der Nation); 256 b, I n M e m., 35, 7: *I strive to keep so sweet a th. alive (Love);* 282 b, I n M e m., 123, 12: *I cannot think the thing farewell;* 370 b 29, B a l i n B a l a n, 97: *the King took, as in rival heat, to holy th.s ("fell back on religion"* — *in* Meredith's *phrase).* —

---

[1]) In dieser Verwendung in gehobener Schriftsprache häufig; z B. J. R. G r e e n, *Short Hist. of the Engl. people,* Abdruck 1902, p. 535: *. . . the hope and faith of b e t t e r t h i n g s clung almost passionately to the man who never doubted of the final triumph of freedom and the law (viz. Pym).*

thread und ***thrid*** (das sonst nicht eben häufige Doublet zu *thread*, s. Skeat, *Et. D.*), typisch für natürliches oder bildliches Durchwandern verschlungener Wege: 14 a 6, Poet, 10: *with echoing feet he threaded the secretest walks of fame;* 190 a 14, Princess, IV, 242: *I began to thrid the musky-circled mazes* (zit. bei Flügel); 195 b, Princess, V, 7: *threading the soldier-city;* 271 b 16, In Mem., 89, 36: *we ... threaded some Socratic dream;* 274 b 17, In Mem., 97, 21: *he thrids the labyrinth of the mind* (zit. Flügel); 845 b 4, Demeter Persephone, 68: *I thridded the black heart of all the woods.*

thumb synekdochisch: § 199, p. 302[1]. — ***time*** für besondere Ausdrücke, s. § 195, p. 292. — ***tithe,*** s. § 103.

touch (Vb. und Subst.): 1. konkrete Berührung: das bekannteste Beispiel: 124 b, Break, break..., 11: *O for the t. of a vanish'd hand, and the sound of a voice that is still!* — auf Abstraktes übertragen, — in ausgeführtem Bilde: 259 a, In Mem., 44, 13: *if such a dreamy t. should fall, o turn thee round, resolve the doubt* (s. Bradleys Erklärung); cf. 83 b 28, Edwin Morris, 52: *sudden t.es;* — *t. = hint, allusion,* im Gespräch: z. B. 580 b, Queen Mary, I, 1: *I suppose you t. upon the rumour that Charles ... has offer'd her his son;* 658 b 6, Harold, I, 2, 22: *when she t.'d on thee, she stammer'd in her hate;* 2. *t. = reach;* 96 b 6, Ulysses 63: *it may be we shall t. the Happy Isles;* cf. 529 a, Voyage Maeldune, III, 2; konkret: 427 a 30, Holy Grail, 522: *but that I t.'d the chapel-doors at dawn I knew;* — 125 b 27, Enoch Arden, 57: *ere he t.'d his one-and-twentieth May;* 139 a, Brook, 12: *life in him could scarce be said to flourish, only t.'d on such a time as goes before the leaf...* ("er erlebte nur einen Vorfrühling"); 567, 34, Locksley Hall Sixty Years After, 272: *earth would never t. her worst, were one in fifty such as he;* — geschäftsprachlich: 65 a 21, Love thou thy land, 25: *...nor toil for title, place or t. of pension* ("Erlangung einer Pension"); 3. *t. = taint with —;* konkret: 180 b, Princess, III, 6: *the court that lay three parts in shadow, but the Muses' heads were t.'d* (sc. *with light*) *above the darkness from their native East;* übertragen (sehr häufig): 75 b 28, Gardener's Daughter, 199: *each (month) in passing t.'d (her) with some new grace;* 99, 20, Locksley Hall,

54: *t. him with thy lighter thought;* 255 a, In Mem., 28, 19: *sorrow t.'d with joy;* 278 b, In Mem., 109, 11: *high nature...,* but *t.'d with no ascetic gloom;* 448 b 8, Last Tournament, 323: *thou hast some t. of music* ("Ahnung von —"); *t.* = durch Berührung verwandeln oder hervorbringen, s. § 35, p. 47. —

tract (ein beliebtes Wort), weite Strecke oder Fläche: 8 b, To — , III, 12: *heaven's mazed signs stood still in the dim tr.s of Penuel;* 31 b 39, Two Voices, 70: *swift souls... would sweep the tr.s of day and night;* 45 b 13, Palace Art, 65; 46 a 10, P. A., 94; 46 a 30, P. A., 114; 64 a, On a Mourner, VI, 4: *...comes Faith from tr.s no feet have trod;* 121 a, Vision Sin, III, 1: *a mountain-tr., that girt the region* ("Zug, Kette"); 266 b, In Mem., 77, 4: *in the tr.s of time* (Bradley vergleicht Paradise Lost, V, 498); cf. 259 b 5, In Mem., 46, 9; 279 b, In Mem., 112, 14: *tr.s of calm from tempest made* ("Striche"); 281 a, In Mem., 118, 9: *the solid earth... in tr.s of fluent heat began.*

trance, häufig, besonders in Jugendgedichten, für Verzückung in jedweder Art von Erregung: 8 b, Madeline, I, 2: *tr.d summer calm;* 10 b 45, Recollections Arabian Nights, 97: *entranced with that place and time;* 11 a 34, Recollections Arabian Nights, 133: *(I)... trancedly gazed on the Persian girl...;* 23 b, Eleänore, V, 4: *I muse, as in a tr.;* ibid. 10: *I would I were so tr.d...;* 61 a 14, Dream Fair Women, 266: *her last tr. (agony);* 76 b 21, Gardener's Daughter, 255, s. § 35; 105 b, Sleeping Beauty (Day-Dream), I, 5: *on either side her tr.d form* (Dornröschens Zauberschlaf); 93 b 14, Love Duty, 63: *the tr.,* vom Schmerz des Scheidens; 137 a 19, Enoch Arden, 786 *(tr.d* — "bewußtlos, ohnmächtig"); 212 b 19, Princess, VII, 136 (Scheintod); 303 b, Maud, II, IV, II, 4: *tr.d in long embraces;* 374 a 4, Balin Balan, 275: *they (Lancelot's eyes) dwelt deep-tr.d on hers;* 477 b 7, Lover's Tale, I, 75: *in tr.s and in visions* (cf. 29 b, Lady Shalott, IV, 11); etc. — vb., s. p. 316. —

type (Vb. und Subst.): 1. Verkörperung, Sinnbild: 39 a 28 (Miller's Daughter): *the still affection of the heart became an outward breathing t.* (d. h. "ein Kind kam zur Welt"); 304 b, Maud, II, IV, VIII, 3: *thou deathlike t. of pain* (Mauds Gespenst); 800 a 14, P r o m i s e M a y, III: *poor Steer looks the very t. of Age in a picture;* von Dingen: 114 a 29, W i l l W a t e r p r o o f, 245: *carved cross-bones, the t.s of death;* — vb.: 616 b 5, Q u e e n M a r y, III, 4: *the cataract t.d the headlong plunge and fall of heresy to the pit;* 874 a, O n A f f e c t e d E f f e m i n a t e M a n n e r, 2: *I prize that soul where man and woman meet, which t.s all Nature's male and female plan;* 2. V o r b i l d: 256 a, In M e m., 33, 16: *see . . . thou fail not in a world of sin, and ev'n for want of such a t.;* 286 b 10, E p i l o g u e, 138: *a noble t. appearing ere the times were ripe;* — vb.: 214 b 27, P r i n c e s s, VII, 281: *(may these things be) . . . let us t. them now in our own lives;* — 3. Ebenbild, A b b i l d: 7 a, I s a b e l, III, 11: *all her (world's) fairest forms are t.s of thee, and thou of God in thy great charity;* 34 b 10, T w o V o i c e s, 292: *that t. of Perfect in his mind in Nature can he nowhere find* ("Abbild des göttlichen Wesens in der Menschenseele in Gestalt der Unsterblichkeitsidee"); — vb.: 281 a, In M e m., 118, 16: *man . . . the herald of a higher race, and of himself in higher place, if so he type this work of time within himself, from more to more* (d. h. wenn er als Mikrokosmos die Evolution des Makrokosmos zur Harmonie in sich nachbildet; *type = reproduce,* Churton Collins).

un-, s. § 236 (Adj.), 234 (p. 275, Subst.), 60 (Partiz.), 238 (Verba).

various: zwei syntaktisch bemerkenswerte Stellen: 32 a 2, T w o V o i c e s, 74: *each month is v. to present the world with some development* ("bringt neue Abwechslung, indem er . . . bietet"); 47 b 5, P a l a c e A r t, 193: *o all things fair to sate my v. eyes! . . . (v. = gazing on v. objects.) —*

verge typisch für "Horizont" (manchmal ***marge):*** 72 a 20, M o r t e d' A r t h u r, 270: *. . . till the hull look'd one black dot against the v. of dawn (= d.ing horizon);* 74 a 1, G a r d e n e r' s D a u g h t e r, 79: *May from v. to v.;* cf. 481 b 2, L o v e r' s T a l e, I, 330; 186 b 29, P r i n c e s s, IV, T e a r s, 9: *(sail) sinks below the v.;* cf. 210 b, P r i n c e s s, VII, 23: *the slope of sea from v. to shore;* "Gesichtskreis" = "Ausblick": 45 a 14, P a l a c e A r t, 30: *a . . . gallery that lent broad v. to distant lands* (s. Rowe - Webb, *Selections from Tennyson,* z. St.). —

very, s. § 173, p. 248, Note 1.

vex = *disturb, agitate:* 5 a 37, C o n f e s s i o n s S e n s i-
t i v e M i n d, 133: *v.ed pools* ("Wirbel der See", cf. K. L e a r,
IV, 4, 2); 7 a, I s a b e l, III, 5: *v.ed eddies (of a river);* —
255 a, I n M e m., 29, 1: *such compelling cause to grieve as
daily v.es household peace;* 14 b, P o e t's M i n d, I, 1;
34 b 16, T w o V o i c e s, 298; — 295 a, M a u d, I, XIII, I,
5; 787 a, P r o m i s e M a y, II: *I seed how the owd man
wur vext* (für stärkeren Ausdruck).

voice, s. § 184. —

wander, ein Lieblingswort: 40 b 15, O e n o n e, 43:
my heart may w. from its deeper woe; 54 b, L o t o s - E a t e r s,
42: *weary seem'd the sea, weary the oar, weary the w.ing fields
of barren foam;* 144 b 15, A y l m e r's F i e l d, 133: *these
young hearts not knowing that they loved ..., w.'d at will*
(zugleich bildlich und wörtlich: *oft accompanied by Averill);*
247 b 13, I n M e m., P r o l o g u e, 41: *these wild and w.ing
cries* (die Elegien); 576 a, F r e e d o m, VII, 2: *the party
cry that w.s from the public good;* 705 b 3, B e c k e t, I, 3 (cf.
705 a 4): *w.ing clouds;* 717 b 1, B e c k e t, II, 1: *I, that taking
the Fiend's advantage of a throne, so long have w.'d among
women;* 853 a 7, R i n g, 70: *she said — perhaps indeed she w.'d,
having w.'d now so far beyond the common date of death ...*

wealthy (und ***wealth)*** wie *rich* in weitestem Umfange angewendet; von wirklichem Reichtum, Überfluß:
36 b, M i l l e r's D a u g h t e r, 1: *I see the w.y miller yet,*
724 a 2, B e c k e t, II, 2: *the wine and w. of all our France
are yours;* 763 a, 5 v. u., C u p, II; — Menge: 548 a 3,
A n c i e n t S a g e, 9: *this w. of waters;* von reichem
Schmuck: 146 a 18, A y l m e r's F i e l d, 236: *w.y scabbard*
(ibid. 2 [220]: *rich sheath);* 422 b 23, H o l y G r a i l, 240:
*(a painted window) w.y with wandering lines of mount and
mere;* — von der Pracht der Schönheit: 9 a, M a d e l i n e, II,
4: *w.y smiles;* 479 b 6, L o v e r's T a l e, I, 207: (die Mutter
der Geliebten) *in giving so much b e a u t y to the world, and
so much w. as God had charged her with ..., left her own life
with it;* 578 a, P o e t s B i b l i o g r a p h i e s, 4: *old Virgil who
would write ten lines, they say, at dawn, and lavish all the golden
day to make them w.ier in his readers' eyes;* — von moralischer
Vollkommenheit: 370 b 21, B a l i n B a l a n, 89: *Balan added*

to their Order lived a w.ier life than heretofore; — von Glück: 461 b 4, Guinevere, 332: *what knowest thou of the world, and all its lights and shadows, all the w. and all the woe?* *(w. = weal).* —

weary, § 281, p. 453.

weather als effektvoll-allgemeiner Ausdruck öfter für *heaven, air, wind* etc. (ausgehend von dem berühmten Verse Shelleys: *Under the roof of blue Ionian weather,* Epipsychidion, 542): Churton Collins, Early Poems, 296, Dualisms, 13: *beneath the purple w.;* ibid. 18: *under a summer vault of golden w.;* 29 a 12, Lady Shalott, III, 19: *...in the blue unclouded w. ... shone the saddle-leather* (Reim); 509 a, Revenge, XIV, 9: *and the water began to heave and the w. to moan* (onomatopoet. Alliter.). —

whisper, ein dem Dichter ganz ungemein geläufiges Wort, nimmt in der Statistik der ausgesprochenen Lieblingswörter unstreitig eine der ersten Stellen ein. Eine Auswahl von Belegen: 19 a 2, Circumstance, 4: *two lovers wh.ing by an orchard wall;* vgl. 176 b 4 (Princess, II) *(love-wh.s);* 824 a, Foresters, III, 1, 3: *you never wh. close as lovers do;* 22 a 9, Margaret, V, 11: *the feast of sorrow, ...where .you sit between joy and woe, and wh. each;* 28 a, Lady Shalott, I, 31; gleich darauf II, 3 (28 b 1): *.she has heard a wh. say;* vgl. 56 b 13, Choric Song, VIII, 24: *some, 'tis wh.'d — down in hell;* 36 a 26, Two Voices, 425: *a second voice ..., a little wh. silver-clear;* cf. 493 b, Golden Supper, 20 ("innere Stimme"); — von Bäumen: 38 b 16, Miller's Daughter, 168: *those full chestnuts wh. by;* cf. 41 a 22, Oenone, 88; 53, 7, May Queen, Conclusion, 27; 134 a 5, Enoch Arden, 578: *the moving wh. of huge trees;* 840 b, 7 u., Foresters, IV: *these oaks ... will wh. evermore of Robin Hood;* — 76 b 27, Gardener's Daughter, 261: *beneath a wh.ing rain;* — 106 a, Arrival, III, 8: *wh.'d voices at his ear* (ibid. 5: *the charm did talk about his path);* 111 b, Will Waterproof, 11; 167 a 20, Princess, Prologue, 115: *honeying at the wh. of a lord;* 195 b, Princess, V, 9: *wh.s of war* (vom Rauschen der Kriegsfahne); 222 a 18, Third February, 36: *lisp in honey'd wh.s;* 283 a, In Mem., 126, 11: *a sentinel who ... wh.s to the worlds of space ... that all is well;* 305 b, Maud, II, V, IV, 7; anders

konstruiert: 512 b 13, Sisters, 200; 378 a 28, Balin
Balan, 521: *breathed in a dismal wh.* (diese beiden beliebten Worte oft beisammen, z. B.: 36 a 26, Two Voices,
425; 176 b 4 (Princess, II); 85 b, Stylites, 22; 545 a 10,
Despair, II, 11; 551 a 16, Ancient Sage, 227; 469 a
2, Passing Arthur, 120: *wh. of the seething seas;* vgl.
493 a 2, Lover's Tale, III, 31: *the surge fell from thunder
into wh.s;* 581 b, Queen Mary, I, 2, 21; 690 b, Harold, V,
2, 16: *wh.! (= speak low!) God's angels only know it!* 707 a 14,
Becket, I, 3: *Orders...no!...the secret wh. of the Holy
Father;* 866 b, Progress Spring, VI, 1; 873 b, Far—
far—away, 3, 1: *vague world-wh.* — *"Whispers"*, Titel
eines Jugendgedichtes: Life, I, 77. —

white, s. § 83. — *wholeness,* s. u. -*ness* in § 234. —
whole, s. § 269, p. 433, und unter *centred.* —

wide für *w. open* sehr häufig: 15 b, Deserted House,
I, 3: *leaving door and windows w.;* cf. 110 a, Sir Galahad,
31; 70 b 12, Morte d'Arthur, 169: *looking wistfully with
w. blue eyes;* 132 b 15, Enoch Arden, 489: *suddenly set
it (Holy Book) w. to find a sign;* 603 a, 6 u., Queen Mary
II, 4: *your gentlemen-at-arms... cry to have the gates set wide
again.* —

widowed für *bereft,* s. § 79, Note 1 auf p. 104. —
wild: in verallgemeinerter Bedeutung: 1. von Naturerscheinungen: 53, 5, May Queen, Conclusion, 25:
w. March-morning; vgl. 203 a 5, Princess, V, 460: *I mused
on that w. morning in the woods;* 64 b 6, You ask me...,
26 (*wind*); — 156 b 23, Sea Dreams, 52: *spirts of w.
sea-smoke;* 186 a, Song (vor Princess, IV), 4: *the w.
cataract leaps in glory;* ibid., Refrain: *set the w. echoes flying;*
342 a 33, Marriage Geraint, 77 (*brook*); 346 b 2,
Marriage Geraint, 341: *that w. wheel* — vom Rade
Fortunas; das lautlich schönste Beispiel: 277 b, In
Mem., 106, 1: *ring out, w. bells, to the w. sky!* — 2. subst.
w. = wilderness: 184 a 22, Princess, III, 230: *the Northern
w.* (adj. 348 a 3, Marriage Geraint, 423: *he past to the
w. land*); — bildlich: 215 b 24, Princess, VII, 341: *thro'
those dark gates across the w. that no man knows;* 296 b,
Maud, I, XVI, 21: *to save my yet young life in the w.s of Time;*
3. vom Menschen: "ungesittet": 181 a 7, Princess, III, 26

(barbarians); "grausam": 60 a 10, D r e a m F a i r W o m e n
202: *(Jephtha's) w. oath;* "rase*nd*": 192 a 9, P r i n c e s s,
IV, 366: *when the w. peasant rights himself;* — am häufigsten
aber allgemein von je*d*er Art von Leidenschaft und Erregung: 21 b, M a r g a r e t, III, 6: *the last w. thought of
Chatelet;* 52, 1, N e w - Y e a r's E v e, 35: *you must not weep,
nor let your grief be w.;* 65 a 7, L o v e t h o u t h y l a n d, 11:
w. hearts and feeble wings; 97 b 14, T i t h o n u s, 61: *lips
whispering I knew not what of w. and sweet;* 132 b 26, E n o c h
A r d e n, 500: *said w.ly;* 167 a 5, P r i n c e s s, P r o l o g u e,
100: *Lilia, w. with sport;* 171 b 13, P r i n c e s s, I, 149: *all
w. to found an University for maidens;* 187 a 4, T e a r s,
i d l e t e a r s, 19: *deep as first love, and w. with all regret;*
213 b 38, P r i n c e s s, VII, 222: *something wild within her
breast, a greater than all knowledge, beat her down (viz. Love);*
cf. 560, L o c k s l e y H a l l S i x t y Y e a r s A f t e r, 20; —
vom "schönen Wahnsinn" in des Dichters Auge: 256 b 3,
I n M e m., 34, 7: *fantastic beauty; such as lurks in some w.
Poet, when he works without a conscience or an aim.* —

    whatever = lat. *quidquid,* § 276 und 125. — ***winter,***
s. u. *s u m m e r* (Note). —

    wold, ein Lieblingswort in Landschaftsbildern, be-
sonders in der Jugend (in steter Erinnerung an die heimat-
lichen *wolds* von Lincolnshire): 12 b 3, O d e M e m o r y,
IV, 22: *upon the ridged w.s* (die Szenerie des Gedichtes ist
Lincolnshire); 17 b, O r i a n a, 5 *(dun w.s);* 20 a, M e r m a i d,
III, 6: *on the broad sea-wolds;* 28 a, L a d y S h a l o t t, I,
3: *long fields of barley and of rye, that clothe the w. and meet
the sky;* 37 b 41, M i l l e r's D a u g h t e r, 105; 39 a 42
(Miller's D a u g h t e*r*); 51, N e w Y e a r's E v e, 27; 62 b,
T o J. S p e d d i n g, 2; etc.   275 b, I n M e m., 100, 8:
the windy w. (die Szene ist Somersby); — 376 b 25, B a l i n
B a l a n, 437: *all the plain and all the w.;* — 802 b 13, P r o m i s e
M a y, III: *only fifteen...,* and then the sweetest flower of all
the w.s* (Stück spielt in Lincolnshire).

    woodbine, eine Lieblingspflanze (in Erinnerung an
"*woodbine that climbed into the bay window of his nursery*",
Life, I, 26): 17 a, D i r g e, IV, 2: *the w. and eglatere;* 25 a,
M y l i f e..., II, 15: *tell me (viz. when I am in my grave) if
the w.s blow;* 90 b 22, T a l k i n g O a k, 146: *w.'s fragile hold;*

cf. 108 b, A m p h i o n, 34; 105 b, S l e e p i n g P a l a c e (D a y-
D r e a m), VI, 3: *thorns, ivies, woodbines, mistletoes;* 140 a,
B r o o k, 52: *winding under w. bowers;* 271 b 30, In M e m., 89,
50: *behind the w. veil;* 489 b 15, L o v e r's T a l e, II, 35:
the wind came wooingly with w. smells; 559 b, S p i n s t e r's
S w e e t -'A r t s, XVI, 3: *my oän door-poorch wi' the w. an'
jessmine a-dressin' it greeän;* 788 b, P r o m i s e M a y, II:
*What did ye do, and what did ye saäy, wi 'the wild white rose
an' the w. sa gaäy...;* 865 b, P r o g r e s s S p r i n g, I, 8[1]).

woodland, ein typischer Ausdruck, überaus häufig:
12 a, O d e M e m o r y, IV, 18; 102, 20, L o c k s l e y H a l l,
164: *slides the bird o'er lustrous w.;* 108 b, A m p h i o n, 8;
all that grows within the w.; 121 b, V i s i o n S i n, IV, 19:
the rotten w. drips; 124 a, T o E. L., 1; *Illyrian w.s;* 155 b
25, A y l m e r's F i e l d, 842: *the broad w. parcell'd into farms;*

---

[1]) V a n D y k e, *The Poetry of Tennyson*[2], p. 339, zitiert: *"The
Tennyson Flora. Three Lectures by H. Grindon. Published as an Appendix
to the Report of the Manchester Field Naturalists and Archaeological
Society for 1887." "Tennysonian Trees",* article in *"The Gardener's
Magazine",* Dec. 29, 1888. — Auch über *"The B i r d s of Tennyson"* gibt
es ein Buch von W. W a t k i n s, London 1903 (dort S. 28 eine Liste
der 60 bei Tennyson vorkommenden Vögel; am häufigsten [S. 61]: l a r k
[33 Stellen], *n i g h t i n g a l e* [23], *s w a l l o w* [21], *o w l* [15], *l i n n e t* [12];
Singvögel bei Tennyson ibid. p. 50 ff. im einzelnen behandelt). —
G r i n d o n (s. o.) erwähnt und bespricht: *hazel-wand, willow-weed and
mallow, meadow-sweet, bindweed-bells (convolvulus), briony, speedwell,
germander, primrose, cowslip, daisy, pimpernel, snowdrop, "long purples
of the dale" (meadow orchis), kingcup (crowfoot, meadow buttercup), marsh-
marigold* (Caltha palustris), *marish-flower ("Shakspere's 'Lady-smock'"),
cuckoo-flower, ragged-robin ("Swedish cuckoo-flower",* Lychnis flos cuculi),
violet, thistle, marestail ("for 'horsetail', Hippuris"), *reed, lichen* (Par-
melia parietina), *mosses, agarics ("Fairy-rings";* vgl. auch 329 b 21,
G a r e t h L y n e t t e, 732), *cornfield* (173 a 2, P r i n c e s s, I, 233), *harebell (alpine h.,* P r i n c e s s, VII, 100; *"not, as in Shakspere, for* Scilla
nutans, *the rightful owner, but* Campanula rotundifolia"), *hawthorn, rose, lily (water-l., tiger-l.), bluebell* (= *"hare-b."),* hyacinth (sylvan
h. = *bluebell), daffodil, poppy, mignonette, oxlip, pansy, foxglove, iris,
crocus, carnation, anemone, thrift, hollyhock, passion-flower, orange-blossom,
eglantine* (= *eglatere), honeysuckle, woodbine, clematis,* — *wheat, barley,
rye,* — *palm, cypress, amaranth, asphodel,* lotus, moly, — *ivy;* — *t r e e s
(lecture III): c h e s t - n u t, poplar, aspen, lime, elm, sycamore, ash, oak,
birch, larch, beech, platan, cedar, laurel, alder, maple, pine, acacia, arbutus,
tamarisk, hawthorn, sallow ("palm-willow").* — Es fehlt ein Hinweis auf
y e w in In M e m., II und XXXIX.

vgl. 854 a 4, Ring, 126: *all that ample w. whisper'd "debt"*; 161 b 14, Lucretius, 646: *as the dog...plies his function of the w.* (Jagd); 215 b 19, Princess, VII, 336: *the golden Autumn w.;* 240 b, A Dedication, 13; 241, Boädicea, 39: *isle of blowing w.;* 242, 33, Boädicea, 76; — adj. 290, Maud, I, IV, IX, 1: *the quiet w. ways;* cf. 376 b 23, Balin Balan, 435 *(alleys);* 304 a, Maud, II, IV, VI, 8: *the w. echo;* 329 b 22, Gareth Lynette, 733: *some w. thing, or shrew, or weasel;* 883 b, Hymn (Akbar's Dream), II, 2: *w. rhyme* (= Vogelsang); 370 b 11, Balin Balan, 79; 827 b 9, Foresters, III, 1, heißt Marian *our new w. Queen* (sonst *Queen of the wood).*

work, s. § 197; auch § 195, *passim.*

year: 1. als *totum pro parte* für "Jahreszeit": 5 b 15, Confessions Sensitive Mind, 157: *the lamb rejoiceth in the y.;* 104 b, Sleeping Palace (Day-Dream), I, 1: *the varying y.* ("Kreislauf der Jahreszeiten") *with blade and sheaf clothes and reclothes the happy plains;* 280 b, In Mem., 116, 3: *regret...that...meets the y.* (= accomodates itself to the season); 2. verallgemeinert für "Zeitalter, Periode, Epoche": vor allem The Golden Year (94 a), ferner: 187 a 21, Princess, IV, 56: *that great y. of equal mights and rights;* 205 a 6, Princess, VI, 48: *dames and heroines of the golden y.;* hieher auch: 273 a, In Mem., 95, 22: *that glad y. which once had been* (die Zeit des Verkehrs mit dem Freunde; 259 b, In Mem., 46, 12: *those five years).* Bemerkenswert endlich die von Churton Collins als Beispiel für *"habitual use of metonomy"* (p. 156) angeführte Wendung: 197 b 8, Princess, V, 121: *the desecrated shrine, the trampled y.* (= harvest). —

Inhaltsverzeichnis.

Seite

Vorwort   VII
Einleitung. Über Tenny-
 sons Leben und Werke   IX
Anlage der Arbeit   XXXIX

Erster Teil:
Syntaktisches.

§ 1. Parataxe und Hypo-
 taxe   1
 and für hypotakt. Verbin-
 dungen. Einzelsätze für Perioden.
§ 2. nor x = without x-ing   2
§ 3. Bei- und Unterordnung im
 einfachen Satze   3
 and für with, from, etc. — Adj.
 + and + Adj. = Adv. + Adj. —
 Kontamination, p. 31.
§ 4. Satzverschränkung   4
§ 5. Prolepse   5
§ 6. Verschiebung des Satz-
 nachdruckes   6
§ 7. Asyndeton   9
§ 8. Fehlen unterordnender
 Konjunktionen   10
 Konsekutives und anderes
 that; though, even, because, if, vor
 Partizipien.
§ 9. Fehlen von Partikeln und
 Adverbien (as, so, then) .   11
§ 10. Constructio ad sensum   12
§ 11. Anakoluth   13
§ 12. Aposiopese   13
§ 13. Direkte und indirekte Rede   14
§ 14. Uneigentliche Relativsätze   14
 Relativum für but, though;
 relat. Anschluß (wie im Lat.).

Syntax der Redeteile.

§ 15. Substantiva adjektivisch-
 attributiv gebraucht   16

Seite

§ 16. Dieselben prädikativ (eagle,
 silver) und adverbial (angerly, deathly)   17
§ 17. Substantivischer Ausdruck
 (Genetiv, Präpositional-
 verbindung) statt adjektivischen   18
§ 18. Subst. Ausdruck (-ness)
 statt adverbialen und umgekehrt   19
§ 19. Adjektivischer Ausdruck
 für substantiv. Wendung   19
§ 20. middle (midmost, central)
 und Partitivadjektiva (topmost, highest). "Unlogischer
 Partitivus" bei all, both.
 Konstruktion von half . .   21
§ 21. Adjektiva als Substantiva   23
 Personen-, Dingbezeichnun-
 gen, Plurale (falses, wilfuls).
§ 22. Zitierte Worte substanti-
 viert (equal, forward, Hic
 Jacet; the wherefore, the
 Hereafter) . . .   24
§ 23. Verba als Substantiva . .   25
 rise, say, make, whirl, lead,
 break, build, bite, burn.
§ 24. Substantiva als Verba
 (alphabetisch)   26
§ 25. Präfixkomposition verba-
 lisierter Substantiva   34
 disprince, re-father, unsister,
 misfeature, repulpit, outwoman, dis-
 pope, discrown, unqueen, out-royal,
 de-miracle. — Verbalisierung
 von Eigennamen (out-Gardiner,
 Philip, etc.).
§ 26. Unechte Partizipia (wooded, diamonded, mooned, etc.,
 cf. § 263) . .   34

Seite

§ 27. Substantivischer und verbaler Ausdruck 35
§ 28. Adjektiva als Verba . . . 36
    1. *dull, dim, dusk, blach, empty,
wan, quiet, sleek, fat, dumb, supple,
stale, steady;* — Komparative:
better; near, higher. — 2. *thin,
wanton, lazy;* — *green.*
§ 29. Anredeworte verbalisiert
*(cousin, mylord, squire; be-
fool, idiot;* Adj.: *saint);*
"to x x-s"; etc. 38

Das Verbum.

§ 30. Klassen der Verba.
Impersonalia 39
§ 31. Transitive Verba intransitiv gebraucht *(obtain, show,
eat, spell, speak)* 40
§ 32. Transitive Verba absolut
*(know; employ, feel, give,
see, show, slay, understand,
watch; — care)* 41
§ 33. Intransitive Verba transitiv u. kausativ verwendet 43
    *dance, gloom, grow, labour, muse,
race, roll, sadden, sicken, shoot,
shower, shudder, stay, swarm, trust.*
§ 34. Verba der Äußerung mit
Akkusativ des Inhalts . . 43
    *beat, blush, breathe, hiss, kiss,
laugh, look, nod, ring, roll, shine,
sigh, throb, thunder, vibrate, warble,
wave, wing,* etc. — *"to x"* für *"to
say x-ing(ly)"* 44
§ 35. Präpositionaler Ausdruck
der veranlaßten oder be-
gleitenden Bewegung oder
Zustandsveränderung.Ty-
pus *"I curse this tree from
further fruit")* 46
§ 36. Rektion des Verbums.
Akkusativ des Weges und
Zieles bei Bewegungs-
verben 50
§ 37. Direktes Objekt für präpositionales 51
§ 38. Präpositionalergänzung
für Akkusativobjekt . . . 52
§ 39. Präpositionalverbindung
anderer Art als erwartet 52

Seite

§ 40. Reflexiver Ausdruck . 53
§ 41. Hilfsverba . . 53
    be, can, have (get), may, shall, will.
§ 42. Genera verbi . . 58
    Passivum und Reflexivum.
Aktiver Ausdruck fur passiven
u. umgekehrt. Präpositional-
passivum.
§ 43. Aktionsarten. Erster
Typus 60
    Zustandsverbum fur Ein-
tritt der Handlung: *know, be,
have, stand, sleep, hold,* etc.
§ 44. Zweiter Typus . 62
    Ingressives Verbum zur Be-
zeichnung des Zustandes.
§ 45. Unterarten des zweiten
Typus 63
    1. Iterativer Sinn unausge-
drückt. 2 Inchoativa für Zustand. 3. Vermeidung der partizipialen Periphrase (und
jeder andern: 63¹).
§ 46. Extreme Form des zweiten
Typus: Zustandsverba wie
Tätigkeitsverba gebraucht 64
§ 47. Verba verschiedener Aktionsart vertauscht 65
    seek und *find; bring* fur *carry,
pass* fur *come.*
§ 48. Absichtliches und Unabsichtliches 66
    find=light upon, lose = depose,
etc.; — *doubt.*
§ 49. Tempora 68
    Plusquamperfektisches Prä-
teritum. — Präsens: histori-
sches, perfektisches, futurisches. — Futurum exaktum.
§ 50. Modi 70
§ 51. Infinitiv und Verbal-
substantivum . 70
§ 52. Gebrauch des Verbalsubstantivs 71
§ 53. Das Verbalsubstantiv als
Substantiv 71
    imagining, etc. — Plurale
*(readings, doublings, beatings, rhym-
ings).*
§ 54. *-(t)ion* für *-ing (session,
motion, station,* etc.) 73
§ 55. Andere Ableitungen *(-ness,
-ance, -ment, -age)* 74

Seite

§ 56. Extreme Fälle dieser Art
(birth, work, rule, hold, deed,
etc.) 74

§ 57. P a r t i z i p und Verbalsubstantiv. Gerundialkon-
struktion 76

§ 58. Participium praeteriti und
praesentis 76

§ 59. Partizipialer Ausdruck für
adjektivischen 77
Aktiv *(dymg = mortal,* u.dgl.).
—Passiv*(chasten'd,sainted,dwarf'd,*
etc.; *flower'd,* p*illar'd, set,* etc) 77

§ 60. *un-* bei aktiven und passiven Partizipien; Adverbia
von Partizipien 78

§ 61. Lateinische und französische Partizipien in etymologischer Bedeutung . 79
Aktiv *(-ent, -ant) (crescent =
growing,* u. dgl.). Passiv *(-ate).* —
Franzos. *(due, couchant, conjoint,
forfeit).* —

§ 62. Adjektiva für Partizipia . 81
Akt.: *-ful (fearful,* etc), u.
a. — Pass. *-y (gusty, windy, rainy,
misty); gay = adorned,* u. a.

§ 63. Substantiv für Partizip . 84
Akt.: l*istener, debtor, Victor,*
etc. — Pass.: *gift, haunt,* etc.

§ 64. Partizipialer Ausdruck für
substantivischen *(pictured
eyes* u. dgl.). — Partizip für
substantiv. Präpositionalverbindung 85

§ 65. Partizipiale Satzverkür-
zung 86

§ 66. Ellipse von Partizipien
(Bedeutung in Präposition
oder Adv. verlegt: *out —
coming out,* etc.) 86

Das Substantivum.

§ 67. Eigennamen 88
§ 68. N u m e r i. Kollektiver Singular 88
§ 69. "Kollektiver Plural" 91
§ 70. Kollektivsuffixe*(-age,-dom,
-hood, -ry, -ship, -ty)* . 91
§ 71. Kollektivbezeichnungen
(feast, battle, kin, youth, etc.) 92

Seite

§ 72. Plural von Abstrakten . 94
Typen: 1. Gleichbedeutend
mit Sing. 2. Wiederholung.
3. Einzelne Außerungen, Erscheinungsformen. 4.Logische
Genauigkeit (z. B. *deaths).*

§ 73. Plural von Konkreten . 97
Stoffnamen*(silvers, snows,* etc.).

§ 74. *none* + Plur. für *nobody*
+ Sing. 98

§ 75. K a s u s. G e n e t i v (gen.
causae, qualitatis, subiec-
tivus, obiectivus, lokal-
und temporal-attributiver
Gen., Gen. des Wesens
oderInhalts[explicativus]) 98

§ 76. Genetivzeichen *-s* 98

§ 77. *Figura etymologica* und
Verwandtes . . . 100

Das Adjektiv.

§ 78. A t t r a k t i o n des attri-
butiven Adjektivs 100
Erster Typus: Träger der
Eigenschaft imSatze genannt.

§ 79. Haupttypus dieser . . . 102
Eigenschaftsträger assoziativ
zu erganzen; besondereFälle:
widow'd years (104[1]), *loving tears*
(104[2]), *truthful change* (106[1]),
humming air (107[1]) *giant-factoried
city-gloom* (108, u.); — prädikatives Adj. attrahiert; —
Relativsatz *(the death that cannot die).*

§ 80. Oxymoron . . . 109
The Silent Voices u. dgl.;
widower husband (110[1]); — nicht-
adjektivische Fälle; — Paradoxon.

§ 81. Bemerkenswerte E p i-
t h e t a 111

§ 82. *naked* als besondere Illustration 112

§ 83. F a r b enbezeichnungen . 113
emerald inJugendgedichten,
brown vom Schatten, *white,*
Spektrum dreifarbig, etc.

§ 84. *purple* und *crimson* . . . 117

§ 85. Steigerung der Adjektiva 117
l*iker, duer, most dearest, utterest,* etc.

§ 86. Absolute Komparative . 119

Seite

§ 87. Der Komparativ im Satze
(nor für *than;* Parataxe
mit*but;* Anakoluthisches;
thy wiser) 120
§ 88. Der Superlativ . . 121
Kompar. für Superl. *(latter
= last,* etc.); absoluter Superl.

Adverbium.

§ 89. Adjektivadverb auf *-ly* . 121
Farbenadverbia; — *-lily*
zu *-ly, -ily* zu *-y; evilly* etc.;
stintedly (§ 60) etc.; — *mere.*
§ 90. Steigerung des Adverbs
(Kompar. *-lier)* 123
§ 91. Attributivattraktion des
Adverbs *(sudden* u. dgl.) 123
§ 92. "Halbe Attraktion" (prä-
dikativ-appositionell)und
Adverb in Adjektivform
*(slow and sure, free, fair,
exceeding,* etc.) . . . 126
§ 93. Umgekehrt: *"x-ly"* für adverbiales*"x"(lowly,loudly,*
etc.) 127
§ 94. Adverbia attributiv (z. B.
much) 127
§ 95. Attraktion temporaler
Adverbialbestimmungen 128
§ 96. Temporalhypostase (besonders bei *life)* . 129
§ 97. Einzelne Temporaladverbia *(back, before, between, evermore, then)* . . 130
§ 98. LokaleAdverb.-Ausdrücke131
Attraktion. — Einzelnes:
*abroad, beside, down, off, under;
where* für *whither.*
§ 99. Lokaler Ausdruck für
temporalen . . . 131
§ 100. TemporalerAusdruck für
lokalen 132
§ 101. Negationen . . . . .✶132
§ 102. Positiver und negativer
Ausdruck 133
§ 103. **Numeralia** 134
million; double; treble; indir.
Zahlangabe; bestimmte Zahl
für unbestimmte Anzahl oder
Zeitdauer; — *tithe* = ¹/₁₀, u. a.
Brüche.

Seite

Pronomina.

§ 104. Personalpronomen. 136
Kasus; Ellipse; Numerus
in Anrede.
§ 105. Beziehung des Pro-
nomens 137
Pron. vor Beziehungswort;
Entfernung; verschiedene Be-
ziehungswörter; Beziehungswort zu ergänzen.
§ 106. Prägnanter, emphatischer
kollektiver Gebrauch . . 137
§ 107. Reflexiva und *self* . 139
§ 108. Possessivpronomen.
Attraktion (ebenso beim
Artikel) 139
§ 109. Possessivum vor Beziehungswort . . 140
§ 110. Possessivum für Präpositionalverbindung (Ty-
pus: *our best)* . 141
§ 111. Fehlen des Possessivums.
Artikel für Possessivum 141
§ 112. "Ethisches" Possessivum 142
§ 113. Prägnantes Possessivum 143
§ 114. Possessivum von Erleb-
nissen und Zuständen . 144
§ 115. Emphatische Possessiv-
ausdrücke *(of and be-
longing to)* 145
§ 116. Demonstrativa.
Fehlen des Artikels . 146
Besond. Fälle: bei *cloud;*
bei *door, gate;* bei *never.*
§ 117. Abundierender Artikel . 148
§ 118. Bestimmter und unbestimmter Artikel. Prä-
gnanter Gebrauch. Artikel
und Demonstrativum . . 149
§ 119. Emphatisches Demonstrativum (lat. *ille, iste)* . 150
§ 120. Demonstrative Präpositionaladverbia 152
§ 121. Sonstiges zum Demonstrativum *(this* für *it* vor
Infinitiv; *the other; this*
im Sinne der 1. Person;
etc.) 153
§ 122. Relativum. Präpositionaladverbia 155

Seite

§ 123. Einfache Relativ- (und Demonstrativ -)Adverbia *(where, there, here)*   156

§ 124. Einzelne Relativpronomina 156

§ 125. Interrogativ u. Relativ; generelle Relativa *(whatever = quidquid,* von Personen) 157

§ 126. Indefinita u. Ähnliches *(that other);* indefinite Relativsätze *("nescio quid")* . 157

§ 127. **Präpositionen** 158
about, above, after (under), against, at, before — behind, between, by (of, with, beim Pass.; etc.), for, from, in (into), of, on, thro', to (unto), under (-neath), upon, with.

§ 128. Beiordnende **Konjunktionen**: kopulative für adversative . . .   168

§ 129. Disjunktivkonjunktionen 169

§ 130. Unterordnende Konjunktionen 170
what time, the while, when first, when = lat. dum; as, as though; if konzessiv; "of how", "so es", whereas = lat. 1ur. quod.

Wortstellung.

§ 131. Prädikat vor Subjekt . 171

§ 132. Typus a_1 A a_2 bei zwei Attributen eines Subst. oder Adverbien eines Verbums 172

§ 133. Präpositionale Attribute von Substantiven, adverbiale und präpositionale Bestimmungen von Adj. und Partiz. getrennt . . 173

§ 134. Objekte des Verbums . 175

§ 135. Negationen 175

§ 136. Adverbialbestimmungen 176

§ 137. Satzstellung 176

Zweiter Teil:
Stilistisches.

I. Kürze und Fülle des Ausdrucks.

§ 138. Ellipse von Wörtern und Wortgruppen . . .   178

Seite

§ 139. Satzweglassung   181

§ 140. Zeugma 182

§ 141. *Comparatio compendiaria* und Verwandtes (Typus $x\, y\, z \ldots x_1\, [y_1]\, z_1$)   182

§ 142. Vermeidung der Wiederholung 182
1. Artikel. 2. to be. 3. Präposition. — Vereinzeltes.

§ 143. Zurückergänzung aus Späterem (besond. Fall: gemeinsames Objekt zweier Verba) 186

§ 144. Anaphora . .   188

§ 145. Epiphora, Symploke, Kyklos . . .   188

§ 146. "Wortwiederholung" 190
Beispiel: Lieder in den Königsidyllen. — Einzelnes: desolate in *Aylmer's Field,* etc.

§ 147. Wortspiel .   193

§ 148. Pleonasmen   195

§ 149. Pleonast. Ausdrucksfülle durch überflüssige Determination .   196

§ 150. Füllwörter .   197
Besonderer Fall: pleonast. Temporal- und Lokalangaben.

§ 151. Tautologie (1. Adj. + Subst. — 2. andere Verhältnisse) 199

§ 152. Hendiadys 200

§ 153. Distinktionen *(Knowledge — Wisdom,* etc.) .   200

§ 154. Synonymenpaarung . . 201

§ 155. Konkretum und Abstraktum gepaart   202

§ 156. Parallelismus des Ausdruckes durchbrochen. Umgekehrt: gezwungener Parallelismus . .   203

§ 157. Variation durch Synonyma 204

§ 158. Umschreibungen: Relativphrasen auf *that which* für Gott, Seele, etc.; für konkrete Wesen und Dinge 207

Seite

§ 159. Sonstige Umschreibungen 209
Umschriebene Begriffe: Sonnen-Auf-, Untergang (p. 209, 210 bis), Tageszeit (213), Nachmittag (212), Nacht (212), Abendstunde (211); Westen—Osten (209), Schatten (dim day, 210); Horizont (210); freie Natur (213); Küste (214); Meer (210 [blau], 213 u.); Festland (213); Vulkan (211); Erdbeben (211); — Gewicht, Schwere (214); — Herbstlaub (210); Sonnenblume (211); Tiere (211, 212); — Gegenwart, Vergangenheit (210), "lange her" (213), Alter (211 u.), Tod, sterben (211, 213 bis), Selbstmord (209); Erdenleben (our dull side of death, 212), Lebensprinzip (fire, 212) — elementare Mächte (Powers who walk the world, 211); Gott (Christus, 211), Christentum (212), Geistlicher, Kloster (212), Gebet (214); Tränen (Iris, 209), Händedruck (210 u.), Selbstbeherrschung (211), Gewissen (214), Neugier (212), Fama (212), Rival (214), Treiben der Welt (213), allein (213); — Gatten (210), Eltern (213); Handwerker, Arbeiter (210), Ackersmann (211); Hauptstadt (210), London (212); Königskrone (211), — menschl. Körper (214), blondes Haar (213); gieriger Mund (214), kurzsichtig (213); — Champagner 210), Photographie (213).
Verbale Begriffe: klingen (to be vocal, 210), leben (look with human eyes, 210), flimmern (Sterne, 210), lieben (ingressiv, 211), wecken (211), gehen (Richtung, set ... face, 211), kämpfen für — (211), eilen (make feet ... wings, 212), sich entäußern (212, naked), sich umwenden (212), verschönern, beleben (213), durchwandern (213).

§ 160. "Kenningar"-ähnliche Umschreibungen . . . 214

§ 161. Euphemismen (besonders für Tod) 217

§ 162. Schleppender Ausdruck (umständliche Relativphrasen mit such as, Doppelgenetive, etc.) . . 218

Seite

§ 163. Unmittelbares für Mittelbares (Verba selbst statt make oder let + Infinitiv) 219

§ 164. Kürze durch Wortwahl . . . 219

§ 165. send als Illustration zu §§ 163 und 164 223

§ 166. Prägnante Bedeutung (mind = bonum ingenium, u. dgl.) . . . 224

II. Intensität des Ausdrucks.

§ 167. Hyperbolischer, bzw. emphatisch - pathetischer Ausdruck . . . 225
Verba: blame u. dgl. für surpass; fall, forge, gain, hang, live, love (hate), lull, play, spare, work. — Vereinzeltes: rage = Erregung (231); sing, catch (232), fill, stare (233).

§ 168. Affektation . 234
Stilisierter Ausdruck: 237¹.

§ 169. Einfachheit des Ausdruckes . . . 238
Dora; Enoch Arden; Genetiv - Prädikat; Ausdruck seelischer Umstimmungen. Vereinzeltes.

§ 170. to give als Illustration dazu 242

§ 171. Umgangssprachliches . 243
sort of —, kind of —, 244. — bit (slip), ibid. — Dialektisches, 245.

§ 172. Sprichwörtliches 246

§ 173. Prosaisches 247
very, etc., 248¹·²; "him and him", 249³; incredible, etc., 250.

§ 174. matter als Illustration dazu 250

§ 175. Prosaisches zu scherzhaften Zwecken 251

§ 176. Scherzhaftes Pathos . . 252

§ 177. Übertreibungsscherze u. anderes 253

§ 178. Litotes 254
Durch Negation; durch rhetorische Frage; im positiven Ausdruck (small für no, etc.); Lit. durch Wortwahl.

§ 179. Schwäche des Ausdrucks 255

Seite

III. Anschaulichkeit des Ausdrucks.

§ 180. Abstractum pro concreto 258
    sight = eyes, u. dgl.; growth, etc., 258; summer, mystery, gloom, etc., 259; manhood, mankind, etc., death, etc., 260; day = sun, friendship u. dgl., winter, 261.

§ 181. glory und life als Illustrationen dazu . 263

§ 182. Hypostasierung der Eigenschaft 265
    Typen; I. fair charities, dead Innocence, their . . . Eternities, u. dgl. — II. breadth, length; mile, league. — III. Dekorative Farbentechnik.
    Einzelnes: splendour, 269; death, 270; bulk, 270 f.; night, 271; — bewußte Hypostase: love.

§ 183. Tätigkeits-, Zu- und Umstands-Hypostasen . 273

§ 184. voice in Hypostase . . 274
    cry, word, breathings, 275; Vögel, 276.

§ 185. Ausbleiben erwarteter Hypostase. Vorliebe für sie 276

§ 186. Concretum pro abstracto 276
    Person für Stand, Rolle, Zustand, 277; traitor, 276; — Einzelnes: hunger, mother, Christ, 278; lips, tongue, mouth; blood, wine, 279.

§ 187. Konkrete Epitheta für abstrakte (besond. iron) 280

§ 188. Dasselbe beim Verbum 281
    handle, 281³.

§ 189. Vorstellungsinhalt für Vorstellung . . . 282
    Äußerungsinhalt für Äußerung, 283 u.

§ 190. "Sein für Schein" . . 284
    Gegenstand für Abbildung, 284; — Aktion für Aktionsbild, 285.

§ 191. Gegenstand für sein Abbild im Wasser (bes. moon) 286
    Lichtbilder (moonlight casements, etc.), 287.

§ 192. Optische Täuschungen, Selbsttäuschung, Verleumdung, Musikbild, Erinnerungsbilder . 287

Seite

§ 193. Person für Namen und umgekehrt 289

§ 194. "Schein für Sein" (shadow, dream, phantom, etc.) 289

§ 195. Allgemeines für Besonderes . 290
    water, 291; take, more, time, place, 292; nature, 293 u

§ 196. Allgemeinheiten im adjektivischen und sonstigen Ausdruck . . . 295

§ 197. to work für besondere Verba 296

§ 198. Besonderes für Allgemeines . 297
    Zeitabschnitt für längere Zeit, 298 (April, 298¹).

IV. Innerer und äußerer Schmuck des Ausdrucks.

§ 199. Synekdochische Tropen. Pars pro toto 302
    thumbs, 302; throat, lances (spears, pikes), 303.

§ 200. Totum pro parte . . . 305

§ 201. Metonymien 306
    Ort für Bewohner; Ursache u. Wirkung; Gemütszustand für dessen Inhalt; Stoff für das Verfertigte.

§ 202. Enallage: Relatives und Absolutes . 308

§ 203 Subjektives und Objektives 309
    dark und blind; laborious, comfortable, to seem, 310.

§ 204. Metapher. Aktionsmetaphern: Konkretes Verbum für konkretes . 311
    woo, 312; sit, bite, weep, 313.

§ 205. Konkretes Verbum für abstraktes 314
    read, peruse, 315; suck, 316.

§ 206. Tätigkeitsbezeichnung für nicht-verbalen Vorstellungsinhalt . . 317
    Ausdrücke für Herbstfarbe der Blätter, 317.

§ 207. Partizipialmetaphern . . 318

§ 208. Adjektivische Metaphern 318

Seite

§ 209. Substant. Metaphern . . 319
glass = sea, 319; Personenbezeichnungen in *Maud*, 320;
geometrische Metaphern, 322.

§ 210. Satz-Metaphern . . 323
§ 211. Bildervermengung . 324
§ 212. Vergleiche.Attributive
und appositive 325
§ 213. Vergleichende Farbenbezeichnungen und Prä-
dikatvergleiche 326
§ 214. Ähnlichkeit für Identität
(like) und umgekehrt . 326
§ 215. Zur Technik der Vergleiche 328
Entstehung u. Datierung.
Homerische Breite. Dekora-
tive Naturbilder.
§ 216. Wirkliche Vergleiche . . 331
Abstraktes illustriert Konkretes, 333 ; Vergleichsvermengung, ibid.
§ 217. Personifikation 334
§ 218. Personifizierende Freiheiten im Genus der
Substantiva . . . 334
spirit, sea, day, love, 335; *soul,
mind*,336,"Vaterland"fem.,337.
§ 219. "Entpersönlichung" 340
armful, 340[1]. — Negation
der Persönlichkeit, 340.
§ 220. Persönliches für Unpersönliches 341
§ 221. **Reim.** Beispiele für Reimzwang 342
Umkehrung von Formeln
zu Reimzwecken, 344[1].
§ 222. Reimformeln im Vers-
innern. Synonymischer
und antithetischer Typus 345
dear — near, name — fame,
345 ; *womb — tomb, right — might,
fame — shame*, 346.
§ 223. Assoziativer Typus . . . 347
§ 224. Lautspiele 348
§ 225. **Alliteration :** onomato-
poetisch-lautsymbolische 350
§ 226. Formelhafte Alliteration
Synonymischer Typus . 352
§ 227. Antithetischer Typus . . 352
soul — sense; fair — foul, 353 ;
heart — head — hand, 854.

Seite

§ 228. Assoziativer Typus . . 355
Subst. + Subst., 355; Adj.
+ Subst. oder Adj.; Verbal-
verbindungen, 356.
§ 229. Emphatische Alliteration 357
Don or devil, 357[1].
§ 230. Sonstige Beispiele . . 358
Alliteration in Szenen-
weisungen, 360.
§ 231. Gruppenerscheinungen
(Harold, II, 1; *Merlin and
the Gleam; Battle of
Brunnanburh)* 360

———

Dritter Teil:
Wortbildung.

§ 232. Flexionsformen . . . 362
Starke Präterita; — *builded;*
Partizipia auf *-en (bounden;
proven; — rotted).*
§ 233. Substantivsuffixe.
Nomina agentis auf *-er* 364
Beispiele aus anderen engl.
Autoren, 364[1], — *follower*, 364 u.;
kneeler, truth-teller, 366; *breather,*
364[1], *liver*, 367[2]; *saver*, 367; *Bringer
home*, 368[1]; *dweller*, 369.
§ 234. Andere Substantivsuffixe
(cf. §§ 55, 70) 370
*-age, -ance, -dom, -ence, -hood,
-ion, -ism, -ist, -let, -ling, -ment,
-ncy, -ness (oneness, nearness,
unwillingness, horsiness*, 373), *-ry,
-ship, -ster, -th, -ty, -y (atomy).*
Präfixe: *un-, dis-, mis-;
co-; in-, out- (-draught).*
§ 235. Adjektivbildung . . . 376
*-able, -al, -ful (deathful, wrath-
ful*, 377; *pitiful, woful, tearful,*
378), *-ian, -ish, -ile, -ive, -less
(awless, whelpless*, 379; *selfless,
songless*, etc , 380 f.; *x-less = un-
x-able*, 381; *motherless*, 382[1]), *-like,
-ly, -n (cedarn*, 383[1]), *-ous, -some,
-ward, -y (arrowy*, 383, *wordy,*
etc., 384, *hardy*, 385[1], Note 385[2][1]).
§ 236. Präfix *un-* 385
un-, 385 f.; *— un...able*, 386 u.
— un + Partizip; *dis-*, 387.
§ 237. DasVerbum. Suffixe *(-ize,
-fy)* 387
§ 238. Präfixkomposition . . . 388
*a-, co(m)-, counter-, de-, di-,
dis-*, 388; *en- (em-), fore-, forth-,
im-, in-*, 389; *inter-, mis-, out-,
over-*, 390; *pre-, re- (relive[1])*, 391;
sub-, un-, under-, up-, 392; Trennung statt Verbindung, 393.

Seite

§ 239. Getrennte Partikelkom
position (besonders *out*) . 393
§ 240. S i m p l e x p r o c o m-
p o s i t o. Erster Typus:
Simplex für Präfixkom-
position 394
    com(*plain*), (*em*)*broider*, 394;
    wait, close, (*ex*)*change, lure*, 395;
    (*re*)*mind*, (*a*)*bide*, (*with*)*hold*, (*be*)-
    reave, 396.
§ 241. Zweiter Typus: Simplex
für Partikelkomposition 397
    shut, stretch, cast, etc., 397;
    lead, find, go, 398.
§ 242. Compositum für Simplex 398
    appraise, enter in, fulfill,
    entreat, 399.
§ 243. "Simplex pro composito"
außerhalb des Verbums . 399
    Subst., 399; Adj. etc., 400
    (*ware, kin, through*).
§ 244. Grundwort für zusammengesetztes Substantiv 400
§ 245. Bestimmungswort für die
Zusammensetzung (*sun,*
etc.) 400
§ 246. Z u s a m m e n s e t z u n g.
Substantiv mit Substan-
tiv. Genetivischer Typus 401
    love-lore, 401[1], *critic-pen, mind-*
    mist,love-tale,battle-(*war-*)*thunder,*
    402, *sun-star, -clusters, ear-*(*eye-*)
    shot, 403; *world-wealth*, 404.
§ 247. Präpositionaler Typus . 404
    foam-bow, hill-convent (*crag-*
    cloister), 404; *world-war, s e a-*
    sunset, -voice, -laughter; word-,
    miracle-monger, hedge-priest, 405;
    thunder-shower (404), *-sketch* (405).
§ 248. Typus der Identität, Vergleichung, Antithese . . 406
    Mother-Age, purse-mouth, 406;
    cycle - year, beast - body, Judas-
    lover, 407.
§ 249. Attributiv-vergleichender
Typus (*hawk-eyes*) . . . 407
§ 250. Adjektiv + Subst. (*wild-*
flower, -beast), Partizip +
Subst. (*lovingkindness*),
Subst. + Partiz. (*knight-*
errant), "*conversion com-*
pounds" (*light-foot*), Verb
+ Subst. (*know-nothing*) . 408

Seite

§ 251. Präposition oder Adverb
+ Substantiv (besonders
under-..., after-...) . 409
§ 252. Verschiedenes (*selfgood,*
*overseas,all-but-island,*etc.) 410
§ 253. Zusammengesetztes A d-
j e k t i v: Subst. + Adj. . 411
    PräpositionalerTypus (*love-*
    loyal, self-uncertain), 411. Ver-
    gleichender Typus (*sea-blue,*
    death-white), 412.
§ 254. Adjektiv + Adjektiv . . 412
    Typen: *starry - clear, -fair,*
    412; *dewy - dark, black - blue;* —
    earthly-heavenly, 413, — *antenatal;*
    — *steep-up, deep-down;* — *mock-*
    meek.
§ 255. V e r b a in Zusammensetzung 414
§ 256. Zusammengesetzte P a r-
t i z i p i a. Auf *-ing:* mit
Objekten (*laughter-loving*
Aphrodite, Solomon-sham-
ing flowers) 414
§ 257. Mit anderen substantivischen Bestimmungen
(*sea-,ocean-sounding,death-*
drowsing; — silver-smiling) 415
§ 258. Mit Adjektiven (*fresh-*
flushing, green-glimmering,
-glooming, simple-seeming) 416
§ 259. Mit Adverbien (bes. *ever-*) 417
§ 260. Zusammengesetzte p a r-
t i c i p i a p r a e t e r i t i.
"Echte", mit Substan-
tiven: erster Typus (*thief-*
stolen) 417
    dew-impearled, sun(*set*)*-flush'd,*
    Devil-, spleen-born, awe-, panic-
    stricken, 418; *heather-scented, earth-*
    quake - cloven, famine - wasted u.
    dgl., 419.
§ 261. Zweiter Typus (*brow-*
bound, root-bitten, neck-
broken) und Sonstiges
(*broken-back'd, -knee'd;* —
one-day-seen, etc.) 420
§ 262. Adj. (Adverb) + Partiz.
Prät. (*barren-beaten, hard-*
won, — *ever-fancied*) . . 421
§ 263. "Halb-echte" Partizipien 422

Seite

§ 264. "Unechte" Partizipien:
mit Adjektiven 423
*many-...; myriad-minded,
golden-...*, 423; *...-brow'd;
-throated; ...-blooded*, 424;
...-lung'd, 425.

§ 265. Mit Substantiv 425
, Vergleichend: *apple-cheek'd,
iron-mooded*, 425; — *sinew-corded*,
426,— prapositional: *god-gifted*.

§ 266. Zusammengesetzte Adverbia *(-like, -wise;* —
mid-..., ...-high, ...-deep;
— *to-year, sideways*, etc.) 426

§ 267. Auflösung für Zusammensetzung *(star of morning, Minster of the West)*.
Kürzung (Typus altisl.
sonar-[galtar-]blóp) . . 427

§ 268. "Zusammenrückung".
Bildungen auf *a-* 428

Vierter Teil:
Wortgebrauch.

§ 269. Archaismen 430
*empery, compt, I wot, cha[u]nt,
atween, a-...*, *mete (dole), nigh,
hale*, 431; *cunning, rathe, lief*,
432; — Königsidyllen.

§ 270. Homerica 433
§ 271. Shakspersches 435
Aus den Königsidyllen, 436.

§ 272. Anklänge an Milton *(Allegro* und *Penseroso)* . . 437

§ 273. Germanische Wörter für
romanische 438
teach (school), worship(-ful),
439; *hate, hang, learning*, 440.

Seite

§ 274. Romanische Wörter für
germanische 441
argent, chant, involved, 441;
Boadicea, 442.

§ 275. Lateinische Wörter . . 442
revert, affluent, 442; *advent,
transit, ingress, exit; laud, subjected*, 443; *rapt, glorious*, 444;
lat. Zitate ubersetzt, ibid.

§ 276. Latinisierende Wendungen 445
whatever = *quidquid;* — *thin
voice, northern morn*, 445; — *seek*
= *quaerere*, 446.

§ 277. Scheinbare Germanismen 446

§ 278. Volksetymologien . . . 447

§ 279. "Milieu" 447
mellow,languid (E l e á n o r e);
arbutus (L u c r e t i u s),etc.,448:
Seemannssprache, 449.

§ 280. Gebrauch von Wörtern
in etymologischer Bedeutung . . 449
circumstance, 449; *frequent,
equal,pathos*, 450; *ruin, use, rapt*,
451; *curious*, 452.

§ 281. Gebrauch von Wörtern
in kausativer Bedeutung 452
happy, weary, life, etc.

§ 282. Abnützung von Wörtern 454

§ 283. VorübergehendeVorliebe
für einzelne Wörter . . 455
(Z. B. *swathe* in L o v e r's
T a l e ; cf· *empery* in M a r-
l o w e s T a m b u r l a i n e, s.
p. 431).

Glossarialer Index . . 456

Lightning Source UK Ltd.
Milton Keynes UK
UKHW02f1919191117

312998UK00008B/120/P